山东省教育学高峰学科著作出版基金资助

光明社科文库
GUANGMING DAILY PRESS:
A SOCIAL SCIENCE SERIES

·教育与语言书系·

对应教育论

——对等社会的基础教育学

李春桥 ｜ 著

光明日报出版社

图书在版编目（CIP）数据

对应教育论：对等社会的基础教育学 ／ 李春桥著
. −−北京：光明日报出版社，2023.9
ISBN 978−7−5194−7507−9

Ⅰ.①对… Ⅱ.①李… Ⅲ.①教育理论—研究 Ⅳ.
①G40

中国国家版本馆 CIP 数据核字（2023）第 185188 号

对应教育论：对等社会的基础教育学

DUIYING JIAOYULUN：DUIDENG SHEHUI DE JICHU JIAOYUXUE

著　　者：李春桥

责任编辑：王　娟　　　　　　　责任校对：许　怡　李海慧
封面设计：中联华文　　　　　　责任印制：曹　净

出版发行：光明日报出版社
地　　址：北京市西城区永安路 106 号，100050
电　　话：010-63169890（咨询），010-63131930（邮购）
传　　真：010-63131930
网　　址：http：//book. gmw. cn
E − mail：gmrbcbs@ gmw. cn
法律顾问：北京市兰台律师事务所龚柳方律师

印　　刷：三河市华东印刷有限公司
装　　订：三河市华东印刷有限公司
本书如有破损、缺页、装订错误，请与本社联系调换，电话：010-63131930

开　　本：170mm×240mm
字　　数：754 千字　　　　　　印　　张：42
版　　次：2024 年 5 月第 1 版　　印　　次：2024 年 5 月第 1 次印刷
书　　号：ISBN 978−7−5194−7507−9
定　　价：178.00 元

目 录
CONTENTS

中篇　对应教育的概念分析

下篇　对应教育的组成部分

导　言

对应教育理论的基本内容、研究方式与表达方式

一、对应教育理论的基本内容

对应教育理论，是对现行教育理论进行反思与改造的结果。因此，对应教育理论的基本内容，决定于我们进行反思与改造的现行教育理论的基本内容。因为我们进行反思与改造的现行教育理论，涉及现行教育理论的理论基础、基本概念与组成部分，所以，对应教育理论的基本内容，也就包括对应教育的理论基础、基本概念以及组成部分——这也就是本书的上篇、中篇以及下篇。

上篇：对应教育的理论基础。因为现行教育理论涉及简单哲学观、简单心理观、简单自然观、简单社会观、简单自我观以及简单语言观，所以，我们对它们逐一进行了反思与改造并将它们推进到对应哲学观、对应生命感受的心理观、对应自然观、对应社会观、对应自我观以及对应语言观。

中篇：对应教育的概念分析。因为现行教育理论涉及简单外显性教育活动论、简单主观性教育活动论、简单教育根据论、简单教育目的论、简单教育形式论、简单教育功能论、简单教育者优越论、简单教育对象论、简单教育内容论、简单教育机制论、简单教育途径论、简单教育原则论、简单教育方法论以及简单教育策略论，所以，我们对它们逐一进行了反思与改造并将它们推进到外显性与内隐性的对应教育活动论、主观性与客观性的对应教育活动论、对应教育根据论、对应教育目的论、对应教育形式论、对应教育功能论、对应教育者优越论与不足论、对应教育对象论、对应教育内容论、对应教育机制论、对应教育途径论、对应教育原则论、对应教育方法论以及对应教育策略论。

下篇：对应教育的组成部分。因为现行教育理论涉及简单教育论、简单德育论、简单智育论、简单体育论、简单美育论、简单劳动教育论、简单心理健康教育论、简单法制生活教育论、简单经济生活教育论、简单政治生活教育论、简单社会生活教育论，所以，我们对它们逐一进行了反思与改造并将它们推进到对应教育论、对应德育论、对应智育论、对应体育论、对应美育论、对应劳动教育论、对应心理健康教育论、对应法制生活教育论、对应经济生活教育论、对应政治生活教育论、对应社会生活教育论。

二、对应教育理论的研究方式

对应教育理论，是对应于现行教育理论而产生的，是对现行教育理论进行反思与改造的结果。因此，要弄明白对应教育理论，就需要从现行教育理论谈起。现行教育理论是怎样的呢？这集中表现在现行教育理论关于教育的基本理解——关于教育的概念之中。因此，我们就需要从现行教育理论关于教育的概念谈起。

在《当代教育学》中写道："教育是培养人的一种社会活动，是传承社会文化、传递生产经验和社会生活经验的基本途径。学校教育则是教育者根据一定的社会要求，有目的、有计划、有组织地对受教育者的身心施加影响，期望他们发生某种变化的活动。"①

我们可以将《当代教育学》视为现行教育理论的样本。其实，稍加关注就能发现，这也是广泛流布于现行教育学教材、教辅材料、辞典、论文、论著中的基本理论；当然，这也是教师资质考试、教师入编考试、教师岗前培训或职业培训中的基本理论。这种基本理论是怎样的呢？或者说，现行教育理论关于教育的概念是怎样的呢？下面，分而述之。

第一，如果说，任何理论都有属于自己认识或理解对象的特定思维起点或切入点，那么，现行教育理论理解教育或把握教育的思维起点或切入点在哪里呢？现行教育理论，既然把教育理解为如上面引文中的"培养人的社会活动"（即"广义的教育"），而把学校教育理解为"教育者""对受教育者身心施加影响"（即"狭义的教育"），那么，我们就可以对这种"思维的结果"做出反向的推论，以便得到这种"思维的起点或切入点"。通过这种反向推论，我们不难发现，现行教育理论，是从"人对人的单方影响"，切到对教育的理解的——其"思维的结果"，表现在广义教育中，就是"培养人的社会活动"；表现在狭义教育中，就是"教育者""对受教育者身心施加影响"。在现行教育理论的理解中，不管是培养人的社会活动，还是教育者对受教育者施加的影响，都内含"一方对另一方的影响"或"人对人的单方影响"这一把握教育的思维起点或切入点。

第二，如果说，教育理论是对教育活动的反应或把握，那么，现行教育理论从"人对人的单方影响"，切到对教育活动的理解，能够把握到教育活动哪些方面的内容呢？因为现行教育理论，主要是关于学校教育的理论，所以，我们

---

① 袁振国. 当代教育学 [M]. 北京：教育科学出版社，2010：4.

就结合学校教育的实际，做出基本的考察：一是，从教育活动的参加者看，现行教育理论，能够把握到作为教育者的教师，也能够把握到作为受教育者的学生；二是，从教育的目的看，现行教育理论，能够把握到教师对学生的单方目的即期望他们发生某种变化；三是，从教育的内容看，现行教育理论，能够把握到教师对学生施加的单方面影响即他人经验或间接经验；四是，从教育的机制看，现行教育理论，能够把握到教师对学生的主观规定或主观定位力量即教师对学生的期望；五是，从教育的途径看，现行教育理论，能够把握到教师对学生的外在影响途径即教师对学生所施加的影响；六是，从教育的活动形式看，现行教育理论，能够把握到学校教育"有目的、有计划、有组织"的显在形式；七是，从教育的结果看，现行教育理论，能够把握到教师对学生的主观外在影响或塑造。总之，现行教育理论，从人对人的单方影响，切到对学校教育活动的理解，能够把握到的内容，也就是：教师对学生简单的主观外在影响或塑造。不用多说，现行教育理论的这种把握，最基本的依据，就是社会对教育传承人类文化的需要。

第三，如果说，任何理论，在从特定切入点上去把握对象时都会有所见或有所得，同时也会有所不见或有所失；那么，现行教育理论从"人对人的单方影响"切到对教育的理解，在有所把握或有所收获的同时，却又遗漏或失掉了教育活动哪些方面的内容呢？要弄清楚这一问题，直接性的前提，就是要摆脱现行教育理论的简单主观抽象思维，而转向主观与客观对应的事实思维状态——要以实在的事实思维或过程思维去理解或把握教育。在事实思维或过程思维的视野中，我们便不难看到，现行教育理论在把握教育时的如下遗漏。

一是，从切入点看，现行教育理论，在把握到一方对另一方影响的切入点的同时，却遗漏了另一方反向影响的切入点。在实然状态的教育活动中，一方对另一方的任何教育，都必然会引起另一方的反应，这种反应，又必然会反过来对于一方产生回返性的教育——这便是双方教育与受教育的内在对应性。或者说，在实然状态的学校教育活动中，所谓"人对人的单方影响"的切入点，其实都必然是"人与人的对应影响"的切入点。然而，现行教育理论，却在其主观抽象思维中，片面地抽取出一方对另一方的单方影响，并以偏概全地泛指教育活动中对应影响的切入点。由此，便遮蔽了另一方反向的切入点。

二是，从教育的参加者看，现行教育理论，在把握到作为教育者的教师与作为受教育者的学生的同时，却遗漏了作为受教育者的教师与作为教育者的学生。在实然状态的学校教育活动中，教师对学生的任何影响，都必然会引起学生的反应；学生的这种反应，又必然会反作用于教师并因此而使教师成为受教育者。这清楚地表明，师生双方的教育者与受教育者地位是对应存在的。然而，现行教育理论，却在其主观抽象思维中，片面地抽取出作为教育者的教师与作为受教育者的学生，并以偏概全地泛指教育活动中对应存在的教育者与受教育者。由此，便遮蔽了作为受教育者的教师与作为教育者的学生。

三是，从教育的目的看，现行教育理论，在把握到教师对学生的单方目的的同时，却遗漏了学生的个体目的。在实然状态的学校教育活动中，教师对学生的任何目的，都必然会引起学生一方的个体目的。这清楚地表明，师生双方的教育目的是对应存在的。然而，现行教育理论，却在其主观抽象思维中，片面地抽取出教师对学生的单方目的，并以偏概全地泛指师生双方在教育活动中对应存在的目的。由此，便遮蔽了学生一方的个体目的。

四是，从教育的内容看，现行教育理论，在把握到教师对学生施加的单方面影响即间接经验的同时，却遗漏了师生双方的直接经验。在实然状态的学校教育活动中，任何间接经验，都只能通过师生双方直接经验的中介转换，才可能成为师生能够接受的经验。这清楚地表明，间接经验与直接经验是对应存在的。然而，现行教育理论，却在其主观抽象思维中，片面地抽取出间接经验，并以偏概全地泛指教育活动中对应存在的经验。由此，便遮蔽了师生双方的直接经验。

五是，从教育的机制看，现行教育理论，在把握到教师对学生的主观规定或主观定位力量的同时，却遗漏了师生之间客观定位的力量，还遗漏了师生之间由主观与客观生成的对应定位力量。在实然状态的学校教育活动中，师生双方的任何主观定位力量，都必然会引起对方的客观反应；这种客观反应的力量与彼此主观定位的力量，可能是具有一致性的力量，也可能是具有不一致性的力量。在师生双方一致性力量基础上开展的教育活动，能够使师生双方得到互补性或合成性发展，这当然是一种愿望性或理想性的定位状态；而在师生双方不一致性力量基础上，展开讨论、沟通与交流这类可接受的行为，能够使师生双方得到协调性或生成性的发展，这就属于具有操作性或现实性的定位状态；当然，师生双方都不能有意破坏双方的教育关系，以保障师生讨论、沟通或交流的顺利进行，这就属于具有禁止性或戒律性的定位状态——我们把这三种状态的定位，以术语表达为三线定位状态，以区别于现行教育理论仅仅根据教师主观目的性而定位的单线定位状态。然而，现行教育理论，却在其主观抽象思维中，片面地抽取出教师对学生的单线定位状态，并以偏概全地泛指师生双方在教育活动中对应存在的三线定位状态。由此，便遮蔽了师生双方在教育活动中的现实性定位状态，还遮蔽了师生双方在教育活动中的戒律性定位状态。

六是，从教育的途径看，现行教育理论，在把握到教师对学生的外在影响的同时，却遗漏了学生对教师的外在影响，还遗漏了师生双方由外在影响必然引起的内在影响或自我影响。在实际的学校教育活动中，教师对学生的任何外在影响，都必然会引起学生的内在或自我反应；学生的这种反应，又会反过来对教师产生外在影响并引起教师的内在或自我反应。这清楚地表明，学校教育活动中的外在影响与内在或自我影响都是对应存在的影响。然而，现行教育理论，却在其主观抽象思维中，片面地抽取出教师对学生的外在影响，并以偏概全地泛指在教育活动中对应存在的影响。由此，便遮蔽了学生对教师的外在影响，还遮蔽了师生双方由外在影响所引起的内在或自我影响。

七是，从教育的活动形式看，现行教育理论，在把握到学校教育"有目的、有计划、有组织"的显在形式的同时却遗漏了"无目的、无计划、无组织"的隐在形式。在实然状态的学校教育活动中，师生双方的任何主观目的性活动，都必然会引起教育情境或教育过程中客观的、内隐的反应。这清楚地表明，学校教育活动的形式都是显在与隐在对应的形式。然而，现行教育理论，却在其主观抽象思维中，片面地抽取出显在的教育活动形式，并以偏概全地泛指教育活动的对应形式。由此，便遮蔽了教育活动的隐在形式。

八是，从教育的结果看，现行教育理论，在把握到教师对学生外在影响或塑造的同时，却遗漏了学生对教师的外在影响或塑造，还遗漏了师生双方内在自我的影响或塑造。在实然状态的学校教育活动中，既然师生双方都处于主观与客观以及外在与内在力量的相互作用之中，那么，师生双方，也就必然会受到对方与自我的影响或塑造。这清楚地表明，学校教育活动的结果都是师生彼此教育与自我教育的对应结果。然而，现行教育理论，却在其主观抽象思维中，片面地抽取出教师对学生的外在影响结果，并以偏概全地泛指双方所产生的对应的影响结果。由此，便遮蔽了学生对教师的影响结果，也遮蔽了师生双方因受到彼此教育而产生的自我教育的结果。

归纳上述八个方面，我们看到，现行教育理论，在把握到教师对学生单方影响或塑造的同时，却遮蔽了学生对教师的反向影响或塑造，进一步，还遮蔽了师生双方相互对应的影响或塑造。由此可见，现行教育理论，已经很难回应当代社会对教育所提出的传承与创新人类文化的对应需要。

第四，现行教育理论从"人对人的单方影响"切到对教育的理解，其所见或所得，就是上述关于教育活动多个维度上的简单性内容，而其所不见或所失，就是上述关于教育活动多个维度上与简单性内容相对应的内容。如果说，作为一种认识，教育理论能够影响人们的教育行为或教育活动，那么，既有所见又有所不见的现行教育理论，对于人们的教育行为或教育活动（尤其是学校教育活动），能够带来怎样的影响呢？

先来看现行教育理论的所见或所得给学校教育活动带来的积极影响，这表现在如下八个基本方面：一是，就其所把握到的理解教育活动的切入点而言，现行教育理论，能够把握到一方对另一方的影响，这能够支持教育者对受教育者的教育，也能够支持受教育者接受教育者的教育；二是，就其所把握到的教育活动的参加者而言，现行教育理论，能够把握到作为教育者的教师与作为受教育者的学生，这能够支持教师对学生的教育，也能够支持学生接受教师的教育；三是，就其所把握到的教育活动的目的而言，现行教育理论，能够把握到教师所代表的社会目的，这能够支持教师按照社会需要开展教育活动，也能够支持学生接受社会的要求；四是，就其所把握到的教育活动的内容而言，现行教育理论，能够把握到教师所传授的间接经验，这能够支持教师与学生对间接经验的传授与接受；五是，就其所把握到的教育机制而言，现行教育理论，能够把握到教师对学生的主观定位力量，这能够支持师生双方按照教师的主观定位开展教育活动；六是，就其所把握到的教育的途径而言，现行教育理论，能够把握到教师对学生的外在推动力量，这能够支持教师去发挥外力作用，也能够支持学生去接受这种外力作用；七是，就其所把握到的教育活动的形式而言，现行教育理论，能够把握到显在的教育活动形式，这能够支持教师有目的、有计划、有组织地开展既定的教育活动，也能够支持学生按照既定的程序完成受教育的活动；八是，就其所把握到的教育结果而言，现行教育理论，能够把握到教师对学生的主观外在影响或塑造，这能够支持教师按照主观定位去影响或塑造学生，也能够支持学生去接受这种影响或塑造。

再来看现行教育理论的所不见或所失给学校教育活动带来的消极影响，这也表现在如下八个基本方面：一是，就其所遗漏的理解教育活动的切入点而言，现行教育理论，没能把握到学生反过来对教师的回返性影响，缺少回返性影响的现行教育理论，不仅使师生双方处于教师中心的教育活动的封闭状态，而且使师生双方处于由教师中心所必然导致的教师高出于学生的等级性状态或不对等状态。二是，就其所遗漏的教育活动的参加者而言，现行教育理论，没能把握到作为教育者的学生与作为受教育者的教师，这不仅难以推动学生发挥对教师的影响作用，而且也难以推动教师进入谦虚地向学生学习并与学生一起成长的状态。三是，就其所遗漏的教育活动的目的而言，现行教育理论，没能把握到学生的个体目的，这不仅直接造成了教师所代表的社会目的的孤立与对学生个体目的的外在压抑，而且导致了社会目的难以进入与个体目的的对应发展状态。四是，就其所遗漏的教育内容而言，现行教育理论，没能把握到师生双方的直接经验，这不仅使间接经验成为外在于师生的孤立的经验，而且使师生双方难以进入间接经验与直接经验的对应发展状态。五是，就其所遗漏的教育活动的机制而言，现行教育理论，没能把握到由教师的主观定位力量所必然引起的客观定位力量以及由主观与客观所构成的对应定位力量，这不仅使师生双方的行为缺少现实性或操作性的规范，而且使师生双方的行为缺少禁止性或戒律性的规范。六是，就其所遗漏的教育活动的途径而言，现行教育理论，没能把握到学生对教师的外在影响途径以及师生双方内在或自我影响的途径，这不仅使师生双方难以发挥彼此相互对应的影响，而且也使双方难以发挥内在的自我教育或影响。七是，就其所遗漏的教育活动的形式而言，现行教育理论，没能把握到与显在教育活动形式相对应的隐在教育活动，缺少隐在教育的单一显在教育，不仅使师生双方处于由单一目的性与计划性所导致的单调的程序性状态之中，而且使师生双方处于由这种单调程序所导致的缺少变化或生机的沉闷状态之中。八是，就其所遗漏的教育活动的结果而言，现行教育理论没能把握到学生对教师的影响结果以及师生双方自我教育的结果，这不仅使教师难以获得源于学生的影响结果，而且使师生双方难以获得自我教育的结果。

归纳上述的积极与消极作用，我们看到，现行教育理论：有利于认识或理解教师对于学生的教育，却不利于认识或理解学生反过来对于教师的教育，因此，也不利于认识或理解师生双方相互对应的教育；有利于教师的施教与学生的受教地位，却不利于学生的施教与教师的受教地位，因此，也不利于师生双方施教与受教地位的对应存在与发展；有利于教师代表的社会目的的实行，却不利于学生个体目的的实行，因此，也不利于社会目的与个体目的对应实行；有利于师生对间接经验的关注，却不利于师生对直接经验的关注，因此，也不利于双方对间接经验与直接经验的对应关注；有利于教师对学生的主观单线定位，却不利于学生对教师的主观单线定位，因此，也不利于师生由主观与客观的不同对应所产生的三线定位；有利于教师对学生的外在影响，却不利于学生对教师的外在影响，因此，也不利于师生双方外在与内在的对应影响；有利于师生在显在形式中的教育，却不利于师生在隐在形式中的教育，因此，也不利于师生双方在显在与隐在对应形式中的教育；有利于实现教师对学生的教育结果，却不利于实现学生对教师的教育结果，因此，也不利于实现师生双方彼此与自我的对应教育结果。总之，现行教育理论，有利于教师对学生的单方教育，却不利于学生对教师的反向的教育；进一步，还不利于师生之间的对应教育。不难理解，现行的教育理论与活动直接导致了师生双方的简单性以及师生双方之间的等级性关系状态或不对等关系状态。所以，现行教育理论就必须被合理地反思与改造。

第五，从上文的分析我们看到，现行教育理论从"人对人的单方影响"切入到对教育的理解，其所把握到的教育也就是一方指向或对于另一方的教育。对教育的这种理解，其实就是典型的简单抽象理解。从学校教育活动的实际看，教师一方指向或对于学生一方的任何影响，都必然会受到来自学生一方的回返性影响并使教师一方处于教育与自我教育的对应状态；同样地，学生一方指向或对于教师一方的任何影响，也都必然会受到来自教师一方的回返性影响并使学生一方处于教育与自我教育的对应状态。因此，师生双方是相互对应、相互影响、相互塑造的教育与自我教育的关系，而不是一方指向或对于另一方的简单教育关系。但是，现行教育理论，却在其简单抽象思维中，人为地割裂了双方实然存在的相互对应关系，只是抽取出一方指向或对于另一方的简单关系并以这种简单关系来泛指双方之间的对应关系。我们将现行教育理论这种主观的以偏概全的抽象思维方式以术语表达为"简单思维"，而将反映师生双方相互关系的事实思维方式以术语表达为"对应思维"。当然，以简单思维为基础的教育理论也就是我们以术语表达的"简单教育论"，而以对应思维为基础的教育理论也就是我们以术语表达的"对应教育论"。

第六，对应教育论，对于简单教育论，能够完成哪些反思与改造呢？

一是，对理解教育的起点或切入点的反思与改造。沿着上文思路，我们看到，简单教育论在理解教育时，是以教育活动中一方对另一方的影响即"人对人的单方影响"为起点或切入点的，这当然是简单思维的结果。在对应思维视野中，一方对另一方的任何影响，都必然会引起另一方的反向影响。由此，就产生了双方之间相互影响的对应关系，而不是现行教育理论所片面把握到的一方对另一方的简单影响关系。

双方之间必然存在的相互影响，其相互对应关系的性质是怎样的？从教育活动的实际看，双方影响的对应关系，就是顺对应与逆对应关系。所谓顺对应关系，也叫作和顺关系或正对应关系，是指双方影响的一致性对应关系，如师生之间的授受关系；所谓逆对应关系，也叫作矛盾关系或负对应关系，是指双方影响的不一致性对应关系，如师生之间授而不受的关系。既然双方影响之间必然存在顺对应与逆对应关系，那么，在教育活动中，师生双方又该如何定位自己的活动呢？这包含如下两种情况：一种情况是以双方影响的一致性为基础，走向双方的互补性或合成性发展，如：通过彼此的授受关系，师生双方都得到了相互补充的发展，这当然是一种理想定位；另一种情况是，以双方影响的不一致性为基础，在不破坏双方教育关系的前提下，经过双方的讨论或调整，走向双方的调整性或生成性发展——要注意，这里包含两种定位。一种是在不一致性前提下，双方就要讨论或调整，如，面对双方授而不受的情况，师生就要讨论或调整其中的偏差，以便走向协调性或生成性的发展，这是一种操作性或现实性的定位。另一种是在不一致性前提下，双方都不能破坏教育关系，如，面对双方授而不受的情况，师生都不能打破双方的教育关系，以保障双方能够顺利进行讨论或协调，这是一种禁止性或戒律性的定位。由此，我们就得到了以双方影响的对应关系为根据的三种定位——我们以术语表达的三线定位，而不是现行教育理论所把握到的教师对学生的单线定位。

二是，对理解教育活动参加者的反思与改造。沿着上文思路，我们看到，简单教育论，在"人对人的单方影响"的狭窄视野中，只能看到教师一方的施教地位与学生一方的受教地位，这当然是简单思维的结果。在对应思维视野中，教师的任何施教行为，都必然会引起学生的受教反应并对教师产生影响。由此，就产生了师生双方施教与受教地位的相互对应关系，而不是现行教育理论所片面把握到的教师一方的施教地位与学生一方的受教地位。

师生双方施教与受教相互对应关系的性质，是怎样的呢？征之于实际，我们看到，这种对应关系的性质，就是顺对应与逆对应关系。既然双方的施教与受教之间必然存在顺对应与逆对应关系，那么，在教育活动中，师生双方又该如何定位自己的活动呢？沿着三线定位的思路，我们能够得到如下三种定位：①理想性定位，这是双方施教与受教一致性前提下的定位，这种定位能够带来双方的互补性或合成性发展。②操作性定位，这是双方施教与受教不一致性前提下的定位，这种定位能够带来双方的协调性或生成性发展。③戒律性定位，这是双方施教与受教不一致性前提下的定位，这种定位能够避免双方对应教育关系的破裂。

三是，对理解教育目的的反思与改造。沿着上文思路，我们看到，简单教育论，在"人对人的单方影响"的狭窄视野中，只能看到教师一方的目的性而看不到学生一方的目的性，这当然是简单思维的结果。在对应思维视野中，教师一方对学生一方的任何目的，都必然会引起学生一方的反应并产生学生一方的目的。由此，就产生了师生双方教育目的的相互对应关系，这也就是教师所代表的社会目的和学生个体目的之间的对应关系，而不是现行教育理论所片面把握到的教师所代表的社会目的对学生的简单关系。

师生双方教育目的相互对应关系的性质是怎样的呢？征之于实际，我们看到，这种对应关系的性质就是顺对应与逆对应关系。既然双方的教育目的之间必然存在顺对应与逆对应关系，那么，在教育活动中，师生双方又该如何定位自己的目的呢？沿着三线定位的思路，我们能够得到如下三种定位：①理想性定位，这是双方教育目的一致性前提下的定位，这种定位能够带来双方教育目的的互补性或合成性发展。②操作性定位，这是双方教育目的不一致性前提下的定位，这种定位能够带来双方目的的协调性或生成性发展。③戒律性定位，这是双方教育目的不一致性前提下的定位，这种定位能够避免双方对应教育关系的破裂。

　　四是，对理解教育内容的反思与改造。沿着上文思路，我们看到，简单教育论，在"人对人的单方影响"的狭窄视野中，只能看到教师对学生施加的间接经验的教育，这当然是简单思维的结果。在对应思维视野中，间接经验与直接经验，都不可能是孤立存在的，而是对应存在的。由此，就产生了间接经验与直接经验之间的相互对应关系，而不是现行教育理论所片面把握到的教师对学生施加的间接经验对学生的简单关系。

　　在教育内容中，间接经验与直接经验相互对应关系的性质，是怎样的呢？征之于实际，我们看到，这种对应关系的性质就是顺对应与逆对应关系。既然两种经验之间必然存在顺对应与逆对应关系；那么，在教育活动中，师生双方又该如何定位教育内容呢？沿着三线定位的思路，我们能够得到如下三种定位：①理想性定位，这是两种经验一致性前提下的定位，这种定位能够带来两种经验的互补性或合成性发展。②操作性定位，这是两种经验不一致性前提下的定位，这种定位能够带来两种经验的协调性或生成性发展。③戒律性定位，这是两种经验不一致性前提下的定位，这种定位能够避免双方对应教育关系的破裂。

　　五是，对理解教育机制的反思与改造。沿着上文思路，我们看到，简单教育论，在"人对人的单方影响"的狭窄视野中，只能看到教师对学生施加的主观影响；这当然是简单思维的结果。在对应思维视野中，教师对学生施加的任何主观影响，都必然会引起学生的客观反应；当然，学生对教师施加的任何主观影响，也都必然会引起教师的客观反应。由此，就产生了师生双方之间主观与客观影响的对应关系，而不是现行教育理论所片面把握到的教师对学生施加主观影响的简单关系。

　　在教育活动中，师生双方主观与客观影响相互对应关系的性质，是怎样的呢？征之于实际，我们看到，这种对应影响关系的性质，就是顺对应与逆对应关系。既然主观与客观影响之间必然存在顺对应与逆对应关系，那么，在教育活动中，师生双方又该如何定位自己的活动呢？沿着三线定位的思路，我们能够得到如下三种定位：①理想性定位，这是主观与客观影响一致性前提下的定位，这种定位能够带来主观与客观影响的互补性或合成性发展。②操作性定位，这是主观与客观影响不一致性前提下的定位，这种定位能够带来主观与客观影响的协调性或生成性发展。③戒律性定位，这是主观与客观影响不一致性前提下的定位，这种定位能够避免师生双方对应教育关系的破裂。

六是，对理解教育途径的反思与改造。沿着上文思路，我们看到，简单教育论，在"人对人的单方影响"的狭窄视野中，只能看到教师对学生施加的外在影响途径，这当然是简单思维的结果。在对应思维视野中，教师对学生施加的任何外在影响，都必然会引起学生的内在反应或自我反应；当然，学生对教师施加的任何外在影响，也都必然会引起教师的内在反应或自我反应。由此，就产生了师生双方之间外在与内在影响途径的对应关系，而不是现行教育理论所片面把握到的教师对学生施加外在影响的单一途径。

在教育活动中，师生双方外在与内在影响相互对应关系的性质，是怎样的呢？征之于实际，我们看到，这种对应影响关系的性质，就是顺对应与逆对应关系。既然外在与内在影响之间必然存在顺对应与逆对应关系，那么，在教育活动中，师生双方又该如何定位自己的活动呢？沿着三线定位的思路，我们能够得到如下三种定位：①理想性定位，这是外在与内在影响途径一致性前提下的定位，这种定位能够带来两种途径的互补性或合成性发展。②操作性定位，这是外在与内在影响不一致性前提下的定位这种定位能够带来两种途径的协调性或生成性发展。③戒律性定位，这是外在与内在影响不一致性前提下的定位这种定位能够避免师生双方对应教育关系的破裂。

七是，对理解教育活动形式的反思与改造。沿着上文思路，我们看到，简单教育论，在"人对人的单方影响"的狭窄视野中，只能看到教师对学生有目的、有计划、有组织的显在教育活动形式，这当然是简单思维的结果。在对应思维视野中，师生双方既然能够分别对对方施加主观的外在影响以及由这一影响所必然引起的内隐的、客观的自我影响，那么，师生双方就必然会生成显在与隐在的教育活动形式。由此，就产生了师生双方显在与隐在教育活动形式的对应关系，而不是现行教育理论所片面把握到的教师对学生施加的显在教育活动形式。

在教育活动中，师生双方显在与隐在教育活动形式相互对应关系的性质，是怎样的呢？征之于实际，我们看到，这种对应关系的性质，就是顺对应与逆对应关系。既然显在与隐在教育活动形式之间必然存在顺对应与逆对应关系，那么，在教育活动中，师生双方又该如何定位自己的活动呢？沿着三线定位的思路，我们能够得到如下三种定位：①理想性定位，这是显在与隐在教育活动形式一致性前提下的定位，这种定位能够带来两种活动形式的互补性或合成性发展。②操作性定位，这是显在与隐在教育活动形式不一致性前提下的定位，这种定位能够带来两种活动形式的协调性或生成性发展。③戒律性定位，这是显在与隐在教育活动形式不一致性前提下的定位，这种定位能够避免师生双方对应教育关系的破裂。

八是，对理解教育结果的反思与改造。沿着上文思路，我们看到，简单教育论，在"人对人的单方影响"的狭窄视野中，只能看到教师对学生施加的主观外在的影响结果，这当然是简单思维的结果。在对应思维视野中，教师对学生施加的任何外在影响，都必然会转化为学生的内在影响结果；当然，学生对教师施加的任何外在影响，也都必然会转化为教师的内在影响结果。由此，就产生了师生双方之间外在教育结果与自我教育结果的对应关系，而不是现行教育理论所片面把握到的教师对学生施加的外在教育结果。

在教育活动中，师生双方外在教育结果与自我教育结果相互对应关系的性质，是怎样的呢？征之于实际，我们看到，这种对应关系的性质，就是顺对应与逆对应关系。既然外在教育结果与自我教育结果之间必然存在顺对应与逆对应关系，那么，在教育活动中，师生双方又该如何定位自己的活动呢？沿着三线定位的思路，我们能够得到如下三种定位：①理想性定位，这是外在教育结果与自我教育结果一致性前提下的定位，这种定位能够带来双方的互补性或合成性发展。②操作性定位，这是外在教育结果与自我教育结果不一致性前提下的定位，这种定位能够带来双方的协调性或生成性发展。③戒律性定位，这是外在教育结果与自我教育结果不一致性前提下的定位，这种定位能够避免师生双方对应教育关系的破裂。

归纳地看，对应教育论，在理解教育活动的切入点、教育活动的参加者、教育的目的、内容、机制、途径、形式与结果这些教育活动的基础方面，都不是对简单教育论的简单否定，而是对简单教育论的反思、改造与推进，当然也可以说是对简单教育论的批判、继承与发展。

第七，对应教育论，对于学校教育活动的实际，又能够带来怎样的影响或改造呢？

一是，就其所把握到的理解教育的起点或切入点而言，对应教育论，既然是以教育活动中双方的对应影响为起点的，那么，就不仅能够推动教育者与受教育者双方进入到对应影响或对应塑造的对应教育状态，而且能够推动双方进入到以对应性为基础的三线定位的对等教育状态。由此，可以规避学校教育实际中教育者对受教育者单方影响的孤立或封闭状态，也可以规避由这种单方影响所必然导致的双方影响之间的不对等教育状态。

二是，就其所把握到的理解教育的参加者而言，对应教育论，既然能够把握到师生双方对应的施教与受教地位，那么，就不仅能够推动师生双方进入到对应影响或对应塑造的对应教育状态，而且能够推动双方进入到以对应性为基础的三线定位的对等教育状态。由此，可以规避学校教育实际中教师施教与学生受教的孤立或封闭状态，也可以规避由教师施教与学生受教所必然导致的双方施教与受教之间的不对等教育状态。

三是，就其所把握到的教育目的而言，对应教育论，既然能够把握到对应存在的社会目的与个体目的，那么，就不仅能够推动社会目的与个体目的的对应的影响与对应的改造，而且能够推动社会目的与个体目的进入到以对应性为基础的三线定位的对等关系状态。由此，可以规避由单一社会目的所必然导致的教育目的的孤立或封闭状态，也可以规避由这种单一社会目的所必然导致的双方教育目的之间的不对等关系状态。

四是，就其所把握到的教育内容而言，对应教育论，既然能够把握到对应存在的间接经验与直接经验，那么，就不仅能够推动两种经验的对应影响与对应改造，而且能够推动两种经验进入以对应性为基础的三线定位的对等关系状态。由此，可以规避由单一间接经验所必然导致的教育内容的孤立或封闭状态，也可以规避由单一间接经验内容所必然导致的不同教育内容之间不对等的关系状态。

五是，就其所把握到的教育机制而言，对应教育论，既然能够把握到师生双方对应存在的主观与客观影响，那么，就不仅可以推动师生双方进入到主观与客观对应影响或对应塑造的对应教育状态，而且能够推动师生双方进入以主观与客观的对应性为基础的三线定位的对等活动状态。由此，可以规避学校教育实际中教师单一主观定位的孤立或封闭状态，也可以规避由教师单一主观定位所必然导致的双方影响之间的不对等关系状态。

六是，就其所把握到的教育途径而言，对应教育论，既然能够把握到师生双方对应存在的外在与内在影响途径，那么，就不仅可以推动师生双方进入到外在与内在途径对应的教育状态，而且能够推动师生双方进入以外在与内在途径的对应性为基础的三线定位的对等关系状态。由此，可以规避学校教育实际中教师对学生外在影响途径的孤立或封闭状态，也可以规避由教师对学生单一外在影响途径所必然导致的不同教育途径之间的不对等状态。

七是，就其所把握到的教育活动形式而言，对应教育论，既然能够把握到师生双方对应存在的显在教育与隐在教育，那么，就不仅可以推动教育活动进入到显在教育与隐在教育的对应活动形式之中，而且能够推动教育活动进入以显在与隐在形式的对应为基础的三线定位的对等形式状态。由此，可以规避学校教育实际中单一显在教育活动形式的孤立或封闭状态，也可以规避由单一显在教育所必然导致的不同教育活动形式之间的不对等状态。

八是，就其所把握到的教育结果而言，对应教育论，既然能够把握到师生双方对应存在的外在教育与自我教育，那么，就不仅可以推动师生双方得到外在教育与自我教育的对应教育结果，而且能够推动师生双方得到以外在教育与自我教育的对应为基础的三线定位的对等教育结果。由此，可以规避学校教育实际中教师对学生单一外在教育结果的孤立与封闭状态，也可以规避由单一外在教育结果所必然导致的不同教育结果之间的不对等状态。

归纳上述八个基本方面，我们看到，对应教育论：不仅有利于认识或理解教师对于学生的教育，而且有利于认识或理解学生反过来对于教师的教育，因此，也有利于认识或理解师生双方以对应性为基础的对等教育；不仅有利于教师的施教与受教地位，而且有利于学生的施教与受教地位，因此，也有利于师生双方以施教与受教的对应性为基础的对等地位；不仅有利于教师代表的社会目的实行，而且有利于学生个体目的的实行，因此，也有利于以两种目的的对应性为基础的对等实行；不仅有利于师生对间接经验的关注，而且有利于师生对直接经验的关注，因此，也有利于以两种经验的对应性为基础的对等关注；不仅有利于教师对自身行为的三线定位，而且有利于学生对自身行为的三线定位，因此，也有利于师生以双方行为的对应性为基础的对等定位；不仅有利于师生的外在影响途径，而且有利于师生的内在影响途径，因此，也有利于师生双方以两种途径的对应性为基础的对等影响途径；不仅有利于师生的显在活动形式，而且有利于师生的隐在活动形式，因此，也有利于师生双方以两种形式的对应性为基础的对等活动形式；不仅有利于实现教师对学生的教育结果，而且有利于实现学生对教师的教育结果，因此，也有利于实现以两种结果的对应性为基础的对等教育结果。总之，对应教育论，不仅能够将现行的简单教育理论与活动状态，推进到对应教育理论与活动状态，而且能够将现行以简单教育理论与活动为基础的等级性的或不对等的教育关系状态，推进到以对应教育理论与活动为基础的对等的教育关系状态。

综合上述对现行教育理论即简单教育论的反思与改造，我们就能得到对应教育论的如下基本研究步骤：

一是，探寻思维活动的切入点。这一操作过程要求我们根据简单教育论对教育理解的基本内容（即关于教育的概念）这种思维结果，去反向地推论简单教育论理解或把握教育的思维起点或切入点；如本文前面谈到的，简单教育论是从"人对人的单方影响"切到对教育的理解的。这里需要仔细注意：探寻思维切入点的过程，内含一种对思维活动做反向推论的具体方法，我们将这种方法，以术语表达为"思维活动还原法"，即由思维的"结果"，去反向推论思维的"过程"，再继续推论思维的"起点或切入点"。因此，通过思维活动还原法，我们就可以将思维活动区分为"思维活动的起点或切入点""思维活动的过程"与"思维活动的结果"三个相对明确的环节，以便为分析思维活动奠定框架性基础。

二是，分析思维活动的遮蔽性。从操作上看，思维的遮蔽性分析，涉及两个相互对应的方面。一方面是，寻找从思维切入点上的所见或所得、根据及其积极作用。如本文前面谈到的，简单教育论从"人对人的单方影响"切到对教育的理解，其所见，就是教师指向学生的影响或塑造；其根据，就是社会文化的一致性或绵延性需要学校教育的传承；其积极作用，就是不仅便于教师对学生的简单教育，而且也能够满足社会对教育的简单传承需要。另一方面是，寻找从思维切入点上的所不见或所失、根源及其消极作用。如本文前面谈到的，简单教育论从"人对人的单方影响"切到对教育的理解，其所不见，就是学生反过来指向教师的影响或塑造；其根源，就是简单教育论中的片面抽象思维；其消极作用，就是不仅不利于师生之间的对应教育，而且也无法回应社会对教育的传承与创新的对应需要。这里需要特别提示：思维的遮蔽性，表达的是从思维切入点上的所见与所不见两者之间相互对应的阻挡、遮掩或掩蔽的属性，这是人类思维的客观内在属性，而不是人的主观错误或失误。按照我们的理解，人们从任何一个切入点上对对象的把握，都会有所见或所得，也会有所不见或所失，并且所见或所得与所不见或所失两者之间存在相互对应的遮蔽。这正如用一束光去照射某个对象，我们就会得到关于这个对象的光明面，也会得到关于这个对象的阴暗面，并且在光明面与阴暗面之间存在相互对应的遮蔽一样。

三是，确立对应体。经由思维的遮蔽性分析，我们就可以得到相互对应的存在，即对应体；如本文前面谈到的，简单教育论从"人对人的单方影响"切到对教育的理解，其所见就是教师指向学生的影响或塑造，而其所不见则是学生反过来指向教师的影响或塑造。经过我们的遮蔽性分析，就可以确立起"由教师指向学生的教育向度"与"由学生指向教师的教育向度"这两种相互对应的教育向度。这里需要仔细注意：对应体，具有不同存在形式；如"由教师指向学生的教育向度"，就以简单教育论所谓"有目的、有计划、有组织"的显在教育形式而存在，而"由学生指向教师的教育向度"则以无目的、无计划、无组织的隐在教育形式而存在。顺便一提，这种无目的、无计划、无组织的隐在教育，是现行简单教育论所无法把握到的教育形式；而关注隐在教育与显在教育的对应，则是对应教育论的基本内容之一。因此，关注对应体的不同存在形式，可以使人们更精准地把握对应体的具体存在。

四是，对应力分析。确立了对应体之后，就需要去探索对应体之间的力量，即对应力分析。具体地看，对应力分析包括如下三种基本情况：顺对应或正对应、逆对应或反对应、零对应或无对应。顺对应或正对应，指的是双方之间的一致性关系或和顺关系；逆对应或反对应，指的是双方之间的不一致性关系或矛盾关系；零对应或无对应，指的是双方各自相对独立、没有关系。以上文谈到的"教师指向学生"与"学生指向教师"的双向度对应为例：学生接受来源于教师的指向与教师接受来源于学生的指向，都属于双方的顺对应或正对应关系；学生反对来源于教师的指向与教师反对来源于学生的指向，都属于双方的逆对应或反对应关系；学生不明白教师的指向与教师不明白学生的指向，都属于双方的零对应或无对应关系。这里需要特别强调，师生双方之间的顺对应关系、逆对应关系与零对应关系，就是对应教育论所把握到的学校教育的内在机理或机制。我们认为，只有仔细考察教育的内在机理或机制，才可能从操作上去克服现行简单教育论在师生关系上的"教师主导论"或"外因决定论"的粗疏，也才可能精准地确立起师生双方对应转化的内在根据。

五是，对应功能分析。沿着对应力分析的思路，我们看到，对应力的功能包括如下三种基本情况：顺对应或正对应的功能，是实现处于对应关系中的双方的互补或合成；逆对应或反对应的功能，是推动处于对应关系中的双方的新成或生成；零对应或无对应的功能，是不会带来处于对应关系中的双方的变化。以上文谈到的"教师指向学生"与"学生指向教师"的双向度对应的功能为例：师生双方的顺对应功能，就是实现师生双方的互补性转化，也就是教师补充学生，同时，学生也补充教师；师生双方的逆对应功能，就是推动师生双方以相互讨论或相互批评为基础的新变化，即生成，也就是教师改变学生，同时，学生也改变教师；师生双方的零对应功能，就是师生双方都没有受到来自对方的影响而且没有发生变化，也就是教师没有改变学生，同时，学生也没有改变教师。这里需要仔细辨析，我们分析的是对应力的"功能"（客观），而不是"价值"（主观）；同时，我们分析的是师生双方的"转化"（客观），而不是"发展"（主观）。我们之所以做出这种区分，最基本的目的就是要克服现行简单教育论片面的"教育价值论"，并将教育的主观价值与教育的客观功能做出对应的考察。

　　六是，对应定位或三线定位。沿着对应的功能分析的思路，我们看到，对应定位的过程，从抽象理论来说，那就是受到客观与主观两方面因素限定的过程；从具体操作来说，那就是在客观限定下的主观选择过程，或者说，是以被动性为基础的主动选择过程。从上文谈到的"教师指向学生"与"学生指向教师"的对应功能来看，在教育活动中，如何对这两种功能进行对应定位呢？那首先就是要明确"教师指向学生"与"学生指向教师"这两种向度与功能，都是教育活动中客观的对应存在而与人的主观愿望无关。然后，在把握到这种对应存在的前提下，去做出自己的对应选择或定位；这包括如下三种定位。第一种定位是，上线定位，即理想性或愿望性定位：这是以"教师指向学生"与"学生指向教师"之间的一致性为前提的定位；如，学生接受教师的影响，同时，教师也接受学生的影响。上文谈到，这种以一致性为基础的定位，能带来师生双方的互补性或合成性变化或发展。第二种定位是，中线定位，即现实性或操作性定位：这是以"教师指向学生"与"学生指向教师"之间的不一致性为前提的定位；如，学生不接受教师的影响，或者，教师不接受学生的影响。上文谈到，这种以不一致性为基础的对应定位，经由双方的讨论或调整，能带来师生双方的协调性或生成性变化或发展。第三种定位是，下线或底线定位，即禁止性或戒律性定位：这是以"教师指向学生"与"学生指向教师"之间的不一致性为前提的定位。上文谈到，这种定位，经由双方的禁止或管控，能够避免师生双方对应教育关系的破裂。这里需要特别提醒：对应定位的过程，不是现行简单教育论所片面把握到的单线主观定位的过程（如主观规定由教师指向学生的单向度）；而是客观限定中的主观规定过程，或者是被规定中的主动规定过程，这也就是三线定位的过程。

　　为了更清楚地把握两种定位的不同，我们不妨将在单线定位与三线定位视野中所形成的两种学校教育概念对比如下。

　　现行简单教育论的单线定位概念——学校教育，就是教师对学生的简单影响活动。

　　对应教育论的三线定位概念——学校教育，就是教师与学生双方的对应影响活动。在理想的维度上，它是指师生双方以一致性为基础的互补性的教育；在现实的维度上，它是指师生双方以不一致性为基础的生成性的教育；在戒律的维度上，它是指师生双方以不一致性为基础的禁止性的教育即双方都不能以自我为中心而破坏或割裂双方的对应教育。

　　为了更简明地把握这两种定位的不同，我们也不妨将两种学校教育概念中的不同思维路线对比如下。

现行简单教育论的单线定位概念的思维路线——学校教育，应该是什么——请特别注意，现行简单教育论，对于学校教育的概念，只有一条思维路线，即"应该是什么"。

对应教育论的三线定位概念的思维路线——学校教育，在理想的维度上，应该是什么；在现实的维度上，实际是什么；在戒律的维度上，不能是什么——请特别注意，对应教育论，对于学校教育的概念，具有三条思维路线，即"应该是什么""实际是什么"以及"不能是什么"。

不难理解，在实际的学校教育活动中，师生双方通过三线定位活动，不仅可以满足双方的理想追求，而且可以满足双方的现实操作，还可以满足双方的底线戒律——拥有这种对应定位或三线定位能力或素质的人，也就是我们以术语表达的丰富的人；以区别于由现行简单教育论所塑造出的以单一属性为特征的简单的人。不用多说，以对应性为基础而生成的师生之间的三线定位关系，其实，也就是具有差异性或丰富性的师生关系，而以简单性为基础而生成的师生之间的单线定位关系，当然，就只能是等级性关系或不对等关系。

整合上面的内容，我们就能得到反思与改造现行简单教育论的依次递进的六个基本步骤——思维的切入点探寻、思维的遮蔽性分析、确立对应体、对应力分析、对应功能分析、对应定位或三线定位。我们把这六个基本步骤概括起来，以术语表达为"遮蔽—对应分析与定位法"。在侧重于遮蔽性分析的情境中，可以简约地表达为"遮蔽性分析法"；在侧重于对应分析的情境中，可以简约地表达为"对应分析法"；而在侧重于对应定位的情境中，也可以简约地表达为"对应定位法"或"三线定位法"。不难理解，遮蔽性分析法与对应分析法，是侧重于对教育活动的认识或理解的方法，也就是对应哲学或对应教育哲学的认识论；而对应定位法或三线定位法，则是侧重于对教育活动的行为或操作的方法，也就是对应哲学或对应教育哲学的实践论或活动论；至于我们谈到的包括师生在内的人与人之间的对等关系定位法，那是建立在人与人的对应性这一客观基础上的理想选择法或价值定位法。总之，这也就是我们的基本研究路线与具体操作方法，即对应教育论的研究方式。

三、对应教育理论的表达方式

对应教育理论的表达方式，是对对应教育理论的研究方式的表达。既然对应教育理论的研究方式包含六个基本步骤，那么，对应教育理论的表达方式也就包含六个逻辑环节或层次。也就是说，本书对对应教育理论所涉及的具体研究内容，都会采用与依次递进的六个基本步骤相对应的表达环节或层次。我们把这六个表达环节或层次概括起来，以术语表达为"遮蔽—对应分析与定位表达法"。在侧重于遮蔽性分析的情境中，可以简约地表达为"遮蔽性分析表达法"；在侧重于对应分析的情境中，可以简约地表达为"对应分析表达法"；而在侧重于对应定位或三线定位的情境中，也可以简约地表达为"对应定位表达法"或"三线定位表达法"，如我们在上面对学校教育概念所做的三线定位。另外，本书在每节内容的前面，都设置了"切问"，以提起读者对内容的关注，而在每节内容的后面，都设置了"附言"，以强化读者对内容的感受。

上 篇 01

对应教育的理论基础

第一章

对应哲学与对应教育

第一节　关注对等思维的对应教育

切问：

1. 现行简单教育论主张，教师对于学生有明显的优势——在这种教师优越论或学生不足论的判断里，包含着等级性思维吗？

2. 现行简单教育论主张，人是高等动物——在这种人与动物或人与自然的高等或低等的判断里，包含着等级性思维吗？

3. 现行简单教育论主张，社会高于个体——在这种人与社会的高等或低等的判断里，包含着等级性思维吗？

4. 现行简单教育论主张，成人具有成熟性而未成年人具有不足性——在这种成人的成熟性与未成年人的不足性的判断里，包含着等级性思维吗？

5. 如果师生双方，都分别具有优越性与不足性，那么，师生双方就应该是对等的关系吗？如果人与自然、人与社会、人与自我双方，都分别具有优越性与不足性，那么，双方就应该是对等的关系吗？

6. 等级性思维的内在机理或机制是怎样的？对等思维的内在机理或机制又是怎样的？我们需要从等级性思维，转换到对等思维吗？

一、对等思维的提出

对等思维，是对应于现行简单教育论中的等级性思维或不对等思维而言的；因此，要弄明白对等思维，就需要从现行简单教育论中的等级性思维或不对等思维谈起。

二、等级性思维或不对等思维的存在及其后果

在《当代教育学》中，关于教师与学生双方，这样写道："在知识上，教师是知之较多者，学生是知之较少者；在智力上，教师是较发达者，学生是较不

发达者；在社会生活经验上，教师是较丰富者，学生是欠丰富者。教师对于学生有明显的优势。"① 这就是流行于现行简单教育论中的教师优越论或学生不足论。在对师生双方的这种理解中，教育，也就是具有优越性的教师一方，指向或对于具有不足性的学生一方的影响或塑造。这种教师一方具有优越性而学生一方具有不足性的教育者与受教育者的关系，必然会导致师生之间，以教育者的优越性与受教育者的不足性为基础的支配与被支配关系，这其实也就是双方的等级性关系或不对等关系。这种由单一的教育者指向受教育者的教育所必然导致的等级性关系，早在马克思时代，就有明白的揭示。在《关于费尔巴哈的提纲》中，马克思写道："有一种唯物主义学说，认为人是环境和教育的产物，因而认为改变了的人是另一种环境和改变了的教育的产物，——这种学说忘记了：环境正是由人来改变的，而教育者本人一定是受教育的。因此，这种学说必然会把社会分成两部分，其中一部分高出于社会之上（例如，在罗伯特·欧文那里就是如此）。"② 在这里，我们只从教育者与受教育者双方的关系来看，按照马克思的理解，如果教育者仅仅把握到自己主动影响受教育者的主动性或优越性方面，而没有把握到自己同时受到受教育者影响的被动性或不足性的另一方面，那么，就必然会导致教育者与受教育者双方支配与被支配的高与低的等级性关系——套用马克思的话来表达，也就是教育者"高出于"受教育者的等级性关系。

三、等级性思维或不对等思维过程中的泛化性比较

（一）泛化性比较在师生比较中的表现

既然现行简单教育论中的教师优越论或学生不足论，必然会导致师生双方的等级性关系或不对等关系，那么，该如何对它进行反思与改造呢？这就需要从教师优越论或学生不足论中的思维运作谈起。下面，我们结合引文中关于师生比较的三个维度，做一简析。

从师生比较的知识维度看：在教师所教学科的方面，当然可以说，"教师是知之较多者，学生是知之较少者"，但是，在教师所教学科之外，这一命题则很难成立。比如，一个喜欢绘画的学生，对绘画知识的了解，就很难是一个不喜

① 袁振国. 当代教育学 [M]. 北京：教育科学出版社，2010：87.
② 中共中央马克思恩格斯列宁斯大林著作编译局编. 马克思恩格斯选集：第1卷 [M]. 北京：人民出版社，1972：17.

欢绘画的教师所能比较的。然而，教师优越论，却仅仅以教师所教学科的较多知识，去比较学生在这方面的较少知识，然后，再从整体上，以偏概全地做出教师优越论或学生不足论的判断——我们将这种以偏概全的比较，以术语表达为泛化性比较，而建立在泛化性比较这一基础上的思维，也就是我们以术语表达的等级性思维。

从师生比较的智力维度看：在智力涉及的理性方面，当然可以说，"教师是较发达者，学生是较不发达者"，但是，在智力涉及的幻想力或想象力方面，这一命题则很难成立。因为学生尽管在理性方面是欠发达者，但同时，也就更少受到理性的束缚而更具发散思维的幻想力或想象力。然而，教师优越论，却仅仅以智力的理性方面，去比较学生的理性方面，然后，再从整体上，以偏概全地做出教师优越论或学生不足论的判断——这当然是泛化性比较的结果，也当然是等级性思维的结果。

从师生比较的社会生活经验维度看：在既成的社会生活经验方面，当然可以说，"教师是较丰富者，学生是欠丰富者"，但是，在生成的社会生活经验方面，这一命题则很难成立。因为尽管在既成的社会生活经验方面，学生是欠丰富者，但同时，也就更少受到既成社会生活经验的束缚而更能生成或创新社会的生活经验。然而，教师优越论，却仅仅以既成的社会生活经验方面，去比较学生的既成方面，然后，再从整体上，以偏概全地做出教师优越论或学生不足论的判断——这当然还是泛化性比较的结果，也还是等级性思维的结果。

归纳上面三个维度，我们看到，现行简单教育论，对师生双方的比较，都是以教师在某一方面的优越性，去比较学生在这一方面的不足性，然后，再以这种片面的优越性，去以偏概全地推论出整体的教师优越性或学生的不足性。正如我们分析的那样，这种泛化性比较的结果，就是内在地衍生出师生双方的等级性关系。因此，我们就将建立在泛化性比较这一基础上的思维，称之为等级性思维。

（二）泛化性比较在人与自然、人与社会、人与自我比较中的表现

如果我们走出师生比较的具体内容，而进入现行简单教育论的一般视野，那么，我们就不难发现，现行简单教育论，在涉及人的三重基本关系（即人与自然、人与社会、人与自我的关系）上，都存在泛化性比较的问题或偏差。

从人与自然的关系维度看，现行简单教育论，依旧沿袭近代以来形成的所谓人是高等动物的观点，这里就有分明的等级性思维。这种思维，在人与动物的比较上，就以人的某一方面的优越性（比如，人能利用工具去改造自然），去

比较动物的不足性（比如，动物只是本能地适应自然）；然后，再从整体上，以偏概全地推论出人的优越性与动物的不足性——这是明显的泛化性比较的结果。

从人与社会的关系维度看，现行简单教育论，依旧沿袭机械马克思主义者所谓社会高于个体的观点，这里也有分明的等级性思维。这种思维，在人与社会的比较上，就以社会的某一方面的优越性（比如，社会制度规定的合理性），去比较个体的不足性（比如，个体自我的不合理性），然后，再从整体上，以偏概全地推论出社会的优越性与个体自我的不足性——这也是明显的泛化性比较的结果。

从人与自我的关系看，现行简单教育论，依旧沿袭机械马克思主义者所谓从低级到高级的简单发展观，这里也有分明的等级性思维。这种思维，在人与自我的比较上，就以某一阶段的优越性（比如，成人的成熟性），去比较另一阶段的不足性（比如，未成年人的不足性）；然后，再从整体上，以偏概全地推论出某一阶段的优越性与另一阶段的不足性——这还是明显的泛化性比较的结果。

归纳上面三个维度，我们看到，现行简单教育论，在人与自然、人与社会、人与自我的双方比较中，都是以一方在某一方面的优越性，去比较另一方在这方面的不足性，然后，再以这种片面的优越性，去以偏概全地推论出一方的整体优越性与另一方的整体不足性。当然，这种明显的泛化性比较的结果，就导致了人与自然关系上的人高出于自然的等级性关系，也导致了人与社会关系上的社会高出于个体的等级性关系，还导致了人与自我关系上的阶段等级性关系。不难理解，等级性思维的内在机理或机制，就是其思维运作中的泛化性比较。

四、对等级性思维或不对等思维的改造：由泛化性比较到遮蔽性比较

如何改造现行简单教育论中的等级性思维呢？既然这种等级性思维，是由于其思维运行中以偏概全的泛化性比较直接造成的，那么，要改造这种等级性思维，就需要改造其背后的泛化性比较。

从人与自然的关系看，在某些方面，人确实比动物高等，比如，人能够利用工具去改造自然，而动物只能本能地适应自然；但是，要注意——人利用工具的高等性，却又必然导致对自然的更大的破坏性，而动物本能地适应自然却并不造成对自然的破坏性。这种比较的过程，就是将人利用工具的高等性与利用工具导致的破坏性，做出了对应的考察。但是，在常识的直接思考中，人们却常常能够把握到利用工具的高等性，而把握不到利用工具的破坏性。这里的基本原因是，人们常常将人利用工具的高等性的方面，做出以偏概全的或泛化的理解，由此就阻挡或掩盖了破坏性的方面。彰显人利用工具的高等性方面，

对其破坏性方面的阻挡或掩盖，就是我们以术语表达的"遮蔽性"；而关注或考察这种遮蔽性的比较，就叫作遮蔽性比较。在遮蔽性比较的视野中，人与动物双方，各有自己的优越性与不足性；而不是人具有高等性，而动物具有低等性。因此，人与动物之间，就是相互对等的关系，而不是不对等的或等级性的关系；关于这种对等关系的思维，就是我们以术语表达的对等思维。

从人与社会的关系看，在某些方面，社会比个体确实具有优越性，比如，社会在合理的制度中，能够更好地推动个体的生存或发展；但是，要注意——社会在不合理的制度中，却会存在对个体束缚或压抑的不足性方面。这种比较的过程，就是将社会制度的合理性与不合理性，做出了对应的考察。但是，在常识的直接思考中，人们却常常能够把握到制度的合理性，而把握不到制度的不合理性。这里的基本原因是，人们常常将制度的合理性方面，做出以偏概全的或泛化的理解，由此就阻挡或掩盖了不合理性的方面。彰显社会制度的合理性方面，对其不合理性方面的阻挡或掩盖，也就是我们以术语表达的"遮蔽性"，而关注或考察这种遮蔽性的比较，就是遮蔽性比较。在遮蔽性比较的视野中，人与社会双方，各有自己的合理性（或优越性）与不合理性（或不足性）；而不是社会具有合理性（或优越性），而个体具有不合理性（或不足性）。因此，人与社会之间，就是相互对等的关系，而不是不对等的或等级性的关系；关于这种对等关系的思维，也就是对等思维。

从人与自我的关系看，在某个阶段，人的某些年龄特征，确实比另外的阶段更具优越性，比如，成人比儿童更具有理性的优越性；但是，要注意——成人理性的优越性，却又必然带来理性对幻想力或想象力限制的不足性。这种比较的过程，就是将理性的优越性与其所带来的不足性，做出了对应的考察。但是，在常识的直接思考中，人们却常常能够把握到成人理性的优越性，而把握不到理性的不足性。这里的基本原因是，人们常常将成人理性优越性的方面，做出以偏概全的或泛化的理解，由此就阻挡或掩盖了不足性的方面。彰显成人理性优越性方面，对其不足性方面的阻挡或掩盖，还是我们以术语表达的"遮蔽性"；而关注或考察这种遮蔽性的比较，就是遮蔽性比较。在遮蔽性比较的视野中，人成长的不同阶段，各有自己的优越性与不足性，而不是某个阶段具有优越性，而另外的阶段具有不足性。因此，人成长的不同阶段，就是相互对等的关系，而不是不对等的或等级性的关系，关于这种对等关系的思维，还是对等思维。

归纳上面三个维度，我们看到，在人与自然、人与社会、人与自我的关系上，遮蔽性比较，都是将一方的优越性，与这一优越性所遮蔽的不足性，做出对应的比较。由此，我们便改造了现行简单教育论在泛化性比较中所形成的双方的等级性关系或不对等关系，而得到了双方的对等关系；而关于双方的对等关系的思维，也就是对等思维。不难理解，对等思维的内在机理或机制，也就是遮蔽性比较。

五、对等思维对教师优越论的改造

在对等思维的视野中，我们能够对本节提到的教师优越论或学生不足论，做出哪些改造呢？一是，教师与学生双方，各有自己的优越性与不足性；而不是教师具有优越性，学生具有不足性。二是，教师与学生双方，各有以优越性与不足性为基础的影响性与被影响性；而不是教师具有影响性，学生具有被影响性。三是，教师与学生双方，是对应的平等，即对等关系，而不是不对等关系或等级性关系。

六、本节提示

最后，需要做两点提示：一是，我们之所以做出上面的反思与改造，不仅是为了改造现行简单教育论在包括师生关系在内的人与自然、人与社会、人与自我关系维度上的等级性的严重偏差；而且要改造这种等级性关系背后的泛化性比较思维，以便克服与这种思维习惯所共生的僵硬的等级性心理以及等级性行为或活动，以便构建出与对等思维所共生的富有生命力的对等心理以及对等行为或活动。二是，要想从等级性思维，转换到对等思维，就必须由泛化性比较，转换到遮蔽性比较，而分析泛化性比较中的遮蔽性，就是其中的关键。

附言：

1. 仅仅看到教师优越性与学生不足性的观点，属于常识性的偏见，它经不起理性的检验。

2. 所谓人是高等动物的判断，真实地反映出人的不智与傲慢，这只能带来人对自然的冷淡与疏远。

3. 在社会高于个体的认识里，潜藏着对个体合理性的贬低与压抑，它必将导致个体对社会的逃逸或疏离。

4. 所谓成人具有成熟性的见识，包含着成人习惯性的自鸣得意，它常常使成人在安稳中陷落于平庸与僵化的境地。

5. 等级性思维所把握到的人，永远只能是单一性质的人，即单性人；以等级性思维为基础的教育，也永远只能塑造出单性人。

6. 师生双方，各有自己的优越性与不足性，这是构建双方对等关系的认识论前提，以对等思维为基础的教育，才可能涵养出具有对应感受丰富的人。

第二节　关注相互对象性思维的对应教育

切问：

1. 仅仅以子女为对象的家庭教育，属于简单教育吗？而以子女与父母双方为对象的家庭教育，属于对应教育吗？简单教育与对应教育所包含的思维方式，有什么不同？

2. 仅仅以学生为对象的学校教育，属于简单教育吗？而以学生与教师双方为对象的学校教育，属于对应教育吗？简单教育与对应教育所包含的思维方式，有什么不同？

3. 仅仅以他人为对象的社会教育，属于简单教育吗？而以他人与自己双方为对象的社会教育，属于对应教育吗？简单教育与对应教育所包含的思维方式，有什么不同？

4. 为什么人们容易看到子女作为父母教育的对象，学生作为教师教育的对象，他人作为自己教育的对象；而很难同时看到父母也是子女教育的对象，教师也是学生教育的对象，自己也是他人教育的对象？我们需要区分不同教育对象的存在方式吗？

5. 在人类的行为或活动中，一方以另一方为对象的任何影响，都必然会受到来自另一方的影响吗？我们可以把人类活动的这种内在属性，以术语表达为人类行为或活动的回返性吗？

6. 由简单对象性思维，转换到相互对象性思维，其中的转换机理或机制在哪里呢？

一、相互对象性思维的提出

相互对象性思维，是相对于简单教育论中的简单对象性思维来说的。简单教育论中的简单对象性思维是怎样的呢？

二、简单对象性思维的存在

在《当代教育学》中，有如下表达："教师是教育者"，"学生是教育的对象。"① 按照现行简单教育论的理解，教师是教育者，而学生则是教育的对象。因此，教育也就是教师指向或对于学生的教育——这是就学校教育来说的。从家庭教育看，父母就成了教育者，而子女就成了教育的对象。因此，家庭教育，也就是父母指向或对于子女的教育。从社会教育看，人与他人双方，一方是教育者，而另一方则是教育的对象。因此，社会教育，也就是一方指向或对于另一方的教育。总之，在现行简单教育论的理解中，教育活动，也就是一方指向或对于另一方的活动。这种一方以另一方为指向或对象的活动，就是简单对象性活动，而其中运作的思维，就是简单对象性思维。

三、对简单对象性思维的遮蔽性分析

简单对象性思维的切入点在哪里呢？从其所理解的教育活动这一思维的结果看，简单对象性思维，是从一方指向另一方的影响切到对教育活动的理解的。在这一切入点上，简单对象性思维，能够把握到教育哪些方面的内容呢？从学校教育来看，这表现在如下三个基本方面：一是把握到了教师作为教育者的属性，即影响性，与学生作为受教育者的属性，即被影响性；二是把握到了由教师指向学生的教育向度；三是把握到了教师对学生的影响或塑造，或者说，把握到了学生的被影响或被塑造。需要注意，这些所见或所得，都是以"有目的、有计划、有组织"的主观的显在教育形式而存在的；所以，比较容易引起人们的关注。所以，显在教育是现行简单教育论能够关注到的内容。这些所见或所得的合理性，是建立在学校教育要传承社会文化与人类代际关系的客观需要这一坚实基础上的。然而，现行简单教育论的这一切入点，又遗漏或遮蔽了教育哪些方面的内容呢？从学校教育来看，这表现在如下三个基本方面。一是，遮蔽了教师作为受教育者的被影响性与学生作为教育者的影响性。这是因为，在实际的教育活动中，教师指向学生的任何影响或塑造；都必然会反过来，对教师产生回返性影响或塑造，由此，教师就成了学生的受教育者，而学生则成了教师的教育者。二是，遮蔽了由学生指向教师的教育向度。这是因为，在实际的教育活动中，学生不管是接受还是反对教师的影响，都必然会产生影响教师的教育向度。三是，遮蔽了学生对教师的影响或塑造，或者说，遮蔽了教师的

---

① 袁振国. 当代教育学 ［M］. 北京：教育科学出版社，2010：71-80.

被影响或被塑造。这是因为，在实际的教育活动中，学生不仅是教师的受教育者，而且也是教师的教育者。需要注意，这些遗漏或遮蔽，常常是以"无目的、无计划、无组织"的客观的隐在教育形式而存在；所以，就不容易引起人们的关注。隐在教育是现行简单教育论难以把握到的内容。所以，这些遗漏或遮蔽的不合理性，就是现行简单教育论，它已经无法回应社会文化与人类代际关系对学校教育的创造性或创新性的客观需要。因此，现行简单教育论的这种简单对象性思维，就需要被合理地反思与改造。

四、对简单对象性思维的反思与改造

如何反思与改造现行简单教育论所运作的简单对象性思维呢？这就需要从现行简单教育论的思维来源谈起。现行简单教育论，深受近代主体实践哲学，尤其是以康德为代表的德国近代主体实践哲学的影响——广泛流布于现行教育学教材、论文、论著、辞典等文本中所谓的"教育主体""教育主体性""主体性教育"等高频词，这就是这种影响至今不衰的明证。思想史的常识可以告诉我们，近代主体实践哲学，是作为对欧洲千年中世纪对人的主动性压抑或压迫的反拨而出现的。康德关于人为自然立法、为他人立法、为自己立法的系列命题，就是为张扬人的主动性或摆脱人的被动性而提出来的——为摆脱人久积的被动性，康德特别关注的就是人的主体性的一个方面即主动性。然而，人为自然立法、为他人立法、为自己立法的实际后果又如何呢？就人与自然的关系来看，人当然可以为自然立法；但是，人为自然立法的任何行为或活动，都必然会反过来对人产生回返性影响——套用康德的表达方式，那就是，自然为人立法。当人为自然立法时，自然就成为人的立法对象，这是人的主观能够把握到的对象，所以是显在的对象。而当自然为人立法时，人就成了自然的立法对象，这是客观生成的对象，所以是人的主观难以把握的隐在的对象。总之，人与自然之间，不是简单的对象性关系，而是相互的对象性关系。只是需要注意，相互对象性关系的存在，具有显在与隐在的不同形式。就人与他人的关系来看，人当然可以为他人立法；但是，人为他人立法的任何行为或活动，都必然会反过来对人产生回返性影响——套用康德的表达方式，那就是，他人为人立法。当人为他人立法时，他人就成为人的立法对象，这是人的主观能够把握到的对象，所以是显在的对象。而当他人为人立法时，人就成了他人的立法对象，这是客观生成的对象，所以是人的主观难以把握的隐在的对象。总之，人与他人之间，不是简单的对象性关系，而是相互的对象性关系。只是需要注意，相互对象性关系的存在，具有显在与隐在的不同形式。就人与自己的关系来看，人

当然可以为自己立法；但是，人为自己立法的任何行为或活动，也都必然会反过来对人产生回返性影响——套用康德的表达方式，那就是，自己为人立法。当人为自己立法时，自己就成了人的立法对象，这是人的主观能够把握到的对象，所以是显在的对象。而当自己为人立法时，人就成了自己的立法对象，这是客观生成的对象，所以是人的主观难以把握的隐在的对象。总之，人与自己之间，不是简单的对象性关系，而是相互的对象性关系。只是需要注意，相互对象性关系的存在，具有显在与隐在的不同形式。归纳人与自然、人与他人、人与自己这三个方面的关系：人与对象之间，都不是简单的对象性关系，而是相互的对象性关系。只是需要注意，相互对象性关系的存在，具有显在与隐在的不同形式。我们之所以关注这两种不同的存在形式，最基本的考虑就是，要将人的主观活动与主观活动所引起的客观后果，做出对应的区分，以便在双方的对应关系中考察双方的存在与变化，避免由人的片面主观而造成的对客观的轻视、忽视甚至排斥——本文谈到的现行简单对象论的教育观，就是对客观的轻视、忽视甚至排斥的明证。

五、相互对象性思维对简单对象性思维中的教育的反思与改造

相互对象性思维，能够对简单对象性思维中的教育，完成哪些方面的反思与改造呢？

一是，对现行简单教育对象观的反思与改造。在相互对象性思维的视野中，就家庭教育看，家庭教育的对象，不仅包括子女一方，而且包括父母一方，而不是现行简单教育论所片面把握到的子女一方。只是需要注意，子女是显在的家庭教育对象，而父母则是隐在的家庭教育对象。就学校教育看，学校教育的对象，不仅包括学生一方，而且包括教师一方，而不是现行简单教育论所片面把握到的学生一方。只是需要注意，学生是显在的学校教育对象，而教师则是隐在的学校教育对象。就社会教育看，社会教育的对象，不仅包括被他人教育的一方，而且包括教育他人的一方，而不是现行简单教育论所片面把握到的被他人教育的一方。只是需要注意，被他人教育的一方，是显在的社会教育对象，而教育他人的一方则是隐在的社会教育对象。总之，在相互对象性思维的视野中，教育的对象，是教育活动中的双方，而不是单方，或者说，教育活动，是双方互为对象的活动，而不是一方以另一方为对象的活动。只是需要注意，作为教育的对象，双方的存在形式却有显在教育与隐在教育的不同。

二是，对现行简单教育向度的反思与改造。在相互对象性思维的视野中，教育活动中的双方，既然互为对象，那么，彼此之间的教育指向，也就必然是

双向度指向，而不是现行简单教育论所片面把握到的单向度指向。就家庭教育看，父母与子女双方之间是双向度影响，而不是一方指向另一方的单向度影响。这里需要注意，由父母指向子女的教育向度，是以显在教育指向的形式存在，而由子女指向父母的教育向度，则以隐在教育指向的形式存在。就学校教育看，教师与学生双方之间是双向度影响，而不是一方指向另一方的单向度影响。这里需要注意，由教师指向学生的教育向度，是以显在教育指向的形式存在，而由学生指向教师的教育向度，则以隐在教育指向的形式存在。就社会教育看，人与人双方之间是双向度影响，而不是一方指向另一方的单向度影响。这里需要注意，由教育者一方，指向受教育者一方的教育向度，是以显在教育指向的形式存在，而由受教育者一方，指向教育者一方的教育向度，则以隐在教育指向的形式存在。

三是，对现行简单教育结果的反思与改造。在相互对象性思维的视野中，教育活动中的双方，既然是互为对象、相互指向的，那么，就必然会受到彼此的影响或塑造而发生转化或变化（包含退变与发展的对应），而不是现行简单教育论所片面把握到的单方面发展。就家庭教育看，教育的结果，就是父母与子女双方的转化或变化，而不是子女一方的转化或变化，这里需要注意，子女一方的转化或变化，以显在教育的形式存在，而父母一方的转化或变化，则以隐在教育的形式存在。就学校教育看，教育的结果，就是教师与学生双方的转化或变化，而不是学生一方的简单发展。这里需要注意，学生一方的转化或变化，以显在教育的形式存在，而教师一方的转化或变化，则以隐在教育的形式存在。就社会教育看，教育的结果，就是人与人双方的转化或变化，而不是一方的转化或变化。这里需要注意，受教育者一方的转化或变化，以显在教育的形式存在，而教育者一方的转化或变化，则以隐在教育的形式存在。

六、本节小结

综上所述，现行简单教育论，在其简单对象性思维中，能够把握到学校教育中简单对象性的学生观，能够把握到家庭教育中简单对象性的子女观，也能够把握到社会教育中简单对象性的他人观。在这种简单对象性教育观视野中，教育，也就是教育者一方以受教育者一方为对象的单方面影响或塑造。对教育的这种理解，虽然有助于对社会文化与人类代际关系的传承，但是，却不利于对社会文化与人类代际关系的创新。因此，我们从简单对象性思维的来源，即从近代主体实践哲学，尤其是从康德的主体实践哲学那里，对这一简单对象性思维做出了反思与改造。在事实思维基础上，我们看到，在人与自然、人与他人、人与自己这三个基本维度上，人与对象的关系，都不是简单对象性的关系，而是相互对象性的关系，只是相互对象性关系存在，具有显在与隐在的不同形式。在相互对象性思维中，我们既能把握到学校教育中互为对象的师生观，也能把握到家庭教育中互为对象的父母子女观，还能把握到社会教育中互为对象的人与他人观。在这种相互对象性思维的视野中，教育，也就是在教育活动中双方互为对象的影响或塑造，而不是一方以另一方为对象的简单影响或塑造。

七、本节提示

在本节最后，需要强调如下两点：一是，人们要想实现从简单对象性思维到相互对象性思维的转换，就需要特别关注人类活动的回返性这一中介过渡机制；因为，正是人类活动的对象性与回返性这一内在对应性，才使人与对象双方连结为相互对应的存在。二是，人们要想实现从简单对象性教育观到相互对象性教育观的转换，就需要特别关注人类活动的显在与隐在形式；因为，正是人类活动的这两种形式，才使人的主观与客观连结为相互对应的存在。

附言：

1. 不明白自己也是子女教育对象的父母，就不可能在家庭教育中建立起与子女的对等关系。

2. 只有将自己作为学生教育对象的教师，才可能在学校教育中建立起与学生的对等关系。

3. 只有将自己也作为他人教育对象的人，才可能在社会教育中建立起与他人的对等关系。

4. 人类活动的回返性，是人类活动的本性，这决定了，人对于对象的任何活动，都必然会返回来与自己相对应。

5. 由简单对象性思维，到相互对象性思维的过渡，内在地需要去关注人类行为或活动的回返性这一基本事实。

6. 教育活动回返性的事实，内在地要求人们从简单对象性的教育，转换到相互对象性的教育。

第三节　关注边界思维的对应教育

切问：

1. 现行简单教育论，为什么仅仅把握到教师是学生的教育者，而不能同时把握到教师是学生的受教育者呢？从思维活动的历程看，这里存在以偏概全的失误吗？以偏概全的思维，就是泛化性思维吗？这种思维会存在抽象的遗漏吗？对泛化性思维的分析，就是对其存在的遮蔽性的分析吗？由此，我们能达到边界思维吗？

2. 现行简单教育论，为什么仅仅把握到学生是教师的受教育者，而不能同时把握到学生是教师的教育者呢？从思维活动的历程看，这里存在以偏概全的失误吗？以偏概全的思维，就是泛化性思维吗？这种思维会存在抽象的遗漏吗？对泛化性思维的分析，就是对其存在的遮蔽性的分析吗？由此，我们能达到边界思维吗？

3. 现行简单教育论，为什么仅仅把握到教师的主动性与学生的被动性，而不能同时把握到教师的被动性与学生的主动性呢？从思维活动的历程看，这里存在以偏概全的失误吗？以偏概全的思维，就是泛化性思维吗？这种思维会存在抽象的遗漏吗？对泛化性思维的分析，就是对其存在的遮蔽性的分析吗？由此，我们能达到边界思维吗？

4. 现行简单教育论，为什么仅仅把握到学生在教师影响中的变化或转化，而不能同时把握到教师在学生影响中的变化或转化呢？从思维活动的历程看，这里存在以偏概全的失误吗？以偏概全的思维，就是泛化性思维吗？这种思维，会存在抽象的遗漏吗？对泛化性思维的分析，就是对其存在的遮蔽性的分析吗？由此，我们能达到边界思维吗？

5. 泛化性思维、遮蔽性思维、边界思维的活动机理或机制是怎样的？要想从泛化性思维，转换到遮蔽性思维，再转换到边界思维，就需要去关注它们不同的活动机理或机制吗？

6. 在人类认识活动涉及的人或事物的存在状态、关系属性、变化或转换这三大基本环节上，泛化性思维的本质，是简单性吗？遮蔽性思维的本质，是对应性吗？边界思维的本质，是具体规定性或限定性吗？

一、边界思维的提出

边界思维，是对应着现行简单教育论中的泛化性思维而言的，要明白边界思维，就先要明白泛化性思维。

二、泛化性思维的存在及其内在机制

什么是泛化性思维？一般来说，泛化性思维，就是人们将从某个特定切入点上对人或事物的认识，不加限定地推广或扩大，以至于掩盖了对人或事物其他方面认识的思维。在实际生活中，人们总是从人或事物的某个方面，去直接感受或认识事物的，其实，这也就是人们日常经验的直接性或简单性。而一旦获得了对人或事物的这种直接的感受或认识，人们便会以这种直接的感受或认识，去推论或泛指人或事物的整体，由此，便常常会代替或掩盖对人或事物整体的感受或认识。分析地看，在人类认识活动涉及的人或事物的存在状态、关系属性、变化或转换这三大基本环节上，泛化性思维，涉及如下基本内容：

一是，在对人或事物存在状态的认识维度上，泛化性思维，虽然能够把握到简单对象性关系中人或事物的存在；但是，却又以简单对象性关系中的人或事物的存在，代替或掩盖了相互对象性关系中人或事物的存在。用普通逻辑的话说，这就是以偏概全的思维。从现行简单教育论对教师与学生双方的认识看，在我们上一节引用的那本教育学教材中就写道："教师是教育者"，"学生是教育的对象"①。这当然是典型的泛化性思维的结果。在这里，泛化性思维，是从教师对学生的影响，切到对教师与学生的抽象理解的。泛化性思维的这种抽象，能够直接把握到作为教育者的教师，也能够直接把握到作为受教育者的学生；但是，却以这种抽象的简单对象性关系中的师生，去泛指实际的相互对象性关系中的师生，以至于代替或掩盖了互为教育者与受教育者的对应的师生双方。

二是，在对人或事物关系属性的认识维度上，泛化性思维，虽然能够把握到简单对象性关系中人或事物的单一属性；但是，却又以简单对象性关系中的人或事物的单一属性，代替或掩盖了相互对象性关系中人或事物的属性。用普通逻辑的话说，这就是以偏概全的思维。从现行简单教育论对教师与学生双方属性的认识看，在我们上一节引用的那本教育学教材中就认为，教师具有主动性，学生具有被动性。这当然是典型的泛化性思维的结果。在这里，泛化性思维，是从教师对学生的影响，切到对师生关系属性的抽象理解的。泛化性思维

---

① 袁振国. 当代教育学［M］. 北京：教育科学出版社，2010：72，80.

的这种抽象，能够直接把握到教师主动地对学生的影响，也能够直接把握到学生被动地接受来自教师的影响；但是，却以这种抽象的简单对象性关系中双方的单一属性，去泛指实际教育活动中互为对象的双方的对应属性，以至于代替或掩盖了分别具有主动性与被动性的师生双方的属性。

三是，在对人或事物变化或转化的认识维度上，泛化性思维，虽然能够把握到简单对象性关系中一方对另一方的规定性变化；但是，却又以简单对象性关系中单方的规定性变化，代替或掩盖了相互对象性关系中相互规定的双方变化。用普通逻辑的话说，这也就是以偏概全的思维。从现行简单教育论对教师与学生双方的变化或转化看，在我们上一节引用的那本教育学教材中就认为，教师对学生进行教育，而学生则发生了教师期待的变化。这当然是典型的泛化性思维的结果。在这里，泛化性思维，是从教师对学生的影响，切到对教育结果的抽象理解的。泛化性思维的这种抽象，能够直接把握到教师对学生的影响，或者说，能够直接把握到学生在教师影响中的变化；但是，却以这种抽象的简单对象性关系中的单方面的变化，去泛指实际的相互对象性关系中相互对应的变化，以至于代替或掩盖了互为对象的师生双方的变化或转化。

总之，泛化性思维，在对人或事物的存在状态、关系属性、变化或转化这三个基本维度上，都存在以简单对象性关系中的简单性，去推论或泛指相互对象性关系中的对应性，以至于代替或掩盖了人或事物对应性的基本失误。其实，泛化性思维的这种失误，也就是以关于人或事物主观抽象的简单性，它代替或掩盖了人或事物真实存在的对应性；其思维运作的内在机理或机制，就是其以偏概全的主观抽象的泛滥化，即泛化。

三、对泛化性思维的反思与改造，即遮蔽性分析

如何反思与改造泛化性思维呢？既然泛化性思维的运作机理或机制，就是其以偏概全的主观抽象的泛化；那么，最基本的，就是要反思与改造其以偏概全的失误，即抽象过程中的遗漏（简称"抽象遗漏"），并做出对应的还原（简称"抽象还原"或"抽象添加"）——这也就是我们以术语表达的遮蔽性分析，而以这种遮蔽性分析为基础的思维就是遮蔽性思维。分析地看，遮蔽性思维，涉及如下三方面的基本内容：

一是，在对人或事物存在状态的认识维度上，遮蔽性思维，首先就是要分析泛化性思维的抽象遗漏，其次再对这种遗漏做出对应的添加。泛化性思维，在对人或事物存在状态的认识维度上，虽然能够抽取到简单对象性关系中的人或事物的存在；但是，却遗漏了相互对象性关系中的人或事物的存在。因此，

遮蔽性思维，就不仅要分析这种遗漏，而且要做出必要的添加。从本文谈到的师生双方的存在状态看，泛化思维，在其抽象过程中，虽然抽取到了作为教育者的教师与作为受教育者的学生；但是，却遗漏了作为受教育者的教师与作为教育者的学生。因此，遮蔽性思维，就必须做出抽象的还原或添加，即补充出师生双方，既作为教育者，又作为受教育者的对应存在状态。

　　二是，在对人或事物的关系属性的认识维度上，遮蔽性思维，首先就是要分析泛化性思维的抽象遗漏，其次再对这种遗漏做出对应的添加。泛化性思维，在对人或事物关系属性的认识维度上，虽然能够抽取到简单对象性关系中的人或事物的属性；但是，却遗漏了相互对象性关系中的人或事物的属性。因此，遮蔽性思维，就不仅要分析这种遗漏，而且要做出必要的添加。从本文谈到的师生双方的关系属性看，泛化性思维，在其抽象过程中，虽然抽取到了教师的主动性与学生的被动性；但是，却遗漏了教师的被动性与学生的主动性。因此，遮蔽性思维，就必须做出抽象的还原或添加，即补充出师生双方，既有主动性又有被动性的对应属性。

　　三是，在对人或事物的变化或转化的认识维度上，遮蔽性思维，首先就是要分析泛化性思维的抽象遗漏，其次再对这种遗漏做出对应的添加。泛化性思维，在对人或事物的变化或转化的认识维度上，虽然能够抽取到简单对象性关系中的一方对另一方的规定性变化或转化；但是，却遗漏了相互对象性关系中的人或事物的变化或转化。因此，遮蔽性思维，就不仅要分析这种遗漏，而且要做出必要的添加。从本文谈到的师生双方的变化或转化看，泛化性思维，在其抽象过程中，虽然抽取到了教师对学生的规定性变化或转化；但是，却遗漏了师生双方相互规定的变化或转化。因此，遮蔽性思维，就必须做出抽象的还原或添加，即补充出师生双方，在相互规定中的对应的变化或转化。

　　总之，遮蔽性思维，在对人或事物的存在状态、关系属性、变化或转化这三个基本维度上，都是反思与改造泛化性思维的抽象遗漏并做出对应添加的认识过程。明显地，遮蔽性思维，不是对泛化性思维的简单排斥或抛弃，而是对它以偏概全简单性的改造。在这里，需要特别注意：对泛化性思维的这种抽象遗漏的分析与对这种抽象遗漏的还原或添加，就是遮蔽性思维的运作机理或机制——因此，要从泛化性思维转换到遮蔽性思维，就要仔细把握这一过渡环节。

四、边界思维视野中人或事物

　　既然我们对泛化性思维做出了遮蔽性分析，那么，我们就得到了关于人或事物的内在属性即对应性。当然，这种对应性还只是抽象的一般对应性，在具体语境或情境中，还必须对其做出具体的限定或定位——这种关于人或事物在特定情境中的限定或规定的思维，也就是我们以术语表达的边界思维。

在边界思维的视野中，在涉及人或事物的存在状态、关系属性、变化或转化这三个基本维度上的内容，又会是怎样的呢？分析地看，这包括如下基本内容：

一是，人或事物，是相互对象性关系中的存在，或者说，是边界关系中的存在，而不是泛化性思维所片面把握到的简单对象性关系中的存在。从师生双方的存在状态看：那就是，师生双方，都分别既是教育者，又是受教育者。在这里，要注意其中的边界限定：师生双方，在影响对方时，就是教育者，而在受对方影响时，则是受教育者；而不是现行简单教育论把握到的、泛化的、没有边界限定的教师是教育者，而学生是受教育者。

二是，人或事物，具有相互对象性关系中的对应属性，或者说，具有边界关系中的对应属性，而不是泛化性思维所片面把握到的简单对象性关系中的单一属性。从师生双方的关系属性看，那就是，师生双方，都分别具有主动性与被动性。在这里，要注意其中的边界限定：师生双方，在影响对方时，自己具有主动性而对方具有被动性，在受对方影响时，自己具有被动性而对方具有主动性；而不是现行简单教育论所把握到的、泛化的、没有边界限定的教师具有主动性，而学生具有被动性。

三是，人或事物，都会受到对方的影响而发生对应的变化或转化，或者说，都会受到对方的边界影响而发生对应的边界变化或转化，而不是泛化性思维所片面把握到的一方的变化或转化。从师生双方的变化或转化看，那就是，师生双方，都分别受到对方的影响而发生相互对应的变化或转化。在这里，要注意其中的边界限定：师生双方，在具体影响对方时，也会受到对方的具体影响，在受对方具体影响时，也会具体影响到对方；而不是现行简单教育论所把握到的、泛化的、没有边界限定的、学生单方面的所谓发展。

总之，在关于人或事物的存在状态、关系属性、变化或转化这三大基本环节上，边界思维，都是在遮蔽性分析所得到的人或事物的内在对应性基础上，结合特定情境所做出的具体规定或限定。从建设性的方面说，边界思维，就是特定情境中的思维；从规避性的方面说，边界思维，就是对泛化性思维中不加限定的、简单泛滥化的、排斥的思维。

五、本节小结：泛化性思维、遮蔽性思维与边界思维的本质

综上所述，我们看到，现行简单教育论中的泛化性思维，存在以偏概全的

严重偏差。因此，我们对它做出了遮蔽性分析，并达到边界思维的状态。归纳地看，泛化性思维的本质，就是不加限定的片面性或简单性；遮蔽性思维的本质，则是改造泛化性思维片面性的补充性或对应性；边界思维的本质，便是对一般对应性在特定情境中的具体限定或规定。

六、本节提示

在本节的最后，需要提示如下两点：一是，我们之所以反思与改造现行简单教育论中的泛化性思维，不仅是要改造现行的简单教育观，而且要改造其背后的简单思维，以便在遮蔽性思维的基础上，转换到边界思维的具体对应性上来，以便为对等社会关系的建立，奠定坚实的认识论基础或哲学基础。二是，要想从泛化性思维，转换到遮蔽性思维，再转换到边界思维，就必须仔细注意"抽象遗漏分析""抽象还原"或"抽象添加"以及"特定情境限定"这些中介机理或机制，脱离了这些过渡环节，就很难实现不同思维状态的转换。

附言：

1. 不加限定地说，教师是教育者，学生是受教育者——这是泛化的师生观的典型表达。

2. 教师与学生双方，都既是教育者，又是受教育者——这是边界师生观的基本分别。

3. 教师的主动性，是有边界限定的主动性，没有边界限定的主动性，就只能是任意性，即任性。

4. 学生的被动性，是有边界限定的被动性，没有边界限定的被动性，就只能是奴隶性，即奴性。

5. 师生双方，既是教育者又是受教育者——明于此，才可能构建出相互教育的对等的社会关系。

6. 一方是教育者而另一方是受教育者的简单教育，在最好的情况下，也只能实现对教育者意志的简单传播或传递。

第四节　关注对应差异思维的对应教育

切问：

1. 师生双方的存在状态：仅仅是现行简单教育论所把握到的矛盾状态吗？

师生双方，就没有和谐或和顺状态吗？师生双方，就没有自在自为状态吗？现行简单教育论的矛盾思维，需要被合理地反思与改造吗？

2. 教学双方的存在状态：仅仅是现行简单教育论所把握到的矛盾状态吗？教学双方，就没有和谐或和顺状态吗？教学双方，就没有自在自为状态吗？现行简单教育论的矛盾思维，需要被合理地反思与改造吗？

3. 师生双方的变动力量：仅仅是现行简单教育论所把握到的双方之间的对立或对抗吗？双方之间的和谐或和顺，就不能推动双方的变化吗？双方的自我力量，就不能推动双方的变化吗？现行简单教育论的矛盾思维，需要被合理地反思与改造吗？

4. 教学双方的变动力量：仅仅是现行简单教育论所把握到的双方之间的对立或对抗吗？双方之间的和谐或和顺，就不能推动双方的变化吗？双方的自我力量，就不能推动双方的变化吗？现行简单教育论的矛盾思维，需要被合理地反思与改造吗？

5. 师生双方的变化状态：仅仅是现行简单教育论所把握到的学生一方的所谓发展吗？教师一方，不会由于受到学生一方的影响而发生变化吗？师生双方，不会由于受到自我的影响而发生变化吗？现行简单教育论的矛盾思维，需要被合理地反思与改造吗？

6. 教学双方的变化状态：仅仅是现行简单教育论所把握到的学习一方对教授一方的接受吗？教授一方，不会由于受到学习一方的影响而发生变化吗？教学双方，不会由于受到自我的影响而发生变化吗？现行简单教育论的矛盾思维，需要被合理地反思与改造吗？

一、对应差异思维的提出

对应差异思维，是对应于现行简单教育论中的矛盾思维而言的。因此，要弄明白对应差异思维，就需要从现行简单教育论中的矛盾思维谈起。

二、矛盾思维的存在

先来看现行简单教育论中的矛盾思维。在上一节我们引用的那本国家级规划的教育学教材中，关于师生关系的考察，就写道："师生关系是教育活动中最基本的矛盾关系。"[①] 在另一本也是国家级规划的教育学教材中，这样写道："从对教育基本因素的分析中，我们可以看出，在教育活动中，'教'与'学'

---

① 袁振国. 当代教育学 [M]. 北京：教育科学出版社，2010：84.

的矛盾是基本矛盾。教育的目的能否实现，取决于这一对矛盾的合理解决。"①这两本教育学教材，对作为学校教育基础的师生关系与教学关系的考察，都用到了矛盾思维这一哲学方法，这便是现行简单教育论中的矛盾思维。

三、矛盾思维的基本内容

什么是矛盾思维呢？一般而言，矛盾思维涉及如下三个维度上的基本内容：一是，在对人或事物的存在状态的认识维度上，矛盾思维，是从对立或对抗去把握的。在矛盾思维看来，人或事物，就是矛盾，或者说，人或事物，总是处在矛盾状态之中。二是，在对人或事物的关系属性的认识维度上，矛盾思维，是从主次关系去把握的。在矛盾思维看来，人或事物的矛盾关系，都可以分析为主要矛盾与次要矛盾的关系，而在这两种矛盾关系中，都包含矛盾的主要方面与次要方面的关系。人或事物的关系属性，当然，也就是由主要矛盾与次要矛盾的关系来规定，或者由矛盾的主要方面与次要方面的关系来规定。三是，在对人或事物的变化或转化的认识维度上，矛盾思维，是从统一去把握的。在矛盾思维看来，人或事物的变化或转化的内在动力，就是矛盾，即对立或对抗，而对立或对抗的结果，便是实现了两种矛盾（即主要矛盾与次要矛盾）或矛盾两个方面（即矛盾的主要方面与次要方面）的统一。总之，矛盾思维，也就是关于人或事物的矛盾存在、矛盾关系及其对立统一的思维。套用现行哲学教科书的语言来表达，矛盾思维，也就是"对立统一"的思维。

四、对矛盾思维的遮蔽性分析

现行简单教育论，以矛盾思维来考察师生关系与教学关系，能够得到哪些内容呢？这主要表现在如下三个方面：

一是，就师生双方与教学双方的存在状态看，矛盾思维，能够把握到处于对立或对抗关系中的教师与学生，也能够把握到处于对立或对抗关系中的教师的教与学生的学。征之于学校教育的实际，我们看到，教师与学生双方，或者，教师的教与学生的学双方，当然会存在对立或对抗这一事实，所以，现行简单教育论在矛盾思维中的这一理解，是有根据的。

二是，就师生双方与教学双方的关系属性看，矛盾思维，能够把握到处于主动地位（即主要矛盾或矛盾的主要方面）的教师与处于被动地位（即次要矛盾或矛盾的次要方面）的学生，也能够把握到教师的教的主导性（即主要矛盾

---

① 叶澜. 教育概论 [M]. 北京：人民教育出版社，2006：23.

或矛盾的主要方面）与学生的学的被动性（即次要矛盾或矛盾的次要方面）。征之于学校教育的实际，我们看到，教师与学生的双方关系属性，或者，教师的教与学生的学的双方关系属性，确实会具有矛盾思维所把握到的主动（即主要）与被动（即次要）的事实，所以，现行简单教育论在矛盾思维中的这一理解，也是有根据的。

三是，就师生双方与教学双方的变化或转化看，矛盾思维，能够把握到教师对学生的统一，或者说能够把握到学生被教师所统一，也能够把握到教师的教对学生的学的统一，或者说能够把握到学生的学被教师的教所统一。直白地表达，这也就是学生在教师主导下的所谓发展。征之于学校教育的实际，我们看到，教师与学生双方的变化或转化，或者，教师的教与学生的学双方的变化或转化，当然会存在矛盾思维所把握到的教师对学生的统一的事实，或者教师的教对学生的学的统一的事实，所以，现行简单教育论在矛盾思维中的这一理解，同样地，也是有根据的。

概括地看，现行简单教育论中的矛盾思维，能够把握到的内容，也就是，教师与学生（或者教师的教与学生的学）的对立关系及其统一，即教师对学生的统一，套用现行简单教育论的语言来表达，也就是，学生在教师"主导"中的发展。然而，现行简单教育论，以矛盾思维来考察师生关系与教学关系，却又遗漏或遮蔽了哪些内容呢？这主要表现在如下三个方面。

一是，就师生双方与教学双方的存在状态看，矛盾思维，在把握到处于对立或对抗关系中的教师与学生的同时，却遗漏了处于和谐或和顺关系中的教师与学生，也遗漏了处于相对独立的自在自为中的教师与学生；而在把握到处于对立或对抗关系中的教师的教与学生的学的同时，却遗漏了处于和谐或和顺关系中的教师的教与学生的学，也遗漏了处于相对独立的自在自为中的教师的教与学生的学。征之于学校教育的实际，我们看到，教师与学生双方，或者，教师的教与学生的学双方，当然会存在和谐或和顺的事实，也当然会存在自在自为的事实，所以，现行简单教育论在矛盾思维中的这一遗漏，就必须被补充或添加。

二是，就师生双方与教学双方的关系属性看，矛盾思维，在把握到处于主要地位的教师与处于次要地位的学生的同时，却遗漏了处于次要地位的教师与处于主要地位的学生，还遗漏了师生双方自在自为的相对独立地位；而在把握到教师的教的主导性与学生的学的被动性的同时，却遗漏了教师的教的被动性与学生的学的主导性，还遗漏了教师的教与学生的学的自在自为的相对独立地位。征之于学校教育的实际，我们看到，教师与学生的双方关系属性，或者，教师的教与学生的学的双方关系属性，确实会存在被矛盾思维所遗漏的事实，所以，现行简单教育论在矛盾思维中的这一遗漏，就必须被补充或添加。

三是，就师生双方与教学双方的变化或转化看，矛盾思维，在把握到教师对学生的统一的同时，却遗漏了学生对教师的统一，还遗漏了师生双方自在自为的变化或转化；而在把握到教师的教对学生的学的统一的同时，却遗漏了学生的学对教师的教的统一，还遗漏了教师的教与学生的学双方自在自为的变化或转化。直白地表达，这也就是遗漏了教师在学生影响中的变化或转化，还遗漏了教师与学生双方的自我变化或转化。征之于学校教育的实际，我们看到，教师与学生双方的变化或转化，或者，教师的教与学生的学双方的变化或转化，当然会存在被矛盾思维所遗漏了的事实；所以，现行简单教育论在矛盾思维中的这一遗漏，就必须被补充或添加。

概括地看，现行简单教育论中的矛盾思维，在把握到教师与学生（或者教师的教与学生的学）的对立关系及其统一的同时，却遗漏了双方之间的和谐或和顺关系及其带来的双方的差异性变化或转化，还遗漏了双方自在自为的相对独立的变化或转化。或者说，现行简单教育论，在矛盾思维的狭窄视野中，只能看到学生在教师主导中的发展，却看不到教师与学生双方的差异性变化或转化，也看不到师生双方相对独立的变化或转化。因此，现行简单教育论中的矛盾思维，就必须被合理地反思与改造。

五、对矛盾思维的反思与改造

如何反思与改造现行简单教育论中的矛盾思维呢？沿着上文思路，那就是要由矛盾思维，转换到对应差异思维。怎样完成这一转换呢？那就是要对矛盾思维在关于人或事物的存在状态、关系属性、变化或转化这三个基本维度上的视野做出必要的调整。一是，从对应而不是以对立的视野，来看待人或事物的存在状态。我们知道，现行哲学教科书关于矛盾运动的学说，有两个所谓的前提，即联系与发展。当然，这两个所谓的前提，也就是一个前提，因为，发展，不过是联系的逻辑后果。其实，联系，也不是前提；因为，联系具有自己的前提，即区分。或者说，没有区分，也就没有联系。有了区分，就有了以不同或差异为基础的对应。在这里，需要特别注意：对应关系中的不同或差异，既包括对立关系中的存在，也包括非对立关系中的存在，而不仅仅是矛盾思维所片面把握到的对立关系中的存在。二是，以张力而不是以对立的视野，来看待人或事物的关系属性或运动属性。从人或事物运动的基本事实看，处于对应关系之中的人或事物的运动力量，取决于不同的对应关系及其带来的张力。分析地看，这些不同的对应关系及其带来的张力，可以被分析为三种情况：人或事物的正对应或顺对应关系，由此带来的是一致性对应张力；人或事物的反对应或逆对应关系，由此带来的是不一致性对应张力；人或事物的零对应或无对应关系，则不带来双方之间的对应张力，而只存在双方自我的内在对应张力。在这里，需要特别注意：由对应而产生的张力，既包括正对应产生的一致性张力，也包括反对应产生的不一致性张力，还包括自我的内在对应张力，而不仅仅是矛盾思维所片面把握到的不一致性张力即对立或对抗。三是，以差异而不是统一的视野，来看待人或事物的变化或转化。从人或事物运动的基本事实看，由不同的张力所带来的就是有差别的变化或转化，这可以被分析为三种情况：一致性张力所带来的，是人或事物因相互补充而发生的变化或转化，即互补性变化或转化；不一致性张力所带来的，是人或事物因相互改造而发生的变化或转化，即改造性变化或转化；人或事物，因没有对应关系则不产生双方之间的张力，就不能获得彼此的推动而只能获得自我的推动而发生变化或转化，即自在自为性变化或转化。在这里，需要特别注意：由不同张力带来的人或事物的运动，包括互补性、改造性、自在自为性三种变化或转化情况，而不仅仅是矛盾思维所片面把握到的改造性，即所谓对立统一性的发展这一种变化或转化情况。概括地看，由矛盾思维到对应差异思维的转换，也就是要完成由"对立统一"思维到"对应差异"思维的转换。

六、对矛盾思维与对应差异思维的比较

为更明晰地把握对应差异思维，我们不妨将其与矛盾思维做出如下基本的对应比较：一是，在关于人或事物的存在状态维度上，矛盾思维，只能把握到处于对立或对抗关系中的存在，却遗漏了处于和谐或和顺关系中的存在，还遗漏了处于自在自为中的存在；对应差异思维，则不仅能够把握到处于对立或对抗关系中的存在，而且能够把握到处于和谐或和顺关系中的存在，也能够把握到处于自在自为中的存在。在这里，对应差异思维不是对矛盾思维的简单抛弃，而是对矛盾思维的吸收、排除与转换。二是，在关于人或事物的关系属性维度上，矛盾思维，只能把握到人或事物的简单对立或对抗关系，却遗漏了作为事实存在的多样的对应关系；对应差异思维，则不仅能够把握到人或事物的反对应关系（即对立或对抗关系），而且能够把握到人或事物的正对应与零对应关系。在这里，对应差异思维不是对矛盾思维的简单抛弃，而是对矛盾思维的吸收、排除与转换。三是，在关于人或事物的变化或转化维度上，矛盾思维，只能把握到人或事物简单的对立统一状态，却遗漏了以差异性为内容的多样状态；

对应差异思维，则不仅能够把握到人或事物的对立统一状态，而且能够把握到人或事物以差异性为内容的多样状态。在这里，对应差异思维不是对矛盾思维的简单抛弃，而是对矛盾思维的吸收、排除与转换。总之，矛盾思维，是仅仅关注人或事物的对立与统一的思维，是仅仅在思维中追求人或事物的一致性的思维，这当然也就是我们以术语表达的简单思维；而对应差异思维，则是既关注人或事物的对立与统一，又关注人或事物的和谐与不同，是在主观与客观的对应中追求人或事物以差异性为基础的多样性或丰富性的思维。

七、对应差异思维对矛盾思维中师生关系与教学关系的反思与改造

在对应差异思维的视野中，本文前面谈到的师生关系与教学关系，又会呈现出怎样的状况呢？一是，在师生关系与教学关系的存在状态维度上，对应差异思维认为，师生双方与教学双方，都是具有差异性的对应的存在，或者说，都是既有一致性又有不一致性关系的存在，还是相对独立的自在自为的存在，而不是现行简单教育论，在矛盾思维中片面把握到的仅仅是具有不一致性关系的存在。二是，在师生双方与教学双方的关系属性维度上，对应差异思维认为，师生双方与教学双方，既有一致性对应关系造成的张力，又有不一致性对应关系造成的张力，还有无对应关系或者相对独立关系造成的自我内在的张力，而不是现行简单教育论，在矛盾思维中片面把握到的仅仅具有由对立或对抗造成的张力。三是，在师生关系与教学关系的变化或转化维度上，对应差异思维认为，师生双方与教学双方，既会因一致性对应关系造成的张力而获得互补性变化或转化，也会因不一致性对应关系造成的张力而获得改造性变化或转化，还会因自我内在张力造成的自我变化或转化，而不是现行简单教育论在矛盾思维中，片面把握到的仅仅会因不一致性关系造成的张力而获得所谓统一性的发展。

八、本节小结

综上所述，我们看到，现行简单教育论，以矛盾思维这一认识工具，在考察师生关系与教学关系上的严重偏差。这种偏差的根源，就在于仅仅把握到师生之间或教学之间的对立及其统一，或者说，仅仅把握到了教师对学生（或教师的教对学生的学）的统一，却遗漏了双方关系的和谐，也遗漏了双方变化或转化的差异。直白地说，现行简单教育论，在矛盾思维的视野中，只能把握到学生在教师影响中的所谓发展，却把握不到教师在学生影响中的变化或转化，也把握不到师生双方在自我影响中的变化或转化。因此，我们对它做出了反思与改造并将它推进到对应差异思维的状态。在对应差异思维的视野中，我们就

能够把握到师生双方或教学双方的正对应、反对应与零对应关系，也能够把握到由正对应与反对应所带来的互补性与改造性变化或转化，还能够把握到由自我影响所带来的自在自为性变化或转化。

九、本节提示

在本节的最后，需要做如下两点特别提示：一是，我们之所以将矛盾思维或对立统一思维，改造为对应差异思维，不仅是为了改造现行简单教育论的不足，而且是为改造矛盾思维或对立统一思维这一由来已久的简单思维形式，以便为对等社会构建出以对应差异思维为基础的新的认识论基础。二是，由对立统一思维到对应差异思维转化的过渡机理或机制，就是确立起人或事物的区分这一基本的事实或必要的前提。为此，就要明确改造现行哲学教科书所谓联系与发展的两个前提。

附言：

1. 师生双方有三种存在状态：矛盾状态、和谐状态、自在自为状态，这也就是我们常说的"师生关系的三态"或"师生三态"，教学关系，当然也不例外。

2. 矛盾、和谐与自在自为状态，共同构成学校生活的生机、富丽与多彩，这当然构成对应教育论，对师生双方生活的基本关怀。

3. 师生三态，是学校教育的基本事态，现行简单教育论，却仅仅去追求和谐状态，这其实就是一种反常态，而且，这是一种有点虚假的浪漫的反常态。

4. 师生之间，单一的和谐状态，很难避免彼此对和谐感的疲惫与倦怠，说穿了，单一的和谐状态，只能是一种静止的死亡状态。

5. 师生之间，由矛盾而造成的活跃或紧张，会聚集起彼此长进的最宝贵的推动力量；当然，如果管控不当，也会陷入危险的对抗。

6. 在矛盾与和谐状态之外，还存在自在自为状态，这决定了教师与学生双方逍遥或洒脱状态的必然存在——却构成现行简单教育论的盲目的悲哀。

第五节　关注对应活动思维的对应教育

切问：

1. 学校教育活动彰显在外的教育目的，是实现人的全面发展。但是，学校教育活动客观内隐的过程，却生成了不少"教书匠"或"书呆子"这类片面发展的人。由此，我们就需要对学校教育活动，做出主观外显性与客观内隐性的区分吗？以这种区分为基础的学校教育活动论，可以被称为对应活动论吗？而仅仅把握到主观外显性的学校教育活动论，可以被称为简单活动论吗？

2. 人与自然之间活动的显在目的，是要满足人的主观需要。但是，人与自然之间活动的客观内隐过程，却造成了对人的伤害。由此，我们就需要对人与自然之间的活动，做出主观外显性与客观内隐性的区分吗？以这种区分为基础的活动论，可以被称为对应活动论吗？而仅仅把握到主观外显性的活动论，可以被称为简单活动论吗？

3. 人与他人之间活动的显在目的，是要满足人的主观需要。但是，人与他人之间活动的客观内隐过程，却造成了对人的伤害。由此，我们就需要对人与他人之间的活动，做出主观外显性与客观内隐性的区分吗？以这种区分为基础的活动论，可以被称为对应活动论吗？而仅仅把握到主观外显性的活动论，可以被称为简单活动论吗？

4. 人与自我之间活动的显在目的，是要满足人的主观需要。但是，人与自我之间活动的客观内隐过程，却造成了对人的伤害。由此，我们就需要对人与自我之间的活动，做出主观外显性与客观内隐性的区分吗？以这种区分为基础的活动论，可以被称为对应活动论吗？而仅仅把握到主观外显性的活动论，可以被称为简单活动论吗？

5. 简单活动论的事实依据与理论依据是什么？对应活动论的事实依据与理论依据又是什么？

6. 从简单活动论转换到对应活动论，其间的中介机理或机制是怎样的？

一、对应活动思维的提出

对应活动思维，是相对于现行简单教育论中的简单活动思维而言的。因此，要弄明白什么是对应活动思维，就需要从简单活动思维谈起。

二、简单活动论与简单活动思维的存在

在《当代教育学》中写道："学校教育则是教育者根据一定社会的要求，有目的、有计划、有组织地对受教育者的身心施加影响，期望他们发生某种变化的活动。"[①] 按照现行简单教育论的理解，学校教育，也就是由教育者指向受教

---

① 袁振国. 当代教育学 [M]. 北京：教育科学出版社，2010：4.

育者的有明确目的性与组织性的显在活动——这便是现行简单活动论的教育观，其中的思维，就是简单活动思维。

三、对简单活动论的遮蔽性分析

现行活动论的教育观，考察学校教育活动的思维切入点在哪里呢？既然现行活动论的教育观，将学校教育活动理解为教育者对受教育者的有目的、有计划、有组织的活动，那么，我们就可以通过这一思维活动的结果去逆推其思维活动的切入点。通过这种逆推活动，我们不难看到，其思维活动的切入点，就是教育者主动地去影响受教育者，或者说，现行活动论的教育观，是从教育者主动地去影响受教育者，切到对学校教育活动的考察的。

从教育者主动地去影响受教育者，切到对学校教育活动的考察，现行活动论的教育观，能够把握到哪些方面的内容呢？一是，能够把握到学校教育活动明确的目的，那也就是教育者对受教育者的明确目的；二是，能够把握到学校教育活动可控的推动力量，那也就是教育者对受教育者的可控的计划与组织；三是，能够把握到学校教育活动的可预期的结果，那也就是教育者对受教育者的预期变化。总之，现行活动论的教育观，能够把握到的基本内容，也就是学校教育活动的明确目的、可控的力量与可预期的变化。我们将这种教育者对受教育者的具有明确目的、可控力量与可预期变化的教育，以术语表达为显在教育，以突出其外显性。不难理解，这种对教育活动的简单理解，不过是对学校教育的简单外显活动这一事实的把握；或者说，是对学校教育的简单外显活动事实的认识或反应。很容易理解，现行活动论的教育观，能够把握到的显在教育的基本价值，就是方便于教育者按照预设目的与程序对受教育者进行外在的影响或塑造。

然而，从教育者主动地去影响受教育者，切到对学校教育活动的考察，却又遗漏或遮蔽了哪些方面的内容呢？一是，在学校教育活动的目的维度上，现行活动论的教育观，在把握到教育者对受教育者的明确目的的同时，却遗漏了受教育者对教育者的目的；进一步，还遗漏了这两种目的的对应关系及其在教育活动中客观的变化或转化。二是，在学校教育活动的推动力维度上，现行活动论的教育观，在把握到教育者对受教育者的外在推动力的同时，却遗漏了受教育者个体内在的推动力量；进一步，还遗漏了这两种力量的对应关系及其在教育活动中客观的变化或转化。三是，在学校教育活动的结果维度上，现行活动论的教育观，在把握到教育者对受教育者的预期变化的同时，却遗漏了受教育者个体自我的预期变化；进一步，还遗漏了这两种预期变化的对应关系及其在教育活动中客观的变化或转化。总之，现行活动论的教育观，在把握到教育者一方对受教育者一方的明确目的、外在动力与预期变化的同时，却遗漏了受教育者一方的个体目的、内在动力与预期变化；进一步，还遗漏了双方的对应关系及其在教育活动中客观的变化或转化。在这里需要注意，这些遗漏了的教育内容，不仅不具有明确的主观外显性与可控性；反而具有主观内隐性与客观的生成性或潜在性。我们将这种具有主观内隐性与客观生成性或潜在性的教育，以术语表达为隐在的教育，以强调其客观存在的隐蔽性。不难理解，现行活动论教育观，很难把握到隐在的教育，更难把握到显在教育与隐在教育之间的张力以及由此带来的学校教育的内在生机与活力。

四、对简单活动论的反思与改造

既然现行活动论的教育观，存在严重的遗漏或偏差，那么，该如何对它进行反思与改造呢？这就需要从其背后的哲学基础谈起。

虽然，现行简单教育论，自认为是以实践的观点来看待教育的，但是，这种所谓的实践观点，却是产生于欧洲近代的主体实践哲学的观点，尤其是德国康德的主体实践哲学的观点。康德的主体实践哲学，是一种怎样的哲学呢？从发生看，康德的主体实践哲学，是作为对欧洲千年中世纪对人的主动性压抑或压迫的批判或反拨而出现的。为此，康德当然就需要去强调人之为主体的主动性方面——康德所谓人为自然立法、为他人立法、为自我立法的系统思想，就是这种强调的明证。不难理解，康德对人的主动性的强调，也就是对人之为主体的主观目的性与自由意志性的强调。按照康德的理解，所谓实践，也就是人的主观见之于客观的具有明确目的性与自由意志性的活动——这当然也就是显在的实践活动。由此，我们不难发现，康德把握到了实践活动一个方面的属性，即显在性。

然而，人为自然立法、为他人立法、为自我立法的客观后果，又是怎样的呢？或者说，人的主观见之于客观的实际后果，又是怎样的呢？从人与自然的关系看，人当然可以有对自然活动的主观目的与自由意志，或者说，人当然可以有指向自然的显在性活动；但是，人的主观活动所引起的自然的变化以及这种变化反过来对人的影响，却是一个存在于活动过程内部的客观隐在的事实——这便是人对自然活动的另一方面的属性，即隐在性。从人与他人的关系看，人当然可以有对他人活动的主观目的与自由意志，或者说，人当然可以有指向他人的显在性活动；但是，人的主观活动所引起的他人的变化以及这种变化反过来对人的影响，却是一个存在于活动过程内部的客观隐在的事实——这便是人对他人活动的另一方面的属性，即隐在性。从人与自我的关系看，人当然可以有对自我活动的主观目的与自由意志，或者说，人当然可以有指向自我的显在性活动；但是，人的主观活动所引起的自我的变化以及这种变化反过来对人的影响，却是一个存在于活动过程内部的客观隐在的事实——这便是人对自我活动的另一方面的属性，即隐在性。总之，在人与自然、人与他人、人与自我这三个维度上，人的实践活动，都具有两重性，即显在性与隐在性；或者说，人的主观见之于客观的实际后果，既有显在性又有隐在性。只不过，近代以来的主体实践哲学，仅仅把握了实践活动的显在性，却没能把握到实践活动的隐在性。

从实践活动的两重性来看，人的任何行为或活动，只要具有主观目的性，就必然同时具有由人的主观目的性所引起的客观生成性，其中的主观性与客观性是同时对应存在的。我们将关于人的主观性与客观性同时对应存在的实践活动的理论，以术语表达为对应活动论或对应实践活动论，而将仅仅把握到实践活动的单一主观目的性的理论，以术语表达为简单活动论。不用多说，现行简单教育论的哲学基础，就是从近代产生的简单活动论。

五、对应活动论视野中人与自然、人与他人、人与自我的关系

在对应活动论视野中，人与自然、人与他人、人与自我之间的基本关系，会呈现出怎样的状况呢？

从人与自然之间的活动看，一是，人与自然之间的活动，既包括显在活动，又包括隐在活动，而不是近代以来简单的实践哲学所把握到的单一的显在活动。具体地看，人与自然之间的活动，既包括人对自然的主观预设，又包括自然对人的外在限定，还包括人的主观预设与自然的外在限定两者之间的客观生成，而不仅仅只有人的主观预设。二是，人与自然之间的显在活动与隐在活动，是对应存在的。具体对应存在形式，一般包括如下两种情况：第一种情况是，显在活动与隐在活动的一致性对应或顺对应；如，人与自然之间的和谐关系，就属于这种情况。第二种情况是，显在活动与隐在活动的不一致性对应或逆对应；如，人与自然之间的对抗关系，就属于这种情况。三是，人与自然之间的显在活动与隐在活动的不同对应形式，生成不同的活动机制与功能。具体机制与功能，一般包括如下两种情况：第一种情况是，显在活动与隐在活动的一致性对应或顺对应，能够生成人与自然活动中主观与客观的适配机制并带来人与自然之间的和谐。第二种情况是，显在活动与隐在活动的不一致性对应或逆对应，能够生成人与自然活动中主观与客观的调控机制并推动人与自然活动的内在调

整；如，人与自然之间的对抗关系，就能够带来主观与客观的调整并带来人与自然双方的改造或变化。

从人与他人之间的活动看，一是，人与他人之间的活动，既包括显在活动，又包括隐在活动，而不是近代以来简单的实践哲学所把握到的单一的显在活动。具体地看，人与他人之间的活动，既包括人对他人的主观预设，又包括他人对人的外在限定，还包括人的主观预设与他人的外在限定两者之间的客观生成，而不仅仅只有人的主观预设。二是，人与他人之间的显在活动与隐在活动，是对应存在的，具体对应存在形式，一般包括如下两种情况：第一种情况是，显在活动与隐在活动的一致性对应或顺对应，如，人与他人之间的和谐关系，就属于这种情况。第二种情况是，显在活动与隐在活动的不一致性对应或逆对应，如，人与他人之间的对抗关系，就属于这种情况。三是，人与他人之间的显在活动与隐在活动的不同对应形式，生成不同的活动机制与功能。具体机制与功能，一般包括如下两种情况：第一种情况是，显在活动与隐在活动的一致性对应或顺对应，能够生成人与他人活动中主观与客观的适配机制并带来人与他人之间的和谐。第二种情况是，显在活动与隐在活动的不一致性对应或逆对应，能够生成人与他人活动中主观与客观的调控机制并推动人与他人活动的内在调整，如，人与他人之间的对抗关系，就能够带来主观与客观的调整并带来人与他人双方的改造或变化。

从人与自我之间的活动看，一是，人与自我之间的活动，既包括显在活动，又包括隐在活动，而不是近代以来简单的实践哲学所把握到的单一的显在活动。具体地看，人与自我之间的活动，既包括人对自我的主观预设，又包括自我对人的外在限定，还包括人的主观预设与自我的外在限定两者之间的客观生成，而不仅仅只有人的主观预设。二是，人与自我之间的显在活动与隐在活动，是对应存在的；具体对应存在形式，一般包括如下两种情况：第一种情况是，显在活动与隐在活动的一致性对应或顺对应，如，人与自我之间的和谐关系，就属于这种情况。第二种情况是，显在活动与隐在活动的不一致性对应或逆对应，如，人与自我之间的对抗关系，就属于这种情况。三是，人与自我之间的显在活动与隐在活动的不同对应形式，生成不同的活动机制与功能。具体机制与功能，一般包括如下两种情况：第一种情况是，显在活动与隐在活动的一致性对应或顺对应，能够生成人与自我活动中主观与客观的适配机制并带来人与自我之间的和谐。第二种情况是，显在活动与隐在活动的不一致性对应或逆对应，能够生成人与自我活动中主观与客观的调控机制并推动人与自我活动的内在调整，如，人与自我之间的对抗关系，就能够带来主观与客观的调整并带来人与自我双方的改造或变化。

归纳上述三个方面的实践活动，我们看到，在对应活动论视野中，人类的活动，既包括显在活动又包括隐在活动，而不仅仅只有简单活动论所把握到的显在活动；人的显在活动与隐在活动之间，既有一致性对应又有不一致性对应，并由此带来不同的活动机制并产生不同的功能，而不仅仅只有简单活动论所把握到的人的单一主观性对于活动对象的改造机制与功能。不难理解，对应活动论，就是对人类较为复杂的对应活动这种事实的认识或反应。当然，简单活动论，也就是对人类较为简单的主观意志活动这种事实的认识或反应。

六、对应活动论对简单学校教育论的改造

在对应实践活动论视野中，学校教育，又会呈现出怎样的状态呢？一是，学校教育，既包括显在教育，又包括隐在教育，而不是现行简单教育论在简单的实践活动论视野中所把握到的单一的显在教育。具体地看，学校教育活动，既有师生双方的主观预设，又有师生双方主观预设之外的客观生成，而不仅仅只有师生双方的主观预设。二是，学校教育所包含的显在教育与隐在教育，是对应存在的。具体对应存在形式，一般包括如下两种情况：第一种情况是，显在教育与隐在教育的一致性对应或顺对应，如，师生双方的言行一致，就属于这种情况。第二种情况是，显在教育与隐在教育的不一致性对应或逆对应，如，师生双方的言行不一，就属于这种情况。三是，学校教育所包含的显在教育与隐在教育的不同对应形式，生成教育的不同机制与功能。具体机制与功能，一般包括如下两种情况：第一种情况是，显在教育与隐在教育的一致性对应或顺对应，能够生成学校教育的主观与客观的适配机制并带来学校教育功能的顺利实现，如，师生双方的言行一致，能够带来师生双方主观与客观的匹配并带来双方的诚信品格。第二种情况是，显在教育与隐在教育的不一致性对应或逆对应，则能够生成学校教育的主观与客观的调控机制并推动学校教育功能的内在调整，如，师生双方的言行不一，就能够带来师生双方主观与客观的调整并带来双方品格的改造或转化。

七、本节提示

在本节最后，需要做出两点提示：一是，我们之所以对现行活动论的教育观做出反思与改造，不仅是为了要改造现行的简单教育论，而且要改造其背后简单的实践论的哲学观，以便在对应实践论的哲学基础上，去涵养具有对应属性的丰富的人。二是，从简单的实践论，到对应实践论的转换，其内在机制，

就是人的主观性在实践活动中所必然引起的客观生成性，不了解主观与客观的对应生成这一机制，就很难完成从简单的显在活动论到显在与隐在对应的活动论的过渡。

附言：

1. 仅仅看到显在教育而看不到隐在教育的这一事实，是现行简单教育论片面与肤浅的表现之一，这直接导致了它僵硬而无生气的较低的理论品质。

2. 不必老是一厢情愿地提出人与自然的和谐相处，因为，那不符合人与自然关系的基本事实。

3. 社会潜规则的存在，是社会关系的必然存在，这正如显性规则的存在一样，一点也不值得大惊小怪。

4. 就人的主观与客观的不一致性而言，人的自我欺骗，就是一种事实上的必然。

5. 正是显在教育与隐在教育的对应关系，才构成教育永进的动力，并带来教育旺盛的生命力。

6. 正是人的主观与客观的对应关系，才成就了人的内在张力，并带来人的生机与活力。

第六节　关注三线定位思维的对应教育

切问：

1. 现行教育论认为，学校教育就是教育者对受教育者的教育。由此，我们就可以推论出——学校教育也就是按照教育者的愿望或意志而对受教育者进行规定或定位的活动吗？我们可以把这种根据教育者单方面主动性而定位的学校教育活动论称为单线定位活动论吗？而把其中的思维称为单线定位思维吗？

2. 当教育者对受教育者进行主动规定或定位时，会必然受到受教育者的反作用而具有被规定或被定位的性质吗？由此，我们就可以看到——教育者与受教育者的主动规定性与被规定性是对应存在的吗？

3. 在实际的教育活动中，同时具有主动规定性与被规定性的教育者与受教育者双方，只可能具有一致性或不一致性这两种对应关系吗？双方的一致性关系定位，属于理想定位吗？双方处于不一致性关系时，就需要在不破坏教育关系的基础上，去协调或管控双方的行为吗？其中，不破坏教育关系的定位，属于禁止性定位吗？协调或管控双方行为的定位，属于现实定位吗？由此，我们就能够得到双方行为的理想、现实与禁止这三种维度上的三线定位吗？

4. 在人与自然、人与他人、人与自我的活动中，三线定位思维中的实践活动论，具有适用性吗？

5. 单线定位活动论，能够培养出怎样的人？三线定位活动论，又能涵养出怎样的人？

6. 单线定位活动论与三线定位活动论的哲学基础分别在哪里？如何从单线定位活动论，转换到三线定位活动论？

一、三线定位思维的提出

三线定位思维，是相对于现行教育理论中的单线定位思维而言的。因此，要弄明白什么是三线定位思维，就需要从单线定位思维谈起。

二、单线定位活动论与单线定位思维的存在

在《当代教育学》中写道："学校教育则是教育者根据一定社会的要求，有目的、有计划、有组织地对受教育者的身心施加影响，期望他们发生某种变化的活动。"[1] 按照现行简单教育论的理解，学校教育，也就是教育者对受教育者的主动规定活动。在这种影响活动中，受教育者的行为或活动，当然是由教育者根据自己的目的、意志或愿望来规定或安排的。我们把这种根据教育者一方的目的、意志或愿望而主动选择或主动定位的简单教育活动论，以术语表达为单线定位活动论，而把其中的思维表达为单线定位思维。

三、对单线定位活动论的遮蔽性分析

单线定位活动论，既然把学校教育活动定位为教育者对受教育者的主动规定活动，那么，我们就可以通过这一思维活动的结果去逆推其思维活动的切入点。通过这种逆推活动，我们不难发现，其思维活动的切入点，就是教育者的主观愿望或意志所体现出的主动规定性。或者说，单线定位活动论，正是从教育者的主动规定性，切到对学校教育活动的理解，才得到了学校教育就是教育者对受教育者的主动规定活动这一简单理解的。

单线定位活动论，从教育者的主动规定性，切到对学校教育活动的定位或理解，能够把握到学校教育活动哪些方面的内容呢？这主要表现在如下三个基

---

[1]　袁振国. 当代教育学［M］. 北京：教育科学出版社，2010：4.

本方面：一是，从定位的属性看，单线定位活动论，能够把握到教育者的主动规定性与受教育者的被规定性；二是，从定位的内容看，单线定位活动论，能够把握到教育者与受教育者双方具有一致性关系的内容；三是，从定位的结果看，单线定位活动论，能够把握到在教育者与受教育者双方一致性基础上，教育者对受教育者的规定或塑造，或者说，能够把握到教育者指向受教育者的和谐的教育结果。总之，单线定位活动论，从教育者的主动规定性切到对学校教育活动的理解，能够把握到的内容，也就是具有主动规定性的教育者，对具有被规定性的受教育者具有一致性或和谐性的教育或塑造。

　　然而，单线定位活动论，从教育者的主动规定性，切到对学校教育活动的定位或理解，在有所把握的同时，却又遮蔽了学校教育活动哪些方面的内容呢？这也主要表现在如下三个基本方面：一是，从定位的属性看，单线定位活动论，在把握到教育者的主动规定性与受教育者的被规定性的同时，却遮蔽了教育者的被规定性与受教育者的主动规定性。这里的道理是，教育者对受教育者的任何主动规定或定位，都必然会引起受教育者的反应。这种反应，又必然会反过来对教育者产生影响并因此使教育者具有被规定性或被定位性。这清楚地表明，教育者与受教育者双方的主动规定性与被规定性，都是对应存在的。然而，单线定位活动论，却在其主观抽象思维中，片面地抽取出教育者的主动规定性与受教育者的被规定性，并以偏概全地泛指双方对应的属性。由此，便遮蔽了教育者的被规定性与受教育者的主动规定性。二是，从定位的内容看，单线定位活动论，在把握到教育者与受教育者双方具有一致性关系内容的同时，却遮蔽了双方具有不一致性关系的内容。这里的道理是，教育者对受教育者的任何意志性或目的性规定，都必然会引起受教育者的反应并产生自身的意志或目的。这清楚地表明，教育者与受教育者双方，各有属于自己的意志性或目的性规定；双方的主动规定性与被规定性之间，既有一致性关系的内容，又有不一致性关系的内容。然而，单线定位活动论，却在其主观抽象思维中，片面地抽取出具有一致性关系的内容，并以偏概全地泛指双方具有对应性关系的内容。由此，便遮蔽了双方具有不一致性关系的内容。三是，从定位的结果看，单线定位活动论，在把握到教育者指向受教育者的具有一致性或和谐性教育结果的同时，却遮蔽了受教育者反向地对教育者的具有一致性或和谐性的教育结果，还遮蔽了教育者与受教育者双方具有不一致性或矛盾性的教育结果。这里的道理是，既然双方存在对应的主动规定性与被规定性，双方也各有自己的意志性或目的性规定，那么，教育者与受教育者双方就必然会产生具有一致性与不一致性的对应教育结果。然而，单线定位活动论，却在其主观抽象思维中，片面地抽取出双方具有一致性的教育结果，并以偏概全地泛指双方具有对应性教育结果。由此，便遮蔽了双方具有不一致性的教育结果。总之，单线定位活动论，从教育者的主动规定性，切到对学校教育活动的理解，在把握到具有主动规定性的教育者对具有被规定性的受教育者的和谐教育或塑造的同时，却遮蔽了具有主动规定性的受教育者对具有被规定性的教育者的和谐教育或塑造，还遮蔽了教育者与受教育者双方不一致性或不和谐性的教育或塑造。直白地说，单线定位活动论，在把握到教师对学生的和谐的学校教育的同时，却遗漏了学生对教师的和谐的学校教育，还遗漏了师生双方不和谐的学校教育。也可以说，单线定位活动论，在把握到教育者指向受教育者的和谐关系的同时，却遗漏了受教育者指向教育者的和谐关系，还遗漏了教育者与受教育者双方的不和谐关系。由此，便不难理解，在单线定位活动论视野中，不管是教育者，还是受教育者，都只能是处于单一和谐性教育关系中的人，即单一属性的人——这也就是我们以术语表达的单性人。如果我们不能满足于这种具有简单性的人，那么，现行的单线定位活动论，就必须被合理的反思与改造。

四、对单线定位活动论的反思与改造

单线定位活动论，既然存在严重的遗漏或偏差，那么，该如何对它进行反思与改造呢？这就需要从其背后的哲学基础谈起。

单线定位活动论，虽然自认为是以实践的观点来看待教育的，但是，这种实践观点，却是产生于欧洲近代的主体实践哲学的观点。我们知道，这种主体实践哲学，是作为对欧洲中世纪对人的主动性压抑的批判而出现的，为此，它当然就需要去强调人之为主体的主动性方面。作为德国近代主体哲学的代表，康德所谓人为自然立法、为他人立法、为自我立法的系统思想，就是这种强调的明证。按照康德的理解，所谓实践，也就是人的主动选择或主动规定或主动定位的活动，这当然也就是单线定位的活动论。由此，我们不难发现，康德把握到了实践活动一个方面的属性，即人的主动规定性或人为选择性或主动定位性。

然而，人为自然立法、为他人立法、为自我立法的实际后果，又是怎样的呢？从人与自然的关系看，人当然可以有对自然活动的主动规定性，但是，人的活动必然会引起自然的变化或反应，而这种变化或反应，又必然会反过来对人产生回返性影响。这清楚地表明，人与自然双方的主动规定性与被规定性是必然的对应存在。或者说，人在自然面前的主动定位与被动定位是必然的对应存在。从人与他人的关系看，人当然可以有对他人活动的主动规定性，但是，

人的活动必然会引起他人的变化或反应，而这种变化或反应，又必然会反过来对人产生回返性影响。这清楚地表明，人与他人双方的主动规定性与被规定性是必然的对应存在。或者说，人在他人面前的主动定位与被动定位是必然的对应存在。从人与自我的关系看，人当然可以有对自我活动的主动规定性，但是，人的活动必然会引起自我的变化或反应，而这种变化或反应，又必然会反过来对人产生回返性影响。这清楚地表明，人与自我双方的主动性与被动性是必然的对应存在。或者说，人在自我面前的主动定位与被动定位是必然的对应存在。总之，在人与自然、人与他人、人与自我这三个维度上，人的实践活动，都必然具有对应的两重性即主动规定性与被规定性；或者说，人在实践活动中，既是主动定位的，又是被定位的。只不过，近代以来的主体实践哲学，仅仅把握了实践活动的主动规定性或主动定位性，却没能把握到实践活动的被规定性或被动定位性。

人与对象双方，既然都具有对应的主动规定性与被规定性，那么，在实践活动中，人与对象之间的对应关系，也就只能包含如下两种情况：即顺对应与逆对应关系。所谓人与对象之间的顺对应关系，是指人与对象双方主动规定性与被规定性的一致性匹配关系或和顺关系，即当人发挥主动规定性时，对象就保持被规定性；而当对象发挥主动规定性时，人就保持被规定性。不用多说，人与对象之间的和顺关系，是一种理想状态，它能够带来人与对象双方的互补性或合成性变化或发展；我们以术语表达为上线定位。如，千百年以来，人们倡导的人与自然、人与他人、人与自我之间的和谐相处，就是这种上线定位状态。而所谓人与对象之间的逆对应关系，是指人与对象双方主动规定性与被规定性的不一致性匹配关系或矛盾关系，这包括如下两种定位关系：一是，协调矛盾或管控矛盾，以寻求双方的改造性或生成性变化或发展；这是人在实践活动中的现实性或操作性定位，我们以术语表达为中线定位。二是，不能以自我为中心，以避免双方关系的破裂；这是人在实践活动中的禁止性或戒律性定位，我们以术语表达为下线或底线定位。由此，我们就以人与对象之间的一致性与不一致性对应关系为基础，得到了人与对象之间的三线定位关系，即理想性或倡导性的上线定位、现实性或操作性的中线定位、禁止性或戒律性的下线或底线定位。我们把以人与对象双方对应的主动规定性与被规定性为基础的三线定位的实践活动论，以术语表达为三线定位活动论，以区别于以人与对象单一的主动规定性与被规定性为基础的单线定位活动论。

五、在对实践活动的定位上，两种定位论的比较

单线定位活动论与三线定位活动论，在对实践活动的定位上，有哪些基本的不同？下面，我们结合人与自然、人与他人、人与自我的关系，做出简略的考察：

第一，在人与自然基本关系的定位上，两种活动论的比较

单线定位活动论：定位的属性是，人与自然双方中的人的单一主动规定性与自然的单一被规定性。定位的内容是，人对自然的主动改造与自然的被改造。定位的结果是，人在利用自然的同时却导致了对自然的破坏——这当然也就是对人自身的伤害。概括地看，在单线定位活动论视野中，人与自然之间的活动，也就是人对自然的改造活动——需要特别注意，这一概念只能反映出人对自然的主观设想或理想愿望或价值期待的简单活动。不难发现，在人与自然的关系上，单线定位活动论视野中的人，只是具有单一主动规定性的人，即单性人；而自然，也只是具有单一被规定性的对象。

三线定位活动论：定位的属性是，人与自然双方对应的主动规定性与被规定性。定位的内容是，上线，人与自然和谐相处，这是关于人与自然一致性对应关系的理想定位；中线，管控或协调人与自然的矛盾或对抗，这是关于人与自然不一致性对应关系的操作定位；下线或底线，不能以双方中的任何一方为中心，以免人与自然关系的破裂，这是关于人与自然不一致性对应关系的戒律性定位。定位的结果是，通过三线定位的人与自然的对应活动，人不仅可以满足对自然的主观愿望或理想，而且可以在不伤害彼此的底线基础上，做出对自然的具有可操作性的现实选择。概括地看，在三线定位活动论视野中，人与自然之间的活动，也就是人与自然双方的对应活动——需要特别注意，这一概念能够反映出人对自然的理想、操作与戒律维度上的不同对应活动。不难发现，在人与自然的关系上，三线定位活动论视野中的人，就是具有与自然不同对应关系的丰富性的人；而自然，也就是具有与人的不同对应关系的多样性的自然。

第二，在人与他人基本关系的定位上，两种活动论的比较

单线定位活动论：定位的属性是，人与他人双方中的人的单一主动规定性与他人的单一被规定性。定位的内容是，人对他人的主动影响与他人被动接受影响。定位的结果是，人在满足自身需要的同时却导致了对他人的损害——这当然也就是对人自身的损害。概括地看，在单线定位活动论视野中，人与他人之间的活动，也就是人对他人的影响活动——需要特别注意，这一概念只能反映出人对他人的主观设想、理想愿望、价值期待的简单活动。不难发现，在人

与他人的关系上，单线定位活动论视野中的人，只是具有单一主动规定性或被规定性的人，即单性人。

三线定位活动论：定位的属性是，人与他人双方对应的主动规定性与被规定性。定位的内容是，上线，人与他人和谐相处，这是关于人与他人一致性对应关系的理想定位；中线，管控或协调人与他人的矛盾或对抗，这是关于人与他人不一致性对应关系的操作定位；下线或底线，不能以双方中的任何一方为中心，以免人与他人关系的破裂，这是关于人与他人不一致性对应关系的戒律性定位。定位的结果是，通过三线定位的人与他人对应的社会活动，人不仅可以满足对他人的主观愿望或理想，而且可以在不伤害彼此的底线基础上，做出对他人的具有可操作性的现实选择。概括地看，在三线定位活动论视野中，人与他人之间的活动，也就是人与他人双方的对应活动——需要特别注意，这一概念能够反映出人对他人的理想、操作与戒律维度上的不同对应活动。不难发现，在人与他人的关系上，三线定位活动论视野中的人，就是具有对应性的丰富的人。

第三，在人与自我基本关系的定位上，两种活动论的比较

单线定位活动论：定位的属性是，人（角色）与自我双方中的人的单一主动规定性与作为对象的自我的被规定性。定位的内容是，人（角色）对自我的主动影响与自我被动的接受影响。定位的结果是，人（角色）在满足需要的同时却导致了对自我的伤害——这当然也就是对人（角色）的伤害。概括地看，在单线定位活动论视野中，人与自我之间的活动，也就是人对自我的影响活动——需要特别注意，这一概念只能反映出人对自我的主观设想、理想愿望、价值期待的简单活动。不难发现，在人（角色）与自我的关系上，单线定位活动论视野中的人，只是具有单一主动规定性的人，即单性人。

三线定位活动论：定位的属性是，人（角色）与自我双方对应的主动规定性与被规定性。定位的内容是，上线，人（角色）与自我和谐相处，这是关于人与自我一致性对应关系的理想定位；中线，管控或协调人（角色）与自我的矛盾或对抗，这是关于人与自我不一致性对应关系的操作定位；下线或底线，不能以双方中的任何一方为中心，以免人（角色）与自我关系的破裂，这是关于人与自我不一致性对应关系的戒律性定位。定位的结果是，通过三线定位的人与自我的对应活动，人不仅可以满足对自我的主观愿望或理想，而且可以在不伤害彼此底线的基础上，做出对自我的具有可操作性的现实选择。概括地看，在三线定位活动论视野中，人与自我之间的活动，也就是人与自我双方的对应活动——需要特别注意，这一概念能够反映出人对自我的理想、操作与戒律维

度上的不同对应活动。不难发现，在人与自我的关系上，三线定位活动论视野中的人，也是具有对应性的丰富的人。

归纳地看，在人与自然、人与他人、人与自我的关系上：单线定位活动论视野中的活动，都只能是一方对另一方的简单活动，处在这种简单活动中的人，也就只能是以单一属性为基础的单性人；而三线定位活动论视野中的活动，则是一方与另一方的对应活动，处在这种对应活动中的人，也就是以对应性为基础的丰富的人。

六、在对学校教育活动的定位上，两种定位论的比较

单线定位活动论：定位的属性是，教育者的单一主动规定性与受教育者的单一被规定性。定位的内容是，教育者对受教育者的主动教育与受教育者的被动接受教育。定位的结果是，教育者对受教育者的具有一致性或和谐性的教育或塑造。概括地看，在单线定位活动论视野中，学校教育，也就是教育者对受教育者的简单影响活动——需要特别注意，这一概念只能反映出教育者对受教育者的主观设想、理想愿望、价值期待的简单活动。不难发现，在单线定位活动论视野中，不管是教育者，还是受教育者，都是具有单一主动规定性或被规定性的人，即单性人。由此，我们可以有根据地说，现行简单教育论就是单性人对单性人的教育论。简言之，现行简单教育论也就是关于单性人的教育论。

三线定位活动论：定位的属性是，教育者与受教育者双方对应的主动规定性与被规定性。定位的内容是，上线，教育者与受教育者的和谐相处，这是关于教育者与受教育者一致性对应关系的理想定位；中线，管控或协调教育者与受教育者的矛盾或对抗，这是关于教育者与受教育者不一致性对应关系的操作定位；下线或底线，不能以双方中的任何一方为中心，以免教育者与受教育者双方教育关系的破裂，这是关于教育者与受教育者不一致性对应关系的戒律性定位。定位的结果是，通过三线定位的教育者与受教育者对应的教育活动，双方不仅可以满足对对方的主观愿望或理想，而且可以在不伤害彼此底线的基础上，做出对对方的具有可操作性的现实选择。概括地看，在三线定位活动论视野中，学校教育，也就是教育者与受教育者双方的对应影响活动——需要特别注意，这一概念能够反映出教育者与受教育者双方的理想、操作与戒律维度上的不同对应活动。不难发现，在三线定位活动论视野中，不管是教育者，还是受教育者，都是具有对应性的丰富的人。由此，我们也可以有根据地说，对应教育论就是丰富的人对丰富的人的教育论。简言之，对应教育论也就是关于丰富的人的教育论。

七、本节提示

在本节最后，需要做出两点提示：一是，我们之所以对现行单线定位的学校教育活动论做出反思与改造，不仅是为了要改造现行的简单学校教育活动论，而且，还要改造其背后单线定位的实践活动论的哲学观，以便在三线定位的实践活动论的哲学基础上，去涵养具有对应属性的丰富的人。二是，从单线定位的实践活动论，到三线定位的实践活动论的转换，其内在机制，就是人的主动规定性在实践活动中所必然带来的回返性，即被规定性；不了解主动规定性与被规定性的对应生成这一机制，就很难完成从单线定位活动论到三线定位活动论的过渡。

附言：

1. 单线定位活动论的实质，就是定位者在行为上自我中心的意志力。

2. 康德关于人为自然立法、为他人立法、为自我的立法的理论，属于经典的单线定位活动论。

3. 单线定位活动论，只能培养出简单性的人——尽管有时这种简单性听上去很动人心，如所谓的主体性或自由意志或完满品质。

4. 以人的主动定位与被定位的对应为基础，三线定位活动论，既能满足人的愿望，又能指示人的实行，还能确保人的戒律——这清楚地表明，三线定位活动论能够为人的行为提供基本的框架或规划。

5. 三线定位活动论，能够涵养出拥有理想境、现实境与戒律境的人——其理论品质是丰满或富裕的，而不是简单或贫苦的，它常常被我们用作人生规划的哲学基础。

6. 要涵养出具有对应性的丰富的人，现行教育理论，就必须由单线定位的实践活动论，转换到三线定位的实践活动论。

小结　对应哲学视野中的对应教育

切问：

1. 对等思维与等级性思维，有何区分？从等级性思维转换到对等思维的中介在哪里？

2. 相互对象性思维与简单对象性思维，有何区分？从简单对象性思维转换到相互对象性思维的中介在哪里？

3. 边界思维与泛化性思维，有何区分？从泛化性思维转换到边界思维的中介在哪里？

4. 对应差异思维与矛盾思维，有何区分？从矛盾思维转换到对应差异思维的中介在哪里？

5. 对应活动思维与简单活动思维，有何区分？从简单活动思维转换到对应活动思维的中介在哪里？

6. 三线定位思维与单线定位思维，有何区分？从单线定位思维转换到三线定位思维的中介在哪里？

7. 在简单教育论的视野中，学校教育能培养出怎样的人？在对应教育论视野中，学校教育又能涵养出怎样的人？

针对现行简单教育论在思维方面存在的不足，前面我们连续用六节内容的篇幅，做出了反思与改造。当然，这些内容都是针对现行简单教育论的具体问题而展开的。为了能够对这些问题产生整体的感受或把握，就有必要从每一种思维的发生、过程与结果三个维度，对它们做简要总结。

一、关注对等思维的对应教育

（一）对等思维的发生

对等思维，是对应于等级性思维或不对等思维而提出的，是对等级性思维或不对等思维的反思与改造。

（二）等级性思维或不对等思维的过程与结果

等级性思维，根源于思维运作中的泛化性比较。这种思维，在对人或事物的比较中，常常以人或事物在某一方面的优越性，去比较人或事物在这方面的不足性，然后又以某一方面的优越性去以偏概全地泛指人或事物的整体优越性，因此，便滑入对人或事物认识的等级性状态。现行简单教育论，对师生所做的泛化性比较，对人与自然、人与社会、人与自我所做的泛化性比较，可回望本章第一节的内容。

（三）对等思维的过程与结果

既然等级性思维的根源是思维运作中的泛化性比较，那么，对等级性思维的改造，也就是对泛化性比较的改造，这就是我们所说的遮蔽性比较。遮蔽性比较，就是以人或事物在某些方面的优越性与优越性所遮蔽的不足性，进行对应比较，以便确证人或事物以各自的优越性与不足性为基础的对等关系。我们对师生所做的遮蔽性比较，对人与自然、人与社会、人与自我所做的遮蔽性比较，也可回望本章第一节的内容。

（四）由等级性思维到对等思维的过渡环节

从等级性思维转换到对等思维的中介机制或过渡环节，就是从以偏概全的泛化性比较，转换到遮蔽性比较。

二、关注相互对象性思维的对应教育

（一）相互对象性思维的发生

相互对象性思维，是对应于简单对象性思维而提出的，是对简单对象性思维的反思与改造。

（二）简单对象性思维的过程与结果

简单对象性思维，起源于人们日常生活中一方指向另一方的简单行为或活动，形成于近代主体实践哲学的对象性行为或活动。这种思维，能够把握到一方对于另一方的影响或塑造，却把握不到另一方反过来对这一方的影响或塑造。现行简单对象论的学生观，现行简单对象论的人与自然、人与社会、人与自我的关系观，都是简单对象性思维的直接产物。

（三）相互对象性思维的过程与结果

相互对象性思维，起源于人们日常生活中的对应行为或活动，是对人的活动与这一活动所必然带来的回返性运动的反应。这种思维，能够把握到双方的对应存在、对应属性以及双方的对应变化或转化。就学校教育而言，相互对象性思维，既能把握到互为教育对象的师生，又能把握到互有影响属性的师生，还能把握到相互推动、相互塑造的师生。

（四）由简单对象性思维到相互对象性思维的过渡环节

从简单对象性思维转换到相互对象性思维的中介机制或过渡环节，就是人的活动与这一活动带来的回返性运动，两者之间的必然对应关系。

三、关注边界思维的对应教育

（一）边界思维的发生

边界思维，是对应于泛化性思维而提出的，是对泛化性思维的反思与改造。

（二）泛化性思维的过程与结果

泛化性思维，是指人们将从特定切入点上对人或事物的具体认识，不加限定地推广开去，以至于掩盖了对人或事物的整体认识的思维。从逻辑的维度看，泛化性思维，也就是以偏概全的思维。从抽象过程的维度看，泛化性思维，也就是在其抽象过程中存在遗漏的思维。因此，就必须对其抽象遗漏进行添加或补充——这也就是我们所谈的遮蔽性分析或遮蔽性思维。经由这种遮蔽性思维，我们就可以达到对人或事物的存在、属性与变化或转化的对应状态的把握。

（三）边界思维的过程与结果

边界思维，是对人或事物在特定情境中的对应限定，是人的思维或行为走向明晰性的必然要求。比如，"教师既是教育者，又是受教育者"，这种表达正如"教师是教育者，学生是受教育者"一样，仍然是抽象表达。要想对师生双方做出明确的定位，就必须进入边界思维中的边界表达。比如，我们可以说，在影响学生时，教师是教育者，学生是受教育者；而在接受学生影响时，教师是受教育者，学生是教育者。

（四）由泛化性思维到遮蔽性思维再到边界思维的过渡环节

从泛化性思维到遮蔽性思维的过渡环节，就是对泛化性思维的抽象遗漏进行添加或补充，从遮蔽性思维到边界思维的过渡环节，就是确立人或事物的特定的对应情境。

四、关注对应差异思维的对应教育

（一）对应差异思维的发生

对应差异思维，是对应于简单矛盾思维而提出的，是对简单矛盾思维的反思与改造。

（二）矛盾思维的过程与结果

矛盾思维，起源于人们日常生活中简单的对立或对抗关系。这种思维，能够把握到处于对立或对抗关系中的双方，能够把握到双方主要与次要的矛盾，也能够把握到双方矛盾的对立统一。矛盾思维，也就是关于人或事物的对立及其统一的理论。其所得，是把握到了人或事物的对立与统一；其所失，则是遗漏了人或事物的和谐与差异。

（三）对应差异思维的过程与结果

对应差异思维，起源于人们日常生活中的对应行为或活动。这种思维，能够把握到处于对应关系中的双方，能够把握到双方不同的对应机制，也能够把握到双方由于不同对应机制而造成的不同的变化或转化。对应差异思维，也就是关于人或事物的区分及其对应变化或转化的理论。

（四）由矛盾思维到对应差异思维的过渡环节

从矛盾思维转换到对应差异思维的中介机制或过渡环节，首先就是要摆脱既有的所谓人或事物处于普遍联系之中的认识前提；其次再转换到人或事物处于普遍区分之中的认识前提上来——普遍联系还有自己的前提，那就是普遍区分。

五、关注对应活动思维的对应教育

（一）对应活动思维的发生

对应活动思维，是对应于现行教育理论中的简单活动思维而提出的，是对简单活动思维的反思与改造。

（二）简单活动思维的过程与结果

简单活动思维，起源于人们日常生活中的简单目的性行为或活动，形成于近代主体实践哲学的意志行为或活动。这种思维，能够把握到人的主观行为或活动，即显在活动，却把握不到由人的主观行为所必然引起的内在的客观活动，即隐在活动。现行简单活动论的教育观，现行简单活动论的人与自然、人与社会、人与自我的关系观，都是简单活动思维的直接产物。

（三）对应活动思维的过程与结果

对应活动思维，起源于人们日常生活中主观与客观的对应活动，是对人的主观活动以及由主观活动所必然引起的内在客观活动的反应。这种思维，既能够把握到人的显在活动，又能把握到人的隐在活动，还能把握到这两种活动的对应以及由于对应关系所造成的对应的变化或转化。就学校教育而言，对应活动思维，既能够把握到显在教育，又能够把握到隐在教育，还能够把握到由显在教育与隐在教育所生成的学校教育的内在张力或生命力。

（四）由简单活动思维到对应活动思维的过渡环节

从简单活动思维转换到对应活动思维的中介机制或过渡环节，就是人的主观与由主观所引起的客观反映，两者之间的必然对应关系。

六、关注三线定位思维的对应教育

（一）三线定位思维的发生

三线定位思维，是对应于现行简单教育论中的单线定位思维而提出的，是对单线定位思维的反思与改造。

（二）单线定位思维的过程与结果

单线定位思维，起源于日常生活中人与对象之间简单的一致性行为或活动，形成于近代主体实践哲学的自觉意志行为。这种思维，能够把握到人与对象的单方面的一致性活动，却把握不到人与对象对应的一致性与不一致性活动。在此基础上，单线定位思维，只能把握到人的行为或活动的理想性的单线规定，却把握不到人的行为或活动的现实性与戒律性规定。现行单线定位的学校教育活动论，现行单线定位的人与自然、人与他人、人与自我的活动观，都是这种单线定位思维的直接产物。不难理解，通过单线定位的学校教育活动以及人与自然、人与他人、人与自我的简单活动，就只能培养出以简单性为特征的简单的人。

（三）三线定位思维的过程与结果

三线定位思维，起源于日常生活中人与对象之间一致性与不一致性的对应活动，是对人与对象之间的对应活动的反应或把握。这种思维，既能把握到人与对象的一致性活动，又能把握到人与对象的不一致性活动。在此基础上，三线定位思维，就能把握到人的行为或活动的理想性、现实性与戒律性的三线规定。通过三线定位的学校教育活动以及人与自然、人与他人、人与自我的对应活动，就有可能涵养出以对应性为基础的有理想、有实行、有戒律的丰富的人。

（四）由单线定位思维到三线定位思维的过渡环节

由单线定位思维转换到三线定位思维的中介机制或过渡环节，就是人与对象之间一致性与不一致性行为的内在对应关系。

综上所述，现行简单教育论所内含的等级性思维、简单对象性思维、泛化性思维、矛盾思维、简单活动思维与单线定位思维，都具有内在的共同属性，即片面性、孤立性、僵化性；这其实也就是现行哲学教科书所谓形而上学的属性。我们把这种具有形而上学属性的思维，统称为简单思维。正如我们前面六节内容所分析的那样，简单思维中的学校教育，也就是以双方一致性为基础的教师一方，指向或对于学生一方的影响或塑造，这也就是我们以术语表达的简单教育。不难理解，简单教育只能培养或造就出具有单一属性的简单人。因此，我们针对上述六种思维做出了对应的反思与改造并得到了六种新思维，即对等思维、相互对象性思维、边界思维、对应差异思维、对应活动思维与三线定位思维。这六种新思维，都具有内在的共同属性，即对应性、相互性、边界性。我们把这种具有对应属性的思维，统称为对应思维。正如我们前面六节内容所分析的那样，对应思维中的学校教育，也就是以双方一致性与不一致性为基础的教师与学生对应存在、对应影响与对应转化的过程；这也就是我们以术语表达的对应教育。不难理解，对应教育可以涵养出以多重对应性为基础的丰富的人——这当然构成对应教育的内在追求。

附言：
1. 简单教育是师生之间的单行道，行于此道的师生，很难避免内心的单调与寂寥。
2. 当然不能说简单教育是愚蠢的教育，但起码可以说简单教育是不智的教育。
3. 简单教育所制造出的单性人，绝不是心念单纯的人，而是心念偏执的人。
4. 对应教育是师生之间的双行道，行于此道的师生，才可能收获会心的微笑。

5. 对应教育不一定是智慧的教育，但可以肯定地说对应教育是激发智慧的教育。

6. 对应教育所涵养的丰富的人，绝不是完美的人，而是兼备完美与不完美的人。

第二章

对应生命感受心理学与对应教育

第一节　关注生命活动的对应教育

切问：

1. 心理，是动物与人类共有的生命现象，还是人类独有的大脑现象？动物心理与人类心理，是等级性关系，还是对应的平等，即对等关系？动物心理，能够对人类产生启示或影响吗？可以考虑建立仿生的教育理论吗？

2. 心理的生理机制，是大脑或神经系统的活动吗？大脑或神经系统的活动，能够脱离整个生命体的活动吗？心理的生理机制，是整个生命体的生命感受吗？

3. 人的心理的发生基础，仅仅是人的社会活动吗？脱离人的生命本体活动（如生、老、病、死等生命现象），社会活动还能够单独存在吗？生命本体活动，是社会活动的前提吗？

4. 人的心理内容，仅仅是对客观现实的反应吗？没有主观现实的参照，单一的客观现实，就只能是抽象思维中孤立的存在吗？

5. 人的心理的属性，仅仅是对客观现实的能动反应吗？没有被动性限定的能动性或主动性，就只能是抽象思维中孤立的存在吗？

6. 现行心理学，是仅仅关注人脑活动的心理学吗？以此为基础的现行简单教育论，就是仅仅关注人脑活动的教育理论吗？我们需要对仅仅关注人脑活动的现行心理学与教育学，做出怎样的反思与改造呢？

一、论题的提出

现行简单教育论的心理学基础，是现行的普通心理学。现行普通心理学关于"心理的本质"，有一个大家熟知的命题，即心理是人脑对客观现实的能动反应；简约地表达，心理，也就是人脑的活动。很显然，现行普通心理学，就是关注人脑活动的心理学；而建立在人脑活动心理学基础上的现行简单教育论，也就是关注人脑活动的教育。在反思与改造关注人脑活动的现行心理学与简单教育论的基础上，我们提出了关注生命活动的心理学与对应教育论的基本主张。

二、对关注人脑活动的现行心理学与简单教育论的遮蔽性分析

（一）对关注人脑活动的现行心理学的遮蔽性分析

既然现行心理学认为，心理的本质，就是人脑对客观现实的能动反应，那么，我们就可以从这种"思维结果"逆推而得到"思维的切入点"，即人脑主动地对客观现实的反应。这也就是说，现行心理学是从人脑的主动活动，切到对心理的考察的。

现行心理学从人脑的主动活动，切到对心理的考察，能够把握到心理的哪些方面的内容呢？一是，能够把握到心理的归属，即人的心理现象或心理活动；二是，能够把握到人的心理活动的生理机制即人脑的神经活动；三是，能够把握到人的心理的发生基础，即人的社会活动；四是，能够把握到人的心理的内容，即对客观现实的反应；五是，能够把握到人的心理的属性，即人脑的反应性；六是，能够把握到人的心理的品质，即能动性或主观能动性。不用多说，现行心理学对人的心理的这些方面的把握，都具有部分或简单心理事实的支撑，因此，具有部分的可靠性或正确性。

现行心理学从人脑主动活动，切到对心理的考察，在有所得的同时，却又遗漏或遮蔽了哪些方面的内容呢？一是，在把握到心理归属于人的心理的同时，却遗漏了动物的心理；二是，在把握到人的心理活动的大脑或神经活动机制的同时，却遗漏了整个生命体；三是，在把握到人的心理的社会活动基础的同时，却遗漏了人的生命本体活动；四是，在把握到人的心理的客观内容的同时，却遗漏了主观内容；五是，在把握到人脑活动的反应性的同时，却遗漏了生命感受的对应性；六是，在把握到人脑活动的主动性的同时，却遗漏了被动性。不难理解，现行心理学对心理这些方面内容的遗漏，都是由于缺少对心理事实的对应关注而造成的。

（二）对关注人脑活动的现行简单教育论的遮蔽性分析

受到现行心理学人脑主动活动论的影响，现行简单教育论，从人的主动活动，切到对教育的考察，能够把握到教育的哪些方面的内容呢？一是，能够把握到教育活动中作为高等动物的人的心理现象或心理活动，那当然就是人脑的活动；二是，能够把握到教育活动中人的心理活动的大脑或神经机制，并将教育建立在这一基础上；三是，能够把握到教育活动中人的心理发生的社会活动

基础，并强调社会实践活动的重要性；四是，能够把握到教育活动中人的心理的客观内容，也就是对社会内容的把握；五是，能够把握到教育活动中人的大脑活动的反应性，也就是对社会内容的反应性；六是，能够把握到教育活动中人的大脑活动的主动性。不用多说，现行简单教育论对教育的这些方面的把握，都具有部分或简单教育事实的支撑。因此，具有部分的可靠性或正确性。

现行简单教育论，从人的主动活动，切到对教育的考察，在有所把握的同时，却又遗漏或遮蔽了哪些方面的内容呢？一是，在把握到作为高等动物的人的心理活动的同时，却遗漏了所谓低等动物的心理；进一步，又遗漏了人的心理与动物心理的对应关系以及对应教育。二是，在把握到心理活动的大脑机制的同时，却遗漏了人的完整生命活动以及以此为基础的对应教育。三是，在把握到人的心理发生的社会活动基础的同时，却遗漏了生命活动这一基础以及两种活动基础之间的对应关系。四是，在把握到心理活动客观内容的同时，却遗漏了主观内容以及两种内容之间的对应关系。五是，在把握到人的大脑活动反应性的同时，却遗漏了大脑活动的区分性以及以区分性为基础的对应性。六是，在把握到人的活动的主动性的同时，却遗漏了人的活动的被动性以及两种属性之间的对应关系。不难理解，现行简单教育论对这些方面内容的遗漏，都是由于缺少对人的心理事实与教育事实的对应关注而造成的。

三、对关注人脑活动的现行心理学与简单教育论的对应改造

（一）对关注人脑活动的现行心理学的对应改造

在关注心理事实的对应存在这一基础上，我们对现行心理学的基础做出了反思与改造，由此便得到了生命感受的心理学。在本节讨论的"心理的本质"这一论域内，对应生命感受心理学涉及如下基本内容。

1. 心理，归属于生命现象。生命，不仅包括人的生命，还包括动物的生命。因此，心理，就不仅是人的生命现象，还包括动物的生命现象。动物心理与人的心理，都是在生命经历或生命境遇的不同状态下而生成的生命现象。因此，在这两种心理之间，就不是现行心理学所谓的低等、高等的等级性关系，而是各有自身优越性与不足性的对等关系。

2. 心理，是整个生命体的感受，而不仅是大脑的神经活动。这里的道理很容易理解，大脑的神经活动，属于整个生命体的活动，而不可能脱离整个生命体而单独存在。如果像现行心理学那样，将人的心理活动的机制仅仅理解为大脑的神经活动，那么，就不仅会窄化心理的生理机制，而且会导致对人心理的

生理机制的机械的把握。

3. 人的心理的发生基础，既包括现行心理学所把握到的社会活动，又包括被它所遗漏的人的生命的本体活动（如出生、成熟、病痛、对死亡的思考与忧惧，等）。这里的道理不难理解，没有生命的本体活动，社会活动也就不复存在，或者说，人的社会活动，只能依托生命的本体活动而展开。如果像现行心理学那样，将人的心理的发生基础仅仅理解为人的社会活动，那么，就不仅会窄化心理的发生基础，还会导致对人的心理发生基础的孤立的把握。

4. 人的心理的内容，既包括生命体对客观现实的感受，又包括对主观现实的感受（如幻想、梦境、想象、错觉等）。这里的道理也不难理解，脱离了主观现实这一方面，所谓的客观现实就只能是一种思维中的抽象存在，或者说，客观之所以为客观，正是因为有主观的对应。如果像现行心理学那样，将人的心理内容仅仅理解为对客观现实的反应，那么，就不仅会窄化心理的内容，而且会导致对心理内容的片面的把握。

5. 人的心理的属性，是生命感受的对应性，当然包含现行心理学所把握到的人脑的反应性，但不能将心理的属性归结为人脑的反应性。从事实看，人的心理，是生命体在生命经历中对不同对象的源于区分的对应感受，例如，冷与暖、饥与饱、阴与晴、苦与乐等。如果没有区分以及区分带来的对比，那么，就不可能生成任何明晰的生命感受而只有混沌或模糊。如果像现行心理学那样，将人的心理的属性仅仅归结为人脑的反应性，那么，就不仅会分裂心理的属性，还会导致对心理属性的僵化的把握。

6. 人的心理的品质，是由生命感受的主动性与被动性所带来的内在对应性，当然包含现行心理学所把握到的人脑反应的主动性，但不能将心理的品质归结为人脑的主动性。如果将人的心理品质仅仅归结为人脑活动的主动性，那么，就不仅会导致对心理品质的分裂，还会导致对心理品质的简单的把握。

总之，心理，属于生命现象，是生命体对生命经历中的对象的对应生命感受，而不单是现行心理学所把握到的人脑对客观现实的能动反应；这就是我们以术语表达的对应生命感受心理学。

（二）　对关注人脑活动的现行简单教育论的对应改造

以对应生命感受心理学为基础的对应教育，能够对以人脑活动的心理学为基础的简单教育，完成怎样的改造呢？在本节讨论的"心理的本质"的论域内，涉及如下基本内容。

1. 既然心理是人和动物共有的生命现象，那么，对应教育，就不仅要关注人的心理，还要关注动物心理。这种关注，包括如下三层内容。一是，人的心理与动物心理，是不同生命体对其经历中的不同对象的生命感受，是对等存在的两种心理，而不是现行心理学所把握到的等级性心理。对应教育论认为，只有在对等关系的基础上，才可能摆脱近代以来形成的所谓人是高等动物的等级性偏见，从而构建出人与动物的对等关系。二是，人的心理与动物心理，都分别具有自身的规定性。因此，不能像心理史上的心理还原论那样，将人的心理还原为动物心理。对应教育论认为，只有在坚持两种心理独特性的基础上，才可能更精准地把握人与动物的不同心理。三是，动物心理具有自身的规定性并能够带来对人的启示或影响。因此，对应教育认为，可以像自然科学领域的仿生学那样，构建出人文学科的仿生的教育学。

2. 既然人的心理的生理机制，是整个生命体的活动，而不单是大脑的活动；那么，对应教育，就要关注人的整个生命活动，而不能像现行简单教育论那样——仅仅关注大脑的活动。在这里，最具实质性的内容，就是要关注生命感受中的具体与抽象的对应关系。从人的生命活动的事实看，在人的整个生命感受中，既有眼、耳、鼻、舌、身等身体器官对人或事物直接的具体感受，又有大脑或神经系统对人或事物间接的抽象感受。所以，对应教育认为，在教育过程中，就不能仅仅偏于直接的具体感受或者间接的抽象感受；而应当将直接的具体与间接的抽象做出对应的考察，以便在具体与抽象的相互参照中，实现对人或事物的对应把握。

3. 既然人的心理的发生基础，包括生命的本体活动与社会活动，那么，对应教育，就不仅要关注这两种活动，还要关注这两种活动的对应关系。分析地看，这涉及三层基本内容：一是，关注生命的本体活动，例如，关注每个生命的生、老、病、死等生命历程，以便考察每个生命的个体差异并获得因材施教的可靠前提。二是，关注生命的社会活动，例如，学习、交往、劳动、协作等活动，以便考察每个生命的社会化状态并获得个体社会化的可靠依托。三是，关注生命本体活动与社会活动的相互对应与转化，例如，个体对社会的改造或者社会对个体的改造等，以便建构出对等的个体与社会的相互关系。

4. 既然人的心理内容，包括对客观现实与主观现实的反应，那么，对应教育，就不仅要关注这两方面的内容，还要关注这两方面内容的对应关系。分析地看，这涉及三层基本内容：一是，关注对客观现实的反应，以确证生命感受的事实依据。二是，关注对主观现实的反应，以确证生命感受的本体依据。三是，关注客观现实与主观现实的相互对应与转化，如前面提到的对人的幻想、梦境、想象、错觉等的把握，就不仅要关注这些生命感受中的客观内容与主观形式，还要关注客观与主观的对应存在与转化，例如，当我们将幻想、梦境、想象、错觉等主观形式，作为思考或研究对象时，它们就转化成了客观的存在。

5. 既然人的心理的属性，是生命感受的对应性，而不单是人脑活动的反应性，那么，对应教育，就应当关注人的生命感受的对应性，而不能仅仅关注人脑活动的反应性。分析地看，这涉及两层内容：一是，人的生命感受，是在区分与对应中产生与存在的，没有区分与对应，便没有人的生命感受。二是，在区分与对应中，感受或体验人的不同生命感受，以便获得具有明确差异性的生命体验，以求获得以对应性为基础的丰富的生命感受。

6. 既然人的心理的品质，是生命感受中由主动性与被动性所形成的对应性，而不单是人脑活动的主动性，那么，对应教育，就应当关注人的生命感受的主动性与被动性及其两者的对应性，而不能仅仅关注人脑活动的主动性。分析地看，这涉及两层内容：一是，被动性是人的生命感受的内在属性，正如主动性是人的生命感受的内在属性一样，脱离任何一方，另一方也就不复存在。二是，人的生命感受的主动性与被动性，相互对应、相互规定并相互转化。征之于生活事实，我们就可以看到，人的主动性都是具体边界限定中的主动性，离开具体的边界限定或被动性的限定，人的主动性也就不复存在。同时，人的主动性的发挥，也就是对被动性的克服，没有被动性的限定，人的主动性的发挥也就失去了依据。因此，就不能像现行简单教育论那样，仅仅关注人的主动性的发挥。

四、本节小结

综上所述，我们看到，现行心理学，从人脑的主动活动，切到对人的心理的考察，在心理的归属、心理的生理机制、心理的发生基础、心理的内容、心理的属性与心理的品质六个基本维度上，都有所得，也都有所失。因此，我们在对应活动的心理事实基础上，对它做出了反思与改造。由此，我们便从关注人脑活动的现行心理学转换到了关注生命活动的对应生命感受心理学。进一步，我们便从关注人脑活动的现行简单教育论转换到了关注生命活动的对应教育论。

五、本节提示

在本节最后，需要做三点提示：一是，心理的生理机制，是整个生命体的活动，而不是现行心理中学所谓大脑的神经活动——所谓大脑的神经活动，不过是近代以来解剖学所导致的对整体割裂的必然后果。从生命活动的事实看，大脑不可能离开整个生命体而单独存在。二是，心理是生命的对应感受，而不单是人脑的简单反应；心理的内在属性，是对应性，而不是简单性。三是，对应教育论，是关注生命活动的教育理论，而简单教育论，则是仅仅关注大脑活动的教育理论。

附言：

1. 以动物为师，向动物学习，绝不应该只是人外显的虚辞，而更应该是人内在的明智。

2. 人的心理，不是脑理，因此，以脑理为基础的教育，就是偏离了生命本体的教育。

3. 人的心理的发生基础，绝不单单是人的社会活动，因为社会活动还有自己的前提，那就是生命的本体活动。所以，仅仅关注人的社会活动的现行简单教育论，就是脱离了生命本体活动的、无根的教育论。

4. 人的心理内容，绝不单单是对客观现实的反应。所以，仅仅关注对客观现实反应的现行简单教育论，就是脱离了生命的内在现实的、空洞而肤浅的教育理论。

5. 主动性，绝不是人的心理的品质或品性，那不过是人脑活动的简单性，如果脱离了被动性的规定，这种主动性就常常会恶变为疯狂或任性。

6. 源于生命经历的不同或区分的对应性，才是生命感受的本体属性，所以，源于生命对应感受的对应教育，才是关乎生命本体活动的教育。

第二节　关注生命活动机制的对应教育

切问：

1. 人的心理，仅仅是大脑的能动反应吗？没有被动性的限定，大脑的主动性反应，不就是简单的线性机制吗？

2. 人的心理，仅仅是大脑对客观现实的反应吗？缺少主观现实的对应，大脑的反应，不就是简单的回应机制吗？

3. 师生双方，能同时发挥主动性吗？当一方发挥主动性时，另一方不就因此而具有被动性吗？主动性与被动性，是对应的存在吗？

4. 仅仅关注人脑活动的现行简单教育论，就是"以脑为本"的教育吗？它与"以人为本"的教育，有何差异？

5. "以人为本"的教育的内在机制，就是生命的对应感受机制吗？

6. 从仅仅关注人脑活动机制的现行简单教育论，到关注生命感受机制的对应教育论，其间的思维方法，要完成怎样的转换？

一、论题的提出

现行心理学认为，人的心理是人脑对客观现实的能动反应。从中不难发现，人的心理的活动机制，就是人脑或神经系统，对于客观现实所做出的能动或主动的回应或反应。以现行心理学的人脑反应机制为基础，现行简单教育论便衍生出关于教育内容与师生关系或教学关系上的简单理论。作为对关注人脑反应机制的现行简单教育论的反思与改造，我们便提出了关注生命活动机制的对应教育理论。

二、对关注人脑反应机制的现行心理学与简单教育论的遮蔽性分析

（一）对关注人脑反应机制的现行心理学的遮蔽性分析

现行心理学，从人脑的主动活动，切到对人的心理的活动机制的考察，能够把握到哪些内容呢？分析地看，这包括三层基本内容：一是，能够把握到反应客观现实的人脑；二是，能够把握到外在于人脑的客观现实；三是，能够把握到人脑对客观现实的主动反应。简约地说，现行心理学能够把握到的内容，也就是：人的心理的活动机制，是人脑主动地去反映客观现实。

现行心理学，从人脑的主动活动，切到对人的心理的活动机制的考察，在有所把握的同时，却又遗漏了哪些内容呢？分析地看，这也包括三层基本内容：一是，在把握到人脑活动的同时，却遗漏了整个生命体的活动；进一步，还遗漏了人脑与整个生命体的对应关系。二是，在把握到客观现实的同时，却遗漏了人的主观现实；进一步，还遗漏了客观现实与主观现实的对应关系。三是，把握到人脑主动反应的同时，却遗漏了生命感受的被动性以及由被动性与主动性所形成的对应性。简约地说，现行心理学所遗漏的内容，也就是，人的整个生命体对客观与主观现实的对应感受。

（二）对关注人脑主动反应的现行简单教育论的遮蔽性分析

以人脑主动反应为基础的现行简单教育论，能够把握到教育活动的哪些内容呢？分析地看，这包括三层基础内容：一是，能够把握到作为客观现实的教育内容，即间接经验；二是，能够把握到师生双方的主动性；三是，能够把握到教师对学生的主动影响或塑造。简约地说，以人脑主动反应为基础的现行简

单教育论，能把握到的内容，也就是，教师利用间接经验去主动影响或塑造学生。

以人脑主动反应为基础的现行简单教育论，在对教育活动有所把握的同时，却又遗漏或遮蔽了哪些内容呢？分析地看，这也包括三层基本内容：一是，在把握到教育内容中的间接经验的同时，却遗漏了师生双方的直接经验；进一步，还遗漏了间接经验与直接经验之间的对应关系。二是，在把握到师生双方主动性的同时，却遗漏了双方的被动性；进一步，还遗漏了双方主动性与被动性之间的对应关系。三是，在把握到教师对学生的主动影响或塑造的同时，却遗漏了学生对教师的主动影响或塑造以及师生之间相互对应的影响或塑造。简约地说，以人脑主动反应为基础的现行简单教育论，所遗漏的内容，也就是，师生双方围绕直接经验与间接经验所发生的对应影响或塑造。

三、对关注人脑反应机制的现行心理学与简单教育论的对应改造

（一）对关注人脑反应机制的现行心理学的对应改造

既然关注人脑反应机制的现行心理学，存在上面谈到的偏差或遗漏；那么，它就要受到合理的反思与改造。在本节论域内，这包括三层基本内容：一是，人的心理的活动机制，是整个生命体的感受机制，而不单是人脑或神经的反应机制。二是，生命感受的发生，源于客观现实与主观现实的对应，而不单是客观现实。三是，生命感受的机制，是由不同生命感受产生的不同的对应机制，而不单是人脑的简单反应机制。总之，人的心理的活动机制，就是生命体对客观现实与主观现实的对应生命感受；简约地说，人的心理的活动机制，也就是生命体的对应感受。

（二）对关注人脑反应机制的现行简单教育论的对应改造

既然关注人脑反应机制的现行简单教育论，存在上面谈到的偏差或遗漏，那么，它就要受到合理的反思与改造。在本节论域内，这包括三层基本内容：

一是，师生在教育活动中的教育内容，既包括间接经验，又包括师生双方的直接经验，而不仅仅只有现行简单教育论所把握到的间接经验。同时，两种经验之间的关系，也不是现行简单教育论所把握到的师生双方发挥主动性去掌握间接经验的直接的线性关系，而是由两种经验的不同对应所形成的不同对应关系。分析地看，间接经验与直接经验存在如下三种对应关系，共同构成教育过程中间接经验与直接经验的对应机制。第一种关系是，间接经验与直接经验

的正对应关系，这构成两种经验的顺对应机制。比如，在教育过程中，教材或文本中的间接经验与师生双方的直接经验，两者之间存在一致性关系；这既可以带来间接经验对师生直接经验的补充或丰富，也可以带来师生直接经验对间接经验的补充或丰富。概括地说，顺对应关系，能够带来两种经验的互补性变化。第二种关系是，间接经验与直接经验的反对应关系，这构成两种经验的逆对应机制。比如，在教育过程中，教材或文本中的间接经验与师生双方的直接经验，两者之间存在不一致性关系，这既可以带来间接经验对师生直接经验的改造性变化，也可以带来师生直接经验对间接经验的改造性变化。概括地说，逆对应关系，能够带来两种经验的改造性变化。第三种关系是，间接经验与直接经验的零对应关系，这构成两种经验的无关对应机制。比如，在教育过程中，教材或文本中的间接经验与师生双方的直接经验，两者之间没有关系或不存在关系。不难理解，两种经验的无关对应，就不会带来两种经验的变化，或者说，两种经验就处于相对独立的变化之中。

二是，师生双方在教育活动中，既有主动性又有被动性，而不仅仅只有现行教育学所把握到的师生双方的主动性。同时，主动性与被动性之间的关系，也不是现行简单教育论所把握到的师生双方同时发挥主动性的关系（现行简单教育论中所谓"教为主导，学为主体"的命题，就是师生双方同时发挥主动性的证据），而是由主动性与被动性的不同对应所形成的不同对应关系。分析地看，师生双方主动性与被动性存在如下三种对应关系，共同构成教育过程中双方主动性与被动性的对应机制。第一种关系是，师生双方主动性与被动性的正对应关系，这构成双方的顺对应机制。比如，教师主动地向学生传授知识，学生被动地接受这些知识，或者，学生主动地向教师提问，教师被动地接受学生的提问。师生双方的顺对应机制，既可以带来教师对学生的补充性变化，也可以带来学生对教师的补充性变化。概括地说，顺对应机制，能够带来师生双方的互补性变化。第二种关系是，师生双方主动性与被动性的反对应关系，这构成双方的逆对应机制。比如，教师主动地向学生传授知识，学生却不接受这些知识，或者，学生主动地向教师提问，教师却不接受学生的提问。师生双方的逆对应机制，既可以带来教师对学生的改造性变化，也可以带来学生对教师的改造性变化。概括地说，逆对应机制，能够带来师生双方的改造性变化。第三种关系是，师生双方主动性与被动性的零对应关系，这构成双方的无关对应机制。比如，教师的自我学习，或者，学生的自我学习。很容易理解，师生双方的无关对应机制，不能带来双方的变化，或者说，双方就处于自我变化之中。

三是，师生双方在教育活动中，是相互对应的影响，而不单是现行简单教育论所把握到的教师对于学生的影响。沿着上面的思路，我们看到，既然师生双方各有自己的主动性与被动性，既然师生双方的主动性与被动性之间存在多种对应关系，那么，师生双方就必然存在相互对应的影响或塑造，而不可能单单是教师对于学生的影响或塑造。在这里需要指出，仅仅把握到教师对学生影响或塑造的现行简单教育论，在最好的情况下，也只能实现教育对社会文化的传承，而不可能实现教育对社会文化的创新或改造。只有在师生双方相互对应影响或塑造的基础上，才可能实现教育对社会文化的传承与创新。

四、本节小结

综合上文，我们看到，以人脑简单反应机制为基础的现行简单教育论，在教育内容维度上，只能把握到外在于师生的客观现实，即间接经验，而遗漏了师生双方的直接经验，还遗漏了两种经验之间的对应关系；在师生双方的属性维度上，只能把握到人脑主动反应的能动性，而遗漏了师生双方的被动性，还遗漏了两种属性之间的对应关系；在师生双方的影响维度上，只能把握到教师对学生的影响，而遗漏了学生对教师的影响，还遗漏了双方之间的对应影响。因此，我们在对应心理活动的事实基础上，对现行心理学与简单教育论，做出了反思与改造。我们认为，心理的活动机制，是整个生命活动的对应机制，而不单是人脑的简单反应机制。以生命活动的对应机制为基础的对应教育论，在教育内容维度上，既能把握到间接经验，又能把握到直接经验，还能把握到两种经验在教育活动中的不同对应机制及其功能；在师生双方的属性维度上，既能把握到双方的主动性，又能把握到双方的被动性，还能把握到两种属性在教育活动中的不同对应机制及其功能；在师生双方的影响维度上，既能把握到教师对学生的影响，又能把握到学生对教师的影响，还能把握到师生双方的对应影响。所以，我们主张：以人脑简单反应机制为基础的现行简单教育论，就必须转换到以生命活动的对应机制为基础的对应教育论。

五、本节提示

在本节最后，需要做两点提示：一是，关注现行心理学的方法论缺陷。仅仅关注人脑活动的现行心理学，是以解剖学的简单分析思维为其方法论基础的。简单分析思维的优越性，是对人或事物的分析性要素的清晰的把握；而其不足或缺陷，则是对人或事物的整体的肢解或割裂——这也就是我们以术语表达的分析思维的"整体之失"。二是，关注从现行心理学到对应生命感受心理学转换过程中的整体对应思维这一方法论基础。要想从现行心理学转换到对应生命感受心理学，就必须转换两种心理学背后的思维方法这一过渡环节，即由分析思维，转换到整体对应思维；这当然也是从仅仅关注人脑活动机制的现行简单教育论，转换到关注生命感受机制的对应教育论的过渡环节。

附言：

1. 以人脑活动机制为基础的现行简单教育论，只能是"以脑为本"的教育，而不可能是"以人为本"的教育。

2. 现行简单教育论，仅仅把握到师生双方的主动性而没有把握到被动性，这其实已经构成师生双方相互影响与共同成长的认知障碍。

3. 人的主动性行为，不仅具有积极作用，而且具有消极作用，只不过，积极作用常常遮蔽着消极作用。因此，人们更应当去关注主动性行为的消极作用。

4. 人的被动性行为，不仅具有消极作用，而且具有积极作用，只不过，消极作用常常遮蔽着积极作用。因此，人们更应当去关注被动性行为的积极作用。

5. 要关注教育内容的对应教学，对应教育，就必须去关注师生之间直接经验与间接经验的对应匹配机制。

6. 要关注师生双方的对应变化，对应教育，就必须去关注师生双方主动性与被动性的对应匹配机制。

第三节　关注开发生命力的对应教育

切问：

1. 智力活动的条件，仅仅是现行心理学所把握到的客观现实吗？没有主观现实的对应，客观现实还能存在吗？

2. 智力活动的因素，仅仅是现行心理学所把握到的认知或理性因素吗？没有非理性因素的对应，理性因素还能存在吗？

3. 智力活动的属性，仅仅是现行心理学所把握到的主动性吗？没有被动性的对应，主动性还能存在吗？

4. 现行心理学与简单教育论，以人脑活动为基础的开发智力的概念，是一个片面或简单的概念吗？开发智力的概念，是一个开发生命感受力的概念吗？

5. 生命感受力是一种内在的张力或推动力量吗？这种内在的张力或推动力量，是怎样形成的？

6. 开发生命感受力的对应教育，就是要去促成人们生命感受中的紧张或紧迫的感受吗？

一、论题的提出

现行心理学认为，心理是人脑对客观现实的能动反应，以现行心理学为基础的现行简单教育论，便提出了以人脑智力活动为依托的开发智力的论题。我们认为，心理是生命体对生命经历中的对象的对应感受，而不单是人脑的简单活动。因此，针对现行心理学与现行简单教育论的关注开发智力的论题，我们便提出了关注开发生命力的论题。

二、对关注人脑智力活动的现行心理学与简单教育论的遮蔽性分析

（一）对关注人脑智力活动的现行心理学的遮蔽性分析

现行心理学，从人脑的主动活动，切到对人的智力的考察，能够把握到智力活动的哪些内容呢？这主要包括三方面：一是，从智力活动的条件看，现行心理学，能够把握到外在于人脑智力活动的客观现实；二是，从智力活动的因素看，现行心理学，能够把握到智力活动的认知或理性因素；三是，从智力活动的属性看，现行心理学，能够把握到智力活动的主动反应性。简单地说，现行心理学，从人脑的主动活动，切到对人的智力的考察，能够把握到的内容，也就是：人的认知或理性对客观现实的主动反应。

现行心理学，从人脑的主动活动，切到对人的智力的考察，在对智力活动有所把握的同时，却又遗漏或遮蔽了哪些内容呢？这也包括三方面：一是，从智力活动的条件看，现行心理学，在把握到智力活动的外在客观现实的同时，却遗漏了主观现实；二是，从智力活动的因素看，现行心理学，在把握到智力活动的认知或理性因素的同时，却遗漏了需要、兴趣、好奇心等非智力因素；三是，从智力活动的属性看，现行心理学，在把握到智力活动的主动性的同时，却遗漏了被动性。简单地说，现行心理学，从人脑的主动活动，切到对人的智力的考察，在有所把握的同时，却又存在严重的遗漏或偏差。

（二）对关注人脑智力活动的现行简单教育论的遮蔽性分析

现行简单教育论，从智力的主动活动，切到对开发智力的考察，能够把握到开发智力的哪些内容呢？这主要包括三方面：一是，能够把握到开发智力的外在条件；比如，在开发智力的智力游戏、脑筋急转弯、智力竞技运动会等活动中，人为设定的情境中的问题。二是，能够把握到开发智力的认知或理性因

素；比如，在人为设定的智力活动情境中，解决特定问题所需要的判断或推理能力。三是，能够把握到开发智力的主动性的方面；比如，在开发智力的活动中，教师要求学生必须具有积极思考问题的主动性或能动性。简单地说，现行简单教育论，从智力的主动活动，切到对开发智力的考察，能够把握到的内容，也就是：人的认知或理性对特定情境中的问题的主动解决。

现行简单教育论，从智力的主动活动，切到对开发智力的考察，在有所把握的同时，却又遗漏了哪些内容呢？这也包括三方面：一是，在把握到开发智力的外在条件的同时，却遗漏了开发智力的内在条件或主观条件；进一步，又遗漏了由外在条件与内在条件所形成的对应性。二是，在把握到开发智力的认知或理性因素的同时，却遗漏了需要、兴趣、好奇心等非智力因素；进一步，又遗漏了由智力因素与非智力因素所形成的对应性。三是，在把握到智力活动的主动性方面的同时，却遗漏了被动性的方面；进一步，又遗漏了由主动性与被动性所形成的对应性。简单地说，现行简单教育论，从智力的主动活动，切到对开发智力的考察，在有所把握的同时，却又存在严重的遗漏或偏差。

三、对关注人脑智力活动的现行心理学与简单教育论的对应改造

（一）对关注人脑智力活动的现行心理学的对应改造

既然关注人脑智力活动的现行心理学，存在上面谈到的严重偏差或遗漏；那么，它就要受到合理的反思与改造。这首先就要解决一个前提性的问题，即人的智力活动的归属问题。在对应生命感受心理学视野中，我们认为，人的智力活动，属于整个生命体的生命感受力，而不单是人脑的活动力。在这一前提下，我们就可以对以人脑智力活动为基础的现行心理学做出对应的改造，这包括三层基本内容：一是，人的生命感受的条件：包括客观现实与主观现实及其两者的对应，而不单是现行心理学所把握到的客观现实。二是，人的生命感受的因素：包括智力因素与非智力因素及其两者的对应，而不单是现行心理学所把握到人脑活动的智力因素。三是，人的生命感受的属性：是由生命感受的主动性与被动性所形成的对应性，而不单是现行心理学所把握到的人脑活动的主动性。总之，我们认为，仅仅关注人脑智力活动的现行心理学，必须转换到关注人的生命对应感受的心理学。

（二）对关注人脑智力活动的现行简单教育论的对应改造

既然关注人脑智力活动的现行简单教育论，存在上面谈到的偏差或遗漏，

那么，它就要受到合理的反思与改造。在本节论域内，这包括如下三层基本内容：

一是，既然人的生命感受的条件，包括客观现实与主观现实及其两者的对应；那么，开发生命力的对应教育，就需要去关注由客观现实与主观现实的对应所形成的张力，即感受力。就学校教育的事实来看，所谓客观现实与主观现实的对应所形成的张力，也就是教材或文本中的间接经验与师生双方直接经验的对应所形成的生命感受力。直白地说，正是师生双方感受到间接经验与自身直接经验的差异性，才产生内在的紧张感受并推动师生双方展开对两种经验的相互对应的教学。分析地看，由间接经验与直接经验的对应所形成的生命感受力，包括两种情况：一种情况是，间接经验与直接经验的一致性对应或顺对应所形成的互补性张力，这既包括间接经验对师生双方直接经验的补充或丰富所造成的张力，也包括师生双方的直接经验对间接经验的补充或丰富所造成的张力。另一种情况是，间接经验与直接经验的不一致性对应或逆对应所形成的改造性张力，这既包括间接经验对师生双方直接经验的修正或改造所造成的张力，也包括师生双方的直接经验对间接经验的修正或改造所造成的张力。不难理解，由间接经验与师生双方直接经验所造成的互补性张力，能够带来师生双方对两种经验的继承或补充；而由间接经验与师生双方直接经验所造成的改造性张力，则能够带来师生双方对两种经验的创新或发展。

二是，既然人的生命感受的因素，包括智力因素与非智力因素及其两者的对应，那么，开发生命力的对应教育，就需要去关注由智力因素与非智力因素的对应所形成的张力，即感受力。就学校教育的事实来看，智力因素与非智力因素都是对应存在的；而正是它们的对应存在，才产生了师生双方的内在的紧张感受并推动师生双方展开对应的教学活动。分析地看，由智力因素与非智力因素的对应所形成的生命感受力，包括两种情况：一种情况是，智力因素与非智力因素的一致性对应所形成的互补性张力，这既包括非智力因素对智力因素的推助（如兴趣、好奇心推动人们的理性思考），也包括智力因素对非智力因素的推助（如人们的理性思考对兴趣、好奇心的强化）。另一种情况是，智力因素与非智力因素的不一致性对应所形成的改造性张力，这既包括非智力因素对智力因素的改造（如兴趣、好奇心改变了人们的理性思考），也包括智力因素对非智力因素的改造（如人们的理性思考对兴趣、好奇心的改变或调整）。不难理解，由智力因素与非智力因素所造成的互补性张力，能够带来师生双方生命感受的多样，而由智力因素与非智力因素所造成的改造性张力，则能够带来师生双方生命感受的改变。

三是，既然人的生命感受的属性是由生命感受的主动性与被动性所形成的对应性，那么，开发生命力的对应教育，就需要去关注由主动性与被动性的对应所形成的张力，即感受力。就学校教育的事实来看，师生双方的主动性与被动性都是对应存在的；而正是它们的对应存在，才产生了师生双方的内在的紧张感受并推动师生双方展开对应的教学活动。分析地看，由主动性与被动性的对应所形成的生命感受力，包括两种情况：一种情况是，师生双方主动性与被动性的一致性对应所形成的互补性张力，这既包括教师主动性与学生被动性的一致性对应（例如，学生接受教师的影响），又包括学生主动性与教师被动性的一致性对应（例如，教师接受学生的影响）。另一种情况是，师生双方主动性与被动性的不一致性对应所形成的改造性张力，这既包括教师主动性与学生被动性的不一致性对应（例如，学生不接受教师的影响），又包括学生主动性与教师被动性的不一致性对应（例如，教师不接受学生的影响）。不难理解，由师生双方主动性与被动性所造成的互补性张力，能够带来师生双方生命感受的丰富，而由师生双方主动性与被动性所造成的改造性张力，则能够带来师生双方生命感受的变化或发展。

四、本节小结

综合上文，我们看到，现行以人脑智力活动为依托的开发智力的简单教育，在关于智力活动的条件、智力活动的因素与智力活动的属性等维度上，都存在较为严重的偏差或遗漏；所以，我们在对应生命感受心理学的视野中，对它进行了反思与改造。我们认为，现行心理学与简单教育论所说的开发智力的问题，属于生命感受力的问题，而不单是人脑活动力的问题。在生命感受力的视野中，我们认为，生命感受的条件，包括相互对应的客观现实与主观现实；生命感受的因素，包括相互对应的智力因素与非智力因素；生命感受的属性，包括相互对应的主动性与被动性。因此，关于开发生命力的对应教育，就要仔细考察这些对应关系及其所形成的内在机制——由客观现实与主观现实的对应所形成的顺对应与逆对应机制、由智力因素与非智力因素的对应所形成的顺对应与逆对应机制、由主动性与被动性的对应所形成的顺对应与逆对应机制。我们认为，正是这些对应关系及其形成的对应机制，才造成了人们生命感受中的紧张感或张力感并推动人们开展自己多样的生命活动。

五、本节提示

在本节最后，需要做两点提示：一是，开发智力的问题，属于生命感受力或生命力的问题，而不单是现行心理学所把握到的人脑活动力的问题。二是，开发生命力的问题，涉及生命感受的条件、生命感受的因素、生命感受的属性三个维度上的对应机制问题。因此，仔细考察这些对应机制及其功能，就成为开发生命力对应教育的关键问题。直白地说，开发生命力对应教育，就是要去促成人们在生命感受中的紧张感或紧迫感。

附言：

1. 脑力或智力的概念，其实是生命的感受力或生命力的概念，以人脑为基础的所谓智力开发，不过是一种流行的偏见。

2. 人的生命能够感受到的客观对主观的束缚或局限，才构成生命力开发的必要条件，单一的外在客观，永远与生命力的开发无关。

3. 生命力开发的过程，是一个涵养人的生命对应感受的过程，偏离生命的对应感受，仅仅以人脑活动为基础的所谓智力开发，难免苍白与空洞。

4. 智力因素与非智力因素的相互激荡或相互推动，才构成生命感受的富有张力的运动，单一的所谓智力因素或非智力因素，对于生命的运动起不到任何作用。

5. 以人脑活动为基础的简单教育论，在最好的情况下，也只能制造或塑造出偏于智力活动或理性活动的简单人。

6. 以生命感受为基础的对应教育论，才可能涵养出以生命感受的对应性为生命品质的丰富的人。

第四节　关注感到的对应教育

切问：

1. 人的心理发生的生理机制，是现行心理学与简单教育论所把握到的人脑的活动吗？人脑的活动，能够脱离整个生命的活动吗？

2. 人的生命活动的起点，仅仅是现行心理学与简单教育论所把握到的认知起点吗？人的欲求、态度、意志等方面不能推动人的生命活动的发生吗？

3. 人的生命活动的内容，仅仅是现行心理学与简单教育论所把握到的客观现实或间接经验吗？它不能包括人的主观现实或直接经验吗？

4. 人的生命活动的属性，仅仅是现行心理学与简单教育论所把握到的主动性吗？它不能包括被动性吗？

5. 我们可以把以人脑活动为基础的教育，叫作"知道的教育"吗？我们可以把以人的生命活动为基础的教育，叫作"感到的教育"吗？

6. 从"知道的教育"到"感到的教育"，需要完成哪些具体的转换呢？

一、论题的提出

现行心理学认为，心理是人脑对客观现实的能动反应，以此为基础的现行简单教育论，便得到了教育要依靠人脑去主动反应客观现实的基本主张。从学校教育的实际看，所谓人脑去主动反应客观现实，也就是人脑对既有的或既成的间接经验的认知、了解、识记——这也就是我们以术语表达的"知道的教育"。针对现行简单教育论的关注人脑活动基础上的知道的教育，我们便提出了关注生命活动基础上的感到的教育。

二、对以人脑活动为基础的现行心理学与简单教育论的遮蔽性分析

（一）对以人脑活动为基础的现行心理学的遮蔽性分析

现行心理学，从人脑的主动活动，切到对人的心理的考察，能够把握到人的心理的哪些方面呢？这主要表现在四方面：一是，能够把握到心理发生的生理机制的一方面，即人脑或神经系统的活动；二是，能够把握到人脑活动的起点或切入点的一方面，即认知的起点或切入点；三是，能够把握到人脑活动内容的一方面，即所谓的客观现实；四是，能够把握到人脑活动属性的一方面，即所谓的能动反应。简单地说，现行心理学，从人脑的主动活动，切到对人的心理的考察，能够把握到的内容，也就是人脑活动的简单的或单一的方面。

现行心理学，从人脑的主动活动，切到对人的心理的考察，在有所把握的同时，却又遗漏或遮蔽了哪些方面呢？这也主要表现在四方面：一是，在把握到心理发生的生理机制即人脑或神经系统活动的同时，却遗漏了整个生命体的活动；二是，在把握到人脑活动的认知起点的同时，却遗漏了非认知的起点；三是，在把握到人脑活动内容的客观现实的同时，却遗漏了主观现实；四是，在把握到人脑活动属性的能动反应的同时，却遗漏了人脑活动的被动性。简单地说，现行心理学，从人脑的主动活动，切到对人的心理的考察，在把握到人脑活动单一方面的同时，却遗漏了对应的方面。

（二）对以人脑活动为基础的现行简单教育论的遮蔽性分析

现行简单教育论，从人脑的主动活动，切到对教育的理解，能够把握到教

育的哪些方面的内容呢？这主要表现在四方面：一是，能够把握到人的生命活动的一方面，即人脑的活动；二是，能够把握到生命活动起点的一方面，即认知的起点；三是，能够把握到生命活动内容的一方面，即客观现实；四是，能够把握到生命活动属性的一方面，也就是生命活动的主动性。简单地说，现行简单教育论，从人脑的主动活动，切到对教育的理解，能够把握到的内容，也就是人的生命活动的简单或单一的方面。

现行简单教育论，从人脑的主动活动，切到对教育的理解，在有所把握的同时，却又遗漏或遮蔽了哪些方面呢？这也主要表现在四方面：一是，在把握到人的生命活动的一方面，即人脑活动的同时，却遗漏了人的整个生命体的活动；二是，在把握到生命活动起点的一方面，即认知起点的同时，却遗漏了非认知的起点；三是，在把握到生命活动内容的一方面，即客观现实的同时，却遗漏了主观现实；四是，在把握到生命活动属性的一方面，即主动性的同时，却遗漏了被动性。简单地说，现行简单教育论，从人脑的主动活动，切到对教育的理解，在能够把握到人的生命活动单一方面的同时，却遗漏了对应的方面。

三、对以人脑活动为基础的现行心理学与简单教育论的对应改造

（一）对以人脑活动为基础的现行心理学的对应改造

既然以人脑活动为基础的现行心理学，存在上面谈到的严重偏差或遗漏，那么，它就要受到合理的反思与改造。这包括四层基本内容：一是，人的心理的发生机制，是整个生命体的活动，而不单是现行心理学所把握到的人脑或神经系统的活动。二是，人的生命活动，包括认知与非认知的起点，而不单是现行心理学所把握到的认知的起点。三是，人的生命活动，包括客观现实与主观现实的内容，而不单是现行心理学所把握到的客观现实的内容。四是，人的生命活动，包括主动性与被动性的属性，而不单是现行心理学所把握到的主动性。总之，人的心理，就是人的整个生命体，从不同的起点上，对客观现实与主观现实的主动与被动的生命感受，简单地说，人的心理，就是生命从不同起点上的对应感受。

（二）对以人脑活动为基础的现行简单教育论的对应改造

既然以人脑活动为基础的现行简单教育论，存在上面谈到的严重偏差或遗漏，那么，它就要受到合理的反思与改造。这也包括四层基本内容：

一是，既然人的心理的发生基础是整个生命体的活动，而不单是现行心理

学所把握到的人脑的活动，那么，对应教育，就不能仅仅关注建立在人脑活动基础上的"知道"，而要去关注建立在生命活动基础的"感到"。这也就是说，对应教育，要由现行简单教育论以人脑活动为基础的"人脑的知道"，转换到以生命活动为基础的"生命的感到"。从学校教育的实际看，对人脑的知道的教育，偏重于解决学生的认知问题而偏轻于解决学生的感受问题，这直接导致了学生尽管知道某些道理或规范，却缺少对这些道理或规范的生命感受或体验，导致了严重偏差。比如，在基础教育的教学中，大家熟悉的学生"知道"语法，但缺少"语感"；"知道"历史知识，但缺少"历史感"；"知道"数学、物理的公式或命题，但缺少"数理感"；等等。要想解决这种严重偏差，比较重要的环节，就是在教育或教学过程中去强化师生的生命体验或生命感受。直观地说，进行教育或教学，不能仅仅依靠大脑，还要依靠眼、耳、鼻、舌、身，依靠心脏、热血、泪水、肌肉、骨骼等整个生命体。只有整个生命体参与的教育或教学，才可能是"感到的教育"，才可能涵养出人的丰富而锐敏的生命感受，而只有大脑参与的教育或教学，则只能是"知道的教育"，它只能培养出人肤浅而单调的"知道"。

二是，既然人的生命活动包括认知与非认知的起点，而不单是现行心理学所把握到的认知的起点，那么，对应教育，就不能仅仅关注人脑活动的单一起点，而要关注生命活动多样的起点。这也就是说，对应教育，要由现行简单教育论以人脑活动为基础的"知道的起点"，转换到以生命活动为基础的"感到的起点"。从学校教育的实际看，就是要走出教育或教学过程中单一的认知起点，而转向生命活动的多样起点。分析地看，人的生命活动的多样起点，一般包括欲感、情感、意感与理感四种起点：生命活动的欲感起点，是指人的欲求感受或需要感受对人的生命活动的启动；比如，师生双方，从"要我学"到"我要学"的学习状态转换里，就包含着师生双方学习的欲感起点。生命活动的情感起点，是指人的态度或体验对人的生命活动的启动；比如，师生双方，从"厌教厌学"到"愿教愿学"的教学状态转换里，就包含着师生双方教学的情感起点。生命活动的意感起点，是指人的意志力感受对人的生命活动的启动；比如，师生双方，从"愿意教、愿意学"到"必须教、必须学"的教学状态转换里，就包含着师生双方教学的意感起点。生命活动的理感起点，是指人的理性感受对人的生命活动的启动；比如，师生双方，从"随意教学"到"理性教学"的教学状态转换里，就包含着师生双方教学的理感起点。总之，实际的教育或教学过程，包含多样的或不同的起点；只有从这些多样的或不同的起点开始，才可能走出"知道的教育"状态，而走向"感到的教育"状态。

　　三是，既然人的生命活动的内容包括客观与主观的方面，而不单是现行心理学所把握到的客观方面，那么，对应教育，就不能仅仅关注客观方面，而要关注对应存在的客观与主观方面。从学校教育的实际看，所谓关注对应存在的客观与主观方面，就是要关注对应存在的间接经验与师生双方的直接经验。分析地看，这种对应关注涉及三层基本内容：第一层内容是，关注对应存在的双方，即关注对应存在的间接经验与直接经验。这里要特别注意两种经验在教育或教学过程中的对应关系：间接经验，不是孤立存在的间接经验，而是与直接经验对应存在的间接经验；同样地，直接经验，也不是孤立存在的直接经验，而是与间接经验对应存在的直接经验。这种对应存在关系，在教育或教学过程中，要求师生双方在涉及间接经验与直接经验时，都不能孤立地或单独地去把握，而是要在两种经验的相互参照或相互对比中去把握。第二层内容是，关注对应影响的双方，即关注对应影响的间接经验与直接经验。从教育或教学的实际看，这种对应影响，既包括间接经验对直接经验的补充或改造，也包括直接经验对间接经验的补充或改造，而不单是现行简单教育论所把握到的间接经验对直接经验的补充或改造。第三层内容是，关注对应转化的双方，即关注对应转化的间接经验与直接经验。从教育或教学的实际看，这种对应转化，既包括间接经验向直接经验的转化，也包括直接经验向间接经验的转化，而不单是现行简单教育论所把握到的间接经验向直接经验的转化。总之，只有关注两种经验的对应存在、对应影响与对应转化，才可能摆脱现行简单教育论对单一间接经验的"知道的教育"，而转向对间接经验与直接经验的"感到的教育"。

　　四是，既然人的生命活动的属性包括主动性与被动性，而不单是现行心理学所把握的单一的主动性，那么，对应教育，就要去关注人的对应的主动性与被动性，而不能仅仅关注人的单一的主动性。从学校教育的实际看，所谓关注人的对应的主动性与被动性，涉及三层基本内容：第一层内容是，人的主动性与被动性，是相互对应的存在，单一的主动性或被动性，都只能是简单抽象思维中的虚拟存在。现行简单教育论，所谓发挥师生双方主动性的流行观点，不过是一种脱离了教育事实的主观幻想。第二层内容是，人的对应存在的主动性与被动性，共同构成人的生命感受中的紧张或紧迫，并推动人的生命活动的开展。没有了被动性对人的限定，或者说，没有了主动感受到的被动性，人的单一的主动性，就只能是苍白无力的随意性或任性。第三层内容是，发挥主动性的实质性内容，就是对被动性的克服或超越；缺少了被动性的具体规定或限定，单一的所谓发挥人的主动性，只不过是一种一厢情愿的设定。总之，只有关注对应存在的主动性与被动性，才可能摆脱现行简单教育论单一的主动认知的

"知道的教育"，而转换到主动感受被动性的"感到的教育"。

四、本节小结

综合上文，我们看到，现行以人脑活动为基础的简单教育论，在生命活动的生理机制、生命活动的起点、生命活动的内容以及生命活动的属性这些维度上，都存在较为严重的偏差或遗漏，并造成"知道的教育"的后果；所以，我们对现行心理学与简单教育论进行了反思与改造，并将"知道的教育"改造为"感到的教育"。具体地看，由"知道的教育"转换到"感到的教育"，包括四层内容：一是，感到的教育，其生理机制，是人的整个生命体的生命活动，而不单是现行心理学与简单教育论所把握到的人脑或神经系统的活动。因此，感到的教育，也就是面对人整个生命的教育，而不单是面对人大脑的教育。二是，感到的教育的起点，包括欲感、情感、意感、理感四个基本方面；而不单是现行心理学与简单教育论所把握到的认知或理感的方面。因此，感到的教育，就有了多样的起点，而不单是认知的起点。三是，感到的教育内容，包括对应的间接经验与直接经验，而不单是现行心理学与简单教育论所把握到的间接经验。因此，感到的教育，就需要去展开关于间接经验与直接经验的对应教育或教学，而不单是对间接经验的简单教育或教学。四是，感到的教育的属性，包括对应的主动性与被动性，而不单是现行心理学与简单教育论所把握到的主动性。因此，感到的教育，就需要去关注人的主动性与被动性的对应教育或教学，而不单是关注人的主动性的教育或教学。

五、本节提示

在本节的最后，需要做四点提示，以便更准确地把握"感到的教育"与"知道的教育"的差别。一是，"感到的教育"与"知道的教育"的生理基础或生理机制不同："感到的教育"的生理机制，是生命的活动，而"知道的教育"的生理机制，是人脑的活动。二是，"感到的教育"与"知道的教育"的起点不同："感到的教育"的起点，包括欲感、情感、意感与理感四方面，而"知道的教育"的起点，只有一个，即认知的起点。三是，"感到的教育"与"知道的教育"的内容不同："感到的教育"内容，是对应的间接经验与直接经验，而"知道的教育"内容，则只有单一的间接经验。四是，"感到的教育"与"知道的教育"的属性不同："感到的教育"的属性，包括对应的主动性与被动性，而"知道的教育"的属性，则只有单一的主动性。

附言：

1. 生活，是生命的丰富多彩的活动，而不单是大脑或神经的运动。

2. 生命活动具有多样的开端；因此，不必偏执于认知的简单。

3. 缺少直接经验的对应参照，单一的间接经验，就只能是孤立而僵硬的材料。

4. 没有被动性的规定，主动性就只能是随意的躁动。

5. 知道的教育，就是偏于认知或识记的简单教育，它只能培养出简单的知道的人。

6. 追求生命感受的教育，才是富有生机与激情的教育。

第五节　关注三重生命体验的对应教育

切问：

1. 人的生命感受的对象，仅仅是现行心理学所把握到的客观现实吗？离开主观现实的对应，单一的客观现实，还能够是实然状态的存在吗？

2. 人的生命感受的内容，仅仅是现行心理学所把握到的处于两极的积极与消极情感吗？两极状态的情感，能够离开中介状态的情感而存在吗？

3. 我们可以把处于两极与中介状态的生命感受，以术语表达为阳性、阴性与中性三重生命感受吗？

4. 人的生命感受的属性，是由三重生命感受所必然形成的对应性吗？生命感受的功能，是每一重生命感受的积极与消极功能吗？需要区分生命感受的属性与功能吗？

5. 人的心理健康的标准，是现行心理学所把握到的追求积极的情感吗？单一的积极情感，是健康的心理吗？人的心理健康的标准，是由三重生命感受所形成的富有生命张力的内心世界的丰富与充盈吗？

6. 由追求单一积极情感的现行简单教育论，到追求三重生命感受的对应教育论，需要完成哪些转换呢？

一、论题的提出

现行心理学认为，心理，是人脑对客观现实的能动反应，而人的情感，则是人对客观现实的态度或体验。在这里，首先要特别注意概念的交叉错乱问题：按照现行心理学的理解，心理，归属于人脑的活动，而作为心理一个维度的情感，却归属于人的活动，这就是说，人的活动，归属于人脑的活动——这显然是逻辑的错乱。我们认为，心理，是人的生命的感受，而情感，是生命感受的一个维度或一个方面；当然，人的情感，属于人的生命感受。在梳理出人的心理与情感的基本关系后，我们就能够发现，以现行心理学的积极情感理论为基础，现行简单教育论，在情感教育理论上同样存在追求积极情感的偏差，为此，我们便提出了关注三重生命感受的对应教育。

二、对现行心理学的情感理论与简单教育论的情感教育理论的遮蔽性分析

（一）对现行心理学的情感理论的遮蔽性分析

现行心理学的情感理论，从人的主动活动，切到对情感的考察，能够把握到情感哪些方面的内容呢？这主要涉及五个基本方面：一是，能够把握到情感对象的一方面，也就是对客观现实的体验；二是，能够把握到情感内容的两极性存在，也就是处于两个极端的积极情感与消极情感；三是，能够把握到情感的属性，也就是积极性与消极性；四是，能够把握到情感的功能，也就是积极功能与消极功能；五是，能够把握到心理健康中的情感调适或方法，也就是现行心理学在情感调适中所表达的"化消极情感为积极情感"。简单地说，现行心理学的情感理论，从人的主动活动，切到对情感的考察，能够把握到对客观现实的情感，也能够把握到情感的两极性以及积极情感对人的心理健康的价值。

现行心理学的情感理论，从人的主动活动，切到对情感的考察，在有所把握的同时，却又遗漏或遮蔽了哪些方面的内容呢？这也主要涉及五个基本方面：一是，在把握到情感的客观现实对象的同时，却遗漏了主观现实的对象，也遗漏了两种对象的对应；二是，在把握到情感内容的两极性存在的同时，却遗漏了情感两极的过渡性存在，也就是遗漏了情感中的日常感、平常感、平凡感；三是，在把握到情感的积极性与消极性的同时，却遗漏了积极性与消极性的对应性；四是，在把握到情感的积极功能与消极功能的同时，却遗漏了对情感功能与属性的区分；五是，在把握到情感调适中的积极情感的单一性的同时，却遗漏了情感的丰富性。简单地说，现行心理学，从人的主动活动，切到对情感的考察，在把握到情感的客观现实内容、情感的两极性以及积极情感对人的心理健康价值的同时，却遗漏了情感的主观现实内容、情感的对应性及其带来的多样情感对人的心理健康的价值。

（二）　对现行简单教育论的情感教育理论的遮蔽性分析

现行简单教育论中的情感教育理论，从人的主动活动，切到对情感教育的理解，能够把握到情感教育哪些方面的内容呢？这主要涉及五个基本方面：一是，能够把握到情感对象的一方面，也就是对客观现实的情感体验；二是，能够把握到情感体验的两极性存在，也就是处于两个极端的积极情感体验与消极情感体验；三是，能够把握到情感体验的属性，也就是积极性与消极性；四是，能够把握到情感体验的功能，也就是积极功能与消极功能；五是，能够把握到心理健康教育中的情感调适或方法，也就是现行简单教育论在情感调适中所表达的"化消极情感为积极情感"的心理健康教育。简单地说，现行简单教育论中的情感教育理论，从人的主动活动，切到对情感教育的考察，能够把握到对客观现实的情感体验，也能够把握到情感体验的两极性以及积极情感体验对人的心理健康的教育价值。

现行简单教育论中的情感教育理论，从人的主动活动，切到对情感教育的理解，在有所把握的同时，却又遗漏或遮蔽了情感教育哪些方面的内容呢？这也主要涉及五个基本方面：一是，在把握到对客观现实的情感体验的同时，却遗漏了对主观现实的情感体验，也遗漏了对客观与主观现实的对应体验；二是，在把握到情感体验两极性存在的同时，却遗漏了过渡性的存在，也就是遗漏了积极情感体验与消极情感体验之间的日常情感体验；三是，在把握到情感体验积极性与消极性的同时，却遗漏了情感体验的日常性；四是，在把握到情感体验积极功能与消极功能的同时，却遗漏了积极功能与消极功能的对应性；五是，在把握到心理健康教育中的"化消极情感为积极情感"的同时，却遗漏了多样情感对人的心理健康的价值。简单地说，现行简单教育论中的情感教育理论，从人的主动活动，切到对情感教育的考察，在把握到对客观现实的情感体验的同时，却遗漏了对主观现实的情感体验以及对两种现实的对应体验；在把握到情感体验的两极性以及积极情感体验对人的心理健康的教育价值的同时，却遗漏了情感体验的过渡性以及不同情感体验对人的心理健康的教育价值。

三、对现行心理学的情感理论与简单教育论的情感教育理论的对应改造

（一）　对现行心理学的情感理论的对应改造

既然现行心理学的情感理论，存在上面谈到的严重偏差或遗漏，那么，它就要受到合理的反思与改造。这包括五层基本内容：一是，情感的对象：情感

是对客观现实与主观现实的对应生命体验,而不单是现行心理学所把握到的对客观现实的生命体验。二是,情感的内容:既包括两极性的存在,又包括中介性的存在。我们借鉴中国古代源于宇宙变化而产生的表达两极性的阴阳理论,把两极性存在与中介性存在的情感内容,以术语表达为阳性、阴性与中性生命感受,即三重生命感受。三是,情感的属性:是由阳性、阴性与中性生命感受所形成的内在的对应性,而不是现行心理学所把握到的积极性与消极性。四是,情感的功能:三重生命感受,都分别具有自身的积极功能与消极功能,而不是现行心理学在属性与功能混淆前提下所把握到的两极情感的积极与消极功能。五是,情感的调适或心理健康:心理健康的标准,不是单一的所谓"化消极情感为积极情感",而是对三重生命感受的对应体验以获得丰富而深刻的生命体验。总之,在对应生命感受心理学的视野中,人的情感,就是生命对客观与主观对象的三重生命感受或体验;人的健康情感或健康心理,不是追求单一的积极情感,而是追求三重生命感受的丰富与深刻。

(二) 对现行简单教育论的情感教育理论的对应改造

既然现行简单教育论的情感教育理论,存在上面谈到的严重偏差或遗漏,那么,它就要受到合理的反思与改造。这包括如下五层基本内容:

一是,既然人的情感是对客观现实与主观现实的对应生命体验,而不单是现行心理学所把握到的对客观现实的生命体验,那么,在对人的情感的对应教育过程中,就不能仅仅关注对客观对象的生命感受,而要关注对客观与主观对象的对应生命感受。这种对应的生命感受,包括三层基本内容:第一层,在人的生命感受中,没有孤立存在的客观现实,只有与人的生、老、病、死等主观现实相对应的客观现实。或者说,只有与人的主观现实相对应的客观现实,才是可以理解或可以把握到的客观现实。像现行心理学那样,孤立地谈论所谓的客观现实,是没有任何实际意义的;第二层,没有孤立存在的主观现实,只有与客观现实相对应而存在的主观现实。或者说,脱离了客观现实的存在,主观现实也就不可能存在;第三层,在相互对应的体验中,去展开关于客观现实与主观现实相互对应的情感教育。

二是,既然人的情感内容包含三重生命感受,而不单是现行心理学所把握到的两极性感受;那么,在对人的情感的对应教育过程中,就不能仅仅关注对两极性情感的教育,而要关注对三重生命感受的教育。这种三重生命感受的教育,包括三层基本内容:第一层,在人的生命感受中,存在两极的感受,如欢乐与痛苦,开心与伤心,幸福与不幸,欢喜与厌恶,甜蜜与苦涩等;第二层,在人的生命感受中，也存在两极之间的过渡感受，如日常感、平常感或平凡感；第三层，以生命的日常感受为参照，人们才产生了两极的生命感受或体验，如欢乐或痛苦，开心或伤心，幸福或不幸，欢喜或厌恶，甜蜜或苦涩，等等。

三是，既然人的情感的属性是由阳性、阴性与中性生命感受所形成的内在的对应性，而不是现行心理学所把握到的积极性与消极性，那么，在对人的情感的对应教育过程中，就不能仅仅关注情感的两极性，而要关注三重生命感受的对应性。对三重生命感受的对应性关注，包括三层基本内容：第一层，关注阳性生命感受与中性生命感受的对应，如欢乐、开心、幸福、欢喜、甜蜜等感受与日常感受的对应，以便在这种对应体验的状态中，更准确地把握两种不同的生命感受；第二层，关注阴性生命感受与中性生命感受的对应，如痛苦、伤心、不幸、厌恶、苦涩等感受与日常感受的对应，以便在这种对应体验的状态中，更准确地把握两种不同的生命感受；第三层，关注阳性生命感受与阴性生命感受的对应，如欢乐与痛苦的对应、开心与伤心的对应、幸福与不幸的对应、欢喜与厌恶的对应、甜蜜与苦涩的对应等，以便在这种对应体验的状态中，更准确地把握两种不同的生命感受。

四是，既然人的三重生命感受，都分别具有自身的积极功能与消极功能，而不是现行心理学在属性与功能混淆前提下所把握到的两极情感的积极与消极功能，那么，在对人的情感的对应教育过程中，就不能仅仅关注所谓的积极情感与消极情感，而要关注每一重生命感受的积极与消极功能。这包括三方面的基本内容。第一方面，关注阳性生命感受的积极与消极功能。阳性生命感受的积极功能，如乐感或安乐感带给人的积极作用，是人们很容易把握到的。但是，阳性生命感受的消极功能，如欢乐感或安乐感带给人的消极作用，却并不总是为人所把握，所以，古代先贤才有了"死于安乐"的提醒。第二方面，关注阴性生命感受的积极与消极功能。阴性生命感受的消极功能，如忧患感或忧虑感带给人的消极作用，是人们很容易把握到的。但是，阴性生命感受的积极功能，如忧患感或忧虑感带给人的积极作用，却并不总是为人所把握，所以，古代先贤才有了"生于忧患"的提醒。第三方面，关注中性生命感受的积极与消极功能。中性生命感受的积极功能，如日常感或平凡感带给人的积极作用，就是确证人的基本生命感受状态的存在——毕竟，人们并不总是生活在阳性或阴性这两种极端生命感受状态之中，毕竟，人们的基本生命感受状态就是日常感或平常感。当然，中性生命感受也具有消极功能，如人们如果一味地安于日常，沉溺于日常，那么，人们也就只能陷于平庸或庸俗的消极状态之中。

五是，既然心理健康的标准，不是单一的所谓"化消极情感为积极情感"，而是对三重生命感受的对应体验以获得丰富而深刻的生命体验，那么，在对人的情感的对应教育过程中，就不能仅仅关注人的积极情感，而要关注对应的三重生命感受。这包括三方面的基本内容：第一方面，以日常生命感受为参照，去确证阳性、阴性与中性生命感受的相互对应的存在。如果像现行心理学那样，仅仅谈论处于两极的生命感受而不谈日常感受，那么，处于两极的生命感受也就只能是思维中空洞而模糊的抽象。第二方面，以三重生命感受的对应存在，去确证生命活动的内在张力。这包括三种基本情况：其一，由阳性生命感受与中性生命感受的对应所形成的张力，如日常生活中，突然遇到开心事所带来的生命活力的变化；其二，由阴性生命感受与中性生命感受的对应所形成的张力，如日常生活中，突然遇到伤心事所带来的生命活力的变化；其三，由阳性生命感受与阴性生命感受的对应所形成的张力，如日常生活中，突然遇到开心事又遇到伤心事所带来的生命活力的变化。第三方面，以三重生命感受所形成的丰富性，去克服现行心理学追求的所谓积极情感的简单性偏差——在对应生命感受心理学的视野中，简单的所谓积极情感，不仅不是实然状态的存在，而且可能是不健康的存在。

四、本节小结

综合上文，我们看到，以现行心理学的情感理论为基础的简单教育论，在人的情感的对象、内容、属性、功能与调适这些维度上，都存在较为严重的偏差或遗漏，并导致了追求单一的所谓积极情感的不良后果；所以，我们对现行心理学的情感理论与简单教育论进行了反思与改造，并将追求单一积极情感的简单教育论，改造为追求三重生命感受的对应教育论。分析地看，追求三重生命感受的对应教育论，包括五方面的基本内容：第一，生命感受的对象，包括对应的客观现实与主观现实，而不单是现行简单教育论所把握到的客观现实。第二，生命感受的内容，包括阳性、阴性与中性生命感受，而不单是现行简单教育论所把握到的积极情感与消极情感。第三，生命感受的属性，是由三重生命感受所形成的对应性，而不是现行简单教育论所把握到的积极性与消极性。第四，生命感受的功能，是每一重生命感受都具有的积极与消极功能，而不是现行简单教育论在情感功能与属性混淆前提下所把握到的积极情感与消极情感。第五，生命感受的调适或心理健康，是由三重生命感受所形成的内涵张力的丰富性，而不是现行简单教育论所把握到的所谓积极情感的简单性。

五、本节提示

在本节的最后，需要做三点提示，以便更准确地把握追求单一积极情感的现行简单教育论与追求三重生命感受的对应教育论的差别。一是，区分生命感受的属性与功能，以免现行心理学的情感理论对情感属性与功能的混淆。生命感受的属性，是由三重生命感受所形成的对应性；生命感受的功能，则是每一重生命感受所具有的积极与消极作用。因此，就不能如同现行心理学的情感理论那样以情感的积极与消极功能代替了情感的属性。二是，关注每一重生命感受的积极与消极功能；而针对现行心理学的情感理论的偏差，则更需要特别关注阳性生命感受的消极功能、阴性生命感受的积极功能与中性生命感受的积极与消极功能。三是，人的健康心理，绝不是现行心理学与简单教育论所把握到的单一的积极情感，而是由三重生命感受所形成的富有张力的内心世界的丰富或充盈。

附言：

1. 只有人的生命感受到的对象，才是客观存在的对象，脱离了人的生命感受的所谓客观对象，只能是思维中不健康的模糊的抽象。

2. 人们并不总是生活在欢乐或悲伤之中，理解平常并接受平常，才能从平常转换到不平常。总是幻想着不平常，则只能是脱离生活的无根的妄想。

3. 日常感或平凡感的作用，就是确证伟大感或渺小感的存在与转换，没有丰厚的日常感，伟大感或渺小感就只能是缥缈的空谈。

4. 判断一个人能够担当成功与失败的可靠根据就是：人在成功时，能感受到成功的消极作用；而在失败时，则能感受到失败的积极作用。

5. 追求单一的所谓心理健康，本身就是心理的不健康——这里潜藏着对单一生命感受的偏执与虚妄。

6. 只有酸甜苦辣咸的多重生命感受的变奏或交响，才能谱写出生命活动起伏跌宕的乐章。

小结 对应生命感受心理学视野中的对应教育

切问：

1. 仅仅关注人脑活动的现行心理学，可以被恰当地概括为"人脑心理学"

吗？与其对应的关注生命对应感受的心理学，可以被称为"生命感受心理学"吗？

2. 生命活动的机制，是大脑单一的反应，还是由主动性与被动性所造成的对应？

3. 开发生命力的教育，就要去关注由生命主动感受与被动感受的对应所造成的紧张力量吗？

4. 仅仅关注人的认知的"知道的教育"，其心理学基础在哪里？关注人的生命感受的"感到的教育"，其心理学基础又在哪里？

5. 人的生命感受的属性，就是由不同生命感受所造成的区分性或对应性吗？

6. 作为简单教育论的心理学基础，其基本的缺陷，就是内在的简单性或片面性吗？而作为对应教育论的对应生命感受论基础，其基本价值，就是内在的对应性或相互性吗？

针对现行心理学与简单教育论的具体不足或偏差，前面，我们分别对它们进行了反思与改造，为了达到对这些具体反思与改造的整体把握，就有了做小结的必要。

从整体上看，现行心理学与简单教育论的基础性偏差，就在于其简单性或片面性，而我们的反思与改造，则是在对应性或相互性基础上进行的。因此，本节的基本逻辑就是：先谈简单性，再谈对应性。

一、关注生命活动的对应教育

（一）论题的提出

现行心理学是关注人脑活动的心理学，以此为基础的简单教育论也就是仅仅关注人脑的教育；针对现行心理学与简单教育论，仅仅关注人脑的偏差，我们提出了关注生命活动的对应教育。

（二）对关注人脑活动的现行心理学与简单教育论的遮蔽性分析

1. 对关注人脑活动的现行心理学的遮蔽性分析

现行心理学，从人脑的主动活动，切到对人的心理的考察，其所得与所失，主要表现在六个基本方面：第一，在把握到人的心理的同时，却遗漏了与其对应的动物心理；第二，在把握到人的心理的生理机制，即大脑活动的同时，却遗漏了与其对应的人的整个生命活动；第三，在把握到人的心理发生的社会活动基础的同时，却遗漏了与其对应的生命活动基础；第四，在把握到人的心理的客观内容的同时，却遗漏了与其对应的主观内容；第五，在把握到人的大脑活动反应性的同时，却遗漏了与其对应的区分性；第六，在把握到人的大脑活动的主动性的同时，却遗漏了与其对应的被动性。

2. 对关注人脑活动的现行简单教育论的遮蔽性分析

现行简单教育论，从人的主动活动，切到对教育的考察，其所得与所失，也主要表现在六个基本方面：第一，在把握到教育活动中人的心理的同时，却遗漏了与其对应的动物心理；第二，在把握到人脑活动的同时，却遗漏了与其对应的人的生命活动；第三，在把握到人脑活动的社会基础的同时，却遗漏了与其对应的生命基础；第四，在把握到人的心理客观内容的同时，却遗漏了与其对应的主观内容；第五，在把握到人脑活动的反应性的同时，却遗漏了与其对应的区分性；第六，在把握到人脑活动主动性的同时，却遗漏了与其对应的被动性。

（三）对关注人脑活动的现行心理学与简单教育论的对应改造

1. 对关注人脑活动的现行心理学的对应改造

既然现行心理学，存在遗漏或偏差，那么，它就要受到合理的反思与改造，这主要表现在六个基本方面：第一，心理是生命现象，包括对应存在的动物心理与人的心理，而不单是人的心理。第二，心理的生理机制，是整个生命活动，而不单是人脑活动。第三，心理的发生基础，包括对应存在的生命活动与社会活动，而不单是社会活动。第四，心理的内容，包括对应存在的客观与主观内容，而不单是客观内容。第五，心理的属性，是生命感受的对应性，而不单是人脑的反应性。第六，心理的品质，是生命感受中由主动性与被动性所形成的对应性，而不单是人脑活动的主动性。

2. 对关注人脑活动的现行简单教育论的对应改造

既然关注人脑活动的现行简单教育论，也存在严重遗漏或偏差，那么，它也要受到合理的反思与改造，这也主要表现在六个基本方面。第一，既然心理属于生命活动或生命现象，包括对应存在的动物心理与人的心理，而不单是人的心理，那么，关注生命活动的对应教育，就不仅要关注人类的教育，而且要关注对应存在的动物活动对人类的影响。第二，既然心理的生理机制，是整个生命活动，而不单是人脑活动，那么，关注生命活动的对应教育，就不仅要关注人脑的活动，而且要关注对应存在的整个生命的活动。第三，既然心理的发生基础，包括对应存在的社会活动与生命活动，而不单是社会活动，那么，关注生命活动的对应教育，就不仅要关注社会活动，而且要关注对应存在的生命活动。第四，既然心理的内容，包括对应存在的客观与主观内容，而不单是客观内容，那么，关注生命活动的对应教育，就不仅要关注客观内容，而且要关注对应存在的主观内容。第五，既然心理的属性，是生命感受的对应性，而不单是人脑的反应性，那么，关注生命活动的对应教育，就不仅要关注人脑的反应性，而且要关注生命感受的对应性。第六，既然心理的品质，是生命感受中由主动性与被动性所形成的对应性，而不单是人脑活动的主动性，那么，关注生命活动的对应教育，就不仅要关注生命活动的主动性，而且要关注与主动性相对应的被动性。

二、关注生命活动机制的对应教育

（一）论题的提出

针对现行心理学以人脑活动机制为基础的简单教育论的偏差，我们提出了关注生命活动机制的对应教育论。

（二）对关注人脑活动机制的现行心理学与简单教育论的遮蔽性分析

1. 对关注人脑活动机制的现行心理学的遮蔽性分析

现行心理学，从人脑的主动反应，切到对人的心理活动机制的考察，其所得与所失，包括三方面：一是，能够把握到心理的人脑或神经活动，却遗漏了与其对应的整个生命的活动；二是，能够把握到外在于人脑活动的客观现实，却遗漏了与其对应的生命活动的主观现实；三是，能够把握到人脑活动的主动性，却遗漏了与其对应的被动性。

2. 对关注人脑活动机制的简单教育论的遮蔽性分析

现行简单教育论，从人的主动活动，切到对教育活动的考察，其所得与所失，也包括三方面：一是，能够把握到作为客观现实的教育内容，即间接经验，却遗漏了与其对应的作为主观现实的教育内容，即师生双方的直接经验；二是，能够把握到师生双方的主动性，却遗漏了与其对应的被动性；三是，能够把握到教师主动对学生的影响，却遗漏了与其对应的学生对教师的主动影响。

（三）对关注人脑活动机制的现行心理学与简单教育论的对应改造

1. 对关注人脑活动机制的现行心理学的对应改造

既然现行心理学，存在遗漏或偏差，那么，它就要受到合理的反思与改造，这主要表现在三个基本方面：第一，人的心理的活动机制，是整个生命体的感受机制，而不单是人脑或神经的简单反应；第二，生命感受的发生，源于客观现实与主观现实的对应，而不单是客观现实；第三，生命感受的机制，是由不同生命感受所形成的不同对应机制，而不单是人脑的简单反应。总之，人的心理活动或生命活动的机制，也就是生命体的对应感受。

2. 对关注人脑活动机制的现行简单教育论的对应改造

既然关注人脑活动的现行简单教育论，也存在遗漏或偏差，那么，它也要受到合理的反思与改造，这也主要表现在三个基本方面：第一，师生双方，在教育活动中的教育内容，包括对应存在的间接经验与师生双方的直接经验，而不单是现行简单教育论所把握到的间接经验。第二，师生双方，在教育活动中，都分别具有对应存在的主动性与被动性，而不单是现行简单教育论所把握到的师生双方的主动性。第三，师生双方，在教育活动中是相互对应的影响，而不单是现行简单教育论所把握到的教师对于学生的影响。

三、关注开发生命力的对应教育

（一）论题的提出

现行心理学认为，心理属于人脑的活动，以此为基础的现行简单教育论，便提出了以人脑智力活动为依托的开发智力的论题。我们认为，心理属于生命的活动，而不单是人脑的活动；因此，针对现行心理学与简单教育论的关注开发智力的论题，我们便提出了关注开发生命力的论题。

（二）对关注人脑智力活动的现行心理学与简单教育论的遮蔽性分析

1. 对关注人脑智力活动的现行心理学的遮蔽性分析

现行心理学，从人脑的主动活动，切到对智力的考察，其所得与所失，主要包括三方面：一是，在智力活动的条件维度上，现行心理学在把握到外在于人脑智力活动的客观现实的同时，却遗漏了与其对应的主观现实；二是，在智力活动的因素维度上，现行心理学在把握到智力活动的认知或理性因素的同时，却遗漏了与其对应的非智力因素；三是，在智力活动的属性维度上，现行心理学在把握到智力活动的主动反应性的同时，却遗漏了与其对应的被动性。

2. 对关注人脑智力活动的简单教育论的遮蔽性分析

现行简单教育论，从智力的主动活动，切到对开发智力的考察，其所得与所失，也主要包括三方面：一是，能够把握到开发智力的外在条件，却遗漏了与其对应的内在条件或主观条件；二是，能够把握到开发智力的认知或理性因素，却遗漏了与其对应的非智力因素；三是，能够把握到开发智力的主动性的方面，却遗漏了与其对应的被动性的方面。

（三）对关注人脑智力活动的现行心理学与简单教育论的对应改造

1. 对关注人脑智力活动的现行心理学的对应改造

既然关注人脑智力活动的现行心理学，存在上面谈到的偏差或遗漏，那么，它就要受到合理的反思与改造。一是，人的生命感受的条件，包括对应存在的客观现实与主观现实，而不单是现行心理学所把握到的客观现实；二是，人的生命感受的因素，包括对应存在的智力因素与非智力因素，而不单是现行心理学所把握到的智力因素；三是，人的生命感受的属性，包括对应存在的主动性与被动性，而不单是现行心理学所把握到的人脑活动的主动性。

2. 对关注人脑智力活动的现行简单教育论的对应改造

既然关注人脑智力活动的现行简单教育论，也存在遗漏或偏差，那么，它也要受到合理的反思与改造。一是，既然人的生命感受的条件，包括对应存在的客观现实与主观现实，那么，开发生命力的对应教育，就需要去关注由客观现实与主观现实的对应所形成的张力，即感受力。二是，既然人的生命感受的因素，包括对应存在的智力因素与非智力因素，那么，开发生命力的对应教育，就需要去关注由智力因素与非智力因素的对应所形成的张力，即感受力。三是，既然人的生命感受的属性，包括对应存在的主动性与被动性，那么，开发生命力的对应教育，就需要去关注由主动性与被动性的对应所形成的张力，即感受力。

四、关注感到的对应教育

（一）论题的提出

现行心理学认为，心理是人脑对客观现实的能动反应，现行简单教育论便因此而认为，教育就要依靠人脑去主动反应客观现实，也就是人脑对间接经验的认知——"知道的教育"。针对现行简单教育论所关注的知道的教育，我们便提出了关注生命活动基础上的"感到的教育"。

（二）对以人脑活动为基础的现行心理学与简单教育论的遮蔽性分析

1. 对以人脑活动为基础的现行心理学的遮蔽性分析

现行心理学，从人脑的主动活动，切到对人的心理的考察，其所得与所失，主要表现在四方面：一是，能够把握到心理发生的生理机制的人脑或神经系统活动的方面，却遗漏了与其对应的整个生命体的活动；二是，能够把握到人脑活动的认知起点或切入点，却遗漏了与其对应的非认知的起点或切入点；三是，能够把握到人脑活动的客观现实内容，却遗漏了与其对应的主观现实内容；四是，能够把握到人脑活动的能动反应性，却遗漏了与其对应的被动性。

2. 对以人脑活动为基础的现行简单教育论的遮蔽性分析

现行简单教育论，从人脑的主动活动，切到对教育的理解，其所得与所失，也主要表现在四方面：一是，能够把握到人脑的活动，却遗漏了与其对应的整个生命体的活动；二是，能够把握到生命活动的认知的起点，却遗漏了与其对应的非认知的起点；三是，能够把握到生命活动的客观现实内容，却遗漏了与其对应的主观现实内容；四是，能够把握到生命活动的主动性，却遗漏了与其对应的被动性。

（三）对以人脑活动为基础的现行心理学与简单教育论的对应改造

1. 对以人脑活动为基础的现行心理学的对应改造

既然以人脑活动为基础的现行心理学，存在上面谈到的偏差或遗漏，那么，它就要受到合理的反思与改造。一是，人的心理的发生机制，是包括人脑在内的整个生命体的活动，而不单是现行心理学所把握到的人脑的活动。二是，人的生命活动，包括对应存在的认知与非认知的起点，而不单是现行心理学所把握到的认知的起点。三是，人的生命活动，包括对应存在的客观现实与主观现实内容，而不单是现行心理学所把握到的客观现实内容。四是，人的生命活动，包括对应存在的主动性与被动性，而不单是现行心理学所把握到的主动性。

2. 对以人脑活动为基础的现行简单教育论的对应改造

既然以人脑活动为基础的现行简单教育论，存在上面谈到的偏差或遗漏，那么，它就要受到合理的反思与改造。一是，既然人的心理的发生机制是整个生命体的活动，而不单是现行心理学所把握到的人脑的活动，那么，对应教育，就不仅要关注建立在人脑活动基础上的"知道"，还要关注建立在生命活动基础的"感到"。二是，既然人的生命活动包括对应存在的认知与非认知的起点，而不单是现行心理学所把握到的认知的起点，那么，对应教育，就不仅要关注人脑活动的单一起点，还要关注生命活动多样的起点。三是，既然人的生命活动的内容包括对应存在的客观与主观方面，而不单是现行心理学所把握到的客观方面，那么，对应教育，就不仅要关注客观方面，还要关注对应存在的客观与主观方面。四是，既然人的生命活动的属性包括对应存在主动性与被动性，而不单是现行心理学所把握到单一的主动性，那么，对应教育，就要去关注人的对应的主动性与被动性，而不能仅仅关注人的单一的主动性。

五、关注三重生命体验的对应教育

（一）论题的提出

以现行心理学的积极情感理论为基础，现行简单教育论，在情感教育理论上，也存在追求积极情感的偏差。为此，我们便提出了关注三重生命感受的对应教育。

（二）对现行心理学的情感理论与简单教育论的情感教育理论的遮蔽性分析

1. 对现行心理学的情感理论的遮蔽性分析

现行心理学的情感理论，从人的主动活动，切到对情感的考察，其所得与所失主要涉及五个基本方面：一是，能够把握到情感对客观现实的体验，却遗漏了与其对应的对主观现实的体验；二是，能够把握到情感内容的两极性存在，却遗漏了与其对应的过渡性存在；三是，能够把握到情感的积极性与消极性，却遗漏了两者之间的对应性；四是，能够把握到情感的积极功能与消极功能，却遗漏了情感功能与属性的区分；五是，能够把握到心理健康中追求积极情感的情感调适或方法，却遗漏了多样性或丰富性的情感调适或方法。

2. 对现行简单教育论的情感教育理论的遮蔽性分析

现行简单教育论中的情感教育理论，从人的主动活动，切到对人的情感教育的理解，其所得与所失也主要涉及五个基本方面：一是，能够把握到人对客观现实的情感体验，却遗漏了与其对应的对主观现实的体验；二是，能够把握到人的情感体验的两极性存在，却遗漏了与其对应的过渡性存在；三是，能够把握到人的情感体验的积极性与消极性，却遗漏了与其对应的情感体验的日常性；四是，能够把握到人的情感体验的积极功能与消极功能，却遗漏了两者之间的对应性；五是，能够把握到心理健康教育追求积极情感的情感调适或方法，却遗漏了追求丰富生命感受的调适或方法。

（三）对现行心理学的情感理论与简单教育论的情感教育理论的对应改造

1. 对现行心理学的情感理论的对应改造

既然现行心理学的情感理论，存在上面谈到的偏差或遗漏，那么，它就要受到合理的反思与改造。一是，情感的对象，是对客观现实与主观现实的对应生命体验，而不单是现行心理学所把握到的对客观现实的体验；二是，情感的内容，既包括两极性存在，又包括过渡性存在，即由阳性、阴性与中性生命感受构成的三重生命感受；三是，情感的属性，是由阳性、阴性与中性生命感受所形成的内在的对应性，而不是现行心理学所把握到的积极性与消极性；四是，三重生命感受，都分别具有自身的积极功能与消极功能，而不是现行心理学所把握到的两极情感的积极与消极功能；五是，人的心理健康，不是单一的所谓"化消极情感为积极情感"，而是对三重生命感受的对应体验以获得丰富而深刻的生命感受。

2. 对现行简单教育论的情感教育理论的对应改造

既然现行简单教育论的情感教育理论，存在上面谈到的偏差或遗漏，那么，它就要受到合理的反思与改造。一是，既然人的情感是对客观现实与主观现实的对应生命体验，而不单是现行心理学所把握到的对客观现实的体验，那么，在对人的情感的对应教育过程中，就不仅要关注对客观对象的生命感受，还要关注与其对应的对主观对象的生命感受。二是，既然人的情感内容包含三重生命感受，而不单是现行心理学所把握到的两极性感受，那么，在对人的情感的对应教育过程中，就不仅要关注对两极性情感的教育，还要关注对对应存在的三重生命感受的教育。三是，既然人的情感的属性是由阳性、阴性与中性生命感受所形成的对应性，而不单是现行心理学所把握到的积极性与消极性，那么，在对人的情感的对应教育过程中，就不仅要关注情感的两极性，还要关注三重生命感受的对应性。四是，既然人的三重生命感受，都分别具有自身的积极功能与消极功能，而不是现行心理学所把握到的两极情感的积极与消极功能，那么，在对人的情感的对应教育过程中，就不仅要关注所谓的积极情感与消极情感，还要关注每一重生命感受的积极与消极功能。五是，既然人的心理健康，不是追求单一积极情感，而是对三重生命感受的对应参照以获得丰富而深刻的生命体验，那么，在对人的情感的对应教育过程中，就不仅要关注人的积极情感，还要关注对应的三重生命感受。

综上所述，现行心理学，以人脑活动为前提，在心理的本质、心理活动的机制、智力活动、心理活动的内容以及性质这些方面，都存在片面性或简单性的偏差；而以此为基础的现行简单教育论，也同样存在片面性或简单性的不足。为此，我们在对应生命感受心理学的基础上对它们做出了相应的反思与改造：针对现行人脑活动论的心理本质观，我们提出了生命感受论的心理本质观；针对现行人脑活动的机制观，我们提出了生命感受的机制观；针对现行的智力开发观，我们提出了生命力的开发观；针对现行的客观心理内容观，我们提出了生命感受的心理内容观；针对现行的积极情感观，我们提出了三重生命感受的体验观。我们认为，只有以生命活动为基础的对应教育，才可能摆脱以人脑活动为基础的现行简单教育论的局限或束缚，而进入关注生命活动的多样性或丰富性的状态。因此，我们主张，要由以简单心理论为基础的简单教育论，转换到以对应生命感受论为基础的对应教育论。

附言：

1. 生态学，将成为生命活动论心理学的基础学科，正如解剖学已成为人脑活动论心理学的基础学科一样。

2. 生命活动的机制，不是人脑的简单反应，而是不同生命感受的对应。

3. 现行心理学所谓人脑的能动反应，不过是对应生命活动的一种情况，另一种情况则是被动反应。

4. "知道的教育"的心理学基础，是人脑反应论，而"感到的教育"的心理学基础，则是生命感受论。

5. 以人脑活动为基础的所谓智力开发，不过是以生命活动为基础的生命力开发的浅层开发；生命力开发，必将进入深层挖掘。

6. 要想探索人生不同状态的转换，就不可能不去探索由不同生命感受的对应所造成的生命力的改变。

第三章

对应自然观与对应教育

第一节　关注相互对象性自然观的对应教育

切问：

1. 当人主动作用于自然时，不会受到自然的反作用并因此而具有被动性吗？人的主动性与被动性是对应存在的吗？所谓人的单一主动性或能动性，仅仅是片面的抽象，还是实然状态的存在？

2. 当人将自身的行为或影响指向自然时，自然不会将自身的反作用指向人吗？人与自然之间的影响指向是双向度的吗？所谓人指向自然的单向度影响，仅仅是片面的抽象，还是实然状态的存在？

3. 当人影响或改变自然时，自然不会反过来影响或改变人吗？人与自然之间是相互对应的影响吗？所谓人对自然的单方面影响或改变，仅仅是片面的抽象，还是实然状态的存在？

4. 当人将自然作为人的行为或活动指向的对象时，自然不会将人作为自然反作用的对象吗？人与自然双方，是相互性对象关系吗？所谓自然是人的活动对象的简单对象性观点，仅仅是片面的抽象，还是实然状态的存在？

5. 将自然作为人的活动对象的简单对象性自然观，会导致人与自然之间以片面的改造与被改造或支配与被支配为基础的等级性关系吗？等级性存在的认识论或哲学基础是怎样的？

6. 我们可以将人与自然双方互为对象的关系，以术语表达为相互对象性关系吗？相互对象性关系，可以带来人与自然双方以对应性为基础的平等，即对等关系吗？

一、论题的提出

针对简单对象性的自然观与自然观教育，我们提出了相互对象性的自然观与自然观教育。因此，要弄明白相互对象性的自然观与自然观教育，就要首先弄明白简单对象性的自然观与自然观教育。

二、简单对象性自然观的存在及其后果

所谓简单对象性自然观，是指以自然为人的行为或活动对象的简单观点。从思想史的维度看，这种简单对象性的自然观，来源于近代欧洲，尤其是来源于德国的主体实践哲学——主体实践哲学关于"人是主体，自然是客体"的命题，就是这种简单对象性自然观的典型表达。在近代以前的千百年的历史上，人类的生产工具，主要的就是原始或半原始、手工或半手工的工具，具体表现为原始时代的石器、奴隶时代的青铜器以及封建时代的铁器。以这种工具为基础的人类的生产能力，只能做到对自然的简单利用或依赖，而不可能做到对自然的控制或改造。与此相适应，人类在生活中，便自然产生了对自然敬畏的生命感受。历史上持续了千年之久的对山川、河流、上天、下界、上帝和神灵等的祭拜活动，就是这种生命感受的外在表现形式。这种敬畏的生命感受，反映着人与自然之间的所谓上天或下界所包含的等级性关系。概括生产与生活两个基本方面，我们看到，在近代以前，人类的这种"靠天吃饭"的生命状态，包含着人与自然之间的等级性关系：自然高出于人类，人类处于服从自然的低下地位；自然在以自身的自在性满足人类最基本的生存需要的同时，却又压抑或压迫着人的主动性。近代以来，人与自然之间的等级性关系，却发生了颠覆。这首先表现在人类生产工具的革命性变化上——人类已经能够利用科学原理来制造机器并利用机器来进行生产。正是对机器的使用，才极大地提高了人类对自然的控制或改造能力。与此相适应，人类在生活中，便产生了对自然的控制或改造的生命感受。其实，始于欧洲近代的主体实践哲学，就是这种生命感受在认识上的系统的表达。概括生产与生活两个基本方面，我们看到，始于近代的这种"控制或改造自然"的生命状态，包含着人与自然之间的颠覆了的新等级性关系：人类高出于自然，自然处于服从人类的低下地位；人类在发挥自身主动性的同时，却又带给自然以被征服性或被动性。总之，从思想史的维度看，简单对象性的自然观，是作为对近代以前人与自然等级性关系的颠覆而产生的观点。作为对人与自然等级性关系的颠覆，简单对象性的自然观，并没能改造人与自然之间的等级性关系，只是替换了人与自然的地位。这也就是说，简单对象性自然观，只是将原来自然高出于人类的等级性关系，颠覆为人类高出于自然的新的等级性关系。近代以来几百年的历史事实，已经清楚地表明，始于近代的这种人类高出于自然的新等级性关系，已经给自然与人类双方都带来了严重问题甚至灾难；当然，这也为人们反思与改造简单对象性的自然观提供了

契机。

三、对简单对象性自然观与自然观教育的遮蔽性分析

1. 对简单对象性自然观的遮蔽性分析

简单对象性自然观，从人指向自然的行为或活动，切到对人与自然关系的把握，它能够把握到人与自然双方的哪些内容呢？这主要表现在三方面：一是，能够把握到人的主动性与自然的被动性；二是，能够把握到由人指向自然的影响向度与自然对这一向度的接受；三是，能够把握到人对于自然的影响或改造与自然对这一影响或改造的接受。很容易理解，简单对象性自然观，对人与自然的这些方面的把握，只具有部分或简单的事实根据；因此，只具有部分或简单的可靠性。

然而，简单对象性自然观，从人指向自然的行为或活动，切到对人与自然关系的考察，在有所把握的同时，却又遗漏或遮蔽了哪些内容呢？这也主要表现在如下三方面：一是，在把握到人的主动性与自然的被动性的同时，却遗漏了人的被动性与自然的自主性；进一步，又遗漏了双方主动性与被动性的对应关系。如果我们能够走出简单对象性自然观的主观抽象，而走向对人与自然活动基本事实的关注，那么，我们就会发现，人对于自然的任何主动行为，都必然会反过来回到人自身——这便是人类行为或活动内在的回返性或自返性。正是人类行为或活动的自返性，才使人的主动性与被动性具有了内在的对应性；而所谓人的单一主动性，不过是人的片面主观抽象的后果。二是，在把握到由人指向自然的影响向度的同时，却遗漏了由自然指向人的影响向度；进一步，又遗漏了双向度之间的对应关系。征之于人与自然活动的事实，我们就会发现，人指向自然的任何行为或活动，都必然会对自然产生影响；而对自然产生的影响，又必然会反过来指向人自身——这便是人类行为或活动向度的双向性。所谓人的行为或活动的单向性，不过是人的片面主观抽象的后果。三是，在把握到人对于自然的影响或改造的同时，却遗漏了自然对于人的影响或改造；进一步，又遗漏了两种影响或改造之间的对应关系。征之于人与自然活动的事实，我们就会发现，人对于自然的任何行为或活动，都必然会对自然产生影响；而对自然产生的影响，又必然会反过来对人自身产生影响——这便是人类行为或活动影响的双方性。所谓人的行为或活动的单方影响性，不过是人的片面主观抽象的后果。不难理解，简单对象性自然观的这些遗漏或遮蔽，已经很难支撑人类去构建人与自然的对应关系。

2、对简单对象性自然观教育的遮蔽性分析

简单对象性的自然观教育，从教师对学生的指向，切到对教育的理解，能够把握到自然观教育的哪些内容呢？这主要表现在三方面：一是，在教育的内容维度上，能够把握到人与自然双方的单一属性，即人的主动性与自然的被动性；能够把握到人与自然双方影响的单一向度，即由人指向自然的影响；能够把握到人与自然双方影响的单一方面，即人对于自然的影响——这也就是人对自然单方面的影响。二是，在教育的过程维度上，能够把握到教师对简单自然观的外在传授，也就是由教师将人对自然单方面影响的自然观向学生进行传授。三是，在教育的结果维度上，能够把握到教师向学生传授了简单对象性的自然观，这也就是学生对简单对象性自然观的接受。很容易理解，这种简单对象性的自然观教育，在人与自然双方的关系上，很容易使人形成对自然的单一控制、改造或支配的地位。这当然也就意味着：以简单对象性自然观教育的形式，仍然延续着近代以来形成的人类高出于自然的等级性关系。同样地，这种简单对象性的自然观教育，在教师与学生双方的关系上，也很容易使教师形成对学生的单一控制、改造或支配的地位。这当然也就意味着，以简单对象性自然观教育的形式，仍然延续着历史的形成的教师高出于学生的等级性关系。

然而，简单对象性的自然观教育，从教师对学生的指向，切到对教育的理解，在对自然观教育有所把握的同时，却又遗漏或遮蔽了哪些内容呢？这也主要表现在如下三方面：一是，在教育的内容维度上：在把握到人与自然双方的主动性与被动性的同时，却遗漏了人的被动性与自然的自主性；在把握到人指向自然的影响向度的同时，却遗漏了自然指向人的影响向度；在把握到人对自然的影响的同时，却遗漏了自然对人的影响。二是，在教育的过程维度上：围绕对简单对象性自然观的传授，在把握到教师对学生的外在传授活动的同时，却遗漏了学生自身的内在活动；进一步，还遗漏了师生之间外在与内在相互对应的活动。三是，在教育的结果维度上：在把握到学生对教师传授的简单对象性自然观的接受的同时，却遗漏了学生反过来对教师的影响。不难理解，简单对象性的自然观教育的遗漏，在人与自然双方的关系上，便失去了对人与自然双方对应存在、对应影响与对应变化的揭示，并因此而无法改变人与自然之间以单一主动性与被动性为基础的等级性关系。同样地，简单对象性的自然观教育的遗漏，在教师与学生双方的关系上，便失去了对教师与学生双方对应存在、对应影响与对应变化的揭示，并因此而无法改变教师与学生之间以单一主动性与被动性为基础而形成的等级性关系。

四、对简单对象性自然观与自然观教育的对应改造

1. 对简单对象性自然观的对应改造

简单对象性自然观，既然存在上面谈到的多方面的遗漏，那么，它就要受到对应的反思与改造。这主要表现在如下三个基本方面：

一是，在人与自然双方的属性维度上，人与自然双方，分别具有相互对应的主动性与被动性。分析地看，这包括三层基本内容：第一层内容是，人具有自身对应的主动性与被动性；第二层内容是，自然具有自身对应的自主性与被动性；第三层内容是，人与自然双方具有相互对应的主动性与被动性，即人的主动性对应自然的被动性，而自然的自主性对应人的被动性。

二是，在人与自然双方的指向维度上，人与自然双方，都具有指向对方的影响。分析地看，这包括两层基本内容：第一层内容是，人具有指向自然的影响向度；第二层内容是，自然具有指向人的影响向度。

三是，在人与自然双方的影响或改造维度上，人与自然双方，都能够影响或改造对方。分析地看，这包括两层基本内容：第一层内容是，人能够影响或改造自然；第二层内容是，自然能够影响或改造人。

总之，人与自然双方，都分别具有相互对应的属性、相互对应的指向与相互对应的影响，或者说，人与自然双方，是互为对象的关系，即相互对象性关系；这也就是我们在本节提出的相互对象性的自然观。不难理解，人与自然之间相互对象性的自然观，也就是人与自然双方相互对应的平等，即对等的自然观。

2. 对简单对象性自然观教育的对应改造

简单对象性的自然观教育，既然存在上面谈到的多方面的遗漏，那么，它就要受到对应的反思与改造。这主要表现在如下三个基本方面：

一是，在教育的内容维度，既然人与自然双方，都分别具有对应的属性、指向与影响，那么，对应的自然观教育，就需要关注如下具体内容：

从人与自然双方的属性看，既然人与自然双方，分别都具有对应的主动性与被动性，那么，对应的自然观教育，就要注意三方面的基本内容：第一方面是，在人与自然的关系中，人具有对应的主动性与被动性。这内在地要求人们在发挥主动性的同时要保持被动性；或者说，要在保持被动性的前提下去发挥人的主动性。第二方面是，在人与自然的关系中，自然具有对应的自主性与被动性。这首先是指自然对于人的自在地位或优先地位，或者说，人是自然长期变迁或所谓进化的产物。直白地说，人是被生产出来的，人生而具有被动性；

而当人发挥主动性时，自然就具有了被动性。第三方面是，在人与自然之间的关系中，人与自然双方的主动性与被动性是对应存在的；离开一方的主动性或被动性，另一方的主动性或被动性也就不复存在。

从人与自然双方的指向看，既然人与自然双方，分别都具有影响对方的向度，那么，对应的自然观教育，就要注意三方面的基本内容：第一方面，在人与自然的关系中，人对自然的影响向度，都必然会返回来指向人自身。第二方面，在人与自然的关系中，自然对人的影响向度，也都必然会返回去指向自然本身。第三方面，在人与自然的关系中，人指向自然的向度与自然指向人的向度，是相互对应的存在；离开任何一方的指向，另一方的指向也就不复存在了。

从人与自然双方的影响看，既然人与自然双方，分别都具有对对方的影响，那么，对应的自然观教育，就要注意三方面的基本内容：第一方面，在人与自然的关系中，人对自然的任何影响，都必然会返回来影响人自身。直白地说，人对自然的建设性影响（如保护自然），会带来自然对人的建设性影响（如自然对人的回馈）；而人对自然的破坏性影响（如破坏自然），则会导致自然对人的破坏性影响（如自然对人的报复）。第二方面，在人与自然的关系中，自然对人的任何影响，也都必然会返回去影响自然本身。直白地说，自然对人的积极影响（如自然对人的利好），会带来人对自然的积极回应（如人善待自然）；而自然对人的消极影响（如天灾对人的伤害），则会导致人对自然的改造（如人对天灾的改造）。第三方面，在人与自然的关系中，人对自然的影响与自然对人的影响，是相互对应的存在；离开任何一方的影响，另一方的影响也就不复存在了。

二是，在教育的过程维度上，围绕简单对象性自然观的传授，既然师生双方都分别具有外在与内在对应的活动，那么，对应的自然观教育，就需要关注两种基本的对应：一种对应是，师生双方要关注简单对象性自然观与其产生的对应，以便激活抽象、静止的简单对象性的自然观。这当然就需要走出简单对象性自然观的片面的主观抽象，而进入对人与自然之间事实关系的考察。从人与自然之间活动的事实看，人指向自然的任何行为或活动，都必然会引起自然的反应，并反过来影响到人自身。这也就是说，人指向自然的对象性活动，都必然是指向自身的活动——直白地说，人与自然之间的活动，都不是简单对象性的活动，而是相互对象性的活动；而所谓简单对象性的自然观，不过是在主观思维中进行片面抽取的结果。在教育过程中，对简单对象性自然观的这种片面抽取活动，教师与学生双方必须结合人与自然之间活动的事实关系做出对应的分析。另一种对应是，师生双方要关注作为间接经验的教育内容与自身直接经验的对应，以便在两种经验的一致性基础上，去丰富或补充两种经验，或者，在两种经验不一致的基础上，去改变或发展两种经验。

三是，在教育的结果维度上，围绕简单对象性自然的传授，既然师生之间都分别受到对方的影响，那么，对应的自然观教育，就需要关注两方面的变化：一方面是教育内容的变化，这指的是，进入教育过程的间接经验，由于受到师生双方直接经验的加工或改造而发生的改变。另一方面是师生双方的变化，这指的是，进入教育过程的师生双方，由于受到彼此影响而发生的改变。

总之，人与自然双方，既然是互为对象的关系，那么，以此为基础的自然观教育，就要关注人与自然之间的对应教育，以便摆脱由简单对象性自然观教育所导致的人与自然之间的等级性关系，而转向以人与自然双方对应性为基础的人与自然之间的对等关系。不难理解，相互对象性的自然观教育，是关注人与自然双方相互对应的平等，即对等的教育。同样地，教师与学生双方，也是互为对象的关系，以此为基础的自然观教育，也要关注师生之间的对应教育，以便摆脱由简单对象性自然观教育所导致的师生之间的等级性关系，而转向以师生双方对应性为基础的人与人之间的对等关系。不难理解，相互对象性的自然观教育，也是关注人与人之间相互对应的平等，即对等的教育。

五、本节小结

综合前文，我们看到，历史上形成的简单对象性的自然观，在人与自然双方的属性、指向与影响方面，都存在简单性或片面性偏差。这种偏差，进一步又衍生出简单对象性自然观教育的偏差，即关于人与自然之间以及师生之间的等级性关系的严重后果。因此，我们对它们做出了对应的反思与改造，并将简单对象性自然观与自然观教育，推进到相互对象性自然观与自然观教育。就两种自然观的对应比较看：简单对象性的自然观，只能把握到人与自然双方的单一属性、单一指向与单一影响；而相互对象性自然观，则能够把握到人与自然双方的对应属性、对应指向与对应影响。就两种自然观教育的对应比较看：简单对象性的自然观教育，以人与自然以及师生双方的单一属性、单一指向与单一影响为基础，这便直接造成了人与自然之间以及师生之间的等级性关系的绵延或重演；而相互对象性的自然观教育，则以人与自然双方以及师生双方的对应属性、对应指向与对应影响为基础，这才可能建构出人与自然之间以及师生之间对应的平等，即对等的关系。所以，我们认为，应该从简单对象性的自然观与自然观教育，转换到相互对象性的自然观与自然观教育。

六、本节提示

在本节最后，需要做两点提示：一是，从简单对象性自然观，到相互对象性自然观的转换，其中介过渡机制，就是人的行为或活动的回返性或自返性。而现行简单对象性的自然观，不过是片面抽象思维的后果。二是，从简单对象性的自然观教育，到相互对象性的自然观教育的转换，其实质是，在师生双方关系上，由持续已久的以简单性为基础的等级性关系，到以对应性为基础的对等关系的转换。

附言：

1. 人类是被生产出来的，个人也是被生产出来的：人，生而具有被动性，而很多人对此却很陌生——这不得不需要我们做出强调与说明。

2. 他类的对应，是人类存在的确证；他人的对应，是个人存在的确证：对应性，是人的根本属性，而很多人对此却暧昧不明——这清楚地表明，人需要对应性思维与教育的启蒙。

3. 人类的自我中心遮蔽着他类的存在，个人的自我中心遮蔽着他人的存在：人的自我中心属性，遮蔽着人的对应性——这清楚地表明，人需要遮蔽性思维与教育的启蒙。

4. 人类的自我中心，是人类盲目的确证；个人的自我中心，是个人盲目的确证：人的自我中心，是人的盲目的确证——这清楚地表明，人需要关于自我中心的扫盲的认识与行动。

5. 人类要想摆脱与自然之间持续了千年之久的等级性纠缠与轮回的梦魇，就必须建构起相互对象性的自然观。

6. 人类的行为或活动，具有内在的自返性，这种自返性，必然规定着流行了千年之久的因果报应观念的合理性。

第二节　关注人对自然的权利与义务的对应教育

切问：

1. 人对自然的利用与保护——也就是对自然的权利与义务的问题，是怎样发生的？或者说，提出人对自然的权利与义务问题的根据在哪里？

2. 人，生而依赖自然，这决定了人向自然索取的天赋权利吗？这种向自然索取的天赋权利与对自然进行保护的义务，是相互对应的关系吗？

3. 近代以来产生的简单对象性自然观，直接导致了人高出于自然的等级性关系，这种等级性关系，能够带来人对自然的权利与义务关系的失衡吗？

4. 以人与自然双方的优越性与不足性为基础的相互对象性自然观，能够带来人对自然的权利与义务相互对应的感受吗？

5. 在相互对象性自然观基础上，我们能够建构出人对自然的权利与义务的对等关系吗？

6. 人的天赋性质的权利与义务，对应着人为性质的权利与义务吗？区分天赋性权利、义务与人为性权利、义务，其意义何在？

一、论题的提出

在近代以前的漫长历史上，人类因为生产能力较为低下，生产关系较为简单，就只能处于对自然的简单利用或依赖状态。在人类对自然的这种简单利用或依赖状态下，人类就很难对自然造成破坏或伤害，因此，也就很难提出对自然的保护或修复的义务问题。从近代开始，随着机器越来越广泛的利用，人类的生产能力与生产关系都得到了前所未有的发展，由此，便直接造成了两方面的后果：一方面是人类在更大范围与更深程度上对自然的利用或开发，另一方面则是在更大范围与更深程度上对自然的破坏或伤害——而这又必然会反过来伤害到人类自身。与此相应的，人类对自然的利用或保护的问题，也就被提出——当然，这也就是近代以来逐渐产生并明确起来的人对自然的权利与义务的问题。然而，近代以来所产生的简单对象性自然观，却在颠倒了旧有的自然高出于人类的等级性前提下，又产生了人类高出于自然的新等级性关系，并造成了人的自然权利与义务失衡这一严重后果，对此，我们便提出了人对自然的权利与义务的对应教育的论题。

二、对简单对象性自然观及其教育所导致的人的自然权利与义务关系的遮蔽性分析

所谓简单对象性自然观，是指将自然作为人的行为或活动对象的观点。在思想史上，这种简单对象性自然观，典型地体现在欧洲近代主体实践哲学所谓"人是主体，自然是客体"的命题之中。按照主体实践哲学的理解，所谓"人是主体，自然是客体"，这一命题的意思就是"人是主动者，自然是被动者，自然是人的活动的对象"。大家知道，始于欧洲的主体实践哲学，是作为对持续了千年之久的中世纪对人的主动性压抑或压迫的反拨而产生的理论，所以，它所特

别强调的人之为主体的主动性方面，就具有巨大的历史价值。

简单对象性自然观，从人的主动行为或活动，切到对人与自然双方关系的考察，能够把握到哪些方面的内容呢？一是，能够把握到人对自然的主动性与自然的被动性；二是，能够把握到人对自然的支配性与自然的被支配性；三是，能够把握到人对自然的改造性与自然的被改造性。总之，简单对象性自然观，从人的主动行为或活动，切到对人与自然双方关系的考察，能够把握到的基本内容，也就是人的优越性与自然的不足性。很容易理解，以此为基础的自然观教育，能够带来人对自然的主动利用、支配或改造的权利的关注。这当然具有人对自然权利与义务关系上的部分或简单事实依据，所以具有部分或简单可靠性。

然而，简单对象性自然观，从人的主动行为或活动，切到对人与自然双方关系的考察，在有所把握的同时，却又遗漏或遮蔽了哪些方面的内容呢？一是，在把握到人对自然的主动性与自然的被动性的同时，却遗漏了与此对应的自然对人的自主性与人的被动性；二是，在把握到人对自然的支配性与自然的被支配性的同时，却遗漏了与此对应的自然对人的支配性与人的被支配性；三是，在把握到人对自然的改造性与自然的被改造性的同时，却遗漏了与此对应的自然对人的改造性与人的被改造性。总之，简单对象性自然观，从人的主动行为或活动，切到对人与自然双方关系的考察，在把握到人的优越性与自然的不足性的同时，却又遗漏了与此对应的人的不足性与自然的优越性。不难理解，以此为基础的自然观教育，难以推动人对自然的应有的关心或保护。这直接导致了人的自然权利与义务的失衡并对人与自然双方造成了破坏或伤害。

概括地看，简单对象性自然观及其教育，在认识上，对人与自然双方都做出了简单或片面的抽象理解；在行为上，则直接导致了人的自然权利与义务关系的失衡，并造成了对人与自然双方的破坏或伤害。所以，它必然要受到合理的反思与改造。

三、对简单对象性自然观及其教育所导致的人的自然权利与义务关系失衡的对应改造

既然简单对象性自然观及其教育导致了人的自然权利与义务关系的失衡；那么，它就要受到合理的反思与改造。这包括如下基本内容：

一是，关注人对自然的主动性、支配性、改造性以及在此前提下人的自然权利。从事实上看，人生来就是一种不能自足的动物，人必须依靠自然提供的空气、阳光、水分、食物等的支持，才能生存与发展。从这个意义上，可以说，

人生来就具有向自然索取的天然赋予的权利，即天赋权利。同样地，人也必须依靠自然持久的支持，才能得到持久的生存与发展。由此，也可以说，人的生存与发展，都离不开向自然索取的天赋权利。人除了具有对自然的天赋性权利外，还具有对自然的人为性权利，这也就是由人对自然的主动性、支配性与改造性所必然带来的权利。近代以来的几百年间，人的生产工具，已经从第一次工业革命的蒸汽技术时代，转变到第二次工业革命的电力或电子时代，又转变到当代以智能技术、生物技术与海洋空间技术为基础的新技术时代。随着技术的不断提高或发展，人对自然的主动性、支配性与改造性，都获得了极大的提高或发展。由此，人对自然的权利也变得越来越大。

　　二是，关注人对自然的被动性、被支配性、被改造性以及在此前提下人的自然义务。从人与自然双方关系的事实看，人对自然的任何行为或活动，都必然会反过来对人自身产生对应的作用或影响。人的行为或活动的这种自返性，决定了人对自然的主动性、支配性与改造性都必然会使人具有对应的被动性、被支配性与被改造性。根据人的行为或活动的这种自返性，如果可以说，人生而具有天赋权利，那么也就可以说，人生而具有天赋义务。如果可以说，人的生存与发展，都离不开天赋的权利；那么也就可以说，人的生存与发展，也都离不开天赋的义务。人除了具有对自然的天赋义务之外，还具有对自然的人为性义务，这是由人对自然的被动性、被支配性与被改造性所必然带来的义务。在这里，需要特别注意，由于受到近代以来产生的简单对象性自然观及其教育的消极影响，人们至今依旧缺少对人的被动性、被支配性与被改造性的认识，这便导致了对人的自然义务的轻视、漠视甚至忽视。

　　三是，关注以主动性与被动性、支配性与被支配性、改造性与被改造性为基础的人的自然权利与义务的对等。这包括两层基本内容：第一层内容是，人的自然权利与义务的对应。既然人对自然的主动性与被动性、支配性与被支配性、改造性与被改造性都是对应存在的，那么，人对自然的权利与义务，也就必然是对应存在的。直白地说，人可以依靠自身的力量从自然那里获得自身需要的利益；但同时，人又必须承担起保护或修复自然的责任。在这里，要特别注意人对自身权利的片面追求而不承担义务的偏见；这种将权利与义务分裂的偏差，不仅是人的认知上的偏见，而且会导致对人与自然双方的破坏或伤害。第二层内容是，人的自然权利与义务的对等。直白地说，这也就是指，人有多大权利，就必须承担多大义务，而不能造成权利与义务不对等的失衡。这里的道理不难理解，如果人偏重于自身对自然的权利，而偏轻于自身对自然的义务，那么，就会偏重于对自然的利用或开发，而偏轻于对自然的保护或修复。这又必然会导致对人与自然双方的破坏或伤害。因此，就必须重视或强调人对自然的权利与义务的对等。

概括地看，由于人的行为或活动具有自返性，这便带来了人对自然的主动性与被动性、支配性与被支配性、改造性与被改造性的内在对应。人与自然双方属性的这种内在对应表明：人与自然之间，不是人以自然为对象的简单对象性关系，而是人与自然双方互为对象的相互对象性关系。在相互对象性关系的框架中，我们看到，人具有对自然的权利，也具有对自然的义务；并且，人对自然的权利与义务是对等的。简约地说，人具有对自然的对等的权利与义务。

四、在相互对象性自然观视野中开展人的自然权利与义务的对应教育

在相互对象性自然观视野中，开展人的自然权利与义务的对应教育，包括如下三层基本内容：

一是，关于人的自然权利的对应教育，这包含两方面的基本内容：从建设性方面看，要在与人的自然义务的对应关系中，去开展关于人的自然权利的教育，以获得自然权利与自然义务的对应生命感受。具体地说，这也就表现为对人的主动性与被动性、支配性与被支配性、改造性与被改造性的对应关注，以形成人对自然的优越性与不足性的对应生命感受。从排斥性方面看，不要孤立地进行关于人的自然权利的教育，以免对人的自然权利与义务的对应关系的割裂。

二是，关于人的自然义务的对应教育，这包含两方面的基本内容：从建设性方面看，要在与人的自然权利的对应关系中，去开展关于人的自然义务的教育，以获得自然义务与自然权利的对应生命感受。具体地说，这也就表现为对人的被动性与主动性、被支配性与支配性、被改造性与改造性的对应关注，以形成人对自然的不足性与优越性的对应生命感受。从排斥性方面看，不要孤立地进行关于人的自然义务的教育，以免对人的自然义务与权利的对应关系的割裂。

三是，关于人的自然权利与义务的对等教育，这包含两方面的基本内容：从建设性方面看，人的自然权利与义务的对等匹配——人从自然获得的权利越大，义务就越多；权利越小，义务就越少。这种对等的匹配，基本的教育目的，就是追求人的自然权利与义务的对等的生命感受。具体地说，这也就表现为对人的主动性与被动性、支配性与被支配性、改造性与被改造性的对等关注，以形成人对自然的优越性与不足性的对等生命感受。从排斥性方面看，不要偏重于对自然的权利而偏轻于对自然的义务，以免对人的自然权利与义务的对等关

系的割裂。

概括地看，在相互对象性自然观视野中，开展人的自然权利与义务的对应教育，就是要对人与自然双方的优越性与不足性做出对应的关注，以获得对人的自然权利与义务的对应为基础的对等生命感受，以免造成对人的自然权利与义务的对应关系的割裂。

五、本文小结

综合上文，我们看到，近代以来产生的简单对象性自然观及其教育，直接造成了人的自然权利与义务的失衡，并造成对人与自然双方的破坏或伤害；所以，我们对这种自然观及其教育，做出了对应的反思与改造。我们认为，人对自然的任何行为或活动，都必然会反过来对人自身产生作用或影响；由此，人对自然的主动性与被动性、支配性与被支配性、改造性与被改造性也就具有了内在的对应性。这清楚地表明，人与自然之间，不是简单的对象性关系，而是相互的对象性关系。在相互对象性自然观视野中，人的自然权利与义务，也就具有了内在的对应性；以此为基础，也就能够建构出人与自然之间权利与义务的对等关系。因此，关注人的自然权利与义务的对应教育，就要在相互对应的框架中，去开展关于人的自然权利、义务以及权利与义务对等的教育，以获得权利与义务的对等生命感受，以避免权利与义务的割裂或分裂。

六、本节提示

在本节最后，做三点提示。一是，关注从简单对象性自然观，到相互对象性自然观的中介过渡，即人的行为或活动的自返属性——正是这一属性，才将人对自然的主动性与被动性、支配性与被支配性、改造性与被改造性内在地联结为相互对应的关系。二是，关注人的自然权利与义务的两种对应形式：即天赋性质的权利、义务以及人为性质的权利、义务，以便准确地把握人在生命本体活动中的权利、义务以及人在社会活动中的权利、义务。三是，关注人的自然权利与义务的对等匹配，而不能仅仅关注人的自然权利与义务的对应，以免人的权利与义务对等关系的失衡以及对人与自然双方的破坏或伤害。

附言：

1. 人，生而依赖自然，因此，必须保护自然。或者说，人，生而具有天赋权利，因此，也就具有天赋义务。

2. 仅仅将自然作为人的认识与改造对象的自然观，永远也不可能产生人的自然权利与义务对等的观点。

3. 当代，人对自然的破坏与伤害，已经反过来危害到人自身，这种事实不断地提醒人们——人对自然的不负责任，必然会反过来危害到自身。

4. 从人的生命的本体活动看，人生来就具有天赋的权利与义务，这是人与自然之间正当伦理关系的自然基础。

5. 从人的生命的社会活动看，人必须确立出对自然的权利与义务，这是人与自然之间正当伦理关系的社会基础。

6. 只有在人与自然双方互为对象的自然观视野中，才可能看到人对自然的权利与义务的对等关系。

第三节　关注人对自然的已知与未知的对应教育

切问：

1. 人对自然的已知，是在特定范围或程度上对自然的已知吗？在这特定的范围或程度之外，就是人对自然的无知或未知吗？已知与未知，是相互对应的存在吗？

2. 人对自然的已知，是在特定时空中相对稳定的已知吗？在这特定的时空之外，人对自然的已知，会发生改变吗？已知的稳定性与变化性，是相互对应的存在吗？

3. 人对自然的已知，是在特定方法或手段基础上的已知吗？在这特定的方法或手段之外，还会存在未知的新的方法或手段吗？新、旧方法或手段之间，是相互对应的存在吗？

4. 人对自然的认识动力，是由已知与未知的对应而产生的张力吗？新、旧动力之间，是相互对应的存在吗？

5. 人在自然面前的自信，是以人对自然的已知为基础的吗？人对自然的单一的已知观，会导致人在自然面前的傲慢态度吗？

6. 人对自然的已知与未知的对应生命感受，能够支持人在自然面前的自信与谦虚的态度吗？

一、论题的提出

人类从自然中一经产生，就有了与自然的对应，也就有了对自然的感受、认知与行为。随着人类对自然认识方法的不断变化与发展，尤其是随着近代开始的实验与统计方法的广泛使用，人类对自然认识的范围越来越大、程度越来越深。在当代的背景上，我们看到，从广阔的宇宙到幽深的海底，从宏大的天体到微小的粒子，从生物到微生物，从物质到暗物质，人类对自然的已知，也就是人类对自然认识的范围与程度，都获得了前所未有的发展；这在给人类带来利益的同时却也带来了伤害。针对现行的人类对自然的片面或单一的已知观及其教育，我们提出了人对自然的已知与未知的对应观及其教育。

二、对现行的人对自然的单一已知观及其教育的遮蔽性分析

（一）对现行的人对自然的单一已知观的遮蔽性分析

现行的单一已知观，从人对自然已经获得的认知，切到对人与自然关系的把握，能够把握到人与自然关系的哪些方面的内容呢？一是，在认知的对象或内容维度上：现行的单一已知观，能够把握到处于特定范围或程度上的自然事物。不管人类进入的宇宙有多么广阔，深入的地层有多么深邃，探索的物质有多么宏大，好奇的暗物质有多么幽暗，人类对自然事物的已知，总是处于一个特定的范围或程度之内，而不是虚无缥缈或漫无边际的。二是，在认知的存在状态维度上：现行的单一已知观，能够把握到特定时空内的自然事物。我们知道，自然事物总是处于特定的时空变化或转化之中；因此所谓对自然事物的已知，也就只能是对一定时空条件下的已知，而不是变化不定或变幻莫测的已知。三是，在认知的方法或手段维度上：现行的单一已知观，能够把握到已经运用过的方法或手段。当然，这些方法或手段，是在对特定范围或程度上对特定时空中的自然事物认识的方法或手段。四是，在认知的推动力维度上：现行的单一已知观，能够把握到曾经推动人们认识的力量。当然，这种力量，是推动人们在特定范围或程度上对特定时空中的自然事物认识的动力。五是，在认知包含的人对自然的态度维度上：现行的单一已知观，能够把握到人在面对自然时的自信态度。当然，这种自信是建立在对特定范围或程度上对特定时空中的自然事物的认识基础上的，而不是盲目的自信。

然而，现行的单一已知观，从人对自然已经获得的认知，切到对人与自然关系的把握，在有所把握的同时，却又遗漏或遮蔽了哪些方面的内容呢？一是，在认知的对象或内容维度上：现行的单一已知观，在把握到特定范围或程度上对自然事物认知的同时，却遗漏了在特定范围或程度之外对自然事物的认知。这也就是说，现行的单一已知观，能够把握到已知，却遗漏了已知之外的未知，进一步，又遗漏了已知与未知的对应关系。二是，在认知的存在状态维度上：

现行的单一已知观，在把握到特定时空中对自然事物认知的同时，却遗漏了在变化了的时空中对自然事物的认知。这也就是说，现行的单一已知观，能够把握到过去，却遗漏了未来，进一步，又遗漏了过去与未来的对应关系。三是，在认知的方法或手段维度上：现行的单一已知观，能够把握到对特定范围或程度上对特定时空中的自然事物的认识方法或手段，却遗漏了在特定范围或程度之外在特定时空中的自然事物的认识方法或手段。这也就是说，现行的单一已知观，能够把握到旧有的方法或手段，却遗漏了创新的方法或手段，进一步，又遗漏了旧方法与新方法的对应关系。四是，在认知的推动力维度上：现行的单一已知观，能够把握到在特定范围或程度上对特定时空中的自然事物认识的推动力量，却遗漏了在特定范围或程度之外对变化了的时空中的自然事物认识的推动力量。这也就是说，现行的单一已知观，能够把握到曾经推动人们认识的力量，却遗漏了继续推动人们认识的力量，进一步，又遗漏了这两种力量之间的对应关系。五是，在认知包含的人对自然的态度维度上：现行的单一已知观，在把握到人对自然的以已知为基础的自信的同时，却遗漏了人对自然以未知为基础的谦虚，进一步，又遗漏了自信与谦虚之间的对应关系。

（二）对现行的人对自然的单一已知观教育的遮蔽性分析

现行的单一已知观教育，从人对自然的已知，切到对人与自然关系的教育，能够把握到教育的哪些方面的内容呢？一是，在人与自然关系的教育内容维度上：现行的单一已知观教育，能够把握到人对自然的既有的认知，这为人与自然关系的教育，提供了明确的内容。二是，在人与自然关系的存在状态维度上：现行的单一已知观教育，能够把握到人对自然既有认知的稳定状态，这为人与自然关系的教育，提供了稳定的内容。三是，在人与自然关系的认识方法或手段维度上：现行的单一已知观教育，能够把握到人对自然既有的认识方法或手段，这为人与自然关系的教育，提供了可行的认识方法或手段。四是，在人与自然关系的认识动力维度上：现行的单一已知观教育，能够把握到人对自然既有的认识动力，这为人与自然关系的教育，提供了对既有认识动力的解释或说明。五是，在人与自然关系的态度维度上：现行的单一已知观教育，能够把握到人在自然面前以已知为基础的自信，这为人与自然关系的教育，提供了以事实为基础的基本态度。

然而，现行的单一已知观，从人对自然的已知，切到对人与自然关系的教育，在有所把握的同时，却又遗漏或遮蔽了哪些方面的内容呢？一是，在人与自然关系的教育内容维度上：现行的单一已知观教育，在把握到人对自然的既有认知的同时，却遗漏了人对自然的未知，进一步，又遗漏了已知与未知之间的对应关系。这在为教育提供明确的内容的同时，却容易导致教育内容的陈旧。二是，在人与自然关系的存在状态维度上：现行的单一已知观教育，在把握到人对自然既有认知的稳定状态的同时，却遗漏了变化状态，进一步，又遗漏了稳定与变化之间的对应关系。这在为教育提供稳定的内容的同时，却容易导致教育内容的僵化。三是，在人与自然关系的认识方法或手段维度上：现行的单一已知观教育，在把握到人对自然既有的认识方法或手段的同时，却遗漏了创新的方法或手段，进一步，又遗漏了两种方法或手段之间的对应关系。这在为教育提供可行的认识方法或手段的同时，却容易导致对创新方法或手段的忽视。四是，在人对自然的认识动力维度上：现行的单一已知观教育，在把握到既有的认识动力的同时，却遗漏了继续认识的动力，进一步，又遗漏了两种动力之间的对应关系。这在为教育提供对既有认识动力的解释或说明的同时，却容易导致对继续认识自然的新动力的忽视。五是，在人对自然的态度维度上：现行的单一已知观教育，在把握到对自然的自信态度的同时，却遗漏了对自然的谦虚态度，进一步，又遗漏了两种态度的对应关系。这在为教育提供人在自然面前的自信态度的同时，却容易导致人对自然的傲慢态度。

三、对现行的人对自然的单一已知观及其教育的对应改造

（一）对现行的人对自然的单一已知观的对应改造

既然现行的单一已知观，从人对自然已经获得的认知，切入人与自然关系的理解，存在上面谈到的严重遗漏或偏差，那么，它就要受到合理的反思与改造。这包括如下基本内容。

第一，在人对自然认知的对象或内容维度上：人对自然的已知，是对特定范围或程度的自然事物的已知；而在这特定范围或程度之外，则是人对自然的无知或未知。不管人对自然事物的认知范围有多么广阔，也不管程度有多么深入，人对自然事物的已知，都是在特定边界限定内的已知；超出了这特定边界的限定，就是人的无知或未知。就两者的对应关系看，人对自然的已知与未知，具有对等的属性，即人对自然有多少已知，就必然会有多少未知。

第二，在人对自然认知的存在状态维度上：人对自然的已知，是在特定时空中对自然事物的相对稳定的已知；而在变化了的时空之中，则是人对自然的无知或未知。就两者的对应关系看，人对自然的相对稳定的已知，是有边界限定的已知；离开这边界限定，相对稳定的已知，也就成为相对变化的未知。

第三，在人对自然认知的方法或手段维度上：人对自然的已知，是对特定范围或程度上的特定时空中的自然事物的已经运用过的认识方法或手段；而在这特定自然事物之外的新的认识方法或手段，则是人的无知或未知。就两者的对应关系看，人对自然的已经运用过的方法或手段，是有边界限定的；离开这边界限定，已经运用过的方法或手段，就会发生改变或变化。

第四，在人对自然的认识动力维度上：人对自然的已知，是对特定自然事物的认识动力的已知；而在这特定的自然事物之外的新的认识动力，则是人的无知或未知。就两者的对应关系看，人对自然的认识动力，是有边界限定的；离开这边界限定，已经发生过作用的认识动力，就会发生改变或变化。

第五，在人对自然的态度维度上：人对自然的已知，会产生人对已知自然事物的自信态度；而对无知或未知的自然事物，则应保持应有的谦虚。就自信与谦虚的对应关系看，人对自然的自信，是有边界限定的；离开这边界限定，对自然的自信态度，就应当转变为谦虚的态度。

（二）对现行的人对自然的单一已知观教育的对应改造

既然现行的单一已知观教育，从人对自然已经获得的认知，切入人与自然关系的教育，存在上面谈到的严重遗漏或偏差，那么，它就要受到合理的反思与改造。这包括如下基本内容：

第一，在人对自然认识的对象或内容维度上，既然人对自然的已知与未知，是对应存在的，那么，对应教育就需要关注人对自然的教育内容中已知与未知的内容。分析地看，这包括两层基本内容：一层内容是，关于人对自然的教育内容，既包含对特定自然事物的已知内容，又包含这特定自然事物之外的无知或未知的内容，而不单是现行的单一已知观教育所把握到的片面的已知内容。另一层内容是，以人对自然的未知，激活人的好奇心或探索欲，同时，以人对自然的已知，展开对未知的探索，以免现行的单一已知观教育所导致的片面已知内容的陈旧。

第二，在人对自然认识的存在状态维度上，既然人对自然已知的稳定性与变化性，是对应存在的，那么，对应教育就需要关注人对自然的教育内容中的稳定性与变化性的内容。分析地看，这包括两层基本内容：一层内容是，关于人对自然的教育内容，既包含已知的相对稳定的内容，又包含未知的具有生成性内容，而不单是现行的单一已知观教育所把握到的片面的相对稳定的内容。另一层内容是，以人对自然相对稳定的内容，探索生成性的内容，同时，以生成性的内容，去改造相对稳定的内容，以免现行的单一已知观教育所导致的片面稳定性内容的僵化。

第三，在人对自然认识的方法或手段维度上，既然已经运用过的方法或手段与新的方法或手段，是对应存在的，那么，对应教育就需要关注人对自然认识的新、旧方法或手段。分析地看，这包括两层基本内容：一层内容是，关于人对自然认识的方法或手段，既包含已知又包含未知的方法或手段，而不单是现行的单一已知观教育所把握到的片面的已知的方法或手段。另一层内容是，以人对自然认识的未知方法或手段，激发人的好奇心或探索欲，同时，以已知的方法或手段，去展开对新方法或手段的探索，以免现行的单一已知观教育所导致的对新方法或手段的轻视、忽视。

第四，在人对自然认识的动力维度上，既然人对自然的新与旧的认识动力，是对应存在的，那么，对应教育就需要关注人对自然认识动力的新与旧的内容。分析地看，这包括两层基本内容：一层内容是，关于人对自然的认识动力，既包含已经发挥过作用的旧动力，又包含需要生成的新动力，而不单是现行的单一已知观教育所把握到的已经发挥过作用的旧动力。另一层内容是，以人对自然认识的旧动力，解释或说明既有已知的推动力量，同时，以人对自然认识的新动力，去推动对未知的探索，以免现行的单一已知观教育所导致的对新动力的轻视或忽视。

第五，在人对自然认识的态度维度上，既然人对自然的自信与谦虚，是对应存在的，那么，对应教育就需要关注人对自然的相互对应的两种态度。分析地看，这包括两层基本内容：一层内容是，人对自然的态度，既包含以已知为基础的自信，又包含以未知为基础的谦虚，而不单是现行的单一已知观教育所把握到的片面的自信。另一层内容是，以人对自然谦虚，展开对未知的探索，同时，以人对自然的自信，保持与自然的和平相处，以免现行的单一已知观教育所导致的对自然的傲慢态度。

四、本节小结

综合上文，我们看到，现行单一的已知观及其教育在人对自然的认知对象或内容维度上，人对自然认知的存在状态维度上，人对自然的认知方法或手段维度上，人对自然的认知动力维度上以及人对自然的认知态度维度上都存在严重偏差或遗漏。因此，我们对这些偏差或遗漏做出了对应的反思与改造，并将单一的已知观及其教育，推进到已知与未知的对应观及其教育的状态。

五、本节提示

在本节最后，需要做两点提示：一是，人对自然的已知与未知，是相互对应的存在，单独或孤立的已知或未知，都只能是静态抽象思维中的虚拟存在。二是，从单一的已知观，到已知与未知的对应观，其转换的思维机制，就是由静态抽象思维，转换到动态的事实思维。

附言：

1. 已知，有自己的边界；在边界之外，便是无知或未知。

2. 已知与未知同在：仅仅知道已知而不知未知，则属肤浅之知。

3. 对教育而言，已知一方面具有显在的积极作用，另一方面却又具有隐在的消极作用——这需要教育者对应地分析或证明。

4. 无知或未知，不仅明示已知的边际，而且暗示新知的初始——这便是无知或未知的对应教育价值。

5. 在自然面前，人可以自信，但不可以傲慢——其中的原因很简单——人对自然永远具有无知或未知的一面。

6. 保持人对自然的谦虚——这不应该仅仅是自然哲学上的命题，而且应该转化为自然伦理上的常识。

第四节　关注人对自然的三重生命体验的对应教育

切问：

1. 人对自然的行为或活动，只有人的主观目的性，而没有由主观目的性所必然引起的自然反应的客观性吗？人对自然的活动，是单一的主观性活动，还是主观性与客观性相对应的活动？

2. 人对自然的生命感受，只有以自然对人的有利影响为基础的人对自然的满意的阳性生命感受吗？还会有以自然对人的有害影响为基础的人对自然的不满意的阴性生命感受吗？

3. 在人对自然的阳性与阴性生命感受之间，还必然会存在日常或中性生命感受吗？这三重生命感受，能够单独或孤立地存在吗？这三重生命感受，是相互对应的存在吗？

4. 所谓"花自飘零水自流"，所表达的就是人与自然双方各自相对独立自在的运动吗？中国文化中历时久远的所谓"天人感应"，其基本的失误在哪里？

5. 仅仅主张要培养学生热爱大自然的情感教育，就是简单的情感教育吗？这种单一的仅仅热爱大自然的情感，果真是人对自然情感的实然状态的存在吗？现行的简单教育主张，要构建人与自然的和谐关系，这是可能的吗？

6. 关注人对自然三重生命感受的教育，需要在相互对应或比较中展开吗？缺少阳性、阴性与中性生命感受的对比或辨别，教育还能够涵养出人的丰富而深刻的生命感受吗？

一、论题的提出

在近代以前，人类的生产工具主要是原始、半原始或手工、半手工的，以此为基础的生产能力还很低。在生存层面上，这种低下的生产能力，直接决定了弱小的人类对强大的自然的依赖或依附状态。而在生命感受层面上，这种依赖或依附的生存状态，又直接决定了人对高出于自己的自然的畏惧感或恐惧感。从近代开始，人类逐渐使用机器进行生产。随着机器的不断使用与改进，人类的生产能力获得了不断的提高。在生存层面上，这种以机器为工具的生产能力，直接决定了人类对自然的改造或征服状态。而在生命感受层面上，这种改造或征服状态，又直接决定了高出于自然的人类对自然的支配感或满足感——产生于近代欧洲的主体实践哲学，在人与自然的关系上，提出所谓"人是主体，自然是客体"的简单自然观，就是以人的主观能动性为基础的这种支配感或满足感表现在哲学上的证据。而所谓"人是主体，自然是客体"的基本内容，也就是：人是有目的的主动者，自然则是被动的对象。主体实践哲学的这种简单自然观，从自然的方面来说，就是简单对象性的自然观；从人的方面来说，就是简单主观性或目的性的自然观。针对近代开始并延续至今的人对自然的简单主观性自然观、简单生命感受观以及简单教育，我们便提出了人对自然的对应自然观、三重生命感受观以及对应教育。

二、对现行简单主观性自然观与简单生命感受观以及简单教育的遮蔽性分析

（一）对现行简单主观性自然观的遮蔽性分析

现行的所谓简单主观性自然观，是指近代以来形成的以人为目的而以自然为对象的自然观。这种自然观，从人的主观目的性，切到对人与自然之间活动的理解：能够抽取到的基本内容，也就是人对自然的有意识、有目的、自觉的，

能动的支配与改造，这其实也就是人对自然活动的主观性或能动性的一方面；而其遗漏或遮蔽的基本内容，则是由人的主观性所引起的自然的客观反应，这其实也就是人对自然活动的客观性的另一方面；进一步，还遗漏了人对自然活动的主观性与客观性之间相互对应的关系。总之，现行的简单主观性自然观，能够把握到人对自然活动的主观性，却遗漏了客观性；进一步，还遗漏了主观性与客观性之间的对应关系。

（二）对现行简单生命感受观的遮蔽性分析

现行的所谓人对自然的简单生命感受观，是指近代以来形成的以简单主观性自然观为基础的人对自然的简单生命感受观。上面谈到，近代以来形成的简单主观性自然观，从人的主观目的性，切到对人与自然之间活动的理解。这种理解，能够抽取到人对自然的有目的的支配与改造。当然，这也就是指按照人的主观目的而进行的对自然的支配与改造。由此，也就不难理解，以简单主观目的性自然观为基础的人对自然的生命感受，也就是以人与自然之间支配与被支配或改造与被改造为基础的人对自然的肯定、满意、热爱与接受的阳性生命感受。直白地说，现行的人对自然的简单生命感受观，从人对自然的主观目的性，切入人对自然的生命感受的把握，能够抽取到的内容，也就是人对自然的具有单一属性的肯定、满意、热爱与接受的生命感受。然而，现行的人对自然的简单生命感受观，从人对自然的主观目的性，切入人对自然的生命感受的把握，却又遗漏或遮蔽了哪些内容呢？上面谈到，近代以来形成的简单主观性自然观，在抽取到人与自然之间活动的主观性的同时，却遗漏了与活动的主观性相对应的客观性。这种活动的客观性，也就是指自然活动的自主性或自在性；这种客观性的自然活动对人的影响可以被区分为三种情况，即自然对人的有利影响、有害影响与日常影响。既然自然对人的客观影响存在三种情况，那么，人对自然的生命感受也就会存在对应的三种情况，即阳性生命感受、阴性生命感受与日常生命感受。然而，现行的人对自然的简单生命感受观，却仅仅把握到阳性生命感受，而遗漏了阴性生命感受与日常生命感受。

（三）对现行简单自然观与简单生命感受观基础上的简单教育的遮蔽
　　　性分析

在人与自然关系上的简单教育，是指以现行简单自然观与简单生命感受观为基础的教育；或者说，简单自然观，是简单教育的认知基础，而简单生命感受观，则是简单教育的基本内容。这种简单教育，从人的主观活动，切到对人与自然之间的情感教育或生命感受教育的理解，能够把握到的基本内容，也就是人对自然的支配及其带来的对自然的肯定、满意、热爱与接受的阳性生命感受——现行基础教育的文本中经常提到的所谓"要热爱自然""要热爱祖国的大好河山""要与自然和谐相处"等，就是这种具有单一属性的生命感受教育的明证。然而，这种简单教育，从人的主观活动，切到对人与自然之间的情感教育或生命感受教育的抽象理解，在抽取到人对自然的阳性生命感受（以自然对人的有利影响为基础）的同时，却又遗漏或遮蔽了人对自然的阴性生命感受（以自然对人的有害影响为基础）以及日常生命感受（以自然对人的日常影响为基础）。

三、对现行简单主观性自然观与简单生命感受观以及简单教育的对应改造

（一）对现行简单主观性自然观的对应改造

既然现行的简单主观性自然观，存在上面谈到的抽象遗漏或遮蔽，那么，它就要受到对应的反思与改造。这包括两层基本内容：一层内容是，人对自然的活动，既有主观目的性，又有客观生成性，而绝不仅仅具有现行简单目的性自然观所片面抽取到的主观目的性。其中的道理是，人对自然的任何目的性行为或活动，都必然会引起自然的客观反应；这也就是说，人对自然活动的主观性与客观性，是对应生成的。另一层内容是，人对自然活动的主观性与客观性，是相互对应与转化的；离开一方的限定或规定，另一方也就进入僵化或静止状态。现行简单目的性自然观所谓人对自然活动的单一主观性，只不过是静态抽象思维中僵化的虚拟存在。总之，人对自然的活动，既有主观性又有客观性，并且主观性与客观性是对应存在与对应转化的——这当然也就是我们以术语表达的人对自然的对应活动观。

（二）对现行简单生命感受观的对应改造

既然现行的简单生命感受观，存在上面谈到的抽象遗漏或遮蔽，那么，它就要受到对应的反思与改造。这包括两层基本内容：一层内容是，人对自然的生命感受，不仅包括肯定、满意、热爱与接受的阳性生命感受，而且包括否定、不满、愤怒与排斥的阴性生命感受，还包括中性或日常生命感受，而绝不仅仅只有现行简单生命感受观所抽取到的单一的阳性生命感受。另一层内容是，阳性、阴性与中性生命感受，是相互对应存在与相互对应转化的，离开其中任何一方的限定或规定，另一方也就不复存在或变化。现行简单生命感受观所谓人

对自然单一的阳性生命感受，只不过是静态抽象思维中孤立与僵化的虚拟存在。总之，人对自然的生命感受，包括对应存在与对应转化的阳性、阴性与中性生命感受——这当然也就是我们以术语表达的三重生命感受观。

（三）对现行简单自然观与简单生命感受观基础上的简单教育的对应改造

既然现行的以简单自然观与简单生命感受观为基础的简单教育，存在上面谈到的抽象遗漏或遮蔽，那么，它就要受到对应的反思与改造。这包括如下基本内容：

第一，在教育内容维度上，人对自然的生命感受，包括阳性、阴性与中性三重内容，而不仅仅是现行简单教育所抽取到的单一的阳性生命感受。在人与自然的对应活动观与对应生命感受观视野中，人与自然之间包含三种基本对应关系，即顺对应、逆对应与零对应关系。所谓人与自然之间的顺对应关系，是指人与自然之间的和谐关系或一致性关系，这种关系，可以是人的主观目的在自然那里的顺利实现，也可以是自然对人的有利的影响。所谓人与自然之间的逆对应关系，是指人与自然之间的不和谐关系或对抗关系，这种关系，可以是人的主观目的在自然那里遇到阻碍或对抗，也可以是自然对人的不利或有害的影响。所谓人与自然之间的零对应关系，是指人与自然双方相对独立自在的运动或变化，这也就是自然沿着自身的规定而运动或变化，而人也同样沿着自身的规定而运动或变化。与这三种基本关系相对应，人对自然的生命感受，也包含三种基本内容：以顺对应关系为基础的阳性生命感受、以逆对应关系为基础的阴性生命感受、以零对应关系为基础的中性或日常生命感受。

第二，在教育过程或方法维度上，人对自然的生命感受的教育，就要在三重生命感受的相互对应或比较中展开，这包括三种对应或比较：一是，在与阴性、中性生命感受的对应或比较中，更精确地体验阳性生命感受，而不能如同现行简单教育那样孤立地进行阳性生命感受的抽象说教。比如，要更好地感受人对自然的满意的阳性生命感受，就需要与自然灾害带给人的不满意的阴性生命感受做出对应比较，还需要与人在日常生活中对自然的中性生命感受做出对应比较，以便在相互比较与辨别中，更准确、更深刻地体验这些不同的生命感受。二是，在与阳性、中性生命感受的对应或比较中，更精确地体验阴性生命感受。这是现行的简单教育所遗漏的生命感受，因此，需要做出必要的补充与强调。在这里，需要补充与强调的基本内容，就是要强调对阴性生命感受的关注，如千百年来，一直伴随着人类历史的自然灾害所带给人的不满或痛苦的阴性生命感受。如果不去关注人对自然的这种阴性生命感受，而仅仅关注现行简单教育所把握到的阳性生感受，那么，人对自然的生命感受就将是残缺不全的，这当然不利于构建人与自然的对应关系。三是，在与阳性、阴性生命感受的对应或比较中，更精确地体验中性生命感受。这也是现行的简单教育所遗漏的生命感受，因此，也需要做出必要的补充与强调。在这里，需要补充与强调的基本内容，就是要强调对中性生命感受的关注，如就人与自然双方的基本事实来看，除了顺对应与逆对应关系之外，人与自然还是相对独立或自主运动的双方——所谓"花自飘零水自流"，就是自然自在运动的直观表达；明确于此，可以更好地保持人与自然双方有边界限定的对应关系，而不必陷入对两者的混淆之中——中国文化中持续久远的所谓天人感应说，就是这种混淆的明证。

总之，在人与自然的对应活动观与对应生命感受观视野中，人对自然的生命感受包括相互对应的阳性、阴性与中性三重内容；因此，关注人对自然的生命感受的教育，就要在相互对应或相互比较中展开，以便获得人对自然的更精确、更深刻的生命感受——这当然也就是我们以术语表达的关注人对自然的三重生命感受的对应教育。

四、本节小结

综上所述，现行的简单主观性自然观，仅仅抽取到人对自然活动的主观愿望性而遗漏了客观事实性；而以此为基础的现行简单生命感受观，便只能把握到人对自然的满意或愿望性的阳性生命感受，而遗漏了人对自然的不满意或排斥性的阴性生命感受与日常或中性的生命感受。由此，现行的简单教育，也就只能是关注人对自然的积极或愿望性的情感教育或生命感受教育，而遗漏了人对自然的阴性与中性生命感受的教育。因此，我们对这些遗漏或偏差做出了对应的反思与改造。我们认为，人对自然的活动，既包含主观愿望性，又包含对应的客观事实性，而绝不仅仅是现行简单目的性自然观所抽取到的单一主观愿望性——对应的自然观。以对应自然观为基础的人对自然的生命感受，包括对应存在的阳性、阴性与中性生命感受；而绝不仅仅是现行简单生命感受观所把握到的单一阳性生命感受——对应的三重生命感受观。以对应的自然观与三重生命感受观为基础的对应教育主张：在教育内容上，人对自然具有对应的三重生命感受；在教育过程或方法上，人对自然三重生命感受的教育，需要在相互对应或比较中展开，以便涵养出人的多样而深刻的生命感受——关注三重生命感受的对应教育。

五、本节提示

在本节最后，需要做两点提示：一是，关注从简单主观性自然观到对应自然观的转换机制，人对自然任何有目的的行为或活动，都必然会引起自然的客观反应。这也就是说，人对自然的活动，具有内在对应的主观性与客观性，而绝不仅仅只有主观性。二是，关注人对自然的日常或中性生命感受，人与自然之间，除了具有顺对应与逆对应关系之外，还具有零对应关系，即双方各自所具有的相对独立的自主运动；明确于此，就可以摆脱人与自然之间所谓天人感应的纠缠而进入人与自然对应相处的新境界。

附言：

1. 人对自然的任何行为或活动，都必然会引起自然的客观回应：这决定了，人对自然的活动，具有内在的主观与客观的对应属性——而正是客观性的限定，才使人的主观性不会陷入随意性或任性。

2. 按照主观愿望进行的预设教育与按照客观事实进行的后果教育，是按照时间先后划分的对应教育的两种重要形式；而其中的后果教育，尤其需要引起人们的特别关注，如关于天灾的后果教育。

3. 千百年来，一直伴随人类的自然灾难，清楚地表明——要建构人与自然之间和谐关系的命题，不仅属于俗人的乡愿，还属于认识的简单性或片面性。

4. "花自飘零水自流"，所表达的就是人与自然互不相涉的意境；而所谓的"天人感应"，则不过是混淆人与自然关系的确证。

5. 看看千百年来包括多种瘟疫在内的自然灾害的记载，人们就能清楚：那些仅仅鼓吹要热爱自然的宣教者，是多么轻佻与偏执。

6. 人类与自然具有内在的多重对应关系，这决定了——人类永远也不可能构建出与自然的和谐关系，而只能构建出以对应为基础的对等关系——这是对应论的人的自然伦理的基本命题。

第五节　关注人化自然与自然化人的对应教育

切问：

1. 在人化自然的过程中，只有人的主观性，而没有对应的自然客观的反应吗？人指向自然的主观性与自然反应的客观性，是对应产生的吗？

2. 在人化自然的过程中，只有人的主动性，而没有对应的自然对人的限定性吗？人的主动性与被动性，是对应产生的吗？

3. 在人化自然的过程中，只有以主动性为根据的优越性，而没有以被动性为根据的不足性吗？人的优越性与不足性，是对应产生的吗？

4. 人对自然的任何行为或活动，都必然会引起自然的反应并影响到人自身吗？或者，人化自然与自然化人这两方面，是对应产生、对应存在与对应变化的吗？

5. 以抽象的人化自然观为内容的教育，就只能是由教师的抽象，转换到学生的抽象的灌输式教育吗？

6. 以人化自然与自然化人的对应观为内容的教育，就可能催生出师生双方的对应教育吗？

一、论题的提出

在近代以前的历史上，人类的生产能力与生活能力都很低下。在这种生产与生活能力基础上，人类只能处于对自然的依赖或依附状态。从近代开始，随着人类对机器越来越广泛的使用和改进，人类对自然的生产能力与生活能力都得到了前所未有的提高。在这种生产与生活能力基础上，人类便颠覆了旧有的对自然的依赖或依附状态，而进入对自然的改造或征服状态。产生于英国、法国和德国等国家的近代主体实践哲学，在人与自然的关系上，提出所谓"人是主体，自然是客体"的基本主张，就是对人以自然为对象加以改造或征服状态的反应。针对人以自然为对象加以改造或征服的这种简单的人化自然观及其教育，我们提出了自然化人与人化自然的对应观及其教育。

二、对简单的人化自然观及其教育的遮蔽性分析

（一）对简单的人化自然观的遮蔽性分析

简单的人化自然观，是指近代以来产生的，以人为目的或中心而以自然为对象的自然观。这种简单的人化自然观，从人对自然的主观目的，切到对人与自然之间关系的抽象理解，能够抽取出哪些方面的内容呢？一是，在人与自然双方的地位维度上，能够抽取出人对自然的优越性与自然的不足性，这直接导致了人高出于自然的等级性关系；二是，在人与自然双方的属性维度上，能够抽取出人的主动性与自然的被动性，这直接导致了人对自然单向度的改造过程；三是，在人与自然双方的变化维度上，能够抽取出人对自然的改造性与自然的

被改造性，这直接导致了人对自然单方面的改造结果。总之，简单的人化自然观，能够抽取到的内容，即人对自然的改造与自然的被改造。

然而，简单的人化自然观，从人对自然的主观目的，切到对人与自然之间关系的抽象理解，在有所把握的同时，却又遗漏或遮蔽了哪些方面的内容呢？一是，在人与自然双方的地位维度上，简单的人化自然观，在抽取出人对自然的优越性与自然的不足性的同时，却遗漏了人对自然的不足性与自然的优越性。在这里，需要注意，自然对人的优越性，最基本的就是自然对人的优先地位，或者反过来说，人是自然长期变化或变迁的结果。而人对自然的不足性，最基本的就是自然以其自在自主的运动对人的限定性。二是，在人与自然双方的属性维度上，简单的人化自然观，在抽取出人的主动性与自然的被动性的同时，却遗漏了人的被动性与自然的自在性或自主性。在这里，需要注意，人对自然的任何主动行为或活动，都必然会由于自然的反应而返回到人自身，并使人具有必然的被动性，同时，人的主动性，也因为自然自在自主运动的限定而具有内在的被动性。三是，在人与自然双方的变化维度上，简单的人化自然观，在抽取出人对自然的改造性与自然的被改造性的同时，却遗漏了人的被改造性与自然对人的改造性。在这里，需要注意，人对自然的改造，不仅在改造自然的过程中要遵循自然的秩序或规律而使人具有被动性，而且，在改造以后的自然对人的影响中也使人具有被动性。总之，简单的人化自然观，在抽取出人对自然的改造与自然的被改造的同时，却遗漏了自然对人的对应的改造与人的被改造。或者说，简单的人化自然观，在把握到人化自然方面的同时，却遗漏了自然化人的对应方面。

（二）对简单的人化自然观教育的遮蔽性分析

简单的人化自然观教育，是指产生于近代并持续至今的，以人为目的或中心而以自然为对象的自然观教育。这种简单的人化自然观教育，从教师指向学生的向度，切到对人化自然观教育的抽象理解，能够把握到哪些内容呢？一是，在教育的内容维度上，简单的人化自然观教育，能够把握到既有的简单的人化自然观，这当然也就是上面谈到的人对自然的改造与自然被改造的抽象内容；二是，在教育的过程维度上，简单的人化自然观教育，能够把握到教师将既有的人化自然观的抽象内容直接传递或传输给学生；三是，在教育的结果维度上，简单的人化自然观教育，能够把握到学生对既有的人化自然观的抽象内容的机械接受。

然而，简单的人化自然观教育，从教师指向学生的向度，切到对人化自然观教育的抽象理解，在有所把握的同时，却又遗漏或遮蔽了哪些内容呢？一是，在教育的内容维度上，简单的人化自然观教育，在把握到既有的人化自然这一方面的同时，却遗漏了自然化人的对应的方面。这便直接导致了人化自然观教育内容的抽象、孤立或分裂。二是，在教育的过程维度上，简单的人化自然观教育，在把握到教师将既有的人化自然观的抽象内容直接传递给学生的同时，却遗漏了师生双方直接经验内容的对应。这便直接导致了教师对学生外在的传输或灌输式的教育。三是，在教育的结果维度上，简单的人化自然观教育，在把握到学生对既有的人化自然观的抽象内容的机械接受的同时，却遗漏了这种机械接受对教师的影响。这直接导致了简单的人化自然观这一既有抽象教育内容在师生之间的简单重复或反复。

三、对简单的人化自然观及其教育的对应改造

（一）对简单的人化自然观的对应改造

既然简单的人化自然观存在上面提到的抽象遗漏或偏差，那么，它就要受到对应的反思与改造。一是，在人与自然双方的地位维度上，既然人与自然双方，各有自身的优越性与不足性，那么，双方的地位关系，就是对应的平等，即对等关系，而不是现行简单的人化自然观所把握到等级性关系；二是，在人与自然双方的属性维度上，既然人与自然双方，各有自身的主动性与被动性，那么，双方之间的影响关系，就是双向度的相互影响，而不是现行简单的人化自然观所把握到的单向度的影响；三是，在人与自然双方的变化维度上，既然人与自然双方，分别具有自身的优越性与不足性，也分别具有自身的主动性与被动性，那么，人与自然双方，就是彼此影响、对应改造的，而不是现行简单的人化自然观所把握到的单方面的人对自然的影响或改造。总之，人与自然双方，分别具有自身的优越性与不足性，也分别具有自身的主动性与被动性。因此，人与自然双方，是相互对应影响或相互对应改造的对等关系——这也就是我们以术语表达的人化自然与自然化人的对等观。

（二）对简单的人化自然观教育的对应改造

既然简单的人化自然观教育，存在上面谈到的抽象遗漏或偏差，那么，它就要受到对应的反思与改造，这包括如下内容。

第一，在教育内容维度上，既然简单的人化自然观教育，能够把握到抽象的人化自然的方面，却遗漏了自然化人的对应方面，那么，人化自然与自然化

人的对应教育，就需要去关注人化自然与自然化人的对应内容。这包含两层基本内容：一层内容是，人化自然与自然化人的对应教育，包含人化自然与自然化人这两方面，而不是简单的人化自然观教育所把握到的单一的人化自然的方面；另一层内容是，人化自然与自然化人这两方面是对应存在的，而不是简单的人化自然观教育所把握到的单一的人化自然的抽象或孤立的存在。其实，单一的人化自然观及其教育，只能是片面抽象思维中的虚拟存在。

第二，在教育的过程维度上，既然简单的人化自然观教育，能够把握到教师对学生的外在影响，却遗漏了对应的学生自身的内在影响，那么，人化自然与自然化人的对应教育，就需要去关注围绕教育内容的师生双方的对应活动过程。这包含两层基本内容：一层内容是，关注教育内容的产生过程。上面谈到，简单的人化自然观教育，在教育内容上，只能把握到抽象的人化自然的方面，所以，关于这一抽象内容的教学，也就只能是在师生思维或认识之间做出简单或孤立的传输。而人化自然与自然化人的对应教育，在教育内容上，能够把握到对应存在的人化自然与自然化人两方面。关于这一对应内容的教学，就需要去弄明白这一对应内容的产生或来源。这当然就需要走出简单的人化自然观教育的片面抽象思维，而进入人对自然的行为或活动的基本事实那里去。从事实看，人对自然的任何行为或活动，都必然会引起自然的回应，而这一回应，又必然会影响到人自身。这也就是说，人化自然的过程与自然化人的过程，是相互对应的存在。因此，关注人化自然与自然化人的对应教育，在教育或教学过程中，首先就要弄明白教育内容的产生过程。另一层内容是，关注教育内容与师生之间的对应关系，或者说，关注间接的教育内容与师生直接经验之间的对应关系。人化自然与自然化人的对应教育，在弄明白人化自然与自然化人的对应产生过程之后，还需要关注这一对应内容与师生直接经验之间的关系，以便在间接经验与直接经验的对比或辨别中，更好地接受或改造这两种经验。就既有的间接经验与师生直接经验的对应关系看，有两种基本情况需要关注：一种是两种经验的一致性关系，这可以带来两种经验的相互补充或丰富；另一种是两种经验的不一致关系，这可以带来两种经验的相互改造或发展。

第三，在教育的结果维度上，既然简单的人化自然观教育，能够把握到学生对既有的人化自然观这一教育内容的简单接受，却遗漏了学生反过来对教师的对应影响，那么，关注人化自然与自然化人的对应教育，就需要去关注围绕教育内容的师生双方的变化或发展。既然人化自然与自然化人这种间接经验与师生双方的直接经验，具有上面谈到的一致性与不一致性关系，那么，就必然会带来两种经验对应的补充、丰富或发展，其中当然包含师生双方的变化或发展。直白地说，人化自然与自然化人的对应教育，必然会产生三种教育结果：一是，教育内容发生了变化或发展，这当然指的是既有的间接经验与师生双方直接经验的对应变化或发展；二是，学生方面的变化或发展，这当然不是简单的人化自然观教育所把握到的学生机械接受能力的变化或发展，而是学生以对应自然观为基础的与自然对等相处能力的变化或发展；三是，教师方面的变化或发展，这当然不是简单的人化自然观教育所把握到的教师简单传授能力的变化或发展，而是教师以对应的自然观为基础的与自然对等相处能力的变化或发展。

总之，关注人化自然与自然化人的对应教育，在教育内容上，关注人化自然与自然化人两方面的相互对应，而不是如同简单的人化自然观教育那样仅仅关注抽象的人化自然的单一方面；在教育过程上，关注围绕教育内容的师生双方的对应活动，而不是如同简单的人化自然观教育那样仅仅关注教师对学生的外在活动；在教育结果上，关注围绕教育内容的师生双方的对应变化或发展，而不是如同简单的人化自然观教育那样仅仅关注学生单方面的变化或发展。

四、本节小结

综上所述，简单的人化自然观，在人与自然双方的地位、属性与变化维度上，都存在抽象片面性的偏差，因此，我们对它做出了对应的反思与改造。我们认为，人与自然双方，分别具有自身的优越性与不足性，也分别具有自身的主动性与被动性。因此，人与自然双方是双向度的相互影响或相互改造的关系，这也就是我们以术语表达的人化自然与自然化人的对等观。以简单的人化自然观为基础的教育，在教育的内容、过程与结果维度上，同样存在抽象片面性的偏差，因此，我们也对它做出了对应的反思与改造。我们认为，人化自然与自然化人的对应教育，在教育内容维度上，需要关注相互对应的人化自然与自然化人两方面，而不是简单的人化自然观教育所把握到的单一的人化自然的方面；在教育过程维度上，需要关注围绕教育内容的师生双方的对应活动，而不是简单的人化自然观教育所把握到的单一的教师对学生的单向活动；在教育结果维度上，需要关注围绕教育内容的师生双方的对应变化或发展，而不是简单的人化自然观教育所把握到的单一的学生方面的变化或发展。

五、本节提示

在本节最后，需要做三点提示：一是，由简单的人化自然观，转换到人化自然与自然化人的对应观，其中介过渡机制，就是人与自然之间活动的对应事实关系——人对自然的任何目的性行为或活动，都必然会引起自然的对应反应，而这又必然会回到人自身——人化自然与自然化人是对应产生的过程。直白地说，人与自然之间的对应活动论，是由简单的人化自然观，转换到人化自然与自然化人的对应观的基础。二是，简单的人化自然观教育，正因为以片面抽象的人化自然观为其孤立的内容，所以才导致了教师对学生单向地传授，并最终导致了教师对学生单方面的影响。直白地说，简单的人化自然观教育，其根本失误，就在于片面、孤立、静止的抽象思维，这当然就是典型的形而上学思维。三是，人化自然与自然化人的对应教育，也正因为以对应的人化自然与自然化人为其对应的内容，所以才带来了师生双方围绕教育内容的对应活动，并最终带来了对教育内容以及师生双方的对应的改造或发展，这当然就是典型的对应思维。

附言：

1. 不以客观性为基础的主观性，就只能是无根的随意性。
2. 没有被动性限定的主动性，很难避免不确定的摇摆性。
3. 缺少不足性对应的优越性，不过是空虚的思维中的空洞。
4. 人化自然过程中的灾难，足以凸显出简单的人化自然观的难堪。
5. 以片面的抽象内容为基础的教育，很容易衍生出脱离事实的简单灌输。
6. 以对应的内容为基础的教育，就可能产生出师生双方的对等教育。

小结　对应自然观视野中的对应教育

切问：

1. 在人与自然的地位关系上，简单的自然观，为什么会导致人高出于自然的等级性关系呢？
2. 在人与自然的伦理关系上，简单的自然观，为什么会导致人的自然权利与义务的失衡呢？
3. 在人对自然的认知关系上，简单的自然观，为什么会导致人对自然的未知的忽视呢？
4. 在人对自然的生命感受关系上，简单的自然观，为什么会导致人对自然的阴性与中性生命感受的漠视呢？
5. 在人对自然的行为或活动关系上，简单的自然观，为什么会导致对自然化人的轻视呢？

6. 简单的自然观包含怎样的思维方式？要摆脱简单的自然观，需要在思维上完成怎样的转换？

针对现行简单的自然观及其教育的偏差，前面，我们用五节内容，做出了对应的反思与改造。为了从总体上更简明、更清楚地把握这些不足与我们对这些不足的改造，就有做小结的必要。

从思维运行的维度看，现行简单的自然观及其教育的基本偏差，就是主观思维中的片面抽象。因此，本文的基本逻辑就是，先谈片面抽象思维的不足，再谈对应思维对这些不足的改造。

一、关注相互对象性自然观的对应教育

（一）论题的提出

针对现行简单对象性的自然观及其教育，我们提出了相互对象性的自然观及其教育。

（二）对简单对象性自然观及其教育的遮蔽性分析

1. 对简单对象性自然观的遮蔽性分析

简单对象性的自然观，从人的主动性，切到对人与自然之间关系的抽象理解，在人与自然双方的属性维度上，能够抽取到人的主动性与自然的被动性，却遗漏了对应的人的被动性与自然的自主性；在人与自然双方影响的指向维度上，能够抽取到人对自然的影响向度，却遗漏了对应的自然对人的影响向度；在人与自然的影响结果维度上，能够抽取到人对自然的改造，却遗漏了对应的自然对人的改造。

2. 对简单对象性自然观教育的遮蔽性分析

简单对象性自然观教育，从教师对学生的影响，切到对自然观教育的理解，在教育的内容维度上，能够把握到人对自然的影响，却遗漏了对应的自然对人的影响；在教育的过程维度上，能够把握到教师对学生的外在活动，却遗漏了对应的学生自身的内在活动；在教育的结果维度上，能够把握到教师对学生的影响，却遗漏了对应的学生对教师的影响。

（三）对简单对象性自然观及其教育的对应改造

1. 对简单对象性自然观的对应改造

既然简单对象性自然观，存在片面性的偏差，那么，它就要受到对应的反思与改造。由此，简单对象性的自然观，就被推进到相互对象性的自然观。相互对象性的自然观认为：在人与自然双方的属性维度上，人与自然双方，分别具有对应的主动性与被动性，而不是简单对象性自然观所把握到的双方的单一属性；在人与自然双方的影响指向维度上，人与自然双方，分别具有指向对方的影响，而不是简单对象性自然观所把握到的单一指向；在人与自然双方的影响结果维度上，人与自然双方，都受到对方的影响或改造，而不是简单对象性自然观所把握到的单一影响或改造。

2. 对简单对象性自然观教育的对应改造

既然简单对象性的自然观教育，也存在片面性偏差，那么，它也要受到对应的反思与改造。由此，简单对象性的自然观教育，也就被推进到相互对象性自然观的对应教育。相互对象性自然观的对应教育认为：教育的内容，既包括人对自然的影响又包括自然对人的影响，而不是简单对象性自然观教育所把握到的人对自然的单方面影响；教育的过程，既包括教师对学生的外在与内在影响又包括学生对教师的外在与内在影响，而不是简单对象性自然观教育所把握到的教师对学生的单一外在影响；教育的结果，既包括教育内容的变化或发展又包括师生双方的变化或发展，而不是简单对象性自然观教育所把握到的学生单方面的变化或发展。

二、关注人对自然的权利与义务的对应教育

（一）论题的提出

针对简单对象性自然观及其教育所导致的人对自然的权利与义务关系的失衡，我们提出了人对自然的权利与义务的对应教育。

（二）对简单对象性自然观及其教育所导致的人对自然的权利与义务关系的遮蔽性分析

1、对简单对象性自然观的遮蔽性分析

简单对象性自然观，从人指向自然的活动，切入对人与自然双方关系的理解，能够把握到人的主动性与自然的被动性，却遗漏了人的被动性与自然的自

主性；能够把握到人的支配性与自然的被支配性，却遗漏了人的被支配性与自然的支配性；能够把握到人对自然的改造性与自然的被改造性，却遗漏了人的被改造性与自然的改造性。

2. 对简单对象性自然观教育所导致的人对自然的权利与义务关系的遮蔽性分析

简单对象性自然观教育，从人指向自然的活动，切到对人与自然双方关系的教育，能够把握到以人的主动性、支配性与改造性为基础的对于自然的权利，却遗漏了以人的被动性、被支配性与被改造性为基础的对于自然的义务。这便直接导致了人对自然的权利与义务关系的失衡状态。

（三）对简单对象性自然观及其教育所导致的人对自然的权利与义务关系的对应改造

1、对简单对象性自然观的对应改造

既然简单对象性自然观，存在片面性的偏差，那么，它就要受到对应的反思与改造。由此，简单对象性的自然观，就被推进到相互对象性的自然观。相互对象性的自然观认为：人与自然双方，分别都具有自身的主动性与被动性、支配性与被支配性、改造性与被改造性。以相互对象自然观为基础，人对自然的权利与义务就具有了内在的对应关系。

2. 对简单对象性自然观教育所导致的人对自然的权利与义务关系的对应改造

既然简单对象性的自然观教育导致了人对自然的权利与义务关系的失衡，那么，它就要受到对应的反思与改造。由此，我们便得到了人对自然的权利与义务的对应教育。这种对应教育，不仅需要关注权利与义务的对应存在与变化，还需要关注权利与义务对等的匹配，以免造成人对自然的权利与义务对等关系的割裂。

三、关注人对自然的已知与未知的对应教育

（一）论题的提出

针对近代以来产生的人对自然的简单已知观及其教育，我们提出了人对自然的已知与未知的对应教育。

（二）对人对自然的简单已知观及其教育的遮蔽性分析

1. 对人对自然的简单已知观的遮蔽性分析

人对自然的简单已知观，从人对自然已经获得的认知，切到对自然的理解，在认知的内容维度上，能够把握到人对特定边界中的自然的已知，却遗漏了边界之外的未知；在认知的存在状态维度上，能够把握到人对特定时空中自然的已知，却遗漏了特定时空之外的未知；在认识的方法维度上，能够把握到已经利用过的方法，却遗漏了需要探索的新方法；在认知的动力维度上，能够把握到过去的认识动力，却遗漏了新的认识动力；在认知的态度维度上，能够把握到人对自然的自信态度，却遗漏了对自然的谦虚态度。

2. 对人对自然的简单已知观教育的遮蔽性分析

人对自然的简单已知观教育，从人对自然已经获得的认知，切入人对自然认知关系的教育，在认知的内容维度上，能够把握到人对特定边界中自然的已知却遗漏了边界之外的未知，这在为教育提供确定的内容的同时却容易导致内容的陈旧；在认知的存在状态维度上，能够把握到人对特定时空中自然的已知却遗漏了特定时空之外的未知，这在为教育提供稳定的内容的同时却容易导致内容的僵化；在认知的方法维度上，能够把握到已经使用过的方法却遗漏了对新方法的关注，这在为教育提供既有方法的同时却容易导致对新方法的忽视；在认知的动力维度上，能够把握到过去的认知动力却遗漏了新的认识动力，这在为教育提供对既有认识动力的解释的同时却容易导致对新动力的轻视；在认知所包含的人对自然的态度维度上，能够把握到人对自然的自信态度却遗漏了对自然的谦虚态度，这在为教育提供对自然的自信态度的同时却容易导致对自然的傲慢态度。

（三）对人对自然的简单已知观及其教育的对应改造

1. 对人对自然的简单已知观的对应改造

既然人对自然的简单已知观，存在片面性的偏差，那么，它就要受到对应的反思与改造。由此，人对自然的简单已知观，就被推进到已知与未知的对应观。已知与未知的对应观认为：在认知的内容维度上，人对自然的认知，包括对应的已知与未知，而不是简单已知观所把握到的单一的已知；在认知的存在状态维度上，人对自然的认知，包括对应的特定时空中的已知与特定时空之外的未知，而不是简单已知观所把握到的单一的特定时空中的已知；在认知的方法维度上，人对自然的认知，包括对应的既有的方法与既有方法之外未知的方法，而不是简单已知观所把握到的单一的既有方法；在认知的动力维度上，人对自然的认知动力，包括对应的过去的动力与继续探索自然的新动力，而不是简单已知观所把握到的单一过去的动力；在认知所包含的对自然的态度维度上，人对自然的态度，包括对应的自信与谦虚态度，而不是简单已知观所把握到的单一的自信态度。

2. 对人对自然的简单已知观教育的对应改造

既然人对自然的简单已知观教育，存在片面性的偏差，那么，它就要受到对应的反思与改造。由此，人对自然的简单已知观教育，就被推进到已知与未知的对应教育。已知与未知的对应教育认为：人对自然的认知，包括对应的已知与未知，这能使教育内容充满张力；人对自然的认知，包括对应的特定时空中相对稳定的已知与特定时空之外相对变化的未知，这能使教育内容保持稳定中的变化；人对自然的认知，包括对应的既有方法与既有方法之外的新方法，这能为教育方法提供新的探索；人对自然的认知，包括对应存在的过去的动力与新的动力，这能为探索自然的新动力提供必要的关注；人对自然的认知，包括对应存在的自信与谦虚，这能为对待自然提供基本的对应的态度。

四、关注人对自然的三重生命体验的对应教育

（一）论题的提出

针对近代以来人对自然的简单主观性自然观与简单生命感受观以及简单教育，我们便提出了人对自然的对应自然观与三重生命感受观以及对应教育。

（二）对简单主观性自然观与简单生命感受观以及简单教育的遮蔽性分析

1. 对简单主观性自然观的遮蔽性分析

简单主观性自然观，从人的目的性，切到对人与自然之间关系的抽象把握，在把握到人的主观性的同时，却遗漏了自然的客观性，进一步，又遗漏了人的主观性与自然客观性之间的对应关系。

2. 对简单生命感受观的遮蔽性分析

以简单主观性自然观为认识基础，简单生命感受观，从人的主动性，切到对人对自然的生命感受，在把握到人对自然的阳性生命感受的同时，却遗漏了对自然的阴性与中性生命感受，进一步，还遗漏了三重生命感受之间的相互对应关系。

3、对简单生命感受教育的遮蔽性分析

以简单生命感受为基本内容的简单教育，从人的阳性生命感受，切到对人对自然生命感受的教育，在把握到人对自然的阳性生命感受教育的同时，却遗漏了对自然的阴性与中性生命感受教育，进一步，还遗漏了三重生命感受之间的对应教育。

（三）对简单主观性自然观与简单生命感受观以及简单教育的对应改造

1. 对简单主观性自然观的对应改造

既然简单主观性自然观，存在片面性的偏差，那么，它就要受到对应的反思与改造。由此，简单主观性自然观，就被推进到主观与客观对应的自然观。在对应的自然观看来，人对自然的任何目的性行为或活动，都必然会引起自然的客观反应：这也就是说，人对自然的活动，具有对应的主观性与客观性，而不是简单主观性自然观所把握到的单一主观性。

2. 对简单生命感受观的对应改造

以对应的自然观为认识前提，人对自然的生命感受，以自然对人的有利、有害影响为基础，也以自然与人双方的自主变化为基础，就必然会产生三重生命感受，即阳性、阴性与中性生命感受，而不是简单生命感受观所把握到的单一阳性生命感受。

3. 对简单生命感受教育的对应改造

既然简单生命感受教育，存在片面性的偏差，那么，它就要受到对应的反思与改造。由此，简单的生命感受教育，就被推进到三重生命感受的对应教育。在三重生命感受的对应教育看来，人对自然的生命感受，包括对应存在的阳性、阴性与中性生命感受。因此，三重生命感受的对应教育，就需要在三重生命感受的对应比较中展开，以涵养人的丰富而深刻的生命体验。

五、关注人化自然与自然化人的对应教育

（一）论题的提出

针对近代以来简单的人化自然观及其教育，我们提出了人化自然与自然化人的对应观及其教育。

（二）对简单的人化自然观及其教育的遮蔽性分析

1. 对简单的人化自然观的遮蔽性分析

简单的人化自然观，从人的主观目的性，切到对人与自然之间关系的抽象把握，在把握到人的优越性与自然不足性的同时，却遗漏了人的不足性与自然的优越性；在把握到人的主动性与自然的被动性的同时，却遗漏了人的被动性与自然的自主性；在把握到人的改造性与自然的被改造性的同时，却遗漏了人的被改造性与自然的改造性。总之，简单的人化自然观，在把握到人对自然改造的同时，却遗漏了对应的自然对人的改造；这也就是说，在把握到人化自然这一方面的同时，却遗漏了自然化人的对应的方面。

2. 对简单的人化自然观教育的遮蔽性分析

简单的人化自然观教育，从教师对学生的影响指向，切到对人与自然之间关系的教育，在教育内容维度上，能够把握到人化自然的方面，却遗漏了对应的自然化人的方面；在教育过程维度上，能够把握到教师对学生的外在影响，却遗漏了对应的师生双方外在与内在的影响；在教育的结果维度上，能够把握到学生在教师外在影响中的变化或发展，却遗漏了围绕教育内容的师生双方的对应变化或发展。

（三）对简单的人化自然观及其教育的对应改造

1. 对简单的人化自然观的对应改造

既然简单的人化自然观，存在片面性的偏差，那么，它就要受到对应的反思与改造。由此，简单的人化自然观，就被推进到人化自然与自然化人的对应观。在这种对应观看来：人与自然双方，各有自身的优越性与不足性，各有自身的主动性与被动性，也各有自身的改造性与被改造性。因此，双方是对应存在与对应改造的，而不是简单的人化自然观所把握到的人对自然单方面的改造。

2. 对简单的人化自然观教育的对应改造

既然简单的人化自然观教育，存在片面性的偏差，那么，它就要受到对应的反思与改造。由此，简单的人化自然观教育，就被推进到人化自然与自然化人的对应教育。在这种对应教育看来：人与自然之间的教育内容，包括人化自然与自然化人两方面，而不是简单的人化自然观教育所把握到的单一的人化自然的方面；人与自然之间的教育过程，包括师生双方的对应影响，而不是简单的人化自然观教育所把握到的教师单方面地对学生的影响；人与自然之间的教育结果，包括围绕教育内容的师生双方的变化或发展，而不是简单的人化自然观教育所把握到的学生单方面的变化或发展。

综上所述，现行的简单自然观及其教育，在人与自然双方的地位关系、权利与义务关系、人对自然的认知关系、生命感受关系、人化自然与自然化人的关系这五个基本方面，都存在片面性偏差。为此，我们进行了对应的反思与改造，并将简单的自然观及其教育，推进到对应的自然观及其教育。在对应的自然观及其教育看来，在人与自然双方的地位关系维度上，人与自然双方是对等关系，而不是简单自然观及其教育所把握到的等级性关系；在人的自然权利与义务关系维度上，人的自然权利与义务是对等关系，而不是简单自然观及其教育所把握到的不对等关系；在人对自然的认知关系维度上，人对自然的认知包含已知与未知的对应，而不是简单自然观及其教育所把握到的单一的已知；在人对自然的生命感受维度上，人对自然的生命感受包含三重生命感受，而不是简单自然观及其教育所把握到的单一生命感受；在人化自然与自然化人的维度上，人化自然与自然化人是相互对应的过程，而不是简单自然观及其教育所把握到的单一的人化自然的过程。

在本节最后，还需要做一提示：我们对现行简单自然观及其教育的反思与改造，绝不仅仅是要改造其基本观点上的具体偏差，还要改造其背后的主观抽象思维的不足，以便转换到对应思维上来。因此，要想从简单自然观及其教育，转换到对应的自然观及其教育，就要从主观抽象思维状态，转换到对应思维的状态。

附言：

1. 就人与自然的对等地位而言，所谓"人在做，天在看"，就是一个具有内在关系的不错的判断。

2. 没有对自然尽到应尽的义务，就必将遭到自然对等的报复。

3. 对自然的已知，会成为继续探索的工具，也会成为继续探索的束缚。

4. 人对自然的所谓天地情怀，不仅包含对自然的感怀，而且包含对自然的无奈。

5. 从自然化人的维度看，人类的所谓移情，在很多时候，确实属于自作多情甚至是煽情或滥情。

6. 天地无情人有情：这不仅表达了人的有情，还表达了天地的无情——这便是自然与人的无情与有情的共生。

第四章

对应社会观与对应教育

第一节　关注相互对象性社会观的对应教育

切问：

1. 从事实关系看，人指向他人的行为或活动，都必然会返回到人自身吗？人的行为或活动的自返性，决定了社会活动中的对象，都是相互对应的存在吗？

2. 从思维运作看，简单对象性的社会观，是在主观思维中对人的社会行为或活动进行片面抽取的结果吗？

3. 教师指向学生的行为或活动，也必然会返回到教师自身吗？教师也是教育活动中的对象吗？

4. 仅仅把握到学生是教育对象的观点，是简单对象性社会观在教育领域中的反应吗？

5. 简单对象性社会观视野中的教育，需要被反思与改造吗？从思维运行看，这需要完成怎样的调整或转换？

6. 简单对象性的社会观，能导致人与人之间的等级性关系吗？相互对象性的社会观，能生成人与人之间的对等关系吗？

一、论题的提出

在大众常识中，学生是教师教育的对象，学校教育就是教师对学生的教育。而现行教育理论，对人们的教育常识，也没有多少改造或超越。《当代教育学》中写道："教育是培养人的一种社会活动，是传承社会文化、传递生产经验和社会生活经验的基本途径。学校教育则是教育者根据一定社会的要求，有目的、有计划、有组织地对受教育者的身心施加影响，期望他们发生某种变化的活动。"① 在本书第五章的"学生的本质属性"部分，还分明地写道"学生是教育

---

① 袁振国. 当代教育学［M］. 北京：教育科学出版社，2010：4.

的对象"（见本书第80—90页）。在现行教育理论的这种理解中，教育，就是所谓的培养者对被培养者的培养活动，而学校教育则是教育者对受教育者的影响活动：这种一方以另一方为活动对象的观点，就是简单对象性的社会观。针对简单对象性社会观视野中的教育，我们提出了相互对象性社会观视野中的对应教育。

二、对简单对象性社会观视野中的教育的遮蔽性分析

在简单对象性社会观视野中，现行教育理论认为，学生是教师教育的对象，而学校教育就是教师对学生的影响活动。通过现行教育理论的这种理解，我们不难发现，现行教育理论，从教师对学生的影响指向，切到对学校教育活动的把握，它能够把握到哪些方面的内容呢？这主要包含如下基本方面：

一是，从师生双方的地位看，现行教育理论，能够把握到教师的优越性与学生的不足性。在上面提到的那本教材中，关于教师与学生双方，这样写道："在知识上，教师是知之较多者，学生是知之较少者；在智力上，教师是较发达者，学生是较不发达者；在社会生活经验上，教师是较丰富者，学生是欠丰富者。教师对于学生有明显的优势。"[1] 这种理解，从知识、智力与社会生活经验三个维度上，对师生双方进行了比较，最终得到了教师具有优越性或学生具有不足性的结论。

二是，从师生双方的属性看，现行教育理论，能够把握到教师的主动性与学生的被动性。现行教育理论，常常以矛盾思维来对待教育或教学问题，在上面提到的那本教材中，关于师生关系，就这样写道："师生关系是教育活动中最基本的矛盾关系。"[2] 按照此种理解，既然师生关系属于矛盾关系，教师处于优越地位或者学生处于不足地位，那么，在师生矛盾中，教师就处于主要矛盾或矛盾的主要方面，而学生则处于次要矛盾或矛盾的次要方面。由此，教师就成为师生关系或师生矛盾的决定方面，而学生就成了被决定的方面。直白地说，这也就是教师只有主导性或主动性而学生则只有被动性。

三是，从师生双方的影响指向看，现行教育理论，能够把握到由教师指向学生的影响向度。还是在上面提到的那本教材中，这样写道："在教育活动中，教师处于教育或教学的主导地位，从教育内容的角度说，教师是传授者，学生

---

① 袁振国. 当代教育学［M］. 北京：教育科学出版社，2010：87.
② 袁振国. 当代教育学［M］. 北京：教育科学出版社，2010：84.

是接受者。"① 按照此种理解，既然教师是传授者，学生是接受者，那么，从教育内容的角度说，师生关系，也就是由教师指向学生的关系。

四是，从师生双方的影响结果看，现行教育理论，能够把握到教师对学生的影响。按照现行教育理论的理解，既然教师具有优越性而学生具有不足性，既然教师处于矛盾的主要方面而学生处于次要方面，既然教育影响的向度是由教师指向学生，那么，从师生双方的影响结果看，当然就是教师对学生的影响，也可以说是学生在教师主导下的变化或所谓的发展。

然而，现行教育理论，从教师对学生的影响指向，切到对学校教育活动的理解，在有所把握的同时，却又遗漏或遮蔽了哪些方面的内容呢？这也主要包含如下基本方面：

一是，从师生双方的地位看，现行教育理论，在把握到教师优越性与学生不足性的同时，却遗漏了教师的不足性与学生的优越性。既然现行教育理论，从知识、智力与社会生活经验三个维度上理解师生双方的地位，那么，下面我们也从这三个维度上做出基本的分析：从知识维度看，在教师所教学科或知识范围之内，当然可以说，教师知之较多而学生知之较少，但是，在教师所教学科或知识范围之外，教师则未必知之较多而学生也未必知之较少，如，一个对天文现象不感兴趣的教师，在天文知识方面，怎么可以跟一个爱好天文现象的学生相比呢？从智力维度看，在智力的理性或逻辑方面，当然可以说，教师是较发达者而学生是较不发达者，但是，在智力的想象或幻想方面，教师则因受到理性或逻辑的限制而未必就是较发达者，学生则因未受到理性或逻辑的限制而未必就是较不发达者。从社会生活经验维度看，在既有的社会生活经验方面，当然可以说教师是较丰富者而学生是不够丰富者，但是，面对未来新的生活，教师则因受到既有生活经验的限制而未必就是较丰富者，学生则因未受到既有生活经验的限制而未必就是不够丰富者。然而，现行教育理论，在知识、智力与社会生活经验三个维度上，都以教师某个方面的优越性去比较学生的不足性，然后又以某个方面的优越性与不足性，去以偏概全地泛指师生双方的整体关系。由此，便只能把握到片面的教师优越性与学生的不足性，却遗漏了教师的不足性与学生的优越性。

二是，从师生双方的属性看，现行教育理论，在把握到教师主动性与学生被动性的同时，却遗漏了教师的被动性与学生的主动性。即使从现行教育理论的矛盾思维来看，在师生双方的矛盾关系中，教师也并不必然处于主要矛盾或

---

① 袁振国. 当代教育学［M］. 北京：教育科学出版社，2010：87.

矛盾的主要方面，而学生也并不必然处于次要矛盾或矛盾的次要方面——这里的基本原因就是上面我们分析的师生双方分别具有各自的优越性与不足性。分析地看：在师生双方的矛盾关系中，当教师以优越性对应学生的不足性时，当然可以说，教师处于主要矛盾或矛盾的主要方面并发挥主导作用，但是，当教师以不足性对应学生的优越性时，就只能说，教师处于次要矛盾或矛盾的次要方面并需要保持被动性，或者说，学生处于主要矛盾或矛盾的主要方面并发挥主导作用。然而，现行教育理论，却以教师某个方面的主动性去比较学生的被动性，然后又以某个方面的主动性与被动性，去以偏概全地泛指师生双方的整体属性。由此，便只能把握到片面的教师主动性与学生的被动性，却遗漏了教师的被动性与学生的主动性。

三是，从师生双方的影响指向看，现行教育理论，在把握到由教师指向学生的向度的同时，却遗漏了由学生指向教师的向度。即使从现行教育理论的授受关系来看：师生双方因为各有自身的优越性与不足性，也各有自身的主动性与被动性，所以，师生双方的影响指向，就必然是相互对应的双向度的影响指向，或者说，师生之间的授受关系，就必然是相互对应的双向度的授受关系。然而，现行教育理论，却以教师指向学生的单一向度，去以偏概全地泛指师生双方之间的双向度，并因此而遗漏了由学生指向教师的影响向度。

四是，从师生双方的影响结果看，现行教育理论，在把握到教师对学生的影响的同时，却遗漏了学生对教师的影响。如同上面分析的那样，师生双方，分别都具有自身的优越性与不足性，分别都具有自身的主动性与被动性，也分别都具有指向对方的影响指向，所以，师生双方的影响结果，就必然是包含师生两个方面的影响结果。然而，现行教育理论，却以教师对学生的单方面影响结果，去以偏概全地泛指双方的影响结果，并因此而遗漏了学生对教师的影响结果。

三、对简单对象性社会观视野中的教育的对应改造

简单对象性社会观视野中的教育，既然存在片面性的偏差，那么，它就要受到对应的反思与改造。这首先就需要走出简单对象性社会观所包含的主观片面的抽象思维，而转向对人的社会行为或活动的事实的关注。从人与人之间的行为或活动的事实看，人对他人的任何行为或活动，都必然会引起他人的反应，并返回到人自身，这也就是人的社会行为或活动的自返属性。社会活动的自返性，决定了社会活动中的对象，是相互对应的存在，而不是单一的存在。直白地说，社会活动的对象，必然是具有相互对应性的对象，而不是具有单一性的

对象，这也就是我们以术语表达的相互对象性的社会观。而所谓简单对象性的社会观，不过是主观抽象思维中片面抽取的结果。在相互对象性社会观视野中，学校教育活动的对象，就既包括学生又包括教师；而不是现行教育理论所把握到的单方面的学生。这种相互对象性的师生观，对现行教育理论的片面性的偏差，又能够做出怎样的改造呢？这包括如下基本内容：

一是，从师生双方的地位看，师生双方，分别都具有自身的优越性与不足性，而不是现行教育理论所把握到的教师的优越性与学生的不足性。这种双方都具有优越性与不足性的地位观，决定了师生双方之间是对应的平等，即对等关系；而不是现行教育理论以教师优越性与学生不足性为基础的师生双方的不对等关系或教师优越于学生的等级性关系。

二是，从师生双方的属性看，师生双方，分别都具有自身的主动性与被动性，而不是现行教育理论所把握到的教师单方面的主动性与学生单方面的被动性。这种双方都具有主动性与被动性的属性观，决定了师生双方在发挥主动性时要保持被动性，或者说，师生双方要在保持被动性的前提下去发挥主动性。这既可以避免师生双方因缺少被动性限定所导致的任意性，又可以避免师生双方因缺少主动性的引导所导致的压抑性。

三是，从师生双方的影响指向看，师生双方，分别都具有指向对方的影响，而不是现行教育理论所把握到的教师指向学生的单向度影响。这种双方都具有指向对方的双向度观，决定了师生双方之间是相互对应的授受关系，而不是现行教育理论所把握到的教师指向学生的单向度授受关系。

四是，从师生双方的影响结果看，师生双方，分别都受到对方的影响而发生变化或发展，而不是现行教育理论所把握到的学生单方面的变化或发展。这种双方都发生变化或发展的认识，可以提醒师生双方，在关注自身变化或发展的同时，去关注对方的变化或发展，而不能像现行教育理论那样，仅仅关注学生在教师影响下的变化或发展。

四、本节小结

综上所述，现行教育理论，在简单对象性社会观视野中，在对师生双方的地位、属性、影响指向与影响结果这四个基本维度上，都存在片面抽象性的偏差。因此，我们做出了对应的反思与改造。由此，简单对象性的社会观，也就被推进到相互对象性的社会观。在关注相互对象性社会观的对应教育看来：师生双方，分别具有自身的优越性与不足性，分别具有自身的主动性与被动性，分别具有指向对方的影响指向。因此，也就必然受到对方的影响而发生对应的变化或发展。由此，以现行教育理论的教师优越性与学生不足性为基础的师生之间的等级性关系或不对等关系，也就被推进到以师生双方的优越性与不足性为基础的对等关系。

五、本节提示

在本节最后，需要做一点提示。由简单对象性社会观，到相互对象性社会观的转换，其过渡环节，就是走出主观片面的抽象思维，而转向对社会事实的关注。这也就是说，要由抽象思维，转换到事实思维。一旦从社会事实出发，就很容易发现，人对他人的任何行为或活动，都必然会引起他人的反应，而这种反应又必然会返回到人自身。人的社会行为或活动的自返性，决定了社会行为或活动的对象，都是相互对应的存在，这也就是我们所谈的相互对象性的社会观。而所谓简单对象性的社会观，不过是主观思维中片面抽取的结果。

附言：

1. 人的行为具有自返性，就此而论，一个人，要是不想伤害自身，那就不要去伤害别人。

2. 现行教育理论，仅仅知道学生是教育的对象，而不知道教师也是教育的对象——这清楚地表露出其理论品质的片面与偏执。

3. 如果不能说，不明白自己也是教育对象的教师属于无知，至少，可以肯定说属于不智。

4. 仅仅将学生视为教育的对象，这是包括教师在内的许多人的盲目，这直接导致了通往对应教育之路的严重的视障。

5. 简单对象性的学生观，必然衍生出等级性的师生观，这与人的主观心愿无关。

6. 只有相互对象性的师生观，才能够生成对等的师生关系，也才能为对等社会奠定可靠的教育基础。

第二节　关注个人需要与社会需要的对应教育

切问：

1. 社会需要，能够包含个人需要吗？个人需要，能够包含社会需要吗？社会需要与个人需要之间，是包含与被包含的关系吗？

2. 社会需要，重于个人需要吗？个人需要，重于社会需要吗？社会需要与个人需要之间，是轻重关系或主次关系吗？

3. 社会需要，高于个人需要吗？个人需要，高于社会需要吗？社会需要与个人需要之间，是高与低的等级性关系吗？

4. 社会需要与个人需要，是社会与个人双方，为自身生存与发展所必然提出的要求吗？它们之间是相互对应的平等，即对等关系吗？

5. 教育目的，能够仅仅以社会需要为根据吗？社会需要只有合理性而没有不合理性吗？认为社会需要合理性与不合理性的根据在哪里？

6. 教育目的，还能够以个人需要为根据吗？个人需要只有不合理性而没有合理性吗？离开个人需要的合理性，社会需要的合理性又来源于何方？

一、论题的提出

现行教育理论，对教育目的的理解，集中表现在关于教育目的的概念之中。关于教育目的的概念，在《教育学》中写道："教育目的是把受教育者培养成为一定社会所需要的人的总要求，是学校教育所要培养的人的质量规格。它是根据一定社会的政治、经济和文化科学技术发展的要求和受教育者身心发展规律提出来的，反映了一定社会对受教育者的要求。"① 为了明确教育目的中的社会需要的含义，该书接下来又写道："必须指出，肯定并强调教育目的的社会制约性，并不意味着在提出教育目的时无须考虑受教育者的身心特点。"那么，怎样考虑社会与受教育者双方的关系呢？该书接下来进一步写道："教育目的所规定的受教育者所要形成的素质结构，是社会规定性在受教育者个体身上的体现，它不只是表明社会规定性，而且包含着个体的心理和生理发展，是这两个方面的统一。"（见上书第 88 页）不难发现，现行教育理论对教育目的的这种理解，就是要把受教育者培养成社会所需要的人。按照现行教育理论的理解：这里的社会需要，并不意味着"无需考虑"受教育者的个人需要；而是"统一"受教育者的个人需要。由此，具有统一性的社会需要，也就成为确立教育目的的根据。针对现行以具有统一性的社会需要为目的的简单教育，我们提出了以对应的个人需要与社会需要为目的的教育。

二、对现行以具有统一性的社会需要为目的的简单教育的遮蔽性分析

现行教育理论，从社会需要的统一性，切到对教育目的的理解，能够把握

---

① 王道俊，郭文安. 教育学［M］. 北京：人民教育出版社，2009：83.

到哪些内容呢？这主要表现在三个方面：一是，从需要的存在维度看，现行教育理论，能够把握到教育目的中具有统一性或一致性的个人需要：这其实也就是社会需要。我们知道，没有抽象的社会需要，而实然状态存在的社会需要，不过是具有共同性或一致性的个人需要的概括或归纳。从事实看，处于社会生活中的个人，当然会具有共同性或一致性的需要。由此，可以肯定，现行教育理论的教育目的观，具有存在维度上的可靠性。二是，从需要的价值或评价维度看，现行教育理论，能够把握到教育目的中具有统一性或一致性的社会需要的合理性与个人需要的不合理性。从事实看，社会需要当然会具有合理性的方面，而个人需要也当然具有不合理性的方面。就此而论，现行教育理论的教育目的观，具有价值或评价维度上的依据。三是，从需要的变化维度看，现行教育理论，能够把握到教育目的中的社会需要对个人需要的"统一"或改造，用上面引文中的话表达，也就是"一定社会对受教育者的要求"。因为社会需要具有合理性的方面，而个人需要具有不合理性的方面，所以，社会需要也就能够去改造个人需要。就此而论，现行教育理论的教育目的观，具有运动变化维度上的根据。归纳地看，现行教育理论，从社会需要的统一性，切到对教育目的的理解，能够把握到的内容，即要以合理的社会需要，去统一或改造不合理的个人需要。不难理解，这其实也就是以社会为目的，而以受教育者为对象的简单对象性社会观，在理解教育目的上的具体表现。

然而，现行教育理论，从社会需要的统一性，切到对教育目的的理解，却又遗漏或遮蔽了哪些内容呢？这也主要表现在三个方面：一是，从需要的存在维度看，现行教育理论，在把握到具有同一性的社会需要的同时，却遗漏了对应的具有差异性的个人需要。从社会活动的事实看，个人需要之间存在具体的差异性，或者说，实然状态的个人需要都是不同的；而社会需要则是对具有差异性的个人需要的抽象或概括。从思维运行看，现行教育理论，在从具有差异性的个人需要中抽取出具有同一性的社会需要之后，却以社会需要代替了社会与个人对应的需要，由此，便导致了对个人需要的掩盖或遗漏。二是，从需要的价值或评价维度看，现行教育理论，在把握到社会需要合理性与个人需要不合理性的同时，却遗漏了对应的社会需要的不合理性与个人需要的合理性。从社会活动的事实看，社会需要具有不合理性，这正如社会需要具有合理性一样，属于正常的对应状态；而单一的社会需要的合理性，不过是简单主观思维中的片面抽象。同样地，个人需要具有合理性，这正如个人需要具有不合理性一样，也属于正常的对应状态；而单一的个人需要的不合理性，也不过是简单主观思维中的片面抽象。然而，现行教育理论，却在其主观抽象思维中片面地抽取出社会需要的合理性与个人需要的不合理性并以此代替对双方需要的对应评价，由此，便掩盖或遗漏了社会需要的不合理性与个人需要的合理性。三是，从需要的变化维度看，现行教育理论，在把握到社会需要对个人需要的改造的同时，却遗漏了对应的个人需要对社会需要的改造。因为社会需要与个人需要双方都既有合理性，又有不合理性，所以，双方之间，就必然是对应的或相互的改造。然而，现行教育理论，却在其主观抽象思维中片面地抽取出社会需要对个人需要的改造并以此代替双方需要的对应的变化。由此，便掩盖或遗漏了个人需要对社会需要的对应的改造。归纳地看，现行教育理论，从社会需要的统一性，切到对教育目的的理解，在把握到合理的社会需要对不合理的个人需要的改造的同时，却遗漏了合理的个人需要对不合理的社会需要的对应改造。也不难理解，这其实也就是以社会为目的，而以受教育者为对象的简单对象性社会观，在理解教育目上的基本把握与遗漏。

三、对现行以具有统一性的社会需要为目的的简单教育的对应改造

现行教育理论，在理解教育目的上的片面性偏差，既然是由其背后的简单对象性社会观所导致的，那么，要改造这些片面性偏差，就必须首先改造简单对象性的社会观。在本章的第一节，我们谈到，在社会活动中，人对他人的任何行为或活动，都必然会引起他人的反应并反过来影响到自身。人的行为或活动的这种自返性，决定了社会活动的对象是对应存在的；这也就是我们表达的相互对象性的社会观。在相互对象性社会观视野中，我们能够对现行的教育目的观，做出如下基本改造：

一是，从需要的存在维度看，教育目的，既包括社会需要，又包括对应的个人需要；而不是现行教育目的观所把握到的单一的社会需要。在这里，需要弄明白社会需要与个人需要二者之间的对应关系，这涉及两种意义上的基本内容：

从否定性或消极性意义上看：①社会需要与个人需要不是包含关系，或者说，社会需要不能包含个人需要，当然，个人需要也不能包含社会需要；②社会需要与个人需要也不是主要与次要关系，或者说，不能以社会需要为主而以个人需要为次，当然，也不能以个人需要为主而以社会需要为次；③社会需要与个人需要更不是等级性关系，或者说，社会需要并不高于个人需要，当然，个人需要也并不高于社会需要。

从肯定性或积极性意义上看：①社会需要与个人需要是两种不同的需要，是社会与个人双方为自身生存与发展而必然提出的不同的要求，它们之间是相

互对应的平等，即对等的关系；②社会需要与个人需要是对应存在与对应变化的，离开其中任何一方，另一方也就不复存在。

二是，从需要的价值或评价维度看，教育目的中的社会需要与个人需要，分别都具有自身的合理性与不足性；而不是现行教育目的观所把握到的单一的社会需要的合理性与个人需要的不合理性。在这里，需要弄明白两种需要合理性与不合理性二者之间的对应关系，这涉及两种意义上的基本内容：

从否定性或消极性意义上看：①社会需要与个人需要的合理性与不合理性，都不可能是孤立的或单独的存在；②现行教育理论所把握到的社会需要单一的合理性与个人需要单一的不合理性，都只能是主观抽象思维中片面抽取的后果。

从肯定性或积极性意义上看：社会需要与个人需要的合理性与不合理性，是具有内在对应性的存在。直白地说，不管是社会需要还是个人需要，它们的合理性存在的条件，就是不合理性，或者说，它们不合理性存在的条件，就是合理性，所以离开其中的任何一方，另一方也就不复存在。

三是，从需要的变化维度看，教育目的中的社会需要与个人需要，是相互对应的变化或转化的；而不是现行教育理论所把握到的单方面的社会需要对个人需要的改造或转化。在这里，需要弄明白社会需要与个人需要的对应变化或转化，这涉及两种情况：第一种情况是，社会需要与个人需要的顺对应变化或转化，这也就是双方各以自身的合理性去改造对方的不合理性。对这种顺对应关系的关注，包括如下两个方面：①关注合理的社会需要对不合理的个人需要影响或改造。关于这一方面，现行教育理论已经多有展述，所以，此不赘述。②关注合理的个人需要对不合理的社会需要的影响或改造。关于这一方面，因为现行教育理论多有疏忽或轻视，所以，本文特别给予关注。这种特别关注，首先是指，要承认或接受合理的个人需要与不合理的社会需要的存在。从本文上面的简单分析，我们就能看到，个人需要与社会需要，都分别具有自身的合理性与不合理性，那么，双方之间，就必然会产生具有合理性的一方对不合理性一方的改造——其中，既有合理的社会需要对不合理的个人需要的改造，也有合理的个人需要对不合理的社会需要的改造。在承认或接受合理的个人需要与不合理的社会需要的存在之后，就可以根据个人的合理需要去改造或调整社会的不合理需要了。

社会需要与个人需要的对应变化或转化的第二种情况是，社会需要与个人需要的逆对应变化或转化，这也就是双方之间客观存在的不一致性或排斥性关系所带来的变化或转化。对这种逆对应关系的关注，包括如下两个方面：一方面的关注是，要承认或接受社会需要与个人需要之间的不一致性或排斥性。从事实看，社会需要与个人需要之间，既然是两种不同的需要，那么，就必然会产生不一致性或排斥性。这正如两种需要之间的一致性或共同性一样，是两种需要客观存在的基本状态。另一方面的关注是，社会需要与个人需要的不一致性或排斥性，不仅具有消极作用，而且具有积极价值。从社会活动的事实看，正是社会需要与个人需要之间的不一致性，才能推动人们去探究两种需要不一致性的根源或原因，并据此调整或改变两种需要以便生成包括社会与个人双方在内的共同的新需要，而面对社会需要与个人需要的不一致性或排斥性，人们就不能简单地以社会需要去排斥个人需要，当然，也不能以个人需要去排斥社会需要。因为现行教育理论偏重于社会需要而偏轻于个人需要；所以，我们强调，不能以社会需要去简单地排斥或消解个人需要。

四、本节小结

综合上文，我们看到，现行教育理论，在简单对象性社会观视野中对教育目的所做的理解，虽然能够把握到单一的合理社会需要对不合理个人需要的改造或调整，但是，却遗漏或遮蔽了对应的合理个人需要对不合理社会需要的改造或调整。因此，我们在相互对象性社会观视野中对它做出了对应的改造。我们认为：第一，社会需要与个人需要，是两种不同的需要。它们之间，不是现行教育理论所把握到的包含与被包含的关系，也不是主要与次要的关系，更不是等级性关系，而是对应关系或并列关系。第二，社会需要与个人需要，各有自身的合理性与不合理性，而不是现行教育理论所把握到的单方面的社会需要具有合理性而个人需要具有不合理性。第三，因此，社会需要与个人需要双方，是相互对应存在与对应改造的关系，而不是现行教育理论所把握到的单方面的社会需要对个人需要的改造关系。总之，在我们看来，教育目的，就是教师与学生双方，以个人需要与社会需要的对应存在与对应改造为基础，对学校教育活动结果的预设或预期，而不是现行教育理论所把握到的片面的"把受教育者培养成为一定社会所需要的人的总要求"。

五、本节提示

在本节的最后，需要做一点提示。我们之所以对现行教育理论中的教育目的做出反思与改造，绝不单单是要改造现行教育理论本身的片面或不足，而是要进一步反思与改造现行教育理论背后的简单对象性社会观，以便转换到相互对象性的社会观。我们坚信，只有在相互对象性社会观基础上，才能建立起以个人需要与社会需要的对应为前提的对应教育的地基，也才能为对等社会涵养出具有对应素质的丰富的人。

附言：

1. 社会需要与个人需要，虽有交叉，但不是包含；一旦包含，便会有被对方消解的危险。

2. 关于社会需要高于个人需要的说辞，不过是上千年等级性社会在某些人的深层心理上的遗迹。

3. 个人需要与社会需要的平行、并列或对等关系，是构建个人与社会对等关系的认识论前提。

4. 社会需要的合理性，只能以个人需要为根据；离开了个人需要的合理性，社会需要的合理性，就只能是片面抽象思维中的空虚。

5. 只有个人需要与社会需要的差异或张力，才能保持个人与社会双方的灵动的生机与活力。

6. 只有以个人需要与社会需要的对应为基础的教育，才可能涵养出人的对等素质。

第三节　关注个人经验与他人经验的对应教育

切问：

1. 现行教育理论认为，学生的学习要以他人经验或间接经验为主，这可以被认为是对个人直接经验的随意贬低吗？

2. 在具体的教育或教学过程中，间接经验只有优越性，而没有不足性吗？间接经验不足性的基本表现是什么？

3. 在具体的教育或教学过程中，直接经验只有优越性，而没有不足性吗？直接经验不足性的基本表现是什么？

4. 间接经验与直接经验之间，是包含与被包含的关系吗？是主要与次要的关系吗？是等级性的关系吗？还是并列的对应关系？

5. 间接经验与直接经验之间只有一致性关系，而没有不一致性关系吗？间接经验与直接经验之间的不一致性关系，能够带来对两种经验的对应改造吗？

6. 在直接经验的具体性与间接经验的抽象性之间，存在相互转化的中介环节吗？关注直接经验与间接经验的对应教育或教学，需要关注这一中介环节吗？

一、论题的提出

现行教育理论，对教育或教学内容的理解，是围绕他人经验或间接经验与个人经验或直接经验而展开的。关于两种经验的关系，在《教育学》中写道："学生认识的主要任务是学习间接经验""学习间接经验必须以学生个人的直接经验为基础。"① 按照现行教育理论的理解，教育或教学的内容，就是学生以直接经验为基础去学习的间接经验。分析地说，教育或教学的内容，就是他人的间接经验；而学生自己的直接经验，则是学习间接经验的手段或工具。针对现行教育理论的这种简单内容观及其教育或教学，我们提出了直接经验与间接经验对应的内容观及其教育或教学。

二、对现行简单内容观及其教育或教学的遮蔽性分析

现行教育理论，从间接经验与直接经验的关系，切到对教育或教学内容的理解，能够把握到哪些内容呢？这主要表现在四个方面：一是，能够把握到学校教育或教学活动中间接经验的优越性。用上面引用的那本教材中的话说，也就是"它把人类世世代代积累起来的科学文化知识加以选择，使之简约化、洁净化、系统化、心理化、组成课程与教材，然后转化为动态的教学活动，引导学生循序渐进地学习"②。二是，能够把握到学校教育或教学活动中学生直接经验的优越性。用上面引用的那本教材的话说，也就是对于学生学习间接经验的基础性作用，或者说，也就是对于学生学习间接经验的工具性作用。三是，能够把握到学生在教师引导下学习间接经验的直接性过程。这也就是学生在教师引导下以自身的直接经验去直接掌握间接经验。直白地说，也就是能够把握到直接经验与间接经验的一致性关系或顺对应关系。四是，能够把握到学生在间接经验影响下的变化或发展。这也就是学生在教师引导与间接经验影响下的变化或发展。直白地说，也就是学生在教师引导下，在直接经验与间接经验的一致性对应关系或顺对应关系下的变化或发展。概括地看，现行教育理论，从间接经验与直接经验的关系，切到对教育或教学内容的理解，能够把握到的内容，即在教师引导下，具有优越性的间接经验与直接经验对于学生的影响或塑造。不难发现，这当然是以社会为目的而以学生为对象的简单对象性社会观，在理解学校教育或教学内容上的具体表现。

---

① 王道俊，郭文安. 教育学 ［M］. 北京：人民教育出版社，2009：200-201.
② 王道俊，郭文安. 教育学 ［M］. 北京：人民教育出版社，2009：200.

　　然而，现行教育理论，从间接经验与直接经验的关系，切到对教育或教学内容的理解，在有所把握的同时；却又遗漏或遮蔽了哪些方面呢？这也主要表现在四个方面：

　　一是，在把握到间接经验优越性的同时，却遗漏了与优越性相对应的间接经验的不足性。我们当然承认间接经验如上面引文中所说的"简约化、洁净化、系统化、心理化"各方面的优越性，但是，我们也承认间接经验在教育或教学过程中的不足性。这种不足性的最基本的表现，就是以文字、数字或其他符号所表达的间接经验的抽象性与外在性。学生要学习或掌握这些外在的间接经验，首先就需要将这些由抽象符号所表达的内容，转换为学生能够理解的具体感受。从学校教育或教学的实际看，不少学生的学习困难或障碍，就是因为间接经验的抽象性符号，难以转换为学生具体的生命感受所造成的。而现行教育理论，却在其主观抽象思维中，片面地抽取出间接经验本身的优越性，而遗漏了间接经验在教育或教学过程中的不足性。这种遗漏，很容易导致师生双方对轻视或忽视教育或教学过程中间接经验的不足性，进而导致教学的困难。

　　二是，在把握到直接经验优越性的同时，却遗漏了与优越性相对应的直接经验的不足性。我们当然承认直接经验如上面引文中所说的对学生学习间接经验的基础性价值或优越性，但是，我们也承认直接经验在教育或教学过程中的不足性。这种不足性最基本的表现，就是学生直接经验的具体性或形象性难以转换为文字、数字或其他符号所表达的概括性或抽象性。学生要更好地利用自身的直接经验，首先就需要将自己的具体或形象的直接经验，转换为由文字、数字或其他符号所表达的概括性或抽象性的内容。从学校教育或教学的实际看，不少学生的学习困难或障碍，就是因为缺少这种由具体到抽象的转换。然而，现行教育理论，却在其主观抽象思维中，片面地抽取出直接经验本身的优越性，而遗漏了直接经验在教育或教学过程中的不足性。这种遗漏，很容易导致师生双方轻视或忽视教育或教学过程中直接经验的不足性，进而导致教学的困难。

　　三是，在把握到直接经验与间接经验的一致性关系或顺对应关系的同时，却遗漏了两种经验的不一致性关系或逆对应关系。我们当然承认如现行教育理论所把握到的学生直接经验与间接经验的一致性关系或顺对应关系，但是，我们也承认现行教育理论没有把握到的两种经验的不一致性关系或逆对应关系。这种不一致性关系或逆对应关系最基本的表现，就是学生直接经验的具体性或形象性与他人间接经验的抽象性或概括性之间的差异性。学生要学习他人间接经验，就必须将这种间接经验与自身直接经验做出对应的参照或比较，以便实现两者之间的对应转换。然而，现行教育理论，却在其主观抽象思维中，片面地抽取出两种经验的一致性关系或顺对应关系，而遗漏了不一致性关系或逆对应关系。这种遗漏，很容易导致师生双方的忽视或轻视教育或教学过程中两种经验的不一致性关系或逆对应关系，进而导致教学的线性关系或简单性关系。

四是，在把握到学生在教师引导下，在学生直接经验与间接经验顺对应关系影响下的变化或发展的同时，却遗漏了教师一方，在直接经验与间接经验的对应影响下的变化或发展。我们当然承认学生一方，在教师引导下，在学生直接经验与间接经验顺对应影响下的变化或发展，但是，我们也承认教师一方，在双方直接经验与间接经验的对应关系中的变化或发展。从教育或教育过程的师生看，教师以教育或教学内容为中介对学生的任何教育或影响，都必然会反过来对教师发生影响或教育。这也就是师生双方以教育或教学内容为中介的对应影响或教育。然而，现行教育理论，却在其主观抽象思维中，片面地抽取出学生在两种经验简单关系影响下的变化或发展，而遗漏了教师在两种经验的对应关系影响下的变化或发展。这种遗漏，直接导致了现行教育理论只有学生一方的简单变化或发展观，进而导致了对围绕教育或教学内容的教师一方变化或发展的忽视甚至排斥。

概括地看，现行教育理论，从间接经验与直接经验的关系，切到对教育或教学内容的理解，在把握到具有优越性的间接经验与直接经验对于学生的影响或塑造的同时，却遗漏了对应的既有优越性又有不足性的两种经验对师生双方的影响或塑造。不难发现，这当然还是以社会为目的、以学生为对象的简单对象性社会观，在理解学校教育或教学内容上的具体表现。

三、对现行简单内容观及其教育或教学的对应改造

现行简单教育或教学内容观的片面性偏差，既然是由于其背后的简单对象性社会观造成的，那么，要改造这些偏差，首先就必须改造其背后的简单对象性社会观。从社会活动的事实看，个人对他人的行为或活动，都必然会引起他人的反应并反过来对个人发生影响，个人行为或活动的自返性决定了：社会活动中的对象，都是相互存在并相互影响的——相互对象性的社会观。在相互对象性社会观视野中，我们对现行简单教育或教学的内容观，能够做出如下基本改造：

一是，进入教育或教学过程中的间接经验与直接经验，是两种对应的经验，它们分别是为解决个人生活与他人或社会生活中的问题而产生的经验。因此，两种经验之间，就不是包含与被包含的关系，也不是主要与次要的关系，更不是高与低的等级性关系，而是彼此并列或相互对应的关系，所以，上面引文中

的所谓"学生认识的主要任务是学习间接经验"的观点，就是主观随意地拔高间接经验而贬低直接经验的不对等的观点。

二是，进入教育或教学过程中的间接经验与直接经验，分别都既有优越性，又有不足性，而不是现行简单教育或教学内容观所把握到的单一的优越性。分析地说，间接经验的优越性，最基本的表现，就是由文字、数字或其他符号所表达的既有知识的概括性或抽象性；而其不足性，最基本的表现，就是这些具有概括性或抽象性的知识，是外在于学生的知识。直接经验的优越性，最基本的表现，就是其具体性或形象性；而其不足性，最基本的表现，就是这些具体形象的感受，难以转换为概括性或抽象性的符号。因此，在教育或教学过程中，就需要走出上面引文中的所谓"学习间接经验必须以学生个人的直接经验为基础"的泛泛之论，而转换到对具体与抽象的对应关注上来。如何关注具体与抽象的对应关系呢？这涉及两方面的内容：第一，关注抽象的获得过程。所谓抽象获得的过程，就是抽去具体存在的差异性而保留同一性或共同性的过程；第二，关注抽象的还原过程。所谓抽象还原过程，也就是在抽象同一性基础上，添加具体存在的差异性的过程。在对应教育的视野中，我们认为，只有弄明白具体与抽象之间的对应转换关系，才可能建构出直接经验与间接经验之间的对应影响关系，如果不明白具体与抽象之间的对应转换关系，就难以建构两种经验之间的对应影响关系。

三是，进入教育或教学过程中的间接经验与直接经验，既有一致性关系或顺对应关系，又有不一致性关系或逆对应关系，而不是现行简单教育或教学内容观所把握到的单一的一致性关系或顺对应关系。因此，在教育或教学过程中，就需要走出以两种经验一致性关系为前提的简单线性关系，而转换到对两种经验的对应关系的关注上来。如何关注两种经验之间的不一致性关系呢？这涉及两方面的内容：第一，关注间接经验对直接经验的改造或修正，这是指合理或正确的间接经验对不合理或错误的直接经验的改造；第二，关注直接经验对间接经验的改造或修正，这是指合理或正确的直接经验对不合理或错误的间接经验的改造。在对应教育的视野中，我们认为，如果像现行简单教育或教学内容观那样，仅仅把握到两种经验的一致性关系，那么，教师对学生的教育或教学，也就只能做到对既有间接经验的单方面的传承或接受。而建立的两种经验的对应关系（即一致性关系与不一致性关系）基础上的对应教育或教学，则既能做到对两种经验的补充，又能做到对两种经验的创新或转化。

四是，进入教育或教学过程中的间接经验与直接经验，既能带来对学生的影响或塑造，又能带来对教师的影响或塑造，当然还能带来对两种经验的影响或改造，而不是现行简单教育或教学内容观所把握到地对学生单方面的影响或塑造。从教育或教学活动的事实看，围绕间接经验与直接经验的教育或教学，能够带来三方面的变化或发展。第一方面，学生的变化或发展。这是现行教育或教学理论能够把握到的方面，所以，不再赘述。第二方面，教师的变化或发展。这是现行教育或教学理论没能把握到的方面，所以，需要给予特别的关注。这种特别关注的根据，就是教师教育或教学活动的自返属性，这种内在属性决定了教师在影响或塑造学生的同时，必然会受到学生的影响或塑造。第三方面，教育或教学内容的变化或发展。这也是现行教育或教学理论没能把握到的方面，所以，也需要特别的关注。这种关注的重点就是：围绕两种经验的对应教育或对应教学，不仅能够补充两种经验，而且能够改造两种经验。由此，才可能实现对应教育或教学的继承与创新的对应功能。

四、本节小结

综合上文，我们看到，现行教育理论，在简单对象性社会观视野中对教育或教学内容所做的理解，虽然能够把握到具有优越性的间接经验与直接经验对于学生的影响或塑造，但是，却遗漏了对应的既有优越性又有不足性的两种经验对师生双方的影响。因此，我们在相互对象性社会观视野中对它做出了对应的改造。我们认为：间接经验与直接经验，是两种相互对应的经验。这两种经验，分别都既有优越性，又有不足性；既有一致性，又有不一致性。因此，两种经验相互影响、相互改造并带来师生双方的变化或发展。

五、本节提示

在本节的最后，需要做一点提示。鉴于现行教育理论，对教育或教学内容所做的片面性理解，我们强调，要关注在教育或教学过程中师生双方对间接经验与直接经验的对应改造或修正。具体地看，现行教育理论，对教育或教学内容所做的片面性理解，表现为两个基本点：一是，间接经验与直接经验具有一致性关系；二是，教育或教学的任务，也就是以学生的直接经验去掌握间接经验。不难理解，如此理解的教育或教学，在最好的情况下，也只能做到对既有间接经验的传承或接受，而不可能做到对既有间接经验的改造或发展。因此，我们的对应改造或修正，也表现为两个基本点：一是，间接经验与直接经验具有对应的一致性与不一致性关系；二是，教育或教学的任务，也就是将师生双方的直接经验与既有的间接经验做出对应的补充或改造。也不难理解，如此理解的教育或教学，才可能做到对两种经验的继承与发展。

附言：

1. 现行简单教育或教学理论，所谓学生的学习要以间接经验为主的说辞，只不过是对间接经验的随意拔高，也是对直接经验的随意贬低。

2. 教师与学生双方都需要明白，在具体的教育或教学过程中，间接经验具有外在于直接经验的静态的不足性。

3. 对间接经验的学习与对直接经验的学习，是学习的两种基本对应形式。遗憾的是，现行简单教育或教学理论，却把握不到向直接经验的学习。

4. 常言所谓"吃一堑，长一智"，说的就是向直接经验的学习，然而，不少人却是"吃一堑，不长一智"，由此看来，向直接经验的学习，也确实存在需要探索的学习机理。

5. 正是间接经验与直接经验各自的优越性与不足性，才确证了两种经验之间，不是主次关系，而是对等关系。

6. 正是间接经验与直接经验的一致性关系与不一致性关系，才生成了两种经验之间相互补充与相互改造的永进的动力。

第四节 关注个人情感与社会情感的对应教育

切问：

1. 现行学校情感教育理论，为什么总是主张要严格约束自己的个人情感呢？个人情感，对于社会生活仅仅具有消极作用而没有积极作用吗？

2. 教师的职业倦怠，像爱岗敬业一样，也属于教师的社会情感吗？学生的厌学，像好学一样，也属于学生的社会情感吗？人的社会情感，都是对应的存在吗？

3. 个人的欢乐感与苦痛感、安全感与危险感、成功感与挫折感等，都是对应的存在吗？

4. 不管是个人情感，还是社会情感；都仅仅具有积极功能而没有消极功能吗？现行学校情感教育理论，为什么仅仅主张以完美的社会情感去改造不完美的个人情感呢？

5. 如果个人情感与社会情感都是对应的存在，如果这两种情感都具有积极功能与消极功能，那么，学校情感教育的基本过程或原则，就是要关注它们之间的对应影响或对应改造吗？

6. 情感教育的基本目的或追求，是要涵养人的单一完美情感，还是要涵养包括完美与不完美在内的对应的情感？

一、论题的提出

现行学校教育理论，关于人的情感教育，涉及如下三个维度上的考察：

一是，情感教育的基本内容。这具体表现在教师与学生两个方面：从教师方面看，那就是教师职业道德中所规定的，如爱岗敬业、热爱学生、严以律己等的规范。①从教师与他人的关系看，这类规范，规定了教师要热爱他人的社会情感；②从教师与自己的关系看，这类规范，规定了教师要严格约束自己的个人情感。从学生方面看，那就是学生守则中所规定的，如尊敬师长、热爱集体、严格要求自己等的规范。①从学生与他人的关系看，这类规范，规定了学生要热爱他人的社会情感；②从学生与自己的关系看，这类规范，规定了学生要严格约束自己的个人情感。

二是，情感教育的基本过程或原则。那就是在教育或教学过程中，教师主动影响或陶冶学生情感的过程，套用现行教育理论的话说，那就是"以情育情"的过程。从联系情感教育的内容看，那也就是教师要以崇高或高尚或完美的社会情感，去感染或感动或感化学生个人情感的过程。

三是，情感教育的基本目标或追求。那就是在教育或教学过程中，教师去改造学生的个人情感，以便使学生形成教师所代表或传递的崇高或高尚或完美的社会情感。概而言之，现行学校教育理论，关于人的情感教育的基本理解，即教师以完美的社会情感去感化学生，以求学生形成完美社会情感的过程，当然，这也就是现行学校教育理论关于完美社会情感的教育。针对这种关于完美社会情感的简单教育，我们提出了关注个人情感与社会情感的对应教育。

二、对关于完美社会情感的简单教育的遮蔽性分析

现行教育理论，从完美的社会情感，切到对人的情感教育的理解，能够把握到哪些方面的内容呢？这主要表现在三个方面：一是，从情感教育的内容看，现行情感教育理论，能够把握到完美的社会情感与需要克制的个人情感或不完美的个人情感；二是，从情感教育的过程或原则看，现行情感教育理论，能够把握到教师对学生的完美情感的感染或感动或感化的外在熏陶或陶冶作用；三是，从情感教育的目标或追求看，现行情感教育理论，能够把握到完美社会情感对学生不完美的个人情感的积极影响或塑造。概括地看，现行情感教育理论，从完美的社会情感，切到对人的情感教育的理解，能够把握到的基本内容，也

就是，教师以完美的社会情感去熏陶学生的个人情感，以便使学生形成完美的社会情感。不难理解，这种情感教育理论，是以社会为目的、以学生为对象的简单对象性社会观，在学校情感教育上的具体表现。

　　然而，现行教育理论，从完美的社会情感，切到对人的情感教育的理解，在有所把握的同时，却又遗漏或遮蔽了哪些方面的内容呢？这也主要表现在如下三个方面：

　　一是，从情感教育的内容看，现行情感教育理论，在把握到完美社会情感与不完美的个人情感的同时，却遗漏了对应的不完美的社会情感与完美的个人情感以及日常的社会情感与个人情感。从两种情感的差异性来看，个人情感指的是以个人需要为参照对社会生活的态度体验与行为反应，而社会情感是以社会需要为参照对社会生活的态度体验与行为反应。从两种情感的同一性来看，不管是个人情感，还是社会情感，都只能是对应区分中的存在。我们借鉴中国古典文化中的阴阳理论及其中介过渡，将人的包括情感在内的生命感受区分为阳性、阴性与中性三重基本内容，如从教师情感说：爱岗敬业，属于阳性生命感受；职业倦怠，属于阴性生命感受；而日常感受，属于中性生命感受，如从学生情感说，热爱学习，属于阳性生命感受；厌倦学习，属于阴性生命感受；而日常感受，属于中性生命感受。然而，现行情感教育理论，却无视人的情感存在的实然状态，只是在其主观抽象思维中，片面地抽取出属于阳性的完美社会情感与属于阴性的不完美个人情感，并以此泛指人的整个情感状态，由此，便遗漏了对应的不完美的社会情感与完美的个人情感以及日常的社会情感与个人情感。不难理解，如此理解的情感教育，只能导致人的情感内容的简单或肤浅，而难以涵养人的情感的丰富或深刻。

　　二是，从情感教育的过程或原则看，现行情感教育理论，在把握到教师以完美社会情感去熏陶或陶冶学生的外在作用的同时，却遗漏了学生个人情感的内在作用以及外在与内在的相互作用。从情感影响过程的事实看，教师对学生的任何外在情感影响，都必然会引起学生个人情感的内在反应。因为学生的个人情感是以个人需要为参照的，所以，就必然不同于教师施加的外在社会情感。由此，教师施加的外在社会情感影响与学生的内在个人情感影响之间，就必然会发生相互对应的影响关系。然而，现行情感教育理论，却无视人的情感影响过程的实然状态，只是在其主观抽象思维中，片面地抽取出教师对学生的外在影响，并以此泛指师生之间的情感影响，由此，便遗漏了学生个人情感的内在影响以及外在与内在的相互影响。不难理解，如此理解的情感教育，只能导致外在的所谓熏陶或陶冶，而难以引发或激发内在情感的回应。

三是，从情感教育的目标或追求看，现行情感教育理论，在把握到教师以完美社会情感对学生不完美个人情感的改造或塑造的同时，却遗漏了学生以完美个人情感对教师不完美社会情感的改造或塑造。从情感影响结果的事实看，教师对学生的任何情感影响的结果，都必然会反过来对教师自身产生影响。直白地说，人的情感影响的客观结果，都是双方的或彼此之间的影响，而不可能是单方面的影响。然而，现行情感教育理论，却无视人的情感影响结果的实然状态，只是在其主观抽象思维中，片面地抽取出教师以完美社会情感对学生不完美个人情感的改造或塑造，并以此泛指师生双方的情感影响结果，由此，便遗漏了学生以完美个人情感对教师不完美社会情感的改造或塑造。不难理解，如此理解的情感教育，只能导致教师对学生单方面的所谓完美社会情感的影响，而难以生成师生双方包括完美与不完美在内的丰富而深刻的情感影响。

概括地看，现行教育理论，从完美的社会情感，切到对人的情感教育的理解，在把握到教师以完美的社会情感对学生不完美的个人情感影响或改造的同时，却遗漏了学生以完美的个人情感对教师不完美的社会情感的影响或改造。不难发现，这还是以社会为目的而以学生为对象的简单对象性社会观，在学校情感教育上的具体表现。

三、对关于完美社会情感的简单教育的对应改造

现行教育理论，在学校情感教育上的片面性偏差，既然是由其背后的简单对象性社会观所造成的，那么，要改造这些偏差，就必须首先改造其背后的简单对象性的社会观。从人的情感活动的事实看，个人对他人的任何情感活动，都必然会引起他人的情感反应，并返回来对个人情感产生影响。人的情感活动的自返性，决定了情感影响对象的相互性，直白地说，情感活动的对象，都不是简单的对象，而是相互的对象，这也就是相互对象性的社会观。在相互对象性社会观视野中，我们对现行情感教育理论，能够做出如下基本改造：

一是，从情感教育的内容看，学校情感教育，既包含完美的社会情感与不完美的个人情感，又包含不完美的社会情感与完美的个人情感以及日常的社会情感与个人情感，而不是现行情感教育理论所把握到的单一的完美社会情感与不完美的个人情感。分析地看，这涉及两层内容。第一层内容是：人的情感，既包含以个人需要为基础而产生的个人情感，又包含以社会需要为基础而产生的社会情感。第二层内容是：不管是个人情感，还是社会情感，都具有对应的阳性、阴性与中性这三重生命感受，如从教师方面看，以自己需要为基础而产生的对学生的喜欢、不喜欢或日常感受这三重生命感受，都属于教师的个人情

感；而以社会需要为基础而产生的对教育工作的热爱、倦怠或日常感受这三重生命感受，都属于教师的社会情感，如从学生方面看，以自己需要为基础而产生的对教师的喜欢、不喜欢或日常感受这三重生命感受，都属于学生的个人情感，而以社会需要为基础而产生的对学习的喜好、厌学或日常感受，都属于学生的社会情感。因此，学校情感教育的内容，就不能像现行情感教育理论那样，仅仅关注单一的完美社会情感与不完美的个人情感，而要关注相互对应的个人情感与社会情感的三重生命感受。

二是，从情感教育的过程或原则看，学校情感教育，既要关注个人情感与社会情感所包含的三重生命感受之间的一致性或顺对应关系，又要关注三重生命感受之间的不一致性或逆对应关系，而不能像现行情感教育理论那样，仅仅关注完美的社会情感对不完美的个人情感的改造关系。分析地看，这涉及如下三方面的对应连结：

第一方面是，关注个人情感所包含的三重生命感受的对应连结，这涉及两层基本内容：第一层是，关注三重生命感受的对应存在与转化。从教师方面看，那就是要关注如喜欢学生、不喜欢学生与对学生的日常感受这三重生命感受之间的对应存在与转化；从学生方面看，那就是要关注如喜欢教师、不喜欢教师与对教师的日常感受这三重生命感受之间的对应存在与转化。第二层是，关注三重生命感受各自的积极与消极功能并做出具体的边界定位，如教师喜欢学生，可能带来对学生学习的推动，也可能带来对学生的放纵；教师不喜欢学生，可能造成对学生的刻薄，也可能造成对学生的反省；而教师对学生的日常感受，可能使教师逐渐培养出对学生的关怀，也可能逐渐生成对教师职业的倦怠。因此，教师就需要对自己的个人情感，做出具体的边界定位，以免教师的三重生命感受因缺少边界限定而滑入个人情感泛化的偏执状态，如学生喜欢教师，可能带来对教师教学的喜欢，也可能带来对教师教学的依赖；学生不喜欢教师，可能造成对教师的刻薄，也可能造成对教师的反省。而学生对教师的日常感受，可能使学生逐渐培养出对教师的好感，也可能逐渐生成对教师的厌烦。因此，学生就需要对自己的个人情感，做出具体的边界定位，以免学生的三重生命感受因缺少边界限定而滑入个人情感泛化的偏执状态。

第二方面是：关注社会情感所包含的三重生命感受的对应连结，这也涉及两层基本内容：第一层是，关注三重生命感受的对应存在与转化。从教师方面看，那就是要关注如爱岗敬业、职业倦怠与对职业的日常感受这三重生命感受之间的对应存在与转化；从学生方面看，那就是要关注如好学、厌学与对学习的日常感受这三重生命感受之间的对应存在与转化。第二层是，关注三重生命感受各自的积极与消极功能并做出具体的边界定位，如教师爱岗敬业，可能带来对社会的贡献，也可能带来对自身的损害；教师职业倦怠，可能造成对工作的损害，也可能造成对自身的反省；而教师对职业的日常感受，可能使教师逐渐培养出对职业的关怀，也可能逐渐生成对职业的倦怠。因此，教师就需要对自己的社会情感，做出具体的边界定位，以免教师的三重生命感受因缺少边界限定而滑入社会情感泛化的偏执状态，如学生好学，可能带来对社会的贡献，也可能带来对自身的伤害；学生厌学，可能造成对教师的刻薄，也可能造成对自我的反省；而学生对学习的日常感受，可能使学生逐渐培养出对学习的好感，也可能逐渐生成对学习的厌烦。因此，学生就需要对自己的社会情感，做出具体的边界定位，以免学生的三重生命感受因缺少边界限定而滑入社会情感泛化的偏执状态。

第三方面是，关注个人情感与社会情感的对应连结，这涉及两种情况：一种情况是，以积极的个人情感，去改造消极的社会情感，如教师以自己对学生的喜欢，去调整自己的职业倦怠；而学生也可以靠自己对教师的喜欢，去调整自己的厌学。另一种情况是，以积极的社会情感，去改造消极的个人情感，如教师以自己对职业的热爱，去调整自己对学生的不喜欢；而学生也可以靠自己的好学，去调整自己对教师的不喜欢。我们所以关注这两种情况，最基本的目的，就是要追求个人情感与社会情感的对应改造与对应发展，以免陷入个人情感或社会情感的单一偏执状态之中。

三是，从情感教育的目标或追求看，学校情感教育，既要关注完美社会情感对不完美个人情感的改造，又要关注完美个人情感对不完美社会情感的改造，而不能像现行学校情感教育理论那样，仅仅关注完美社会情感对不完美个人情感的改造。在相互对象性社会观视野中，既然情感教育的内容包含个人情感与社会情感；既然个人情感与社会情感都具有相互对应的阳性、阴性与中性这三重生命感受；既然三重生命感受之间是相互对应存在与对应影响的，那么，教师与学生双方的个人情感与社会情感，就必然是相互对应的改造或转化状态，而绝不是现行学校情感教育理论所把握到的那样，仅仅是由教师所表达的完美社会情感对学生不完美个人情感的改造或塑造。不用多说，师生双方个人情感与社会情感的对应改造或对应转化，也绝不可能进入到单一的所谓完美社会情感的状态，而会进入到以个人情感与社会情感三重生命感受的对应为基础的人的情感的丰富与深刻状态。

四、本节小结

综合上文，我们看到，现行学校情感教育理论，在简单对象性社会观视野中对情感教育所做的理解，虽然能够把握到教师以完美社会情感对学生不完美个人情感的改造，但是，却遗漏了学生以完美个人情感对不完美社会情感的对应改造。因此，我们在相互对象性社会观视野中对它做出了对应的改造。我们认为：学校情感教育的内容，既包括个人情感又包括社会情感，并且个人情感与社会情感都既有积极功能又有消极功能；学校情感教育的过程或原则，就是要关注个人情感与社会情感所内含的三重生命感受的对应连结以及个人情感与社会情感的对应连结；学校情感教育的目的或追求，就是要关注师生双方个人情感与社会情感的对应改造或对应发展。

五、本节提示

在本节最后，需要做一点提示。为避免单一的个人情感或社会情感的泛化与偏执，就必须坚持情感教育的边界与定位。如关于教师职业倦怠的问题：为避免由职业倦怠泛化所导致的教师对工作的厌倦以及这种偏执的情感导致的对生活的厌倦甚至绝望，就需要对教师的职业倦怠做出明确的边界定位，以便在对具体倦怠问题的解决或管控中摆脱职业倦怠状态而进入生活的新境；如关于学生的厌学问题：为避免由厌学所导致的学生对学习的厌恶以及这种偏执的情感导致的对生活的厌恶甚至绝望，就需要对学生的厌学做出明确的边界定位，以便在对具体厌学问题的解决或管控中摆脱厌学状态而进入生活的新境。

附言：

1. 仅仅看到具有消极功能的个人情绪或情感，是现行学校情感教育理论的基础性偏见。

2. 像学生的厌学一样，教师的职业倦怠，绝不仅仅具有消极功能，而且具有积极价值。

3. 从事实来看，个人的甜蜜或心酸，都是在对应中才能存在的情感，所以，所谓追求个人的甜蜜或幸福生活，不过是一种流行的乡愿。

4. 从事实来看，人的社会情感，都是在对应中才能存在的情感，所以，仅仅言说自己对工作的热爱，就不仅是对人的情感事实的隐瞒，还是对自己与他人的情感欺骗。

5. 不管是个人情感，还是社会情感，都很容易滑入泛化与偏执的泥潭，所以，在情感教育过程中要坚守边界与定位，就成为必要的基础性论断。

6. 只有完美与不完美的个人情感与社会情感的对应碰撞或激荡，才可能创生出人缤纷富丽或多彩多样的情感，这是对应情感教育论的基本主张。

第五节　关注个人行为与他人行为的对应教育

切问：

1. 在教育活动中，施教一方，仅仅具有主动性而没有被动性吗？没有被动性限定的主动性，会呈现出怎样的状态？

2. 在教育活动中，受教一方，仅仅具有被动性而没有主动性吗？没有主动性的引导，被动性会呈现出怎样的状态？

3. 在教育活动中，施教一方，仅仅具有优越性而没有不足性吗？没有不足性的规定，优越性会呈现出怎样的状态？

4. 在教育活动中，受教一方，仅仅具有不足性而没有优越性吗？没有优越性的引导，不足性会呈现出怎样的状态？

5. 教育活动，是施教一方，单向度地对受教一方的影响过程吗？还是施教与受教双方，以各自的主动性与被动性以及优越性与不足性为基础的相互对应的影响与对应转化的过程？

6. 在社会活动中，个人行为与他人行为，是简单的对象性行为吗？还是相互的对象性行为？我们需要走出简单的对象性行为观，而转换到相互的对象性行为观吗？

一、论题的提出

现行教育理论，对教育的理解，一般是在广义与狭义两种语境中进行的。所谓广义教育，是指一切培养人的活动；而所谓狭义教育，是指学校教育，也就是教师对学生的影响活动。不管是广义，还是狭义，现行教育理论都把教育理解为一种活动。从教育活动的参加者来看，广义教育包含培养者与被培养者，而教育也就是培养者对被培养者的培养活动；狭义教育包含教师与学生，而教育也就是教师对学生的影响活动。总之，按照现行教育理论的理解，教育活动包含两种类型的人：一种是需要去培养或影响他人的人，另一种则是需要接受他人培养或影响的人。在个人与他人双方的活动或行为关系上，这种一方以另一方为对象的教育活动观，就是典型的简单对象性的活动观或行为观。针对这种简单对象性的活动观及其教育，我们提出了个人行为与他人行为的对应观及其教育。

二、对现行简单对象性活动观及其教育的遮蔽性分析

现行简单对象性活动观，从一方指向另一方的行为或活动，切到对教育的理解，能够把握到教育活动的哪些方面呢？这主要表现在四个方面。一是，从双方的地位看：现行简单对象性活动观，能够把握到处于主动施教地位的一方与处于被动受教地位的另一方。表现在广义教育中，那就是处于主动施教地位的培养者与处于被动受教地位的被培养者；表现在狭义教育中，那就是处于主动施教地位的教师与处于被动受教地位的学生。二是，从双方的属性看：现行简单对象性活动观，能够把握到处于主动施教地位的一方的优越性与处于被动受教地位的另一方的不足性。表现的广义教育中，那就是处于主动施教地位的培养者的优越性与处于被动受教地位的被培养者的不足性；表现在狭义教育中，那就是处于主动施教地位的教师的优越性与处于被动受教地位的学生的不足性。三是，从双方行为或活动的指向看：现行简单对象性活动观，能够把握到由具有优越性的主动施教一方，指向具有不足性的被动受教一方的影响。表现在广义教育中，那就是由培养者指向被培养者的影响；表现在狭义教育中，那就是由教师指向学生的影响。四是，从双方行为或活动的结果看：现行简单教育理论，能够把握到具有优越性的主动施教一方，对于具有不足性的被动受教一方的影响或塑造。表现在广义教育中，那就是培养者对被培养者的影响或塑造；表现在狭义教育中，那就是教师对学生的影响或塑造。

然而，现行简单对象性活动观，从一方指向另一方的行为或活动，切入对教育的理解，在有所把握的同时，却又遗漏或遮蔽了教育活动的哪些方面呢？这也主要表现在如下四个方面：

一是，从双方的地位看：现行简单对象性活动观，在把握到处于主动地位的一方与处于被动地位的另一方的同时，却遗漏了另一方的主动地位与一方的被动地位。表现在广义教育中，那就是在把握到培养者的主动性与被培养者的被动性的同时，却遗漏了培养者的被动性与被培养者的主动性；表现在狭义教育中，那就是在把握到教师的主动性与学生的被动性的同时，却遗漏了教师的被动性与学生的主动性。从教育活动的事实看，进入教育活动的任何一方，对于另一方的行为或活动，都必然会受到另一方的反作用。这清楚地表明，进入教育活动的任何一方，都必然会具有主动性与被动性，但是，现行简单对象性活动观，却在其主观抽象思维中，片面地抽取出一方的主动性与另一方的被动

性，并以此泛指双方行为或活动的整体属性，由此，便遗漏了双方对应的主动性与被动性。不难理解，这种遗漏的后果就是：缺少被动性限定的主动性一方，很容易陷入主动性的泛化状态并导致随意性或任意性；而缺少主动性引领的被动性一方，则很容易陷入被动性的泛化状态并导致依赖性或依附性。

二是，从双方的属性看：现行简单对象性活动观，在把握到处于主动地位的一方优越性与处于被动地位的另一方不足性的同时，却遗漏了另一方的优越性与一方的不足性。表现在广义教育中，那就是在把握到培养者的优越性与被培养者的不足性的同时，却遗漏了培养者的不足性与被培养者的优越性；表现在狭义教育中，那就是在把握到教师的优越性与学生的不足性的同时；却遗漏了教师的不足性与学生的优越性；从教育活动的事实看，进入教育活动的任何一方，都不可能仅仅具有优越性或不足性。这清楚地表明，进入教育活动的任何一方，都必然会具有优越性与不足性，但是，现行简单对象性活动观，却在其主观抽象思维中，片面地抽取出一方的优越性与另一方的不足性，并以此泛指双方在教育活动中的整体属性，由此，便遗漏了双方对应的优越性与不足性。不难理解，这种遗漏的后果就是：仅仅具有优越性的一方，高出于仅仅具有不足性的另一方，由此，便衍生出双方的等级性关系或不对等关系。

三是，从双方行为或活动的指向看：现行简单对象性活动观，在把握到具有优越性的主动施教一方，指向具有不足性的被动受教一方影响的同时，却遗漏了具有优越性的被动受教一方，指向具有不足性的施教一方的影响。表现在广义教育中，那就是遗漏了由被培养者指向培养者的影响；表现在狭义教育中，那就是遗漏了由学生指向教师的影响。从教育活动的事实看，任何一方指向或控制另一方的行为或活动，都必然会受到另一方反向的规定或控制。这清楚地表明，双方在教育活动中的指向，绝不是单向的，而是双向的或相互的，但是，现行简单对象性活动观，却在其主观抽象思维中，片面地抽取出一方指向另一方的影响，并以此泛指双方在教育活动中的整体指向，由此，便遗漏了双方对应的指向。不难理解，这种遗漏的后果就是：很容易导致由单一指向所衍生的对于另一方的外在压抑或压制。

四是，从双方行为或活动的结果看：现行简单对象性活动观，在把握到具有优越性的主动施教一方，对于具有不足性的被动受教一方影响或塑造的同时，却遗漏了具有优越性的被动受教一方，对于具有不足性的施教一方的影响或塑造。表现在广义教育中，那就是遗漏了被培养者对于培养者的影响或塑造；表现在狭义教育中，那就是遗漏了学生对于教师的影响或塑造。从教育活动的事实看，任何一方给予另一方的影响，都必然会反过来受到另一方的影响。这清楚地表明，双方在教育活动中所受到的影响，绝不是单方的，而是双方的或相互的，但是，现行简单对象性活动观，却在其主观抽象思维中，片面地抽取出一方对另一方的影响，并以此泛指双方在教育活动中所受到的整体影响，由此，便遗漏了双方对应的影响。不难理解，这种遗漏的后果就是：很容易导致对双方相互对应的影响与变化的轻视甚至忽视。

概括地看，现行简单对象性活动观，在把握到教育活动中的施教一方，对受教一方影响的同时，却遗漏了受教一方对施教一方的对应的影响。不难看到，这就是简单对象性社会观，在理解教育活动上的具体表现。

三、对现行简单对象性活动观及其教育的对应改造

现行简单对象活动观，在理解教育活动上的片面性偏差，既然是由其背后的简单社会观所造成的，那么，要改造这些偏差，就必须首先改造其背后的简单对象性社会观。从人的行为或活动的事实看，个人对他人的任何行为或活动，都必然会引起他人的反应，并返回来对个人产生影响。人的行为或活动的自返性，决定了行为或活动对象的相互性，直白地说，人的行为或活动，没有简单的对象，只有相互的对象，这也就是相互对象性的社会观。在相互对象性社会观视野中，我们对现行简单对象性的教育理论，能够做出如下基本改造：

一是，从双方的地位看：进入教育活动的双方，分别具有主动性与被动性，而不是现行简单教育理论所把握到的一方具有主动性而另一方具有被动性。因此，双方在教育活动中的地位，就是对应的平等，即对等关系，而不是现行简单教育理论所把握到的等级性关系或不对等关系。从广义教育看，那就是培养者与被培养者双方的对等地位；而从狭义教育看，那就是教师与学生双方的对等地位。针对现行简单教育理论的偏差，我们需要强调培养者的被动性与被培养者的主动性，或者，强调教师的被动性与学生的主动性。这样强调的基本目的，就是要改造教育活动实际中施教一方因主动性泛化所导致的任意性或随意性状态，也是要改造受教一方因被动性泛化所导致的依赖性或依附性状态，以便摆脱双方在教育活动中的不对等地位状态而进入到对等地位状态。

二是，从双方的属性看：进入教育活动的双方，分别都具有优越性与不足性，而不是现行简单教育理论所把握到的一方具有优越性而另一方具有不足性。从广义教育看，那就是培养者与被培养者双方，分别都具有优越性与不足性，而从狭义教育看，那就是教师与学生双方，分别都具有优越性与不足性。针对现行简单教育理论的偏差，我们需要强调培养者的不足性与被培养者的优越性，或者，强调教师的不足性与学生的优越性。这样强调的基本目的，就是要改造

教育活动实际中由施教一方单一优越性与受教一方单一不足性所造成的双方属性的不对等状态，而进入到双方属性的对等状态。

三是，从双方行为或活动的指向看：既然进入教育活动的双方，都分别具有主动性与被动性，也都分别具有优越性与不足性，那么，教育活动的指向，就必然是双方以主动性与被动性以及优越性与不足性为基础的双向影响，而不是现行简单对象性活动观所把握到的一方指向另一方的单向度影响。表现在广义教育中，那就是培养者与被培养者之间的双向度影响，而不是培养者指向被培养者的单向度影响；表现在狭义教育中，那就是教师与学生之间的双向度影响，而不是教师指向学生的单向度影响。针对现行简单教育理论的偏差，我们需要强调被培养者指向培养者的影响，或者，强调学生指向教师的影响。这样强调的基本目的，就是要改造教育活动实际中，由施教一方单向度地对受教一方的影响，以便转换到以双方主动性与被动性以及优越性与不足性为基础的相互指向或双向度的影响状态。

四是，从双方行为或活动的结果看：既然进入教育活动的双方，存在以主动性与被动性以及优越性与不足性为基础的双向度影响，那么，教育活动的结果，就必然是双方因受到对方的影响而发生的对应变化或转化，而不是现行简单对象性活动观所把握到的一方因受到另一方影响而发生的变化或转化。表现在广义教育中，那就是培养者与被培养者双方的变化或转化，而不是被培养者单方的变化或转化；表现在狭义教育中，那就是教师与学生双方的变化或转化，而不是学生单方的变化或转化。针对现行简单教育理论的偏差，我们需要强调培养者因受到被培养者的影响而发生的变化或转化，或者，强调教师因受到学生的影响而发生的变化或转化。这样强调的基本目的，就是要改造教育活动实际中，受教者一方，因受到施教者一方影响而发生的变化或转化，以便转换到施教者与受教者双方，因受到对方影响而发生的相互变化或转化的对等状态。

四、本节小结

综合上文，我们看到，现行简单教育理论，在简单对象性社会观视野中，对教育所做的理解，虽然能够把握到处于主动地位并具有优越性的施教一方，对处于被动地位并具有不足性的受教一方的影响或塑造，但是，却遗漏了受教一方对施教一方对应的影响或塑造。因此，我们在相互对象性社会观视野中对它做出了对应的改造。我们认为：进入教育活动的双方，各有自身的主动性与被动性，也各有自身的优越性与不足性，所以，双方之间的影响是相互的或双向度的，由此便带来了双方的变化或转化。总之，在相互对象性社会观视野中，我们认为，教育活动，就是进入教育活动的双方，以各自的主动性与被动性以及优越性与不足性为基础的双向度的对应影响与转化过程，而绝不是现行简单教育理论在简单对象性社会观视野中所把握到的那样，即教育是一方对另一方的培养或影响活动。

五、本节提示

在本节最后，需要做一点提示。我们之所以对现行教育活动观做出上面的反思与改造，绝不单单是因为要改造现行教育观本身的偏差或不足，而且，更为重要的是要改造作为现行教育观基础的简单对象性社会观，以便转换到相互对象性社会观，以便为相互教育或对应教育奠定坚实的对应论的社会观基础。

附言：

1. 不谈人的被动性，只谈人的主动性或主观能动性的哲学、社会学或教育学，都只能是简单的主观任意性的所谓学问，其实，根本就不足为训；其中的道理是：单一的主观能动性，就是典型的主观任意性。

2. 因为，生活世界确实存在很多人的随意性或任意性，所以，我们确实需要关于人的被动性的教育启蒙。

3. 不管从思辨还是从实证来看，发挥人的主观能动性的概念，都只能以保持人的被动性为内涵。

4. 没有缺点或不足性的教师形象，已经脱离了教师的真实状况，注定了，只能成为浪漫而虚假的滑稽模样。

5. 仅仅看到学生的缺点或不足性，是教师在认识或感受中最基本、最经常、最顽固的毛病。

6. 教育，是人与人之间，以彼此的主动性与被动性以及优越性与不足性为基础的对应影响与对应转化过程——这是在对应社会观视野中对教育的一般规定。

小结　对应社会观视野中的对应教育

切问：

1. 当我们以别人为对象时，我们也就因此而必然成为别人的对象吗？人与人之间，是简单对象性的存在，还是相互对象性的存在？

2. 当我们关注自身需要时，我们也就因此而必须去关注他人或社会需要吗？个人需要与社会需要，是简单孤立的存在，还是相互对应的存在？

3. 当我们关注他人经验或间接经验时，我们也就因此而必须去关注自身的直接经验吗？直接经验与间接经验，是简单孤立的存在，还是相互对应的存在？

4. 当我们关注自身情感时，我们也就因此而必须去关注他人或社会情感吗？个人情感与社会情感，是简单孤立的存在，还是相互对应的存在？

5. 当我们关注自身行为或活动时，我们也就因此而必须去关注他人或社会行为或活动吗？个人活动与社会活动，是简单孤立的存在，还是相互对应的存在？

6. 我们确实需要摆脱现行教育理论背后的简单性社会观，而转换到对应性社会观吗？简单性社会观视野中的人，是简单性的人，即单性人吗？对应性社会观视野中的人，是以对应性为基础的丰富的人吗？

针对现行简单社会观及其教育的偏差，前面，我们用五节内容，做出了对应的反思与改造。为了从总体上更简明、更清楚地把握这些偏差与我们对这些偏差的改造，就有做一小结的必要。

从思维运行看，现行简单社会观及其教育的基本偏差，就是主观思维中的片面抽象。因此，本文的基本逻辑就是，先谈片面抽象思维的不足，再谈对应思维对这些不足的改造。

一、关注相互对象性社会观的对应教育

（一）论题的提出

针对现行简单对象性社会观视野中的教育，我们提出了相互对象性社会观视野中的对应教育。

（二）对简单对象性社会观视野中的教育的遮蔽性分析

现行教育理论，在简单对象性社会观视野中，从教师对学生的影响，切到对教育的理解，虽然能够把握到教师的优越性、主动性以及对学生的影响性，也能够把握到学生的不足性、被动性以及被影响性，但是，却遗漏或遮蔽了教师的不足性、被动性以及被影响性，也遗漏或遮蔽了学生的优越性、主动性以及影响性。由此，便导致了师生双方地位的等级性关系，也导致了教师一方的随意性与学生一方的依赖性，进而又导致了教师单方面地对学生的影响或塑造。

因此，我们在相互对象性社会观视野中，对它做出了对应的反思与改造。

（三）对简单对象性社会观视野中的教育的对应改造

相互对象性的社会观认为，社会活动，就是进入活动的双方或多方，相互对应影响与转化的过程；而学校教育活动，也就是进入活动的教师与学生双方，相互对应影响与转化的过程。这种理解，既能够把握到教师的优越性、主动性与影响性，也能够把握到与此对应的学生的不足性、被动性与被影响性；既能把握到学生的优越性、主动性与影响性，也能够把握到与此对应的教师的不足性、被动性与被影响性；既能把握到学生因受到教师影响而发生的变化发展，也能够把握到教师因受到学生影响而发生的变化发展。由此，对应教育理论，就能够改造现行教育理论所导致的师生双方的等级性关系，而转换到师生双方的对等关系状态——这也就是对等社会的人与人的基本关系状态。

（四）由简单对象性社会观到相互对象性社会观的转换

由简单对象性社会观，到相互对象性社会观的转换，其过渡环节，就是要由抽象思维，转换到事实思维。一旦从社会事实出发，就很容易发现，人对他人的任何对象性行为或活动，都必然会引起他人的反应，而这种反应又必然会返回到人自身。人的社会行为或活动的对象性与回返性，决定了社会行为或活动的对象，都是相互对应的存在，这也就是我们所谈的相互对象性的社会观，而所谓简单对象性的社会观，不过是主观思维中片面抽取的结果。

二、关注个人需要与社会需要的对应教育

（一）论题的提出

针对现行以具有统一性的社会需要为目的的简单教育，我们提出了以对应的个人需要与社会需要为目的的教育。

（二）对现行以具有统一性的社会需要为目的的简单教育的遮蔽性分析

现行教育理论，从社会需要的统一性，切到对教育目的的理解，虽然能够把握到教育目的中社会需要的统一性、合理性以及对个人需要的调整或改造，但是，却遗漏或遮蔽了教育目的中个人需要的差异性、合理性以及对社会需要的调整或改造。以此种单方面社会需要为目的的简单教育，很容易导致外在社会需要对个人需要的压抑或压制。因此，我们在个人需要与社会需要的对应社

会观视野中，对它做出了对应的反思改造。

（三）对现行以具有统一性的社会需要为目的的简单教育的对应改造

对应社会观认为，教育目的，是教育活动中的双方，以个人需要与社会需要的对应为根据，对教育活动结果的对应预期。这种理解，既能把握到社会需要的统一性、合理性以及对个人需要的调整或改造，也能把握到个人需要的差异性、合理性以及对社会需要的调整与改造。由此，这种以双方的对应需要为基础的教育目的观，就能够摆脱单一外在社会需要对个人需要的压抑或压制，而带来社会需要与个人需要相互对应的影响、调整或转化。

（四）由偏于社会需要的教育目的观到社会需要与个人需要对应的教育目的观的转换

由偏于社会需要的教育目的观，转换到社会需要与个人需要对应的教育目的观，其过渡环节，就是要由抽象思维，转换到事实思维。从教育活动的基本事实看，个人需要与社会需要，是两种实然状态存在的需要，并且，两种需要都分别具有自身的合理性与不合理性，因此，两种需要之间就必然存在相互对应的影响或转化。这也就是我们所谈的社会需要与个人需要对应的教育目的观，而偏于社会需要的教育目的观，不过是主观思维中片面抽取的结果。

三、关注个人经验与他人经验的对应教育

（一）论题的提出

针对现行教育理论偏于他人经验或间接经验的教育内容观及其教育或教学，我们提出了个人经验与他人经验对应的内容观及其教育或教学。

（二）对现行偏于他人经验的教育内容观及其教育或教学的遮蔽性分析

现行教育理论，从间接经验与直接经验的关系，切到对教育或教学内容的理解，虽然能够把握到间接经验与直接经验的优越性以及两者之间的一致性关系，也能够把握到学生直接经验对学习间接经验的一般作用，但是，却遗漏或遮蔽了两种经验在教育或教学中的不足性以及两者之间的不一致性关系，也遗漏或遮蔽了两种经验之间的对应影响与对应转换的机制或机理。这种理解的实质，就是以他人或社会的间接经验去统一学生的直接经验，这当然是简单对象性社会观，在理解教育或教学内容上的具体表现。因此，我们在对应社会观视

野中，对它做出了对应的反思与改造。

（三）对现行偏于他人经验的教育内容观及其教育或教学的对应改造

对应社会观认为，教育或教学内容，既包含间接经验，又包含师生双方的直接经验，并且，这两种经验是为解决不同情境中的问题而产生的不同经验。因此，直接经验与间接经验，就不是主要或次要关系，而是对应的并列关系。从教育或教学的实际看，两种经验都分别具有优越性与不足性。因此，就需要在教育或教学过程中对它们做出相互对应的联结，以求实现两种经验之间的补充或转化，进而实现个人与社会双方的对应影响与对应转化。

（四）由偏于他人经验的教育或教学内容观到他人经验与个人经验对应的教育或教学内容观的转换

由偏于间接经验的教育或教学内容观，转换到间接经验与直接经验对应的教育或教学内容观，其过渡环节，就是要由抽象思维转换到事实思维。从教育或教学活动的基本事实看，直接经验与间接经验，是两种实然状态存在的不同的经验，并且，在教育或教学过程中，都分别具有自身的优越性与不足性。因此，两种经验之间就必然存在相互对应的影响或转化。这也就是我们所谈的直接经验与间接经验对应的教育或教学内容观，而偏于间接经验的教育或教学内容观，不过是主观思维中片面抽取的结果。

四、关注个人情感与社会情感的对应教育

（一）论题的提出

针对现行的关于完美社会情感的简单教育，我们提出了关注个人情感与社会情感的对应教育。

（二）对关于完美社会情感的简单教育的遮蔽性分析

现行教育理论，从完美的社会情感，切到对人的情感教育的理解，虽然能够把握到完美的社会情感与不完美的个人情感，也能够把握到完美社会情感对不完美的个人情感的影响或调整，但是，却遗漏或遮蔽了不完美的社会情感与完美的个人情感，也遗漏或遮蔽了完美个人情感对不完美的社会情感的影响或调整。这当然是简单对象性社会观，在理解人的情感教育上的具体表现。因此，我们在对应社会观视野中，对它做出了反思与改造。

（三）对关于完美社会情感的简单教育的对应改造

对应社会观认为，人的情感教育内容，既包括个人情感，又包括社会情感。个人情感与社会情感，是两种不同的对应的情感，它们都包含阳性、阴性与中性三重生命感受，三重生命感受分别具有自身的积极与消极功能。因此，情感教育的基本过程或原则，就是寻求包含三重生命感受的个人情感与社会情感之间的对应连结，以避免简单个人情感与社会情感的泛化与偏执，以便实现以生命感受的对应性为基础的个人情感与社会情感的丰富与深刻。

（四）由关于完美社会情感的简单教育到个人情感与社会情感的对应教育的转换

由关于完美社会情感的简单教育，转换到关于个人情感与社会情感的对应教育，其过渡环节，就是要由抽象思维转换到事实思维。从情感教育或教学活动的基本事实看，教师对学生的任何情感影响，都必然会受到来自学生情感的影响。这清楚地表明，师生之间的情感影响，都是相互对应的影响，而不是单方面的影响。同时，不管是个人情感还是社会情感，都具有内在的完美与不完美的对应性，而不是单一完美的情感。因此，情感教育的基本过程或原则，就是要建立情感教育的内在对应连结，以涵养出对应存在的人的丰富的情感，而偏于完美社会情感的简单教育，不过是主观思维中片面抽取的结果。

五、关注个人行为与他人行为的对应教育

（一）论题的提出

针对现行简单对象性的活动观及其教育，我们提出了个人行为与他人行为的对应观及其教育。

（二）对现行简单对象性活动观及其教育的遮蔽性分析

现行简单对象性活动观，从一方指向另一方的行为或活动，切到对教育的理解，虽然能够把握到教师的主动性、优越性与对学生的影响性，也能够把握到学生的被动性、不足性与被影响性，但是，却遗漏或遮蔽了学生的主动性、优越性与对教师的影响性，也遗漏或遮蔽了教师的被动性、不足性与被影响性。这当然是简单对象性活动观，在理解教育活动中的具体表现。因此，我们在对应社会观视野中，对它做出了反思与改造。

（三）对现行简单对象性活动观及其教育的对应改造

对应社会观认为，社会活动，是进入活动的双方或多方个人行为与他人行为的对应影响与对应转化过程。教育活动，是师生双方的对应影响与对应转化过程。这种理解，既能把握到教师一方行为的主动性、优越性与对学生一方的影响性，也能够把握到学生一方行为的被动性、不足性与被影响性；既能把握到学生一方行为的主动性、优越性与对教师一方的影响性，也能够把握到教师一方行为的被动性、不足性与被影响性。由此，就可以避免教师一方对学生一方的简单影响或塑造，以便实现师生双方之间的相互对应影响或塑造。

（四）由简单对象性行为观到个人行为与他人行为对应观的转换

由简单对象性行为观，到个人行为与他人行为对应观的转换，其过渡环节，就是要由抽象思维转换到事实思维。从社会活动的基本事实看，人的行为或活动，一方面具有影响或规定对象的属性，但是，同时，又具有被对象所影响或规定的属性。这清楚地表明，人的行为或活动，具有内在的对应性，如主动性与被动性、优越性与不足性、影响性与被影响性等等，而所谓简单对象性行为或活动观，不过是主观思维中片面抽取的结果。

综上所述，现行教育理论，在教育对象维度上，只能把握到受教育者或学生，而遗漏了与其对应的教育者或教师；在教育目的维度上，只能把握到社会需要，而遗漏了与其对应的个人需要；在教育内容维度上，只能把握到他人经验，而遗漏了与其对应的个人经验；在情感教育维度上，只能把握到社会情感，而遗漏了与其对应的个人情感；在教育行为或活动维度上，只能把握到施教一方对受教一方的影响，而遗漏了与其对应的受教一方对施教一方的影响。当然，这都是由其主观片面的抽象思维所造成的。因此，我们在对应的事实思维中，对它做出了基本的反思与改造。我们认为，教育的对象，既包括受教育者或学生，又包括教育者或教师，双方之间是相互影响或对应生成的关系；教育的目的，既包括个人需要，又包括社会需要，二者之间是相互影响或对应生成的关系；教育的内容，既包括个人经验，又包括他人经验，二者之间是相互影响或对应生成的关系；情感教育，既包括个人情感，又包括社会情感，二者之间是相互影响或对应生成的关系；教育的行为或活动，既包括施教活动，又包括受教活动，二者之间是相互影响或对应生成的关系。总之，教育，就是施教者与受教者双方，以个人需要与社会需要、个人经验与他人经验、个人情感与社会情感、个人行为与他人行为等等内容为基础而展开的相互影响或对应生成的过程。这也就是我们在对应社会观视野中所关注到的相互教育或对应教育观，以区别于现行简单社会观视野中的简单教育观。

附言：

1. 人的行为或活动的对象，都是相互对应的存在，所谓简单对象性的活动观，不过是主观思维随意抽取的片面。

2. 有生命的个人的需要，无疑是社会需要的真实基础，离开个人需要的所谓社会需要，只能是形而上学思维中抽象的孤立与空虚。

3. 读万卷书，行万里路——表达的就是要把他人经验与个人经验做出对应参读的诗意。

4. 只关注自己而不关注别人情感的人，不仅是患有情感与智力双重障碍的可怜的人，而且，还是以自我为中心的自私自利的可恶的人。

5. 一个巴掌拍不响——这是关于个人行为与他人行为对应关系的素朴而健康的主张。

6. 生活世界中的个人与社会，只能是相互对应的存在，只有双方的相互独立与相互修补，才能生成双方的充盈与丰富——这是对应论个人与社会观的基础性命题。

第五章

对应自我观与对应教育

第一节　关注相互对象性自我观的对应教育

切问：

1. 教师自我，仅仅是教师角色规定的对象吗？教师自我，不能影响教师角色并因此而使教师角色也成为教师自我的对象吗？

2. 学生自我，仅仅是学生角色规定的对象吗？学生自我，不能影响学生角色并因此而使学生角色也成为学生自我的对象吗？

3. 人的自我，仅仅是人的角色规定的对象吗？人的自我，不能影响人的角色并因此而使人的角色也成为人的自我的对象吗？自我与角色，是简单的对象性关系，还是相互的对象性关系？

4. 人的角色，仅仅具有合理性而没有不合理性吗？没有不合理性的角色，是怎样的状态？现行教育理论，为什么总是关注角色的合理性而没有关注到角色的不合理性呢？

5. 人的自我，仅仅具有不合理性而没有合理性吗？没有合理性的自我，是怎样的状态？现行教育理论，为什么总是关注自我的不合理性而没有关注到自我的合理性呢？

6. 人的角色与自我，仅仅是现行教育理论所把握到的角色对自我单方面的影响或改造关系，还是以双方合理性与不合理性为基础的相互影响或相互改造关系？

一、论题的提出

现行教育理论，对包括教师与学生在内的人的理解，涉及社会关系维度上的角色与个体维度上的自我及其关系，简言之，即角色与自我及其关系。先看对教师的理解，现行教育理论，对教师社会角色的理解，一般涉及多重角色。在《当代教育学》中规定，教师主要有如下几种职业角色。（1）"传道者"角色。（2）"授业、解惑者"角色。（3）示范者角色。（4）管理者角色。（5）父母与朋友角色。（6）研究者角色。① 现行教育理论，对教师个体自我的理解，一般涉及教师的自我学习、自我修养、专业发展等内容，当然，按照现行教育理论的理解，教师这些方面的自我教育是为做好教师的社会角色而服务的。通过这种理解，我们就可以分明地看到，现行教育理论认为，教师自我，是教师角色改造或限定的对象，这其实也就是简单对象性的自我观，在理解教师自我上的具体表现。再看对学生的理解，现行教育理论，对学生社会角色的理解，几乎无一例外地都把学生理解为"学生是教育的对象"。（见上书第80页）现行教育理论，对学生个体自我的理解，一般也都涉及学生的自我学习、自我修养、自我发展等内容，当然，按照现行教育理论的理解，学生这些方面的自我教育也是为做好学生的社会角色而服务的。通过这种理解，我们也就可以分明地看到，现行教育理论认为，学生自我，是学生角色改造或限定的对象，这其实也就是简单对象性的自我观，在理解学生自我上的具体表现。总之，不管是对教师还是对学生的理解，现行教育理论，都表现出简单对象性的自我观。针对简单对象性自我观及其教育，我们提出了关注相互对象性自我观的对应教育。

二、对简单对象性自我观及其教育的遮蔽性分析

简单对象性自我观，从社会角色指向个体自我的影响，切到对人的理解，能够把握到人的哪些方面的内容呢？这主要表现在三个方面：一是，在角色与自我的地位关系维度上，简单对象性的自我观，能够把握到社会角色对个体自我的规定性，也能够把握到个体自我的被规定性。我们知道，社会角色，是处于特定社会关系中的某种类型的人物，在很大程度上，社会角色所体现的是特定社会关系所决定的人的思想与行为的标准或准则。社会角色所体现的既然是社会的标准或准则，那么，它对个体自我，也就具有必然的规定性或限定性，与此相对应，个体自我，也就具有了被规定性或被限定性。二是，在角色与自我的评价关系维度上，简单对象性的自我观，能够把握到社会角色的合理性或优越性，也能够把握到个体自我的不合理性或不足性。社会角色，既然是某种社会标准或准则的典型性或代表性的体现，那么，它也就具备特定社会所认可或承认的合理性或优越性。与此相对应，个体自我，则因各具差异性而必然具有不符合标准或准则的不合理性或不足性。三是，在角色与自我的相互作用或运动变化维度上，简单对象性的自我观，能够把握到社会角色对个体自我的影

---

① 袁振国. 当代教育学 [M]. 北京：教育科学出版社，2010：73~74.

响或改造，也能够把握到个体自我的被影响或被改造。既然社会角色对个体自我具有规定性或限定性，既然社会角色具有合理性或优越性而个体自我具有不合理性或不足性，那么，社会角色对个体自我也就具有必然的影响或改造，与此相对应，个体自我也就被影响或被改造了。总起来看，简单对象性的自我观，从社会角色指向个体自我的影响，切到对人的理解，能够把握到的内容，也就是，社会角色对个体自我的影响或塑造过程，反过来说，也就是现行教育理论所谓个体的社会化过程。

然而，简单对象性自我观，从社会角色指向个体自我的影响，切到对人的理解，在有所把握的同时，却又遗漏或遮蔽了人的哪些方面的内容呢？这也主要表现在如下三个方面：

第一，在角色与自我的地位关系维度上，简单对象性的自我观，虽然能够把握到社会角色对个体自我的规定性，也能够把握到个体自我的被规定性，但是，却遗漏了与其对应的个体自我对社会角色的规定性，也遗漏了社会角色的被规定性。从生活世界的基本事实看，人的社会角色与个体自我，是相互对象性的存在：一方面，社会角色，当然可以对个体自我进行约束或规定，并因此而使个体自我成为社会角色的对象；另一方面，社会角色对个体自我的约束或规定，又必然会受到来自个体自我反向的约束或规定，并因此而使社会角色成为个体自我的对象。然而，现行教育理论，却在其主观抽象思维中，片面地抽取出社会角色对个体自我的约束或规定，并因此而遗漏了与其对应的个体自我对社会角色的约束或规定。

第二，在角色与自我的评价关系维度上，简单对象性的自我观，虽然能够把握到社会角色的合理性或优越性，也能够把握到个体自我的不合理性或不足性，但是，却遗漏了与其对应的个体自我的合理性或优越性，也遗漏了社会角色的不合理性或不足性。从生活世界的基本事实看，代表特定社会标准或准则的社会角色，其合理性或优越性的基础，只能是个体自我的合理性或优越性，离开个体自我这一基础，所谓社会角色的合理性或优越性根本就无从谈起。同时，特定的社会标准或准则，也不可能是不变的，而是处于相对的运动变化之中。由此，原本具有合理性或优越性的社会标准或准则，就会随着社会的变化而转化为具有不合理性或不足性的社会标准或准则。然而，现行教育理论，却在其主观抽象思维中，片面地抽取出社会角色的合理性或优越性，也抽取出个体自我的不合理性或不足性，并因此而遗漏了与其对应的个体自我的合理性或优越性，也遗漏了社会角色的不合理性或不足性。

第三，在角色与自我的相互作用或运动变化维度上，简单对象性的自我观，虽然能够把握到社会角色对个体自我的影响或改造，也能够把握到个体自我被影响或被改造，但是，却遗漏了与其对应的个体自我对社会角色的影响或改造，也遗漏了社会角色，被影响或被改造。既然社会角色与个体自我双方互为对象，既然双方分别都具有合理性与不合理性，那么，社会角色与个体自我双方，就必然是相互对应的影响或改造。然而，现行教育理论，却在其主观抽象思维中，片面地抽取出社会角色对个体自我的影响或改造，并因此而遗漏了与其对应的个体自我对社会角色的影响或改造。

总起来看，简单对象性的自我观，从社会角色指向个体自我的影响，切到对人的理解，虽然能够把握到社会角色对个体自我的影响或改造过程，却遗漏了个体自我对社会角色的影响或改造过程。也就是，虽然能够把握到个体社会化的过程，但是却遗漏了社会个体化的过程。因此，简单对象性的自我观，就必须受到合理的反思与改造。

三、对简单对象性自我观及其教育的对应改造

既然简单对象性的自我观，是由其主观抽象思维的片面性造成的，那么，要改造简单对象性的自我观，就需要走出其片面的主观抽象思维，而转换到事实思维上来。

从生活世界的基本事实看，人的社会角色，是对人的社会关系的规定，而人的个体自我，则是对人之为人本身的规定。当人的社会关系对人本身进行规定时，就必然会受到人本身反向的规定，这种规定与被规定的内在的必然的对应性，清楚地表明，人的社会角色与个体自我，是互为对象的存在——这当然也就是我们以术语表达的相互对象性的自我观。

相互对象性的自我观，对人的理解，又是怎样的呢？或者说，相互对象性的自我观，能够对简单对象性的自我观及其教育，做出哪些调整或改造呢？这主要表现在如下三个方面：

第一，在角色与自我的地位关系维度上，相互对象性的自我观认为：社会角色与个体自我是相互规定的，而不是现行教育理论所把握到的社会角色对个体自我单方面的规定。分析地看，这涉及三方面的基本内容：一是，社会角色具有规定性与被规定性。所谓社会角色的规定性，是指人的关系性对自我的限定性；而社会角色的被规定性，是指人的自我对关系性的限定性。如教师角色的规定性，就是教师职业对教师自我所提出的基本要求。这些基本要求，是教师自我必须达到的要求，当然会对教师自我具有限定性；而教师角色的被规定性，就是教师自我对教师角色的影响或改造。这些影响或改造，当然会对教师

角色具有限定性。如学生角色的规定性，就是教育或教学活动对学生所提出的基本要求。这些基本要求，是学生自我必须达到的要求，当然也会对学生自我具有限定性；而学生角色的被规定性，就是学生自我对学生角色的影响或改造，当然会对学生角色具有限定性。二是，个体自我具有被规定性与规定性。所谓个体自我的被规定性，是指人的自我被关系性所限定；而个体自我的规定性，是指人的自我对关系性的限定。如教师自我的被规定性，就是教师自我被教师的职业所限定；而教师自我的规定性，就是教师自我对教师职业的限定。如学生自我的被规定性，就是学生自我被教育或教学活动所限定；而学生自我的规定性，就是学生自我对教育或教学的限定。三是，既然社会角色与个体自我，都分别具有规定性与被规定性，那么，双方之间就不会是单方面的谁指向谁的关系，而是相互指向的对应规定与被规定的关系。当然，正是社会角色与个体自我双方的规定与被规定的对应关系，才生成了双方之间的内在张力，并使双方都能保持健康的活力并处于不断地变化或转化之中。

第二，在角色与自我的评价关系维度上，相互对象性的自我观认为：社会角色与个体自我双方，都分别具有合理性与不合理性，而不是现行教育理论所把握到的单方面的社会角色的合理性与个体自我的不合理性。分析地看，这涉及三方面的基本内容：一是，社会角色具有合理性与不合理性。所谓社会角色的合理性，是指人的关系性对人的自我的合理限定，而社会角色的不合理性，是指人的关系性对人的自我的不合理限定。如教师角色的合理性，就是教师职业对教师自我的合理限定（如教师角色要求教师认真负责，就是对敷衍马虎的教师自我的合理限定）；而教师角色的不合理性，则是教师职业对教师自我的不合理限定（如前面引文中要求教师做学生的父母与朋友角色，就是对教师自我的不合理限定）。如学生角色的合理性，就是教育或教学活动对学生自我的合理限定（如学生角色要求学生认真学习，就是对粗心大意的学生自我的合理限定）；而学生角色的不合理性，则是教育或教学活动对学生自我的不合理限定（如前面引文中要求学生成为教育的简单对象，就是对学生自我的不合理限定）。二是，个体自我具有合理性与不合理性。所谓个体自我的合理性，是指人的自我对人的关系性的合理限定，而个体自我的不合理性，则是指人的自我对人的关系性的不合理限定。如教师自我的合理性，就是教师自我对教师职业的合理限定（如教师自我，不可能做学生的父母或朋友角色，就是对教师角色的合理限定）；而教师自我的不合理性，则是指教师自我对教师职业的不合理限定（如教师的敷衍马虎，就是对教师职业的不合理限定）。如学生自我的合理性，就是学生对教育或教学活动的合理限定（如学生自我，不可能成为教育的简单对象，就是对学生角色的合理限定）；而学生自我的不合理性，则是指学生自我对教育或教学活动的不合理限定（如学生自我的粗心大意，就是对教育或教学活动的不合理限定）。既然社会角色与个体自我双方，都分别具有合理性与不合理性，那么，双方之间的关系就必然是对应的影响或改造关系，也就是分别以自身的合理性去影响或改造对方不合理性的关系。

第三，在角色与自我的相互作用或运动变化维度上，相互对象性的自我观认为：既然社会角色与个体自我双方，都分别具有规定性与被规定性，也都分别具有合理性与不合理性，那么，双方相互作用的结果，就是实现了双方对应的变化或转化，而不是现行教育理论所把握到的单方面社会角色对个体自我的影响或改造。分析地看，这涉及三方面的基本内容：一是，以社会角色的合理性，去影响或改造个体自我的不合理性。如以热爱学生的教师职业道德，去改造教师自我对学生的冷漠；如以勤奋好学的学生品性，去改造学生自我的懒惰散漫。二是，以个体自我的合理性，去影响或改造社会角色的不合理性。如以教师自我与学生之间具有教育意义的沟通，去改变前面提到的作为学生的父母与朋友角色的不合理性；如以学生自我的主动性，去改变前面提到的作为教育活动中的简单对象的不合理性。三是，社会角色与个体自我双方，都不能将自身的不合理性，强加给对方。考虑到现行教育理论，偏重于以社会角色去改造个体自我的严重片面性，我们尤其强调，不能将社会角色的不合理性，强加给个体自我。如从学校教育的实际看，就不能将前面提到的作为学生的父母与朋友角色的不合理性，强加给教师自我，也不能将作为教育活动中的简单对象的不合理性，强加给学生自我。

四、本节小结

综上所述，现行教育理论，在对人的理解上，由于受到简单对象性自我观的限制而存在严重偏差。因此，我们在相互对象性自我观视野中，对它做出了反思与改造。在人的社会角色与个体自我的地位关系维度上，我们认为，双方都分别具有自身的规定性与被规定性。因此，双方之间是相互指向的关系，而不是现行教育理论所把握到的社会角色指向个体自我的单向关系。在人的社会角色与个体自我的评价关系维度上，我们认为，双方都分别具有合理性与不合理性。因此，双方之间就是合理性对不合理性的改造关系，而不是现行教育理论所把握到的合理的社会角色对不合理的个体自我的改造关系。在人的社会角色与个体自我相互作用或运动变化关系维度上，我们认为，双方经过相互规定与相互改造，必然会生成双方的对应变化或转化，而不是现行教育理论所把握到的个体自我单方面的变化或转化。总之，社会角色与个体自我，是相互对应存在、对应影响与对应转化的关系，而不是现行教育理论所把握到的社会角色对个体自我的简单影响或改造关系。或者也可以说，社会角色与个体自我，是个体社会化与社会个体化的对应过程，而不是现行教育理论所把握到的片面的所谓个体社会化的过程。当然，人的社会角色与个体自我的对应生成与转换理论，就是我们在相互对象性自我观视野中所把握到的人生的状态转换理论，这是我们对人生的最基本的理解，也是我们对于对等社会的人的存在状态的最基本的期待。

五、本节提示

本节最后，做一点提示。从简单对象性自我观，到相互对象性自我观的转换，其间的过渡环节，就是要摆脱主观抽象思维状态，而转换到事实思维状态。一旦进入事实思维状态，我们就会看到，人的社会角色，对人的自我的任何规定或限定，都必然会引起自我的反应，而这种自我反应，又必然会规定或限定社会角色——这便是人的角色与自我活动的内在的对应性。这种内在的对应性决定了：在人的角色与自我活动中的对象，绝不是简单的对象，而是对应存在的相互的对象。

附言：

1. 人的自我，必然具有合理性与不合理性的内在对应，而对其不合理性的调整，正是人的角色的合理性的明证。

2. 人的角色，必然具有合理性与不合理性的内在对应，而对其不合理性的调整，正是人的自我的合理性的明证。

3. 从先秦的"克己复礼"，到宋代的"存天理，灭人欲"，再到当代的"克己奉公"，这一切都清楚地表明，千百年来，人们一直对自我保持着病态的偏执与怵惕。

4. 总是看到自我的不合理性与角色的合理性的认识，不仅属于典型的形而上学的见识，而且压抑了自我也固化了角色。

5. 缺少自我生命力渗透的社会角色，只能是人为造作的外在形式化的糊弄人的小摆设。

6. 只有角色与自我的相互激荡，才可能激发出社会与个体双方的生机与昂扬——这是对应论自我观，在角色与自我关系上的基本主张。

第二节　关注自我有知感与无知感的对应教育

切问：

1. 在师生对应比较的框架中，教师，仅仅具有有知或有知感，而没有无知或无知感吗？现行教育理论，为什么仅仅把握到教师的有知或有知感，而没有把握到教师的无知或无知感呢？

2. 在师生对应比较的框架中，学生，仅仅具有无知或无知感，而没有有知或有知感吗？现行教育理论，为什么仅仅把握到学生的无知或无知感，而没有把握到学生的有知或有知感呢？

3. 根据自己的有知或有知感，学生能够产生对于或指向教师的教育影响力量吗？现行教育理论，为什么仅仅把握到教师对于或指向学生的教育影响力量，而没有把握到学生对于或指向教师的教育影响力量呢？

4. 在实际的教育活动中，只会有学生在教师影响中的变化或发展，而没有教师在学生影响中的变化或发展吗？现行教育理论，为什么仅仅把握到学生在教师影响中的变化或发展，而没有把握到教师在学生影响中的变化或发展？

5. 在实际的教育活动中，只会有外在推动的教师与学生的发展，而没有师生双方以自我有知感与无知感的对应所形成的内在推动中的自我教育或自我发展吗？现行教育理论，为什么仅仅关注外在推动，而没有关注到内在推动呢？

6. 教师的无知感，能够内在地推动教师去谦虚地向学生学习吗？学生的有知感，能够内在地推动学生去对等地对教师产生教育影响作用吗？

一、论题的提出

现行教育理论认为，学校教育，就是教师对于学生的影响或塑造活动。这种理解，当然是其简单对象性的学生观的产物。在简单对象性的学生观视野中，围绕师生双方的认知状态或知识状态这一维度，现行教育理论包含如下基本假设：教师是成熟的或受过专业训练的人，而学生则是未成熟的或未受过专业训练的人，所以，教师是有知者，而学生则是无知者。如此理解的学校教育，也就是由有知的教师对于无知的学生的影响或塑造。不用多说，现行教育理论的这种理解，在实际的教育或教学活动中，当然会强化教师自我的有知感与学生自我的无知感。针对现行教育理论建立在教师有知感与学生无知感的基础上的简单教育，我们提出了师生双方自我有知感与无知感的对应教育。

二、对建立在教师有知感与学生无知感的基础上的简单教育的遮蔽性分析

现行教育理论，从教师的有知与学生的无知，切到对师生双方认知状态的理解，能够把握到哪些方面的内容呢？这主要表现为如下两个维度上的基本内容：

第一，从师生双方认知的关系性来看，现行教育理论，能够把握到如下三层内容：一是，能够把握到教师的有知与学生的无知，也能够把握到以此为基础的教师的有知感与学生的无知感；二是，能够把握到教师的有知，对学生无知的影响指向，也能够把握到以此为基础的教师有知感，对学生无知感的影响指向；三是，能够把握到教师的有知，对学生无知的影响或塑造，也能够把握到以此为基础的教师有知感，对学生无知感的影响或塑造。

第二，从师生双方认知的本体性来看，现行教育理论，能够把握到师生双方认知状态的简单性，也就是：教师一方认知状态的单一有知与有知感，学生一方认知状态的单一无知与无知感。

然而，现行教育理论，从教师的有知与学生的无知，切到对师生双方认知状态的理解，在有所把握的同时；却又遗漏或遮蔽了哪些内容呢？这也主要表现为如下两个维度上的基本内容：

第一，从师生双方认知的关系性来看，现行教育理论，在有所把握的同时，却也有所遗漏。一是，在把握到教师的有知感与学生的无知感的同时，却遗漏了教师的无知感与学生的有知感。从学校教育或教学活动的实际看，教师的有知感，是建立在教师所教专业或所熟悉的专业这一基础之上的；与此对应地，学生的无知感，也是建立在自己所学专业或不熟悉的专业这一基础之上的。而在这具体的专业领域之外，教师未必就是有知者，而学生也未必就是无知者。然而，现行教育理论，却在其主观抽象思维中，片面地抽取出教师的有知感与学生的无知感，并以此泛指师生双方的整个认知状态——这是明显的泛化思维的结果。由此，便遗漏了教师的无知感与学生的有知感。这种遗漏，很容易导致教师因单一有知感所形成的优势地位，也很容易导致学生因单一的无知感所形成的弱势地位。由此，便很容易导致师生之间的等级性地位或不对等地位。二是，在把握到由教师指向学生的影响指向的同时，却遗漏了由学生指向教师的影响指向。从学校教育或教学活动的实际看，一方面，教师能够以自己的有知，去影响或改造学生的无知；另一方面，学生也能够以自己的有知，去影响或改造教师的无知——师生之间的影响指向，不是单向度的，而是双向度的。然而，现行教育理论，却在其主观抽象思维中，片面地抽取出由教师指向学生的影响指向，以此泛指师生双方的影响指向——这也是明显的泛化思维的结果。由此，便遗漏了由学生指向教师的影响指向。这种遗漏，很容易导致教师主动性的泛化并滑入随意任性状态，也很容易导致学生被动性的泛化并陷入对教师的依赖或依附状态。由此，便很容易导致教师对学生简单的外在灌输或强制。三是，在把握到教师对学生影响或改造的同时，却遗漏了学生对教师的影响或改造。从学校教育或教学活动的实际看，一方面，教师能够以自己的有知，去影响或改造学生的无知并推动学生的变化发展，同时，学生也能够以自己的有知，去影响或改造教师的无知并推动教师的变化发展——师生之间的影响结果，不是单方的，而是双方的。然而，现行教育理论，却在其主观抽象思维中，片面地抽取出教师对学生的影响结果，并以此泛指师生双方的影响结果——这还是明显的泛化思维的结果。由此，便遗漏了学生对教师的影响结果。这种遗漏，很容易导致对教师成长或发展的轻视或忽视，也很容易导致对师生双方对应成长或发展的轻视或忽视。

第二，从师生双方认知的本体性来看，现行教育理论，在把握到师生双方认知状态的简单性的同时，却遗漏了师生双方认知状态的对应性。从教师方面看，也就是，在把握到教师有知与有知感的同时，却遗漏了对应的教师的无知与无知感，从学生方面看，也就是，在把握到学生无知与无知感的同时，却遗漏了对应的学生的有知与有知感。从学校教育或教学活动的实际看，师生双方，都有属于自己的有知与无知为基础的有知感与无知感，这种有知感与无知感的对应所形成的生命感受的张力，正是师生双方自我教育或自我发展的内在动力。然而，现行教育理论，却在其主观抽象思维中，片面地抽取出教师的有知感与学生的无知感，并以此泛指师生双方的整个认知状态——这仍然是泛化思维的结果。由此，便遗漏了教师的无知感与学生的有知感，进一步，又遗漏了师生双方由有知感与无知感的对应所形成的自我教育或自我发展的内在动力。这种遗漏，很容易导致师生双方，对自我教育或自我发展内在动力的疏远或疏离。

三、对建立在教师有知感与学生无知感的基础上的简单教育的对应改造

现行教育理论，对师生双方认知状态理解上的偏差，既然是由其片面的抽象泛化思维造成的，那么，要反思与改造现行教育理论的这些偏差，就必须走出其抽象泛化思维的片面状态，而进入事实思维的对应状态。

对应思维，能够对现行简单的教师有知感与学生无知感，做出哪些基本的反思与改造呢？这也主要表现为如下两个维度上的基本内容：

第一，从师生双方认知的关系性来看，我们认为，师生双方的认知包括三

层内容：一是，师生双方，都分别具有自己的有知与无知，也都分别具有自己的有知感与无知感，而不是现行教育理论所把握到的教师单一的有知感与学生单一的无知感。鉴于现行教育理论，偏失于教师单一的有知感与学生单一的无知感，我们愿意强调教师的无知感与学生的有知感。在这里首先要明白，在与学生对应比较的框架中，教师必然具有自己的无知，而学生也必然具有自己的有知。这是因为，师生双方都分别具有属于自己的特定生活情境以及由此带来的对特定生活情境的认知或知识。然后还要明白，既然教师必然具有自己的无知，既然学生也必然具有自己的有知，那么，教师就需要摆脱建立在单一有知基础上的主观随意性，而谦虚地向学生学习。需要注意，这里所谈的教师的谦虚，绝不是一个道德或礼仪概念，而是一个智力或哲学概念，因为，与学生相比，教师具有自身的无知，所以必须向学生学习。二是，师生双方，都分别以自己的有知与无知为基础，对对方发生影响与被影响的双向度作用，而不是现行教育理论所把握到的由教师指向学生的单向度作用。鉴于现行教育理论，偏失于教师指向学生的单一向度，我们愿意强调学生指向教师的影响向度。在这里，首先要明白，在与教师对应比较的框架中，学生必然具有自己的有知，而教师也必然具有自己的无知，所以，学生一方的有知，就必然会对教师一方的无知，产生教育影响力量。然后还要明白，既然学生能够对教师产生教育影响力量，既然这种影响力量是实然状态的存在，那么，教师就需要摆脱建立在单一有知基础上的等级性，而对等地接受来自学生的教育影响。需要注意，这里所谈的教师对学生教育影响的对等，也绝不是一个道德或礼仪概念，而是一个智力或哲学概念，因为，学生能够影响教师，所以教师就必须接受来自学生的这种教育影响。三是，师生双方，在有知与无知基础上，在双向度的教育影响中，都分别受到对应的影响而发生变化或转化，而不是现行教育理论所把握到的学生单方面的变化或转化。鉴于现行教育理论，偏失于学生一方的变化或转化，我们愿意强调教师一方的变化或转化。在这里，首先要明白，在师生对应比较的框架中，双方都分别具有自己的有知与无知，并且双方之间存在双向度的对应影响，所以，教师一方也必然会受到来自学生一方的影响并发生对应的变化或转化。然后还要明白，既然学生一方能够给教师一方带来变化或转化，既然这种变化或转化是一种客观的存在，那么，教师就需要摆脱建立在单一有知基础上的单向度对待学生的外在灌输状态，而诚实或坦然地接受由学生带给自己的变化或转化。需要注意，这里所谈的教师的诚实或坦然，也绝不是一个道德或礼仪概念，而是一个智力或哲学概念，因为，学生能够带来教师的变化或转化，所以教师就必须承认并接纳这种变化或转化。

第二，从师生双方认知的本体性来看，我们认为，师生双方都能够在有知感与无知感的对应中，形成自我教育或自我发展的内在力量，而不是现行教育理论所把握到的简单的推动教师与学生发展的外在灌输或强迫力量。鉴于现行教育理论，偏失于对教师与学生发展的外在推动力量，我们愿意强调双方自我教育或自我发展的内在力量。这包含两方面的基本内容：从教师方面说，因为现行教育理论，偏失于推动教师成长或教师发展的诸如专家指导、网络研修、培训辅导等等外在的影响力量，所以，我们强调教师自我由有知感与无知感对应所形成的内在推动力量。我们认为，如果缺少了这种内在的推动力量，那么，简单的对教师成长或发展的外在推动力量，就很难对教师产生实质性的影响作用。从学生方面说，因为现行教育理论，偏失于教师推动学生成长或发展的诸如指导、辅导、诱导、塑造、改造等等外在的影响力量，所以，我们强调学生自我由有知感与无知感对应所形成的内在推动力量。我们认为，如果缺少了这种内在的推动力量，那么，简单的教师对学生的外在影响力量，就很难对学生产生实质性的影响作用。需要注意，这里所谈的教师自我与学生自我，绝不是一个违反道德的自私自利意义上的自我概念，而是一个智力或哲学概念，因为，如果缺少了师生双方自我的内在推动，单一的外在推动就很难不会对双方产生灌输或强迫的消极作用。

四、本节小结

综上所述，现行教育理论，受其简单对象性的学生观限制，在对师生双方认知状态的把握上，虽然能够把握到教师的有知与学生的无知，也能够把握到教师的有知感与学生的无知感以及教师对学生的教育影响作用，但是，却遗漏了教师的无知与学生的有知，也遗漏了教师的无知感与学生的有知感以及学生对教师的教育影响作用，更遗漏了师生双方由有知感与无知感的对应所形成的自我教育或自我发展的内在张力。因此，我们在相互对应的师生观视野中，对它做出了基本的反思与改造。我们认为，在认知或知识状态维度上，师生双方，都分别具有自己的有知与无知，而不是现行教育理论所把握到的教师单一的有知与学生单一的无知。因此，师生双方，是双向度的相互教育，而不是现行教育理论所把握到的教师单向度地指向学生的教育，这种双向度的教育结果，就是师生双方的变化或转化，而不是现行教育理论所把握到的学生单方面的变化或转化。师生双方自我教育或自我发展的内在推动力量，就是由双方有知感与无知感的对应所形成的内在张力，而不是现行教育理论所片面把握到的单一地对教师与学生发展的外在推动力量。我们认为，这种对应理解，能够提出并增加师生双方对自身认知或知识状态的有知与无知的对应生命感受，即有知感与无知感。针对现行教育理论与实际中的偏差，我们愿意强调教师一方的无知感与学生一方的有知感。这种强调的消极意义，就是要推动教师摆脱由单一的有知感带来的自大、任性、封闭、僵化等状态；而积极意义，则是要推动教师以谦虚、对等、诚实的态度，去坦然面对自身的无知与学生的有知，并接纳来自学生的教育或影响。我们相信，只有这种对应理解，才能够更好地推进师生双方对等的教育与自我教育，以便为对等社会建立起以对应性为基础的人与人的对等关系。

五、本节提示

在本节最后，做一点提示。师生双方，由片面的教师有知感与学生无知感，到双方各自对应的有知感与无知感，其间的过渡环节，就是要走出现行教育理论以偏概全的泛化的抽象思维，而转换到有边界限定的事实思维上来。从生活世界的基本事实看，师生双方，都有属于自己的特定生活情境以及对这种情境的认知或知识，所以，师生双方，在对两种生活情境的认知或知识的比较中，就各有属于自己的有知感与无知感，而不是现行教育理论所片面抽取出的单一的教师有知感与学生无知感。

附言：

1. 像他人一样，教师的无知，是与有知相对应的事实。因此，承认自己的无知，是教师最基本的哲学上的诚实。

2. 像他人一样，学生的有知，是与无知相对应的事实。因此，承认学生的有知，是教师智力上最基本的对应能力。

3. 既不承认自己无知，也不承认学生有知的教师，就既不可能对学生保持谦虚，又不可能向学生学习。

4. 我们都有属于自己的无知，但很多人却没有无知感，这清楚地表明，人的无知是一个事实概念，而无知感则是一个生命感受的概念。

5. 无知感与有知感是对应存在的概念，正是两者对应所形成的生命感受的张力，才是推动人们认知状态转换的内在动力。

6. 只有建立在师生双方有知感与无知感的基础上的对应教育，才可能是具有内在张力的教育，也才可能是推动师生双方认知走向对应影响与对应转化的教育。

第三节 关注自我有所感与无所感的对应教育

切问：

1. 从情感活动的事实看，教师对学生，仅仅具有以可理解性为基础的有所感，而没有以不可理解性为基础的无所感吗？现行情感教育理论，为什么仅仅把握到教师的有所感，而没有把握到教师的无所感呢？

2. 从情感活动的事实看，学生对教师，仅仅具有以不可理解性为基础的无所感，而没有可理解性为基础的有所感吗？现行情感教育理论，为什么仅仅把握到学生的无所感，而没有把握到学生的有所感呢？

3. 从情感活动的事实看，人与人之间，仅仅具有以可理解性为基础的有所感，而没有以不可理解性为基础的无所感吗？现行情感教育理论，为什么仅仅把握到人与人之间的有所感，而没有把握到无所感呢？

4. 在情感教育过程中，仅仅具有教师对学生的影响而没有学生对教师的影响吗？现行情感教育理论，为什么仅仅把握到教师对学生的影响，而没有把握到学生对教师的影响呢？

5. 师生双方有所感与无所感的对应，能够产生双方自我情感教育或情感涵养的内在推动力量吗？

6. 教师对学生的无所感，能够使教师保持对学生独特情感的尊重吗？教师对学生独特情感的尊重，是一个智力或哲学上的概念吗？

一、论题的提出

现行教育理论认为，情感教育，就是教师对学生的熏陶或陶冶的过程。这种理解，当然是其简单对象性的学生观的产物。在简单对象性的学生观视野中，围绕师生双方的情感状态这一维度，现行情感教育理论包含如下基本假设：在情感上，教师是成熟的或稳健的人，而学生则是幼稚的或未成熟的人，所以，教师就应该关爱学生，而学生则需要受到教师的关爱，或者说，学生需要在教师的关爱中成长。这种假设，能够把握到教师成熟的情感体验，即有所感，也能够把握到学生缺少或没有成熟的情感体验，即无所感。针对现行建立在教师有所感与学生无所感基础上的简单情感教育，我们提出了师生双方自我有所感与无所感的对应教育。

二、对建立在教师有所感与学生无所感基础上的简单情感教育的遮蔽性分析

现行情感教育理论，从教师的有所感与学生的无所感，切到对师生双方情感状态的理解，能够把握到哪些方面的内容呢？这主要表现为如下两个维度上的基本内容：

第一，从师生双方情感的关系性来看，现行情感教育理论，能够把握到如下三层内容：一是，在师生双方情感的内容维度上，能够把握到教师的有所感与学生的无所感；二是，在师生双方情感的指向维度上，能够把握到由教师指向学生的情感影响指向；三是，在师生双方情感的影响结果维度上，能够把握到教师成熟或稳健的情感，对学生情感的感动或感化或感染。

第二，从师生双方情感的本体性来看，现行情感教育理论，能够把握到师生双方情感状态的简单性，也就是：教师情感状态单一的有所感与学生情感状态单一的无所感。

然而，现行情感教育理论，从教师的有所感与学生的无所感，切到对师生双方情感状态的理解，在有所把握的同时，却又遗漏或遮蔽了哪些内容呢？这也主要表现为如下两个维度上的基本内容：

第一，从师生双方情感的关系性来看，现行情感教育理论，在有所把握的同时，却也有所遗漏。一是，在师生双方情感的内容维度上，现行情感教育理论，在把握到教师的有所感与学生的无所感的同时，却遗漏了学生的有所感与教师的无所感。就人与人之间情感的体验关系来看，在与学生对应比较的框架中，教师当然会对学生有所感受或体验，但要特别注意这种感受或体验的边界限定性或条件性。从生活的事实看，教师对学生的体验，一般受两方面条件的限定。一方面，教师根据自己关于学生发展的一般理论认识去体验学生。这当然可以获得对学生的一般共同性的感受即对学生有所感，但是，同时，却不可能获得对学生自身具有差异性的独特的感受即对学生无所感。这里的道理是，关于学生发展的一般理论，只是对学生成长的共同性的概括，而不是对学生成长的具体差异性的考察。另一方面，教师根据自己与学生相似的经历去体验学生。这当然也可以获得对学生的以相似经历为基础的相似的感受，即对学生有所感，但是，同时，却不可能获得对学生以自己经历为基础的独特感受，即对学生无所感。这里的道理是，教师与学生双方的经历，只可能具有相似性，而不可能具有相同性。概括这两方面的情况，我们看到，包括师生在内的人与人之间的情感体验，既涉及以可理解性为基础的有所感，又涉及以不可理解性为

基础的无所感。或者说，有所感与无所感，共同构成人与人之间情感体验的对应内容。然而，现行情感教育理论，却在其主观抽象思维中，片面地抽取出教师一方的有所感与学生一方的无所感，并以此泛指师生双方情感的完整内容。由此，便遗漏了教师一方的无所感与学生一方的有所感。此种遗漏，很容易导致教师一方情感的任性或放纵，也很容易导致学生一方情感的无所适从。二是，在师生双方情感的指向维度上，现行情感教育理论，在把握到由教师指向学生的情感影响指向的同时，却遗漏了由学生指向教师的情感影响指向。从师生双方之间情感关系的事实看，由教师指向学生的任何情感影响指向，都必然会引起学生的情感反应，学生的这种情感反应，又必然会反过来对教师的情感产生影响。这清楚地表明，师生之间的情感影响的指向，不是单向度的存在，而是双向度的存在。然而，现行情感教育理论，却在其主观抽象思维中，片面地抽取出由教师指向学生的情感影响指向，并以此泛指师生双方之间的情感影响指向。由此，便遗漏了由学生指向教师的情感影响指向。此种遗漏，很容易导致教师一方对学生一方情感的轻视或忽视，也很容易导致学生一方对教师一方情感的依赖或依附。三是，在师生双方情感影响的结果维度上，现行情感教育理论，在把握到教师情感对学生情感影响结果的同时，却遗漏了学生情感对教师情感的影响结果。既然师生双方，都既有有所感又有无所感，既然双方之间的情感是双向度的相互影响，那么，师生双方情感影响的结果，就必然会涉及师生双方，而不可能只涉及一方。然而，现行情感教育理论，却在其主观抽象思维中，片面地抽取出教师对学生的情感影响结果，并以此泛指师生双方之间的情感影响结果。由此，便遗漏了学生情感对教师情感的影响结果。此种遗漏，很容易导致教师一方对来自学生一方情感影响的封闭与排斥，并因此而使教师一方陷入一厢情愿的情感偏执状态之中。

第二，从师生双方情感的本体性来看，现行情感教育理论，在把握到师生双方情感状态的简单性的同时，却遗漏了师生双方情感状态的对应性。从学校教育或教学活动的实际看，不管是教师，还是学生，都有属于自己的有所感与无所感。这种有所感与无所感的对应所形成的生命感受的张力，正是师生双方展开自我情感教育或情感涵养的内在推动力量。然而，现行情感教育理论，却在其主观抽象思维中，片面地抽取出教师一方的有所感与学生一方的无所感，并以此泛指师生双方的整个情感状态。由此，便遗漏了教师一方的无所感与学生一方的有所感，更遗漏了师生双方由有所感与无所感的对应所形成的生命感受的张力。此种遗漏，很容易导致师生双方，对自我情感教育或情感涵养的内在动力的疏远或疏离。

三、对建立在教师有所感与学生无所感基础上的简单情感教育的对应改造

现行情感教育理论，对师生双方情感状态理解上的偏差，既然是由其片面的抽象泛化思维造成的，那么，要反思与改造现行情感教育理论的这些偏差，就必须走出其抽象泛化思维的片面状态，进入关于情感活动的事实思维的对应状态。

关于情感活动事实的对应思维，能够对现行简单的教师有所感与学生无所感的状态，做出哪些基本的反思与改造呢？这也主要表现为如下两个维度上的基本内容：

第一，从师生双方情感的关系性来看，我们认为，师生双方的情感包括三层内容：一是，师生双方，都分别具有自己的有所感与无所感；而不是现行情感教育理论所把握到的教师单一的有所感与学生单一的无所感。鉴于现行情感教育理论的偏差，我们愿意强调教师的无所感与学生的有所感。在这里，首先要明白，在与学生对应比较的框架中，教师必然具有自己的无所感，而学生也必然具有自己的有所感。这是因为，师生双方都分别具有属于自己的特定生活情境以及由此带来的对特定生活情境的感受或体验。其次还要明白，既然教师必然具有自己的无所感，学生必然具有自己的有所感，那么，教师就需要摆脱建立在单一的有所感基础上的情感的任性或放纵，而去尊重学生的独特的情感。需要注意的是，这里所谈的教师对学生情感的尊重，绝不是一个道德或礼仪概念，而是一个智力或哲学概念，因为，与学生相比，教师具有自身的无所感，所以就必须尊重学生独特的情感。二是，师生双方都能够以自己的有所感，对对方产生情感的影响指向，而不是现行情感教育理论所把握到的由教师情感指向学生情感的单一影响指向。鉴于现行情感教育理论的偏差，我们愿意强调由学生情感指向教师情感的影响指向。在这里，首先要明白，因为学生具有自己的有所感，而教师具有自己的无所感，所以，学生就能够产生指向教师的情感影响指向。其次还要明白，既然学生能够产生指向教师的情感影响指向，那么，教师就应该正视并接受源自学生的这一指向，而不是轻视、忽视甚至排斥这一指向。三是，师生双方，都能够以自己的有所感与无所感产生出对对方的情感影响结果，而不是现行情感教育理论所把握到的教师对学生单方面的情感影响结果。鉴于现行情感教育理论的偏差，我们愿意强调学生对教师的情感影响结果。在这里，首先要明白，因为学生具有影响教师的情感指向，所以，教师必然会受到学生情感的影响。其次还要明白，既然教师必然会受到学生的情感影响，那么，教师就应该以开放的心态面对这种影响，而不是将自己封闭在这种

影响之外。

第二，从师生双方情感的本体性来看，我们认为，师生双方，都具有由各自的有所感与无所感的对应所产生的自我教育或自我涵养的内在推动力量，而不是现行情感教育理论所把握到的单一外在影响力量。鉴于现行教育理论，偏失于对教师与学生情感的外在影响力量，我们愿意强调双方自我教育或自我涵养的内在力量。这包含两方面的基本内容：从教师方面说，因为现行教育理论，偏失于影响教师情感的诸如师德，师风建设，先进教师、优秀教师或模范教师事迹报告会等等外在的影响力量，所以，我们强调教师自我由有所感与无所感对应所形成的内在推动力量。我们认为，如果缺少了这种内在的推动力量，那么，简单的对教师情感的外在影响力量，就很难对教师产生实质性的影响作用。从学生方面说，因为现行教育理论，偏失于教师关爱、关怀、关心学生或感动、感化、感染学生等等外在的影响力量，所以，我们强调学生自我由有所感与无所感对应所形成的内在推动力量。我们认为，如果缺少了这种内在的推动力量，那么，简单的教师对学生的外在情感影响力量，就很难对学生的情感产生实质性的影响。

四、本节小结

综上所述，现行情感教育理论，受其简单泛化思维的局限，只能把握到教师的有所感与学生的无所感以及以此为基础的教师对学生的情感影响，却遗漏了教师的无所感与学生的有所感以及以此为基础的学生对教师的情感影响，更遗漏了师生双方以有所感与无所感对应所产生的自我情感教育或情感涵养的内在动力。因此，我们在对应自我观的视野中，对它做出了基本的反思与改造。从师生双方情感的关系性看，我们认为，师生双方都分别具有有所感与无所感，而不是现行情感教育理论所把握到的教师的有所感与学生的无所感。在情感教育过程中①师生双方情感是双向度关系，而不是现行情感教育理论所把握到的单向度关系；②师生双方在双向度的影响过程中都分别受到对方影响并发生情感状态的变化，而不是现行情感教育理论所把握到的片面的学生受到教师影响而发生情感状态的变化；③师生双方都具有由有所感与无所感的对应所产生的自我情感教育或情感涵养的内在动力，而不是现行情感教育理论所把握到的外在的影响力量。针对现行情感教育理论的偏差，我们愿意强调教师的无所感与学生的有所感。这种强调的消极意义，是要提醒教师摆脱由单一的有所感所导致的对学生情感的轻视或排斥以及由此带来的教师自身情感的任性或僵化，而这种强调的积极意义，是要提醒教师在有所感与无所感的对应基础上，更好地开展与学生对等的相互教育或相互涵养，以便推动双方的情感进入丰富而深刻的状态。

五、本节提示

在本节最后，需要做一点提示。师生双方由片面的教师有所感与学生无所感，到双方各自对应的有所感与无所感，其间的过渡环节，就是要走出现行情感教育理论以偏概全的抽象泛化思维，而转换到有边界限定的事实思维上来。从生活世界的基本事实看，师生双方都有属于自己的特定生活情境以及对这种情境的感受或体验，所以，师生双方在对两种生活情境的感受或体验的比较中，就各有属于自己的有所感与无所感，而不是现行情感教育理论所片面抽取出的单一的教师有所感与学生的无所感。

附言：

1. 师生之间必然存在的无所感表明，所谓师生之间的零距离交往只能是一种乡愿。

2. 师生之间的不理解，是一种常态；正像师生之间的理解，也是一种常态一样——要知道：情感的常态，都必然是对应的存在。

3. 从理性上说，人与人之间的孤独或者不可理解，是一种正常的生命感受状态，对此，那些智力不逮的人却感到无奈。

4. 单一地追求人与人之间的理解，而不谈人与人之间的不可理解，正是简单与偏执的人学理论或哲学理论的悲哀。

5. 无所感与有所感是对应存在的概念，正是两者对应所形成的生命感受的张力，才是推动人们情感状态转换的内在动力。

6. 只有建立在师生双方有所感与无所感基础上的情感教育，才可能是具有内在张力的教育，也才可能是推动师生双方情感走向对应影响与对应转化的教育。

第四节　关注自我有所支配与无所支配的对应教育

切问：

1. 从意志力活动的事实看，教师对学生，仅仅具有可以支配或有所支配的感受，而没有不可支配或无所支配的感受吗？现行意志力教育理论，为什么仅仅把握到教师的有所支配，而没有把握到教师的无所支配呢？

2. 从意志力活动的事实看，学生对教师，仅仅具有不可以支配或无所支配的感受，而没有可以支配或有所支配的感受吗？现行意志力教育理论，为什么仅仅把握到学生的无所支配，而没有把握到学生的有所支配呢？

3. 从意志力活动的事实看，人与人之间，仅仅具有可以支配或有所支配的感受，而没有不可以支配或无所支配的感受吗？现行意志力教育理论，为什么仅仅把握到人与人之间的有所支配，而没有把握到人与人之间的无所支配呢？

4. 在意志力教育过程中，仅仅具有教师对学生的影响而没有学生对教师的影响吗？现行意志力教育理论，为什么仅仅把握到教师对学生的影响，而没有把握到学生对教师的影响呢？

5. 师生双方有所支配与无所支配的对应，能够产生双方自我意志力教育或意志力涵养的内在推动力量吗？

6. 师生双方自我意志力教育或意志力涵养的目标，就是既要实现对对方的意志力影响，又要实现对自己的意志力克制吗？

一、论题的提出

现行学校教育理论，关于教师与学生在教育或教学活动中的关系，有一个共同的认识，那就是认为教师主导学生的发展，广泛流布在现行教育学教材、论文、论著和词典等文本中的所谓"教为主导，学为主体"的命题，就是这种主导理论的证据。这种理解，当然是其简单对象性的学生观的产物。在简单对象性的学生观视野中，围绕师生双方的意志力状态这一维度，现行学校教育理论包含如下基本假设：教师具有较强的意志力，而学生具有较弱的意志力或没有意志力。因此，教师能够以自己的意志力，去支配或主导学生的意志力，或者说，学生在教师意志力的支配下发展。这种假设，既能够把握到教师意志力对学生的支配，即教师意志力的有所支配，也能够把握到学生意志力被教师所支配，即学生意志力的被支配或无所支配。针对现行建立在教师有所支配与学生无所支配基础上的简单意志力教育，我们提出了师生双方自我有所支配与无所支配的对应教育。

二、对建立在教师有所支配与学生无所支配基础上的简单意志力教育的遮蔽性分析

现行意志力教育理论，从教师的有所支配与学生的无所支配，切到对师生双方意志力状态的理解，能够把握到哪些方面的内容呢？这主要表现为如下两

个维度上的基本内容：

第一，从师生双方意志力的关系性来看，现行意志力教育理论，能够把握到如下三层内容：一是，在师生双方意志力的内容维度上，能够把握到教师的有所支配与学生的无所支配；二是，在师生双方意志力的指向维度上，能够把握到由教师指向学生的意志力影响指向；三是，在师生双方意志力的影响结果维度上，能够把握到教师的意志力对学生意志力的主导或控制。

第二，从师生双方意志力的本体性来看，现行意志力教育理论能够把握到师生双方意志力状态的简单性，也就是：教师意志力状态单一的有所支配与学生意志力状态单一的无所支配。

然而，现行意志力教育理论，从教师的有所支配与学生的无所支配，切到对师生双方意志力状态的理解，在有所把握的同时，却又遗漏或遮蔽了哪些内容呢？这也主要表现为如下两个维度上的基本内容：

第一，从师生双方意志力的关系性来看，现行意志力教育理论，在有所把握的同时，却也有所遗漏：一是，在师生双方意志力的内容维度上，现行意志力教育理论，在把握到教师的有所支配与学生的无所支配的同时，却遗漏了学生的有所支配与教师的无所支配。从学校教育或教学活动的基本事实看，包括教师与学生在内，每个人的成长或发展，都是在外部影响力量与自我内部影响力量的交互作用中实现的。换一种表达，那也就是，每个人都能够以自我意志力去影响或支配他人，即人对他人能够有所支配，同时，却无法代替他人的自我影响或自我支配，即人对他人又无所支配。简约地说，人对他人会有所支配，但同时，人对他人又无所支配，这便是人的意志力存在的实然状态。然而，现行意志力教育理论，却在其主观抽象思维中，片面地抽取出教师一方的有所支配与学生一方的无所支配，并以此泛指师生双方意志力的完整内容。由此，便遗漏了教师一方的无所支配与学生一方的有所支配。此种遗漏，很容易导致教师一方意志力的强势地位与学生一方意志力的弱势地位。由此，便很容易导致师生之间在意志力维度上的等级性关系。二是，在师生双方意志力的指向维度上，现行意志力教育理论，在把握到由教师指向学生的意志力影响指向的同时，却遗漏了由学生指向教师的意志力影响指向。从师生双方之间意志力关系的事实看，由教师指向学生的任何意志力影响指向，都必然会引起学生的意志力反应，而学生的这种意志力反应，又必然会反过来对教师的意志力产生影响。这清楚地表明，师生之间的意志力影响的指向，不是单向度的存在，而是双向度的存在。然而，现行意志力教育理论，却在其主观抽象思维中，片面地抽取出由教师指向学生的意志力影响指向，并以此泛指师生双方之间的意志力影响指向。由此，便遗漏了由学生指向教师的意志力影响指向。此种遗漏，很容易导致教师一方对学生一方意志力的压抑或压制，也很容易导致学生一方对教师一方意志力的依赖或依附。三是，在师生双方意志力影响的结果维度上，现行意志力教育理论，在把握到教师意志力对学生意志力影响结果的同时，却遗漏了学生意志力对教师意志力的影响结果。既然师生双方，都既能有所支配又无所支配，既然双方之间的意志力是双向度的相互影响，那么，师生双方意志力影响的结果，就必然会涉及师生双方，而不可能只涉及一方。然而，现行意志力教育理论，却在其主观抽象思维中，片面地抽取出教师对学生的意志力影响结果，并以此泛指师生双方之间的意志力影响结果。由此，便遗漏了学生意志力对教师意志力的影响结果。此种遗漏，很容易导致教师一方对来自学生一方意志力影响的封闭与排斥，并因此而使教师一方陷入意志力的膨胀状态之中。

　　第二，从师生双方意志力的本体性来看，现行意志力教育理论，在把握到师生双方意志力状态的简单性的同时，却遗漏了师生双方意志力状态的对应性。从学校教育或教学活动的实际看，不管是教师，还是学生，都有属于自己的有所支配与无所支配。这种有所支配与无所支配的对应所形成的生命感受的张力，正是师生双方开展自我意志力教育或意志力涵养的内在推动力量。然而，现行意志力教育理论，却在其主观抽象思维中，片面地抽取出教师一方的有所支配与学生一方的无所支配，并以此泛指师生双方的整个意志力状态。由此，便遗漏了教师一方的无所支配与学生一方的有所支配，更遗漏了师生双方由有所支配与无所支配对应所形成的生命感受的张力。此种遗漏，很容易导致师生双方，对自我意志力教育或意志力涵养内在动力的疏远或疏离。

三、对建立在教师有所支配与学生无所支配基础上的简单意志力教育的对应改造

　　现行意志力教育理论，对师生双方意志力状态理解上的偏差，既然是由其片面的抽象泛化思维造成的，那么，要反思与改造现行意志力教育理论的这些偏差，就必须走出其抽象泛化思维的片面状态，而进入到关于意志力活动的事实思维的对应状态。

　　关于意志力活动事实的对应思维，能够对现行简单的教师有所支配与学生无所支配的状态，做出哪些基本的反思与改造呢？这也主要表现为如下两个维度上的基本内容：

　　第一，从师生双方意志力的关系性来看，我们认为，师生双方的意志力包括三层内容：一是，师生双方，都分别具有自己的有所支配与无所支配，而不

是现行意志力教育理论所把握到的教师单一的有所支配与学生单一的无所支配。鉴于现行意志力教育理论的偏差，我们愿意强调教师的无所支配与学生的有所支配。在这里，首先要明白，在与学生对应比较的框架中，教师必然具有自己的无所支配，而学生也必然具有自己的有所支配。这是因为，师生双方都分别具有属于自己的特定生活情境以及由此带来的对特定生活情境的意志力影响或支配。其次还要明白，既然教师必然具有自己的无所支配，学生必然具有自己的有所支配，那么，教师就需要摆脱建立在单一的有所支配基础上的意志力强势感或放纵感，而去建立与学生意志力的对等关系。二是，师生双方，都能够以自己的有所支配，对对方产生意志力的影响指向，而不是现行意志力教育理论所把握到的由教师意志力指向学生意志力的单一影响指向。鉴于现行意志力教育理论的偏差，我们愿意强调由学生意志力指向教师意志力的影响指向。在这里，首先要明白，因为学生具有自己的有所支配，而教师具有自己的无所支配，所以，学生就能够产生指向教师的意志力影响指向。其次还要明白，既然学生能够产生指向教师的意志力影响指向，那么，教师就应该正视并接受源自学生的这一指向，而不是轻视、忽视甚至排斥这一指向。三是，师生双方都能够以自己的有所支配与无所支配产生出对对方的意志力影响结果，而不是现行意志力教育理论所把握到的教师对学生单方面的意志力影响结果。鉴于现行意志力教育理论的偏差，我们愿意强调学生对教师的意志力影响结果。在这里，首先要明白，因为学生具有影响教师的意志力指向，所以，教师必然会受到学生意志力的影响。其次还要明白，既然教师必然会受到学生的意志力影响，那么，教师就应该以开放的心态面对这种影响，而不是将自己封闭在这种影响之外。

第二，从师生双方意志力的本体性来看，我们认为，师生双方都具有由各自的有所支配与无所支配对应所产生的自我意志力教育或意志力涵养的内在推动力量，而不是现行意志力教育理论所把握到单一的外在影响力量。鉴于现行意志力教育理论，偏失于对教师与学生意志力的外在影响力量，我们愿意强调双方自我教育或自我涵养的内在力量。这包含两方面的基本内容：从教师方面说，因为现行意志力教育理论，偏失于影响教师意志力的诸如教育法律、法规、教育制度、政策和教师职业道德等外在的影响力量，所以，我们强调教师自我由有所支配与无所支配对应所形成的内在推动力量。我们认为，如果缺少了这种内在的推动力量，那么，简单的对教师意志力的外在影响力量，就很难对教师产生实质性的影响作用。从学生方面说，因为现行教育理论，偏失于教师主导、指导、引导、诱导、控制或改造学生等外在的影响力量，所以，我们强调学生自我由有所支配与无所支配对应所形成的内在推动力量。我们认为，如果缺少了这种内在的推动力量，那么，简单的教师对学生的外在意志力影响力量，就很难对学生的意志力产生实质性的影响。

四、本节小结

综上所述，现行意志力教育理论，受其简单泛化思维的局限，只能把握到教师的有所支配与学生的无所支配以及以此为基础的教师对学生的意志力影响，却遗漏了教师的无所支配与学生的有所支配以及以此为基础的学生对教师的意志力影响，更遗漏了师生双方以有所支配与无所支配对应所产生的自我意志力教育或意志力涵养的内在动力。因此，我们在对应自我观的视野中，对它做出了基本的反思与改造：从师生双方意志力的关系性看，我们认为，师生双方，都分别具备有所支配与无所支配的感受，而不是现行意志力教育理论所把握到的教师的有所支配与学生的无所支配的感受。在意志力教育过程中，①师生双方意志力是双向度关系，而不是现行意志力教育理论所把握到的单向度关系；②师生双方在双向度的影响过程中都分别受到对方影响并发生意志力状态的变化，而不是现行意志力教育理论所把握到的片面的学生受到教师影响而发生意志力状态的变化；③师生双方都具有由有所支配与无所支配对应所产生的自我意志力教育或意志力涵养的内在动力，而不是现行意志力教育理论所把握到的外在的影响力量。针对现行意志力教育理论的偏差，我们愿意强调教师的无所支配与学生的有所支配。这种强调的消极意义，是要提醒教师摆脱由单一的有所支配所导致地对学生意志力的轻视或排斥以及由此带来的教师自身意志力的任性或偏执；而这种强调的积极意义，是要提醒教师在有所支配与无所支配对应的基础上，更好地开展与学生对等的相互教育或相互涵养，以便推动双方的意志力进入到既能影响对方又能收敛自我的边界状态。

五、本节提示

在本节最后，需要做一点提示。师生双方由片面的教师有所支配与学生无所支配的单一感受，到双方各自有所支配与无所支配的对应感受，其间的过渡环节，就是要走出现行意志力教育理论以偏概全的抽象泛化思维，而转换到有边界限定的事实思维上来。从生活世界的基本事实看，师生双方都有属于自己的特定生活情境以及对这种情境的影响或支配，所以，师生双方在对两种生活情境的影响或支配的比较中，就各有属于自己的有所支配与无所支配的对应感受，而不是现行意志力教育理论所片面抽取出的教师有所支配与学生无所支配的单一感受。

附言：

1. 教师必然具有对学生无所支配的感受，这足以表明，所谓教师主导学生的流行论断，不过是一种主观的简单而粗鲁的断言。

2. 师生之间的无所支配感，是一种常态；正像师生之间的有所支配感，也是一种常态一样——要知道：意志力的常态，都必然是对应的存在。

3. 那些疯狂到企图掌控一切的人，需要明白：人与人之间的无所支配，也是一种正常的生命感受状态。

4. 人与人之间的有所支配与无所支配表明：学会放手或学会克制，都不单是哲学或教育学上的建议，而且是行为或活动中的明智。

5. 无所支配与有所支配是对应存在的概念，正是两者对应所形成的生命感受的张力，才是推动人们意志力状态转换的内在动力。

6. 只有建立在师生双方有所支配与无所支配基础上的意志力教育，才可能是具有内在张力的教育，也才可能是推动师生双方意志力进入到既相互影响又相互克制的对应状态的教育。

第五节　关注自我有所能与有所不能的对应教育

切问：

1. 教师当然会具有自己的能力，但这种能力，是抽象的能力，还是具有边界限定的能力？现行学校教育理论，为什么仅仅把握到教师的有所能，而没有把握到教师的有所不能呢？

2. 学生当然会具有自己的不能，但这种不能，是抽象的不能，还是具有边界限定的不能？现行学校教育理论，为什么仅仅把握到学生的不能，而没有把握到学生的有所能呢？

3. 从人的能力存在的基本事实看，每一个人，都既有所能，又有所不能吗？现行学校教育理论，为什么仅仅把握到人的有所能，而没有把握到人的有所不能呢？

4. 在实际的教育过程中，仅仅具有教师对学生的能力影响而没有学生对教师的能力影响吗？现行学校教育理论，为什么仅仅把握到教师对学生的能力影响，而没有把握到学生对教师的能力影响呢？

5. 师生双方有所能与有所不能的对应，能够产生双方自我能力建设或能力涵养的内在推动力量吗？

6. 师生双方自我能力建设或能力涵养的目标，就是要进入既能影响他人又不妨碍他人的边界状态吗？

一、论题的提出

现行学校教育理论认为：教师是教育者，是教育别人的人；学生是受教育者，是接受别人教育的人。这种理解，当然是其简单对象性的学生观的产物。在简单对象性的学生观视野中，围绕师生双方的能力状态这一维度，现行学校教育理论包含如下基本假设：教师是成熟的经过专业训练的具有较强能力的人；学生是未成熟的能力较弱或没有能力的人。因此，教师能够以自己的能力，去塑造或影响学生，而学生则在教师能力的影响中获得发展。这种假设，既能够把握到教师能力对学生的影响，即教师的有所能；也能够把握到学生在教师影响中的发展，即学生的有所不能。针对现行建立在教师有所能与学生有所不能基础上的简单教育，我们提出了师生双方自我有所能与有所不能的对应教育。

二、对建立在教师有所能与学生有所不能基础上的简单教育的遮蔽性分析

现行学校教育理论，从教师的有所能与学生的有所不能，切到对师生双方能力状态的理解，能够把握到哪些方面的内容呢？这主要表现为如下两个维度上的基本内容：

第一，从师生双方能力的关系性来看，现行学校教育理论，能够把握到如下三层内容：一是，在师生双方能力的内容维度上，能够把握到教师的有所能与学生的有所不能；二是，在师生双方能力的指向维度上，能够把握到由教师指向学生的能力影响指向；三是，在师生双方能力的影响结果维度上，能够把握到教师的能力，对学生能力的影响或塑造。

第二，从师生双方能力的本体性来看，现行学校教育理论，能够把握到师生双方能力状态的简单性，也就是：教师能力状态单一的有所能与学生能力状态单一的有所不能。

然而，现行学校教育理论，从教师的有所能与学生的有所不能，切到对师生双方能力状态的理解，在有所把握的同时，却又遗漏或遮蔽了哪些内容呢？这也主要表现为如下两个维度上的基本内容：

第一，从师生双方能力的关系性来看，现行学校教育理论，在有所把握的同时，也有所遗漏。一是，在师生双方能力的内容维度上，现行学校教育理论，

在把握到教师的有所能与学生的有所不能的同时，遗漏了学生的有所能与教师的有所不能。从包括师生在内的人的能力的实然状态看，每个人都具有与生俱来的遗传能力与后天获得的能力，但是，每个人的能力都是有边界限定的能力，超出了自己的能力边界，每个人都是没有能力的。换一种表达，那也就是：每个人都有所能，但是，同时都有所不能。这便是人的能力存在的实然状态。然而，现行学校教育理论，却在其主观抽象思维中，片面地抽取出教师一方的有所能与学生一方的有所不能，并以此泛指师生双方能力的完整内容。由此，便遗漏了教师一方的有所不能与学生一方的有所能。此种遗漏，很容易导致教师一方对自身能力的夸大甚至膨胀，也很容易导致学生一方对自身能力的低估甚至贬低。二是，在师生双方能力的指向维度上，现行学校教育理论，在把握到由教师指向学生的能力影响指向的同时，却遗漏了由学生指向教师的能力影响指向。从师生双方能力关系的事实看，由教师指向学生的任何能力影响指向，都必然会引起学生的反应；学生的这种反应，又必然会反过来对教师的能力产生影响。这清楚地表明，师生双方能力影响的指向，不是单向度的存在，而是双向度的存在。然而，现行学校教育理论，却在其主观抽象思维中，片面地抽取出由教师指向学生的能力影响指向，并以此泛指师生双方的能力影响指向。由此，便遗漏了由学生指向教师的能力影响指向。此种遗漏，很容易导致教师一方对学生一方能力的压抑或压制，也很容易导致学生一方对教师一方能力的依赖或依附。三是，在师生双方能力影响的结果维度上，现行学校教育理论，在把握到教师能力对学生影响结果的同时，却遗漏了学生能力对教师的影响结果。既然师生双方，都既有所能又有所不能，既然双方能力是双向度的相互影响，那么，师生双方能力影响的结果，就必然会涉及师生双方，而不可能只涉及一方。然而，现行学校教育理论，却在其主观抽象思维中，片面地抽取出教师能力对学生的影响结果，并以此泛指师生双方能力影响的结果。由此，便遗漏了学生能力对教师的影响结果。此种遗漏，很容易导致教师一方对来自学生一方能力影响的封闭与排斥，并因此而使教师一方陷入能力的孤立与僵化状态之中。

第二，从师生双方能力的本体性来看，现行学校教育理论，在把握到师生双方能力状态的简单性的同时，却遗漏了师生双方能力状态的对应性。从学校教育或教学活动的实际看，不管是教师还是学生，都有属于自己的有所能与有所不能。这种有所能与有所不能的对应所形成的生命感受的张力，正是师生双方开展自我能力建设或能力涵养的内在推动力量。然而，现行学校教育理论，却在其主观抽象思维中，片面地抽取出教师一方的有所能与学生一方的有所不能，并以此泛指师生双方的整个能力状态。由此，便遗漏了教师一方的有所不能与学生一方的有所能，更遗漏了师生双方由有所能与有所不能的对应所形成的生命感受的张力。此种遗漏，很容易导致师生双方，对自我能力建设或能力涵养的内在动力的疏远或疏离。

三、对建立在教师有所能与学生有所不能基础上的简单教育的对应改造

现行学校教育理论，对师生双方能力状态理解上的偏差，既然是由其片面的抽象泛化思维造成的，那么，要反思与改造现行学校教育理论的这些偏差，就必须走出其抽象泛化思维的片面状态，而进入到关于能力活动的事实思维的对应状态。

关于能力活动事实的对应思维，能够对现行简单的教师有所能与学生有所不能的状态，做出哪些基本的反思与改造呢？这也主要表现为如下两个维度上的基本内容：

第一，从师生双方能力的关系性来看，我们认为，师生双方的能力包括三层内容：一是，师生双方，都分别具有自己的有所能与有所不能，而不是现行学校教育理论所把握到的教师单一的有所能与学生单一的有所不能。鉴于现行学校教育理论的偏差，我们愿意强调教师的有所不能与学生的有所能。在这里，首先要明白，在与学生对应比较的框架中，教师必然具有自己的有所不能，而学生也必然具有自己的有所能。这是因为，师生双方都分别具有属于自己的特定生活情境以及由此带来的对特定生活情境能力的回应。其次还要明白，既然教师必然具有自己的有所不能，学生必然具有自己的有所能，那么，教师就需要摆脱建立在单一的有所能基础上对自身能力的夸大或膨胀，而去建立与学生能力状态的对等关系。二是，师生双方都能够以自己的有所能，对对方产生能力的影响指向，而不是现行学校教育理论所把握到的由教师能力指向学生的单一影响指向。鉴于现行学校教育理论的偏差，我们愿意强调由学生能力指向教师的影响指向。在这里，首先要明白，因为学生具有自己的有所能，而教师具有自己的有所不能，所以，学生就能够产生指向教师的能力影响指向。其次还要明白，既然学生能够产生指向教师的能力影响指向，那么，教师就应该正视并接受源自学生的这一指向，而不是轻视、忽视甚至排斥这一指向。三是，师生双方都能够以自己的有所能与有所不能产生出对对方的能力影响结果，而不是现行学校教育理论所把握到的教师对学生单方面的能力影响结果。鉴于现行学校教育理论的偏差，我们愿意强调学生对教师的能力影响结果。在这里，首先要明白，因为学生具有影响教师的能力指向，所以，教师必然会受到学生能

力的影响。其次还要明白，既然教师必然会受到学生的能力影响，那么，教师就应该以开放的心态面对这种影响，而不是将自己封闭在这种影响之外。

第二，从师生双方能力的本体性来看，我们认为，师生双方都具有由各自的有所能与有所不能的对应所产生的自我能力建设或能力涵养的内在推动力量，而不是现行学校教育理论所把握到的单一的外在影响力量。鉴于现行学校教育理论，偏失于对教师与学生能力的外在影响力量，我们愿意强调双方自我能力建设或能力涵养的内在力量。这包含两方面的基本内容：从教师方面说，因为现行学校教育理论，偏失于影响教师能力的诸如专家指导、网络培训、在职进修或脱产学习等外在的影响力量，所以，我们强调教师自我由有所能与有所不能的对应所形成的内在推动力量。我们认为，如果缺少了这种内在的推动力量，那么，简单的对教师能力的外在影响力量，就很难对教师产生实质性的影响作用。从学生方面说，因为现行学校教育理论，偏失于教师教导、训导、塑造和改造学生等外在的影响力量，所以，我们强调学生自我由有所能与有所不能对应所形成的内在推动力量。我们认为，如果缺少了这种内在的推动力量，那么，简单的教师对学生的外在能力影响，就很难对学生的能力产生实质性的作用。

四、本节小结

综上所述，现行学校教育理论，受其简单泛化思维的局限，只能把握到教师的有所能与学生的有所不能以及以此为基础的教师对学生的能力影响，却遗漏了教师的有所不能与学生的有所能以及以此为基础的学生对教师的能力影响，更遗漏了师生双方以有所能与有所不能的对应所产生的自我能力建设或能力涵养的内在动力。因此，我们在对应自我观的视野中，对它做出了基本的反思与改造。从师生双方能力的关系性看，我们认为①师生双方都分别具备有所能与有所不能的感受，而不是现行学校教育理论所把握到的教师的有所能与学生的有所不能的感受；②在实际的教育过程中，师生双方的能力影响是双向度关系，而不是现行学校教育理论所把握到的单向度关系；③师生双方在双向度的影响过程中都分别受到对方影响并发生能力状态的变化，而不是现行学校教育理论所把握到的片面的学生受到教师影响而发生能力状态的变化；④师生双方都具有由有所能与有所不能的对应所产生的自我能力建设或能力涵养的内在动力，而不是现行学校教育理论所把握到的外在的影响力量。针对现行学校教育理论的偏差，我们愿意强调教师的有所不能与学生的有所能。这种强调的排斥性意义，是要提醒教师摆脱由单一的有所能所导致地对学生能力的轻视或排斥以及对教师自身能力的夸大甚至膨胀；而这种强调的建设性意义，是要提醒教师在有所能与有所不能的对应基础上，更好地开展与学生对等的相互教育或相互涵养，以便推动双方的能力建设进入到既能影响对方又不妨碍对方的边界状态。

五、本节提示

在本节最后，需要做一点提示。师生双方，由片面的教师有所能与学生有所不能的单一感受，到双方各自有所能与有所不能的对应感受，其间的过渡环节，就是要走出现行学校教育理论以偏概全的抽象泛化思维，而转换到有边界限定的事实思维上来。从生活世界的基本事实看，师生双方都有属于自己的特定生活情境以及对这种情境的能力的回应，所以，师生双方，在对两种生活情境的能力回应的比较中，就各有属于自己的有所能与有所不能的对应感受，而不是现行学校教育理论所片面抽取出的教师有所能与学生有所不能的单一感受。

附言：

1. 教师对学生必然会有所不能。因此，在实际的教育活动中，教师根本无法主导学生。

2. 包括师生在内的人的能力都是有边界的：在边界之内，是有所能，在边界之外，便是有所不能——要知道，能力的常态，都必然是对应的存在。

3. 那些似乎是具有无边的能力的人，需要明白：人的有所不能，也是一种正常的生命状态。

4. 仅仅知道自己有所能，而不知道自己有所不能——这种人大概就算不上具有自知之明。

5. 有所能与有所不能，是对应存在的概念，正是两者对应所形成的生命感受的张力，才是推动人的能力状态转换的内在动力。

6. 只有建立在师生双方有所能与有所不能的基础上的对应教育，才可能是具有内在张力的教育，也才可能是推动师生双方能力进入到既相互影响又不妨碍对方的对应状态的教育。

小结　对应自我观视野中的对应教育

切问：

1. 人的社会角色与个体自我，是相互对应的存在吗？没有社会角色与个体自我的对应，社会角色与个体自我就会因彼此孤立而陷入封闭与僵化状态吗？

2. 人的有知感与无知感，是相互对应的存在吗？师生双方有知感与无知感的对应所形成的生命感受中的紧张，就是师生双方在认知维度上相互教育或对应教育的内在动力吗？

3. 人的有所感与无所感，是相互对应的存在吗？师生双方有所感与无所感的对应所形成的生命感受中的紧张，就是师生双方在情感维度上相互教育或对应教育的内在动力吗？

4. 人的有所支配与无所支配，是相互对应的存在吗？师生双方有所支配与无所支配的对应所形成的生命感受中的紧张，就是师生双方在意志力维度上相互教育或对应教育的内在动力吗？

5. 人的有所能与有所不能，是相互对应的存在吗？师生双方有所能与有所不能的对应所形成的生命感受中的紧张，就是师生双方在能力维度上相互教育或对应教育的内在动力吗？

6. 如果没有人的生命感受中的紧张，那么，还可能会有人的自我教育吗？如果没有人的自我教育，那么，还可能有外在的教育吗？

针对现行简单自我观及其自我教育在不同维度上的具体偏差，前面，我们用五节内容，做出了对应的反思与改造。为了从总体上更简明地把握这些偏差与我们对这些偏差的改造，就有必要做一小结。

从思维运行看，现行简单自我观及自我教育的基本偏差，就是主观思维中的片面抽象。因此，本文的基本逻辑就是，先谈片面抽象思维的不足，再谈事实思维、边界思维或对应思维对这些不足的改造。

一、关注相互对象性自我观的对应教育

（一）论题的提出

针对现行简单对象性自我观视野中的教育，我们提出了相互对象性自我观视野中的对应教育。

（二）对简单对象性自我观视野中的教育的遮蔽性分析

现行学校教育理论，在简单对象性自我观视野中，从角色对自我的影响，切到对人的理解，在角色与自我的地位关系上，虽然能够把握到角色对自我的规定性与自我的被规定性，却遗漏了自我对角色的规定性与角色的被规定性；在角色与自我的评价关系上，虽然能够把握到角色的合理性与自我的不合理性，

却遗漏了自我的合理性与角色的不合理性；在角色与自我的运动变化关系上，虽然能够把握到角色对自我的改造性与自我的被改造性，却遗漏了自我对角色的改造性与角色的被改造性。这些遗漏，很容易导致角色对自我的封闭与压抑，也很容易导致角色的孤立与僵化。因此，我们在相互对象性自我观视野中，对它做出了对应的反思与改造。

（三）对简单对象性自我观视野中的教育的对应改造

相互对象性的自我观认为，人的自我与角色是相互对应的关系：在自我与角色的地位关系上，自我与角色分别具有规定性与被规定性，而不单单是现行教育理论所片面把握到的角色对自我的规定性与自我的被规定性；在自我与角色的评价关系上，自我与角色都分别具有合理性与不合理性，而不单单是现行教育理论所片面把握到的角色的合理性与自我的不合理性；在自我与角色的运动变化关系上，自我与角色双方是双向度的相互改造关系，而不单单是现行教育理论所片面把握到的角色单向度地对自我的改造关系。这种相互对象性的自我观，不仅可以摆脱简单对象性自我观的偏差，而且，还可以将自我与角色推进到相互对应、相互改造与相互转化的对等状态——这当然也就是对等社会的人生状态转换理论。

（四）由简单对象性自我观到相互对象性自我观的转换

由简单对象性自我观，到相互对象性自我观的转换，其过渡环节，就是要由抽象思维，转换到事实思维。从自我与角色的事实关系看，角色指向自我的任何对象性影响，都必然会受到自我反向的影响。由此，角色也就成了自我的对象——这便是自我与角色的相互对象性关系。而现行学校教育理论所谓简单对象性的自我观，不过是主观思维中片面抽取的结果。

二、关注自我有知感与无知感的对应教育

（一）论题的提出

针对现行学校教育理论建立在教师有知感与学生无知感的基础上的简单教育，我们提出了师生双方自我有知感与无知感的对应教育。

（二）对建立在教师有知感与学生无知感的基础上的简单教育的遮蔽性分析

现行学校教育理论，从教师的有知与学生的无知，切到对师生双方认知状态的理解，虽然能够把握到教师的有知与有知感以及与此对应的学生的无知与无知感，却遗漏了教师的无知与无知感以及与此对应的学生的有知与有知感；虽然能够把握到有知的教师对无知的学生的教育指向与教育影响，却遗漏了有知的学生对无知的教师的教育指向与教育影响；虽然能够把握到以师生双方认知状态的有知感或无知感的简单性为基础的外在推动力量，却遗漏了以师生双方认知状态的有知感与无知感的对应性为基础的自我教育的内在推动力量。这些遗漏，很容易导致师生双方地位关系上的不对等性，并由此衍生出一系列偏差。因此，我们在对应自我观视野中，对它做出了反思与改造。

（三）对建立在教师有知感与学生无知感的基础上的简单教育的对应改造

在对应自我观视野中，包括教师与学生在内，人的认知状态中的有知与有知感以及无知与无知感，都是相互对应的存在。这种理解：既能够把握到教师的有知与有知感以及与此对应的学生的无知与无知感，也能够把握到教师的无知与无知感以及与此对应的学生的有知与有知感；既能够把握到有知的教师对无知的学生的教育指向与教育影响，也能够把握到有知的学生对无知的教师的教育指向与教育影响，更能够把握到师生双方由有知感与无知感对应所形成的双方自我教育或自我发展的内在推动力量。这种理解，不仅可以摆脱简单的教师有知与有知感以及学生无知与无知感所导致的偏差，而且可以将师生双方推进到由有知感与无知感的对应所形成的自我教育或自我发展的张力状态，这能更有力地推动师生双方认知状态的变化或转化。

（四）由简单的教师有知感与学生无知感到师生双方有知感与无知感的对应转换

由简单的教师有知与有知感以及学生的无知与无知感，转换到师生双方对应的有知与有知感以及无知与无知感，其过渡环节，就是要由抽象思维，转换到事实思维。从包括师生在内的人的认知状态的基本事实看，人的有知与有知感，都是具有边界限定的——在边界之内，属于有知与有知感；在边界之外，便属于无知与无知感。而现行学校教育理论关于教师有知与有知感以及学生无知与无知感的理解，不过是主观思维中片面抽取的结果。

三、关注自我有所感与无所感的对应教育

（一）论题的提出

针对现行学校教育理论建立在教师有所感与学生无所感的基础上的简单教育，我们提出了师生双方自我有所感与无所感的对应教育。

（二）对建立在教师有所感与学生无所感的基础上的简单教育的遮蔽性分析

现行学校教育理论，从教师的有所感与学生的无所感，切到对师生双方情感状态的理解，虽然能够把握到教师的有所感与学生的无所感，却遗漏了教师的无所感与学生的有所感；虽然能够把握到有所感的教师对无所感的学生的教育指向与教育影响，却遗漏了有所感的学生对无所感的教师的教育指向与教育影响；虽然能够把握到以师生双方情感状态的有所感或无所感的简单性为基础的外在推动力量，却遗漏了以师生双方情感状态的有所感与无所感的对应性为基础的自我情感教育或情感涵养的内在推动力量。这些遗漏，很容易导致师生双方在情感教育或情感涵养上的简单与肤浅。因此，我们在对应自我观视野中，对它做出了反思与改造。

（三）对建立在教师有所感与学生无所感的基础上的简单教育的对应改造

在对应自我观视野中，包括教师与学生在内，人的情感状态中的有所感与无所感，都是相互对应的存在。这种理解：既能够把握到教师的有所感与学生的无所感，也能够把握到教师的无所感与学生的有所感；既能够把握到有所感的教师对无所感的学生的教育指向与教育影响，也能够把握到有所感的学生对无所感的教师的教育指向与教育影响，更能够把握到师生双方由有所感与无所感对应所形成的双方自我情感教育或情感涵养的内在推动力量。这种理解，不仅可以摆脱简单的教师有所感与学生无所感所导致的偏差，而且可以将师生双方推进到由有所感与无所感的对应所形成的自我情感教育或情感涵养的张力状态，这能更有力地推动师生双方情感状态的变化或转化。

（四）由简单的教师有所感与学生无所感到师生双方有所感与无所感的对应转换

由简单的教师有所感与学生无所感，转换到师生双方对应的有所感与无所

感，其过渡环节，就是要由抽象思维，转换到事实思维。从包括师生在内的人的情感状态的基本事实看，人的有所感与无所感，都是具有边界限定的——在边界之内，属于有所感；在边界之外，便属于无所感。而现行学校教育理论关于教师有所感与学生无所感的理解，不过是主观思维中片面抽取的结果。

四、关注自我有所支配与无所支配的对应教育

（一）论题的提出

针对现行学校教育理论建立在教师有所支配与学生无所支配的基础上的简单教育，我们提出了师生双方自我有所支配与无所支配的对应教育。

（二）对建立在教师有所支配与学生无所支配的基础上的简单教育的遮蔽性分析

现行学校教育理论，从教师的有所支配与学生的无所支配，切到对师生双方意志力状态的理解，虽然能够把握到教师的有所支配与学生的无所支配，却遗漏了教师的无所支配与学生的有所支配；虽然能够把握到有所支配的教师对无所支配的学生的教育指向与教育影响，却遗漏了有所支配的学生对无所支配的教师的教育指向与教育影响；虽然能够把握到以师生双方意志力状态的有所支配或无所支配的简单性为基础的外在推动力量，却遗漏了以师生双方意志力状态的有所支配与无所支配的对应性为基础的自我意志力教育或意志力涵养的内在推动力量。这些遗漏，很容易导致师生双方在意志力教育或意志力涵养上的偏差甚至偏执。因此，我们在对应自我观视野中，对它做出了反思与改造。

（三）对建立在教师有所支配与学生无所支配的基础上的简单教育的对应改造

在对应自我观视野中，包括教师与学生在内，人的意志力状态中的有所支配与无所支配，都是相互对应的存在。这种理解：既能够把握到教师的有所支配与学生的无所支配，也能够把握到教师的无所支配与学生的有所支配；既能够把握到有所支配的教师对无所支配的学生的教育指向与教育影响，也能够把握到有所支配的学生对无所支配的教师的教育指向与教育影响，更能够把握到师生双方由有所支配与无所支配对应所形成的双方自我意志力教育或意志力涵养的内在推动力量。这种理解，不仅可以摆脱简单的教师有所支配与学生无所支配所导致的偏差，而且可以将师生双方推进到由有所支配与无所支配的对应

所形成的自我意志力教育或意志力涵养的张力状态，这能更有力地推动师生双方意志力状态的变化或转化。

（四）由简单的教师有所支配与学生无所支配到师生双方有所支配与无所支配的对应转换

由简单的教师有所支配与学生无所支配，转换到师生双方对应的有所支配与无所支配，其过渡环节，就是要由抽象思维，转换到事实思维。从包括师生在内的人的意志力状态的基本事实看，人的有所支配与无所支配，都是具有边界限定的——在边界之内，属于有所支配；在边界之外，便属于无所支配。而现行学校教育理论关于教师有所支配与学生无所支配的理解，不过是主观思维中片面抽取的结果。

五、关注自我有所能与有所不能的对应教育

（一）论题的提出

针对现行学校教育理论建立在教师有所能与学生有所不能的基础上的简单教育，我们提出了师生双方自我有所能与有所不能的对应教育。

（二）对建立在教师有所能与学生有所不能的基础上的简单教育的遮蔽性分析

现行学校教育理论，从教师的有所能与学生的有所不能，切到对师生双方能力状态的理解，虽然能够把握到教师的有所能与学生的有所不能，却遗漏了教师的有所不能与学生的有所能；虽然能够把握到有所能的教师对有所不能的学生的教育指向与教育影响，却遗漏了有所能的学生对有所不能的教师的教育指向与教育影响；虽然能够把握到以师生双方能力状态的有所能或有所不能的简单性为基础的外在推动力量，却遗漏了以师生双方能力状态的有所能与有所不能的对应性为基础的自我能力建设或能力涵养的内在推动力量。这些遗漏，很容易导致师生双方在能力建设或能力涵养上的偏差或偏失。因此，我们在对应自我观视野中，对它做出了反思与改造。

（三）对建立在教师有所能与学生有所不能的基础上的简单教育的对应改造

在对应自我观视野中，包括教师与学生在内，人的能力状态中的有所能与

有所不能，都是相互对应的存在。这种理解：既能够把握到教师的有所能与学生的有所不能，也能够把握到教师的有所不能与学生的有所能；既能够把握到有所能的教师对有所不能的学生的教育指向与教育影响，也能够把握到有所能的学生对有所不能的教师的教育指向与教育影响，更能够把握到师生双方由有所能与有所不能对应所形成的双方自我能力建设或能力涵养的内在推动力量。这种理解，不仅可以摆脱简单的教师有所能与学生有所不能所导致的偏差，而且可以将师生双方推进到由有所能与有所不能的对应所形成的自我能力建设或能力涵养的张力状态，这能更有力地推动师生双方能力状态的变化或转化。

（四）由简单的教师有所能与学生有所不能到师生双方有所能与有所不能的对应转换

由简单的教师有所能与学生有所不能，转换到师生双方对应的有所能与有所不能，其过渡环节，就是要由抽象思维，转换到事实思维。从包括师生在内的人的能力状态的基本事实看，人的有所能与有所不能，都是具有边界限定的——在边界之内，属于有所能；在边界之外，便属于有所不能。而现行学校教育理论关于教师有所能与学生有所不能的理解，不过是主观思维中片面抽取的结果。

综上所述，现行学校教育理论，受其简单对象性的学生观与简单对象性的自我观的局限，在师生双方社会角色与个体自我的关系上，在师生双方认知状态的有知感与无知感的关系上，在师生双方情感状态的有所感与无所感的关系上，在师生双方意志力状态的有所支配与无所支配的关系上，在师生双方能力状态的有所能与有所不能的关系上，都存在一系列偏差，所以，我们在对应论的师生观与对应论的自我观视野中，对它做出了基本的反思与改造。我们认为：①在师生双方的社会角色与个体自我的关系上，角色与自我是相互对应、相互影响与相互生成的关系，而不是现行学校教育理论所把握到的角色对自我的单方面制约关系；②在师生双方认知状态的有知感与无知感的关系上，师生双方的有知感与无知感及其对应所形成的生命感受中的紧张，正是推动师生双方进入认知维度上相互教育或对应教育的内在力量，而现行学校教育理论所把握到的单一的教师有知感与学生无知感，则只能导致教师对学生的外在知识灌输；③在师生双方情感状态的有所感与无所感的关系上，师生双方的有所感与无所感及其对应所形成的生命感受中的紧张，正是推动师生双方进入情感维度上相互教育或相互涵养的内在力量，而现行学校教育理论所把握到的单一的教师有所感与学生无所感，则只能导致教师对学生的外在情感熏陶；④在师生双方意志力状态的有所支配与无所支配的关系上，师生双方的有所支配与无所支配及其对应所形成的生命感受中的紧张，正是推动师生双方进入意志力维度上相互教育或相互涵养的内在力量，而现行学校教育理论所把握到的单一的教师有所支配与学生无所支配，则只能导致教师对学生的外在意志力支配；⑤在师生双方能力状态的有所能与有所不能的关系上，师生双方的有所能与有所不能及其对应所形成的生命感受中的紧张，正是推动师生双方进入能力维度上相互影响或相互涵养的内在力量，而现行学校教育理论所把握到的单一的教师有所能与学生有所不能，则只能导致教师对学生的外在能力影响。总之，学校教育，就是教师与学生双方，以角色与自我、有知感与无知感、有所感与无所感、有所支配与无所支配以及有所能与有所不能的相互对应为基础，而开展的相互影响与相互转化的活动。这也就是我们在对应自我观视野中所形成的相互教育论或对应教育论，以区别于在简单自我观视野中所形成的现行学校教育理论，即简单教育论。

附言：

1. 角色与自我的对应所形成的张力，是社会与个体永远保持生机与活力的内在机制。

2. 有知感与无知感的对应所形成的张力，是人在认知维度上持续探索的内在机制。

3. 有所感与无所感的对应所形成的张力，是人在情感维度上持续涵养的内在机制。

4. 有所支配与无所支配的对应所形成的张力，是人在意志力维度上持续磨砺的内在机制。

5. 有所能与有所不能的对应所形成的张力，是人在能力维度上持续建设的内在机制。

6. 师生双方彼此的他人教育与自我教育，构成学校教育中对应存在的基本事实，而对这一事实的关注与解释，就成为对应教育理论的基础性任务。

第六章

对应语言观与对应教育

第一节　关注泛化的语言与边界语言的对应教育

切问：

1. 以哲学的实践活动观去直接推论教育活动，其合理性在哪里？其不合理性又在哪里？现行教育理论，为什么仅仅把握到这种推论的合理性，而没有把握到其不合理性呢？

2. 以其他学科的理论或观点去直接推论并表达教育，会导致"由抽象推论抽象"或"由抽象到抽象"的问题吗？会导致研究方式上的抽象泛化问题吗？会导致语言表达上的抽象泛化问题吗？

3. 以既有的教育经验或教训去直接推论并表达现实的教育，会产生时空错位的问题吗？会产生研究方式上的抽象泛化问题吗？会产生语言表达上的抽象泛化问题吗？

4. 现行教育理论的抽象泛化与语言泛化问题，是怎样产生的？是由于脱离了对实际存在的教育事实的关注所导致的吗？在有关现行教育理论的教育学教材中，有多少关于教育的事实研究呢？

5. 要关注教育的事实，就必然要去关注"教育的具体存在"与我们"对教育具体存在的抽象"这两者之间的区分吗？区分这一思维环节，是建立对应思维的前提或基础吗？

6. 对人或事物的区分以及以区分为基础的对应思维，是对应研究的基本思维方式吗？这种研究方式会必然要求以区分性为基础的边界语言的表达方式吗？

一、论题的提出

从发生或产生看，现行教育理论，不是对教育实际中的现象或问题做出具体的抽象或归纳，而是依靠其他学科的理论或既有的经验为前提或基础，进行无差别的抽象演绎或推论。由此，便直接造成了教育理论领域泛滥化的抽象研究，即泛化抽象研究。作为对泛化抽象研究结果的表达，现行教育理论的语言，具有分明的抽象化或一般化的特征——我们以术语表达为泛化的语言或语言的泛化。针对现行教育理论的泛化抽象研究与语言表达的简单教育，我们提出了对应研究与边界语言表达的对应教育。

二、现行教育理论的泛化抽象研究与泛化语言表达的两种基本形式

现行教育理论的泛化抽象研究与泛化语言表达，表现为如下两种基本形式：

（一）以其他学科的理论或观点去直接推论并表达教育

现行教育理论，对教育的理解，不是从具体存在的教育实际情况出发，而是以其他学科的既有理论或观点，去直接推论并表达教育。这主要表现在如下几个方面：

1. 以简单性的哲学观推论教育并做出抽象的表达

现行教育理论，对教育的理解，集中体现在对教育的概念之中。关于教育的概念，现行教育理论，几乎无一例外地将教育理解为一种活动：社会活动、实践活动或社会实践活动。这种活动具有怎样的属性呢？按照现行教育理论的理解，那当然就是形成于近代的主体哲学所揭示的活动属性，即简单对象性，这也就是主体指向对象或客体的活动。现行教育理论这种以简单性的哲学观去推论教育的思维过程可以直陈如例一：

前提一，人类的实践活动是主体指向对象或客体的活动；

前提二，教育活动是人类的一种实践活动；

结论，教育活动是教育者或教师指向受教育者或学生的活动。

由此，教育活动也就被抽象地表达为：一方指向另一方的简单活动。

2. 以简单性的心理观推论教育并做出抽象的表达

现行教育理论，对人的心理的理解，不是从人的心理的实然状态出发，而是直接套用心理学的理解。近代以来产生的心理学认为，人的心理，是人脑对客观现实的能动反应。据此，师生双方的心理，也就具备了能动性或主动性。现行教育理论这种以简单性的心理观去推论师生心理的思维过程可以直陈如例二：

前提一，人的心理具有能动反应客观现实的属性即能动性或主动性；

前提二，师生双方的心理是人的心理；

结论，师生双方心理具备能动性或主动性。

由此，师生双方的心理属性，也就被抽象地表达为单一的能动性或主动性。

3. 以简单的自然观推论教育并做出抽象的表达

现行教育理论，对人与自然关系的理解，不是从人与自然之间的关系的实然状态出发，而是直接套用近代产生的自然观的理解。近代以来产生的自然观认为，人是主体，而自然是客体；人与自然之间的关系，就是主体指向客体的关系。康德关于人为自然立法的命题，就是这方面的证据。直白地表达，也就是，人与自然之间，是简单对象性的关系。据此，人与自然之间，也就是改造与被改造的关系。现行教育理论这种以简单对象性的自然观去推论人与自然关系的思维过程可以直陈如例三：

前提一，人是主体，具有主动性；

前提二，自然是客体，具有被动性；

结论，人与自然之间是简单的对象性关系。

由此，人与自然之间的关系，也就被抽象地表达为改造与被改造的简单关系。

4. 以简单的社会观推论教育并做出抽象的表达

现行教育理论，对人与他人关系的理解，不是从人与他人之间的关系的实然状态出发，而是直接套用近代产生的社会观的理解。近代以来产生的社会观认为，人是主体，而他人是主体活动的对象；人与他人之间的关系，就是主体指向对象的关系。康德关于人为他人立法的命题，就是这方面的证据。直白地表达，也就是，人与他人之间，是简单对象性的关系。据此，人与他人之间，也就是改造与被改造的关系。现行教育理论这种以简单对象性社会观去推论人与他人关系的思维过程可以直陈如例四：

前提一，人是主体，具有主动性；

前提二，他人是对象，具有被动性；

结论，人与他人之间是简单的对象性关系。

由此，人与他人之间的关系，也就被抽象地表达为改造与被改造的简单关系。

5. 以简单的自我观推论教育并做出抽象的表达

现行教育理论，对人的社会角色与个体自我关系的理解，不是从社会角色与自我之间的关系的实然状态出发，而是直接套用近代产生的自我观的理解。近代以来产生的自我观认为，社会角色是主体，而个体自我是主体活动的对象；社会角色与个体自我之间的关系，就是主体指向对象的关系。康德关于人为自我立法的命题，就是这方面的证据。直白地表达，也就是；社会角色与个体自我之间，是简单对象性的关系。据此，社会角色与个体自我之间，也就是改造与被改造的关系。现行教育理论这种以简单对象性的自我观去推论角色与自我关系的思维过程可以直陈如例五：

前提一，社会角色是主体，具有主动性；

前提二，个体自我是对象，具有被动性；

结论，社会角色与个体自我之间是简单的对象性关系。

由此，社会角色与个体自我之间的关系，也就被抽象地表达为改造与被改造的简单关系。

（二）以关于教育的既有经验去直接推论并表达教育

现行教育理论，除了以其他学科的既有理论或观点直接推论教育之外，还经常以关于教育的既有经验去直接推论教育。这主要表现为如下两个方面：

1. 以既有的教育法律、制度或规定直接推论当下现实中的教育

通常的做法是，以其他先进国家的教育立法、教育制度或教育政策规定，直接推演解决我国现实中的教育问题。比较典型的操作方法就是首先描述或陈述某个国家或地区为解决教育问题而设立的法律、制度或规定，然后以这些既有的法律、制度或规定为前提或基础做出演绎推论，以求解决我国现实中的教育问题。现行教育理论这种以既有法律、制度或规定去推论现实教育的思维过程可以直陈如例六：

前提一，某国或某地既有的教育法律、制度或规定；

前提二，某国或某地的教育与我国的教育具有共同性；

结论，我国的教育也需要借鉴或学习某国或某地的教育法律、制度或规定。

由此，某国或某地既有的教育法律、制度或规定，对我国的教育实际，也就产生了所谓的启发、启示或启迪的意义。

2. 以某位思想家或教育家的教育经验直接推论当下现实中的教育

通常的做法是，以某位思想家或教育家成功的教育经验，直接推演解决现实中的教育问题。比较典型的操作方法就是首先介绍或陈述某位思想家或教育家的成功教育经验，然后以这些成功的教育经验为前提或基础做出演绎推论，以求解决现实中的教育问题。现行教育理论这种以某位思想家或教育家的教育经验去推论现实教育的思维过程可以直陈如例七：

前提一，某位思想家或教育家的成功教育经验；

前提二，某位思想家或教育家的成功教育经验与我们的现实教育具有共同性；

结论，我们的现实教育需要借鉴或学习某位思想家或教育家的成功教育

经验。

由此，某位思想家或教育家的教育经验，对我们的教育实际，也就产生了所谓的启发、启示或启迪的意义。

三、对现行教育理论泛化抽象研究与泛化语言表达两种形式的遮蔽性分析

（一）对以其他学科的理论或观点去直接推论并表达教育的遮蔽性分析

以其他学科的理论或观点，去直接推论并表达教育的研究方式与表达方式，其研究与表达的切入点，就是其他学科与教育学科的一致性、相同性或共同性。此种研究方式与表达方式，能够把握到教育学科哪些方面的内容呢？一是，从其他学科与教育学科研究方式之间的关系看，以其他学科的理论或观点去推论并表达教育，能够把握到教育学科与其他学科的一致性。由此，教育学科，就可以借助其他学科对问题的解决来类比思考教育问题的解决。当然，这只能获得一般意义或方法论意义的解决，能给人们奠定一些思考或解决问题的基本原则。二是，从教育学科的学理或学术表达的形式看，以其他学科的理论或观点去推论并表达教育，能够获得思维与逻辑由不同学科所带来的层次性以及表达结构的抽象的明晰性，比如，上文直陈的现行教育理论以其他学科推论教育的演绎层次、推演较高的基本结构。

然而，以其他学科的理论或观点，去直接推论并表达教育的研究方式与表达方式，却又遗漏或遮蔽了教育学科哪些方面的内容呢？一是，从其他学科与教育学科研究方式之间的关系看，以其他学科的理论或观点去推论并表达教育，虽然能够把握到教育学科与其他学科的抽象的一致性，但是，却遗漏了教育学科赖以产生的教育实际或教育事实的具体的差异性。二是，从教育学科的学理或学术表达的形式看，以其他学科的理论或观点去推论并表达教育，虽然能够获得思维与表达由不同学科所带来的层次性或明晰性，但是，却遗漏了思维与表达由教育事实所带来的具体与抽象对应的边界明晰性。

（二）对以关于教育的既有经验去直接推论并表达教育的遮蔽性分析

以关于教育的既有经验，去直接推论并表达教育的研究方式与表达方式，其研究与表达的切入点，就是不同时间、不同空间、不同条件下教育活动的一致性、相同性或共同性。此种研究与表达方式，能够把握到教育学科哪些方面的内容呢？一是，从研究内容看，以关于教育的既有经验去直接推论教育，能够把握到教育活动在不同时空中抽象的一致性或共同性。由此，人们可以获得

对教育活动共性的一般感受。二是，从表达形式看，以关于教育的既有经验去直接推论教育，能够继承教育史上关于教育的法律、制度、规定或思想以及理论等方面的语言或术语。由此，人们也可以获得对表达教育的语言或术语的一般感受。

然而，以关于教育的既有经验，去直接推论并表达教育的研究方式与表达方式，却又遗漏或遮蔽了教育学科哪些方面的内容呢？一是，从研究内容看，以关于教育的既有经验去直接推论并表达教育，虽然能够把握到不同时空、不同条件下教育活动的一致性，但是，却遗漏了不同时空、不同条件下教育活动的不一致性。由此，人们便很难获得对不同历史时空的教育活动的具体感受。二是，从表达形式看，以关于教育的既有经验去直接推论教育，虽然能够继承教育史上关于教育的法律、制度、规定或思想以及理论等方面的语言或术语，但是，却遗漏了这些语言或术语的历史变迁。由此，人们便很难获得对表达教育的语言或术语的具体感受。

四、对现行教育理论泛化抽象研究与泛化语言表达两种形式的对应改造

（一）对以其他学科的理论或观点去直接推论并表达教育的对应改造

以其他学科的理论或观点，去直接推论并表达教育的研究方式与表达方式，既然存在抽象泛化与语言泛化的偏差，那么，它们就要受到合理的反思与改造。为此，首先就需要摆脱其简单的抽象推论与抽象表达，而转换到具体与抽象的对应研究与边界表达上来。下面，结合前面谈到的现行教育理论以哲学观、心理观、自然观、社会观以及自我观为前提去直接推论教育的例子，做出我们基本的对应改造：

1. 对以简单性的哲学观去推论教育并做出抽象表达的对应改造

这是前面谈到的例一，即以哲学的活动论去直接推论教育活动的例子。按照现行教育理论的抽象推论，教育活动也就被抽象地表达为：一方指向另一方的简单活动。然而，从人类活动的基本事实看，一方指向另一方的任何活动，都必然会受到另一方反向的影响——这清楚地表明，人类的活动，绝不是简单对象性的活动，而是具有内在区分性或对应性的相互对象性的活动。由此，我们看到，教育活动，就不是现行教育理论由抽象推论所得到的所谓一方指向另一方的简单活动，而是双方之间有区分的对应活动。在这里，需要注意，现行教育理论的抽象推论及其语言表达，是以一方指向另一方的简单活动，以偏概全地泛指了双方的活动，以至于遗漏或遮蔽了另一方反向的活动。而我们的对

应研究及其边界表达，就是将客观存在于教育活动事实中的双方之间的对应关系抽取出来，并做出具有内在区分性的边界表达。

2. 对以简单性的心理观去推论教育并做出抽象表达的对应改造

这是前面谈到的例二，即以心理学关于人的心理的观点，去直接推论师生心理的例子。按照现行教育理论的抽象推论，人的心理，也就被抽象地表达为：人脑对客观现实的能动反应。然而，从人的心理活动的基本事实看，人脑对客观现实的能动反应，不是主观随意的能动反应，而是在客观现实限定中的能动反应，或者说，是在边界限定中的能动反应——这清楚地表明，人的心理，绝不单单具有能动性，而且具有与能动性相对应的被动性。由此，我们看到，师生心理就不是现行教育理论由抽象推论所得到的单一的能动性，而是对应的能动性与被动性。在这里，需要注意，现行教育理论的抽象推论及其语言表达，是以人的心理单一的能动性，以偏概全地泛指了人的整体心理，以至于遗漏或遮蔽了与能动性相对应的被动性。而我们的对应研究及其边界表达，就是将客观存在于人的心理活动事实中的对应的能动性与被动性抽取出来，并做出具有内在区分性的边界表达。

3. 对以简单的自然观去推论教育并做出抽象表达的对应改造

这是前面谈到的例三，即以简单的自然观去直接推论教育的例子。按照现行教育理论的抽象推论，人与自然之间的关系，也就被抽象地表达为：人对自然的改造关系。然而，从人与自然之间关系的基本事实看，人对自然的任何行为或活动，都必然会受到自然反向的影响——这清楚地表明，人与自然之间，绝不是简单对象性的关系，而是具有内在区分性或对应性的相互对象性的关系。由此，我们看到，人与自然之间的关系，就不是现行教育理论由抽象推论所得到的人对自然的改造关系，而是人与自然双方之间的对应关系。在这里，需要注意，现行教育理论的抽象推论及其语言表达，是以人指向自然的简单关系，以偏概全地泛指了人与自然双方的关系，以至于遗漏或遮蔽了自然反向的影响。而我们的对应研究及其边界表达，就是将客观存在于人与自然之间事实关系中的对应关系抽取出来，并做出具有内在区分性的边界表达。

4. 对以简单的社会观去推论教育并做出抽象表达的对应改造

这是前面谈到的例四，即以简单的社会观去直接推论教育的例子。按照现行教育理论的抽象推论，人与他人之间的关系，也就被抽象地表达为：人与他人之间的简单对象性关系。然而，从人与他人之间关系的基本事实看，人对他人的任何行为或活动，都必然会受到他人反向的影响——这清楚地表明，人与他人之间，绝不是简单对象性的关系，而是具有内在区分性或对应性的相互对象性的关系。由此，我们看到，人与他人之间的关系，就不是现行教育理论由抽象推论所得到的人对他人的影响关系，而是人与他人双方之间的对应关系。在这里，需要注意，现行教育理论的抽象推论及其语言表达，是以人指向他人的简单关系，以偏概全地泛指了人与他人双方的关系，以至于遗漏或遮蔽了他人反向的影响。而我们的对应研究及其边界表达，就是将客观存在于人与他人之间事实关系中的对应关系抽取出来，并做出具有内在区分性的边界表达。

5. 对以简单的自我观去推论教育并做出抽象表达的对应改造

这是前面谈到的例五，即以简单的自我观去直接推论教育的例子。按照现行教育理论的抽象推论，人的角色与自我之间的关系，也就被抽象地表达为：角色对自我的改造关系。然而，从角色与自我之间关系的基本事实看，角色对自我的任何行为或活动，都必然会受到自我反向的影响——这清楚地表明，角色与自我之间，绝不是简单对象性的关系，而是具有内在区分性或对应性的相互对象性的关系。由此，我们看到，角色与自我之间的关系，就不是现行教育理论由抽象推论所得到的角色对自我的改造关系，而是角色与自我双方之间的对应关系。在这里，需要注意，现行教育理论的抽象推论及其语言表达，是以角色指向自我的简单关系，以偏概全地泛指了角色与自我双方的关系，以至于遗漏或遮蔽了自我反向的影响。而我们的对应研究及其边界表达，就是将客观存在于角色与自我事实关系中的对应关系抽取出来，并做出具有内在区分性的边界表达。

（二）对以关于教育的既有经验去直接推论并表达教育的对应改造

以关于教育的既有经验，去直接推论并表达教育的研究方式与表达方式，既然也存在抽象泛化与语言泛化的偏差，那么，它们也就要受到合理的反思与改造。为此，首先就需要摆脱其简单的抽象推论与抽象表达，而转换到具体与抽象的对应研究与边界表达上来。下面，结合前面谈到的现行教育理论以关于教育的既有经验去直接推论并表达教育的两个方面的例子，做出我们基本的对应改造：

1. 对以既有的教育法律、制度或规定去直接推论当下现实教育的对应改造

这是前面谈到的例六，即以某国或某地既有的教育法律、制度或规定去直接推论我国现实的教育的例子。按照现行教育理论的抽象推论，我国现实的教育，需要借鉴、学习或参考其他国家或地区的既有教育经验。然而，如何借鉴呢？这就需要将既有的教育法律、制度或规定的抽象或一般，与我国现实教育的具体或差异，做出对应的有区分性的关注或比较，以便做出符合我国现实教

育所需要的准确的定位——这清楚地表明，学习或借鉴某国或某地区的既有教育经验的过程，是一个将抽象的既有经验与具体的现实教育两者做出区分或对应比较并做出边界定位的过程，而不是现行教育理论由抽象推论而产生的抽象学习或抽象借鉴过程。在这里，需要注意，现行教育理论的抽象推论及其语言表达，是以既有的教育法律、制度或规定的抽象或一般，以偏概全地泛指了不同国家或地区教育的具体或差异，以至于遗漏或遮蔽了我国现实教育的具体或差异。而我们的对应研究及其边界表达，就是将客观存在于不同国家或地区教育中的抽象与具体的对应关系抽取出来，并做出具有内在区分性的边界表达。

2. 对以某位思想家或教育家的教育经验去直接推论当下现实教育的对应改造

这是前面谈到的例七，即以某位思想家或教育家的教育经验去直接推论我国现实的教育的例子。按照现行教育理论的抽象推论，我国现实的教育，需要借鉴或学习或参考某位思想家或教育家的既有教育经验。然而，如何借鉴呢？这就需要将某位思想家或教育家既有教育经验的抽象或一般，与我国现实教育的具体或差异，做出对应的关注或比较，以便做出符合我国现实教育所需要的准确的定位——这清楚地表明，学习或借鉴某位思想家或教育家的既有教育经验的过程，也是一个将抽象的既有经验与具体的现实教育两者做出区分或对应比较并做出边界定位的过程，而不是现行教育理论由抽象推论而产生的抽象学习或抽象借鉴过程。在这里，需要注意，现行教育理论的抽象推论及其语言表达，是以某位思想家或教育家既有教育经验的抽象或一般，以偏概全地泛指了不同时空或不同条件下教育的具体或差异，以至于遗漏或遮蔽了我国现实教育的具体或差异。而我们的对应研究及其边界表达，就是将客观存在于不同时空或不同条件下的教育中的抽象与具体的对应关系抽取出来，并做出具有内在区分性的边界表达。

五、本节小结

综合上文，我们看到，不管是以其他学科的理论或观点去直接推论教育，还是以既有的教育经验去直接推论教育，现行教育理论，对教育的研究方式与表达方式，都具有突出的抽象泛化与语言泛化的问题。为此，我们做出了两个方面的对应反思与改造：从排斥性方面看，那就是要摆脱现行教育理论从抽象到抽象的泛化抽象研究与泛化语言表达；从肯定性方面看，那就是要转换到关注教育事实的具体与抽象的对应研究与边界表达上来。

六、本节提示

在本节最后，需要做一点提示。从现行教育理论的泛化抽象研究与泛化语言表达，到我们提出的对应研究与边界语言表达的转换，其间的过渡环节，就是在关注教育事实的前提下，做出对客观存在的教育具体与主观存在的教育抽象的区分，以便在区分的前提下去建立具体与抽象之间内在的对应关系，并做出具有内在区分性的边界语言表达。

附言：

1. 缺少对教育事实的基本关注，而以其他学科的理论去直接推论教育，这是我国教育理论半个多世纪以来的痼疾。

2. 以其他学科的理论，去直接推论教育，这种推论过程内含一个基本问题，其他学科的理论是否合理，这本身就是一个需要求证的疑问。

3. 以既有的教育经验，去直接推演教育，不仅是行为上的懒惰或依附，还是思维上的不明或不智。

4. 泛化抽象思维的运作，必然会导致泛化抽象语言的表达，而泛化的抽象语言表达，其实，就连表达者本人，也不可能知道表达了什么。

5. 语词本身就存在具体与抽象的内在区分性——这客观地要求言说语词的言说者要细心地加以辨明。

6. 思维活动的起点或切入点本身，就包含着思维与思维对象的区分——这客观地要求表达思维活动的语言表达者，在表达的起点上，就要具有边界语言表达的细心。

第二节　关注杂糅的语言与定位的语言的对应教育

切问：

1. 可以用哲学实践活动的范畴，去直接推论教育学的教育活动或学校教育学的学校教育活动范畴吗？

2. 用实践活动范畴，去直接推论教育活动或学校教育活动范畴，会产生不同学科或不同术语之间交叉杂糅的错乱问题吗？

3. 可以用哲学的主体与客体概念，去直接推论教育学的教育者与受教育者或者学校教育学的教师与学生概念吗？

4. 以主体与客体概念，去直接推论教育者与受教育者或者教师与学生概念，会产生不同学科或不同术语之间交叉杂糅的错乱问题吗？

5. 杂糅的语言，是交叉的思维活动的结果吗？要改造杂糅的语言问题，就需要改造交叉的思维活动吗？

6. 定位语言的学科基础，就是要明确区分不同学科的范畴以及与范畴对应的概念吗？

一、论题的提出

现行教育理论，对教育活动的理解，集中表现在关于教育的概念之中。关于教育的概念，现行教育理论是从广义与狭义两个维度上进行规定的。而不管是广义还是狭义，现行教育理论都把教育理解为一种活动：社会活动或实践活动。现行教育理论的这种理解，不是从实然状态的教育活动出发，进行归纳或概括，而是从哲学尤其从产生于近代欧洲的主体哲学出发，进行直接的演绎或推论。表现在对教育活动与学校教育活动的理解上，这种直接的演绎或推论的基本过程可直陈如下：

关于教育活动的演绎——

前提一，实践活动，是主体对客体或对象的改造活动；

前提二，教育活动，是一种实践活动；

结论，教育活动，是教育者对受教育者的改造活动。

由此，实践活动与教育活动、主体与教育者、客体或对象与受教育者，这些分属于哲学与教育学的不同术语，便被交叉杂糅在一起了。

关于学校教育活动的演绎——

前提一，教育活动，是教育者对受教育者的改造活动；

前提二，学校教育活动，是一种教育活动；

结论，学校教育活动，是教师对学生的改造或塑造活动。

由此，教育活动与学校教育活动、教育者与教师以及受教育者与学生，这些分属于教育学与学校教育学的不同术语，也就被交叉杂糅在一起了。

综合以上内容，我们看到，现行教育理论在对教育的基本理解中，就将——哲学的实践活动、主体、客体或对象，教育学的教育活动、教育者、受教育者以及学校教育学的学校教育活动、教师、学生——这三门不同学科的思维与术语交叉杂糅在一起了。由此，现行教育理论的思维与语言，也就呈现出不同学科交叉杂糅的状态。针对现行教育理论由于简单推论所导致的交叉的思维与杂糅的语言这一状态，我们提出了对应思维与定位的语言的对应教育。

二、对现行教育理论交叉的思维与杂糅的语言的遮蔽性分析

现行教育理论，以哲学、教育学与学校教育学这三门学科的交叉或同一性为思维活动的切入点，切到对实践活动、教育活动与学校教育活动的理解，能够把握到这三种活动的哪些内容呢？这主要表现在如下两个方面：

第一，从三种活动所涉及的学科范畴维度看：现行教育理论，能够把握到实践活动、教育活动与学校教育活动分别作为哲学、教育学与学校教育学的范畴的一致性或同一性关系。这种同一性关系，可以直陈为如下等式——

实践活动＝教育活动＝学校教育活动。

这一等式表明，这三种活动，都是人类的活动，而不是一般动物的活动或自然的运动，或者说，这三种活动，都是有目的的活动，而不是动物的本能适应活动或自然自发的运动。不用多说，现行教育理论的这一理解，能够将人类的活动从动物活动或自然运动中，明确地区分出来。

第二，从三种活动所涉及的学科概念维度看：现行教育理论，能够把握到主体与客体、教育者与受教育者以及教师与学生分别作为哲学、教育学与学校教育学的对应概念的一致性或同一性关系。这种同一性关系，可以直陈为如下两个等式——

等式一，主体＝教育者＝教师；

等式二，客体＝受教育者＝学生。

等式一表明，实践活动中的主体、教育活动中的教育者与学校教育活动中的教师，具有一致性关系。这种一致性关系的基本表现，就是主体对客体、教育者对受教育者以及教师对学生的影响或改造关系。不用多说，现行教育理论的这一理解，能够把握到参加活动的一方，对另一方的主动影响或改造。

等式二表明，实践活动中的客体、教育活动中的受教育者与学校教育活动中的学生，也具有一致性关系。这种一致性关系的基本表现，就是客体接受主体、受教育者接受教育者以及学生接受教师的影响或改造关系。不用多说，现行教育理论的这一理解，能够把握到参加活动的一方，需要接受来自另一方的影响或改造。

然而，现行教育理论，以哲学、教育学与学校教育学这三门学科的交叉或同一性为思维活动的切入点，切到对实践活动、教育活动与学校教育活动的理解，在有所把握的同时，却又遗漏或遮蔽了这三种活动的哪些内容呢？这也主要表现在如下两个方面：

第一，从三种活动所涉及的学科范畴维度看：现行教育理论，在把握到实

践活动、教育活动与学校教育活动分别作为哲学、教育学与学校教育学的范畴的一致性或同一性关系的同时，却遗漏了实践活动、教育活动与学校教育活动的不一致性或差异性关系。这种差异性关系，可以直陈为如下不等式——

实践活动≠教育活动≠学校教育活动。

这一不等式，首先包含着实践活动不等于教育活动。实践活动，尤其是产生于近代欧洲的主体哲学的实践活动，作为对中世纪压抑人的主动性的批判，它要确立的就是人的目的性、自觉性或能动性，即主体性，也可以说是人对对象的影响或改造，而不再是对象对人的压抑或控制。从涉及的范围看，实践活动，包含教育活动与非教育活动，而绝不等于教育活动。然而，现行教育理论，却以哲学的实践活动，去直接推论教育学的教育活动，由于这种泛化的思维，便遗漏或遮蔽了两种活动的不同或差异。再来看上述不等式所包含的教育活动不等于学校教育活动。教育活动，要确立的是教育者与受教育者的影响或教育的问题，它包含学校教育活动与非学校教育活动，但绝不等于学校教育活动。然而，现行教育理论，却以教育学的教育活动，去直接推论学校教育学的学校教育活动，由于这种泛化的思维，便遗漏或遮蔽了两种活动的不同或差异。

第二，从三种活动所涉及的学科概念维度看：现行教育理论，在把握到主体与客体、教育者与受教育者以及教师与学生分别作为哲学、教育学与学校教育学的对应概念的一致性或同一性关系的同时，却遗漏了这些概念的不一致性或差异性关系。这种差异性关系，可以直陈为如下两个不等式——

不等式一，主体≠教育者≠教师；

不等式二，客体≠受教育者≠学生。

先来看不等式一，这一不等式首先包含着主体不等于教育者。作为实践活动范畴的概念，主体表达的是实践活动中的主动者或能动者；而作为教育活动范畴的概念，教育者表达的是教育活动中的主动者或能动者。从涉及的范围看，主体，包含教育者与非教育者中的主动者或能动者，但绝不等于教育者。然而，现行教育理论，却以哲学的主体概念，直接推论教育学的教育者概念，由于这种泛化的思维，便遗漏或遮蔽了两个概念的不同或差异。再来看不等式一所包含的教育者不等于教师。作为教育活动范畴的概念，教育者表达的是教育活动中发出教育影响的一方；而作为学校教育活动范畴的概念，教师表达的是学校教育活动中发出教育影响的一方。从涉及的范围看，教育者，包含教师与非教师中发出教育影响的一方，但绝不等于教师。然而，现行教育理论，却以教育学中的教育者概念，直接推论学校教育学中的教师概念，由于这种泛化的思维，便遗漏或遮蔽了两个概念的不同或差异。

再来看不等式二，这一不等式首先包含着客体不等于受教育者。作为实践活动的概念，客体与主体相对应，它表达的是实践中的被动者或受动者；而作为教育活动范畴的概念，受教育者与教育者相对应，它表达的是教育活动中的被动者或受动者。从涉及的范围看，客体，包含受教育者与非受教育者中的被动者或受动者，但绝不等于受教育者。然而，现行教育理论，却以哲学的客体概念，直接推论教育学的受教育者概念，由于这种泛化的思维，便遗漏或遮蔽了两个概念的不同或差异。再来看不等式二所包含的受教育者不等于学生。作为教育活动范畴的概念，受教育者与教育者相对应，它表达的是教育活动中接受教育影响的一方；而作为学校教育活动范畴的概念，学生与教师相对应，它表达的是学校教育活动中接受教育影响的一方。从涉及的范围看，受教育者，包含学生与非学生中接受教育影响的一方，但绝不等于学生。然而，现行教育理论，却以教育学中的受教育者概念，直接推论学校教育学中的学生概念，由于这种泛化的思维，便遗漏或遮蔽了两个概念的不同或差异。

三、对现行教育理论交叉的思维与杂糅的语言的对应改造

在对实践活动、教育活动与学校教育活动的理解上，现行教育理论的偏差，既然是由其抽象泛化思维所导致的，那么，对这些偏差的反思与改造，就首先要摆脱其抽象泛化的主观思维，而转换到对应定位的思维上来。而与思维的转换相一致，在对实践活动、教育活动与学校教育活动的表达上，也就必须由杂糅的语言状态，转换到对应定位的语言状态。在对应的思维与定位的语言表达中，我们能够对现行教育理论交叉的思维与杂糅的语言，做出哪些改造呢？这主要表现在以下两个方面：

第一，从三种活动所涉及的学科范畴维度看，首先就要区分出实践活动、教育活动与学校教育活动，分别作为哲学、教育学与学校教育学的范畴的不同。上文谈到，这三个范畴，在内涵与外延上，都有自己特殊的规定并相互区别开来。在这里，需要特别注意，不能像现行教育理论那样，将实践活动、教育活动与学校教育活动这三个不同学科的范畴，交叉杂糅在一起并做出混乱的表达。从三种活动所涉及的学科范畴维度看，还要注意三种活动自身内在的一致性。实践活动、教育活动与学校教育活动自身内在的一致性是什么？那就是这三种活动自身内在的对应性，而不是现行教育理论所把握到的简单性。就实践活动自身的内在属性而言，那就是主体与客体之间相互影响或改造的对应关系，而不是现行教育理论所把握到的主体对于客体的简单关系。就教育活动自身的内在属性而言，那就是教育者与受教育者之间相互影响或改造的对应关系，而不

是现行教育理论所把握到的教育者对于受教育者的简单关系。就学校教育活动自身的内在属性而言，那就是教师与学生之间相互影响或改造的对应关系，而不是现行教育理论所把握到的教师对于学生的简单关系。因此，当谈论哲学问题时，就需要在实践活动这一范畴以及主体与客体这一对应概念所定位的语境中进行；当谈论教育学问题时，就需要在教育活动这一范畴以及教育者与受教育者这一对应概念所定位的语境中进行；当谈论学校教育学的问题时，就需要在学校教育活动这一范畴以及教师与学生这一对应概念所定位的语境中进行。

第二，从三种活动所涉及的学科概念维度看，首先就要区分出主体与客体、教育者与受教育者以及教师与学生，分别作为哲学、教育学与学校教育学的对应概念的不同。上文谈到，这三对概念，在内涵与外延上，都有自己特殊的规定并相互区别开来。在这里，需要特别注意，不能像现行教育理论那样，将主体与客体、教育者与受教育者以及教师与学生这三对不同学科的概念，交叉杂糅在一起并做出混乱的表达。从三种活动所涉及的学科概念维度看，还要注意主体与客体、教育者与受教育者以及教师与学生三对概念自身内在的一致性。这三对概念自身内在的一致性是什么？那就是这三对概念自身内在的对应性，而不是现行教育理论所把握到的简单性。就主体与客体自身的内在属性而言，那就是主体与客体分别都具有主动性与被动性，而不是现行教育理论所把握到的主体单一的主动性与客体单一的被动性；就教育者与受教育者自身的内在属性而言，那就是教育者与受教育者分别都具有主动性与被动性，而不是现行教育理论所把握到的教育者单一的主动性与受教育者单一的被动性；就教师与学生自身的内在属性而言，那就是教师与学生分别都具有主动性与被动性，而不是现行教育理论所把握到的教师单一的主动性与学生单一的被动性。因此，当谈论哲学问题时，就需要在主体与客体双方之间以及双方自身的内在对应性所定位的语境中进行；当谈论教育学问题时，就需要在教育者与受教育者双方之间以及双方自身的内在对应性所定位的语境中进行；当谈论学校教育学的问题时，就需要在教师与学生双方之间以及自身的内在对应性所定位的语境中进行。

四、本节小结

综合上文，我们看到，现行教育理论，以哲学关于实践活动的观点，直接推论教育活动与学校教育活动，由此造成对三种活动理解上的思维交叉与语言杂糅的严重偏差。对此，我们做出了两个方面对应的反思与改造。我们认为：第一，从三种活动所涉及的学科范畴维度看，首先就要区分出实践活动、教育活动与学校教育活动，分别作为哲学、教育学与学校教育学范畴的不同。其次，还要注意三种活动自身的内在一致性，即对应性，而不是现行教育理论所把握到的简单性。因此，当谈论哲学问题时，就需要在实践活动这一范畴以及主体与客体这一对应概念所定位的语境中进行；当谈论教育学问题时，就需要在教育活动这一范畴以及教育者与受教育者这一对应概念所定位的语境中进行；当谈论学校教育学的问题时，就需要在学校教育活动这一范畴以及教师与学生这一对应概念所定位的语境中进行。第二，从三种活动所涉及的学科概念维度看：首先就要区分出主体与客体、教育者与受教育者以及教师与学生，分别作为哲学、教育学与学校教育学对应概念的不同。其次，还要注意主体与客体、教育者与受教育者以及教师与学生三对概念自身内在的一致性，即对应性，而不是现行教育理论所把握到的简单性。因此，当谈论哲学问题时，就需要在主体与客体双方之间以及双方自身的内在对应性所定位的语境中进行；当谈论教育学问题时，就需要在教育者与受教育者双方之间以及双方自身的内在对应性所定位的语境中进行；当谈论学校教育学的问题时，就需要在教师与学生双方之间以及自身的内在对应性所定位的语境中进行。

五、本节提示

在本节最后，需要做一点提示。从现行教育理论的思维交叉与语言杂糅的状态，到对应教育的思维区分与语言定位的转换，其间的过渡环节，就是区分不同学科的范畴以及与其对应的概念——实践活动，是哲学的范畴，而主体与客体，是实践活动这一范畴的两个对应概念；教育活动，是教育学的范畴，而教育者与受教育者，是教育活动这一范畴的两个对应概念；学校教育活动，是学校教育学的范畴，而教师与学生，是学校教育活动这一范畴的两个对应概念。

附言：

1. 以实践活动观，去直接推论教育活动观，在思维与语言上很容易导致交叉杂糅的混乱。

2. 以主体去直接推论教育者，正像以客体去直接推论受教育者一样，都很空疏且不恰当。

3. 主体具有主动性，同时，又具有被动性；这便是主体的内在属性。

4. 客体具有被动性，同时，又具有主动性；这便是客体的内在属性。

5. 不同学科之间，当然可以进行相互观望或打量，但必须建立相互过渡的中介或桥梁。

6. 不同领域有不同的术语，因此，学术表达就必须仔细区分并做出明确定位的标志。

第三节　关注日常语言与理论语言的对应教育

切问：

1. 人们关于教育的日常语言是如何产生的？日常语言，仅仅具有不足性而没有优越性吗？现行教育理论，为什么仅仅注意到日常语言的不足性而没有注意到优越性呢？

2. 人们关于教育的理论语言是如何产生的？理论语言，仅仅具有优越性而没有不足性吗？现行教育理论，为什么仅仅注意到理论语言的优越性而没有注意到不足性呢？

3. 仅仅注意到理论语言优越性与日常语言不足性的现行教育理论，在对理论语言与日常语言的理解上，会由此而导致等级性的观点吗？如何改造这种等级论的语言观呢？

4. 日常语言，经过怎样的思维过程，才能转化为理论语言呢？对应的理论语言，经过怎样的思维过程，才能转化为日常语言呢？教育认识或教育理论，需要去关注这种转化吗？

5. 日常语言与理论语言的一致性对应关系，能带来对两种语言的补充性转化吗？这两种语言的不一致性对应关系，能带来对两种语言的改造性转化吗？这两种语言的相互独立的对应关系，能带来对两种语言的自我转化吗？

6. 日常语言与理论语言的对应存在、对应影响与对应转化，构成对应教育理论必须关注的对应的语言问题吗？

一、论题的提出

在生活中，人与人之间总会存在这样那样的教育或影响，对于这些教育或影响，人们也总会产生这样那样的观点或意见。从具体形式看，这些观点或意见，可以被区分为两种基本状态，即关于教育的经验或常识与关于教育的理论。所谓教育常识，是指人们在感性认识中对人与人之间存在的教育或影响的直接而具体的把握，一般是用日常语言或日常语词所表达的人们关于教育或影响的观念、观点、意见或建议等内容。教育常识与关于教育常识的日常语言，伴随人们具体的生活或教育的实际过程而直接产生，也在具体的生活或教育的实际过程中发挥作用。关于教育的日常语言所表达的教育常识，也就是人们关于教育或影响的日常经验。家庭中父母对子女的教育或影响，学校中教师对学生的教育或影响，社会中个人对他人的教育或影响，在很多时候，就是借助教育常识与日常语言而进行的。所谓教育理论，是指人们在理性认识中对人与人之间存在的教育或影响的间接的概括的把握，一般是用理论语言或抽象语言所表达的人们关于教育或影响的概念、判断、命题或推理等内容。教育理论与关于教育理论的理论语言，伴随人们对具体生活或教育活动的反思、比较、辨别、抽象或概括等思维过程而产生，也因此而必须将这些抽象或概括联系到实际的生活或教育活动中才能发挥作用。教育理论与关于教育理论的理论语言，也就是人们关于教育或影响经由反思所得到的较为系统全面的教育理念。在家庭教育、学校教育与社会教育中，很多时候，教育活动就是借助教育理论与理论语言而进行的。

在人们关于教育的认识与表达中，既然存在日常语言所表达的教育常识与理论语言所表达的教育理论的区分，那么，就必然会存在两者之间的关系这一基本问题。现行教育理论是如何理解这一关系的呢？在《教育学》中，关于教育常识或教育经验与教育理论的关系，这样写道："我们应当重视教育经验，但不能把教育学变成教育经验的汇编，仅仅满足于教育经验的介绍，而是要从教育经验中总结出教育规律、教育价值乃至教育艺术，将教育的实践经验提高到理论的高度，以丰富和发展教育学。"① 在这段话中，尽管内含对教育经验的应然的重视态度，也内含对教育理论的期待或追求，但是，却分明地表达着对教育理论与教育经验两者关系上的等级性理解——引文中所谓"将教育的实践经验提高到理论的高度"的表达，就是证据。顺便一提，此类所谓"理论的高度""从理论的高度看""站在理论的高度看问题"等说辞，便是流行的理论高出于经验的经常性的具体表现。这种理论与经验的等级性感受，甚至已经渗透到很多人的内心世界并作为一种集体无意识状态而顽固地存在，且以对理论的偏执、痴迷甚至迷信的态度而表现出来，同时，又以对经验的轻视、忽视甚至歧视的态度而表现出来。按照现行教育理论的这种理解，既然教育理论与教育经验两者之间是高与低的等级性关系，那么，教育理论与教育经验两者之间，也就是指导与被指导的关系。直白地说，也就是教育理论指导教育经验的简单关系。由此，表达教育理论的理论语言与表达教育经验的日常语言两者之间，也就是高与低的等级性关系，或者说，是指导与被指导的简单关系。针对现行教育理论关于日常语言与理论语言的等级性的观点，即等级论的语言观，我们提出了

---

① 王道俊，郭文安. 教育学 [M] . 北京：人民教育出版社，2009：3.

关于日常语言与理论语言的对应性的观点，即对应语言观以及对应教育。

二、对关于日常语言与理论语言的等级性理解的遮蔽性分析

现行教育理论，关于日常语言与理论语言的等级性理解，是从两种语言的比较，切到对教育认识的把握的。在这一切入点上，现行教育理论，能够把握到教育认识的哪些方面的内容呢？一是，从两种语言的属性看，现行教育理论，能够把握到表达教育理论的理论语言的优越性，也能够把握到表达教育常识的日常语言的不足性；二是，从两种语言的影响向度看，现行教育理论，能够把握到具有优越性的理论语言，对具有不足性的日常语言的影响向度；三是，从两种语言的影响结果看，现行教育理论，能够把握到具有优越性的理论语言，对具有不足性的日常语言的影响结果。归纳地看，现行教育理论，从两种语言的比较，切到对教育认识的把握，能够把握到的内容，也就是，具有优越性的理论语言对具有不足性的日常语言的影响或改造。

然而，现行教育理论，从两种语言的比较，切到对教育认识的把握，在有所把握的同时，却又遗漏或遮蔽了哪些内容呢？一是，从两种语言的属性看，现行教育理论，在把握到表达教育理论的理论语言优越性的同时，却遗漏了理论语言的不足性；与此对应地，在把握到表达教育常识的日常语言不足性的同时，却遗漏了日常语言的优越性。在本节开始的论题提出部分，我们就谈到，理论语言与日常语言，都分别具有自己产生的基础与要解决的问题。因此，理论语言与日常语言，都分别具有自己的优越性与不足性。然而，现行教育理论，却在其主观抽象思维中，片面地抽取出理论语言单一的优越性与日常语言单一的不足性，并以偏概全地泛指两种语言的整体属性。由此，便遗漏了理论语言的不足性与日常语言的优越性。二是，从两种语言的影响向度看，现行教育理论，在把握到具有优越性的理论语言，对具有不足性的日常语言影响向度的同时，却遗漏了具有优越性的日常语言，对具有不足性的理论语言的影响向度。按照上面的理解，既然理论语言与日常语言，都分别具有自己的优越性与不足性，那么，两种语言之间，就必然是双向度的影响。然而，现行教育理论，却在其主观抽象思维中，片面地抽取出理论语言对日常语言的单向度影响，并以偏概全地泛指双方之间的双向度影响。由此，便遗漏了日常语言对理论语言的影响向度。三是，从两种语言的影响结果看，现行教育理论，在把握到具有优越性的理论语言，对具有不足性的日常语言的影响结果的同时，却遗漏了具有优越性的日常语言，对具有不足性的理论语言的影响结果。按照上面的理解，既然理论语言与日常语言之间，是双向度的影响指向，那么，两种语言之间，

就必然会产生相互对应的影响结果。然而，现行教育理论，却在其主观抽象思维中，片面地抽取出理论语言对日常语言的影响结果，并以偏概全地泛指双方之间的影响结果。由此，便遗漏了日常语言对理论语言的影响结果。归纳地看，现行教育理论，从两种语言的比较，切到对教育认识的把握，在把握到具有优越性的理论语言，对具有不足性的日常语言的影响或改造的同时，却遗漏了具有优越性的日常语言对具有不足性的理论语言的影响或改造。由此，便必然地衍生出前面引文中所明确表达出的等级性问题。

三、对关于日常语言与理论语言的等级性理解的对应改造

现行教育理论，关于日常语言与理论语言的等级性理解，既然是由其主观思维中以偏概全的抽象泛化所导致的后果，那么，要改造现行教育理论对两种语言的等级性理解，就首先要摆脱现行教育理论抽象泛化的主观思维，而转换到对两种语言的事实思维上来。在事实思维的视野中，日常语言与理论语言，又会呈现出怎样的状况呢？这主要表现在如下三个方面：

一是，从两种语言的属性看，日常语言与理论语言，都分别具有各自的优越性与不足性，而不是现行教育理论所把握到的日常语言具有单一的不足性，而理论语言具有单一的优越性。因此，日常语言与理论语言，就绝不是现行教育理论所把握到的所谓理论语言高出于日常语言的等级性关系，而是对应的平等，即对等关系。鉴于现行教育理论，仅仅把握到理论语言的优越性与日常语言的不足性的偏差，我们愿意强调理论语言的不足性与日常语言的优越性。在具体的教育或教学情境中，理论语言的不足性，也就是脱离了学生感性认识的抽象性或逻辑性；而日常语言的优越性，也就是学生感性认识的具体性或形象性。我们这样强调的目的，就是要对日常语言与理论语言，做出对应的优越性与不足性的相互关注或相互比较，以便更准确地感受两种语言的对等地位。

二是，从两种语言的影响向度看，日常语言与理论语言双方，是对应的双向度的相互影响，而不是现行教育理论所把握到的理论语言对日常语言的单向度影响。鉴于现行教育理论，仅仅把握到理论语言对日常语言单向度的影响的偏差，我们愿意强调日常语言对理论语言的对应的影响。在具体的教育或教学过程中，要特别注意，日常语言与理论语言双方对应影响的具体过程，这涉及对应存在的两个基本过程：一个是，日常语言对理论语言的影响过程。这是表达关于教育的感觉或知觉的感性认识的日常语言，对表达关于教育的抽象或概括的理性认识的理论语言的影响过程。直白地说，这也就是从具有差异性的具体，到具有同一性的抽象的过程。在这里，要注意从具体到抽象的思维操作过

程，即舍弃掉差异性而抽取出同一性的过程。另一个是，理论语言对日常语言的影响过程。这是表达关于教育的抽象或概括的理性认识的理论语言，对表达关于教育的感觉或知觉的感性认识的日常语言的影响过程。直白地说，这也就是从具有同一性的抽象，到具有差异性的具体的过程。在这里，要注意从抽象到具体的思维操作过程，即以同一性的抽象添加差异性的具体的过程。我们这样强调的目的，就是不仅要关注日常语言与理论语言对应影响的向度，而且要关注两种语言对应影响向度的思维操作。

三是，从两种语言的影响结果看，日常语言与理论语言双方，因为都分别受到对方的影响，所以也都必然会发生对应的变化或转化，而不是现行教育理论所把握到的理论语言对日常语言单方面的影响或改造。鉴于现行教育理论，仅仅把握到理论语言对日常语言单方面影响的偏差，我们愿意强调日常语言对理论语言的对应影响或改造。在具体的教育或教学过程中，要特别注意，日常语言与理论语言双方对应影响的三种基本机制，即顺对应、逆对应与零对应机制。所谓顺对应机制，是指日常语言与理论语言的一致性对应关系。这种一致性对应关系，既包含日常语言对理论语言的吸收，也包含理论语言对日常语言的吸收。比如，本节内容所谈到的"日常语言"，可以被吸收到关于教育的理论术语之中，就构成与"理论语言"相对应的术语。当然，"理论语言"也可以被吸收到关于教育的日常语言之中，就构成与"日常语言"相对应的语词。不难理解，两种语言的一致性对应关系，能够带来对两种语言相互补充性的变化或转化。所谓逆对应机制，是指日常语言与理论语言的不一致性关系。这种不一致性对应关系，既包含日常语言对理论语言的排斥，也包含理论语言对日常语言的排斥。比如，本节内容所谈到的"日常语言"与"理论语言"，就首先是两种相互排斥或相互区分的语言。其次，经过去异求同的思维加工过程，日常语言就可以转化为理论语言；而经过思维的差异性添加过程，理论语言也可以转化为日常语言。不难理解，两种语言的不一致性关系，能够带来对两种语言相互改造性的变化或转化。所谓零对应机制，是指日常语言与理论语言的相互独立关系。这种对应关系表明，日常语言与理论语言，是日常生活情境与理论生活情境中对教育认识的两种不同的表达，这两种不同的表达，当然会具有不同于对方的自我的变化或转化。

四、本节小结

综合上文，我们看到，现行教育理论，受其主观抽象思维片面性的局限，在日常语言与理论语言双方的属性、影响向度以及影响结果维度上，都存在简单性问题并直接导致了对日常语言与理论语言理解上的等级性偏差。因此，我们在对应语言观基础上，对它做出了基本的反思与改造。我们认为：第一，从两种语言的属性看，日常语言与理论语言，各有自己的优越性与不足性，而不是现行教育理论所把握到的理论语言单一的优越性与日常语言单一的不足性；第二，从两种语言的影响向度看，日常语言与理论语言双方，是双向度的对应影响，而不是现行教育理论所把握到的理论语言对日常语言的单向度影响；第三，从两种语言的影响结果看，日常语言与理论语言双方，都因受到对方影响而发生变化或转化，而不是现行教育理论所把握到的日常语言因为受到理论语言影响而发生单方面的变化或转化。我们反思与改造的基本目的，不仅是要改造现行教育理论在对日常语言与理论语言理解上的等级性偏差，还要转换到对日常语言与理论语言的对应理解上来，以便在两种语言的对应存在、对应影响与对应转化中，为对等的教育与对等的社会提供对等的语言。

五、本节提示

在本节最后，需要做两点提示。一是，关注日常语言与理论语言对应转换的过渡环节：从日常语言转换到理论语言，需要经过去异求同的思维操作；而从理论语言转换到日常语言，则要经过差异性添加的思维操作。二是，关注日常语言与理论语言对应转换的基本机制：顺对应机制，以实现两种语言的互补性转换；逆对应机制，以实现两种语言的改造性转换；零对应机制，以实现两种语言的独立的自我转换。

附言：

1. 关于教育的日常语言，不仅表达着人们对教育活动的最平常的经验，而且也直接推动着日常教育活动的开展。因此，需要仔细地研究或判断。

2. 轻视、忽视甚至歧视教育经验与日常语言，是现行教育理论偏失于泛泛而谈的空洞的根源。

3. 关于教育的理论与理论语言，在教育或教学过程中，具有突出的不足性，这需要理论学习者用心地去辨明。

4. 理论与理论语言，正如经验与日常语言，根本没有什么单一的优越性可谈，它们只是人类认识与表达的不同状态。因此，就需要对等地去看待。

5. 日常语言与理论语言，因对应而存在，也因对应而转换——这是对应论语言观，对日常语言与理论语言的存在与转换的基本判断。

6. 关注日常语言与理论语言对应转换的过程或机制，是对应语言观关注的对应转换机制之一。

第四节　关注科学语言与人文语言的对应教育

切问：

1. 从发生或产生看，对教育进行实验的科学研究方法或技术一经出现，也就有了与其对应的人文方法或技术吗？由此，可以说，科学研究与人文研究是对应产生或对应存在的吗？

2. 对教育进行科学研究的根据是什么？科学研究，具有自身的边界限定吗？现行教育理论，为什么会产生"教育理论科学化"的追求呢？所谓"教育理论科学化"，就是要"化教育理论为科学"吗？这是可能的吗？

3. 教育领域存在具有变化性或偶然性的现象或问题吗？对这类现象或问题，还能够运用科学的方法或技术进行考察或研究吗？科学研究，具有科学研究本身的局限性吗？

4. 对教育进行科学研究的方法或技术，需要科学语言的表达形式吗？科学语言是怎样的？而对教育进行人文研究的方法或技术，则需要人文语言的表达形式吗？人文语言又是怎样的？

5. 科学语言，只有优越性而没有不足性吗？科学语言的不足性在哪里？人文语言，只有不足性而没有优越性吗？人文语言的优越性在哪里？

6. 教育研究，需要对应的科学研究与人文研究吗？对教育研究的表达，需要对应的科学语言与人文语言吗？

一、论题的提出

从实际来源看，教育理论，是对生活过程与教育活动中人与人之间的影响进行考察或研究所得到的认识成果。从既有的研究结果看，对教育的研究，涉及两条基本路线，即科学研究与人文研究。所谓对教育的科学研究，是指教育研究者，以观察、观测、实验或统计等方法，对教育领域具有重复性或必然性关系的对象的探索或揭示。在教育史上，19世纪末20世纪初产生于德国的实验教育学，就是对教育进行科学研究的典型代表。20世纪以来，人们对教育所进行的实验、调查、数据的统计与分析等研究，也都属于科学研究的路线。所谓对教育的人文研究，是指教育研究者，以经验总结、反思、感悟或思辨等方法，对教育领域具有变化性或差异性关系的对象的探索或揭示。在教育史上，近现代以前的教育研究，属于未分化的一般的教育研究。近现代以来，随着科学研究的产生，也就产生了人文研究。而随着科学研究的变化或发展，人们对教育所进行的反省、反思、辨析或总结等人文研究，也处于不断的变化与发展之中。

从语言表达形式看，对教育的研究，既然涉及科学研究与人文研究，那么，作为对教育研究的表达，教育理论的语言，也就被区分为科学语言与人文语言。所谓表达教育理论的科学语言，是指以数字、符号、曲线或图表等定量形式对具有重复性或必然性关系的教育研究结果的表达语言。简言之，科学语言，也就是表达科学研究的语言。不难理解，科学语言，是伴随科学研究的产生而产生，也是伴随科学研究的变化而变化的。在教育或教学过程中，科学语言突出的优越性，是其定量的表达；而其突出的不足性，则是单一的数量性难以表达对象的属性或性质。所谓表达教育理论的人文语言，是指以描述、叙述、陈述或说明等定性形式对具有变化性或差异性关系的教育研究结果的表达语言。简言之，人文语言，也就是表达人文研究的语言。也不难理解，人文语言，是伴随人文研究的产生而产生，也是伴随人文研究的变化而变化的。在教育或教学过程中，人文语言突出的优越性，是其定性的表达；而其突出的不足性，则是单一的属性难以表达对象的数量性。

在人们关于教育的研究与表达中，既然存在科学语言所表达的科学研究与人文语言所表达的人文研究的区分，那么，就必然会存在科学语言所表达的科学研究与人文语言所表达的人文研究之间的关系这一基本问题。现行教育理论是如何理解这一关系的呢？这突出地表现在现行教育理论对"教育理论科学化"的追求之中——表现在基础理论部分，那就是"以教育科学的规律指导教育实际"（请注意其中的"教育科学"）；表现在教学论部分，那就是"为教学论的科学化而努力"（请注意其中的"教学论的科学化"）；表现在德育论部分，那就是"要建立科学的德育理论"（请注意其中的"科学的德育理论"）；表现在学校管理论部分，那就是"要实现管理的科学化"（请注意其中的"管理的科学化"）；等等。与这种"泛化式的科学追求"相一致，表达教育理论的语言，也自然就是科学化的语言了。针对现行教育理论，对研究与表达教育的科学研究与科学语言的泛化式理解，我们提出了科学语言与人文语言的对应理解。

二、对现行教育理论的泛化式科学研究与科学语言的遮蔽性分析

现行教育理论，从定量或可以量化的维度，切到对教育研究与表达的理解，能够把握到哪些方面的内容呢？一是，从教育研究与表达的内容看，现行教育理论，能够把握到教育领域具有重复性或必然性的内容，如人的生理发展的特

征，学生的年龄、智商、人数，教育的投资、经济效益、教育成本，等等。由此，人们可以获得对教育领域的所谓规律性或客观性的理解。二是，从教育研究与表达的方法或技术看，现行教育理论，能够把握到具有可实证性或实验性的教育研究方法与可以数量化的表达方法，如教育实验法，测量法，教育数据的统计与分析法，等等。由此，人们可以获得对教育领域的可重复性验证的方法或技术。三是，从教育研究与表达的形式看，现行教育理论，能够对教育领域的研究成果做出量化表达并因此而使对教育的表达具有精确性或明确性。由此，人们可以获得对教育领域的确定性的生命感受。

　　然而，现行教育理论，从定量或可以量化的维度，切到对教育研究与表达的理解，在有所把握的同时，却又遗漏或遮蔽了哪些方面的内容呢？一是，从教育研究与表达的内容看，现行教育理论，在把握到教育领域具有重复性或必然性内容的同时，却以这方面的内容，以偏概全地泛指对整个教育领域的研究与表达的内容。因此，便遗漏了教育领域的变化性或偶然性的内容，如人的心理发展的偶然性，学生的情绪、动机、性格，教育的意义、人文关怀、文化功能，等等。由此，人们便很难获得对教育领域的规律性与偶然性的对应理解。二是，从教育研究与表达的方法或技术看，现行教育理论，在把握到具有可实证性与可量化的方法的同时，却以这方面的方法，以偏概全地泛指对整个教育领域的研究与表达的方法。因此，便遗漏了不可实证或只能定性地方法，如对教育的反思、批评、质疑、对话、讨论、辨析等。由此，人们便很难获得对教育的定量与定性对应研究与表达的方法或技术。三是，从教育研究与表达的形式看，现行教育理论，在把握到对教育领域的研究成果的明确表达的同时，却以这方面的表达，以偏概全地泛指对整个教育领域研究成果的表达形式。因此，便遗漏了不明确的或具有探索性的表达，如人的潜意识、潜能、直觉、梦境、幻觉等。由此，人们便很难获得确定性与探索性的对应生命感受。

三、对现行教育理论的泛化式科学研究与科学语言的对应改造

　　既然现行教育理论，在对科学研究与科学语言的理解上，存在以偏概全的泛化的偏差，那么，对这一偏差的反思与改造，就首先要摆脱其主观抽象思维的泛化，而转换到对应的边界思维上来。在对应的边界思维视野中，我们能够对现行教育理论的理解，做出哪些方面的改造呢？这主要表现在如下三个方面：

　　一是，从教育研究与表达的内容看，教育领域的研究，包含对应的科学研究与人文研究；教育领域的表达，也就包含对应的科学语言与人文语言。从教育研究的历史看，完全可以说，自从有了教育，也就有了人们对教育的感受与

理解，或者说，也就有了人们对教育的考察或研究。在科学研究与科学语言产生以前，人们对教育的考察或研究，还只是处在一般的经验积累或反思的阶段。严格说来，这一时期的教育研究，既不是科学研究，也不是人文研究；与此相一致，对这一时期的教育研究的表达，既不是科学语言，也不是人文语言。自从人们将实验法引入教育领域的研究与表达，才产生了对教育的科学研究与科学语言，而正是科学研究与科学语言的存在，才对应地产生了人文研究与人文语言的存在。然而，现行教育理论，却在其主观抽象思维中，将科学研究以及科学语言，不加限定地泛化到对整个教育领域的研究与表达之中，以至于掩盖或遮蔽了人文研究与人文语言。因此，我们就需要对科学研究与人文研究以及科学语言与人文语言做出必要的边界区分或边界限定。如何做出这种边界区分或边界限定呢？那就是要根据教育研究对象的重复性或变化性这一标准而进行。在教育领域，存在重复性或必然性的研究对象吗？当然存在，如我们在本节上面的遮蔽性分析部分所谈到的，人的生理发展的特征，学生的年龄、智商、人数，教育的投资、经济效益、教育成本，等等；这都是需要科学研究与科学语言所要考察或表达的内容。在教育领域，存在变化性或偶然性的研究对象吗？当然存在，如我们在本节上面的遮蔽性分析部分所谈到的，人的心理发展的偶然性，学生的情绪、动机、性格，教育的意义、人文关怀、文化功能，等等；这都是需要人文研究与人文语言所要考察或表达的内容。由此，人们便可以获得对教育领域研究对象的重复性与变化性的对应理解或感受，而不是现行教育理论在所谓"科学化"的追求中所仅仅把握到地对教育研究对象的重复性的理解。

二是，从教育研究与表达的方法或技术看，教育领域的研究，包含对应的科学方法与人文方法，而不是现行教育理论所把握到的单一的科学方法。既然教育领域存在重复性的研究对象，那么，教育研究就必然会涉及与重复性的对象相一致的科学的方法或技术，如我们在本节前面论题提出部分所谈到的观察、观测、实验或统计等等方法。同样地，既然教育领域存在非重复性或变化性的研究对象，那么，教育研究也就必然会涉及与变化性的对象相一致的人文的方法或技术，如我们在本节前面论题提出部分所谈到的经验总结、反思、感悟或思辨等方法。然而，现行教育理论，却在其主观抽象思维中，将科学的方法或技术，不加限定地泛化到对整个教育领域的研究方法之中，以至于掩盖或遮蔽了人文的方法或技术。因此，我们就需要对科学与人文的方法或技术做出必要的边界区分或边界限定。如何做出这种边界区分或边界限定呢？那当然还是要根据教育研究对象的重复性或变化性这一标准而进行。只要是对教育领域具有重复性的对象的研究，人们就需要选择科学的研究方法或技术；而只要是对教育领域具有变化性的对象的研究，人们就需要选择人文的研究方法或技术。由此，人们便可以获得对教育研究的科学与人文的方法或技术的对应理解或感受，而不是现行教育理论在所谓"科学化"的追求中所仅仅把握到的对教育研究的科学方法的理解。

三是，从教育研究与表达的形式看：教育领域的研究，包含对应的确定性的表达与不确定性或探索性的表达，而不是现行教育理论所把握到的单一确定性的表达。既然教育领域存在重复性的研究对象，也存在与重复性对象相一致的科学研究方法或技术，那么，对这类重复性对象的研究结果的表达，也就必然会具有科学语言的形式，如我们在本节前面的论题提出部分所谈到的以数字、符号、曲线或图表等定量形式对具有重复性或必然性关系的教育研究结果的表达语言。在教育或教学过程中，需要特别注意科学语言表达形式对应的二重性，即优越性与不足性。鉴于现行教育理论仅仅注意到科学语言的优越性而没有注意到不足性的偏差，我们愿意强调科学语言在教育或教学过程中的不足性。这种强调的基本目的，就是要注意单一的定量表达的科学语言的局限性，以便借助定性表达的人文语言进行补充。同样地，既然教育领域存在变化性的研究对象，也存在与变化性对象相一致的人文研究方法或技术，那么，对这类变化性对象的研究结果的表达，也就必然会具有人文语言的形式，如我们在本节前面的论题提出部分所谈到的以描述、叙述、陈述或说明等定性形式对具有变化性或差异性关系的教育研究结果的表达语言。在教育或教学过程中，需要特别注意人文语言表达形式对应的二重性，即优越性与不足性。鉴于现行教育理论仅仅注意到人文语言的不足性而没有注意到优越性的偏差，我们愿意强调人文语言在教育或教学过程中的优越性。这种强调的基本目的，就是要注意单一的定性表达的人文语言的局限性，以便借助定量表达的科学语言进行补充。然而，现行教育理论，却在其主观抽象思维中，将科学语言的形式，不加限定地泛化到对整个教育领域的研究结果的表达之中，以至于掩盖或遮蔽了人文语言的形式。因此，我们就需要对科学语言与人文语言做出必要的边界区分或边界限定。如何做出这种边界区分或边界限定呢？那就是：既要根据研究对象的重复性或变化性，也要根据研究方法的定量或定性而进行。直白地说，也就是，对于具有重复性的可以定量的研究，人们需要选择科学语言的表达形式；而对于具有变化性的可以定性的研究，人们则需要选择人文语言的表达形式。由此，人们便可以获得对教育研究结果的科学语言与人文语言表达的对应理解或感受，而不是现行教育理论在所谓"科学化"的追求中所仅仅把握到的对教育研究结果的科学语言表达的理解。

四、本节小结

综合上文，我们看到，现行教育理论，受其主观泛化思维的局限，在教育研究与表达的内容、方法或技术以及表达形式这三个基本维度上，都存在以偏概全的简单泛化的偏差。因此，我们在科学语言与人文语言对应的基础上，对它做出了基本的反思与改造。我们认为：第一，从教育研究与表达的内容看，教育领域的研究，既包含科学研究与人文研究，也包含科学语言与人文语言，而不是现行教育理论所把握到的单一的科学研究与科学语言；第二，从教育研究与表达的方法或技术看，教育领域的研究，既包含科学方法或技术，也包含人文方法或技术，而不是现行教育理论所把握到的单一的科学方法或技术；第三，从科学研究与表达的形式看，教育领域的研究，既包含科学语言的形式，也包含人文语言的形式，而不是现行教育理论所把握到的单一的科学语言的形式。我们之所以要反思与改造现行教育理论对科学研究与科学语言以及人文研究与人文语言的理解上的偏差或不足，绝不仅仅要确立出科学研究与科学语言以及人文研究与人文语言的边界区分，而且要以此为基础去涵养人的科学情怀与人文情怀，以便为对等的社会涵养出人的对应的科学素质与人文素质。

五、本节提示

在本节最后，需要做一点提示。我们反思与改造的是现行教育理论的"科学化"的追求，而不是"科学"的追求。因为，教育领域确实存在具有重复性或必然性的现象或问题，所以，我们需要对这类现象或问题进行考察或研究的科学方法或技术。但是，要特别注意，教育领域也确实存在具有变化性或偶然性的现象或问题，所以，我们就需要对这类现象或问题进行考察或研究的人文方法或技术。但是，所谓"教育理论科学化"的追求，却以单一的科学方法或技术，以偏概全地泛指了对整个教育领域的研究方法或技术。由此，便掩盖或遮蔽了人文的研究方法或技术，所以，我们并不反对现行教育理论对于科学研究的追求，而是反对其对科学研究的泛化追求，或者说，我们反对现行教育理论对科学研究的没有边界限定的泛滥化的追求。

附言：

1. 从人类研究的历史看，科学研究与人文研究，是对应产生的：没有科学研究，也就没有人文研究，而只有还未分化的一般研究。

2. 要尊重科学，就要尊重科学的边界；在边界之外谈论科学，常常带来在科学伪装之下的祸害。

3. 科学在解决问题的同时，必然会产生科学本身带来的问题。这需要从事科学教育的人们细心的注意。

4. 在教育或教学过程中，科学语言具有突出的不足性，而这种不足性，正可以靠人文语言加以补充或调整。

5. 科学语言与人文语言，是教育研究与表达的对应形式。离开两种语言的对应，关于教育的研究与表达，便会陷入科学语言的生硬或人文语言的空洞。

6. 强调科学语言与人文语言的对应，可以对等地涵养人的科学情怀与人文情怀，而不会偏失于单方面的情怀。

第五节　关注价值语言与事实语言的对应教育

切问：

1. 从发生或产生看，对教育进行主观规定或预设的价值研究的方法一经出现，也就有了与其对应的事实研究的方法吗？由此，可以说，价值研究与事实研究是对应产生或对应存在的吗？

2. 对教育进行价值研究的根据是什么？价值研究，具有自身的边界限定吗？现行教育理论，为什么会产生泛化的价值研究的追求呢？这种泛化的价值研究追求，是能够实现的吗？

3. 教育领域存在具有客观性的现象或问题吗？对这类现象或问题，还能够运用价值研究的方法进行考察或研究吗？价值研究，具有价值研究本身的局限性吗？

4. 对教育进行价值研究的方法，需要价值语言的表达形式吗？价值语言是怎样的？而对教育进行事实研究的方法，则需要事实语言的表达形式吗？事实语言又是怎样的？

5. 价值语言，只有优越性而没有不足性吗？价值语言的不足性在哪里？事实语言，只有不足性而没有优越性吗？事实语言的优越性在哪里？

6. 教育研究，需要对应的价值研究与事实研究吗？对教育研究的表达，需要对应的价值语言与事实语言吗？

一、论题的提出

现行教育理论，对教育的基本理解，集中表现在关于教育的概念之中。现行教育理论，如何理解关于教育的概念呢？在《当代教育学》中写道："教育是培养人的一种社会活动，是传承社会文化、传递生产经验和社会生活经验的基本途径。学校教育则是教育者根据一定社会的要求，有目的、有计划、有组织地对受教育者的身心施加影响，期望他们发生某种变化的活动。"① 这也就是现行教育理论对教育的广义与狭义的理解：广义教育，是指培养人的社会活动；而狭义教育，是指学校教育。

关于广义教育，现行教育理论包含两层内容：一是，广义教育的概念；二是，广义教育的功能。在广义教育的概念中，隐含着培养者一方对于被培养者一方的培养——这当然是培养者一方的心愿、期待或追求，即培养者一方的价值规定。因为，从事实看，培养者对被培养者的任何培养，都必然会引起被培养者反向的影响或培养。这也就是说，从客观事实看，广义教育，绝不仅仅是培养者一方对被培养者一方的培养活动，而且，还是被培养者一方对培养者一方的培养活动。然而，现行教育理论，却以简单的主观价值规定，掩盖或遗漏了对教育事实的理解——这便是现行教育理论在对广义教育概念理解上泛化的价值规定或价值研究。在广义教育的功能中，则明白地表达着教育的传承或传递功能——这还是培养者一方的心愿、期待或追求，即培养者一方的价值规定。因为，从事实看，教育的任何传承或传递功能，都只能依靠在现实中生活的人们的理解或利用。这也就是说，从客观事实看，教育的功能，绝不仅仅是传承或传递，而且，还必然包含变通或创造。然而，现行教育理论，却以简单的主观价值规定，掩盖或遗漏了对教育事实的理解——这便是现行教育理论在对广义教育功能理解上泛化的价值规定或价值研究。

关于狭义教育，现行教育理论包含三层内容：一是，学校教育的根据，也就是上面引文中的"根据一定社会的要求"；二是，学校教育的形式，也就是上面引文中的"有目的、有计划、有组织"；三是，学校教育的结果，也就是上面引文中的"期望他们发生某种变化"。

先来看学校教育的根据：按照现行教育理论的理解，学校教育的根据是社会的要求——这当然是现行教育理论的主观价值规定。因为，从客观事实看，任何社会的要求，都只能通过受教育者个体才能实现。这也就是说，从客观事

---

① 袁振国. 当代教育学 ［M］. 北京：教育科学出版社，2010：4.

实看，学校教育的根据，绝不仅仅是单方面的社会要求，而且，还是受教育者个体的要求。然而，现行教育理论，却以简单的主观价值规定，掩盖或遗漏了对教育事实的理解——这便是现行教育理论在对学校教育根据理解上泛化的价值规定或价值研究。

再来看学校教育的形式：按照现行教育理论的理解，学校教育的形式是有目的、有计划、有组织——这当然是现行教育理论的主观价值规定。因为，从客观事实看，学校教育的任何目的性、计划性与组织性，都必然会受到变化的实际情况的限定而随之发生变化。这也就是说，从客观事实看，学校教育的形式，绝不仅仅是单方面的有目的、有计划、有组织的，而且，还是无目的、无计划、无组织的。然而，现行教育理论，却以简单的主观价值规定，掩盖或遗漏了对教育事实的理解——这便是现行教育理论在对学校教育形式理解上泛化的价值规定或价值研究。

最后来看学校教育的结果：按照现行教育理论的理解，学校教育的结果是教育者期望受教育者发生某种变化——这当然还是现行教育理论的主观价值规定。因为，从客观事实看，教育者对受教育者的任何期望，都必然会反过来对教育者产生影响或教育。这也就是说，从客观事实看，学校教育的结果，绝不仅仅是单方面的受教育者的变化，而且，还是教育者方面的变化。然而，现行教育理论，却以简单的主观价值规定，掩盖或遗漏了对教育事实的理解——这便是现行教育理论在对学校教育结果理解上泛化的价值规定或价值研究。

综合上文，我们看到，现行教育理论，对广义与狭义教育的理解，都不是以教育的客观事实为根据，而是从主观愿望出发对教育进行简单的价值规定——这便是现行教育理论泛化的主观价值规定或价值研究。这种泛化的价值研究，直接掩盖或代替了对教育的事实研究，并导致现行教育理论在研究方法上的严重偏差。作为对这种泛化的主观价值研究的表达，现行教育理论的语言，也就是泛化的价值语言，即表达教育研究者的心愿、理想、期待、追求等主观价值的语言。这种表达主观价值的语言，直接掩盖或代替了表达实然状态存在的教育实际的事实语言，并导致现行教育理论在语言表达上的严重偏差。针对现行教育理论简单泛化的价值研究与价值语言，我们提出了对应存在的价值研究与价值语言以及事实研究与事实语言。

二、对现行教育理论简单泛化的价值研究与价值语言的遮蔽性分析

现行教育理论，从教育研究者的主观价值，切到对教育研究与表达的理解，能够把握到哪些方面的内容呢？一是，从教育研究与表达的内容看，现行教育

理论，能够把握到教育领域具有人的主观性的内容。对比地看，教育领域与自然领域的差异性之一，就是教育领域直接涉及人的主观价值。当然，这样说并不是意味着对自然的研究不包含主观价值，而只是说，对自然的研究，其研究对象本身是客观的，但对对象的研究却离不开人，也就离不开人的愿望或价值。而教育领域的研究，不管是研究对象，还是研究者，都涉及有主观追求或价值的人，也就因此而离不开人的价值。就此而论，现行教育理论泛化的价值研究与表达，在一定程度上表现了教育研究的实然状态，如本节前面引用的现行教育理论，对广义与狭义教育的理解中所包含的一方对于另一方的简单教育，就客观地反映出一个方面的教育的实然状态。由此，人们可以获得对教育领域一个方面的实然状态的把握。二是，从教育研究与表达的方法看，现行教育理论，能够把握到教育研究者对教育活动的主观规定或预设，如本节前面引用的现行教育理论，对广义教育概念与功能的预设以及对学校教育的根据、形式、结果的预设。由此，人们可以获得对教育领域的主观规定或预设的方法。三是，从教育研究与表达的形式看，现行教育理论，能够对教育领域的研究成果做出主观的价值表达。由此，人们可以获得对教育领域具有主观性的生命感受。

然而，现行教育理论，从教育研究者的主观价值，切到对教育研究与表达的理解，在有所把握的同时，却又遗漏或遮蔽了哪些方面的内容呢？一是，从教育研究与表达的内容看，现行教育理论，在把握到教育领域具有人的主观性内容的同时，却以这方面的内容，以偏概全地泛指对整个教育领域的研究与表达的内容。因此，便遗漏了教育领域具有客观性的内容，如本节前面引用的现行教育理论对广义与狭义教育的理解，虽然能够把握到一方对另一方的教育，但却遗漏了另一方反过来对一方的教育，并进一步遗漏了双方之间相互对应的教育。由此，人们便很难获得对教育领域实然状态即价值与事实的对应把握。二是，从教育研究与表达的方法看，现行教育理论，在把握到对教育领域的主观规定或预设方法的同时，却以这种方法，以偏概全地泛指对整个教育领域的研究与表达的方法。因此，便遗漏了对教育领域的事实研究与表达的方法，如本节前面引用的现行教育理论，对广义教育的概念与功能以及对学校教育的根据、形式、结果的把握，虽然能够把握到教育研究者对它们的主观规定或预设，但却遗漏了对它们的客观存在与变化的事实研究与表达的方法。由此，人们便很难获得对教育领域的价值与事实的对应研究与表达方法。三是，从教育研究与表达的形式看，现行教育理论，在把握到对教育领域的价值语言的表达形式的同时，却以这种表达形式，以偏概全地泛指对整个教育领域的研究与表达的形式。因此，便遗漏了对教育领域的研究与表达的事实语言的形式，如本节前面引用的现行教育理论，对广义教育的概念与功能以及对学校教育的根据、形式、结果的表达，虽然具有价值语言的形式，但却遗漏了事实语言的形式。由此，人们便很难获得对教育领域的价值与事实的对应表达形式。

三、对现行教育理论简单泛化的价值研究与价值语言的对应改造

既然现行教育理论，在对价值研究与价值语言的理解上，存在以偏概全的泛化的偏差，那么，对这一偏差的反思与改造，就首先要摆脱其主观抽象思维的泛化，而转换到对应的边界思维上来。在对应的边界思维视野中，我们能够对现行教育理论的偏差，做出哪些方面的改造呢？这主要表现在如下三个方面：

一是，从教育研究与表达的内容看：教育领域的研究，包含对应的事实研究与价值研究；教育领域的表达，也就包含对应的事实语言与价值语言。从客观事实看，教育领域确实是包含人的主观性的领域。因此，对教育的研究与表达，就必然包含研究者的主观价值与价值语言。但是，教育领域也确实是包含与人的主观价值相对应的客观事实的领域。因此，对教育的研究与表达，也就必然包含对客观对象的事实研究与事实语言。然而，现行教育理论，却在其主观抽象思维中，将价值研究与价值语言，不加限定地泛化到对整个教育领域的研究与表达之中，以至于掩盖或遮蔽了事实研究与事实语言。因此，我们就需要对价值研究与价值语言以及事实研究与事实语言做出必要的边界区分或边界限定。如何做出这种边界区分或边界限定呢？那就是要根据教育研究对象的主观性或客观性这一标准而进行。在教育领域，存在具有主观性的研究对象吗？当然存在——如我们在本节前面引用的现行教育理论对广义与狭义教育所谓一方对另一方的简单教育的理解，就是需要价值研究与价值语言所要考察或表达的内容。在教育领域，存在具有客观性的研究对象吗？当然存在——如我们在本节前面引用的现行教育理论对广义与狭义教育所遗漏的另一方反过来对一方的教育，就是需要事实研究与事实语言所要考察或表达的内容。由此，人们便可以获得对教育领域研究对象的价值与事实的对应理解或感受，而不是现行教育理论在泛化的价值研究与表达中所仅仅把握到地对教育研究对象的主观价值的简单理解。

二是，从教育研究与表达的方法看：教育领域的研究，包含对应的主观规定或预设的价值研究方法与事实研究方法，而不是现行教育理论所把握到的单一的价值研究方法。既然教育领域存在具有主观性的研究对象，那么，教育研究就必然会涉及与主观性的对象相一致的价值研究的方法，如我们在本节前面引用的现行教育理论对广义与狭义教育所做的主观价值规定或预设。同样地，

既然教育领域存在具有客观性的研究对象，那么，教育研究也就必然会涉及与客观性的对象相一致的事实研究的方法，如我们在本节前面引用的现行教育理论在理解广义与狭义教育时所遗漏的内容，就是需要客观的事实研究方法才能把握到的内容。然而，现行教育理论，却在其主观抽象思维中，将价值研究的方法，不加限定地泛化到对整个教育领域的研究方法之中，以至于掩盖或遮蔽了事实研究的方法。因此，我们就需要对价值与事实研究的方法做出必要的边界区分或边界限定。如何这？那当然还是要根据教育研究对象的主观性或客观性这一标准而进行。只要是对教育领域具有主观性对象的研究，人们就需要选择价值研究的方法；而只要是对教育领域具有客观性对象的研究，人们就需要选择事实研究的方法。由此，人们便可以获得对教育研究的价值与事实研究方法的对应理解或感受，而不是现行教育理论在泛化的价值研究与表达中所仅仅把握到地对教育进行价值研究方法的简单理解。

　　三是，从教育研究与表达的形式看：教育领域的研究，包含对应的价值语言的表达与事实语言的表达，而不是现行教育理论所把握到的单一价值语言的表达。既然教育领域存在具有主观性的研究对象，也存在与主观性对象相一致的价值研究方法，那么，对这类主观性对象的研究结果的表达，也就必然会具有价值语言的形式，如我们在本节前面引用的现行教育理论对广义与狭义教育的理解与表达。在教育或教学过程中，需要特别注意价值语言表达形式对应的二重性即优越性与不足性。鉴于现行教育理论仅仅注意到价值语言的优越性而没有注意到不足性的偏差，我们愿意强调价值语言在教育或教学过程中的不足性。这种强调的基本目的，就是要注意单一的主观表达的价值语言的局限性，以便借助客观表达的事实语言进行补充。同样地，既然教育领域存在具有客观性的研究对象，也存在与客观性对象相一致的事实研究方法，那么，对这类客观性对象的研究结果的表达，也就必然会具有事实语言的形式，如我们在本节前面引用现行教育理论对广义与狭义教育的理解所遗漏的内容，就是需要事实研究与事实语言来表达的内容。在教育或教学过程中，需要特别注意事实语言表达形式对应的二重性，即优越性与不足性。所谓事实语言的优越性，是指事实语言的客观性；而所谓事实语言的不足性，是指单一的事实语言所导致的外在性。鉴于现行教育理论仅仅注意到事实语言的不足性而没有注意到优越性的偏差，我们愿意强调事实语言在教育或教学过程中的优越性。这种强调的基本目的，就是要注意表达客观的事实语言对单一的价值语言的补充或调整。然而，现行教育理论，却在其主观抽象思维中，将价值语言的形式，不加限定地泛化到对整个教育领域的研究结果的表达之中，以至于掩盖或遮蔽了事实语言的形式。因此，我们就需要对价值语言与事实语言做出必要的边界区分或边界限定。
如何做出这种边界区分或边界限定呢？那就是，既要根据研究对象的主观性与
客观性，也要根据研究方法的价值研究与事实研究。直白地说，那也就是，对
于具有主观性的可以规定或预设的研究，人们需要选择价值语言的表达形式；
而对于具有客观性的事实的研究，人们则需要选择事实语言的表达形式。由此，
人们便可以获得对教育研究结果的价值语言与事实语言表达的对应理解或感受，
而不是现行教育理论在泛化的价值研究与表达中所仅仅把握到地对教育研究结
果的价值语言表达的简单理解。

四、本节小结

综合上文，我们看到，现行教育理论，受主观泛化思维的局限，在教育研
究与表达的内容、方法以及表达形式这三个基本维度上，都存在以偏概全的简
单泛化的偏差。因此，我们在价值语言与事实语言对应的基础上，对它做出了
基本的反思与改造。我们认为，第一，从教育研究与表达的内容看，教育领域
的研究，既包含价值研究与事实研究，也包含价值语言与事实语言，而不是现
行教育理论所把握到的单一的价值研究与价值语言。第二，从教育研究与表达
的方法看，教育领域的研究，既包含价值研究的方法，也包含事实研究的方法，
而不是现行教育理论所把握到的单一的价值研究的方法。第三，从教育研究与
表达的形式看，教育领域的研究，既包含价值语言的形式，也包含事实语言的
形式，而不是现行教育理论所把握到的单一的价值语言的形式。我们之所以要
反思与改造现行教育理论对价值研究与价值语言以及事实研究与事实语言理解
上的偏差，绝不仅仅要确立出价值研究与价值语言以及事实研究与事实语言的
边界区分，而且要以此为基础去涵养人们对客观事实与主观价值的对应关注，
以便为对等的社会涵养出人们尊重事实与尊重价值的对等情怀。

五、本节提示

在本节最后，需要做一点提示。我们反思与改造的是现行教育理论泛化的
价值研究与价值语言表达，而不是价值研究与价值语言表达。因为，教育领域
确实存在具有主观性的现象或问题，所以，我们需要对这类现象或问题进行价
值研究的方法。但是，要特别注意，教育领域也确实存在具有客观性的现象或
问题，所以，我们就需要对这类现象或问题进行事实研究的方法。但是，泛化
的价值研究与价值语言表达，却以单一的价值研究与价值语言表达的方法，以
偏概全地泛指对整个教育领域研究与表达的方法。由此，便掩盖或遮蔽了事实

研究与表达的方法。所以，我们并不反对现行教育理论对于价值研究与价值语言表达的追求，而是反对其对价值研究与价值语言表达的泛化追求，或者说，我们反对现行教育理论对价值研究与价值语言表达的没有边界限定的泛滥化的追求。

附言：

1. 正如主观性对应着客观性一样，价值研究对应着事实研究。

2. 要尊重主观价值，就要尊重主观价值的边界。没有边界限定的主观价值，只能衍生出没有根据的茫茫然的悲哀。

3. 尊重事实，就要尊重事实所必然包含的阴与阳、正与邪、冷与暖的相互对应——由此可以说，尊重事实，就是尊重对应的事实。

4. 在教育或教学过程中，价值语言具有突出的主观性。对这种主观性，正可以靠事实语言的客观性加以补充或调整。

5. 价值语言与事实语言，是教育研究与表达的对应形式，离开两种语言的对应，关于教育的研究与表达，便会陷入事实语言的僵硬或价值语言的矫情。

6. 强调价值语言与事实语言的对应，可以对等地涵养人们对主观价值与客观事实的尊重。

第六节　关注三线规范语言的对应教育

切问：

1. 教育活动，包含人们的主观理想或价值吗？对教育活动的研究与表达，需要关注人们的理想定位的语言吗？

2. 教育活动，包含自身事实关系所决定的操作规范吗？对教育活动的研究与表达，需要关注事实或操作定位的语言吗？

3. 教育活动，包含自身事实关系所决定的不能违反的规范吗？对教育活动的研究与表达，需要关注这种不可违反的定位的语言吗？

4. 教育活动所包含的理想定位或规范、事实定位或规范与不可违反的定位或规范，能够构成人们关注教育活动的基本框架或结构吗？

5. 现行教育理论，为什么偏重于关于教育活动的理想定位或规范，而偏轻于关于教育活动的事实定位或规范与不可违反的定位或规范呢？

6. 缺少事实规范与不可违反的规范的现行教育理论，可以被恰当地认为是一厢情愿的理论吗?

一、论题的提出

现行教育理论,对教育的基本理解,集中表现在关于教育的概念之中。关于教育的概念,在《当代教育学》中写道:"教育是培养人的一种社会活动,是传承社会文化、传递生产经验和社会生活经验的基本途径。学校教育则是教育者根据一定社会的要求,有目的、有计划、有组织地对受教育者的身心施加影响,期望他们发生某种变化的活动。"① 这便是现行教育理论,在广义与狭义上对教育的理解。

在广义上,现行教育理论对教育有两层基本理解:一是关于广义教育的参加者及其关系的理解,二是关于广义教育内容的理解。

先来看关于广义教育的参加者及其关系的理解:按照现行教育理论的理解,广义教育,是培养人的一种活动。如何培养人? 那当然是由人来培养人。不难发现,这种一方对于另一方培养的规定,只能是一种主观的价值规定。因为,从事实看,一方对于另一方的任何培养,都必然会引起另一方的反应并反过来对一方产生培养作用。这清楚地表明,任何培养,都是相互对应的培养,而不是一方对于另一方的简单培养。然而,现行教育理论,却在其主观抽象思维的泛化中,以一方对于另一方的培养,以偏概全地泛指双方相互对应的培养。由此,便遗漏或遮蔽了另一方对一方的培养——这当然是现行教育理论泛化的主观价值规定。我们将这种单一主观思维路线上的规定,以术语表达为单线规范或单线定位。

再来看关于广义教育内容的理解:按照现行教育理论的理解,广义教育是传承社会文化、传递生产经验和社会生活经验的基本途径(这里需要提示,因为社会文化这一概念,包含生产经验和生活经验的概念,所以,就不能将这三个概念在一种思维水平上同时运用,以避免像现行教育理论这样产生思维与逻辑交叉杂糅的混乱)。从事实看,社会文化是怎样的文化呢? 那当然是真善美与假恶丑对应存在的文化。如果套用毛泽东的表达,那也就是精华与糟粕同在的文化。在这里,需要特别注意:社会文化,是精华与糟粕对应存在的文化,而绝不是简单的精华,也绝不是简单的糟粕。然而,现行教育理论,却在其主观抽象思维的泛化中,以简单的真善美的文化,以偏概全地泛指真善美与假恶丑对应存在的文化。由此,便遗漏或遮蔽了假恶丑的文化——这还是现行教育理

① 袁振国. 当代教育学 [M]. 北京:教育科学出版社,2010:4.

论泛化的主观价值规定，即单线规范或单线定位。

在狭义上，现行教育理论对教育也有两层理解：一是关于狭义教育的参加者及其关系的理解，二是关于狭义教育内容的理解。

先来看关于狭义教育的参加者及其关系的理解：按照现行教育理论的理解，狭义教育，是指学校教育，也就是教育者对于受教育者的影响活动。也不难发现，这种教育者对于受教育者影响的规定，也只能是一种主观的价值规定。因为，从事实看，教育者对于受教育者的任何影响，都必然会引起受教育者的反应并反过来对教育者产生影响作用。这清楚地表明，任何影响，都是相互对应的影响，而不是教育者对于受教育者的简单影响。然而，现行教育理论，却在其主观抽象思维的泛化中，以教育者对于受教育者的影响，以偏概全地泛指双方相互对应的影响。由此，便遗漏或遮蔽了受教育者对于教育者的影响——这当然还是现行教育理论泛化的主观价值规定，即单线规范或单线定位。

再来看关于狭义教育内容的理解：按照现行教育理论的理解，学校教育的内容，也就是教育者对受教育者身心施加的"影响"。从事实看，这种影响是怎样的影响呢？那当然是真善美与假恶丑对应存在的影响。在这里，需要特别注意：教育者对于受教育者的影响，是真善美与假恶丑对应存在的影响，而绝不是简单的真善美的影响，也绝不是简单的假恶丑的影响。然而，现行教育理论，却在其主观抽象思维的泛化中，以简单的真善美的影响，以偏概全地泛指真善美与假恶丑对应存在的影响。由此，便遗漏或遮蔽了假恶丑的影响——这仍然还是现行教育理论泛化的主观价值规定，即单线定位。

综合以上内容，我们看到，现行教育理论，无论是对广义与狭义教育的参加者及其关系的理解，还是对广义与狭义教育内容的理解，都存在突出的主观思维泛化的严重偏差。现行教育理论，在思维方法上的这种主观价值规定的泛化，内在地衍生出在语言表达上的主观愿望或主观理想的泛化，即单线规范或单线定位的泛化。针对现行教育理论的这种单线规范或定位的泛化状态，我们提出了思维与语言的三线规范或三线定位的对应状态。

二、对现行教育理论主观思维与理想泛化的研究与表达状态的遮蔽性分析

现行教育理论，从主观价值或理想，切到对教育的理解与表达，能够把握到教育活动哪些方面的内容呢？从上面的分析，我们看到，现行教育理论，在对广义与狭义教育的参加者及其关系的理解上，能够把握到教育活动中一方对于另一方的影响；而在对广义与狭义教育内容的理解上，则能够把握到真善美的教育内容。概括地说，现行教育理论，能够把握到的，也就是关于教育活动的主观价值或愿望或理想方面的内容。因为在教育活动中，确实存在人的主观价值规定或价值选择的方面，所以，不用多说，现行教育理论的这种理解，当然是有其合理性的。

然而，现行教育理论，从主观价值或理想，切到对教育的理解与表达，在有所把握的同时，却又遗漏或遮蔽了教育活动哪些方面的内容呢？一是，现行教育理论，在把握到教育研究者对教育活动进行主观价值规定的同时，却遗漏了教育活动自身的内在规定。或者说，现行教育理论，在把握到教育研究者的主观价值规定的同时，却遗漏了教育活动自身的事实规定。上文谈到，就教育活动的事实看，不管是培养者对于被培养者的培养活动，还是教育者对于受教育者的影响活动，进入教育活动的双方，都是相互对应的培养或影响关系，而绝不是现行教育理论所规定的一方对于另一方的培养或影响关系。然而，现行教育理论，却以对教育活动的主观价值规定，泛指对教育活动所有规定。由此，便遗漏了教育活动自身的事实规定。二是，现行教育理论，在把握到教育研究者对教育活动进行主观价值规定的同时，却遗漏了由教育活动自身规定所决定的不可违反的规定。或者说，现行教育理论，在把握到教育研究者的主观价值规定的同时，却遗漏了教育活动自身的禁止性规定。上文谈到，就教育活动的事实看，教育活动中的双方，都是相互对应的培养或影响关系——这种事实关系内在地规定：从肯定性意义上说，那就是，教育活动中的双方，都要关注对对方的影响；从否定性意义上说，那就是，教育活动中的双方，都不可打断或破坏双方相互对应的关系。在这里，需要注意：肯定性意义上的"关注对对方的影响"这一规定，就是由教育活动自身所决定的积极规定；而否定性意义上的"不可打断或破坏双方相互对应的关系"这一规定，则是由教育活动自身所决定的不可违反的规定，即禁止性规定。

归纳上述两层内容，我们看到，现行教育理论，从主观价值或理想，切到对教育的理解与表达，在把握到关于教育活动的理想规定的同时，却遗漏了关于教育活动自身的肯定性规定与排斥性规定。

三、对现行教育理论主观思维与理想泛化的研究与表达状态的对应改造

既然现行教育理论，在对教育活动的理解上，存在主观价值或理想规定的泛化的偏差，那么，对这一偏差的反思与改造，就首先要摆脱其主观价值思维的泛化，而转换到对应的边界思维上来。在对应的边界思维视野中，我们能够对现行教育理论的偏差，做出哪些方面的改造呢？这主要表现在如下三个方面：

一是，既然教育活动是涉及人的价值或理想的领域，那么，关于教育活动

的研究与表达，就需要具备主观价值与理想这一维度上的规范。鉴于现行教育理论，在主观价值与理想规范这一维度上泛化的偏差——也就是以主观价值与理想的规范，泛指关于教育活动的所有规范，我们愿意强调主观价值与理想规范的边界限定。这种边界限定，从肯定性意义上说，那就是，对教育的价值或理想规范，要以教育活动的事实为根据；而从否定性意义上说，那就是，不能像现行教育理论那样，脱离教育的事实而一厢情愿地谈论对教育的理想规范。在这里，需要注意，关于教育活动的理想规范，属于应然状态的规范，它是引导或规定教育活动变化或发展的方向性规范。因此，它是可以提倡或倡导的规范。

二是，既然教育活动是涉及自身事实规定的领域，那么，关于教育活动的研究与表达，就需要具备教育活动自身事实这一维度上的规范。鉴于现行教育理论，在这一维度上的遗漏，我们愿意强调需要补充关于教育活动自身事实的规范。当然，关于教育活动自身事实的规范，就是关于教育活动自身对应的事实的规范——从本节论域看，所谓教育的对应事实规范就是，进入教育活动的双方之间是相互对应的关系规范，而不是现行教育理论所把握到的简单关系规范，同时，进入教育活动的真善美与假恶丑的内容是对应存在的规范，而不是现行教育理论所把握到的仅仅是真善美的内容的简单存在的规范。在这里，需要注意，关于教育活动自身事实的规范，属于实然状态的规范，它是需要具有可操作性或可行性的规范。因此，它是可以操作或必须操作的规范。

三是，既然教育活动是涉及自身事实规定不可违反的领域，那么，关于教育活动的研究与表达，就需要具备教育活动自身事实规定不可违反这一维度上的规范。鉴于现行教育理论，在这一维度上的遗漏，我们愿意强调需要补充关于教育活动自身事实规定不可违反的规范。当然，关于教育活动自身事实规定不可违反的规范，就是关于教育活动自身对应的事实规定不可违反的规范——从本节论域看，所谓教育的对应事实规定不可违反的规范就是，进入教育活动的双方都不能违反相互对应的关系规范，而现行教育理论所把握到的简单关系规范，则是对相互对应的关系规范的违反，同时，进入教育活动的真善美与假恶丑的内容也不能违反对应存在的规范，而现行教育理论所把握到的仅仅是真善美内容的简单存在的规范，就是对对应存在的规范的违反。在这里，需要注意，关于教育活动自身事实规定不可违反的规范，属于禁止状态的规范，它是需要具有戒律性或惩戒性的规范。因此，它是不能违反的规范。

总之，在对应的边界思维视野中，关于教育活动的研究与表达，就必然涉及三个维度上的规范，即应然状态的规范、实然状态的规范与禁止状态的规范。

上文谈到，应然状态的规范，属于价值或理想的维度上可以倡导的规范，我们以术语表达为上线规范；实然状态的规范，属于事实或现实的维度上能够操作的规范，我们以术语表达为中线规范；禁止状态的规范，属于戒律或惩戒的维度上不可违反的规范，我们以术语表达为下线或底线规范——由此，我们就得到了三线规范的基本观点。不用多说，表达三线规范的语言，也就是本节所谓的三线规范语言。在三线规范的视野中，教育又会呈现出怎样的状态呢？下面，我们结合本节开始所引用的广义与狭义的教育概念，做出三线规范语言与单线规范语言的比较。

从广义教育的概念看，三线规范视野中的教育，是进入教育活动的双方的对应影响活动，而不是现行教育理论在单线规范视野中所把握到的一方对于另一方的简单影响活动。这一概念，包含三层基本内容：在价值或理想的维度上，教育，应该是进入教育活动的双方以对应为基础的对等影响活动；在事实或现实的维度上，教育，确实是进入教育活动的双方的对应影响活动；在戒律或惩戒维度上，教育，不能是进入教育活动的双方中任何一方对于另一方的简单影响活动。从广义教育的内容看，本节引文中的教育内容，指的是所谓的社会文化。在三线定位的视野中，社会文化，是精华与糟粕对应存在的文化，而不是现行教育理论在单线定位的视野中所把握到的单一的精华文化。这一概念，包含三层基本内容：在价值或理想的维度上，社会文化，应该是以精华去排斥糟粕的文化；在事实或现实的维度上，社会文化，确实是精华与糟粕对应存在的文化；在戒律或惩戒的维度上，社会文化，不能是单一的精华文化或糟粕文化。

从狭义教育的概念看，三线定位视野中的学校教育，是教育者与受教育者之间的对应影响活动，而不是现行教育理论在单线定位视野中所把握到的教育者对于受教育者的简单影响活动。这一概念，包含三层基本内容：在价值或理想的维度上，学校教育，应该是进入教育活动的教育者与受教育者双方以对应为基础的对等影响活动；在事实或现实的维度上，学校教育，确实是进入教育活动的教育者与受教育者之间的对应影响活动；在戒律或惩戒的维度上，学校教育，不能是进入教育活动的教育者与受教育者中任何一方对于另一方的简单影响活动。从狭义教育的内容看，本节引文中的教育内容，指的是教育者对受教育者身心施加的影响。在三线定位的视野中，这种影响，是真善美与假恶丑对应存在的影响，而不是现行教育理论在单线定位的视野中所把握到的单一的真善美的影响。这一概念，包含三层基本内容：在价值或理想的维度上，这一影响，应该是以真善美去排斥假恶丑的影响；在事实或现实的维度上，这一影响，确实是真善美与假恶丑对应存在的影响；在戒律或惩戒的维度上，这一影响，不能是真善美或假恶丑单一存在的影响。

为了更简明地把握两种定位或规范的不同，我们不妨将现行简单教育论与对应教育论对学校教育概念与学校教育内容的不同理解，对比如下：

在现行简单教育论的单线定位视野中，学校教育，就是教育者对受教育者的简单影响活动——这里需要特别注意，这一概念只是对简单主观愿望或选择这一条思维路线的反应。学校教育内容，就是真善美的单一内容——这里同样需要特别注意，这一概念也只是简单主观愿望或选择这一条思维路线的反应。

在对应教育论的三线定位视野中，学校教育，就是教育者与受教育者双方的对应影响活动，它包含对等影响的上线、对应影响的中线以及不能破坏对应关系的底线——这里需要特别注意，这一概念是对双方的理想、现实与戒律三条思维路线的对应反应。学校教育的内容，就是真善美与假恶丑的对应内容，它包含追求真善美而抛弃假恶丑的上线，对真善美与假恶丑进行对应教育的中线以及不能选择单一的真善美或假恶丑的底线——这里同样需要特别注意，这一概念是对教育内容选择中的理想、现实与戒律三条思维路线的对应反应。

四、本节小结

综合上文，我们看到，现行教育理论，无论是对广义与狭义教育的参加者及其关系的理解，还是对广义与狭义教育内容的理解，都存在突出的主观思维泛化的单线定位的严重偏差并内在地衍生出在语言表达上主观愿望或主观理想的泛化。因此，我们在对应的边界思维视野中，对它做出了基本的反思与改造。我们认为，关于教育活动的研究与表达，都必然会涉及三个维度上的规范，即应然状态的规范、实然状态的规范与禁止状态的规范，这也就是我们所谈的三线定位或三线规范。在三线规范的视野中，我们对现行教育理论关于广义教育与狭义教育的理解，做出了基本的对应改造。

五、本节提示

在本节最后，需要做一点提示。我们之所以要对现行教育理论关于教育理解上的主观思维与语言表达上的单线定位状态，做出基本的反思与改造，不单单是要改造其思维与表达上单线规范的片面，而且，还是要为人们理解教育活动，提供一个基本的框架或结构，也就是在理想、现实与戒律的三线规范视野中，更准确更具体地把握教育。

附言：

1. 仅仅关注理想而不关注事实的现行教育理论，很容易被认为是一种乡愿而很难被认为是一种理论。

2. 教育活动自身事实关系所决定的规范，就是对应教育的规范。

3. 教育活动自身事实关系所决定的不可违反的规范，就是不能违反对应教育的规范。

4. 教育活动所包含的理想规范、事实规范与不可违反的规范，共同构成对应教育理论关于教育活动三线规范的基本概念。

5. 人类活动所包含的应然规范、实然规范与惩戒规范，共同构成关于人类活动的三线规范——这是一个具有很强解释力的概念。

6. 仅仅具有应然规范而缺少实然规范与惩戒规范，这是近代以来所谓主体哲学的基本缺陷。

小结　对应语言观视野中的对应教育

切问：

1. 从现行教育理论泛化的抽象研究与表达，到对应教育的对应研究与边界表达，其过渡环节，是怎样的？

2. 从现行教育理论杂糅的语言，到对应教育的定位的语言的转换，其过渡环节，是怎样的？

3. 日常语言与理论语言相互转换的过渡环节是怎样的？日常语言与理论语言的对应机制，是怎样的？

4. 科学语言与人文语言的边界限定在哪里？

5. 价值语言与事实语言的边界限定在哪里？

6. 三线规范语言的根据何在？

针对现行教育理论在简单思维与简单语言表达上的具体偏差，前面，我们连续用六节内容，做出了对应的反思与改造。为了从整体上更简明地把握这些偏差与我们对这些偏差的改造，就有必要做一小结。

从思维与表达看，现行教育理论的偏差，是由其抽象泛化的思维与表达的简单性所导致的。因此，本节的基本逻辑就是，先谈抽象泛化思维与表达的简单性，再谈对应思维与表达对这些简单性的改造。

一、关注泛化的语言与边界语言的对应教育

（一）论题的提出

针对现行教育理论的泛化抽象研究与泛化的语言表达状态，我们提出了对应研究与边界语言表达的状态。

（二）对现行教育理论泛化抽象研究与泛化语言表达两种形式的遮蔽性分析

1、对以其他学科的理论或观点去直接推论并表达教育的遮蔽性分析

以其他学科的理论或观点，去直接推论并表达教育的研究方式与表达方式，其研究与表达的切入点，就是其他学科与教育学科的一致性。从其他学科与教育学科研究方式之间的关系看，此种研究方式与表达方式，虽然能够把握到教育学科与其他学科的抽象的一致性，但是，却遗漏了教育学科赖以产生的教育实际或教育事实的具体的差异性。从教育学科的学理或学术表达的形式看，以其他学科的理论或观点去推论并表达教育，虽然能够获得思维与表达由不同学科所带来的层次性或明晰性，但是，却遗漏了思维与表达由教育事实所带来的具体与抽象对应的边界明晰性。

2. 对以关于教育的既有经验去直接推论并表达教育的遮蔽性分析

以关于教育的既有经验，去直接推论并表达教育的研究方式与表达方式，其研究与表达的切入点，就是不同时间、不同空间、不同条件下教育活动的一致性。从研究内容看，此种研究与表达方式，虽然能够把握到不同时空、不同条件下教育活动的一致性。但是，却遗漏了不同时空、不同条件下教育活动的不一致性。从表达形式看，以关于教育的既有经验去直接推论教育，虽然能够继承教育史上关于教育的法律、制度、规定或思想以及理论等方面的语言或术语，但是，却遗漏了这些语言或术语的历史变迁。

（三）对现行教育理论泛化抽象研究与泛化语言表达两种形式的对应改造

1. 对以其他学科的理论或观点去直接推论并表达教育的对应改造

以其他学科的理论或观点，去直接推论并表达教育的研究方式与表达方式，既然存在抽象泛化与语言泛化的偏差，那么，它们就要受到合理的反思与改造。这首先就需要摆脱其简单的抽象推论与抽象表达，其次，再转换到具体与抽象的对应研究与边界表达上来。在本章第一节的内容中，我们结合现行教育理论

266

以哲学观、心理观、自然观、社会观以及自我观为前提去直接推论教育的例子，做出了基本的对应改造。

2. 对以关于教育的既有经验去直接推论并表达教育的对应改造

以关于教育的既有经验，去直接推论并表达教育的研究方式与表达方式，既然也存在抽象泛化与语言泛化的偏差，那么，它们也要受到合理的反思与改造。这首先就需要摆脱其简单的抽象推论与抽象表达，其次，再转换到具体与抽象的对应研究与边界表达上来。在本章第一节的内容中，我们结合现行教育理论以关于教育的既有经验去直接推论并表达教育的两个方面的例子，做出了基本的对应改造。

（四）从现行教育理论的泛化抽象研究与表达到对应研究与边界表达的转换

从现行教育理论的泛化抽象研究与泛化语言表达，到我们提出的对应研究与边界语言表达的转换，其间的过渡环节，就是在关注教育事实的前提下，做出对客观存在的教育具体与主观存在的教育抽象的区分，以便在区分的前提下去建立具体与抽象之间内在的对应关系，并做出具有内在区分性的边界语言表达。

二、关注杂糅的语言与定位的语言的对应教育

（一）论题的提出

针对现行教育理论由于简单推论所导致的交叉的思维与杂糅的语言这一状态，我们提出了对应思维与定位的语言的对应状态。

（二）对现行教育理论交叉的思维与杂糅的语言的遮蔽性分析

现行教育理论，对实践活动、教育活动与学校教育活动的理解，是以哲学、教育学与学校教育学这三门学科的同一性为思维活动的切入点的。从三种活动所涉及的学科范畴维度看：现行教育理论，在把握到实践活动、教育活动与学校教育活动分别作为哲学、教育学与学校教育学的范畴的一致性关系的同时，却遗漏了实践活动、教育活动与学校教育活动的不一致性关系。从三种活动所涉及的学科概念维度看：现行教育理论，在把握到主体与客体、教育者与受教育者以及教师与学生分别作为哲学、教育学与学校教育学的对应概念的一致性关系的同时，却遗漏了这些概念的不一致性关系。

（三）对现行教育理论交叉的思维与杂糅的语言的对应改造

从三种活动所涉及的学科范畴维度看，首先就要区分出实践活动、教育活动与学校教育活动，分别作为哲学、教育学与学校教育学的范畴的不同。然后，还要注意三种活动自身的内在一致性，即对应性，而不是现行教育理论所把握到的简单性。从三种活动所涉及的学科概念维度看：首先就要区分出主体与客体、教育者与受教育者以及教师与学生，分别作为哲学、教育学与学校教育学的对应概念的不同。其次，还要注意主体与客体、教育者与受教育者以及教师与学生三对概念自身内在的一致性，即对应性，而不是现行教育理论所把握到的简单性。

（四）从现行教育理论的思维交叉与语言杂糅的状态，到对应教育的思维区分与语言定位的转换

从现行教育理论的思维交叉与语言杂糅的状态，到对应教育的思维区分与语言定位的转换，其间的过渡环节，就是区分不同学科的范畴以及与其对应的概念——实践活动，是哲学的范畴，而主体与客体，是实践活动这一范畴的两个对应概念；教育活动，是教育学的范畴，而教育者与受教育者，是教育活动这一范畴的两个对应概念；学校教育活动，是学校教育学的范畴，而教师与学生，是学校教育活动这一范畴的两个对应概念。

三、关注日常语言与理论语言的对应教育

（一）论题的提出

针对现行教育理论关于日常语言与理论语言的等级性的观点，即等级论的语言观，我们提出了关于日常语言与理论语言的对应性的观点，即对应语言观。

（二）对关于日常语言与理论语言的等级性理解的遮蔽性分析

现行教育理论，关于日常语言与理论语言的等级性理解，是从两种语言的比较，切到对教育认识的把握的。从两种语言的属性看，现行教育理论，在把握到表达教育理论的理论语言优越性的同时，却遗漏了理论语言的不足性；与此对应地，在把握到表达教育常识的日常语言不足性的同时，却遗漏了日常语言的优越性。从两种语言的影响向度看，现行教育理论，在把握到具有优越性的理论语言，对具有不足性的日常语言影响向度的同时，却遗漏了具有优越性

的日常语言，对具有不足性的理论语言的影响向度。从两种语言的影响结果看，现行教育理论，在把握到具有优越性的理论语言，对具有不足性的日常语言的影响结果的同时，却遗漏了具有优越性的日常语言，对具有不足性的理论语言的影响结果。

（三）对关于日常语言与理论语言的等级性理解的对应改造

从两种语言的属性看，日常语言与理论语言，都分别具有各自的优越性与不足性，而不是现行教育理论所把握到的日常语言具有单一的不足性，而理论语言具有单一的优越性。从两种语言的影响向度看，日常语言与理论语言双方，是对应的双向度的相互影响，而不是现行教育理论所把握到的理论语言对日常语言的单向度影响；从两种语言的影响结果看，日常语言与理论语言双方，因为都分别受到对方的影响，所以，也都必然会发生对应的变化或转化，而不是现行教育理论所把握到的理论语言对日常语言单方面的影响或改造。

（四）日常语言与理论语言对应转换的过渡环节与基本机制

日常语言与理论语言对应转换的过渡环节是：从日常语言转换到理论语言，需要经过去异求同的思维操作；而从理论语言转换到日常语言，则要经过差异性添加的思维操作。日常语言与理论语言对应转换的基本机制是：顺对应机制，以实现两种语言的互补性转换；逆对应机制，以实现两种语言的改造性转换；零对应机制，以实现两种语言的独立的自我转换。

四、关注科学语言与人文语言的对应教育

（一）论题的提出

针对现行教育理论，对研究与表达教育的科学研究与科学语言的泛化式理解，我们提出了科学语言与人文语言的对应理解。

（二）对现行教育理论的泛化式科学研究与科学语言的遮蔽性分析

现行教育理论，是从定量或可以量化的切入点，切到对教育研究与表达的理解的。从教育研究与表达的内容看，现行教育理论，在把握到教育领域具有重复性或必然性内容的同时，却以这方面的内容，以偏概全地泛指对整个教育领域的研究与表达的内容。因此，便遗漏了教育领域的变化性或偶然性的内容。从教育研究与表达的方法或技术看，现行教育理论，在把握到具有可实证性与可量化的方法的同时，却以这方面的方法，以偏概全地泛指对整个教育领域的研究与表达的方法。因此，便遗漏了不可实证或只能定性的方法。从教育研究与表达的形式看，现行教育理论，在把握到对教育领域的研究成果的明确表达的同时，却以这方面的表达，以偏概全地泛指对整个教育领域研究成果的表达形式。因此，便遗漏了不明确的或具有探索性的表达。

（三）对现行教育理论的泛化式科学研究与科学语言的对应改造

从教育研究与表达的内容看：教育领域的研究，包含对应的科学研究与人文研究；教育领域的表达，也就包含对应的科学语言与人文语言。从教育研究与表达的方法或技术看：教育领域的研究，包含对应的科学方法与人文方法，而不是现行教育理论所把握到的单一的科学方法；从教育研究与表达的形式看：教育领域的研究，包含对应的确定性的表达与不确定性或探索性的表达，而不是现行教育理论所把握到的单一确定性的表达。

（四）从现行教育理论的"科学化"追求到对应教育的"科学"追求的转换

从现行教育理论的"科学化"追求，到对应教育的"科学"追求的转换，其间的关键，就是要保持科学追求的边界。因为，教育领域确实存在具有重复性与变化性的现象或问题，所以，我们就需要对这两类现象或问题进行考察或研究的科学与人文的方法或技术。而所谓"教育理论科学化"的追求，却以单一的科学方法或技术，泛指对整个教育领域的研究方法或技术。由此，便掩盖或遮蔽了人文的研究方法或技术。所以，对科学的追求，就要保持研究对象的重复性或必然性的边界限定。

五、关注价值语言与事实语言的对应教育

（一）论题的提出

针对现行教育理论简单泛化的价值研究与价值语言，我们提出了对应存在的价值研究与价值语言以及事实研究与事实语言。

（二）对现行教育理论简单泛化的价值研究与价值语言的遮蔽性分析

现行教育理论，是从教育研究者的主观价值，切到对教育研究与表达的理解的。从教育研究与表达的内容看，现行教育理论，在把握到教育领域具有人

的主观性内容的同时，却以这方面的内容，以偏概全地泛指对整个教育领域的研究与表达的内容。由此，便遗漏了教育领域具有客观性的内容。从教育研究与表达的方法看，现行教育理论，在把握到对教育领域的主观规定或预设方法的同时，却以这种方法，以偏概全地泛指对整个教育领域的研究与表达的方法。由此，便遗漏了对教育领域的事实研究与表达的方法。从教育研究与表达的形式看，现行教育理论，在把握到对教育领域的价值语言的表达形式的同时，却以这种表达形式，以偏概全地泛指对整个教育领域的研究与表达的形式。由此，便遗漏了对教育领域的研究与表达的事实语言的形式。

（三）对现行教育理论简单泛化的价值研究与价值语言的对应改造

从教育研究与表达的内容看：教育领域的研究，包含对应的事实研究与价值研究；教育领域的表达，也就包含对应的事实语言与价值语言。从教育研究与表达的方法看：教育领域的研究，包含对应的主观规定或预设的价值研究方法与事实研究方法，而不是现行教育理论所把握到的单一的价值研究方法；从教育研究与表达的形式看：教育领域的研究，包含对应的价值语言的表达与事实语言的表达，而不是现行教育理论所把握到的单一价值语言的表达。

（四）从现行教育理论泛化的价值研究与表达到对应教育的边界价值
研究与表达的转换

从现行教育理论泛化的价值研究与表达，到对应教育的边界价值研究与表达的转换，其间的关键，就是要保持价值研究与表达的边界。因为，教育领域确实存在具有主观性与客观性的现象或问题，所以，我们就需要对这两类现象或问题进行价值研究与事实研究的方法。而泛化的价值研究与价值语言表达，却以单一的价值研究与价值语言表达的方法，泛指对整个教育领域研究与表达的方法。由此，便掩盖或遮蔽了事实研究与表达的方法。所以，价值研究与表达，就要保持研究对象主观性的边界限定。

六、关注三线规范语言的对应教育

（一）论题的提出

针对现行教育理论主观思维与理想泛化的研究与表达状态，我们提出了思维与语言的三线规范的对应状态。

（二）对现行教育理论主观思维与理想泛化的研究与表达状态的遮蔽性分析

现行教育理论，是从主观价值或理想，切到对教育的理解与表达的。一方面，现行教育理论，在把握到教育研究者对教育活动进行主观价值规定的同时，却遗漏了教育活动自身的事实规定；另一方面，现行教育理论，在把握到教育研究者对教育活动进行主观价值规定的同时，却遗漏了教育活动自身的禁止性规定。

总之，现行教育理论，从主观价值或理想，切到对教育的理解与表达，在把握到关于教育活动的理想规定的同时，却遗漏了关于教育活动自身的肯定性规定与排斥性规定。

（三）对现行教育理论主观思维与理想泛化的研究与表达状态的对应改造

在对应的边界思维视野中，关于教育活动的研究与表达，必然会涉及三个维度上的规范，即应然状态的规范、实然状态的规范与禁止状态的规范。应然状态的规范，属于理想的维度上可以倡导的规范，我们以术语表达为上线规范；实然状态的规范，属于现实的维度上能够操作的规范，我们以术语表达为中线规范；禁止状态的规范，属于惩戒的维度上不可违反的规范，我们以术语表达为下线或底线规范——这也就是我们所谈的三线规范的基本观点。

（四）从现行教育理论主观思维与理想泛化到三线规范的转换

从现行教育理论的主观思维与理想泛化的研究与表达状态，转换到三线规范状态，其间的关键环节，就是要走出单一的主观状态而转向对教育活动的事实的关注。只有关注教育活动的事实，才可能关注到事实本身的规范与事实本身所要求的禁止性规范。由此，也才可能建构出三线规范的基本框架或结构。

综上所述，现行教育理论，受其简单思维的局限，在语言表达上，表现出一系列严重偏差。因此，我们在对应思维与对应表达的基础上，对它们做出了基本的反思与改造。针对其泛化的语言问题，我们做出了边界语言的改造；针对其杂糅的语言问题，我们做出了定位的语言的改造；针对其理论语言的等级性问题，我们做出了日常语言与理论语言的对等的改造；针对其科学语言的问题，我们做出了科学语言与人文语言的对应改造；针对其价值语言的泛化问题，我们做出了价值语言与事实语言的对应改造；针对其简单的价值语言问题，我们做出了三线规范的对应的改造。总之，我们认为，对现行简单教育理论的简单语言问题的改造，绝不仅仅是一个语言问题，而且是一个思维问题，所以，我们在对应思维与对应表达的基础上，进行了上面的改造。

附言：

1. 语言本身具有个别与一般的两重性。因此，语言表达，就离不开这种两重性的限定。

2. 语言本身包含具体与抽象的对应性。因此，语言表达，就必须对具体与抽象做出对应的说明。

3. 对应论的语言观，源于生命对世界的对应感。

4. 简单的语言，源于简单的思维，而简单的思维，则源于简单教育活动的拖累。

5. 三线规范语言观的基础，就在于人类活动涉及理想、现实与禁止这三个具有内在对应关系的基本维度。

6. 生活世界的对应性，决定了思维的对应性，而思维的对应性，决定了语言的对应性——这是对应教育理论关于生活世界与思维及语言关系的基本规定。

中 篇

02

对应教育的概念分析

第一章

对现行简单外显性教育活动论的遮蔽性分析与对应改造

第一节　对现行简单外显性教育活动论的遮蔽性分析

切问：

1. 现行教育理论，将教育理解为一方对另一方有明确目的性的活动，其思维活动的切入点在哪里？我们如何才能探索到其思维活动的切入点？

2. 现行外显性教育活动论，从自己理解教育活动的切入点上，能够把握到教育活动哪些方面的内容呢？

3. 现行外显性教育活动论的根据是什么？这种外显性活动论，对实际的教育活动会产生哪些积极作用？

4. 现行外显性教育活动论，从自己理解教育的切入点上，在对教育活动有所把握的同时，却又遮蔽了哪些内容呢？

5. 在思维运行中，现行外显性教育活动论，存在遮蔽的根源在哪里？

6. 现行外显性教育活动论，对实际的教育活动会产生怎样的消极作用？

一、现行外显性教育活动论的内容、属性及其思维活动的切入点

1. 现行外显性教育活动论的内容

现行教育理论，主要是关于学校教育的理论，集中表现在关于学校教育的概念之中。关于学校教育的概念，在《教育学》中写道："它是根据一定社会的现实和未来的需要，遵循受教育者身心发展的规律，有目的、有计划、有组织地引导受教育者主动地学习，积极进行经验的改组和改造，促使他们提高素质、健全人格的一种活动，以便把受教育者培养成为适应一定社会的需要，促进社会的发展，追求和创造人的合理存在的人。"[①] 从这种理解中，我们不难看到，现行教育理论，将学校教育理解为一种"有目的、有计划、有组织"的活

[①]　王道俊，郭文安. 教育学 [M]. 北京：人民教育出版社，2009：26-27.

动——那当然也就是具有预先设计或规划的活动。从这种活动的存在形式看，那也就是具有显在性形式的活动，即显在性活动或外显性活动。直白地表达，在现行教育理论的视野中，学校教育，也就是教育者对于受教育者的有预先设计或规划的外显性活动——这就是现行外显性教育活动论的基本内容。

2. 现行外显性教育活动论的属性

现行外显性教育活动论，具有怎样的属性呢？

按照现行外显性教育活动论的理解，学校教育就是教育者对于受教育者的外显性活动。学校教育的实际，果真是这样的吗？当教育者对受教育者进行外显性教育活动时，受教育者难道不会产生自己内心隐在性的反应吗？受教育者内心隐在性的反应，难道不会对教育者产生隐在性的影响或教育作用吗？教育者对受教育者的"目的""计划"与"组织"，难道都是受教育者内心能够认可或接受的吗？受教育者内在的不认可或不接受，难道不会对教育者产生隐在性的影响或教育吗？从上面的引文中，我们不难发现，现行教育理论，却根本无视学校教育活动实际中这些具有内在对应性的问题，仅仅从自己的主观愿望或主观价值出发，一厢情愿地将学校教育抽象为教育者一方对于受教育者一方的外显性教育活动——由此，我们就可以有根据地说，现行外显性教育活动论的属性，就是片面性或简单性。正因为现行外显性教育活动论具有内在简单性的属性，所以，我们也将现行外显性教育活动论以术语表达为简单外显性教育活动论或简单外显性教育论。

3. 现行外显性教育活动论的思维活动的切入点

现行外显性教育活动论，既然将学校教育理解为教育者对于受教育者的外显性教育活动，那么，我们就可以据此逆向推论出现行外显性教育活动论的思维活动的起点或切入点，那就是"人对人的外在目的性规定或外显性规定"。正向地表达，现行外显性教育活动论，从人对人的外显性规定，切到对学校教育的理解。由此，才将学校教育规定为教育者对于受教育者的外显性教育活动。

二、现行外显性教育活动论的所见、根据及其积极功能

1. 现行外显性教育活动论的所见

现行外显性教育活动论，从人对人的外显性规定，切到对学校教育活动的理解，能够把握到学校教育活动哪些方面的内容呢？一是，从师生双方活动形式的属性看，现行外显性教育活动论，能够把握到师生双方活动形式的外显性。套用引文中的话说，那就是"有目的、有计划、有组织"的形式；二是，从师生双方活动形式的影响关系看，现行外显性教育活动论，能够把握到教师活动

对学生活动的外显性影响指向。套用引文中的话说，那就是教师"有目的、有计划、有组织"地促使学生"主动地学习"中所包含的影响指向；三是，从师生双方活动形式的影响结果看，现行外显性教育活动论，能够把握到教师活动对学生活动的外显性影响结果。套用引文中的话说，那就是"把受教育者培养成为适应一定社会的需要，促进社会的发展，追求和创造人的合理存在的人"。直白地说，也就是实现了教师对学生外显性的预先设计或规划。总之，现行外显性教育活动论，从人对人的外显性规定，切到对学校教育活动的理解，能够把握到的基本内容，也就是：教师对于学生的外显性的教育或影响。

2. 现行外显性教育活动论的根据

现行外显性教育活动论，从人对人的外显性规定，切到对学校教育活动的理解，所把握到的基本内容，是有根据的吗？一是，从师生双方活动形式的属性看，作为学校教育活动的参加者，教师当然会具有对学生的外显性规定——按照现行外显性教育活动论的理解，教师是根据社会的现实和未来需要以及学生身心发展规律而对学生进行外显性规定的。而作为与教师相对应的学校教育活动参加者的学生，当然会具有自身在成长过程中的外显性需要。就此而论，现行外显性教育活动论所把握到的师生双方的外显性，就是有根据的。二是，从师生双方活动形式的影响关系看，既然教师对学生具有外显性规定，那么，教师就必然会具有对学生的外显性影响指向。这也是有根据的。三是，从师生双方活动形式的影响结果看，既然教师对学生具有外显性规定的影响指向，那么，教师就必然会具有对学生的外显性影响结果。这也是有根据的。总之，现行外显性教育活动论，从人对人的外显性规定，切到对学校教育活动的理解，所把握到的基本内容，从教师对于学生外显性的教育需要来看，都是有根据的，因而也就是合理的。

3. 现行外显性教育活动论的积极功能

现行外显性教育活动论，从人对人的外显性规定，切到对学校教育活动的理解，所把握到的基本内容，对于实际的学校教育活动，都具有积极的功能或价值。一是，从师生双方活动形式的属性看，现行外显性教育活动论，能够把握到师生双方活动的外显性，这能够支持师生双方更好地开展比如具体、直观、形象的具有外显性内容的教育或教学。二是，从师生双方活动形式的影响关系看，现行外显性教育活动论，能够把握到教师对学生外显性的影响指向，这能够支持教师对学生的外在影响，也能够支持学生接受教师的外在影响。三是，从师生双方活动形式的影响结果看，现行外显性教育活动论，能够把握到教师对学生的外显性影响结果，这能够支持教师对学生外显性影响结果，也能够支持学生接受教师的这种影响结果。总之，现行外显性教育活动论，从人对人的外显性规定，切到对学校教育的理解，所把握到的基本内容，从教师对于学生外显性的教育来看，都具有积极的价值或作用。

三、现行外显性教育活动论的偏差、根源及其消极功能

1. 现行外显性教育活动论的偏差

现行外显性教育活动论，从人对人的外显性规定，切到对学校教育活动的理解，在有所见或有所把握的同时，却又遗漏或遮蔽了哪些内容呢？一是，从师生双方活动形式的属性看，现行外显性教育活动论，在把握到师生双方活动的外显性的同时，却遮蔽了师生双方活动的内隐性，更遮蔽了师生双方外显性与内隐性之间的对应关系；二是，从师生双方活动形式的影响关系看，现行外显性教育活动论，在把握到教师对学生的外显性影响指向的同时，却遮蔽了学生对教师的外显性影响指向，更遮蔽了师生双方外显性与内隐性的双向度指向之间的对应关系；三是，从师生双方活动形式的影响结果看，现行外显性教育活动论，在把握到教师对学生的外显性影响结果的同时，却遮蔽了学生对教师的外显性影响结果，更遮蔽了师生双方之间两种影响结果的对应关系。总之，现行外显性教育活动论，从人对人的外显性规定，切到对学校教育活动的理解，在把握到教师对学生的外显性影响的同时，却遮蔽了学生对教师的外显性影响，更遮蔽了师生双方外显性与内隐性影响之间的对应关系。

2. 现行外显性教育活动论的偏差的根源

从思维运作看，现行外显性教育活动论，之所以存在上述偏差，就是其主观抽象思维的泛化导致的。一是，从师生双方活动形式的属性看，教师对学生的任何外显性规定，在实际的学校教育活动中，都必然会引起学生外显性与内隐性的反应并对教师产生外显性与内隐性的规定。这清楚地表明，在实际的学校教育活动中，师生双方都必然会同时具有对应的外显性与内隐性。然而，现行外显性教育活动论，却在其主观思维中，片面地抽取出师生双方活动的外显性，并以偏概全地泛指师生双方在教育活动中所形成的对应属性。由此，便遮蔽了师生双方的内隐性，还遮蔽了师生双方外显性与内隐性之间的对应属性。二是，从师生双方活动形式的影响关系看，教师对学生任何外显性影响指向，在实际的学校教育活动中，都必然会引起学生的反应并对教师产生回返性的指向。这清楚地表明，在实际的学校教育活动中，师生双方之间的影响指向，都是双向度的客观存在。然而，现行外显性教育活动论，却在其主观思维中，片面地抽取出教师对学生的外显性影响指向，并以偏概全地泛指师生双方在教育

活动中产生的外显性与内隐性对应的影响指向。由此，便遮蔽了学生对教师的外显性影响指向，也遮蔽了师生双方之间外显性与内隐性对应的影响指向。三是，从师生双方活动形式的影响结果看，教师对学生的任何外显性影响，在实际的学校教育活动中，都必然会对学生产生外显性与内隐性对应的影响结果并对教师产生回返性的影响结果。这清楚地表明，在实际的学校教育活动中，师生双方之间的影响结果，都是双方外显性与内隐性对应的影响结果。然而，现行外显性教育活动论，却在其主观思维中，片面地抽取出教师对学生的外显性影响结果，并以偏概全地泛指师生双方在教育活动中所产生的外显性与内隐性对应的影响结果。由此，便遮蔽了学生对教师的外显性影响结果，也遮蔽了师生双方外显性与内隐性对应的影响结果。

3. 现行外显性教育活动论的消极功能

现行外显性教育活动论，从人对人的外显性规定，切到对学校教育活动的理解，在有所把握的同时，却又存在偏差。这些认识或思维中的偏差，对实际的学校教育活动，会产生哪些消极影响呢？

一是，从师生双方活动形式的属性看，现行外显性教育活动论，在把握到师生双方的外显性的同时，却遮蔽了师生双方的内隐性，更遮蔽了师生双方外显性与内隐性的对应关系。由此，便直接导致了两个方面的不足性。从教师方面看，教师仅仅把握到自身活动的外显性，便必然会产生对学生影响的片面的外显性而难以产生对师生双方外显性与内隐性的对应关注；从学生方面看，学生仅仅把握到自身活动的外显性，便必然会产生对教师外显性影响的片面接受而难以产生对师生双方外显性与内隐性的对应关注。

二是，从师生双方活动形式的影响关系看，现行外显性教育活动论，在把握到教师对学生的外显性影响指向的同时，却遮蔽了学生对教师的外显性影响指向，更遮蔽了师生双方外显性与内隐性影响指向的对应关系。由此，便直接导致了两个方面的不足性。从教师方面看，教师仅仅把握到自己对学生的外显性影响指向，便必然会产生对这种单向度指向的依赖而难以产生对师生双方外显性与内隐性的双向度指向的对应关注；从学生方面看，学生仅仅把握到教师对自己的外显性影响指向，便必然会产生对这种单向度指向的接受而难以产生对师生双方外显性与内隐性的双向度指向的对应关注。

三是，从师生双方活动形式的影响结果看，现行外显性教育活动论，在把握到教师对学生的外显性影响结果的同时，却遮蔽了学生对教师的外显性影响结果，更遮蔽了师生双方外显性与内隐性影响结果之间的对应关系。由此，便直接导致了两个方面的不足性。从教师方面看，教师仅仅把握到自己对学生的外显性影响结果而没能把握到对学生的内隐性影响结果，便必然会产生对学生单一外显性影响结果的接受而难以产生对师生双方外显性与内隐性影响结果的对应接受；从学生方面看，学生仅仅把握到教师单一的外显性影响结果而没能把握到内隐性影响结果，便必然会产生对教师单一的外显性影响结果的接受而难以产生对师生双方外显性与内隐性影响结果的对应接受。

总之，现行外显性教育活动论，从人对人的外显性规定，切到对学校教育活动的理解，从师生双方外显性与内隐性的对应教育来看，确实存在严重的简单性偏差并因此而必须受到合理的反思与改造。

四、本节小结

综上所述，我们看到，现行外显性教育活动论，从人对人的外显性规定，切到对学校教育活动的理解，虽然能够把握到教师对学生单方面的外显性教育，也能够把握到这种外显性教育的根据并对学校的外显性教育活动产生积极的作用，但是，却遮蔽了师生双方在教育活动中所产生的外显性与内隐性的对应影响或对应教育。从思维运作看，现行外显性教育活动论的偏差，是由其主观思维的抽象泛化所导致的。从实际看，这种抽象泛化的思维或认识，对学校外显性与内隐性的对应教育活动存在多方面的消极作用。因此，现行外显性教育活动论，就必然也因此而必须被合理地反思与改造。

五、本节提示

在本节最后，需要做两点提示。一是，探寻现行外显性教育活动论的思维活动切入点的根据，就是现行外显性教育活动论的内容，或者说，我们是通过现行外显性教育活动论的基本内容而探寻到其思维活动切入点的。二是，对现行外显性教育活动论的思维活动切入点的遮蔽性分析，不是我们简单的主观分析，而是根据现行外显性教育活动论所包含的主观思维活动切入点的所见与所不见而展开的——要特别注意，现行外显性教育活动论所包含的简单静态的主观思维，必然会遮蔽与其对应的动态的客观事实。

附言：

1. 学校教育活动的运行，当然可以从教师对学生的外显性规定开始，但是，关于学校教育活动的理论，却不能仅仅停留在这里。

2. 现行外显性教育活动论，仅仅把握到教育者对受教育者的外显性规定，而把握不到受教育者对教育者的内隐性规定——这决定了现行外显性教育活动论不可能具有外显性与内隐性对应的内在属性。

3. 现行外显性教育活动论，只能把握到教师对学生的外显性规定，而把握不到学生对教师的内隐性规定——这为实际教育活动中教师的固执或僵硬提供了直接的理论支撑。

4. 现行外显性教育活动论，是仅仅把握到教育者对受教育者的外显性规定的教育论——这当然是典型的简单教育论。这种简单教育论，根本不可能具有反思的理论品质。

5. 仅仅把握到自身活动的外显性规定，而把握不到内隐性规定的教师，就是典型的简单的教师。这种简单的教师，根本不可能具有反思的人格品质。

6. 人类的行为或活动，必然具有外显性与内隐性的对应性——这直接决定了教育活动必然具有外显性与内隐性的对应性。

第二节　对现行简单外显性教育活动论的对应改造

切问：

1. 从动态的教育活动的事实看，现行简单外显性教育活动论所包含的"教师对学生的外显性规定活动"，其实都是"教师与学生的外显性与内隐性的对应性规定活动"吗？

2. 教师对学生的外显性规定活动，都必然会引起学生外显性与内隐性对应的活动；而学生对教师的外显性规定活动，也都必然会引起教师外显性与内隐性对应的活动——由此，就可以说，师生双方的外显性与内隐性活动，都是对应的存在吗？

3. 教师对学生的任何外显性影响指向，都必然会引起学生外显性与内隐性的回应吗？而学生的这种回应，又必然会引起教师外显性与内隐性的反应吗？

4. 教师对学生的任何外显性影响，都必然会产生学生外显性与内隐性对应的影响结果吗？这种影响结果，又必然会产生教师外显性与内隐性对应的影响结果吗？

5. 在学校教育活动中，师生双方活动形式的外显性与内隐性，都不是抽象泛化的属性，而是具有边界对应关系的具体属性吗？我们需要从抽象泛化的思维，转换到具体的边界思维或对应思维吗？

6. 如果只有教师对学生的外显性活动，那么，师生之间就只能产生灌输式的简单教育吗？而如果师生双方都分别具有外显性与内隐性活动，那么，师生双方就会产生以外显性与内隐性的对应为基础的对等教育吗？

一、对现行外显性教育活动论所包含的泛化思维的对应改造

上一节我们谈到，现行外显性教育活动论，之所以存在偏差，是因为在其思维运作中存在抽象泛化的不足。因此，要改造现行的外显性教育活动论，就必须改造其抽象泛化的主观思维。如何改造这种思维呢？这首先就需要摆脱现行外显性教育活动论所包含的简单主观思维，而转向对教育活动事实或过程的关注——即由主观思维，转向事实思维。其次，还需要走出教育研究者简单泛化的抽象思维，而转向对教育活动的客观与主观对应的边界思维——即由简单的泛化思维，转向对应的边界思维。关于主观思维与事实思维以及简单的泛化思维与对应的边界思维的详细内容，可以回望本书上篇第一章即"对应论的哲学与对应教育"的内容。

二、对现行外显性教育活动论所包含的思维切入点的对应改造

现行外显性教育活动论，从人对人的外显性规定开始，切到对学校教育活动的理解，这一切入点本身并不存在问题。现行外显性教育活动论的问题在于：首先，从人对人的外显性规定开始，切到对学校教育活动的理解；其次，却并没有对这一动态影响的过程做出对应的考察，而是仅仅停留在人对人的外显性规定这里，并将教育活动抽象为人对人的简单的外显性规定活动。

人对人的外显性规定的教育活动的动态过程，又是怎样的呢？征之于实际，我们看到，在家庭教育中，父母对子女的任何外显性规定，都必然会引起子女外显性与内隐性的对应反应，而这种反应，又必然会反过来对父母产生外显性与内隐性的对应影响。这清楚地表明，父母与子女之间的教育，是外显性与内隐性相互对应的教育，而不是现行外显性教育活动论所把握到的父母对于子女的简单的外显性教育。在学校教育中，教师对学生的任何外显性规定，都必然会引起学生外显性与内隐性的对应反应，而这种反应，又必然会反过来对教师产生外显性与内隐性的对应影响。这清楚地表明，教师与学生之间的教育，是外显性与内隐性相互对应的教育，而不是现行外显性教育活动论所把握到的教师对于学生的简单的外显性教育。在社会教育中，一方对另一方的任何外显性规定，都必然会引起另一方外显性与内隐性的对应反应，而这种反应，又必然会反过来对一方产生外显性与内隐性的对应影响。这清楚地表明，一方对另一方的教育，是外显性与内隐性相互对应的教育，而不是现行外显性教育活动论所把握到的一方对于另一方的简单的外显性教育。总之，从家庭、学校与社会

教育的动态过程看，从人对人的外显性规定开始的教育活动，都不是一方对另一方的简单的外显性规定活动，而是一方与另一方的外显性与内隐性的对应活动。由此，我们就将现行外显性教育活动论所包含的"人对人的外显性规定活动"的切入点，改造为"人与人的外显性与内隐性的对应性规定活动"的切入点，简言之，也就是将现行外显性教育活动论所包含的"人对人的显性活动"的切入点，改造为"人与人的显性与隐性对应活动"的切入点。

三、对现行外显性教育活动论所包含的具体内容的对应改造

对应教育活动论，从人与人的外显性与内隐性的对应活动，切到对学校教育活动的理解，能够对现行的外显性教育活动论，做出哪些方面的改造呢？下面，分而论之。

第一，从师生双方活动形式的属性看，对应教育活动论，既能把握到师生双方活动的外显性，又能把握到师生双方活动的内隐性，还能把握到师生双方活动外显性与内隐性的对应规定性，而不是现行外显性教育活动论所把握到的师生双方活动的外显性。这里的道理是：在学校教育的实际过程中，教师对学生的任何外显性规定，都必然会引起学生外显性与内隐性对应的反应，而学生的这种反应，又必然会反过来对教师产生外显性与内隐性对应的规定。这清楚地表明，在学校教育活动的实际中，师生双方的外显性与内隐性，都必然是对应的规定性，而不可能是现行外显性教育活动论所把握到的师生双方片面的外显性——这种片面的外显性，当然只能是抽象泛化的形而上学的外显性。

第二，从师生双方活动形式的影响关系看，对应教育活动论，既能把握到教师对学生的外显性影响指向，又能把握到学生对教师的外显性影响指向，还能把握到师生双方外显性与内隐性的对应影响指向，而不是现行外显性教育活动论所把握到的教师对学生单向度的外显性影响指向。这里的道理是：在学校教育的实际过程中，教师对学生的外显性影响指向，必然会引起学生的反应，而这种反应，又必然会引起教师的反应。这清楚地表明，在学校教育活动的实际中，教师对学生的外显性影响指向，必然是师生双方外显性与内隐性的双向度的影响指向，而不可能是现行外显性教育活动论所把握到的教师对学生的单向度外显性影响指向——这种单向度的影响指向，当然，也只能是抽象泛化的形而上学的影响指向。

第三，从师生双方活动形式的影响结果看，对应教育活动论，既能把握到教师对学生的外显性影响结果，又能把握到学生对教师的外显性影响结果，还能把握到师生双方外显性与内隐性的对应影响结果，而不是现行外显性教育活

动论所把握到的教师对学生单方面的外显性影响结果。这里的道理是：在学校教育的实际过程中，教师对学生的任何外显性影响，都必然会产生学生外显性与内隐性对应的影响结果，而这种影响结果，又必然会产生教师外显性与内隐性对应的影响结果。这清楚地表明，在学校教育活动的实际中，教师对学生的任何外显性影响结果，都必然是师生双方外显性与内隐性对应的影响结果，而不可能是现行外显性教育活动论所把握到的教师对学生单方面的外显性影响结果——这种单方面的影响结果，当然，也只能是抽象泛化的形而上学的影响结果。

四、对应教育活动论的积极功能

对应教育活动论，从人与人的外显性与内隐性的对应活动，切到对学校教育活动的理解，能够对实际的学校教育活动，产生哪些方面的积极影响呢？下面，分而论之。

第一，从师生双方活动形式的属性看，对应教育活动论，能够对实际的学校教育活动产生如下三方面的积极影响：一方面是，对应教育活动论，能够把握到教师对学生活动的外显性与内隐性。因此，不仅能够支持教师按照外显性规定去影响学生，而且也能够支持教师根据内隐性规定去调整对学生的影响。另一方面是，对应教育活动论，能够把握到学生对教师活动的外显性与内隐性。因此，不仅能够支持学生按照外显性规定去影响教师，而且也能够支持学生根据内隐性规定去调整对教师的影响。最后一个方面是，对应教育活动论，既能把握到教师对学生的外显性与内隐性，又能把握到学生对教师的外显性与内隐性。因此，能够支持师生双方建构出以各自外显性与内隐性的对应为基础的对等影响关系。鉴于现行外显性教育活动论的遮蔽或偏差，我们愿意特别强调如下三点：第一点是，关注教师对学生的内隐性规定。这里的关键是要走出人们熟悉的现行教育理论的偏差，那就是认为学校教育是教师对学生外显性规定的观点——那当然是简单抽象思维泛化的后果。在对应思维看来，教师对学生的规定，必然是外显性与内隐性对应的规定，所以，就不仅要关注教师对学生的外显性规定，而且要关注教师对学生的内隐性规定。第二点是，关注学生对教师的外显性与内隐性规定。这里的关键也是要走出人们熟悉的现行教育理论的偏差，那就是认为学校教育是教师对学生外显性规定的观点——那当然是简单抽象思维泛化的后果。在对应思维看来，教师对学生的规定，必然是师生双方的对应规定，所以，就不仅要关注教师对学生的外显性与内隐性规定，而且要关注学生对教师的外显性与内隐性规定。第三点是，关注师生双方在活动形式的属性维度上对等定位的教育关系，即三线定位的教育关系。既然师生双方都具有外显性与内隐性的对应规定性，那么，师生双方就要关注在双方外显性与内隐性规定的一致性与不一致性前提下的三线定位关系。这种三线定位关系的基本内容是：关注理想性的上线，即师生双方在外显性与内隐性规定的一致性前提下，走向对等的教育，以实现双方的互补性变化或发展；关注现实性的中线，即师生双方在外显性与内隐性规定的不一致性前提下，走向对话或讨论，以实现双方的生成性变化或发展；关注禁止性的底线，即师生双方在外显性与内隐性规定的不一致性前提下，都不能破坏或割裂对应的教育关系。我们认为，在师生双方活动形式的属性维度上，经由三线定位的教育，就可以构建出师生双方以各自外显性与内隐性的对应为基础的涉及理想、现实与戒律的对等教育关系。由此，也可以规避由教师对学生的片面外显性规定所必然导致的简单的不对等教育关系。

第二，从师生双方活动形式的影响关系看，对应教育活动论，能够对实际的学校教育活动产生如下三方面的积极影响：一方面是，对应教育活动论，能够把握到教师对学生的外显性与内隐性影响指向。因此，能够支持教师指向或对于学生的外显性与内隐性影响。另一方面是，对应教育活动论，能够把握到学生对教师的外显性与内隐性影响指向。因此，能够支持学生指向或对于教师的外显性与内隐性影响。最后一个方面是，对应教育活动论，既能把握到教师对学生的外显性与内隐性影响指向，又能把握到学生对教师的外显性与内隐性影响指向。因此，能够支持师生双方建构出以各自外显性与内隐性影响指向的对应为基础的双向度对等影响关系。鉴于现行外显性教育活动论的遮蔽或偏差，我们愿意特别强调如下三点：第一点是，关注教师对学生的内隐性影响指向。这里的关键是要走出人们熟悉的现行教育理论的偏差，那就是认为学校教育的影响指向是教师对学生外显性影响指向的观点——那当然是简单抽象思维泛化的后果。在对应思维看来，教师对学生的影响指向，必然是外显性与内隐性对应的影响指向，所以，就不仅要关注教师对学生的外显性影响指向，而且要关注教师对学生的内隐性影响指向。第二点是，关注学生对教师的外显性与内隐性影响指向。这里的关键也是要走出人们熟悉的现行教育理论的偏差，那就是认为学校教育指向是教师对学生外显性影响指向观点——那当然是简单抽象思维泛化的后果。在对应思维看来，教师对学生的影响指向，必然是师生双方对应的影响指向，所以，就不仅要关注教师对学生的外显性与内隐性影响指向，而且要关注学生对教师的外显性与内隐性影响指向。第三点是，关注师生双方在活动形式的影响关系维度上对等定位的教育关系，即三线定位的教育关系。

287

既然师生双方都具有外显性与内隐性对应的影响指向，那么，师生双方就要关注在双方外显性与内隐性影响指向一致性与不一致性前提下的三线定位关系。这种三线定位关系的基本内容是：关注理想性的上线，即师生双方在外显性与内隐性影响指向的一致性前提下，走向对等的教育，以实现双方的互补性变化或发展；关注现实性的中线，即师生双方在外显性与内隐性影响指向的不一致性前提下，走向对话或讨论，以实现双方的生成性变化或发展；关注禁止性的底线，即师生双方在外显性与内隐性影响指向的不一致性前提下，都不能破坏或割裂对应的教育关系。我们认为，在师生双方活动形式的影响关系维度上，经由三线定位的教育，就可以构建出师生双方以各自外显性与内隐性影响指向的对应为基础的涉及理想、现实与戒律的对等教育关系。由此，也可以规避由教师对学生的片面外显性影响指向所必然导致的简单的不对等教育关系。

第三，从师生双方活动形式的影响结果看，对应教育活动论，能够对实际的学校教育活动产生如下三方面的积极影响：一方面是，对应教育活动论，能够把握到教师对学生外显性与内隐性的影响结果。因此，不仅能够支持教师对学生外显性影响结果的教育价值，而且也能够支持教师对学生内隐性影响结果的教育价值。另一方面是，对应教育活动论，能够把握到学生对教师外显性与内隐性的影响结果。因此，不仅能够支持学生对教师外显性影响结果的教育价值，而且也能够支持学生对教师内隐性影响结果的教育价值。最后一个方面是，对应教育活动论，既能把握到教师对学生外显性与内隐性的影响结果，又能把握到学生对教师外显性与内隐性的影响结果。因此，能够支持师生双方建构出以各自外显性与内隐性影响结果的对应为基础的对等影响关系。鉴于现行外显性教育活动论的遮蔽或偏差，我们愿意特别强调如下三点：第一点是，关注教师对学生的内隐性影响结果。这里的关键是要走出人们熟悉的现行教育理论的偏差，那就是认为学校教育的结果是教师对学生外显性影响结果的观点——那当然是简单抽象思维泛化的后果。在对应思维看来，教师对学生的影响结果，必然是外显性与内隐性对应的影响结果，所以，就不仅要关注教师对学生的外显性影响结果，而且要关注教师对学生的内隐性影响结果。第二点是，关注学生对教师的外显性与内隐性影响结果。这里的关键也是要走出人们熟悉的现行教育理论的偏差，那就是认为学校教育的结果是教师对学生外显性影响结果的观点——那当然是简单抽象思维泛化的后果。在对应思维看来，教师对学生的影响结果，必然是师生双方的对应影响结果，所以，就不仅要关注教师对学生的外显性与内隐性影响结果，而且要关注学生对教师的外显性与内隐性影响结果。第三点是，关注师生双方在活动形式的影响结果维度上对等定位的教育关系，即三线定位的教育关系。既然师生双方都具有外显性与内隐性的对应影响结果，那么，师生双方就要关注在双方外显性与内隐性影响结果一致性与不一致性前提下的三线定位关系。这种三线定位关系的基本内容是：关注理想性的上线，即师生双方在外显性与内隐性影响结果的一致性前提下，走向对等的教育，以实现双方的互补性变化或发展；关注现实性的中线，即师生双方在外显性与内隐性影响结果的不一致性前提下，走向对话或讨论，以实现双方的生成性变化或发展；关注禁止性的底线，即师生双方在外显性与内隐性影响结果的不一致性前提下，都不能破坏或割裂对应的教育关系。我们认为，在师生双方活动形式的影响结果维度上，经由三线定位的教育，就可以构建出师生双方以各自外显性与内隐性影响结果的对应为基础的涉及理想、现实与戒律的对等教育关系。由此，也可以规避由教师对学生单方面的外显性影响结果所必然导致的简单的不对等教育关系。

五、本节小结

综上所述，我们对现行外显性教育活动论的改造，涉及三层基本内容：一是，首先，由现行外显性教育活动论所包含的主观思维路线，转换到事实思维路线；其次，在事实思维路线基础上，将现行外显性教育活动论所包含的单一主观泛化的思维路线，改造为主观与客观的对应思维路线。二是，在对应思维路线上，将现行外显性教育活动论所包含的认识师生双方活动形式的"人对人的外显性规定活动"的思维切入点，改造为"人与人的外显性与内隐性的对应性规定活动"的思维切入点。三是，在"人与人的外显性与内隐性的对应性规定活动"视野中，分别对师生双方活动形式的属性、指向与结果这些基本教育关系，做出了对应的考察。最后，我们分别考察了对应教育活动论，在师生双方活动形式的属性、指向与结果这些基本维度上，对实际的学校教育活动所产生的积极影响，以推动人们从现行的外显性教育活动论，转换到外显性与内隐性对应的教育活动论。

为了更简明地把握两种教育活动论的不同，我们不妨将其中所包含的不同思维路线，做出如下比较：

外显性教育活动论的单线定位路线——教育，就是教育者对于受教育者的外显性规定活动——这里需要特别注意，外显性教育活动论，仅仅是对教育者的单一主观性这一条思维路线的反应。

外显性与内隐性对应的教育活动论的三线定位路线——教育，就是教育者与受教育者双方的外显性与内隐性的对应性规定活动，它包含双方外显性与内隐性规定的理想的上线、现实的中线以及戒律的底线——这里需要特别注意，对应教育活动论，是对教育者与受教育者双方外显性与内隐性规定的理想、现实与戒律的三条思维路线的反应。

六、本节提示

在本节最后，需要做两点提示。一是，由"人对人的外显性规定活动"，到"人与人的外显性与内隐性的对应性规定活动"的过渡环节，就是由对教育活动的主观抽象思维，转向对教育活动的客观与主观的对应思维。二是，由"教师对学生的外显性教育"，到"教师与学生的外显性与内隐性的对应教育"的过渡环节，就是由对师生活动的主观抽象思维，转向对师生活动的客观与主观的对应思维。

附言：

1. 从教师对学生的外显性规定开始的教育活动，其实，都是教师与学生双方外显性与内隐性对应规定的活动。

2. 对教师与学生的外显性与内隐性的评价，都应该是具体的边界评价，而不能是抽象的泛化评价。

3. 仅仅把握到教师外显性而不能把握到内隐性的现行教育理论，必然是外显性泛化的简单教育论。此种理论，很难避免表演性或形式性的属性。

4. 教师对学生外显性影响与内隐性影响的不一致所生成的张力，正是推动学生进行教育反思的最基本、最经常、最可靠的动力。

5. 仅仅明白人的外显性而不能同时明白人的内隐性的人，其实，也就是简单的人。

6. 人的外显性与内隐性的一致性对应关系，是人在简单生活中的简单教育的内在机制，而人的外显性与内隐性的不一致性对应关系，则是人在对应生活中的对应教育的内在机理。

第二章

对现行简单主观性教育活动论的遮蔽性分析与对应改造

第一节　对现行简单主观性教育活动论的遮蔽性分析

切问：

1. 现行教育理论，将教育理解为一方对另一方的主观规定性活动，其思维活动的切入点在哪里？我们如何才能探索到其思维活动的切入点？

2. 现行主观性教育活动论，从自己理解教育活动的切入点上，能够把握到教育活动哪些方面的内容呢？

3. 现行主观性教育活动论的根据是什么？这种主观性活动论，对实际的教育活动会产生哪些积极作用？

4. 现行主观性教育活动论，从自己理解教育的切入点上，在对教育活动有所把握的同时，却又遮蔽了哪些内容呢？

5. 在思维运行中，现行主观性教育活动论，存在遮蔽的根源在哪里？

6. 现行主观性教育活动论，对实际的教育活动会产生怎样的消极作用？

一、现行主观性教育活动论的内容、属性及其思维活动的切入点

1. 现行主观性教育活动论的内容

现行教育理论，主要是关于学校教育的理论，集中表现在关于学校教育的概念之中。关于学校教育的概念，在一本国家级规划教材的《教育学》中写道："它是根据一定社会的现实和未来的需要，遵循受教育者身心发展的规律，有目的、有计划、有组织地引导受教育者主动地学习，积极进行经验的改组和改造，促使他们提高素质、健全人格的一种活动，以便把受教育者培养成为适应一定社会的需要，促进社会的发展，追求和创造人的合理存在的人。"[①] 从这种理解中，我们不难看到，现行教育理论，将学校教育理解为一种活动。从这种活动

---

① 王道俊，郭文安. 教育学 [M]. 北京：人民教育出版社，2009：26-27.

中的双方关系看，那就是学校或教育者一方对于或指向受教育者一方的主观活动。简约地表达，在现行教育理论的视野中，学校教育，也就是教育者对于受教育者的主观活动——这就是现行主观性教育活动论的基本内容。

2. 现行主观性教育活动论的属性

现行主观性教育活动论，具有怎样的属性呢？

按照现行主观性教育活动论的理解，学校教育就是教育者对于受教育者的主观活动。学校教育的实际，果真是这样的吗？当教育者对受教育者进行主观教育活动时，受教育者难道不会产生客观的反应吗？受教育者的反应，难道不会对教育者产生客观影响或教育作用吗？教育者对受教育者的"目的""计划"与"组织"，难道都是受教育者能够认可或接受的吗？受教育者的不认可或不接受，难道不会对教育者产生客观的影响或教育吗？从上面的引文中，我们不难发现，现行教育理论，却根本无视学校教育活动实际中这些具有内在对应性关系的问题，仅仅从自己的主观愿望或主观价值出发，一厢情愿地将学校教育抽象为教育者一方对于受教育者一方的主观性教育活动——由此，我们就可以有根据地说，现行主观性教育活动论的属性，就是片面性或简单性。正因为现行主观性教育活动论具有内在简单性的属性，所以，我们也将现行主观性教育活动论以术语表达为简单主观性教育活动论或简单教育论。

3. 现行主观性教育活动论的思维活动的切入点

现行主观性教育活动论，既然将学校教育理解为教育者对于受教育者的主观性教育活动，那么，我们就可以据此逆向推论出现行主观性教育活动论的思维活动的起点或切入点，那就是"人对人的主观规定或主观定位"。正向地表达，现行主观性教育活动论，从人对人的主观规定，切到对学校教育的理解。由此，才将学校教育规定为教育者对于受教育者的主观性教育活动。

二、现行主观性教育活动论的所见、根据及其积极功能

1. 现行主观性教育活动论的所见

现行主观性教育活动论，从人对人的主观规定，切到对学校教育活动的理解，能够把握到学校教育活动哪些方面的内容呢？一是，从师生双方的活动属性看，现行主观性教育活动论，能够把握到教师对学生的主观规定性与学生在客观上的被规定性。套用引文中的话说，那就是学校或教育者对受教育者的"引导"或受教育者的被引导。二是，从师生双方的活动关系看，现行主观性教育活动论，能够把握到教师的主观规定性对学生的影响指向。套用引文中的话说，那就是教育者"促使"受教育者"提高素质、健全人格"。三是，从师生双方的活动结果看，现行主观性教育活动论，能够把握到教师的主观规定性对学生的影响结果。套用引文中的话说，那就是"把受教育者培养成为适应一定社会的需要，促进社会的发展，追求和创造人的合理存在的人"。总之，现行主观性教育活动论，从人对人的主观规定，切到对学校教育活动的理解，能够把握到的基本内容，也就是：教师对于学生的主观规定或主观定位的教育或影响。

2. 现行主观性教育活动论的根据

现行主观性教育活动论，从人对人的主观规定，切到对学校教育活动的理解，所把握到的基本内容，是有根据的吗？一是，从师生双方的活动属性看，作为学校教育活动的参加者，教师当然会具有对学生的主观规定性——按照现行教育活动论的理解，教师就是根据社会需要或代表社会而对学生进行教育的。不管是作为社会的成员，还是作为学校教育活动的参加者，学生也当然会受到教师的主观规定。就此而论，现行主观性教育活动论所把握到的教师对学生的主观规定性与学生的被规定性，就是有根据的。二是，从师生双方的活动关系看，教师要对学生进行主观规定，就必然会对学生进行"有目的、有计划、有组织"的"引导"，而学生当然就会受到教师的引导，这也是有根据的。三是，从师生双方的活动结果看，既然教师对学生进行了主观规定，既然教师对学生进行了有目的、有计划、有组织的引导，那么，学生就必然会受到教师的影响而发生变化或发展，这也是有根据的。总之，现行主观性教育活动论，从人对人的主观规定，切到对学校教育活动的理解，所把握到的基本内容，从教师对于学生的教育需要来看，都是有根据的，因而也就是合理的。

3. 现行主观性教育活动论的积极功能

现行主观性教育活动论，从人对人的主观规定，切到对学校教育活动的理解，所把握到的基本内容，对于实际的学校教育活动，都具有积极的功能或价值。一是，从师生双方的活动属性看，现行主观性教育活动论，能够把握到教师对学生的主观规定性与学生的被规定性。这能够支持教师更好地发挥自己对学生的主观规定性，也能够支持学生在保持自身被规定性的前提下更好地接受教师的主观规定性。二是，从师生双方的活动关系看，现行主观性教育活动论，能够把握到教师对学生有目的、有计划、有组织的引导。这能够支持教师对学生的主观影响，也能够支持学生接受教师的这种影响。三是，从师生双方的活动结果看，现行主观性教育活动论，能够把握到教师对学生主观规定的影响结果。这能够支持教师对学生主观规定的影响结果，也能够支持学生接受教师主观规定的影响结果。总之，现行主观性教育活动论，从人对人的主观规定，切到对学校教育的理解，所把握到的基本内容，从教师对于学生单方面的教育来看，都具有积极的价值或作用。

三、现行主观性教育活动论的偏差、根源及其消极功能

1. 现行主观性教育活动论的偏差

现行主观性教育活动论，从人对人的主观影响，切到对学校教育活动的理解，在有所见或有所把握的同时，却又遗漏或遮蔽了哪些内容呢？一是，从师生双方的活动属性看，现行主观性教育活动论，在把握到教师对学生的主观规定性与学生客观的被规定性的同时，却遮蔽了学生对教师的主观与客观规定性以及教师的被规定性，更遮蔽了师生双方主观与客观规定性之间的对应关系；二是，从师生双方的活动关系看，现行主观性教育活动论，在把握到教师对学生的主观规定性的影响指向的同时，却遮蔽了学生对教师的主观与客观规定性的影响指向，更遮蔽了师生双方双向度的指向之间的对应关系；三是，从师生双方的活动结果看，现行主观性教育活动论，在把握到教师对学生的主观规定性的影响结果的同时，却遮蔽了学生对教师的主观与客观规定性的影响结果，更遮蔽了师生双方之间两种影响结果的对应关系。总之，现行主观性教育活动论，从人对人的主观规定，切到对学校教育活动的理解，在把握到教师对学生的主观规定的影响的同时，却遮蔽了学生对教师的主观与客观规定的影响，更遮蔽了师生双方主观与客观规定之间的对应影响。

2. 现行主观性教育活动论的根源

从思维运作看，现行主观性教育活动论，之所以存在上述偏差，就是其主观抽象思维的泛化导致的。一是，从师生双方的活动属性看，教师对学生的任何主观规定性，在实际的学校教育活动中，都必然会引起学生主观与客观的反应并对教师产生主观与客观的规定性。这清楚地表明，在实际的学校教育活动中，师生双方都会同时具有主观规定性与客观的被规定性。然而，现行主观性教育活动论，却在其主观思维中，片面地抽取出教师对学生的主观规定性与学生客观的被规定性，并以偏概全地泛指师生双方在教育活动中主观与客观对应的属性。由此，便遮蔽了学生对教师的主观规定性，也遮蔽了教师客观的被规定性，还遮蔽了师生双方主观与客观的对应属性。二是，从师生双方的活动关系看，教师对学生任何主观规定的影响指向，在实际的学校教育活动中，都必然会引起学生的反应并对教师产生回返性的指向。这清楚地表明，在实际的学校教育活动中，师生双方之间的影响指向，都是双向度的客观存在。然而，现行主观性教育活动论，却在其主观思维中，片面地抽取出教师对学生的主观影响指向，并以偏概全地泛指师生双方在教育活动中产生的主观与客观对应的影

响指向。由此，便遮蔽了学生对教师的主观与客观影响指向，也遮蔽了师生双方之间主观与客观的影响指向。三是，从师生双方的活动结果看，教师对学生的任何主观规定的影响结果，在实际的学校教育活动中，都必然会对学生产生客观的影响结果并对教师产生回返性的影响结果。这清楚地表明，在实际的学校教育活动中，师生双方之间的影响结果，都是双方主观与客观对应的影响结果。然而，现行主观性教育活动论，却在其主观思维中，片面地抽取出教师对学生的主观影响结果，并以偏概全地泛指师生双方在教育活动中所产生的主观与客观对应的影响结果。由此，便遮蔽了学生对教师的主观与客观影响结果，也遮蔽了师生双方主观与客观对应的影响结果。

3. 现行主观性教育活动论的消极功能

现行主观性教育活动论，从人对人的主观规定，切到对学校教育活动的理解，在有所把握的同时，却又存在偏差。这些认识或思维中的偏差，对实际的学校教育活动，会产生哪些消极影响呢？

一是，从师生双方的活动属性看，现行主观性教育活动论，在把握到教师对学生的主观规定性与学生的被规定性的同时，却遮蔽了学生对教师的主观与客观规定性以及教师的被规定性，更遮蔽了师生双方主观与客观规定性之间的对应关系。由此，便直接导致了两个方面的不足性。从教师方面看，教师仅仅把握到自己对学生的主观规定性与学生的被规定性，便必然会产生对学生影响的片面主观性而难以产生对师生双方主观性与客观性的对应关注；从学生方面看，学生仅仅把握到教师的主观规定性与自己的被规定性，便必然会产生对教师主观规定性的片面接受而难以产生对师生双方主观性与客观性的对应关注。

二是，从师生双方的活动关系看，现行主观性教育活动论，在把握到教师对学生的主观影响指向的同时，却遮蔽了学生对教师的主观与客观影响指向，更遮蔽了师生双方主观与客观影响指向的对应关系。由此，便直接导致了两个方面的不足性。从教师方面看，教师仅仅把握到自己对学生的主观影响指向，便必然会产生对这种单向度主观指向的依赖而难以产生对师生双方主观与客观的双向度指向的对应关注；从学生方面看，学生仅仅把握到教师对自己的主观影响指向，便必然会产生对这种单向度主观指向的接受而难以产生对师生双方主观与客观的双向度指向的对应关注。

三是，从师生双方的活动结果看，现行主观性教育活动论，在把握到教师对学生的主观影响结果的同时，却遮蔽了学生对教师的主观与客观影响结果，更遮蔽了师生双方主观与客观影响结果之间的对应关系。由此，便直接导致了两个方面的不足性。从教师方面看，教师仅仅把握到自己对学生的主观影响结果而没能把握到对学生的客观影响结果，便必然会产生对学生单一主观影响结果的接受而难以产生对师生双方主观与客观影响结果的对应接受；从学生方面看，学生仅仅把握到教师单一的主观影响结果而没能把握到自己对教师的客观影响结果，便必然会产生对教师单一的主观影响结果的接受而难以产生对师生双方主观与客观影响结果的对应接受。

总之，现行主观性教育活动论，从人对人的主观规定，切到对学校教育活动的理解，从师生双方主观性与客观性对应的相互教育来看，确实存在严重的简单性偏差并因此而必须受到合理的反思与改造。

四、本节小结

综上所述，我们看到，现行主观性教育活动论，从人对人的主观规定，切到对学校教育活动的理解，虽然能够把握到教师对学生的主观性教育，也能够把握到这种主观性教育的根据并对学校的主观性教育活动产生积极的作用，但是，却遮蔽了师生双方在教育活动中所产生的主观与客观的对应影响或对应教育。从思维运作看，现行主观性教育活动论的偏差，是由其主观思维的抽象泛化所导致的。从实际看，这种抽象泛化的思维或认识，对学校主观性与客观性的对应教育活动存在多方面的消极作用。因此，现行主观性教育活动论，就必须被合理地反思与改造。

五、本节提示

在本节最后，需要做两点提示。一是，探寻现行主观性教育活动论的思维活动切入点的根据，就是现行主观性教育活动论的内容，或者说，我们是通过现行主观性教育活动论的基本内容而探寻到其思维活动切入点的。二是，对现行主观性教育活动论的思维活动切入点的遮蔽性分析，不是我们简单的主观分析，而是根据现行主观性教育活动论所包含的主观思维活动切入点的所见与所不见而展开的——要特别注意，现行主观性教育活动论所包含的简单静态的主观思维，必然会遮蔽与其对应的动态的客观事实。

附言：

1. 学校教育活动的运行，当然可以从教师对学生的主观规定开始，但是，关于学校教育活动的理论，却不能仅仅停留在这里。

2. 现行教育活动论，仅仅把握到教育者对受教育者的主观规定性，而把握不到客观规定性——这决定了现行教育活动论不可能具有主观与客观对应的内在属性。

3. 现行教育活动论，只能把握到教师的主观规定性，而把握不到教师的被规定性——这为实际教育活动中教师的放纵或任性，提供了直接的理论的支撑。

4. 现行教育活动论，仅仅把握到教育者对受教育者主观规定的教育——这当然是典型的简单教育论。这种简单教育论，根本不可能具有反思的理论品质。

5. 仅仅把握到自身活动的主观规定性，而把握不到客观规定性的教师，就是典型的简单的教师。这种简单的教师，根本不可能具有反思的人格品质。

6. 人类的行为或活动，必然具有主观性与客观性的对应性——这直接决定了教育活动必然具有主观性与客观性的对应性。

第二节　对现行简单主观性教育活动论的对应改造

切问：

1. 从动态的教育活动的事实看，现行主观性教育活动论所包含的"教师对学生的主观规定性活动"，其实都是"教师与学生的主观规定性与客观被规定性的对应性活动"吗？

2. 教师对学生的主观规定性，对于学生就是客观规定性；而学生对教师的主观规定性，对于教师就是客观规定性——由此，就可以说，师生双方的主观规定性与客观的被规定性是对应存在的吗？

3. 教师对学生的任何主观规定性指向，都必然会引起学生主观与客观的回应吗？而学生的这种回应，又必然会引起教师主观与客观的反应吗？

4. 教师对学生的任何主观影响，都必然会产生学生主观与客观对应的影响结果吗？这种影响结果，又必然会产生教师主观与客观对应的影响结果吗？

5. 在学校教育活动中，师生双方的主观规定性与客观的被规定性，都不是抽象泛化的属性，而是具有边界对应关系的具体属性吗？我们需要从抽象泛化的思维，转换到具体的边界思维或对应思维吗？

6. 如果只有教师对学生的主观规定性活动，那么，师生之间就只能产生等级性的或不对等的简单关系吗？而如果师生双方都分别具有主观规定性与客观的被规定性活动，那么，师生双方就会产生以主观规定性与被规定性的对应为基础的对等教育吗？

一、对现行主观性教育活动论所包含的泛化思维的对应改造

上一节我们谈到，现行主观性教育活动论，之所以存在偏差，是因为在其思维运作中存在抽象泛化的不足。因此，要改造现行的主观性教育活动论，就必须改造其抽象泛化的主观思维。如何改造这种思维呢？这首先就需要摆脱现行主观性教育活动论所包含的简单主观思维，而转向对教育活动事实或过程的关注——由主观思维，转向事实思维。其次，还需要走出教育研究者简单泛化的抽象思维，而转向对教育活动的客观与主观对应的边界思维——由简单的泛化思维，转向对应的边界思维。

二、对现行主观性教育活动论所包含的思维切入点的对应改造

现行主观性教育活动论，从人对人的主观规定性开始，切到对学校教育活动的理解，这一切入点本身并不存在问题。现行主观性教育活动论的问题在于：首先，从人对人的主观规定性开始，切到对学校教育活动的理解；其次，却并没有对这一动态影响的过程做出对应的考察，而是仅仅停留在人对人的主观规定性这里，并将教育活动抽象为人对人的简单的主观规定性活动。

人对人的主观规定的教育活动的动态过程，又是怎样的呢？征之于实际，我们看到，在家庭教育中，父母对子女的任何主观规定，都必然会引起子女主观与客观对应的反应，而这种反应，又必然会反过来对父母产生主观与客观对应的影响。这清楚地表明，父母与子女之间的教育，是主观与客观对应的相互教育，而不是现行主观性教育活动论所把握到的父母对于子女的简单的主观性教育。在学校教育中，教师对学生的任何主观规定，都必然会引起学生主观与客观对应的反应，而这种反应，又必然会反过来对教师产生主观与客观对应的影响。这清楚地表明，教师与学生之间的教育，是主观与客观对应的相互教育，而不是现行主观性教育活动论所把握到的教师对于学生的简单的主观性教育。在社会教育中，一方对另一方的任何主观规定，都必然会引起另一方主观与客观对应的反应，而这种反应，又必然会反过来对一方产生主观与客观对应的影响。这清楚地表明，一方对另一方的教育，是主观与客观对应的相互教育，而不是现行主观性教育活动论所把握到的一方对于另一方的简单的主观性教育。总之，从家庭、学校与社会教育的动态过程看，从人对人的主观规定性开始的教育活动，都不是一方对另一方的简单的主观规定性活动，而是一方与另一方的主观规定性与客观的被规定性的对应活动。由此，我们就将现行主观性教育活动论所包含的"人对人的主观规定性活动"的切入点，改造为"人与人的主

观规定性与客观被规定性的对应性活动"的切入点，简言之，也就是将现行的主观性教育活动论所包含的"人对人的主观活动"的切入点，改造为"人与人的主观与客观的对应活动"的切入点。

三、对现行主观性教育活动论所包含的具体内容的对应改造

对应教育活动论，从人与人的主观与客观的对应活动，切到对学校教育活动的理解，能够对现行的主观性教育活动论，做出哪些方面的改造呢？下面，分而论之。

第一，从师生双方的活动属性看，对应教育活动论，既能把握到教师对学生的主观与客观规定性，又能把握到学生对教师的主观与客观规定性，还能把握到师生双方主观与客观的对应规定性，这是不同于现行主观性教育活动论所把握到的教师对学生的片面的主观规定性的。这里的道理是：在学校教育的实际过程中，教师对学生的任何主观规定性，对于学生而言都是客观的被规定性；而学生对教师的任何主观规定性，对于教师而言也都是客观的被规定性。这清楚地表明，在学校教育活动的实际中，师生双方的主观规定性与客观的被规定性，都必然是对应的规定性，而不可能是现行主观性教育活动论所把握到的教师对学生片面的主观规定性——这种片面的主观规定性只能是抽象泛化的形而上学的主观规定性。

第二，从师生双方的活动关系看，对应教育活动论，既能把握到教师对学生的主观与客观影响指向，又能把握到学生对教师的主观与客观的影响指向，还能把握到师生双方主观与客观的对应影响指向，这是不同于现行主观性教育活动论所把握到的教师对学生单向度的主观影响指向的。这里的道理是：在学校教育的实际过程中，教师对学生的主观与客观影响指向，都必然会引起学生的反应，而这种反应，又必然会引起教师的反应。这清楚地表明，在学校教育活动的实际中，教师对学生的主观与客观影响指向，都必然是师生双方双向度的影响指向，而不可能是现行主观性教育活动论所把握到的教师对学生单向度的影响指向——这种单向度的影响指向也只能是抽象泛化的形而上学的影响指向。

第三，从师生双方的活动结果看，对应教育活动论，既能把握到教师对学生的主观与客观影响结果，又能把握到学生对教师的主观与客观影响结果，还能把握到师生双方主观与客观的对应影响结果，这是不同于现行主观性教育活动论所把握到的教师对学生单方面的主观影响结果的。这里的道理是：在学校教育的实际过程中，教师对学生的任何主观与客观影响，都必然会产生学生主

观与客观对应的影响结果，而这种影响结果，又必然会产生教师主观与客观对应的影响结果。这清楚地表明，在学校教育活动的实际中，教师对学生的任何主观与客观影响结果，都必然是师生双方主观与客观对应的影响结果，而不可能是现行主观性教育活动论所把握到的教师对学生单方面的主观影响结果——这种单方面的主观影响结果也只能是抽象泛化的形而上学的主观影响结果。

四、对应教育活动论的积极功能

对应教育活动论，从人与人的主观与客观的对应活动，切到对学校教育活动的理解，能够对实际的学校教育活动，产生哪些方面的积极影响呢？下面，分而论之。

第一，从师生双方的活动属性看，对应教育活动论，能够对实际的学校教育活动产生如下三方面的积极影响：一方面是，对应教育活动论，能够把握到教师对学生的主观与客观规定性。因此，不仅能够支持教师按照主观规定性去影响学生，而且也能够支持教师根据对学生的客观影响去调整对学生的主观影响。另一方面是，对应教育活动论，能够把握到学生对教师的主观与客观规定性。因此，不仅能够支持学生按照主观规定性去影响教师，而且也能够支持学生根据对教师的客观影响去调整对教师的主观影响。最后一个方面是，对应教育活动论，既能把握到教师对学生的主观与客观规定性，又能把握到学生对教师的主观与客观规定性。因此，能够支持师生双方建构出以各自主观与客观规定性的对应为基础的对等影响关系。鉴于现行主观性教育活动论的遮蔽或偏差，我们愿意特别强调如下三点：第一点是，关注教师对学生的客观规定。这里的关键是要走出人们熟悉的现行教育理论的偏差，那就是认为学校教育是教师对学生主观规定的观点——那当然是简单抽象思维泛化的后果。在对应思维看来，教师对学生的规定，必然是主观与客观对应的规定，所以，就不仅要关注教师对学生的主观规定，而且要关注教师对学生的客观规定。第二点是，关注学生对教师的主观与客观规定。这里的关键也是要走出人们熟悉的现行教育理论的偏差，那就是认为学校教育是教师对学生主观规定的观点——那当然是简单抽象思维泛化的后果。在对应思维看来，教师对学生的规定，必然是师生双方的对应规定，所以，就不仅要关注教师对学生的主观与客观规定，而且要关注学生对教师的主观与客观规定。第三点是，关注师生双方在活动属性维度上对等定位的教育关系，即三线定位的教育关系。既然师生双方都具有主观与客观的对应规定性，那么，师生双方就要关注在双方主观与客观规定的一致性与不一致性前提下的三线定位关系。这种三线定位关系的基本内容是：关注理想性的上线，即师生双方在主观与客观规定的一致性前提下，走向对等的教育，以实现双方的互补性变化或发展；关注现实性的中线，即师生双方在主观与客观规定的不一致性前提下，走向对话或讨论，以实现双方的生成性变化或发展；关注禁止性的底线，即师生双方在主观与客观规定的不一致性前提下，都不能破坏或割裂对应的教育关系。我们认为，在师生双方的活动属性维度上，经由三线定位的教育，就可以构建出师生双方以各自的主观性与客观性的对应为基础的涉及理想、现实与戒律的对等教育关系。由此，也可以规避由教师对学生的片面主观规定性所必然导致的简单的不对等教育关系。

第二，从师生双方的活动关系看，对应教育活动论，能够对实际的学校教育活动产生如下三方面的积极影响：一方面是，对应教育活动论，能够把握到教师对学生的主观与客观影响指向。因此，能够支持教师指向或对于学生的主观与客观影响。另一方面是，对应教育活动论，能够把握到学生对教师的主观与客观影响指向。因此，能够支持学生指向或对于教师的主观与客观影响。最后一个方面是，对应教育活动论，既能把握到教师对学生的主观与客观影响指向，又能把握到学生对教师的主观与客观影响指向。因此，能够支持师生双方建构出以各自的主观与客观影响指向的对应为基础的双向度对等影响关系。鉴于现行主观性教育活动论的遮蔽或偏差，我们愿意特别强调如下三点：第一点是，关注教师对学生的客观影响指向。这里的关键是要走出人们熟悉的现行教育理论的偏差，那就是认为学校教育的影响指向是教师对学生主观影响指向的观点——那当然是简单抽象思维泛化的后果。在对应思维看来，教师对学生的影响指向，必然是主观与客观对应的影响指向，所以，就不仅要关注教师对学生的主观影响指向，而且要关注教师对学生的客观影响指向。第二点是，关注学生对教师的主观与客观影响指向。这里的关键也是要走出人们熟悉的现行教育理论的偏差，那就是认为学校教育指向是教师对学生主观影响指向观点——那当然是简单抽象思维泛化的后果。在对应思维看来，教师对学生的影响指向，必然是师生双方对应的影响指向，所以，就不仅要关注教师对学生的主观与客观影响指向，而且要关注学生对教师的主观与客观影响指向。第三点是，关注师生双方在活动关系维度上对等定位的教育关系，即三线定位的教育关系。既然师生双方都具有主观与客观对应的影响指向，那么，师生双方就要关注在双方主观与客观影响指向一致性与不一致性前提下的三线定位关系。这种三线定位关系的基本内容是：关注理想性的上线，即师生双方在主观与客观影响指向的一致性前提下，走向对等的教育，以实现双方的互补性变化或发展；关注现实性的中线，即师生双方在主观与客观影响指向的不一致性前提下，走向对话或讨论，以实现双方的生成性变化或发展；关注禁止性的底线，即师生双方在主观与客观影响指向的不一致性前提下，都不能破坏或割裂对应的教育关系。我们认为，在师生双方的活动关系维度上，经由三线定位的教育，就可以构建出师生双方以各自的主观与客观影响指向的对应为基础的涉及理想、现实与戒律的对等教育关系。由此，也可以规避由教师对学生的片面主观性影响指向所必然导致的简单的不对等教育关系。

第三，从师生双方的活动结果看，对应教育活动论，能够对实际的学校教育活动产生如下三方面的积极影响：一方面是，对应教育活动论，能够把握到教师对学生主观与客观的影响结果。因此，不仅能够支持教师对学生主观影响结果的教育价值，而且也能够支持教师对学生客观影响结果的教育价值。另一方面是，对应教育活动论，能够把握到学生对教师主观与客观的影响结果。因此，不仅能够支持学生对教师主观影响结果的教育价值，而且也能够支持学生对教师客观影响结果的教育价值。最后一个方面是，对应教育活动论，既能把握到教师对学生主观与客观的影响结果，又能把握到学生对教师主观与客观的影响结果。因此，能够支持师生双方建构出以各自主观与客观影响结果的对应为基础的对等影响关系。鉴于现行主观性教育活动论的遮蔽或偏差，我们愿意特别强调如下三点：第一点是，关注教师对学生的客观影响结果。这里的关键是要走出人们熟悉的现行教育理论的偏差，那就是认为学校教育的结果是教师对学生主观影响结果的观点——那当然是简单抽象思维泛化的后果。在对应思维看来，教师对学生的影响结果，必然是主观与客观对应的影响结果，所以，就不仅要关注教师对学生的主观影响结果，而且要关注教师对学生的客观影响结果。第二点是，关注学生对教师的主观与客观影响结果。这里的关键也是要走出人们熟悉的现行教育理论的偏差，那就是认为学校教育的结果是教师对学生主观影响结果的观点——那当然是简单抽象思维泛化的后果。在对应思维看来，教师对学生的影响结果，必然是师生双方的对应影响结果，所以，就不仅要关注教师对学生的主观与客观影响结果，而且要关注学生对教师的主观与客观影响结果。第三点是，关注师生双方在活动结果维度上对等定位的教育关系，即三线定位的教育关系。既然师生双方都具有主观与客观的对应影响结果，那么，师生双方就要关注在双方主观与客观影响结果一致性与不一致性前提下的三线定位关系。这种三线定位关系的基本内容是：关注理想性的上线，即师生双方在主观与客观影响结果的一致性前提下，走向对等的教育，以实现双方的互补性变化或发展；关注现实性的中线，即师生双方在主观与客观影响结果的不一致性前提下，走向对话或讨论，以实现双方的生成性变化或发展；关注禁止性的底线，即师生双方在主观与客观影响结果的不一致性前提下，都不能破坏或割裂对应的教育关系。我们认为，在师生双方的活动结果维度上，经由三线定位的教育，就可以构建出师生双方以各自的主观与客观影响结果的对应为基础的涉及理想、现实与戒律的对等教育关系。由此，也可以规避由教师对学生单方面的主观性影响结果所必然导致的简单的不对等教育关系。

五、本节小结

综上所述，我们对现行主观性教育活动论的改造，涉及三层基本内容：一是，首先，由现行主观性教育活动论所包含的主观思维路线，转换到事实思维路线；其次，在事实思维路线基础上，将现行主观性教育活动论所包含的单一主观泛化的思维路线，改造为主观与客观的对应思维路线。二是，在对应思维路线上，将现行主观性教育活动论所包含的认识师生双方关系的"人对人的主观活动"的思维切入点，改造为"人与人的主观与客观的对应活动"的思维切入点。三是，在"人与人的主观与客观的对应活动"视野中，分别对师生双方的活动属性、指向与结果这些基本教育关系，做出了对应的考察。最终，我们分别考察了对应教育活动论，在师生双方的活动属性、指向与结果这些基本维度上，对实际的学校教育活动所产生的积极影响，以推动人们从现行的主观性教育活动论，转换到主观性与客观性对应的教育活动论。

为了更简明地把握两种教育活动论的不同，我们不妨将其中所包含的不同思维路线，做出如下比较：

主观性教育活动论的单线定位路线——教育，就是教育者对于受教育者的主观影响活动——这里需要特别注意，主观性教育活动论，仅仅是对教育者的单一主观性这一条思维路线的反映。

主观性与客观性对应的教育活动论的三线定位路线——教育，就是教育者与受教育者双方的主观性与客观性的对应影响活动，它包含双方主观与客观影响的理想的上线、现实的中线以及戒律的底线——这里需要特别注意，对应教育活动论，是对教育者与受教育者双方主观性与客观性影响的理想、现实与戒律的三条思维路线的反映。

六、本节提示

在本节最后，需要做两点提示：一是，由"人对人的主观活动"到"人与人的主观与客观的对应活动"的过渡环节，就是由对教育活动的主观抽象思维，转向对教育活动的客观与主观的对应思维。二是，由"教师对学生的主观教育"

到"教师与学生的主观与客观的对应教育"的过渡环节，就是由对师生活动的主观抽象思维，转向对师生活动的客观与主观的对应思维。

附言：

1. 从教师对学生的主观影响开始的教育活动，其实，都是教师与学生双方主观与客观对应的影响活动。

2. 对教师与学生的主观性与客观性的评价，都应该是具体的边界评价，而不能是抽象的泛化评价。

3. 仅仅把握到教师主观性而不能把握到客观性的现行教育活动论，必然是主观性泛化的简单教育论，此种理论，很难避免任意性或专制性的恶劣的属性。

4. 教师对学生的主观影响与客观影响的不一致所生成的张力，正是推动教师进入教育或教学反思的最基本、最经常、最可靠的动力。

5. 仅仅明白人的主观性而不能同时明白人的客观性的人，其实，也就是简单的人。

6. 人的主观性与客观性的一致性对应关系，是人在简单生活中的简单教育的内在机制；而人的主观性与客观性的不一致性对应关系，则是人在对应生活中的反思性教育或后果教育的内在机理。

第三章

对现行简单教育根据论的遮蔽性分析与对应改造

第一节　对现行简单教育根据论的遮蔽性分析

切问：

1. 现行教育理论，将学校教育活动的根据理解为社会与人的发展规律，其思维活动的切入点在哪里？我们如何才能探索到其思维活动的切入点？

2. 现行教育根据论，从自己理解教育活动根据的切入点上，能够把握到教育活动根据的哪些方面的内容呢？

3. 现行教育根据论的根据是什么？这种根据论，对实际的教育活动会产生哪些积极作用？

4. 现行教育根据论，从自己理解教育活动根据的切入点上，在对教育活动的根据有所把握的同时，却又遮蔽了哪些内容呢？

5. 在思维运行中，现行教育根据论，存在遮蔽的根源在哪里？

6. 现行教育根据论，对实际的学校教育活动会产生怎样的消极作用？

一、现行教育根据论的内容、属性及其思维活动的切入点

1. 现行教育根据论的内容

现行教育理论，主要是关于学校教育的理论。在学校教育的根据这一维度上，现行学校教育理论涉及两个方面，即社会与人。从社会的方面来说，那就是现行教育理论所表达的，根据社会发展的规律，或者说，根据社会发展过程中出现的重复性的联系；从人的方面来说，那就是现行教育理论所表达的，根据人的或受教育者的或青少年身心发展的规律，或者说，根据人的身心发展过程中出现的重复性的联系。概括这两个方面，我们就能够得到现行教育理论关于学校教育根据的基本内容，那就是根据社会与人的发展规律，或者说，根据社会与人的发展过程中所出现的重复性的联系。由此，我们就可以清楚地看到，在现行教育理论的视野中，学校教育，也就是教育者或教师根据社会与人的发

展规律而对受教育者或学生的影响活动。

2. 现行教育根据论的属性

现行教育根据论具有怎样的性质呢？

按照现行教育理论的理解，学校教育就是教师根据社会与人的发展规律而对学生所进行的影响活动。学校教育活动的实际，果真是这样的吗？在学校教育活动中，教师只是根据社会与人的发展规律而对学生进行教育吗？社会与人的发展规律，难道能够脱离开社会与人的发展的偶然而单独存在吗？难道教师不能根据社会与人的发展的偶然而对学生进行教育吗？教师根据社会与人的发展的规律与偶然而对学生进行的教育，难道不能反过来对教师产生影响吗？师生双方根据规律与偶然所进行的教育，难道不能发生相互的影响或相互的改造吗？然而，从上面的引文中，我们看到，现行教育理论，却根本无视学校教育实际中存在的这些具有内在对应性的问题，而仅仅将学校教育活动的根据简单地抽象为社会与人的发展规律。由此，我们就可以有根据地说，现行教育根据论的属性，就是片面性或简单性。

3. 现行教育根据论的思维活动的切入点

现行教育理论，既然将学校教育活动的根据理解为社会与人的发展规律，那么，我们就可以据此逆向推论出现行教育理论理解教育根据的思维活动的切入点，那就是"规律对偶然的制约性"，或者说，是"社会与人的发展过程中所出现的重复性对变异性的制约性"。正向地表达，现行教育理论，从社会与人的发展过程中所出现的重复性对变异性的制约性，切到对学校教育根据的理解；由此，才将学校教育的根据理解为社会与人的发展规律。

二、现行教育根据论的所见、根据及其积极功能

1. 现行教育根据论的所见

现行教育理论，从规律对偶然的制约性，切到对学校教育活动根据的理解，能够把握到学校教育活动根据的哪些方面的内容呢？一是，从师生双方活动根据的属性看，现行教育根据论，能够把握到教师活动根据的规律性或一般性，也能够把握到学生活动根据的偶然性或具体性；二是，从师生双方活动根据的影响指向看，现行教育根据论，能够把握到教师活动根据的规律性或一般性对于学生活动根据的偶然性或具体性的影响指向；三是，从师生双方活动根据的影响结果看，现行教育根据论，能够把握到教师活动根据的规律性或一般性对于学生活动根据的偶然性或具体性的影响或改造。总之，现行教育根据论，从规律对偶然的制约性，切到对学校教育根据的理解，能够把握到的内容，也就

是，教师活动根据的规律性或一般性对于学生活动根据的偶然性或具体性的影响或改造。

2. 现行教育根据论的根据

现行教育根据论，从规律对偶然的制约性，切到对学校教育活动根据的理解，所把握到的基本内容，是有根据的吗？一是，从师生双方活动根据的属性看，现行教育根据论，能够把握到教师活动根据的规律性或一般性，也能够把握到学生活动根据的偶然性或具体性。从学校教育活动的属性看，学校教育是教师与学生共同参与的一种社会活动；而社会活动，当然需要一定的连续性或稳定性或规律性，而不可能是师生双方的任意性或偶然性活动。基于学校教育活动的这种连续性或稳定性的需要，教师要对学生进行教育，就必须按照社会与人的身心发展过程中所表现出来的重复性或规律性的内容而展开，这当然是有根据的。二是，从师生双方活动根据的影响指向看，现行教育根据论，能够把握到教师活动根据的规律性或一般性对于学生活动根据的偶然性或具体性的影响指向。从学校教育活动最基本的传承功能看，教师要把社会在发展过程中所积累起来的关于生产与生活的经验传授给学生，就必须将自身活动的根据指向学生，这也是有根据的。三是，从师生双方活动根据的影响结果看，现行教育根据论，能够把握到教师活动根据的规律性或一般性对于学生活动根据的偶然性或具体性的影响或改造。从学校教育活动的结果看，既然教师按照社会与人的发展规律对学生进行了教育，那么，学生活动根据的偶然性或具体性就必然会受到影响或改造，这也是有根据的。总之，现行教育根据论，从规律对偶然的制约性，切到对学校教育活动根据的理解，所把握到的基本内容，从教师对于学生的教育而言，都是有根据的，因而就是合理的。

3. 现行教育根据论的积极功能

现行教育根据论，从规律对偶然的制约性，切到对学校教育活动根据的理解，所把握到的基本内容，对于实际的学校教育活动，都具有积极的功能或价值。一是，从师生双方活动根据的属性看，现行教育根据论，能够把握到教师活动根据的规律性，也能够把握到学生活动根据的偶然性。这能够为教师的教育活动提供可靠的或合理的基础，也能够为学生接受教师的教育提供可靠的或合理的基础。二是，从师生双方活动根据的影响指向看，现行教育根据论，能够把握到教师活动根据的规律性对学生活动根据的偶然性的影响指向。这能够支持教师根据社会与人的发展规律展开对学生的教育，也能够支持学生接受教师的这种有根据的教育。三是，从师生双方活动根据的影响结果看，现行教育根据论，能够把握到教师活动根据的规律性对学生活动根据的偶然性的影响或改造。这能够支持教师更好地接受或承认根据社会与人的发展规律对学生的影响或改造，也能够支持学生接受这一影响或改造。总之，现行教育根据论，从规律对偶然的制约性，切到对学校教育活动根据的理解，所把握到的基本内容，从教师对学生的教育来看，都具有积极的作用或价值。

三、现行教育根据论的偏差、根源及其消极功能

1. 现行教育根据论的偏差

现行教育根据论，从规律对偶然的制约性，切到对学校教育活动根据的理解，在有所见或有所把握的同时，却又遗漏或遮蔽了哪些内容呢？一是，从师生双方活动根据的属性看，现行教育根据论，在把握到教师活动根据的规律性与学生活动根据的偶然性的同时，却遮蔽了教师活动根据的偶然性与学生活动根据的规律性，更遮蔽了师生双方的规律性与偶然性之间的对应关系。二是，从师生双方活动根据的影响指向看，现行教育根据论，在把握到教师活动根据的规律性对学生活动根据的偶然性的影响指向的同时，却遮蔽了学生活动根据的规律性与偶然性对教师活动根据的影响指向，更遮蔽了师生双方双向度的影响指向之间的对应关系。三是，从师生双方活动根据的影响结果看，现行教育根据论，在把握到教师活动根据的规律性对学生活动根据的偶然性的影响结果的同时，却遮蔽了学生活动根据的规律性与偶然性对教师活动根据的影响结果，更遮蔽了师生双方之间两种影响结果的对应关系。总之，现行教育根据论，从规律对偶然的制约性，切到对学校教育活动根据的理解，在把握到教师活动根据的规律性对学生活动根据的偶然性的影响的同时，却遮蔽了学生活动根据的规律性与偶然性对教师活动根据的影响，更遮蔽了师生双方规律性与偶然性之间的对应影响。

2. 现行教育根据论的根源

从思维运作看，现行教育根据论，之所以存在上述偏差，就是其主观抽象思维的泛化导致的。一是，从师生双方活动根据的属性看，在实际的学校教育活动中，教师对学生活动根据的任何规律性，都只能存在并表现于师生活动的偶然性或具体性之中，同样地，学生对教师活动根据的任何规律性，也都只能存在并表现于师生活动的偶然性或具体性之中。这清楚地表明，在实际的学校教育活动中，师生双方活动根据的规律性与偶然性都是相互对应的属性。然而，现行教育根据论，却在其主观思维中，片面地抽取出教师对学生活动根据的规律性与学生活动根据的偶然性，并以偏概全地泛指师生双方活动根据的对应性。由此，便遮蔽了教师活动根据的偶然性与学生活动根据的规律性，还遮蔽了师

生双方活动根据的规律性与偶然性的对应属性。二是，从师生双方活动根据的影响指向看，在实际的学校教育活动中，教师根据规律性或偶然性对学生的任何影响指向，都必然会引起学生规律性或偶然性的反应并反作用于教师。这清楚地表明，在实际的学校教育活动中，师生双方活动根据的影响指向，都是双向度的对应存在。然而，现行教育根据论，却在其主观思维中，片面地抽取出教师活动根据对学生的影响指向，并以偏概全地泛指师生双方在教育活动中所产生的对应影响指向。由此，便遮蔽了学生活动根据对教师的影响指向，也遮蔽了师生双方活动根据之间相互对应的影响指向。三是，从师生双方活动根据的影响结果看，在实际的学校教育活动中，教师根据规律性或偶然性对学生的任何影响指向，都必然会对学生产生影响结果，而这一影响结果，又必然会反过来对教师产生影响结果。这清楚地表明，在实际的学校教育活动中，师生双方活动根据之间的影响结果，都是相互对应的影响结果。然而，现行教育根据论，却在其主观思维中，片面地抽取出教师活动根据对学生的影响结果，并以偏概全地泛指师生双方在教育活动中所产生的对应的影响结果。由此，便遮蔽了学生活动根据对教师的影响结果，也遮蔽了师生双方活动根据之间对应的影响结果。

3. 现行教育根据论的消极功能

现行教育根据论，从规律对偶然的制约性，切到对学校教育活动根据的理解，在有所把握的同时，却又存在偏差。这些认识或思维中的偏差，对实际的学校教育活动，会产生哪些消极影响呢？

一是，从师生双方活动根据的属性看，现行教育根据论，在把握到教师活动根据的规律性与学生活动根据的偶然性的同时，却遮蔽了教师活动根据的偶然性与学生活动根据的规律性，更遮蔽了师生双方活动根据的规律性与偶然性之间的对应关系。由此，便直接导致了两个方面的不足性。从教师方面看，教师仅仅把握到自己活动根据的规律性与学生活动根据的偶然性，便必然会产生对自己活动合理性与学生活动不合理性的片面把握而难以产生对师生双方活动的合理性与不合理性的对应关注；从学生方面看，学生仅仅把握到自己活动根据的偶然性与教师活动根据的规律性，便必然会产生对自己活动不合理性与教师活动合理性的片面把握而难以产生对师生双方活动的合理性与不合理性的对应关注。

二是，从师生双方活动根据的影响指向看，现行教育根据论，在把握到教师活动根据对学生的影响指向的同时，却遮蔽了学生活动根据对教师的影响指向，更遮蔽了师生双方活动根据的影响指向之间的对应关系。由此，便直接导致了两个方面的不足性。从教师方面看，教师仅仅把握到自己活动根据对学生的影响指向，便必然会产生对这种单方影响指向的肯定而难以产生对师生双方影响指向的对应关注；从学生方面看，学生仅仅把握到教师活动根据对自己的影响指向，便必然会产生对这种单方影响指向的接受而难以产生对师生双方影响指向的对应关注。

三是，从师生双方活动根据的影响结果看，现行教育根据论，在把握到教师活动根据对学生活动根据的影响或改造的同时，却遮蔽了学生活动根据对教师活动根据的影响或改造，更遮蔽了师生双方活动根据之间的对应影响或改造。由此，便直接导致了两个方面的不足性。从教师方面看，教师仅仅把握到自己活动根据对学生活动根据的影响结果而没能把握到学生活动根据对自己活动根据的影响结果，便必然会产生对学生的单方面影响结果的认可或接受而难以产生对师生双方影响结果的对应接受；从学生方面看，学生仅仅把握到教师单方面的影响结果而没能把握到自己对教师的影响结果，便必然会产生对教师单方面影响结果的接受而难以产生对师生双方影响结果的对应接受。

总之，现行教育根据论，从规律对偶然的制约性，切到对学校教育活动根据的理解，从师生双方活动根据之间内在的对应关系来看，确实存在严重的简单性偏差并因此而必须受到合理的反思与改造。

四、本节小结

综上所述，我们看到，现行教育根据论，从规律对偶然的制约性，切到对学校教育活动根据的理解，虽然能够把握到教师活动根据的规律性与学生活动根据的偶然性，也能够把握到这种单方面根据的合理性并对学校的简单教育活动产生积极的作用，但是，却遮蔽了师生双方活动根据的规律性与偶然性之间的对应性以及两者之间的对应影响或改造。从思维运作看，现行教育根据论的偏差，是由其主观思维的抽象泛化所导致的。从实际看，这种抽象泛化的思维或认识，对学校的对应教育活动存在多方面的消极作用。因此，现行教育根据论，就必然也必须被合理地反思与改造。

五、本节提示

在本节最后，需要做两点提示。一是，探寻现行教育根据论的思维活动切入点的根据，就是现行教育根据论的内容，或者说，我们是通过现行教育根据论的基本内容而探寻到其思维活动的切入点的。二是，对现行教育根据论的思维活动切入点的遮蔽性分析，不是我们简单的主观分析，而是根据现行教育根据论所包含的主观思维活动切入点的所见与所不见而展开的——要特别注意，现行教育根据论所包含的简单静态的主观思维，必然会遮蔽与其对应的动态的客观事实。

附言：

1. 教师根据规律性而开始的教育活动，其实，都必然是规律性与偶然性对应的教育活动。

2. 不管是规律，还是偶然，都只能在对应中才能相互彰显。

3. 仅仅把握到社会与人的发展规律的现行教育根据论，必然是合理性泛化的简单教育论，此种理论，很难避免固执、僵硬与封闭的劣质。

4. 社会与人的发展的重复性与变异性的对应，正是构成传承与创新的对应教育的可靠实证。

5. 仅仅知道规律性而不知道偶然性的人，其实，也就是简单的人。

6. 社会与人的发展的规律性，奠定了常规教育的基础；而社会与人的发展的偶然性，则构成变通的教育的前提——正如规律性对应着偶然性一样，常规的教育也对应着变通的教育。

第二节　对现行简单教育根据论的对应改造

切问：

1. 从动态的教育活动的事实看，现行教育根据论所包含的"规律对偶然的制约性"，其实都是"规律与偶然的对应制约性"吗？

2. 师生双方活动根据的规律性与偶然性，都只能是相互对应的存在属性吗？

3. 教师根据规律性与偶然性对学生的影响指向，都必然会引起学生的回应吗？而学生的这种回应，又必然会引起教师的反应吗？

4. 师生双方活动根据的规律性与偶然性之间的影响结果，都只能是双方对应的影响结果吗？

5. 在学校教育活动中，师生双方活动根据的规律性与偶然性，都不是抽象泛化的属性，而是具有边界对应关系的具体属性吗？我们需要从抽象泛化的思维，转换到具体的边界思维或对应思维吗？

6. 教师仅仅根据社会与人的发展规律而进行的教育，必然会成为机械重复性的简单教育吗？教师根据社会与人的发展规律与偶然而进行的教育，才可能成为具有内在张力的对应教育吗？

一、对现行教育根据论所包含的泛化思维的对应改造

上一节我们谈到，现行教育根据论，之所以存在偏差，是因为在其思维运作中存在抽象泛化的不足。因此，要改造现行教育根据论，就必须改造其抽象泛化的主观思维。如何改造这种思维呢？这首先就需要摆脱现行教育根据论所包含的简单主观思维，而转向对教育活动事实或过程的关注——由主观思维，转向事实思维。其次，还需要走出教育研究者简单泛化的抽象思维，而转向对教育活动的客观与主观对应的边界思维——由简单的泛化思维，转向对应的边界思维。

二、对现行教育根据论所包含的思维切入点的对应改造

现行教育根据论，从规律对偶然的制约性开始，切到对学校教育活动根据的理解，这一切入点本身并不存在问题。现行教育根据论的问题在于：首先，从规律对偶然的制约性开始，切到对学校教育活动根据的理解；其次，却并没有对这一动态影响的过程做出对应的考察，而是仅仅停留在规律对偶然的制约性这里，并将教育活动的根据抽象为社会与人发展的单方面的规律。

学校教育活动的动态过程，又是怎样的呢？征之于实际，我们看到，在学校教育中，所谓社会与人的发展规律，都只能存在或表现于社会与人的发展的具体或偶然的过程之中，具体地看，学校教育中的社会与人的发展规律，都只能存在或表现于师生双方的具体或偶然的教育活动之中。如果脱离开师生双方具体或偶然的教育活动，那么，所谓社会与人的发展规律，就只能是人的主观思维中抽象泛化的产物。从学校教育活动的动态过程中，我们不难发现，现行教育根据论所包含的"规律对偶然的制约性"的切入点，其实，只能是"规律与偶然的对应制约性"的切入点。由此，我们就将现行教育根据论的"规律对偶然的制约性"的切入点，改造为"规律与偶然对应制约性"的切入点。

三、对现行教育根据论所包含的具体内容的对应改造

对应教育根据论，从师生双方规律与偶然的对应制约性，切到对学校教育活动根据的理解，能够对现行的简单教育根据论，做出哪些方面的改造呢？下面，分而论之。

第一，从师生双方活动根据的属性看，对应教育根据论，既能把握到教师活动根据的规律性与偶然性，又能把握到学生活动根据的规律性与偶然性，还

能把握到师生双方活动根据的规律性与偶然性的对应性，这是不同于现行简单教育根据论所把握到的教师活动根据的片面规律性与学生活动根据的片面偶然性的。这里的道理是：在学校教育的实际过程中，师生双方活动的规律性，只能存在或表现于师生双方活动的具体或偶然过程之中，而师生双方活动的具体性或偶然性，也必然包含内在的同一性或规律性。这清楚地表明，在学校教育活动的实际中，师生双方活动的规律性与偶然性，都必然是对应的规定性，而不可能是现行简单教育根据论所把握到的教师活动根据的规律性与学生活动根据的偶然性——这种片面的规律性或偶然性只能是抽象泛化的形而上学的规律性或偶然性。

第二，从师生双方活动根据的影响指向看，对应教育根据论，既能把握到教师活动根据的规律性与偶然性对于学生的影响指向，又能把握到学生活动根据的规律性与偶然性对于教师的影响指向，还能把握到师生双方活动根据的规律性与偶然性的对应影响指向，这是不同于现行简单教育根据论所把握到的教师活动根据的规律性对于学生活动根据的偶然性的单向度影响指向的。这里的道理是：在学校教育的实际过程中，教师根据规律性与偶然性对于学生的影响指向，都必然会引起学生的反应，而这种反应，又必然会引起教师的反应。这清楚地表明，在学校教育活动的实际中，教师根据规律性与偶然性对于学生的影响指向，都必然是师生双方双向度的对应影响指向，而不可能是现行简单教育根据论所把握到的教师活动根据的规律性对于学生活动根据的偶然性的单一影响指向——这种单向度的影响指向也只能是抽象泛化的形而上学的影响指向。

第三，从师生双方活动根据的影响结果看，对应教育根据论，既能把握到教师活动根据的规律性与偶然性对于学生的影响结果，又能把握到学生活动根据的规律性与偶然性对于教师的影响结果，还能把握到师生双方活动根据的规律性与偶然性的对应影响结果，这是不同于现行简单教育根据论所把握到的教师活动根据的规律性对于学生活动根据的偶然性的单方面的影响结果的。这里的道理是：在学校教育的实际过程中，教师根据规律性与偶然性对于学生的任何影响，必然会对学生产生影响结果，而这种影响结果，又必然会对教师产生影响结果。这清楚地表明，在学校教育活动的实际中，教师根据规律性与偶然性对于学生的影响，必然会产生对于师生双方的对应影响结果，而不可能是现行简单教育根据论所把握到的教师活动规律性对于学生活动偶然性的单方面影响结果——这种单方面的影响结果也只能是抽象泛化的形而上学的影响结果。

四、对应教育根据论的积极功能

对应教育根据论，从师生双方规律与偶然的对应制约性，切到对学校教育活动根据的理解，能够对实际的学校教育活动，产生哪些方面的积极影响呢？下面，分而论之。

第一，从师生双方活动根据的属性看，对应教育根据论，能够对实际的学校教育活动产生如下三方面的积极影响：一方面是，对应教育根据论，能够把握到教师活动根据的规律性与偶然性。因此，不仅能够支持教师根据以规律性为基础的教育常规开展教育活动，而且也能够支持教师根据以偶然性为基础的教育机智调整教育活动。另一方面是，对应教育根据论，能够把握到学生活动根据的规律性与偶然性。因此，不仅能够支持学生根据以规律性为基础的教育常规开展学习活动，而且也能够支持学生根据以偶然性为基础的教育机智调整学习活动。最后一个方面是，对应教育根据论，既能把握到教师活动根据的规律性与偶然性，又能把握到学生活动根据的规律性与偶然性。因此，能够支持师生双方构建出以规律性与偶然性的对应影响为基础的对等影响关系。鉴于现行简单教育根据论的遮蔽或偏差，我们愿意特别强调如下三点：第一点是，关注教师活动根据的偶然性。这里的关键是要走出人们熟悉的现行教育理论的偏差，那就是认为教师的活动是根据社会与人的发展规律的观点——那当然是简单抽象思维泛化的后果。在对应思维看来，教师活动的根据，必然是规律性与偶然性对应的根据，所以，就不仅要关注教师活动的规律性，而且要关注教师活动的偶然性。第二点是，关注学生活动根据的规律性。这里的关键也是要走出人们熟悉的现行教育理论的偏差，那就是认为学生活动是个体性或偶然性活动的观点——那当然是简单抽象思维泛化的后果。在对应思维看来，学生活动的根据，正如教师活动的根据一样，必然是规律性与偶然性对应的根据，所以，就不仅要关注学生活动根据的偶然性，而且要关注学生活动根据的规律性。第三点是，关注师生双方在根据的属性维度上对等定位的教育关系，即三线定位的教育关系。既然师生双方活动的根据都具有规律性与偶然性的对应属性，那么，师生双方就要关注在双方规律性与偶然性的一致性与不一致性前提下的三线定位关系。这种三线定位关系的基本内容是：关注理想性的上线，即师生双方在活动根据的规律性与偶然性的一致性前提下，走向对等的教育，以实现双方活动根据的互补性变化或发展；关注现实性的中线，即师生双方在活动根据的规律性与偶然性的不一致性前提下，走向对话或讨论，以实现双方活动根据的生成性变化或发展；关注禁止性的底线，即师生双方在活动根据的规律性与偶然性的不一致性前提下，都不能破坏或割裂对应的教育关系。我们认为，在师生双方活动根据的属性维度上，经由三线定位的教育，就可以构建出师生双方以各自规律性与偶然性的对应为基础的涉及理想、现实与戒律的对等教育关系。由此，也可以规避由教师活动规律性与学生活动偶然性所必然导致的简单的不对等教育关系。

第二，从师生双方活动根据的影响指向看，对应教育根据论，能够对实际的学校教育活动产生如下三方面的积极影响：一方面是，对应教育根据论，能够把握到教师活动根据的规律性与偶然性对于学生活动根据的影响指向。因此，能够支持教师活动根据对于学生的影响。另一方面是，对应教育根据论，能够把握到学生活动根据的规律性与偶然性对于教师活动根据的影响指向。因此，能够支持学生活动根据对于教师的影响。最后一个方面是，对应教育根据论，既能把握到教师活动根据对于学生的影响指向，又能把握到学生活动根据对于教师的影响指向。因此，能够支持师生双方建构出以各自活动根据的规律性与偶然性影响指向的对应为基础的双向度对等影响关系。鉴于现行简单教育根据论的遮蔽或偏差，我们愿意特别强调如下三点：第一点是，关注教师对学生以偶然性为基础的影响指向。这里的关键是要走出人们熟悉的现行教育理论的偏差，那就是认为教师对学生的影响指向是以社会与人的发展规律为基础的影响指向的观点——那当然是简单抽象思维泛化的后果。在对应思维看来，教师对学生的影响指向，必然是以规律性与偶然性的对应为基础的影响指向，所以，就不仅要关注教师对学生以规律性为基础的影响指向，而且要关注教师对学生以偶然性为基础的影响指向。第二点是，关注学生对教师以规律性与偶然性为基础的影响指向。这里的关键也是要走出人们熟悉的现行教育理论的偏差，那就是认为学校教育指向是教师对学生的影响指向观点——那当然是简单抽象思维泛化的后果。在对应思维看来，教师对学生的影响指向，必然是师生双方对应的影响指向；所以，就不仅要关注教师对学生以规律性与偶然性为基础的影响指向，而且要关注学生对教师以规律性与偶然性为基础的影响指向。第三点是，关注师生双方在影响指向维度上对等定位的教育关系，即三线定位的教育关系。既然师生双方都具有以规律性与偶然性为基础的影响指向，那么，师生双方就要关注在规律性与偶然性影响指向一致性与不一致性前提下的三线定位关系。这种三线定位关系的基本内容是：关注理想性的上线，即师生双方在规律性与偶然性影响指向的一致性前提下，走向对等的教育，以实现双方影响指向的互补性变化或发展；关注现实性的中线，即师生双方在规律性与偶然性影响指向的不一致性前提下，走向对话或讨论，以实现双方影响指向的生成性变化或发展；关注禁止性的底线，即师生双方在规律性与偶然性影响指向的不一致性前提下，都不能破坏或割裂对应的教育关系。我们认为，在师生双方的影响指向维度上，经由三线定位的教育，就可以构建出师生双方以各自的规律性与偶然性影响指向的对应为基础的涉及理想、现实与戒律的对等教育关系。由此，也可以规避由教师对学生的片面影响指向所必然导致的简单的不对等教育关系。

　　第三，从师生双方活动根据的影响结果看，对应教育根据论，能够对实际的学校教育活动产生如下三方面的积极影响：一方面是，对应教育根据论，能够把握到教师根据规律性与偶然性对学生的影响结果。因此，不仅能够支持教师对学生在以规律性为基础的教育常规下的教育价值，而且也能够支持教师对学生在以偶然性为基础的教育机智下的教育价值。另一方面是，对应教育根据论，能够把握到学生根据规律性与偶然性对教师的影响结果。因此，不仅能够支持学生对教师在以规律性为基础的教育常规下的教育价值，而且也能够支持学生对教师在以偶然性为基础的教育机智下的教育价值。最后一个方面是，对应教育根据论，既能把握到教师根据规律性与偶然性对学生的影响结果，又能把握到学生根据规律性与偶然性对教师的影响结果。因此，能够支持师生双方建构出以各自规律性与偶然性影响结果的对应为基础的对等影响关系。鉴于现行简单教育根据论的遮蔽或偏差，我们愿意特别强调如下三点：第一点是，关注教师根据偶然性对学生的影响结果。这里的关键是要走出人们熟悉的现行教育理论的偏差，那就是认为教师对学生的影响结果是教师根据规律性对学生的影响结果的观点——那当然是简单抽象思维泛化的后果。在对应思维看来，教师对学生的影响结果，必然是根据规律性与偶然性对学生影响的结果，所以，就不仅要关注教师根据规律性对学生的影响结果，而且要关注教师根据偶然性对学生的影响结果。第二点是，关注学生根据规律性与偶然性对教师的影响结果。这里的关键也是要走出人们熟悉的现行教育理论的偏差，那就是认为学校教育的结果是教师对学生影响结果的观点——那当然是简单抽象思维泛化的后果。在对应思维看来，教师对学生的影响结果，必然是师生双方的对应影响结果，所以，就不仅要关注教师根据规律性与偶然性对学生的影响结果，而且要关注学生根据规律性与偶然性对教师的影响结果。第三点是，关注师生双方在影响结果维度上对等定位的教育关系，即三线定位的教育关系。既然师生双方都具有以规律性与偶然性为基础的对应影响结果，那么，师生双方就要关注在规律性与偶然性影响结果一致性与不一致性前提下的三线定位关系。这种三线定位关系的基本内容是：关注理想性的上线，即师生双方在规律性与偶然性的对应影响结果的一致性前提下，走向对等的教育，以实现双方活动根据的互补性变化或发展；关注现实性的中线，即师生双方在规律性与偶然性影响结果的不一致性前提下，走向对话或讨论，以实现双方活动根据的生成性变化或发展；关注禁止性的底线，即师生双方在规律性与偶然性影响结果的不一致性前提下，都不能破坏或割裂对应的教育关系。我们认为，在师生双方的影响结果维度上，经由三线定位的教育，就可以构建出师生双方以各自的规律性与偶然性的对应影响结果为基础的涉及理想、现实与戒律的对等教育关系。由此，也可以规避由教师对学生的单方面影响结果所必然导致的简单的不对等教育关系。

五、本节小结

综上所述，我们对现行简单教育根据论的改造，涉及三层基本内容：一是，首先，由现行简单教育根据论所包含的主观思维路线，转换到事实思维路线；其次，在事实思维路线基础上，将现行简单教育根据论所包含的单一主观泛化的思维路线，改造为主观与客观的对应思维路线。二是，在对应思维路线上，将现行简单教育根据论所包含的认识师生双方活动根据的"规律对偶然的制约性"的思维切入点，改造为"规律与偶然的对应制约性"的思维切入点。三是，在"规律与偶然的对应制约性"视野中，分别对师生双方活动根据的属性、指向与结果这些基本教育关系，做出了对应的考察。最后，我们分别考察了对应教育根据论，在师生双方活动根据的属性、指向与结果这些基本维度上，对实际的学校教育活动所产生的积极影响，以推动人们从现行的简单教育根据论，转换到对应的教育根据论。

为了更简明地把握两种教育根据论的不同，我们不妨将其中所包含的不同思维路线，做出如下比较：

简单教育根据论的单线定位路线——教育活动的根据，就是教育者根据的规律性与受教育者根据的偶然性以及前者对后者的影响或改造关系——这里需要特别注意，简单教育根据论，仅仅是对教育者单一主观性这一条思维路线的反映。

对应教育根据论的三线定位路线——教育活动的根据，就是教育者与受教育者双方根据的规律性与偶然性的对应影响或改造关系，它包含双方规律性与偶然性影响的理想的上线、现实的中线以及戒律的底线——这里需要特别注意，对应教育根据论，是对教育者与受教育者双方规律性与偶然性对应影响的理想、现实与戒律三条思维路线的反映。

六、本节提示

在本节最后，需要做两点提示：一是，由"规律对偶然的制约性"这一思维活动切入点，到"规律与偶然的对应制约性"思维活动切入点的过渡环节，就是由对教育活动根据的主观抽象思维，转向对教育活动根据的客观与主观的对应思维。二是，由"教师根据规律性对学生的教育或影响"这一思维活动切入点，到"师生双方根据规律性与偶然性的对应教育或影响"思维活动切入点的过渡环节，就是由对师生活动根据的主观抽象思维，转向对师生活动根据的客观与主观的对应思维。

附言：

1. 教师根据规律性而对学生开始的教育活动，其实都是师生双方规律性与偶然性对应的教育活动。

2. 对师生双方活动规律性与偶然性的认识，都应该是对应的边界认识，而不能是抽象泛化的认识。

3. 现行教育根据论，仅仅把握到教育活动根据的规律性而没能把握到教育活动根据的偶然性——其实质就是典型的形而上学的偏论。

4. 师生双方活动规律性与偶然性的不一致性所生成的张力，正是推动师生双方走向反思性教育或教学的最根本的动力。

5. 仅仅明白人的行为或活动的规律性而不能同时明白人的行为或活动的偶然性的人，其实，也就是简单的人。

6. 教师根据规律性而对学生进行教育的现行教育理论，正反映出人们在简单生活中的简单教育的内在机制；而师生双方根据规律性与偶然性而进行的对应教育理论，则体现出人们在对应生活中的对应教育的内在机理。

第四章

对现行简单教育目的论的遮蔽性分析与对应改造

第一节　对现行简单教育目的论的遮蔽性分析

切问：

1. 现行教育理论，将教育理解为一方对另一方的有目的的活动，其思维活动的切入点在哪里？我们如何才能探索到其思维活动的切入点？

2. 现行教育目的论，从自己理解教育目的的切入点上，能够把握到教育目的哪些方面的内容呢？

3. 现行教育目的论的根据是什么？这种目的论，对实际的教育活动会产生哪些积极作用？

4. 现行教育目的论，从自己理解教育目的的切入点上，在对教育目的有所把握的同时，却又遮蔽了哪些内容呢？

5. 在思维运行中，现行教育目的论，存在遮蔽的根源在哪里？

6. 现行教育目的论，对实际的教育活动会产生怎样的消极作用？

一、现行教育目的论的内容、属性及其思维活动的切入点

1. 现行教育目的论的内容

现行教育理论，主要是关于学校教育的理论，而关于学校教育的理论，则集中表现在关于学校教育的概念之中。关于学校教育的概念，在《当代教育学》中写道："学校教育则是教育者根据一定社会的要求，有目的、有计划、有组织地对受教育者的身心施加影响，期望他们发生某种变化的活动。"① 从这种理解中，我们很容易看到，现行教育理论，将学校教育的目的理解为"一定社会的要求"，或者说，学校教育的目的，也就是教育者所代表的具有社会性的目的——这也就是现行的教育目的论。

---

① 袁振国，当代教育学 ［M］. 北京：教育科学出版社，2010：4.

2. 现行教育目的论的属性

现行教育目的论，具有怎样的性质呢？

按照现行教育目的论的理解，学校教育的目的，就是教育者所代表的具有社会性的目的。学校教育活动的实际，果真是这样的吗？在学校教育活动中，难道只有社会目的，而没有教育者与受教育者的个体目的吗？社会目的的来源，难道不是包含师生在内的人的个体目的吗？社会目的与个体目的，难道只有一致性而没有不一致性吗？难道只有社会目的对个体目的的影响而没有个体目的对社会目的的影响吗？从上面的引文中，我们看到，现行教育目的论，根本无视学校教育实际中这些客观存在的对应性问题，而仅仅将学校教育活动的目的规定为教育者所代表的具有社会性的目的。由此，我们就可以有根据地说，现行教育目的论的属性，就是片面性或简单性。

3. 现行教育目的论的思维活动的切入点

现行教育目的论，既然将学校教育的目的理解为教育者所代表的具有社会性的目的，那么，我们就可以据此逆向推论出现行教育目的论的思维活动的起点或切入点，那就是"社会要求对个体要求的制约性"，简言之，也就是"社会对个人的制约性"。正向地表达，现行教育理论，从社会对个人的制约性，切入对学校教育目的的理解。由此，才将学校教育的目的规定为教育者所代表的具有社会性的目的。

二、现行教育目的论的所见、根据及其积极功能

1. 现行教育目的论的所见

现行教育目的论，从社会对个人的制约性，切到对学校教育目的的理解，能够把握到学校教育目的哪些方面的内容呢？一是，从师生双方教育目的的属性看，现行教育目的论，能够把握到教师所代表的教育目的的社会性。套用上面引文中的话说，那也就是"一定社会的要求"。二是，从师生双方教育目的的影响指向看，现行教育目的论，能够把握到社会目的对学生的影响指向。套用上面引文中的话说，那也就是教师有计划、有组织地对学生的身心"施加影响"。三是，从师生双方教育目的的影响结果看，现行教育目的论，能够把握到社会目的对学生的影响结果。套用上面引文中的话说，那也就是教师期望学生"发生某种变化"。总之，现行教育目的论，从社会对个人的制约性，切到对学校教育目的的理解，能够把握到的基本内容，也就是：教师所代表的社会目的对学生的影响或改造。

2. 现行教育目的论的根据

现行教育目的论，从社会对个人的制约性，切到对学校教育目的的理解，所把握到的基本内容，是有根据的吗？一是，从师生双方教育目的的属性看，按照现行教育理论的理解，教师就是代表社会目的而对学生进行教育的。就此而论，现行教育目的论所把握到的教师所代表的教育目的的社会性，就是有根据的。二是，从师生双方教育目的的影响指向看，教师要对学生进行有目的的影响，就必然会将自身的目的指向学生，这也是有根据的。三是，从师生双方教育目的的影响结果看，既然教师代表社会对学生进行了有目的的预设，既然教师将自身的影响指向了学生，那么，学生就必然会受到教师的影响而发生变化或发展，这也是有根据的。总之，现行教育目的论，从社会对个人的制约性，切到对学校教育目的的理解，所把握到的基本内容，从教师对于学生的教育来看，都是有根据的，因而也就是合理性。

3. 现行教育目的论的积极功能

现行教育目的论，从社会对个人的制约性，切到对学校教育目的的理解，所把握到的基本内容，对于实际的学校教育活动，都具有积极的功能或价值。一是，从师生双方教育目的的属性看，现行教育目的论，能够把握到教师所代表的教育目的的社会性。这能够支持教师按照社会要求展开对学生的教育，也能够支持学生按照社会要求接受教师的教育。二是，从师生双方教育目的的影响指向看，现行教育目的论，能够把握到教师对学生有计划、有组织的影响指向。这能够支持教师对学生的影响，也能够支持学生接受教师的影响。三是，从师生双方教育目的的影响结果看，现行教育目的论，能够把握到教师所代表的社会目的对于学生的影响结果。这能够支持教师对学生的影响结果，也能够支持学生接受教师的影响结果。总之，现行教育目的论，从社会对个人的制约性，切入对学校教育目的的理解，所把握到的基本内容，从教师方面来看，都具有积极的价值或作用。

三、现行教育目的论的偏差、根源及其消极功能

1. 现行教育目的论的偏差

现行教育目的论，从社会对个人的制约性，切到对学校教育目的的理解，在有所见或有所把握的同时，却又遗漏或遮蔽了哪些内容呢？一是，从师生双方教育目的的属性看，现行教育目的论，在把握到教师所代表的教育目的社会性的同时，却遮蔽了师生双方教育目的的个体性，更遮蔽了社会性与个体性之间的对应关系。二是，从师生双方教育目的的影响指向看，现行教育目的论，在把握到社会目的对于或指向学生个体目的的同时，却遮蔽了师生双方个体目的对于社会目的的影响指向，更遮蔽了两种影响指向之间的对应关系。三是，从师生双方教育目的的影响结果看，现行教育目的论，在把握到社会目的对学生个体目的影响结果的同时，却遮蔽了师生双方的个体目的对社会目的的影响结果，更遮蔽了两种影响结果之间的对应关系。总之，现行教育目的论，从社会对个人的制约性，切到对学校教育目的的理解，在把握到教育目的的社会性的同时，却遮蔽了师生双方的个体目的，更遮蔽了两种目的之间的对应关系。

2. 现行教育目的论的根源

从思维运作看，现行教育目的论，之所以存在上述偏差，就是其主观抽象思维的泛化导致的。一是，从师生双方教育目的属性看，在实际的学校教育活动中，教育目的的社会性，只有通过师生双方教育目的的个体性才能存在并发挥作用；而师生双方教育目的的个体性，也都必然包含具有同一性的社会性。然而，现行教育目的论，却在其主观思维中，片面地抽取出教育目的的社会性，并以偏概全地泛指教育目的内在的对应性。由此，便遮蔽了师生双方教育目的的个体性，也遮蔽了教育目的的社会性与个体性的对应关系。二是，从师生双方教育目的的影响指向看，在实际的学校教育活动中，教师对学生的影响指向，必然会引起学生的反应，而学生的反应，也必然会对教师产生影响指向。然而，现行教育目的论，却在其主观思维中，片面地抽取出教师对学生的影响指向，并以偏概全地泛指师生双方在教育活动中所产生的对应影响指向。由此，便遮蔽了学生对教师的影响指向，也遮蔽了师生双方两种影响指向的对应关系。三是，从师生双方教育目的的影响结果看，在实际的学校教育活动中，教师对学生的任何影响结果，都必然会对教师产生回返性的影响结果。然而，现行教育目的论，却在其主观思维中，片面地抽取出教师对学生的影响结果，并以偏概全地泛指师生双方在教育活动中所产生的对应的影响结果。由此，便遮蔽了学生对教师的影响结果，也遮蔽了师生双方两种影响结果之间的对应关系。

3. 现行教育目的论的消极功能

现行教育目的论，从社会对个人的制约性，切到对学校教育目的的理解，在有所把握的同时，却又存在偏差。这些认识或思维中的偏差，对实际的学校教育活动，会产生哪些消极影响呢？

一是，从师生双方教育目的的属性看，现行教育目的论，在把握到教育目的的社会性的同时，却遮蔽了师生双方教育目的的个体性，更遮蔽了教育目的的社会性与个体性之间的对应关系。由此，便直接导致了两个方面的不足性——从教师方面看，教师仅仅把握到教育目的的社会性而没能把握到教育目的的个体性，便必然会内在地衍生出对社会性的片面强调而难以产生对社会性与个体性的对应关注；从学生方面看，学生仅仅把握到教育目的的社会性而没能把握到教育目的的个体性，也必然会内在地衍生出对社会性的片面接受而难以产生对社会性与个体性的对应关注。

二是，从师生双方教育目的的影响指向看，现行教育目的论，在把握到教师对学生影响指向的同时，却遮蔽了学生对教师的影响指向，更遮蔽了两种影响指向之间的对应关系。由此，便直接导致了两个方面的不足性——从教师方面看，教师仅仅把握到自己对学生的影响指向而没能把握到学生对自己的影响指向，便必然会内在地衍生出对学生片面影响的强调而难以产生对师生双方两种影响指向的对应关注；从学生方面看，学生仅仅把握到教师对自己的影响指向而把握不到自己对教师的影响指向，也必然会内在地衍生出对教师影响指向的片面接受而难以产生对师生双方两种影响指向的对应关注。

三是，从师生双方教育目的的影响结果看，现行教育目的论，在把握到教师对学生影响结果的同时，却遮蔽了学生对教师的影响结果，更遮蔽了两种影响结果之间的对应关系。由此，便直接导致了两个方面的不足性——从教师方面看，教师仅仅把握到自己对学生的影响结果而没能把握到学生对自己的影响结果，便必然会内在地衍生出自己对学生单一影响结果的认可或接受而难以产生对师生双方影响结果的对应接受；从学生方面看，学生仅仅把握到教师对自己的单一影响结果而没能把握到自己对教师的影响结果，也必然会产生对教师单一影响结果的接受而难以产生对师生双方两种影响结果的对应关注。

总之，现行教育目的论，从社会对个人的制约性，切到对学校教育目的的理解，对学校教育活动实际产生的消极作用就是：仅仅把握到教育目的社会性的现行教育目的论，必然会内在地衍生出对教育目的社会性的片面强调而难以产生对教育目的社会性与个体性的对应关注。

四、本节小结

综上所述，我们看到，现行教育目的论，从社会对个人的制约性，切到对学校教育目的的理解，虽然能够把握到教育目的的社会性对学生个体性的影响或改造，也能够把握到这种影响或改造的根据并对实际的简单学校教育活动产生积极的作用，但是，却遮蔽了师生双方教育目的的个体性对社会性的影响或改造。从思维运作看，现行教育目的论的偏差，是由其主观思维的抽象泛化所导致的。从实际看，这种抽象泛化的思维或认识，对师生双方对应的学校教育活动存在多方面的消极作用。因此，现行教育目的论，就必然也必须被合理地反思与改造。

五、本节提示

在本节最后，需要做两点提示：一是，探寻现行教育目的论的思维活动切入点的根据，就是现行教育目的论的内容，或者说，我们是通过现行教育目的论的基本内容而探寻到其思维活动的切入点的。二是，对现行教育目的论的思维活动切入点的遮蔽性分析，不是我们简单的主观分析，而是根据现行教育目的论所包含的主观思维活动切入点的所见与所不见而展开的——要特别注意，现行教育目的论所包含的简单抽象的主观思维，必然会遮蔽与其对应的具体的动态事实。

附言：

1. 学校教育的社会目的，只有通过师生双方的个体目的，才能转化为具有对应教育意义的目的。

2. 现行教育目的论，脱离开师生双方的个体目的而仅仅谈论社会目的——这充分证明了现行教育目的论对师生双方为之个体的轻视、忽视甚至歧视。

3. 只谈社会性而不谈个体性的现行教育目的论，必然会具有武断、固执甚至刚愎自用的劣质。

4. 教育目的的社会性与个体性，是两种具有区分性的属性，两者之间不是所谓的对立统一关系，而是对应差异关系。

5. 仅仅把握到教育目的的社会性，而把握不到个体性的教师，就是具有形而上学思维的教师，这种简单的教师，只可能具有由抽象到抽象的空谈的劣质。

6. 学校教育要关怀的人，一定是具体的个人而不是抽象的人——为此，就必须摆脱只谈抽象社会性而不谈个体性的现行教育目的论。

第二节　对现行简单教育目的论的对应改造

切问：

1. 从动态的教育活动的事实看，现行教育目的论所包含的"社会对个人制约性"的切入点，其实都是"社会与个人对应制约性"的切入点吗？

2. 教育目的的社会性，能够脱离开教育目的的个体性吗？同样地，教育目的的个体性，能够脱离开教育目的的社会性吗？教育目的的社会性与个体性，是孤立的属性，还是对应的属性？

3. 教育目的的社会性对于个体性的影响指向，必然会带来个体性对于社会性的影响指向吗？教育目的的社会性与个体性之间的影响指向，是单一的影响指向，还是对应的影响指向？

4. 教育目的的社会性对于个体性的影响结果，必然会带来个体性对于社会性的影响结果吗？教育目的的社会性与个体性之间的影响结果，是单方面的影响结果，还是对应的影响结果？

5. 在学校教育活动中，教育目的的社会性与个体性，都不是抽象泛化的社会性与个体性，而是具体对应的社会性与个体性吗？我们需要从抽象泛化的思维，转换到具体的对应思维吗？

6. 如果只有教师所代表的社会目的对学生个体目的的制约，那么，教育目的就会成为片面的教育目的吗？片面的教育目的，会塑造出具有片面性的简单人吗？如果存在社会目的与师生双方的个体目的相互制约，那么，教育目的就会成为对应的教育目的吗？对应的教育目的，会涵养出具有对应性的丰富的人吗？

一、对现行教育目的论所包含的泛化思维的对应改造

上一节我们谈到，现行教育目的论，之所以存在偏差，是因为在其思维运作中存在抽象泛化的不足。因此，要改造现行教育目的论，就必须改造其抽象泛化的主观思维。如何改造这种思维呢？这首先就需要摆脱现行教育目的论所包含的简单主观思维，而转向对教育活动事实或过程的关注——由主观思维，转向事实思维。其次，还需要走出教育研究者简单泛化的抽象思维，而转向对教育活动的抽象与具体对应的边界思维——由简单的泛化思维，转向对应的边界思维。

二、对现行教育目的论所包含的思维切入点的对应改造

现行教育目的论，从社会对个人的制约性，切到对学校教育目的的理解；这一切入点本身并不存在问题。现行教育目的论的问题在于：首先，从社会对个人的制约性开始，切到对学校教育目的的理解；其次，却并没有对这一具体影响的过程做出对应的动态考察，而是仅仅停留在社会对个人的制约性这里，并将教育目的抽象为社会的目的。

社会对个人制约的具体或动态的过程，又是怎样的呢？征之于实际，我们看到，在学校教育活动中，社会的要求或目的，只有通过教师或学生的个人目

的，才可能存在并发挥作用；脱离开师生双方的个人目的，所谓的社会目的，就只能是抽象的空洞的存在。同时，师生双方的个体目的，也必然会存在具有一致性或同一性的目的，即社会目的。这清楚地表明，社会对个人的制约性，都只能是社会与个人双方的对应制约性，而不是现行教育目的论所把握到的单方面的社会对人的制约性。由此，我们就将现行教育目的论的"社会对个人的制约性"的切入点，改造为"社会与个人的对应制约性"的切入点。

三、对现行教育目的论所包含的具体内容的对应改造

对应教育目的论，从社会与个人的对应制约性，切到对学校教育目的的理解，能够对现行的教育目的论，做出哪些方面的改造呢？下面，分而论之。

第一，从师生双方教育目的的属性看，对应教育目的论，既能把握到教育目的的社会性，又能把握到教育目的的个体性，还能把握到教育目的社会性与个体性之间的对应关系，这是不同于现行教育目的论所把握到的教育目的的单一社会性的。这里的道理是：在学校教育的实际过程中，社会对教师与学生的要求或目的，只能通过师生双方的个体目的，才可能转化为具体的存在并发挥对师生双方的制约作用。同时，师生双方的个体目的，虽然存在差异性，但也必然会具有教育或教学意义上的一致性目的，即社会目的。这清楚地表明，在学校教育活动的实际中，社会对个人的制约性，都必然是社会与个人的对应制约性，而不可能是现行教育目的论所把握到的社会对个人单方面的制约性——这种单方面的制约性只能是抽象泛化的形而上学的制约性。

第二，从师生双方教育目的的影响指向看，对应教育目的论，既能把握到教师所代表的社会目的对学生的影响指向，又能把握到师生双方的个体目的对社会目的的影响指向，还能把握到两种目的之间对应的影响指向，而不是现行教育目的论所把握到的教师所代表的社会目的对学生的单一影响指向。这里的道理是：在学校教育的实际过程中，教师所代表的社会目的对学生的影响指向，必然会引起学生的反应并产生自己的目的；而学生自己的目的，又必然会引起教师的反应并产生自己的目的。这清楚地表明，在学校教育活动的实际中，教师所代表的社会目的对学生的影响指向，必然是师生双方之间对应的影响指向，而不可能是现行教育目的论所把握到的社会目的对师生双方个体目的的单一影响指向——这种单一的影响指向也只能是抽象泛化的形而上学的影响指向。

第三，从师生双方教育目的的影响结果看，对应教育目的论，既能把握到教师所代表的社会目的对学生个体目的的影响结果，又能把握到师生双方的个体目的对社会目的的影响结果，还能把握到两种影响结果之间的对应关系，这

是不同于现行教育目的论所把握到的社会目的对学生个体目的的单方面影响结果的。这里的道理是：在学校教育的实际过程中，教师所代表的社会目的对学生的影响，必然产生对学生的影响结果；而这种结果，又必然会反过来对教师产生影响结果。这清楚地表明，在学校教育活动的实际中，教师所代表的社会目的对学生个体目的的影响结果，必然是社会目的与师生双方个体目的对应影响结果，而不可能是现行教育目的论所把握到的社会目的对学生个体目的单方面影响结果——这种单方面的影响结果也只能是抽象泛化的形而上学的影响结果。

四、对应教育目的论的积极功能

对应教育目的论，从社会与个人的对应制约性，切到对学校教育目的的理解，能够对实际的学校教育活动，产生哪些方面的积极影响呢？下面，分而论之。

第一，从师生双方教育目的的属性看，对应教育目的论，能够对实际的学校教育活动产生如下三方面的积极影响：一方面是，对应教育目的论，能够把握到教育目的的社会性对师生双方教育目的个体性的制约性。因此，不仅能够支持教师按照社会的合理要求去教育学生，而且也能够支持学生按照社会的合理要求接受教师的教育。另一方面是，对应教育目的论，能够把握到师生双方教育目的的个体性对社会性的制约性。因此，不仅能够支持教师按照合理的个体要求去改造社会要求，而且也能够支持学生按照合理的个体要求去改造社会要求。最后一个方面是，对应教育目的论，既能把握到教育目的的社会性对个体性的制约性，又能够把握到教育目的的个体性对社会性的制约性。因此，能够支持师生双方建构出以社会性与个体性的对应影响为基础的对等关系。鉴于现行教育目的论的遮蔽或偏差，我们愿意特别强调如下三点：第一点是，关注教育目的的社会性对教师教育目的个体性的制约性。这里的关键是要走出人们熟悉的现行教育理论的偏差，那就是认为教育目的的制约性就是社会性制约学生教育目的个体性的观点——那当然是简单抽象思维泛化的后果。在对应思维看来，教育目的的社会性对学生教育目的个体性的制约性，必然会反过来对教师的教育目的产生制约性，所以，就不仅要关注教育目的的社会性对学生教育目的个体性的制约性，而且要关注教育目的的社会性对教师教育目的个体性的制约性。第二点是，关注师生双方教育目的的个体性对教育目的的社会性的制约性。这里的关键也是要走出人们熟悉的现行教育理论的偏差，那就是认为教育目的的社会性具有对学生教育目的个体性的制约性的观点——那当然是简单抽象思维泛化的后果。在对应思维看来，教育目的的社会性对学生教育目的个体性的制约性，必然是教育目的的社会性与师生双方教育目的个体性的对应制约性，所以，就不仅要关注教育目的的社会性对师生双方教育目的个体性的制约性，而且要关注师生双方教育目的的个体性对社会性的制约性。第三点是，在师生双方教育目的的属性维度上，关注教育目的的社会性与个体性之间对等定位的教育关系，即三线定位的教育关系。既然师生双方教育目的的社会性与个体性之间具有对应的影响，那么，师生双方就要关注在社会性与个体性影响一致性与不一致性前提下的三线定位关系。这种三线定位关系的基本内容是：关注理想性的上线，即师生双方在社会性与个体性影响的一致性前提下，走向对等的教育，以实现双方教育目的的互补性变化或发展；关注现实性的中线，即师生双方在社会性与个体性影响的不一致性前提下，走向对话或讨论，以实现双方教育目的的生成性变化或发展；关注禁止性的底线，即师生双方在社会性与个体性影响的不一致性前提下，都不能破坏或割裂对应的教育关系。我们认为，在师生双方教育目的的属性维度上，经由三线定位的教育，就可以构建出师生双方以社会性与个体性的对应影响为基础的涉及理想、现实与戒律的对等教育关系。由此，也可以规避由教育目的社会性对学生教育目的的个体性的片面制约性所必然导致的简单的不对等教育关系。

第二，从师生双方教育目的的影响指向看，对应教育目的论，能够对实际的学校教育活动产生如下三方面的积极影响：一方面是，对应教育目的论，能够把握到教育目的的社会性对师生双方教育目的个体性的影响指向。因此，不仅能够支持教师根据社会的合理要求影响学生，而且也能够支持教师根据社会的合理要求进行自我教育。另一方面是，对应教育目的论，能够把握到师生双方教育目的的个体性对社会性的影响指向。因此，不仅能够支持学生根据个体的合理要求去影响社会的目的，而且也能够支持教师根据个体合理的要求去影响社会目的。最后一个方面是，对应教育目的论，既能把握到教育目的的社会性对师生双方教育目的个体性的影响指向，又能把握到师生双方教育目的的个体性对社会性的影响指向。因此，能够支持师生双方建构出以社会性与个体性的对应影响指向为基础的对等关系。鉴于现行教育目的论的遮蔽或偏差，我们愿意特别强调如下三点：第一点是，关注学生教育目的的个体性对社会性的影响指向。这里的关键是要走出人们熟悉的现行教育理论的偏差，那就是认为教育目的的影响指向就是教育目的的社会性对学生教育目的的个体性的影响指向的观点——那当然是简单抽象思维泛化的后果。在对应思维看来，教育目的社会性对学生教育目的的个体性的影响指向，必然是教育目的社会性与学生教育目的个体性之间对应的影响指向，所以，就不仅要关注教育目的社会性对学生教育目的的个体性的影响指向，而且要关注学生教育目的的个体性对教育目的的社会性的影响指向。第二点是，关注教师教育目的的个体性对社会性的影响指向。这里的关键也是要走出人们熟悉的现行教育理论的偏差，那就是认为教育目的的影响指向就是教育目的社会性对学生教育目的的个体性的影响指向的观点——那当然是简单抽象思维泛化的后果。在对应思维看来，教育目的的社会性对学生教育目的的个体性的影响指向，必然会引起学生的反应，而学生的反应，又必然会引起教师教育目的个体性的对应反应，所以，就不仅要关注学生教育目的的个体性对社会性的影响指向，而且要关注教师教育目的的个体性对社会性的影响指向。第三点是，关注师生双方的教育目的在影响指向维度上对等定位的教育关系，即三线定位的教育关系。既然师生双方都具有社会性与个体性的对应影响指向，那么，师生双方就要关注在社会性与个体性影响指向一致性与不一致性前提下的三线定位关系。这种三线定位关系的基本内容是：关注理想性的上线，即师生双方在社会性与个体性影响指向的一致性前提下，走向对等的教育，以实现双方教育目的的互补性变化或发展；关注现实性的中线，即师生双方在社会性与个体性影响指向的不一致性前提下，走向对话或讨论，以实现双方教育目的的生成性变化或发展；关注禁止性的底线，即师生双方在社会性与个体性影响指向的不一致性前提下，都不能破坏或割裂对应的教育关系。我们认为，在师生双方教育目的的影响指向维度上，经由三线定位的教育，就可以构建出师生双方以社会性与个体性的对应影响指向为基础的涉及理想、现实与戒律的对等关系。由此，也可以规避由教育目的的社会性指向学生教育目的的个体性所必然导致的简单的不对等教育关系。

第三，从师生双方教育目的的影响结果看，对应教育目的论，能够对实际的学校教育活动产生如下三方面的积极影响：一方面是，对应教育目的论，能够把握到教育目的的社会性对师生双方教育目的个体性的影响结果。因此，不仅能够支持教师接受社会的合理要求对学生的影响结果，而且也能够支持教师接受社会的合理要求对自我的影响结果。另一方面是，对应教育目的论，能够把握到师生双方教育目的的个体性对社会性的影响结果。因此，不仅能够支持学生接受个体的合理要求对社会的影响结果，而且也能够支持教师接受个体的合理要求对社会影响结果。最后一个方面是，对应教育目的论，既能把握到教育目的的社会性对师生双方教育目的的个体性的影响结果，又能把握到师生双方教育目的的个体性对社会性的影响结果。因此，能够支持师生双方建构出以社会性与个体性的对应影响结果为基础的对等关系。鉴于现行教育目的论的遮蔽或偏差，我们愿意特别强调如下三点：第一点是，关注学生教育目的的个体性对社会性的影响结果。这里的关键是要走出人们熟悉的现行教育理论的偏差，那就是认为教育目的的影响结果就是教育目的的社会性对学生教育目的个体性的影响结果的观点——那当然是简单抽象思维泛化的后果。在对应思维看来，教育目的社会性对学生教育目的个体性的影响结果，必然是教育目的社会性与学生教育目的个体性之间对应的影响结果，所以，就不仅要关注教育目的的社会性对学生教育目的个体性的影响结果，而且要关注学生教育目的个体性对教育目的社会性的影响结果。第二点是，关注教师教育目的的个体性对社会性的影响结果。这里的关键也是要走出人们熟悉的现行教育理论的偏差，那就是认为教育目的的影响结果就是教育目的的社会性对学生教育目的个体性的影响结果的观点——那当然是简单抽象思维泛化的后果。在对应思维看来，教育目的的社会性对学生教育目的个体性的影响结果，必然会引起学生的反应，而学生的反应，又必然会引起教师教育目的个体性的对应反应，所以，就不仅要关注学生教育目的的个体性对社会性的影响结果，而且要关注教师教育目的的个体性对社会性的影响结果。第三点是，关注师生双方的教育目的在影响结果维度上对等定位的教育关系，即三线定位的教育关系。既然师生双方都具有社会性与个体性的对应影响结果，那么，师生双方就要关注在社会性与个体性影响结果一致性与不一致性前提下的三线定位关系。这种三线定位关系的基本内容是：关注理想性的上线，即师生双方在社会性与个体性影响结果的一致性前提下，走向对等的教育，以实现双方教育目的的互补性变化或发展；关注现实性的中线，即师生双方在社会性与个体性影响结果的不一致性前提下，走向对话或讨论，以实现双方教育目的的生成性变化或发展；关注禁止性的底线，即师生双方在社会性与个体性影响结果的不一致性前提下，都不能破坏或割裂对应的教育关系。我们认为，在师生双方教育目的的影响结果维度上，经由三线定位的教育，就可以构建出师生双方以社会性与个体性的对应影响结果为基础的涉及理想、现实与戒律的对等关系。由此，也可以规避由教育目的的社会性对学生教育目的的个体性的单一影响结果所必然导致的简单的不对等教育关系。

五、本节小结

综上所述，我们对现行教育目的论的改造，涉及三层基本内容：一是，首先，由现行教育目的论所包含的主观思维路线，转换到事实思维路线；其次，在事实思维路线基础上，将现行教育目的论所包含的单一主观泛化的思维路线，改造为主观与客观的对应思维路线。二是，在对应思维路线上，将现行教育目的论所包含的考察教育目的"社会对个人的制约性"的思维切入点，改造为"社会与个人的对应制约性"的思维切入点。三是，在"社会与个人的对应制约性"视野中，分别对师生双方教育目的的属性、影响指向与影响结果这些基本教育关系，做出了对应的考察。最后，我们分别考察了对应教育目的论，在师生双方教育目的的属性、影响指向与影响结果这些基本维度上，对实际的学校教育活动所产生的积极影响，以推动人们从现行的简单教育目的论，转换到对应的教育目的论。

为了更简明地把握两种教育目的论的不同，我们不妨将其中所包含的不同思维路线，做出如下比较：

简单教育目的论的单线定位路线——教育目的，就是教育者所代表的社会对受教育者个体的要求——这里需要特别注意，简单教育目的论，仅仅是对教育目的的社会性这一简单抽象思维路线的反映。

对应教育目的论的三线定位路线——教育目的，就是教育者与受教育者双方教育目的社会性与个体性的对应要求，它包含双方教育目的社会性与个体性对应影响的理想的上线、现实的中线以及戒律的底线——这里需要特别注意，对应教育目的论，是对教育者与受教育者双方教育目的的社会性与个体性对应影响的理想、现实与戒律的三条思维路线的反映。

六、本节提示

在本节最后，需要做两点提示：一是，由"社会对个人的制约性"，到"社会与个人的对应制约性"的过渡环节，就是由对教育活动的抽象泛化思维，转向对教育活动的抽象与具体的对应思维。二是，由"教师所代表的教育目的社会性对学生教育目的个体性的制约性"，到"师生双方教育目的的社会性与个体性的对应制约性"的过渡环节，就是由对师生活动的抽象泛化思维，转向对师生活动的抽象与具体的对应思维。

附言：

1. 从社会对个人约束而开始的教育活动，其实，都是社会与个人对应约束的教育活动。

2. 对教育目的社会性与个体性的考察，都应该是具体的边界考察，而不能是抽象的泛化考察。

3. 仅仅把握到教育目的的社会性而不能把握到个体性的现行教育目的论，必然是社会性泛化的教育理论。此种理论，也就必然是压抑人的个体性的理论。

4. 教育目的社会性与个体性的不一致性所生成的张力，正是推动教育目的理论不断变化与丰富的内在动力。

5. 仅仅把握到教育目的社会性或个体性的人，其实，都是处于形而上学思维状态中的人，即简单人。

6. 教育目的社会性与个体性的一致性关系，是人的预设性教育或目的性教育的内在机制；而教育目的社会性与个体性的不一致性关系，则是人的反思性教育或后果教育的内在机理。

第五章

对现行简单教育形式论的遮蔽性分析与对应改造

第一节　对现行简单教育形式论的遮蔽性分析

切问：

1. 现行教育理论，将学校教育活动的形式理解为有序性的形式，其思维活动的切入点在哪里？我们如何才能探索到其思维活动的切入点？

2. 现行教育形式论，从自己理解教育活动形式的切入点上，能够把握到教育活动形式的哪些方面的内容呢？

3. 现行教育形式论的根据是什么？这种形式论，对实际的教育活动会产生哪些积极作用？

4. 现行教育形式论，从自己理解教育活动形式的切入点上，在对教育活动的形式有所把握的同时，却又遮蔽了哪些内容呢？

5. 在思维运行中，现行教育形式论，存在遮蔽的根源在哪里？

6. 现行教育形式论，对实际的学校教育活动会产生怎样的消极作用？

一、现行教育形式论的内容、属性及其思维活动的切入点

1. 现行教育形式论的内容

现行教育理论，主要是关于学校教育的理论。关于学校教育的概念，在《教育学》中写道："学校教育则是教育者根据一定社会的要求，有目的、有计划、有组织地对受教育者的身心施加影响，期望他们发生某种变化的活动。"[①]其中谈到教育者以"有目的、有计划、有组织"的形式对受教育者施加影响，这里的"有目的、有计划、有组织"也就是学校教育活动的形式。基本意思是说，学校教育活动的展开，不是随意的或零散的，而是有预设、有筹备、有规划或有安排的。这也就是说，学校教育活动，不是教育者对受教育者的盲目的

---

① 袁振国. 当代教育学 [M]. 北京：教育科学出版社，2010：4.

或无序的活动，而是有目的的或有序的活动——这就是现行教育形式论的基本内容。

2. 现行教育形式论的属性

现行教育形式论，具有怎样的性质呢？

按照现行教育理论的理解，学校教育活动的形式，就是教师对学生的有序活动。学校教育活动的实际，果真是这样的吗？在学校教育活动中，教师对学生的活动，只有有序性而没有无序性吗？只有有序性而没有无序性的教师活动，与教学机器或一般机器的活动，难道还有区别吗？教师对学生的有序活动，难道不能引起学生心智或心理的无序反应吗？学生的无序反应，难道不能引起教师的无序反应吗？师生双方活动的有序性与无序性之间，难道只有教师的有序性对学生的影响吗？学生的有序性或无序性活动，难道不能对教师产生有序性或无序性的影响或教育吗？然而，从上面的引文中，我们看到，现行教育理论，却根本无视学校教育实际中存在的这些具有内在对应性的问题，而仅仅将学校教育活动的形式简单地抽象为有序性的形式。由此，我们就可以有根据地说，现行教育形式论的属性，就是片面性或简单性。

3. 现行教育形式论的思维活动的切入点

现行教育形式论，既然将学校教育活动的形式理解为有序性的形式，那么，我们就可以据此逆向推论出现行教育理论理解教育形式的思维活动的切入点，那就是"学校教育活动的预设性"。正向地表达，现行教育形式论，从学校教育活动的预设性，切到对学校教育形式的理解。由此，才将学校教育的形式理解为有序性的形式。

二、现行教育形式论的所见、根据及其积极功能

1. 现行教育形式论的所见

现行教育形式论，从学校教育活动的预设性，切到对学校教育活动形式的理解，能够把握到学校教育活动形式的哪些方面的内容呢？一是，从师生双方活动形式的属性看，现行教育形式论，能够把握到教师活动形式的有序性与学生活动形式的无序性。二是，从师生双方活动形式的影响指向看，现行教育形式论，能够把握到教师活动形式的有序性对学生活动形式无序性的影响指向。三是，从师生双方活动形式的影响结果看，现行教育形式论，能够把握到教师活动形式的有序性对学生活动形式无序性的影响或改造。总之，现行教育形式论，从学校教育活动的预设性，切到对学校教育形式的理解，能够把握到的内容，也就是，教师活动形式的有序性对学生活动形式的无序性的影响或改造。

2. 现行教育形式论的根据

现行教育形式论，从学校教育活动的预设性，切到对学校教育活动形式的理解，所把握到的基本内容，是有根据的吗？一是，从师生双方活动形式的属性看，现行教育形式论，能够把握到教师活动形式的有序性与学生活动形式的无序性。从学校教育活动的实际看，学校教育是有根据、有目的的活动。因此，也就是可以做出有序的计划或组织的活动，所以，教师对于学生的计划性或组织性，也就是有根据的。二是，从师生双方活动形式的影响指向看，现行教育形式论，能够把握到教师活动形式的有序性对于学生活动形式的无序性的影响指向。从学校教育活动的实际看，教师要对学生施加有序的影响或教育，就需要将这种有序性的影响或教育指向学生，这也是有根据的。三是，从师生双方活动形式的影响结果看，现行教育形式论，能够把握到教师活动形式的有序性对于学生活动形式的无序性的影响或改造。从学校教育活动的实际看，既然教师对学生进行了计划或组织，既然教师对学生进行了有序的教育活动，那么，学生就必然会受到教师计划或组织的有序的影响或改造，这也是有根据的。总之，现行教育形式论，从学校教育活动的预设性，切到对学校教育活动形式的理解，所把握到的基本内容，从教师对于学生的教育而言，都是有根据的，因而就是合理的。

3. 现行教育形式论的积极功能

现行教育形式论，从学校教育活动的预设性，切到对学校教育活动形式的理解，所把握到的基本内容，对于实际的学校教育活动，都具有积极的功能或价值。一是，从师生双方活动形式的属性看，现行教育形式论，能够把握到教师活动形式的有序性与学生活动形式的无序性，这能够为教师开展有序性的教育活动提供可靠的或合理的认知性基础。二是，从师生双方活动形式的影响指向看，现行教育形式论，能够把握到教师活动形式的有序性对于学生活动形式无序性的影响指向，这能够为教师开展对学生的影响提供可靠的或合理的操作性基础。三是，从师生双方活动形式的影响结果看，现行教育形式论，能够把握到教师活动形式的有序性对于学生活动形式无序性的影响或改造，这能够支持师生双方接受或承认按照计划或组织而实现的教育结果。总之，现行教育形式论，从学校教育活动的预设性，切到对学校教育活动形式的理解，所把握到的基本内容，从教师对学生的教育来看，都具有积极的作用或价值。

三、现行教育形式论的偏差、根源及其消极功能

1. 现行教育形式论的偏差

现行教育形式论，从学校教育活动的预设性，切到对学校教育活动形式的理解，在有所见或有所把握的同时，却又遗漏或遮蔽了哪些内容呢？一是，从师生双方活动形式的属性看，现行教育形式论，在把握到教师活动形式有序性与学生活动形式无序性的同时，却遮蔽了教师活动形式的无序性与学生活动形式的有序性，更遮蔽了师生双方活动形式的有序性与无序性之间的对应关系。二是，从师生双方活动形式的影响指向看，现行教育形式论，在把握到教师活动形式的有序性对学生活动形式的无序性的影响指向的同时，却遮蔽了学生活动形式的有序性与无序性对教师活动形式的影响指向，更遮蔽了师生双方活动形式的有序性与无序性的对应影响指向。三是，从师生双方活动形式的影响结果看，现行教育形式论，在把握到教师活动形式的有序性对学生活动形式的无序性的影响结果的同时，却遮蔽了学生活动形式的有序性与无序性对教师活动形式的影响结果，更遮蔽了两种影响结果之间的对应关系。总之，现行教育形式论，从学校教育活动的预设性，切到对学校教育活动形式的理解，在把握到教师活动形式的有序性对学生活动形式的无序性的影响的同时，却遮蔽了学生活动形式的有序性与无序性对教师活动形式的有序性与无序性的影响，更遮蔽了师生双方活动形式的有序性与无序性之间的对应影响。

2. 现行教育形式论的根源

从思维运作看，现行教育形式论，之所以存在上述偏差，就是其主观抽象思维的泛化导致的。一是，从师生双方活动形式的属性看，在实际的学校教育活动中，师生双方活动的有序性，都只能来源于师生双方活动的无序性之中，并且，师生双方活动的有序性，也必然伴随着无序性。这清楚地表明，在实际的学校教育活动中，师生双方活动形式的有序性与无序性都是相互对应的属性。然而，现行教育形式论，却在其主观思维中，片面地抽取出教师活动形式的有序性与学生活动形式的无序性，并以偏概全地泛指师生双方活动形式的对应性。由此，便遮蔽了教师活动形式的无序性与学生活动形式的有序性，还遮蔽了师生双方活动形式的有序性与无序性之间的对应关系。二是，从师生双方活动形式的影响指向看，在实际的学校教育活动中，教师活动形式的有序性，必然会引起学生活动形式的有序性与无序性，而这种有序性与无序性，又必然会引起教师活动形式的有序性与无序性。这清楚地表明，在实际的学校教育活动中，师生双方活动形式的影响指向，都是双向度的对应存在。然而，现行教育形式

论却在其主观思维中，片面地抽取出教师活动形式的有序性对学生活动形式无序性的影响指向，并以偏概全地泛指师生双方活动形式之间的对应影响指向。由此，便遮蔽了学生活动形式对教师的影响指向，也遮蔽了师生双方活动形式之间相互对应的影响指向。三是，从师生双方活动形式的影响结果看，在实际的学校教育活动中，教师活动形式的有序性对学生活动形式的影响结果，必然是有序性与无序性的影响结果，而这一影响结果，又必然会反过来对教师产生有序性与无序性影响结果。这清楚地表明，在实际的学校教育活动中，师生双方活动形式之间的影响结果，都是相互对应的影响结果。然而，现行教育形式论，却在其主观思维中，片面地抽取出教师活动形式对学生的影响结果，并以偏概全地泛指师生双方活动形式的对应影响结果。由此，便遮蔽了学生活动形式对教师的影响结果，也遮蔽了师生双方活动形式之间对应的影响结果。

3. 现行教育形式论的消极功能

现行教育形式论，从学校教育活动的预设性，切到对学校教育活动形式的理解，在有所把握的同时，却又存在偏差。这些认识或思维中的偏差，对实际的学校教育活动，会产生哪些消极影响呢？

一是，从师生双方活动形式的属性看，现行教育形式论，在把握到教师活动形式有序性与学生活动形式无序性的同时，却遮蔽了教师活动形式的无序性与学生活动形式的有序性，更遮蔽了师生双方活动形式的有序性与无序性之间的对应关系。由此，便直接导致了两个方面的不足性：从教师方面看，教师仅仅把握到自己活动形式的有序性，便必然会产生对有序教育活动的偏重而难以产生对有序与无序教育活动的对应关注；从学生方面看，学生仅仅把握到自己活动形式的无序性，也必然会产生对教师有计划、有组织或有序教育活动的偏重而难以产生对有序与无序教育活动的对应关注。

二是，从师生双方活动形式的影响指向看，现行教育形式论，在把握到教师活动形式的有序性对学生的影响指向的同时，却遮蔽了学生活动形式的有序与无序性对教师的影响指向，更遮蔽了师生双方活动形式的影响指向之间的对应关系。由此，便直接导致了两个方面的不足性：从教师方面看，教师仅仅把握到自己活动形式的有序性对学生的影响指向，便必然会产生对这种单向度影响指向的肯定而难以产生对师生双方双向度影响指向的对应关注；从学生方面看，学生仅仅把握到教师活动形式的有序性对自己的影响指向，便必然会产生对这种单向度影响指向的接受而难以产生对师生双方双向度影响指向的对应关注。

三是，从师生双方活动形式的影响结果看，现行教育形式论，在把握到教师活动形式的有序性对学生活动形式的影响或改造的同时，却遮蔽了学生活动形式的有序性与无序性对教师活动形式的影响或改造，更遮蔽了师生双方活动形式之间的对应影响或改造。由此，便直接导致了两个方面的不足性：从教师方面看，教师仅仅把握到自己活动形式的有序性对学生活动形式的影响结果而没能把握到学生活动形式对自己活动形式的影响结果，便必然会产生对学生单方面影响结果的认可或接受而难以产生对师生双方影响结果的对应接受；从学生方面看，学生仅仅把握到教师单方面的影响结果而没能把握到自己对教师的影响结果，便必然会产生对教师单方面影响结果的接受而难以产生对师生双方影响结果的对应接受。

总之，现行教育形式论，从学校教育活动的预设性，切到对学校教育活动形式的理解，从师生双方活动形式之间内在的对应关系来看，确实存在严重的简单性偏差并因此而必须受到合理的反思与改造。

四、本节小结

综上所述，我们看到，现行教育形式论，从学校教育活动的预设性，切到对学校教育活动形式的理解，虽然能够把握到教师活动形式的有序性与学生活动形式的无序性，也能够把握到这种有序性与无序性的根据并对学校的简单教育活动产生积极的作用，但是，却遮蔽了教师活动形式的无序性与学生活动形式的有序性并因此而进一步遮蔽了师生双方活动形式的有序性与无序性之间的对应关系。从思维运作看，现行教育形式论的偏差，是由其主观思维的抽象泛化所导致的。从实际看，这种抽象泛化的思维或认识，对学校的对应教育活动存在多方面的消极作用。因此，现行教育形式论，就必须被合理地反思与改造。

五、本节提示

在本节最后，需要做两点提示：一是，探寻现行教育形式论的思维活动切入点的根据，就是现行教育形式论的内容，或者说，我们是通过现行教育形式论的基本内容而探寻到其思维活动的切入点的。二是，对现行教育形式论的思维活动切入点的遮蔽性分析，不是我们简单的主观分析，而是根据现行教育形式论所包含的主观思维活动切入点的所见与所不见而展开的——要特别注意，现行教育形式论所包含的简单静态的主观思维，必然会遮蔽与其对应的动态的客观事实。

附言：

1. 教师按计划性而开始的教育活动，其实，都必然是计划性与变通性对应的教育活动。

2. 不管是教育活动的有序性还是无序性或变通性，都只能是在对应中才能相互彰显的属性。

3. 仅仅把握到学校教育活动有序性的现行教育形式论，必然是程序性泛化的简单教育论，此种理论，很难避免单调、机械与僵硬的劣质。

4. 正是学校教育活动有序性与无序性的内在对应，才能够催生出学校教育活动的生机与灵性。

5. 仅仅知道学校教育活动的有序性的人，其实，也就是简单的人。

6. 学校教育活动的可预设性，与学校教育活动的有序性相对应；而学校教育活动的不可预设性，则与学校教育活动的无序性或变通性相对应。

第二节 对现行简单教育形式论的对应改造

切问：

1. 从动态的教育活动的事实看，现行教育形式论所包含的"学校教育活动的预设性"，其实都是"预设性与不可预设性的对应性"吗？

2. 师生双方活动形式的有序性与无序性，都只能是相互对应的属性吗？

3. 教师活动的有序性对学生的影响指向，必然会引起学生的回应吗？而学生的这种回应，又必然会指向教师吗？

4. 师生双方活动形式的有序性与无序性之间的影响结果，都只能是双方对应的影响结果吗？

5. 在学校教育活动中，师生双方活动形式的有序性与无序性，都不是抽象泛化的属性，而是具有边界对应关系的具体属性吗？我们需要从抽象泛化的思维，转换到具体的边界思维或对应思维吗？

6. 如果教师仅仅对学生进行有序性或程序性的教育，那么，就必然会成为机械性的简单教育吗？师生双方之间进行的有序性与无序性对应的教育，才可能成为具有内在张力或生命力的教育吗？

一、对现行教育形式论所包含的泛化思维的对应改造

上一节我们谈到，现行的教育形式论，之所以存在偏差，是因为在其思维

运作中存在抽象泛化的不足。因此，要改造现行教育形式论，就必须改造其抽象泛化的主观思维。如何改造这种思维呢？这首先就需要摆脱现行教育形式论所包含的简单主观思维，而转向对教育活动事实或过程的关注——由主观思维，转向事实思维。其次，还需要走出教育研究者简单泛化的抽象思维，而转向对教育活动的客观与主观对应的边界思维——由简单的泛化思维，转向对应的边界思维。

二、对现行教育形式论所包含的思维切入点的对应改造

现行教育形式论，从学校教育活动的预设性开始，切到对学校教育活动形式的理解，这一切入点本身并不存在问题。现行教育形式论的问题在于：首先，从学校教育活动的预设性开始，切到对学校教育活动形式的理解；其次，却并没有对这一动态影响的过程做出对应的考察，而是仅仅停留在学校教育活动的预设性这里，并将教育活动的形式抽象为简单的有序性的形式。

学校教育活动的动态过程，又是怎样的呢？征之于实际，我们看到，在学校教育中，教师的活动，当然可以是按照预设计划而开始的活动，但是，由教师活动所引起的学生的活动，却不可能是教师在活动之前就完全可以预设的，这也就是说：教师的有序性的活动，必然会引起学生的有序性与无序性的活动；而学生的有序性与无序性的活动，又必然会反过来对教师产生影响并使教师的活动具有有序性与无序性。从学校教育活动的动态过程中，我们不难发现，现行教育形式论所包含的"学校教育活动的预设性"的切入点，其实，只能是"预设性与不可预设性的对应性"的切入点。由此，我们就将现行教育形式论的"学校教育活动的预设性"的切入点，改造为"预设性与不可预设性的对应性"的切入点。

三、对现行教育形式论所包含的具体内容的对应改造

对应教育形式论，从师生双方活动的预设性与不可预设性的对应性，切到对学校教育活动形式的理解，能够对现行的简单教育形式论，做出哪些方面的改造呢？下面，分而论之。

第一，从师生双方活动形式的属性看，对应教育形式论，既能把握到师生双方活动形式的有序性，又能把握到师生双方活动形式的无序性，还能把握到师生双方活动形式的有序性与无序性之间的对应性，这是不同于现行教育形式论所把握到的教师活动形式的有序性与学生活动形式的无序性的。这里的道理是：在学校教育的实际过程中，师生双方的自我活动，当然可以是按照预设而

进行的有序性活动，但是由自我活动所引起的对方的活动，却不可能是自我在活动之前就能够完全预设的。这也就是说，师生双方的活动，只能是可以预设与不可以预设相互对应的活动，或者说，师生双方的活动形式，只能是有序性与无序性对应的形式，而不可能是现行简单教育形式论所把握到的教师活动形式的有序性与学生活动形式的无序性——这种片面的有序性与无序性只能是抽象泛化的形而上学的有序性与无序性。

第二，从师生双方活动形式的影响指向看，对应教育形式论，既能把握到教师活动形式的有序性与无序性对于学生的影响指向，又能把握到学生活动形式的有序性与无序性对于教师的影响指向，还能把握到师生双方活动形式的有序性与无序性的对应影响指向，这是不同于现行简单教育形式论所把握到的教师活动形式的有序性对于学生活动形式的无序性的单向度影响指向的。这里的道理是：在学校教育的实际过程中，教师活动形式的有序性对于学生的影响指向，必然会引起学生有序性与无序性的反应，而这种反应，又必然会引起教师有序性与无序性的反应。这清楚地表明，在学校教育活动的实际中，教师活动形式的有序性与无序性对于学生的影响指向，都必然是师生双方活动形式双向度的对应影响指向，而不可能是现行简单教育形式论所把握到的教师活动形式的有序性对于学生活动形式的无序性的单一影响指向——这种单向度的影响指向也只能是抽象泛化的形而上学的影响指向。

第三，从师生双方活动形式的影响结果看，对应教育形式论，既能把握到教师活动形式的有序性与无序性对于学生的影响结果，又能把握到学生活动形式的有序性与无序性对于教师的影响结果，还能把握到师生双方活动形式的有序性与无序性的对应影响结果，这是不同于现行简单教育形式论所把握到的教师活动形式的有序性对于学生活动形式的无序性的单方面的影响结果的。这里的道理是：在学校教育的实际过程中，教师活动形式的有序性与无序性对于学生的任何影响，都必然会对学生产生影响结果，而这种影响结果，又必然会对教师产生影响结果。这清楚地表明，在学校教育活动的实际中，教师活动形式的有序性与无序性对于学生的影响结果，必然会产生对于师生双方的对应影响结果，而不可能是现行简单教育形式论所把握到的教师活动形式的有序性对于学生活动形式无序性的单方面影响结果——这种单方面的影响结果也只能是抽象泛化的形而上学的影响结果。

四、对应教育形式论的积极功能

对应教育形式论，从师生双方活动的预设性与不可预设性的对应性，切到对学校教育活动形式的理解，能够对实际的学校教育活动，产生哪些方面的积极影响呢？下面，分而论之。

第一，从师生双方活动形式的属性看，对应教育形式论，能够对实际的学校教育活动产生如下三方面的积极影响：一方面是，对应教育形式论，能够把握到教师活动形式的有序性与无序性。因此，不仅能够支持教师按照预设的计划开展有序性的教育活动，而且也能够支持教师遵循不可预设的变化调整既定的教育活动。另一方面是，对应教育形式论，能够把握到学生活动形式的有序性与无序性。因此，不仅能够支持学生按照预设的计划开展有序性的学习活动，而且也能够支持学生遵循不可预设的变化调整既定的学习活动。最后一个方面是，对应教育形式论，既能把握到教师活动形式的有序性与无序性，又能把握到学生活动形式的有序性与无序性。因此，能够支持师生双方构建出以有序性与无序性的对应为基础的对等影响关系。鉴于现行简单教育形式论的遮蔽或偏差，我们愿意特别强调如下三点：第一点是，关注教师活动形式的无序性。这里的关键是要走出人们熟悉的现行教育理论的偏差，那就是认为教师的活动是可以预设的因而是有序性的活动的观点——那当然是简单抽象思维泛化的后果。在对应思维看来，教师活动的形式，必然是有序性与无序性对应的形式，所以，就不仅要关注教师活动形式的有序性，而且要关注教师活动形式的无序性。第二点是，关注学生活动形式的有序性。这里的关键也是要走出人们熟悉的现行教育理论的偏差，那就是认为学生的活动是个体的无序性活动的观点——那当然是简单抽象思维泛化的后果。在对应思维看来，学生活动的形式，正如教师活动的形式一样，必然是有序性与无序性的对应形式，所以，就不仅要关注学生活动形式的无序性，而且要关注学生活动形式的有序性。第三点是，关注师生双方在活动形式的属性维度上对等定位的教育关系，即三线定位的教育关系。既然师生双方活动的形式都具有有序性与无序性的对应属性，那么，师生双方就要关注在双方有序性与无序性的一致性与不一致性前提下的三线定位关系。这种三线定位关系的基本内容是：关注理想性的上线，即师生双方在活动形式的有序性与无序性的一致性前提下，走向对等的教育，以实现双方活动形式的互补性变化或发展；关注现实性的中线，即师生双方在活动形式的有序性与无序性的不一致性前提下，走向对话或讨论，以实现双方活动形式的生成性变化或发展；关注禁止性的底线，即师生双方在活动形式的有序性与无序性的不一致性前提下，都不能破坏或割裂对应的教育关系。我们认为，在师生双方活动形式的属性维度上，经由三线定位的教育，就可以构建出师生双方以各自有序性与无序性的对应为基础的涉及理想、现实与戒律的对等教育关系。由此，也可以规避由教师活动形式的有序性与学生活动形式的无序性所必然导致的简单的不对等教育关系。

第二，从师生双方活动形式的影响指向看，对应教育形式论，能够对实际的学校教育活动产生如下三方面的积极影响：一方面是，对应教育形式论，能够把握到教师活动形式的有序性与无序性对于学生活动形式的影响指向。因此，能够支持教师活动形式对于学生的影响。另一方面是，对应教育形式论，能够把握到学生活动形式的有序性与无序性对于教师活动形式的影响指向。因此，能够支持学生活动形式对于教师的影响。最后一个方面是，对应教育形式论，既能把握到教师活动形式对于学生的影响指向，又能把握到学生活动形式对于教师的影响指向。因此，能够支持师生双方建构出以各自活动形式的有序性与无序性影响指向为基础的双向度对等影响关系。鉴于现行简单教育形式论的遮蔽或偏差，我们愿意特别强调如下三点：第一点是，关注教师对学生以无序性为基础的影响指向。这里的关键是要走出人们熟悉的现行教育理论的偏差，那就是认为教师对学生的影响指向是以有序性为基础的影响指向的观点——那当然是简单抽象思维泛化的后果。在对应思维看来，教师对学生的影响指向，必然是以有序性与无序性的对应为基础的影响指向，所以，就不仅要关注教师对学生以有序性为基础的影响指向，而且要关注教师对学生以无序性为基础的影响指向。第二点是，关注学生对教师以有序性与无序性为基础的影响指向。这里的关键也是要走出人们熟悉的现行教育理论的偏差，那就是认为学校教育指向是教师对学生的影响指向观点——那当然是简单抽象思维泛化的后果。在对应思维看来，教师对学生的影响指向，必然是师生双方双向度对应的影响指向，所以，就不仅要关注教师对学生以有序性与无序性为基础的影响指向，而且要关注学生对教师以有序性与无序性为基础的影响指向。第三点是，关注师生双方双向度在影响指向维度上对等定位的教育关系，即三线定位的教育关系。既然师生双方都具有以有序性与无序性为基础的影响指向，那么，师生双方就要关注在有序性与无序性影响指向一致性与不一致性前提下的三线定位关系。这种三线定位关系的基本内容是：关注理想性的上线，即师生双方在有序性与无序性影响指向的一致性前提下，走向对等的教育，以实现双方双向度影响指向的互补性变化或发展；关注现实性的中线，即师生双方在有序性与无序性影响指向的不一致性前提下，走向对话或讨论，以实现双方双向度影响指向的生成性变化或发展；关注禁止性的底线，即师生双方在有序性与无序性影响指向的不一致性前提下，都不能破坏或割裂对应的教育关系。我们认为，在师生双方双向度的影响指向维度上，经由三线定位的教育，就可以构建出师生双方以各自的有序性与无序性影响指向为基础的涉及理想、现实与戒律的对等教育关系。由此，也可以规避由教师对学生的片面影响指向所必然导致的简单的不对等教育关系。

第三，从师生双方活动形式的影响结果看，对应教育形式论，能够对实际的学校教育活动产生如下三方面的积极影响：一方面是，对应教育形式论，能够把握到教师活动形式的有序性与无序性对学生的影响结果。因此，不仅能够支持教师对学生有计划、有组织的教育价值，而且也能够支持教师对学生调整或变通的教育价值。另一方面是，对应教育形式论，能够把握到学生活动形式的有序性与无序性对教师的影响结果。因此，不仅能够支持学生对教师的有序的教育价值，而且也能够支持学生对教师调整或变通的教育价值。最后一个方面是，对应教育形式论，既能把握到教师活动形式有序性与无序性对学生的影响结果，又能把握到学生活动形式有序性与无序性对教师的影响结果。因此，能够支持师生双方建构出以各自有序性与无序性影响结果为基础的对等影响关系。鉴于现行简单教育形式论的遮蔽或偏差，我们愿意特别强调如下三点：第一点是，关注教师活动形式的无序性对学生的影响结果。这里的关键是要走出人们熟悉的现行教育理论的偏差，那就是认为教师对学生的影响结果是教师活动形式的有序性对学生的影响结果的观点——那当然是简单抽象思维泛化的后果。在对应思维看来，教师对学生的影响结果，必然是有序性与无序性对学生影响的结果，所以，就不仅要关注教师活动形式的有序性对学生的影响结果，而且要关注教师活动形式的无序性对学生的影响结果。第二点是，关注学生活动形式的有序性与无序性对教师的影响结果。这里的关键也是要走出人们熟悉的现行教育理论的偏差，那就是认为学校教育的结果是教师对学生影响结果的观点——那当然是简单抽象思维泛化的后果。在对应思维看来，教师对学生的影响结果，必然是师生双方的对应影响结果，所以，就不仅要关注教师活动形式的有序性与无序性对学生的影响结果，而且要关注学生活动形式的有序性与无序性对教师的影响结果。第三点是，关注师生双方在影响结果维度上对等定位的教育关系，即三线定位的教育关系。既然师生双方都具有以有序性与无序性为基础的对应影响结果，那么，师生双方就要关注在有序性与无序性影响结果一致性与不一致性前提下的三线定位关系。这种三线定位关系的基本内容是：关注理想性的上线，即师生双方在有序性与无序性影响结果的一致性前提下，走向对等的教育，以实现双方活动形式的互补性变化或发展；关注现实性的中线，即师生双方在有序性与无序性影响结果的不一致性前提下，走向对话或讨论，以实现双方活动形式的生成性变化或发展；关注禁止性的底线，即师生双方在有序性与无序性影响结果的不一致性前提下，都不能破坏或割裂对应的教育关系。我们认为，在师生双方的影响结果维度上，经由三线定位的教育，就可以构建出师生双方以各自的有序性与无序性影响结果为基础的涉及理想、现实与戒律的对等教育关系。由此，也可以规避由教师对学生的单方面影响结果所必然导致的简单的不对等教育关系。

五、本节小结

综上所述，我们对现行简单教育形式论的改造，涉及三层基本内容：一是，首先，由现行简单教育形式论所包含的主观思维路线，转换到事实思维路线；其次，在事实思维路线基础上，将现行简单教育形式论所包含的单一主观泛化的思维路线，改造为主观与客观的对应思维路线。二是，在对应思维路线上，将现行简单教育形式论所包含的认识师生双方活动形式的"学校教育活动的预设性"的思维切入点，改造为"预设性与不可预设性的对应性"的思维切入点。三是，在"预设性与不可预设性的对应性"视野中，分别对师生双方活动形式的属性、影响指向与影响结果这些基本教育关系，做出了对应的考察。最后，我们分别考察了对应教育形式论，在师生双方活动形式的属性、影响指向与影响结果这些基本维度上，对实际的学校教育活动所产生的积极影响，以推动人们从现行的简单教育形式论，转换到对应的教育形式论。

为了更简明地把握两种教育形式论的不同，我们不妨将其中所包含的不同思维路线，做出如下比较：

简单教育形式论的单线定位路线——教育活动的形式，就是教育者对于受教育者所进行的有序性的活动形式——这里需要特别注意，简单教育形式论，仅仅是对教育者单一主观性这一条思维路线的反映。

对应教育形式论的三线定位路线——教育活动的形式，就是教育者与受教育者双方所进行的有序性与无序性对应的活动形式，它包含双方有序性与无序性对应影响的理想的上线、现实的中线以及戒律的底线——这里需要特别注意，对应教育形式论，是对教育者与受教育者双方活动形式的有序性与无序性对应影响的理想、现实与戒律的三条思维路线的反映。

六、本节提示

在本节最后，需要做两点提示：一是，由"学校教育活动的预设性"这一思维活动切入点，到"预设性与不可预设性的对应性"思维活动切入点的过渡环节，就是由对教育活动形式的主观抽象思维，转向对教育活动形式的客观与主观的对应思维。二是，由"教师活动形式对学生活动形式的影响"这一思维活动切入点，到"师生双方活动形式的对应影响"思维活动切入点的过渡环节，就是由对师生活动形式的主观抽象思维，转向对师生活动形式的客观与主观的对应思维。

附言：

1. 教师按照有序性而对学生开始的教育活动，其实，都是师生双方有序性与无序性对应的教育活动。

2. 对师生双方活动形式的有序性与无序性的认识，都应该是对应的边界认识，而不能是抽象泛化的认识。

3. 现行教育形式论，仅仅把握到教育活动形式的有序性而没能把握到无序性——其实质，就是典型的形而上学的简单论。

4. 师生双方活动形式有序性与无序性的不一致性所生成的张力，正是推动师生双方走向教育活动形式变革的最根本的动力。

5. 仅仅明白人的行为或活动的有序性而不能同时明白人的行为或活动的无序性的人，其实，也就是简单的人。

6. 关于教师按照有序性而对学生进行教育的现行教育理论，正反映出人们在简单生活中的简单教育的基本形式；而关于师生双方按照有序性与无序性而进行的对应教育理论，则体现出人们在对应生活中的对应教育的基本形式。

第六章

对现行简单教育功能论的遮蔽性分析与对应改造

第一节　对现行简单教育功能论的遮蔽性分析

切问：

1. 现行教育理论，将学校教育的功能理解为教师对学生的积极功能，其思维活动的切入点在哪里？我们如何才能探索到其思维活动的切入点？

2. 现行教育功能论，从自己理解教育功能的切入点上，能够把握到教育功能的哪些方面的内容呢？

3. 现行教育功能论的根据是什么？这种功能论，对实际的教育活动会产生哪些积极作用？

4. 现行教育功能论，从自己理解教育功能的切入点上，在对教育的功能有所把握的同时，却又遮蔽了哪些内容呢？

5. 在思维运行中，现行教育功能论，存在遮蔽的根源在哪里？

6. 现行教育功能论，对实际的学校教育活动会产生怎样的消极作用？

一、现行教育功能论的内容、属性及其思维活动的切入点

1. 现行教育功能论的内容

现行教育理论，主要是关于学校教育的理论。关于学校教育的概念，在《教育学》中写道："它是根据一定社会的现实和未来的需要，遵循受教育者身心发展的规律，有目的、有计划、有组织地引导受教育者主动地学习，积极进行经验的改组和改造，促使他们提高素质、健全人格的一种活动，以便把受教育者培养成为适应一定社会的需要，促进社会的发展，追求和创造人的合理存在的人。"① 从这种理解中，我们不难看到，现行教育理论，将学校教育理解为一种活动。从这种活动的功能看，那就是学校或教育者一方"引导"受教育者

---

① 王道俊，郭文安. 教育学［M］. 北京：人民教育出版社，2009：26-27.

一方，"促使他们提高素质、健全人格"；以便把他们培养成"促进社会的发展，追求和创造人的合理存在的人"。直白地说，也就是教育者发挥具有积极性的作用或功能，去改造受教育者的不足性或消极性，以便使他们发挥积极的作用或功能。简约地表达，在现行教育理论的视野中，学校教育的功能，也就是教育者对于受教育者的积极功能——这就是现行教育功能论的基本内容。

2. 现行教育功能论的属性

现行教育功能论，具有怎样的性质呢？

按照现行教育理论的理解，学校教育的功能，就是教师对于学生的积极功能。学校教育活动的实际，果真是这样的吗？在学校教育活动中，教师对于学生的功能，难道只有积极性而没有消极性吗？教师在"引导"学生时，难道不会"压抑学生的自主性"吗？如果说教师对学生的"引导"，具有积极性的教育功能，那么，教师"压抑学生的自主性"，不就具有消极性的教育功能吗？缺少自主性的学生，难道不会进一步形成对教师的依赖吗？教师的主观愿望是培养学生的自主性，然而，结果却导致了学生对教师的依赖性——这难道不是师生双方积极性与消极性功能的对应作用的结果吗？然而，从上面的引文中，我们看到，现行教育理论，却根本无视学校教育实际中存在的这些具有内在对应性的功能问题，而仅仅将学校教育的功能简单地抽象为教师对学生的积极功能。由此，我们就可以有根据地说，现行教育功能论的属性，就是片面性或简单性。

3. 现行教育功能论的思维活动的切入点

现行教育功能论，既然将学校教育的功能理解为教师对学生的积极功能，那么，我们就可以据此逆向推论出现行教育理论理解教育功能的思维活动的切入点，那就是"学校教育活动的人为选择性或可控性"。正向地表达，现行教育功能论，从学校教育活动的人为选择性或可控性，切到对学校教育功能的理解。由此，才将学校教育的功能理解为教师对学生的积极功能。

二、现行教育功能论的所见、根据及其积极功能

1. 现行教育功能论的所见

现行教育功能论，从学校教育活动的人为选择性，切到对学校教育功能的理解，能够把握到学校教育功能的哪些方面的内容呢？一是，从师生双方教育功能的属性看，现行教育功能论，能够把握到教师教育功能的积极性与学生教育功能的不足性或消极性；二是，从师生双方教育功能的影响指向看，现行教育功能论，能够把握到教师教育功能的积极性对学生教育功能不足性或消极性的影响指向；三是，从师生双方教育功能的影响结果看，现行教育功能论，能

够把握到教师教育功能的积极性对学生教育功能的不足性或消极性的影响或改造。总之，现行教育功能论，从学校教育活动的人为选择性，切到对学校教育功能的理解，能够把握到的内容，也就是，教师教育功能的积极性对学生教育功能的不足性或消极性的影响或改造。

2. 现行教育功能论的根据

现行教育功能论，从学校教育活动的人为选择性，切到对学校教育功能的理解，所把握到的基本内容，是有根据的吗？一是，从师生双方教育功能的属性看，现行教育功能论，能够把握到教师教育功能的积极性与学生教育功能的不足性或消极性。从学校教育活动的实际看，一方面，教师的教育活动是有根据、有目的、有计划的活动。因此，也就是能够产生积极功能的活动。与此相对地，学生的活动则是成长中的个体活动。因此，也就是具有不足性或消极性的活动，所以，现行教育功能论所把握到的教师活动的积极功能与学生活动的消极功能，就是有根据的。二是，从师生双方教育功能的影响指向看，现行教育功能论，能够把握到教师教育功能的积极性对于学生教育功能的消极性的影响指向。从学校教育活动的实际看，教师要对学生施加有选择性的影响或教育，就需要将这种有选择性的影响或教育指向学生，这也是有根据的。三是，从师生双方教育功能的影响结果看，现行教育功能论，能够把握到教师教育功能的积极性对于学生教育功能消极性的影响或改造。从学校教育活动的实际看，教师能够对学生产生积极的教育功能，教师对学生进行了积极的教育，那么，学生就必然会受到教师积极的教育功能的影响或改造，这也是有根据的。总之，现行教育功能论，从学校教育活动的人为选择性，切到对学校教育功能的理解，所把握到的基本内容，从教师对于学生的教育而言，都是有根据的，因而就是合理的。

3. 现行教育功能论的积极功能

现行教育功能论，从学校教育活动的人为选择性，切到对学校教育功能的理解，所把握到的基本内容，对于实际的学校教育活动，都具有积极的功能或价值。一是，从师生双方教育功能的属性看，现行教育功能论，能够把握到教师教育功能的积极性与学生教育功能的消极性，这能够为教师对学生进行积极的教育活动提供可靠的或合理的认知性基础。二是，从师生双方教育功能的影响指向看，现行教育功能论，能够把握到教师教育功能的积极性对于学生教育功能的消极性的影响指向，这能够为教师对学生进行积极的影响提供可靠的或合理的操作性基础。三是，从师生双方教育功能的影响结果看，现行教育功能论，能够把握到教师教育功能的积极性对学生教育功能的消极性的影响或改造，这能够支持师生双方接受或承认按照人为选择性而实现的教育结果。总之，现行教育功能论，从学校教育活动的人为选择性，切到对学校教育功能的理解，所把握到的基本内容，从教师对学生的教育来看，都具有积极的作用或价值。

三、现行教育功能论的偏差、根源及其消极功能

1. 现行教育功能论的偏差

现行教育功能论，从学校教育活动的人为选择性，切到对学校教育功能的理解，在有所见或有所把握的同时，却又遗漏或遮蔽了哪些内容呢？一是，从师生双方教育功能的属性看，现行教育功能论，在把握到教师教育功能的积极性与学生教育功能的消极性的同时，却遮蔽了教师教育功能的消极性与学生教育功能的积极性，更遮蔽了师生双方教育功能的积极性与消极性之间的对应关系。二是，从师生双方教育功能的影响指向看，现行教育功能论，在把握到教师教育功能的积极性对学生教育功能消极性的影响指向的同时，却遮蔽了学生教育功能积极性对教师教育功能消极性的影响指向，更遮蔽了师生双方教育功能积极性与消极性的对应影响指向。三是，从师生双方教育功能的影响结果看，现行教育功能论，在把握到教师教育功能积极性对学生教育功能消极性的影响结果的同时，却遮蔽了学生教育功能积极性对教师教育功能消极性的影响结果，更遮蔽了两种影响结果之间的对应关系。总之，现行教育功能论，从学校教育活动的人为选择性，切到对学校教育功能的理解，在把握到教师教育功能积极性对学生教育功能消极性的影响的同时，却遮蔽了学生教育功能积极性对教师教育功能消极性的影响，更遮蔽了师生双方教育功能积极性与消极性之间的对应影响。

2. 现行教育功能论的根源

从思维运作看，现行教育功能论，之所以存在上述偏差，就是其主观抽象思维的泛化导致的。一是，从师生双方教育功能的属性看，在实际的学校教育活动中，师生双方的教育功能，一方面，具有人为的选择性或可控性并因此而具有积极性；另一方面，则具有客观条件的限定性或不可控性并因此而具有消极性。这清楚地表明，在实际的学校教育活动中，师生双方教育功能的积极性与消极性都是相互对应的属性。然而，现行教育功能论，却在其主观思维中，片面地抽取出教师教育功能的积极性与学生教育功能的消极性，并以偏概全地泛指师生双方教育功能的对应性。由此，便遮蔽了教师教育功能的消极性与学生教育功能的积极性，还遮蔽了师生双方教育功能的积极性与消极性之间的对应关系。二是，从师生双方教育功能的影响指向看，在实际的学校教育活动中，

教师教育功能的积极性或消极性，都必然会引起学生的反应，而学生的反应，又必然会引起教师积极或消极的反应。这清楚地表明，在实际的学校教育活动中，师生双方教育功能的影响指向，都是双向度的对应存在。然而，现行教育功能论，却在其主观思维中，片面地抽取出教师教育功能的积极性对学生教育功能消极性的影响指向，并以偏概全地泛指师生双方教育功能之间的对应影响指向。由此，便遮蔽了学生教育功能对教师的影响指向，也遮蔽了师生双方教育功能之间相互对应的影响指向。三是，从师生双方教育功能的影响结果看，在实际的学校教育活动中，教师教育功能对学生的影响结果，必然是积极性与消极性的影响结果，而这一影响结果，又必然会反过来对教师产生积极性与消极性的影响结果。这清楚地表明，在实际的学校教育活动中，师生双方教育功能之间的影响结果，都是相互对应的影响结果。然而，现行教育功能论，却在其主观思维中，片面地抽取出教师教育功能的积极性对学生教育功能消极性的影响结果，并以偏概全地泛指师生双方教育功能对应的影响结果。由此，便遮蔽了学生教育功能对教师的影响结果，也遮蔽了师生双方教育功能之间对应的影响结果。

3. 现行教育功能论的消极功能

现行教育功能论，从学校教育的人为选择性，切到对学校教育功能的理解，在有所把握的同时，却又存在偏差。这些认识或思维中的偏差，对实际的学校教育活动，会产生哪些消极影响呢？

一是，从师生双方教育功能的属性看，现行教育功能论，在把握到教师教育功能的积极性与学生教育功能的消极性的同时，却遮蔽了教师教育功能的消极性与学生教育功能的积极性，更遮蔽了师生双方教育功能的积极性与消极性之间的对应关系。由此，便直接导致了两个方面的不足性。从教师方面看，教师仅仅把握到自己活动功能的积极性，便必然会产生对自己教育功能积极性的偏重而难以产生对自己教育功能积极性与消极性的对应关注；从学生方面看，学生仅仅把握到自己活动功能的消极性，也必然会产生对自己教育功能消极性的偏重而难以产生对自己教育功能的积极性与消极性的对应关注。

二是，从师生双方教育功能的影响指向看，现行教育功能论，在把握到教师教育功能的积极性对学生教育功能的消极性的影响指向的同时，却遮蔽了学生教育功能的积极性对教师教育功能的消极性影响指向，更遮蔽了师生双方教育功能的影响指向之间的对应关系。由此，便直接导致了两个方面的不足性。从教师方面看，教师仅仅把握到自己活动功能的积极性对学生的影响指向，便必然会产生对这种单向度影响指向的肯定而难以产生对师生双方双向度影响指向的对应关注；从学生方面看，学生仅仅把握到教师教育功能的积极性对自己的影响指向，便必然会产生对这种单向度影响指向的接受而难以产生对师生双方双向度影响指向的对应关注。

三是，从师生双方教育功能的影响结果看，现行教育功能论，在把握到教师教育功能的积极性对学生教育功能的消极性的影响或改造的同时，却遮蔽了学生教育功能的积极性对教师教育功能消极性的影响或改造，更遮蔽了师生双方教育功能之间的对应影响或改造。由此，便直接导致了两个方面的不足性：从教师方面看，教师仅仅把握到自己教育功能的积极性对学生教育功能的消极性的影响结果，便必然会产生对学生单方面影响结果的认可或接受而难以产生对师生双方影响结果的对应接受；从学生方面看，学生仅仅把握到教师教育功能的积极性对学生教育功能消极性的影响结果，便必然会产生对教师单方面影响结果的接受而难以产生对师生双方影响结果的对应接受。

总之，现行教育功能论，从学校教育的人为选择性，切到对学校教育功能的理解，从师生双方活动功能之间内在的对应关系来看，确实存在严重的简单性偏差并因此而必须受到合理的反思与改造。

四、本节小结

综上所述，我们看到，现行教育功能论，从学校教育的人为选择性，切到对学校教育功能的理解，虽然能够把握到教师教育功能的积极性与学生教育功能的消极性，也能够把握到这种积极性与消极性的根据并对学校的简单教育活动产生积极的作用，但是，却遮蔽了教师教育功能的消极性与学生教育功能的积极性并因此而进一步遮蔽了师生双方教育功能的积极性与消极性之间的对应关系。从思维运作看，现行教育功能论的偏差，是由其主观思维的抽象泛化所导致的；从实际看，这种抽象泛化的思维或认识，对学校的对应教育活动存在多方面的消极作用。因此，现行教育功能论，就必然也必须被合理地反思与改造。

五、本节提示

在本节最后，需要做两点提示：一是，探寻现行教育功能论的思维活动切入点的根据，就是现行教育功能论的内容，或者说，我们是通过现行教育功能论的基本内容而探寻到其思维活动的切入点的。二是，对现行教育功能论的思维活动切入点的遮蔽性分析，不是我们简单的主观分析，而是根据现行教育功能论所包含的主观思维活动切入点的所见与所不见而展开的——要特别注意，现行教育功能论所包含的简单静态的主观思维，必然会遮蔽与其对应的动态的客观事实。

附言：

1. 考察学校教育的功能，可以从教师有选择性地活动开始，但是，却不能停留在这里。

2. 不管是教育活动的可控性还是不可控性或客观性，都只能是在对应中才能相互彰显的属性。

3. 仅仅把握到学校教育功能积极性的现行教育功能论，必然是教育价值泛化的简单教育论，此种理论，很难避免对教育价值的夸大其词的判断。

4. 正是学校教育功能的积极性与消极性的内在对应，才能够激发出学校教育活动的变通或灵性。

5. 仅仅知道学校教育价值的人，其实，也就是简单的人。

6. 师生教育功能的积极性或消极性，都只能是相互对应的属性；离开双方的相互对应，像现行教育理论所谓的简单教育价值论，就只能是主观抽象的空论。

第二节　对现行简单教育功能论的对应改造

切问：

1. 从动态的教育活动的事实看，现行教育功能论所包含的"学校教育的人为选择性"，其实都是"选择性与不可选择性的对应性"吗？

2. 师生双方教育功能的积极性与消极性，都只能是相互对应的属性吗？

3. 教师教育功能的积极性对学生的影响指向，必然会引起学生的回应吗？而学生的这种回应，又必然会指向教师吗？

4. 师生双方教育功能的积极性与消极性之间的影响结果，都只能是双方对应的影响结果吗？

5. 在学校教育活动中，师生双方教育功能的积极性与消极性，都不是抽象泛化的属性，而是具有边界对应关系的具体属性吗？我们需要从抽象泛化的思维，转换到具体的边界思维或对应思维吗？

6. 如果师生之间只有积极性的教育功能，那么，这种教育就必然会成为教育价值泛滥化的简单教育吗？师生双方之间进行的既有积极性又有消极性的教育，才可能成为具有内在张力或生命力的教育吗？

一、对现行教育功能论所包含的泛化思维的对应改造

上一节我们谈到，现行教育功能论，之所以存在偏差，是因为在其思维运作中存在抽象泛化的不足。因此，要改造现行教育功能论，就必须改造其抽象泛化的主观思维。如何改造这种思维呢？这首先就需要摆脱现行教育功能论所包含的简单主观思维，而转向对教育活动事实或过程的关注——由主观思维转向事实思维。其次，还需要走出教育研究者简单泛化的抽象思维，而转向对教育活动的客观与主观对应的边界思维——由简单的泛化思维转向对应的边界思维。

二、对现行教育功能论所包含的思维切入点的对应改造

现行教育功能论，从学校教育的人为选择性开始，切到对学校教育功能的理解，这一切入点本身并不存在问题。现行教育功能论的问题在于：首先，从学校教育的人为选择性开始，切到对学校教育功能的理解；其次，却并没有对这一动态影响的过程做出对应的考察，而是仅仅停留在学校教育的人为选择性这里，并将学校教育的功能抽象为简单的具有积极性的功能。

学校教育活动的动态过程，又是怎样的呢？征之于实际，我们看到，在学校教育中，教师的活动，当然可以是按照人为选择的积极性而开始的活动，但是，由教师活动所引起的学生的活动，却不可能是教师在活动之前就完全可以人为选择的。这也就是说：教师具有积极性功能的教育活动，必然会引起学生具有积极性或消极性的教育活动；而学生具有积极性或消极性的教育活动，又必然会反过来对教师产生具有积极性或消极性的教育影响。从学校教育活动的动态过程中，我们不难发现，现行教育功能论所包含的"学校教育人为选择性"的切入点，其实，只能是"人为选择性与不可选择性的对应性"的切入点。由此，我们就将现行教育功能论的"学校教育人为选择性"的切入点，改造为"人为选择性与不可选择性的对应性"的切入点。

三、对现行教育功能论所包含的具体内容的对应改造

对应教育功能论，从师生双方人为选择性与不可选择性的对应性，切入对学校教育功能的理解，能够对现行的简单教育功能论，做出哪些方面的改造呢？下面，分而论之。

第一，从师生双方教育功能的属性看，对应教育功能论，既能把握到师生

双方教育功能的积极性，又能把握到师生双方教育功能的消极性，还能把握到师生双方教育功能积极性与消极性之间的对应性，这是不同于现行教育功能论所把握到的教师教育功能的积极性与学生教育功能的消极性的。这里的道理是：在学校教育的实际过程中，师生双方的自我活动，当然可以是按照人为选择性而进行的具有积极性的活动，但是由自我活动所引起的对方的活动，却不可能是自我在活动之前就能够完全人为选择的。这也就是说，师生双方的活动，只能是可以选择与不可选择相互对应的活动，或者说，师生双方教育的功能，只能是积极性与消极性对应的功能，而不可能是现行简单教育功能论所把握到的教师教育功能的积极性与学生教育功能的消极性——这种片面的积极性与消极性只能是抽象泛化的形而上学的积极性与消极性。

第二，从师生双方教育功能的影响指向看，对应教育功能论，既能把握到教师教育功能的积极性与消极性对于学生的影响指向，又能把握到学生教育功能的积极性与消极性对于教师的影响指向，还能把握到师生双方教育功能的积极性与消极性的对应影响指向，而不是现行简单教育功能论所把握到的教师教育功能的积极性对于学生教育功能的消极性的单方面影响指向。这里的道理是：在学校教育的实际过程中，教师教育功能的积极性与消极性对于学生的影响指向，必然会引起学生具有积极性与消极性的反应，而这种反应，又必然会引起教师具有积极性与消极性的反应。这清楚地表明，在学校教育活动的实际中，教师教育功能的积极性与消极性对于学生的影响指向，都必然是师生双方之间教育功能的积极性与消极性的双向度对应影响指向，而不可能是现行简单教育功能论所把握到的教师教育功能的积极性对于学生教育功能消极性的单一影响指向——这种单向度的影响指向也只能是抽象泛化的形而上学的影响指向。

第三，从师生双方教育功能的影响结果看，对应教育功能论，既能把握到教师教育功能的积极性与消极性对于学生的影响结果，又能把握到学生教育功能的积极性与消极性对于教师的影响结果，还能把握到师生双方教育功能的积极性与消极性的对应影响结果。这是不同于现行简单教育功能论所把握到的教师教育功能积极性对于学生教育功能消极性的单方面的影响结果的。这里的道理是：在学校教育的实际过程中，教师教育功能的积极性与消极性对于学生的任何影响，都必然会对学生产生影响结果，而这种影响结果，又必然会对教师产生影响结果。这清楚地表明，在学校教育活动的实际中，教师教育功能的积极性与消极性对于学生的影响结果，必然会产生对于师生双方的对应影响结果，而不可能是现行简单教育功能论所把握到的教师教育功能的积极性对于学生教育功能消极性的单方面影响结果——这种单方面的影响结果也只能是抽象泛化的形而上学的影响结果。

四、对应教育功能论的积极功能

对应教育功能论，从师生双方人为选择性与不可选择性的对应性，切到对学校教育功能的理解，能够对实际的学校教育活动，产生哪些方面的积极影响呢？下面，分而论之。

第一，从师生双方教育功能的属性看，对应教育功能论，能够对实际的学校教育活动产生如下三方面的积极影响：一方面是，对应教育功能论，能够把握到教师教育功能的积极性与消极性。因此，不仅能够支持教师按照人为选择性开展具有积极性的教育活动，而且也能够支持教师遵循不可选择性带来的变化调整具有消极性的教育活动。另一方面是，对应教育功能论，能够把握到学生教育功能的积极性与消极性。因此，不仅能够支持学生按照人为选择性开展具有积极性的教育活动，而且也能够支持学生遵循不可选择性带来的变化调整具有消极性的教育活动。最后一个方面是，对应教育功能论，既能把握到教师教育功能的积极性与消极性，又能把握到学生教育功能的积极性与消极性。因此，能够支持师生双方构建出以积极性与消极性的对应为基础的对等影响关系。鉴于现行简单教育功能论的遮蔽或偏差，我们愿意特别强调如下三点：第一点是，关注教师教育功能的消极性。这里的关键是要走出人们熟悉的现行教育理论的偏差，那就是认为教师教育功能只有积极性的观点——那当然是简单抽象思维泛化的后果。在对应思维看来，教师教育的功能，必然具有积极性与消极性对应的功能，所以，就不仅要关注教师教育功能的积极性，而且要关注教师教育功能的消极性。第二点是，关注学生教育功能的积极性。这里的关键也是要走出人们熟悉的现行教育理论的偏差，那就是认为学生教育功能只有消极性的观点——那当然是简单抽象思维泛化的后果。在对应思维看来，学生教育的功能，正如教师教育的功能一样，必然具有积极性与消极性对应的功能，所以，就不仅要关注学生教育功能的消极性，而且要关注学生教育功能的积极性。第三点是，关注师生双方在教育功能的属性维度上对等定位的教育关系，即三线定位的教育关系。既然师生双方教育功能都具有积极性与消极性的对应属性，那么，师生双方就要关注在双方积极性与消极性的一致性与不一致性前提下的三线定位关系。这种三线定位关系的基本内容是：关注理想性的上线，即师生双方在教育功能的积极性与消极性的一致性前提下（即双方都能以对方的积极性去改造自身的消极性），走向对等的教育，以实现双方教育功能的互补性变化或发展；关注现实性的中线，即师生双方在教育功能积极性与消极性的不一致性前提下（即双方中至少有一方不能以对方的积极性去改造自身的消极性），走向对话或讨论，以实现双方教育功能的生成性变化或发展；关注禁止性的底线，即师生双方在教育功能的积极性与消极性的不一致性前提下，都不能破坏或割裂对应的教育关系。我们认为，在师生双方教育功能的属性维度上，经由三线定位的教育，就可以构建出师生双方以各自教育功能的积极性与消极性的对应为基础的涉及理想、现实与戒律的对等教育关系。由此，也可以规避由教师教育功能积极性与学生教育功能消极性所必然导致的简单的不对等教育关系。

第二，从师生双方教育功能的影响指向看，对应教育功能论，能够对实际的学校教育活动产生如下三方面的积极影响：一方面是，对应教育功能论，能够把握到教师教育功能的积极性与消极性对于学生的影响指向。因此，能够支持教师保持对学生的积极功能而规避对学生的消极功能。另一方面是，对应教育功能论，能够把握到学生教育功能的积极性与消极性对于教师的影响指向。因此，能够支持学生保持对教师的积极功能而规避对教师的消极功能。最后一个方面是，对应教育功能论，既能把握到教师教育功能对于学生的影响指向，又能把握到学生教育功能对于教师的影响指向。因此，能够支持师生双方建构出以各自教育功能的积极性与消极性影响指向为基础的双向度对等影响关系。鉴于现行简单教育功能论的遮蔽或偏差，我们愿意特别强调如下三点：第一点是，关注教师对学生以消极性功能为基础的影响指向。这里的关键是要走出人们熟悉的现行教育理论的偏差，那就是认为教师对学生的影响指向是以积极性为基础的影响指向的观点——那当然是简单抽象思维泛化的后果。在对应思维看来，教师对学生的影响指向，必然是以积极性与消极性的对应为基础的影响指向，所以，就不仅要关注教师对学生以积极性为基础的影响指向，而且要关注教师对学生以消极性为基础的影响指向。第二点是，关注学生对教师以积极性与消极性为基础的影响指向。这里的关键也是要走出人们熟悉的现行教育理论的偏差，那就是认为学校教育指向是教师对学生的影响指向观点——那当然是简单抽象思维泛化的后果。在对应思维看来，教师对学生的影响指向，必然是师生双方对应的影响指向，所以，就不仅要关注教师对学生以积极性与消极性为基础的影响指向，而且要关注学生对教师以积极性与消极性为基础的影响指向。第三点是，关注师生双方在影响指向维度上对等定位的教育关系，即三线定位的教育关系。既然师生双方都具有以积极性与消极性为基础的双向度影响指向，那么，师生双方就要关注在积极性与消极性影响指向一致性与不一致性前提下的三线定位关系。这种三线定位关系的基本内容是：关注理想性的上线，即师生双方在积极性与消极性影响指向的一致性前提下（即双方都能以对方的积极性影响指向去改造自身的消极性影响指向），走向对等的教育，以实现双方影响指向的互补性变化或发展；关注现实性的中线，即师生双方在积极性与消极性影响指向的不一致性前提下（即双方中至少有一方不能以对方的积极性影响指向去改造自身的消极性影响指向），走向对话或讨论，以实现双方影响指向的生成性变化或发展；关注禁止性的底线，即师生双方在积极性与消极性影响指向的不一致性前提下，都不能破坏或割裂对应的教育关系。我们认为，在师生双方的影响指向维度上，经由三线定位的教育，就可以构建出师生双方以各自的积极性与消极性影响指向为基础的涉及理想、现实与戒律的对等教育关系。由此，也可以规避由教师对学生的片面影响指向所必然导致的简单的不对等教育关系。

第三，从师生双方教育功能的影响结果看，对应教育功能论，能够对实际的学校教育活动产生如下三方面的积极影响：一方面是，对应教育功能论，能够把握到教师教育功能的积极性与消极性对学生的影响结果。因此，不仅能够支持教师肯定或接受对学生具有积极性的教育功能，而且也能够支持教师管控或改变对学生具有消极性的教育功能。另一方面是，对应教育功能论，能够把握到学生教育功能的积极性与消极性对教师的影响结果。因此，不仅能够支持学生肯定或接受对教师具有积极性的教育功能，而且也能够支持学生管控或改变对教师具有消极性的教育功能。最后一个方面是，对应教育功能论，既能把握到教师教育功能的积极性与消极性对学生的影响结果，又能把握到学生教育功能的积极性与消极性对教师的影响结果。因此，能够支持师生双方建构出以各自积极性与消极性影响结果为基础的对等影响关系。鉴于现行简单教育功能论的遮蔽或偏差，我们愿意特别强调如下三点：第一点是，关注教师教育功能的消极性对学生的影响结果。这里的关键是要走出人们熟悉的现行教育理论的偏差，那就是认为教师对学生的影响结果是教师教育功能的积极性的影响结果的观点——那当然是简单抽象思维泛化的后果。在对应思维看来，教师对学生的影响结果，必然是教师教育功能的积极性与消极性对学生影响的结果，所以，就不仅要关注教师教育功能的积极性对学生的影响结果，而且要关注教师教育功能的消极性对学生的影响结果。第二点是，关注学生教育功能的积极性与消极性对教师的影响结果。这里的关键也是要走出人们熟悉的现行教育理论的偏差，那就是认为学校教育的结果是教师对学生影响结果的观点——那当然是简单抽象思维泛化的后果。在对应思维看来，教师对学生的影响结果，必然是师生双方的对应影响结果，所以，就不仅要关注教师教育功能的积极性与消极性对学生的影响结果，而且要关注学生教育功能的积极性与消极性对教师的影响结果。第三点是，关注师生双方在影响结果维度上对等定位的教育关系，即三线定位的教育关系。既然师生双方都具有以积极性与消极性为基础的对应影响结果，那么，师生双方就要关注在积极性与消极性影响结果一致性与不一致性前提下的三线定位关系。这种三线定位关系的基本内容是：关注理想性的上线，即师生双方在积极性与消极性影响结果的一致性前提下（即双方都能以对方的积极性影响结果去改造自身的消极性影响结果），走向对等的教育，以实现双方教育功能的互补性变化或发展；关注现实性的中线，即师生双方在积极性与消极性影响结果的不一致性前提下（即双方中至少有一方不能以对方的积极性影响结果去改造自身的消极性影响结果），走向对话或讨论，以实现双方教育功能的生成性变化或发展；关注禁止性的底线，即师生双方在积极性与消极性影响结果的不一致性前提下，都不能破坏或割裂对应的教育关系。我们认为，在师生双方的影响结果维度上，经由三线定位的教育，就可以构建出师生双方以各自积极性与消极性影响结果为基础的涉及理想、现实与戒律的对等教育关系。由此，也可以规避由教师对学生的单方面影响结果所必然导致的简单的不对等教育关系。

五、本节小结

综上所述，我们对现行简单教育功能论的改造，涉及三层基本内容：一是，首先，由现行简单教育功能论所包含的主观思维路线，转换到事实思维路线；其次，在事实思维路线基础上，将现行简单教育功能论所包含的单一主观泛化的思维路线，改造为主观与客观的对应思维路线。二是，在对应思维路线上，将现行简单教育功能论所包含的认识师生双方教育功能的"学校教育的人为选择性"的思维切入点，改造为"人为选择性与不可选择性的对应性"的思维切入点。三是，在"人为选择性与不可选择性的对应性"视野中，分别对师生双方教育功能的属性、影响指向与影响结果这些基本教育关系，做出了对应的考察。最后，我们分别考察了对应教育功能论，在师生双方教育功能的属性、影响指向与影响结果这些基本维度上，对实际的学校教育活动所产生的积极影响，以推动人们从现行的简单教育功能论，转换到对应的教育功能论。

为了更简明地把握两种教育功能论的不同，我们不妨将其中所包含的不同思维路线，做出如下比较：

简单教育功能论的单线定位路线——教育活动的功能，就是教育者对于受教育者的具有积极性的功能——这里需要特别注意，简单教育功能论，仅仅是对教育者单一主观性这一条思维路线的反映。

　　对应教育功能论的三线定位路线——教育活动的功能，就是教育者与受教育者双方所具有的积极性与消极性的对应功能，它包含双方积极性与消极性对应影响的理想的上线、现实的中线以及戒律的底线——这里需要特别注意，对应教育功能论，是对教育者与受教育者双方教育功能的积极性与消极性对应影响的理想、现实与戒律的三条思维路线的反映。

六、本节提示

　　在本节最后，需要做两点提示：一是，由"学校教育的人为选择性"这一思维活动切入点，到"人为选择性与不可选择性的对应性"思维活动切入点的过渡环节，就是由对学校教育功能的主观抽象思维，转向对学校教育功能的客观与主观的对应思维。二是，由"教师教育功能对学生教育功能的影响"这一思维活动切入点，到"师生双方教育功能的对应影响"思维活动切入点的过渡环节，就是由对师生教育功能的主观抽象思维，转向对师生教育功能的客观与主观的对应思维。

　　附言：

　　1. 教师按照可控性而开始的教育活动，其实，必然是可控性与不可控性对应的教育活动。

　　2. 对师生双方教育功能的积极性与消极性的认识，都应该是对应的边界认识，而不能是抽象泛化的认识。

　　3. 现行学校教育功能论，仅仅把握到学校教育功能的积极性而没能把握到消极性——其实质，就是典型的形而上学的简单论。

　　4. 师生双方教育功能的积极性与消极性所生成的张力，正是推动师生双方走向教育功能定位的最根本的动力。

　　5. 仅仅明白人的行为或活动的积极性而不能同时明白人的行为或活动的消极性的人，其实，也就是简单的人。

　　6. 关于教师人为选择的对学生具有积极性功能的现行教育理论，正反映出人们在简单生活中的简单教育的基本功能，而关于师生双方以积极性与消极性功能为基础而进行的对应教育理论，则体现出人们在对应生活中的对应教育的基本功能。

第七章

对现行简单教育者优越论的遮蔽性分析与对应改造

第一节　对现行简单教育者优越论的遮蔽性分析

切问：

1. 现行教育理论认为，教育者比受教育者具有明显的优势或优越性，其思维活动的切入点在哪里？我们如何才能探索到其思维活动的切入点？

2. 现行教育者优越论，从自己理解教育活动的切入点上，能够把握到教育活动哪些方面的内容呢？

3. 现行教育者优越论的根据是什么？这种优越论，对实际的教育活动会产生哪些积极作用？

4. 现行教育者优越论，从自己理解教育活动的切入点上，在对教育活动有所把握的同时，却又遮蔽了哪些内容呢？

5. 在思维运行中，现行教育者优越论，存在遮蔽的根源在哪里？

6. 现行教育者优越论，对实际的教育活动会产生怎样的消极作用？

一、现行教育者优越论的内容、属性及其思维活动的切入点

1. 现行教育者优越论的内容

在常识中，人们一般认为教师要比学生具有优越性，或者说，学生比教师具有不足性，所以，教育也就是具有优越性的教师对于具有不足性的学生的影响活动。其实，现行教育理论也没有反思或超出这种常识而仍然坚持这种理解，只是做出了具体的分析。在《当代教育学》中，关于教师与学生双方，就这样写道："在知识上，教师是知之较多者，学生是知之较少者；在智力上，教师是较发达者，学生是较不发达者；在社会生活经验上，教师是较丰富者，学生是欠丰富者。教师对于学生有明显的优势。"① 这就是流行于现行教育理论中的教

① 袁振国. 当代教育学 ［M］. 北京：教育科学出版社，2010：87.

师优越论或学生不足论。按照这种理解，既然教师对于学生具有明显的优势，那么，教育当然也就是教师对于学生的影响活动——这也就是现行教育者优越论的基本内容。

2. 现行教育者优越论的属性

现行教育者优越论，具有怎样的性质呢？沿着上面引文中的思路，我们略做如下考察：

从师生双方的知识维度看：在教师所教授的学科知识范围内，当然可以说教师比学生具有优越性，但是，在这一范围之外，比如在学生感兴趣的知识方面，教师就未必具有优越性，而学生也未必具有不足性；从师生双方的智力维度看：在智力包含的逻辑或理性思维方面，当然可以说教师比学生具有优越性，但是，在智力所包含的想象力或非理性方面，教师就未必具有优越性，而学生也未必具有不足性；从师生双方的社会生活经验看：在社会生活所包含的既有或既成的经验方面，当然可以说教师比学生具有优越性，但是，在社会生活所包含的未有或生成的经验方面，教师就未必具有优越性，而学生也未必具有不足性。然而，现行教育理论，却无视学校教育活动中这些具有内在边界对应性的问题，而仅仅在其主观抽象思维中，片面地抽取出教师在知识、智力与社会生活经验维度上的优越性或学生的不足性。由此，我们就可以有根据地说，现行教育者优越论的属性，就是简单性或片面性。

3. 现行教育者优越论的思维活动的切入点

现行教育理论，既然认为教师比学生具有明显的优越性，那么，我们就可以据此逆向推论出现行教育理论理解教育者与受教育者的思维活动的起点或切入点，那就是"对教育者与受教育者的简单比较或抽象比较"。正向地说，现行教育理论，从对教育者与受教育者的简单比较或抽象比较，切到对双方优越性或不足性的理解。由此，才得到了教师优越论或学生不足论的认识。

二、现行教育者优越论的所见、根据及其积极功能

1. 现行教育者优越论的所见

现行教育理论，从对教育者与受教育者的简单比较，切到对双方关系的理解，能够把握到教育者与受教育者双方在教育活动中的哪些方面的内容呢？因为现行教育理论，主要是关于学校教育活动的理论，所以，我们就结合学校教育活动中师生双方的关系，做出基本的考察：一是，在师生双方的影响属性维度上，现行教育理论，能够把握到教师的优越性与学生的不足性。在上面引用的那本教育学教材中，就分别从知识、智力与社会生活经验三个方面，谈到了

师生双方的属性。在师生双方的知识方面，现行教育理论认为，教师是知识较多者，而学生是知识较少者；在师生双方的智力方面，现行教育理论认为，教师是智力较为发达者，而学生是智力较为不发达者；在师生双方的社会生活经验方面，现行教育理论认为，教师是较为成熟者，而学生是较为不成熟者。二是，在师生双方的影响指向维度上，现行教育理论，能够把握到教师对学生的影响指向与学生对这一指向的接受，或者说，能够把握到具有优越性的教师对具有不足性的学生的影响指向。三是，在师生双方的影响结果维度上，现行教育理论，能够把握到教师对学生的改造与学生的被改造，或者说，能够把握到具有优越性的教师对具有不足性的学生的改造与学生的被改造。总之，现行教育理论，从师生双方的简单比较，切到对双方关系的理解，能够把握到的基本内容，也就是，具有优越性的教师对具有不足性的学生的单方面单向度的改造。

2. 现行教育者优越论的根据

现行教育理论，从对师生双方的简单比较，切到对双方关系的理解，所把握到的基本内容，是有根据的吗？一是，从师生双方的影响属性维度看，在一定的边界范围内，教师确实具有优越性或学生确实具有不足性。从前面谈到的那本教育学教材所涉及的知识、智力与社会生活经验三个方面来看，就教师所教授的学科知识或专业知识而言：因为教师受过专业训练，正所谓"闻道在先""术业专攻"，所以，教师确实属于知识较多者，而学生属于知识较少者；从师生双方的智力维度看，就智力的逻辑或理性方面而言，因为教师已经成熟且受过逻辑或理性训练，所以，教师确实是智力较为发达者，而学生则是较为不发达者；从师生双方的社会生活经验维度看，就既有的社会生活经验而言，因为教师已经成年且具有社会历练，所以，教师确实是较为成熟者，而学生则是较为不成熟者。二是，从师生双方的影响指向维度看，在一定的边界范围内，教师确实具有指向学生的影响而学生确实具有对教师影响指向的接受。这里的根据是：在知识、智力与社会生活经验的一定边界范围内，既然教师具有优越性或学生具有不足性，那么，在这特定的边界范围内，教师就必然会具有由优越性指向不足性的影响指向，而学生就必然会具有由不足性带来的对优越性的接受。三是，从师生双方的影响结果维度看，在一定的边界范围内，教师确实具有对学生方面的塑造或改造。这里的根据是：在知识、智力与社会生活经验的特定边界范围内，既然教师具有优越性而学生具有不足性，既然教师具有影响学生的指向而学生具有对这种指向的接受，那么，在特定边界范围内，师生双方的影响结果，也就必然是教师对学生方面的塑造或改造。总之，现行教育理论，从对师生双方的简单比较，切到对师生双方关系的理解，所把握到的基本内容，在特定的边界范围内，都是有根据的。因此，也都是合理的。

3. 现行教育者优越论的积极功能

现行教育理论，从对师生双方的简单比较，切到对师生双方关系的理解，所把握到的基本内容，对于实际的学校教育活动，都具有积极的功能或价值。一是，在师生双方的影响属性维度上，从前面谈到的那本教育学教材所涉及的知识、智力与社会生活经验三个方面来看，现行教育理论对实际的学校教育活动具有如下积极功能：就教师所教授的学科知识或专业知识而言，现行教育理论能够把握到教师与学生相比的优越性，这能够为师生之间的授受关系提供直接的支持，也能够为以知识为载体的文化的传承提供直接的支持；就智力的逻辑或理性方面而言，现行教育理论能够把握到教师与学生相比的优越性，这能够为教师在逻辑或理性方面指导或引导学生提供直接支持，也能够为学生接受教师的指导或引导提供直接的支持；就既有的社会生活经验而言，现行教育理论能够把握到教师与学生相比的优越性，这能够为教师在既有社会生活经验范围内影响学生提供直接的支持，也能够为学生接受教师的影响提供直接的支持。二是，在师生双方的影响指向维度上，现行教育理论能够把握到教师对学生的影响指向与学生对这一指向的接受，在特定边界范围内，这能够为教师指向学生的影响提供直接的支持，也能够为学生接受教师的影响提供直接的支持。三是，在师生双方的影响结果维度上，现行教育理论能够把握到教师对学生的改造与学生的被改造，在特定边界范围内，这能够为教师对学生的改造提供直接的支持，也能够为学生接受教师的改造提供直接的支持。总之，现行教育理论，从对师生双方的简单比较，切到对师生关系的理解，所把握到的基本内容，在特定的边界范围内，都具有积极的教育价值。

三、现行教育者优越论的偏差、根源及其消极功能

1. 现行教育者优越论的偏差

现行教育理论，从对师生双方的简单比较，切到对师生关系的理解，在有所见或有所把握的同时，却又遗漏或遮蔽了哪些内容呢？一是，从师生双方的影响属性维度看，现行教育理论，在把握到教师优越性与学生不足性的同时，却遮蔽了教师的不足性与学生的优越性。从前面谈到的那本教育学教材所涉及的知识、智力与社会生活经验三个方面来看，其遮蔽的具体内容如下：在师生双方的知识维度上，现行教育理论，在把握到教师在所教授的学科知识或专业知识范围内的优越性的同时，却遮蔽了学生在另外知识范围内的优越性；在师生双方的智力维度上，现行教育理论，在把握到教师在智力的逻辑或理性方面

的优越性的同时，却遮蔽了学生在智力的想象力或非理性方面的优越性；在师生双方的社会生活经验上，现行教育理论，在把握到教师在既有或既成社会生活经验方面的优越性的同时，却遮蔽了学生在未成或生成的社会生活经验方面的优越性。二是，从师生双方的影响指向看，现行教育理论，在把握到教师对学生的影响指向与学生对这一指向的接受的同时，却遮蔽了学生对教师的影响指向与教师对这一指向的回应。三是，在师生双方的影响结果维度上，现行教育理论，在把握到教师对学生的改造与学生的被改造的同时，却遮蔽了学生对教师的改造与教师的被改造。总之，现行教育理论，从对师生双方的简单比较，切到对师生双方关系的理解，在把握到具有优越性的教师对具有不足性的学生的单方面的单向度的改造的同时，却遮蔽了具有优越性的学生对具有不足性的教师这一方面的反方向的改造。

2. 现行教育者优越论的根源

从思维运作看，现行教育者优越论，之所以存在上述偏差，是其主观抽象思维的泛化导致的。

一是，在师生双方的影响属性维度上，从前面谈到的那本教育学教材所涉及的知识、智力与社会生活经验三个方面来看，现行教育理论的抽象泛化的具体内容如下：从师生双方的知识维度看，在教师所教授的学科知识或专业知识范围内，教师确实是知识较多者，然而，在这一特定边界范围之外，教师却未必是知识较多者。比如，一个对航模没有兴趣的语文教师，对于航模的知识，就很难与一个对航模有兴趣的学生的知识相比；而一个对足球没有兴趣的数学教师，对于足球的知识，也很难与一个对足球有兴趣的学生的知识相比。但是，现行教育理论，却在主观思维中，片面地抽取出教师在所教授的学科知识或专业知识范围内的优越性，并以偏概全地泛指教师在所有方面的优越性。由此，便遮蔽了学生的优越性。从师生双方的智力维度看，在智力的逻辑或理性方面，教师确实是智力较发达者，然而，在智力的另外的方面，教师却未必就是较发达者。比如，在智力的想象力方面，正因为教师在逻辑或理性方面的发达，便必然会受到逻辑或理性的约束而难以展开多样的想象；相反地，学生则还未受到逻辑或理性的约束而可以展开更加多样的想象。但是，现行教育理论，却在主观思维中，片面地抽取出教师在智力的逻辑或理性方面的优越性，并以偏概全地泛指教师在智力的所有方面的优越性。由此，便遮蔽了学生的优越性。从师生双方的社会生活经验看，在既有或既成的社会生活经验方面，教师确实是较成熟者，然而，在既有或既成的社会生活经验之外，教师却未必就是较成熟者。比如，在未成或生成的新的社会生活方面，正因为教师在既有或既成的社会生活经验方面是较成熟者，便必然会受到既有或既成社会生活经验的约束而较难适应社会生活的新变；相反地，学生则还未受到既有或既成的社会生活经验的约束而能够较好地适应社会生活的新变。但是，现行教育理论，却在主观思维中，片面地抽取出教师在既有或既成的社会生活经验方面的优越性，并以偏概全地泛指教师在社会生活所有方面的优越性。由此，便遮蔽了学生的优越性。

二是，在师生双方的影响指向维度上，在特定边界范围内，教师确实具有对学生的影响指向而学生确实具有对这一指向的接受，然而，在特定边界范围之外，教师却未必具有对学生的影响指向而学生也未必不具有指向教师的影响指向。比如，在教师所教授的学科知识或专业知识这一范围之外，一个对航模有兴趣的学生，对上一个没有这方面兴趣的教师，就会具有对教师的影响指向。但是，现行教育理论，却在主观思维中，片面地抽取出教师在特定边界范围内对学生的影响指向与学生对这一指向的接受，并以偏概全地泛指教师在所有范围内对学生的影响指向与学生对这一指向的接受。由此，便遮蔽了学生对教师的影响指向与教师对这一影响指向的回应。

三是，在师生双方的影响结果维度上，在特定边界范围内，教师对学生确实具有改造性而学生确实具有被改造性，然而，在特定边界范围之外，教师却未必具有改造性而学生也未必具有被改造性。比如，在教师所教授的学科知识或专业知识这一范围之外，一个对足球有兴趣的学生，对上一个没有这方面兴趣的教师，就会具有改造性而教师就具有被改造性。但是，现行教育理论，却在主观思维中，片面地抽取出教师在特定边界范围内对学生的改造性与学生的被改造性，并以偏概全地泛指教师在所有范围内对学生的改造性与学生的被改造性。由此，便遮蔽了学生对教师的改造性与教师的被改造性。

3. 现行教育者优越论的消极功能

现行教育理论，从师生双方的简单比较，切到对师生双方关系的理解，在有所把握的同时，却又存在偏差。这些认识或思维中的偏差，对实际的学校教育活动，会产生哪些消极影响呢？

一是，在师生双方的影响属性维度上，从前面谈到的那本教育学教材所涉及的知识、智力与社会生活经验三个方面来看，现行教育理论，对实际的学校教育活动，会产生如下不足：①从师生双方的知识维度看，现行教育理论，在把握到教师在特定范围内的优越性的同时，却遮蔽了学生在另外范围内的优越性。由此，便直接导致了两个方面的不足。从教师方面看，教师仅仅把握到自身知识方面的优越性与学生的不足性，便必然会内在地衍生出在知识维度上教师对学生的主导；从学生方面看，学生仅仅把握到自身知识方面的不足性与教师的优越性，则必然会内在地衍生出在知识维度上对教师的服从。②从师生双方的智力维度看，现行教育理论，在把握到教师在智力的逻辑或理性方面的优越性的同时，却遮蔽了学生在智力的想象力或非理性方面的优越性。由此，便直接导致了两个方面的不足。从教师方面看，教师仅仅把握到自身智力方面的优越性与学生的不足性，便必然会内在地衍生出在智力维度上教师对学生的指导；从学生方面看，学生仅仅把握到自身智力方面的不足性与教师的优越性，则必然会内在地衍生出在智力维度上对教师的依赖。③从师生双方的社会生活经验维度看，现行教育理论，在把握到教师在既有社会生活经验方面的优越性的同时，却遮蔽了学生在生成的社会生活经验方面的优越性。由此，便直接导致了两个方面的不足。从教师方面看，教师仅仅把握到自身在既有社会生活经验方面的优越性与学生的不足性，便必然会内在地衍生出在社会生活经验维度上教师对学生的管理或控制；从学生方面看，学生仅仅把握到自身在既有社会生活经验方面的不足性与教师的优越性，则必然会内在地衍生出在社会生活经验维度上对教师的依附。

二是，在师生双方的影响指向维度上，现行教育理论，在把握到教师对学生的影响指向与学生对这一指向的接受的同时，却遮蔽了学生对教师的影响指向与教师对这一指向的回应。由此，便直接导致了两个方面的不足性。从教师方面看，教师仅仅把握到自己对学生的影响指向与学生对这一指向的接受，便必然会内在地衍生出对学生单向度的影响；从学生方面看，学生仅仅把握到教师的影响指向与自己对教师指向的接受，便必然会内在地衍生出对教师单向度的影响的接受。

三是，在师生双方的影响结果维度上，现行教育理论，在把握到教师对学生的改造与学生的被改造的同时，却遮蔽了学生对教师的改造与教师的被改造。由此，便直接导致了两个方面的不足性。从教师方面看，教师仅仅把握到自己对学生的改造与学生的被改造，便必然会内在地衍生出对学生的单方面改造；从学生方面看，学生仅仅把握到自己的被改造与教师的改造，便必然会内在地衍生出对教师单方面改造的接受。

总之，现行教育理论，从师生双方的简单比较，切到对师生双方关系的理解，对学校教育活动实际产生的消极作用就是：仅仅把握到教师优越性与学生不足性的现行教育理论，必然会内在地衍生出教师指向学生的单一向度与教师对于学生的单方面改造或塑造。当然，这种以教师优越性与学生不足性为基本内容的教师对学生的单向度与单方面的改造或塑造，必然会内在地衍生出教师高出于学生的等级性心理与行为。在这方面，只要想想那些以居高临下的姿态对学生进行教育或教学的教师，人们就可以获得很直观的感受，或者，只要想想那些以毕恭毕敬的姿态接受教师教育或教学的学生，人们也可以获得很直观的感受。

四、本节小结

综上所述，我们看到，现行教育者优越论，从师生双方的简单比较，切到对师生双方关系的理解，虽然能够把握到具有优越性的教师指向学生的塑造或改造，也能够把握到这种塑造或改造的根据并对实际的简单学校教育活动产生积极的作用，但是，却遮蔽了具有优越性的学生反向的指向教师的塑造或改造。从思维运作看，现行教育者优越论的偏差，是由其主观思维的抽象泛化所导致的；从实际看，这种抽象泛化的思维或认识，对师生双方对应的学校教育活动存在多方面的消极作用。因此，现行教育者优越论，就必然也因此而必须被合理地反思与改造。

五、本节提示

在本节最后，需要做两点提示：一是，探寻现行教育者优越论的思维活动切入点的根据，就是现行教育者优越论的内容，或者说，我们是通过现行教育者优越论的基本内容而探寻到其思维活动的切入点的。二是，对现行教育者优越论的思维活动切入点的遮蔽性分析，不是我们简单的主观分析，而是根据现行教育者优越论所包含的主观思维活动切入点的所见与所不见而展开的——要特别注意，现行教育者优越论所包含的简单静态的主观思维，必然会遮蔽与其对应的动态的客观事实。

附言：

1. 在日常生活中，对师生关系的理解，当然可以从某一方面的简单比较开始，但是，教育理论的理解，却不能停留在这里，更不能静止在这里。

2. 探寻他人理解人或事物的生命感受的起点，就是把握他人理解人或事物的思想的基础。

3. 现行教育理论，仅仅把握到教师的优越性，却把握不到教师的不足性，这是其滑入等级性教育的认识论根源。

4. 仅仅把握到学生不足性而没有把握到学生优越性的现行教育观，其实就是隐在地对学生的等级性歧视观。

5. 不明白自身不足性的教师，绝不可能在学生面前保持内在的谦虚并因此而向学生学习。

6. 单向的改造与被改造关系，必然会衍生出等级性关系，而只知道自己对学生具有改造性的教师，就是典型的等级性专制型教师。

第二节　对现行简单教育者优越论的对应改造

切问：

1. 从学校教育的实际看，教师的优越性或学生的不足性，都是具有特定范围或边界限定的优越性或不足性。因此，现行教育理论所把握到的教师优越性或学生不足性，其实，都是有具体边界限定的优越性或不足性吗？

2. 在教师所教授的学科知识或专业知识范围内，可以说，教师比学生具有优越性，但是，在这一范围之外，还能够说，教师比学生具有优越性吗？

3. 在智力的逻辑或理性方面，可以说，教师比学生具有优越性，但是，在智力的想象力或非理性方面，还能够说，教师比学生具有优越性吗？

4. 在既有或既成的社会生活方面，可以说，教师比学生具有优越性，但是，在未成或生成的社会生活方面，还能够说，教师比学生具有优越性吗？

5. 师生双方的优越性或不足性，都不是抽象泛化的优越性或不足性，而是具有边界限定的优越性或不足性吗？我们需要从抽象泛化的思维，转换到具体的边界思维或对应思维吗？

6. 如果教师只有优越性而学生只有不足性，那么，师生之间就只能产生教师支配学生的等级性的或不对等的简单关系吗？而如果师生双方都分别具有自身的优越性与不足性，那么，师生双方之间就会产生以各自优越性与不足性的对应为基础的对等关系吗？

一、对现行教育者优越论所包含的泛化思维的对应改造

上一节我们谈到，现行教育理论的教育者优越论，之所以存在偏差，是因为在其思维运作中存在抽象泛化的不足。因此，要改造现行教育者优越论，就必须改造其抽象泛化的主观思维。如何改造这种思维呢？这首先就需要摆脱现行教育者优越论所包含的简单主观思维，而转向对教育活动事实或实际的关注——由主观思维，转向事实思维。其次，还需要走出教育研究者简单泛化的抽象思维，而转向对教育活动的抽象与具体对应的边界思维——由简单的抽象

泛化思维，转向抽象与具体对应的边界思维。

二、对现行教育者优越论所包含的思维切入点的对应改造

现行教育者优越论，从师生双方的简单比较或抽象比较开始，切到对师生双方关系的理解，这一切入点本身并不存在问题。现行教育者优越论的问题在于：首先，从师生双方的简单比较或抽象比较开始，切到对师生关系的理解；其次，却并没有对学校教育活动中具体的师生关系做出对应的考察，而仅仅停留在对师生关系的抽象理解那里，并得到了教师优越论或学生不足论的简单认识。

学校教育活动实际中的具体师生关系，又是怎样的呢？征之于客观的实际，我们看到，在教师所教授的学科知识或专业知识范围内，教师确实比学生具有优越性，但是，在学生感兴趣的知识领域，学生却常常比教师具有优越性。在智力的逻辑或理性方面，教师确实比学生具有优越性，但是，在智力的想象力或非理性方面，学生却常常比教师具有优越性。在社会生活所包含的既有或既成的经验方面，教师确实比学生具有优越性，但是，在社会生活所包含的未有或生成的经验方面，学生却常常比教师具有优越性。总之，在学校教育实际中，教师与学生双方的优越性或不足性，都不是简单抽象的优越性或不足性，而是具有特定边界限定的优越性或不足性。然而，现行教育理论，却无视学校教育活动实际中的具体的边界限定性，而仅仅在主观抽象思维的泛化中把握到片面的教师优越性或学生不足性。鉴于此，我们就需要将现行教育理论所包含的"对师生双方的简单比较或抽象比较"的切入点，改造为"对师生双方的边界比较或对应比较"的切入点。

三、对现行教育者优越论所包含的具体内容的对应改造

对应教育论，从对师生双方的边界比较，切到对学校教育活动中师生关系的理解，能够对现行的教育者优越论，做出哪些方面的改造呢？下面，分而论之。

第一，在师生双方的影响属性维度上，从前面谈到的那本教育学教材所涉及的知识、智力与社会生活经验三个方面来看，对应教育论，能够对现行的教育者优越论，做出如下改造：

从师生双方的知识维度看，对应教育论，既能把握到在学科知识或专业知识范围内，教师在知识方面的优越性与学生的不足性，又能把握到在学科知识或专业知识范围之外，教师在知识方面的不足性与学生的优越性，这是不同于

现行教育者优越论所把握到的教师单方面的优越性或学生的不足性的。这里的道理是：在学校教育的实际中，师生双方在知识维度上所展开的对应活动，既包括学科或专业知识，又包括学科或专业知识之外的知识。这意味着，师生双方的对应活动，既包含教师在学科或专业范围内的优越性，又包含学生在学科或专业范围之外的优越性，而不可能是现行教育者优越论所把握到的教师在知识维度上单方面的优越性——这种单方面的孤立的优越性只能是抽象泛化的形而上学的优越性。

从师生双方的智力维度看，对应教育论，既能把握到在智力的逻辑或理性方面教师的优越性或学生的不足性，又能把握到在智力的想象力或非理性方面教师的不足性或学生的优越性，这是不同于现行教育者优越论所把握到的教师单方面的优越性或学生的不足性的。这里的道理是：在学校教育的实际中，师生双方在智力维度上所展开的对应活动，既包括智力的逻辑或理性方面，又包括智力的想象力或非理性方面。这意味着，师生双方的对应活动，既包含教师在智力的逻辑或理性方面的优越性，又包含学生在智力的想象力或非理性方面的优越性，而不可能是现行教育者优越论所把握到的教师在智力维度上单方面的优越性——这种单方面的孤立的优越性也只能是抽象泛化的形而上学的优越性。

从师生双方的社会生活经验维度看，对应教育论，既能把握到在既有或既成的社会生活经验方面教师的优越性或学生的不足性，又能把握到在未成或生成的社会生活经验方面学生的优越性或教师的不足性，这是不同于现行教育者优越论所把握到的教师单方面的优越性或学生的不足性的。这里的道理是：在学校教育的实际中，师生双方在社会生活经验维度上所展开的对应活动，既包括既有或既成的社会生活经验，又包括未成或生成的社会生活经验。这意味着，师生双方的对应活动，既包含教师在既有或既成的社会生活经验方面的优越性，又包含学生在未成或生成的社会生活经验方面的优越性，而不可能是现行教育者优越论所把握到的教师在社会生活经验维度上单方面的优越性——这种单方面的孤立的优越性也只能是抽象泛化的形而上学的优越性。

第二，在师生双方的影响指向维度上，对应教育论，既能把握到由教师指向学生的影响向度，又能把握到由学生指向教师的影响向度，这是不同于现行教育者优越论所把握到的由教师指向学生的单一向度的。这里的道理是：在学校教育的实际中，在知识、智力与社会生活经验这些基本维度上，既然师生双方各有属于自身的优越性与不足性，那么，师生双方的影响向度，就必然是师生双方相互对应的影响向度，而不可能是现行教育者优越论所把握到的由教师指向学生的单向度——这种单向度也只能是抽象泛化的形而上学的单向度。

第三，在师生双方的影响结果维度上，对应教育论，既能把握到教师对于学生的塑造或改造，又能把握到学生对于教师的塑造或改造，这是不同于现行教育者优越论所把握到的教师对学生单方面的塑造或改造的。这里的道理是：在学校教育的实际中，在知识、智力与社会生活经验这些基本维度上，各有属于自身的优越性与不足性，各有指向对方的影响向度，那么，师生双方的影响结果，就必然是师生双方相互对应的塑造或改造，而不可能是现行教育者优越论所把握到的教师对学生单方面的塑造或改造——这种单方面的塑造或改造也只能是抽象泛化的形而上学的单方塑造或改造。

四、师生双方对应的优越论与不足论的积极功能

对应教育论，从对师生双方的边界比较，切到对学校教育活动中师生关系的理解，能够对实际的教育活动，产生哪些方面的积极影响呢？下面，分而论之。

第一，在师生双方的影响属性维度上，从前面谈到的那本教育学教材所涉及的知识、智力与社会生活经验三个方面来看，对应教育论，能够对实际的学校教育活动，产生如下积极作用：

从师生双方的知识维度看：对应教育论，能够对实际的教育活动产生如下三方面的积极影响：一方面是，对应教育论，能够把握到教师在知识维度上的优越性与不足性。因此，不仅能够支持教师在认识自身优越性的前提下去影响学生，而且也能够支持教师在认识自身不足性的前提下去向学生学习。另一方面是，对应教育论，也能够把握到学生知识维度上的优越性与不足性。因此，不仅能够支持学生在认识自身不足性的前提下去接受教师的影响，而且也能够支持学生在认识自身优越性的前提下去影响教师。最后一个方面是，对应教育论，既能把握到教师在知识维度上的优越性与不足性，又能把握到学生在知识维度上的优越性与不足性。因此，能够支持师生双方建构出以各自优越性与不足性的对应为基础的对等影响关系。鉴于现行教育者优越论的遮蔽或偏差，我们愿意特别强调如下两点：一点是，关注在知识维度上学生的优越性与教师的不足性。这里的关键是要走出人们熟悉的现行教育理论的偏差，那就是认为教师在知识上比学生具有明显优越性的观点——那当然是简单抽象思维泛化的后果。在对应思维的视野中，教师与学生双方在知识维度上都分别具有自身的优越性与不足性，所以，不仅要关注教师的优越性或学生的不足性，而且要关注学生的优越性或教师的不足性。另一点是，关注师生双方在知识维度上对等定

位的教育关系，即三线定位的教育关系。既然师生双方在知识维度上，各有自身的优越性与不足性，那么，师生双方就要关注在双方影响的一致性与不一致性前提下的三线定位关系。这种三线定位关系的基本内容是：关注理想性的上线，即师生双方在影响与被影响的一致性前提下，走向对等的教育，以实现双方在知识维度上的互补性变化或发展；关注现实性的中线，即师生双方在影响与被影响的不一致性前提下，走向对话或讨论，以实现双方在知识维度上的生成性变化或发展；关注禁止性的底线，即师生双方在影响与被影响的不一致性的前提下，都不能破坏或割裂对应的教育关系。我们认为，在知识维度上，经由三线定位的教育，就可以构建出师生双方以各自的优越性与不足性的对应为基础的涉及理想、现实与戒律的对等教育关系。由此，也可以规避由片面的教师优越性或学生不足性所必然导致的等级性或不对等的教育关系。

从师生双方的智力维度看：对应教育论，能够对实际的教育活动产生如下三方面的积极影响。一方面是，对应教育论，能够把握到教师在智力的逻辑或理性方面的优越性，也能够把握到教师在智力的想象力或非理性方面的不足性。因此，不仅能够支持教师在认识自身优越性的前提下去影响学生，而且也能够支持教师在认识自身不足性的前提下去向学生学习。另一方面是，对应教育论，能够把握到学生在智力的逻辑或理性方面的不足性，也能够把握到学生在智力的想象力或非理性方面的优越性。因此，不仅能够支持学生在认识自身不足性的前提下去接受教师的影响，而且也能够支持学生在认识自身优越性的前提下去影响教师。最后一个方面是，对应教育论，既能把握到教师在智力维度上的优越性与不足性，又能把握到学生在智力维度上的优越性与不足性。因此，能够支持师生双方建构出以各自优越性与不足性的对应为基础的对等影响关系。鉴于现行教育者优越论的遮蔽或偏差，我们愿意特别强调如下两点：一点是，关注在智力维度上学生的优越性与教师的不足性。这里的关键是要走出人们熟悉的现行教育理论的偏差，那就是认为教师在智力上比学生具有明显优越性的观点——那当然是简单抽象思维泛化的后果。在对应的边界思维的视野中，教师与学生双方在智力维度上都分别具有自身的优越性与不足性。所以，不仅要关注教师的优越性或学生的不足性，而且要关注学生的优越性或教师的不足性。另一点是，关注师生双方在智力维度上对等定位的教育关系，即三线定位的教育关系。既然师生双方在智力维度上，各有自身的优越性与不足性，那么，师生双方就要关注在双方影响的一致性与不一致性前提下的三线定位关系。这种三线定位关系的基本内容是：关注理想性的上线，即师生双方在影响与被影响的一致性前提下，走向对等的教育，以实现双方在智力维度上的互补性变化或

["

不一致性的前提下，都不能破坏或割裂对应的教育关系。我们认为，在社会生活经验维度上，经由三线定位的教育，就可以构建出师生双方以各自的优越性与不足性的对应为基础的涉及理想、现实与戒律的对等教育关系。由此，也可以规避由片面的教师优越性或学生不足性所必然导致的等级性或不对等的教育关系。

　　第二，在师生双方的影响指向维度上，对应教育论，能够对实际的教育活动产生如下三方面的积极影响：一方面是，对应教育论，能够把握到由教师指向学生的影响向度。因此，能够支持教师对学生的影响；另一方面是，对应教育论，能够把握到由学生指向教师的影响向度。因此，能够支持学生对教师的影响；最后一个方面是，对应教育论，既能把握到由教师指向学生的影响向度，又能把握到由学生指向教师的影响向度。因此，能够支持师生双方建构出以相互对应的影响为基础的对等教育关系。鉴于现行教育者优越论的遮蔽或偏差，我们愿意特别强调如下两点：一点是，关注由学生指向教师的影响向度。这里的关键是要走出人们熟悉的现行教育理论的偏差，那就是认为在学校教育活动中只存在由教师指向学生的影响向度——那当然是简单抽象思维泛化的后果。在对应思维的视野中，既然师生双方各有自身的优越性与不足性，那么，师生双方之间，就必然会存在相互对应的影响指向。因此，就不仅要关注由教师指向学生的影响向度，而且要关注由学生指向教师的影响向度。另一点是，关注师生双方在影响指向维度上对等定位的教育关系，即三线定位的教育关系。既然师生双方之间，存在相互对应的影响指向，那么，师生双方就要关注在双方影响指向一致性与不一致性前提下的三线定位关系。这种三线定位关系的基本内容是：关注理想性的上线，即师生双方在影响指向的一致性前提下，走向对等的教育，以实现双方的互补性变化或发展；关注现实性的中线，即师生双方在影响指向的不一致性前提下，走向对话或讨论，以实现双方的生成性变化或发展；关注禁止性的底线，即师生双方在影响指向的不一致性前提下，都不能破坏或割裂对应的教育关系。我们认为，在师生双方的影响指向维度上，经由三线定位的教育，就可以构建出师生双方以相互对应的影响指向为基础的涉及理想、现实与戒律的对等教育关系。由此，也可以规避由教师单向度指向学生所必然导致的等级性或不对等的教育关系。

　　第三，在师生双方的影响结果维度上，对应教育论，能够对实际的教育活动产生如下三方面的积极影响：一方面是，对应教育论，能够把握到教师对学生的塑造或改造。因此，能够支持教师对于学生塑造或改造的教育结果。另一方面是，对应教育论，能够把握到学生对教师的塑造或改造。因此，能够支持学生对于教师塑造或改造的教育结果。最后一个方面是，对应教育论，既能把握到教师对学生的教育结果，又能把握到学生对教师的教育结果。因此，能够支持师生双方建构出以相互对应的影响结果为基础的对等教育关系。鉴于现行教育者优越论的遮蔽或偏差，我们愿意特别强调如下两点：一点是，关注学生对教师的影响结果。这里的关键是要走出人们熟悉的现行教育理论的偏差，那就是认为在学校教育活动中只存在教师对学生的影响结果——那当然是简单抽象思维泛化的后果。在对应思维的视野中，既然师生双方之间存在相互对应的影响指向，那么，师生双方就必然会存在相互对应的影响结果。因此，就不仅要关注教师对于学生的影响结果，而且要关注学生对于教师的影响结果。另一点是，关注师生双方在影响结果维度上对等定位的教育关系，即三线定位的教育关系。既然师生双方，存在相互对应的影响结果，那么，师生双方就要关注在双方影响结果的一致性与不一致性前提下的三线定位关系。这种三线定位关系的基本内容是：关注理想性的上线，即师生双方在影响结果的一致性前提下，走向对等的教育，以实现双方的互补性变化或发展；关注现实性的中线，即师生双方在影响结果的不一致性前提下，走向对话或讨论，以实现双方的生成性变化或发展；关注禁止性的底线，即师生双方在影响结果的不一致性前提下，都不能破坏或割裂对应的教育关系。我们认为，在师生双方的影响结果维度上，经由三线定位的教育，就可以构建出师生双方以相互对应的影响结果为基础的涉及理想、现实与戒律的对等教育关系，由此，也可以规避由教师单方面影响学生所必然导致的等级性或不对等的教育关系。

五、本节小结

综上所述，我们对现行教育者优越论的改造，涉及三层基本内容：一是，首先，由现行教育者优越论所包含的主观思维路线，转换到事实思维路线；其次，在事实思维路线基础上，将现行教育者优越论所包含的单一主观抽象泛化的思维路线，改造为抽象与具体的对应思维或边界思维路线。二是，在对应思维路线上，将现行教育者优越论所包含的认识师生双方关系的"对师生双方的简单抽象比较"的思维切入点，改造为"对师生双方的边界比较"的思维切入点。三是，在"对师生双方的边界比较"视野中，分别对师生双方的影响属性、指向与结果这些基本教育关系，做出了对应的考察。最后，我们分别考察了对应教育论，在师生双方的影响属性、指向与结果这些基本维度上，对实际的学校教育活动所产生的积极影响，以推动人们从现行的教师优越论或学生不足论，转换到师生双方对应的优越论与不足论。

为了更简明地把握两种师生观的不同，我们不妨将其中所包含的不同思维路线，做出如下比较：

教师优越论或学生不足论所包含的对师生理解的单线定位路线——在对教师与学生的简单比较的框架中，教师具有优越性而学生具有不足性。因此，双方之间就是具有优越性的教师对于具有不足性的学生的影响关系——这里需要特别注意，教师优越论或学生不足论，仅仅是对教师单一主观愿望或价值期待这一条思维路线的反应。

师生双方对应的优越论与不足论所包含的对师生理解的三线定位路线——在对教师与学生对应比较的框架中，师生双方分别具有对应的优越性与不足性。因此，双方之间就是彼此的优越性与不足性的对应影响关系，它包含双方理想的上线、现实的中线以及戒律的底线——这里需要特别注意，师生双方对应的优越论与不足论，是对师生双方理想、现实与戒律的三条思维路线的反应。

六、本节提示

在本节最后，需要做两点提示：一是，由"对师生双方的抽象比较"，到"对师生双方的对应比较"的过渡环节，就是由对教育活动的主观抽象思维，转向对教育活动的抽象与具体的对应思维；二是，由"教师对学生的简单教育"，到"教师与学生的对应教育"的过渡环节，就是由对师生活动的主观抽象思维，转向对师生活动的抽象与具体的对应思维。

附言：

1. 从教师一方对学生一方开始的教育活动，其实，都是教师与学生双方的对应活动。

2. 对教师与学生的优越性或不足性的评价，都应该是具体的边界评价，而不能是抽象的泛化评价。

3. 仅仅把握到教师的优越性与学生的不足性的现行教育理论，必然会衍生出等级性的师生关系。

4. 只能看到自身优越性与学生不足性的教师，必然会对学生产生等级性的歧视。

5. 只知道教师优越性的人，或者，只知道学生不足性的人，其实，都属于简单的人。

6. 既能把握到教师对于学生的优越性，又能把握到教师对于学生的不足性的人，也就是以对应性为基础的丰富的人。

第八章

对现行简单教育对象论的遮蔽性分析与对应改造

第一节 对现行简单教育对象论的遮蔽性分析

切问：

1. 现行教育理论，将教育归属于一方对另一方的简单对象性活动，其思维活动的切入点在哪里？我们如何才能探索到其思维活动的切入点？

2. 现行教育对象论，从自己理解教育活动的切入点上，能够把握到教育活动哪些方面的内容呢？

3. 现行教育对象论的根据是什么？这种对象论，对实际的教育活动会产生哪些积极作用？

4. 现行教育对象论，从自己理解教育的切入点上，在对教育活动有所把握的同时，却又遮蔽了哪些内容呢？

5. 在思维运行中，现行教育对象论，存在遮蔽的根源在哪里？

6. 现行教育对象论，对实际的教育活动会产生怎样的消极作用？

一、现行教育对象论的内容、属性及其思维活动的切入点

1. 现行教育对象论的内容

按照人们在日常生活经验中的理解，教师是教育者，学生是受教育者，而现行教育理论，在对这种日常经验未加反思的前提下，也坚持这种理解。在《当代教育学》中，就有如下明白的表达："教师是教育者"，"学生是教育的对象。"① 在这里，所谓学生是教育的对象的表达，其实，也就是说，学生是受教育者。在日常经验与现行教育理论的这种理解中，既然教师是教育者而学生是受教育者或者是教育的对象，那么，教育也就是教育者对于受教育者的教育，而学校教育也就是教师对于学生的教育。这种一方以另一方为教育对象的理论，

---

① 袁振国. 当代教育学 [M]. 北京：教育科学出版社，2010：71-80.

也就是现行的教育对象论。

2. 现行教育对象论的属性

现行教育对象论，具有怎样的性质呢？

按照现行教育对象论的理解，学校教育的对象，也就是学生。学校教育活动的实际，果真是这样的吗？当教师以学生为对象进行教育活动时，难道不会受到学生反向的教育并因此而成为学生的教育对象吗？难道学生仅仅是教育的对象而不是教育者吗？难道教师仅仅是教育者而不是教育的对象吗？学校教育的对象，难道仅仅是单一的学生而不同时包含教师吗？然而，从上面的引文中，我们看到，现行教育对象论，却无视这些客观实际中内在的对应问题，而仅仅将学校教育的对象规定为单方面的学生。由此，我们就可以有根据地说，现行教育对象论的属性，就是片面性或简单性。

3. 现行教育对象论的思维活动的切入点

现行教育对象论，既然将学校教育的对象规定为单方面的学生，那么，我们就可以据此逆向推论出现行教育对象论的思维活动的起点或切入点，那就是"教育者对受教育者的主动性影响"或"教师对学生的主动性影响"。正向地表达，现行教育理论，正是从教师对学生的主动性影响，切到对学校教育对象的理解，才将学校教育的对象规定为单方面的学生。

二、现行教育对象论的所见、根据及其积极功能

1. 现行教育对象论的所见

现行教育对象论，从教师对学生的主动性影响，切到对学校教育对象的理解，能够把握到学校教育对象哪些方面的内容呢？一是，从师生双方的活动属性看，现行教育对象论，能够把握到作为教育者的教师的主动性，也能够把握到作为受教育者的学生的被动性；二是，从师生双方的活动关系看，现行教育对象论，能够把握到作为教育者的教师对于作为受教育者的学生的影响指向；三是，从师生双方的活动结果看，现行教育对象论，能够把握到作为教育者的教师对于作为受教育者的学生的影响结果。总之，现行教育对象论，从教师对学生的主动性影响，切到对学校教育对象的理解，能够把握到的基本内容，也就是：作为教育者的教师对于作为受教育者的学生的影响。

2. 现行教育对象论的根据

现行教育对象论，从教师对学生的主动性影响，切到对学校教育对象的理解，所把握到的基本内容，是有根据的吗？一是，从师生双方的活动属性看，作为教育活动的参加者，教师当然会具有在学校教育活动中的主动性，而学生

也当然会具有接受教师教育的被动性。就此而论，现行教育对象论所把握到的教师的主动性与学生的被动性，就是有根据的。二是，从师生双方的活动关系看，教师要对学生进行主动的影响，就必然会将这种影响指向学生，这也是有根据的。三是，从师生双方的活动结果看，既然教师对学生进行了主动的影响或教育，那么，学生就必然会受到教师的影响或教育，这也是有根据的。总之，现行教育对象论，从教师对学生的主动性影响，切到对学校教育对象的理解，所把握到的基本内容，从教师对学生的教育来看，都是有根据的，因而也就是合理性。

3. 现行教育对象论的积极功能

现行教育对象论，从教师对学生的主动性影响，切到对学校教育对象的理解，所把握到的基本内容，对于实际的学校教育活动，都具有积极的功能或价值。一是，从师生双方的活动属性看，现行教育对象论，能够把握到教师对学生的主动性与学生的被动性，这能够支持教师的施教与学生的受教；二是，从师生双方的活动关系看，现行教育对象论，能够把握到教师对学生的影响指向，这能够支持教师指向学生的教育，也能够支持学生接受教师的教育；三是，从师生双方的活动结果看，现行教育对象论，能够把握到教师对学生的影响结果，这能够支持教师肯定对学生的教育结果，也能够支持学生接受教师的教育结果。总之，现行教育对象论，从教师对学生的主动性影响，切到对学校教育对象的理解，所把握到的基本内容，从教师对于学生的教育来看，都具有积极的价值或作用。

三、现行教育对象论的偏差、根源及其消极功能

1. 现行教育对象论的偏差

现行教育对象论，从教师对学生的主动性影响，切到对学校教育对象的理解，在有所见或有所把握的同时，却又遗漏或遮蔽了哪些内容呢？一是，从师生双方的活动属性看，现行教育对象论，在把握到教师的主动性与学生的被动性的同时，却遮蔽了教师的被动性与学生的主动性，更遮蔽了师生双方主动性与被动性之间的对应关系；二是，从师生双方的活动关系看，现行教育对象论，在把握到教师主动性对学生被动性的影响指向的同时，却遮蔽了学生主动性对教师被动性的影响指向，更遮蔽了师生双方影响指向之间的对应关系；三是，从师生双方的活动结果看，现行教育对象论，在把握到教师主动性对学生被动性的影响结果的同时，却遮蔽了学生主动性对教师被动性的影响结果，更遮蔽了师生双方影响结果之间的对应关系。总之，现行教育对象论，从教师对学生

的主动性影响，切到对学校教育对象的理解，在把握到教师主动地对学生的影响结果的同时，却遮蔽了学生主动地对教师的影响结果，更遮蔽了师生双方影响结果之间的对应关系。

2. 现行教育对象论的根源

从思维运作看，现行教育对象论，之所以存在上述偏差，是其主观抽象思维的泛化导致的。一是，从师生双方的活动属性看，在实际的学校教育活动中，教师对学生的主动性影响，必然会引起学生主动性或被动性的反应；而学生的反应，也必然会引起教师主动性或被动性的反应。然而，现行教育对象论，却在其主观思维中，片面地抽取出教师的主动性与学生的被动性，并以偏概全地泛指师生双方在教育活动中所产生的对应的属性。由此，便遮蔽了教师的被动性与学生的主动性，更遮蔽了师生双方主动性与被动性之间的对应关系。二是，从师生双方的活动关系看，在实际的学校教育活动中，教师主动地对学生的影响指向，必然会引起学生的反应；而学生的反应，又必然会反过来对教师产生影响指向。然而，现行教育对象论，却在其主观思维中，片面地抽取出教师主动地对学生的影响指向，并以偏概全地泛指师生双方在教育活动中所产生的对应性影响指向。由此，便遮蔽了学生主动地对教师的影响指向，更遮蔽了师生双方影响指向之间的对应关系。三是，从师生双方的活动结果看，在实际的学校教育活动中，教师主动地对学生的影响指向，必然会对学生产生影响结果；而这种影响结果，又必然会反过来对教师产生影响结果。然而，现行教育对象论，却在其主观思维中，片面地抽取出教师主动地对学生的影响结果，并以偏概全地泛指师生双方在教育活动中所产生的对应影响结果。由此，便遮蔽了学生主动地对教师的影响结果，更遮蔽了师生双方影响结果之间的对应关系。

3. 现行教育对象论的消极功能

现行教育对象论，从教师对学生的主动性影响，切到对学校教育对象的理解，在有所把握的同时，却又存在偏差。这些认识或思维中的偏差，对实际的学校教育活动，会产生哪些消极影响呢？

一是，从师生双方的活动属性看，现行教育对象论，在把握到教师的主动性与学生的被动性的同时，却遮蔽了教师的被动性与学生的主动性，更遮蔽了师生双方主动性与被动性之间的对应关系。由此，便直接导致了两个方面的不足性——从教师方面看，教师仅仅把握到自己对学生的主动性，便必然会内在地衍生出对学生影响的片面主动性而难以产生对自己主动性与被动性对应关注；从学生方面看，学生仅仅把握到自己对教师的被动性，便必然会产生对教师主动影响的片面接受而难以产生对自己的被动性与主动性的对应关注。

二是，从师生双方的活动关系看，现行教育对象论，在把握到教师主动性对学生被动性的影响指向的同时，却遮蔽了学生主动性对教师被动性的影响指向，更遮蔽了师生双方影响指向之间的对应关系。由此，便直接导致了两个方面的不足性——从教师方面看，教师仅仅把握到自己对学生的影响指向，便必然会内在地衍生出对学生影响指向的偏重而难以产生对师生双方影响指向的对应关注；从学生方面看，学生仅仅把握到教师的影响指向，便必然会产生对教师影响指向的偏重而难以产生对师生双方影响指向的对应关注。

三是，从师生双方的活动结果看，现行教育对象论，在把握到教师主动性对学生被动性的影响结果的同时，却遮蔽了学生主动性对教师被动性的影响结果，更遮蔽了师生双方影响结果之间的对应关系。由此，便直接导致了两个方面的不足性——从教师方面看，教师仅仅把握到自己对学生的影响结果，便必然会内在地衍生出对学生单方面影响结果的接受而难以产生对师生双方影响结果的对应关注；从学生方面看，学生仅仅把握到教师的单方面影响结果，便必然会产生对教师单方面影响结果的接受而难以产生对师生双方影响结果的对应关注。

总之，现行教育对象论，从教师对学生的主动性影响，切到对学校教育对象的理解，对学校教育活动实际产生的消极作用就是：仅仅把握到教师主动性与学生被动性的现行教育对象论，必然会内在地衍生出教师对学生单方面的教育——这也就是我们以术语表达的简单对象性教育。

四、本节小结

综上所述，我们看到，现行教育对象论，从教师对学生的主动性影响，切到对学校教育对象的理解，虽然能够把握到教师的主动性与学生的被动性，也能够把握到师生双方单一属性的根据并对实际的简单学校教育活动产生积极的作用，但是，却遮蔽了教师的被动性与学生的主动性以及师生双方主动性与被动性之间的对应关系。从思维运作看，现行教育对象论的偏差，是由其主观思维的抽象泛化所导致的。从实际看，这种抽象泛化的思维或认识，对师生双方对应的学校教育活动存在多方面的消极作用。因此，现行教育对象论，就必须被合理地反思与改造。

五、本节提示

在本节最后，需要做两点提示：一是，探寻现行教育对象论的思维活动切入点的根据，就是现行教育对象论的内容，或者说，我们是通过现行教育对象论的内容而探寻到其思维活动的切入点的。二是，对现行教育对象论的思维活动切入点的遮蔽性分析，不是我们简单的主观分析，而是根据现行教育对象论所包含的主观思维活动切入点的所见与所不见而展开的——要特别注意，现行教育对象论所包含的简单静态的主观思维，必然会遮蔽与其对应的动态的客观事实。

附言：

1. 学校教育活动，当然可以从教师对学生的主动影响开始，但是，关于学校教育的理论，却不能仅仅停留在这里。

2. 现行教育对象论，只能把握到教师的主动性与学生的被动性——这为灌输式的教育，提供了直接的认识论支持。

3. 教育者，绝不仅仅具有主动性；而受教育者，也绝不仅仅具有被动性——对许多人而言，这或许是个有意义的提醒。

4. 离开被动性而谈论主动性，常常使主动性恶变为任性；而离开主动性谈论被动性，则常常使被动性恶变为奴性——这是简单思维的千年不变的劣性。

5. 仅仅把握到自身活动主动性的人，当然就是典型的简单人——这种简单人，很容易成为任性的人甚至成为放纵的人。

6. 由主动性与被动性所生成的张力，正是人类永恒变化的内在动力。

第二节　对现行简单教育对象论的对应改造

切问：

1. 从动态的教育活动的事实看，现行教育对象论所包含的"教师对学生的主动性影响"，其实都是"教师与学生双方主动性与被动性的对应性影响"吗？

2. 教师的主动性，对于学生而言就是被动性；而学生的主动性，对于教师而言就是被动性——由此，就可以说，师生双方的主动性与被动性是对应存在的吗？

3. 教师对学生的主动影响指向，必然会引起学生主动或被动的回应吗？而学生的这种回应，又必然会指向教师并引起教师主动或被动的反应吗？

4. 教师对学生的主动影响，必然会产生学生主动或被动的影响结果吗？这种影响结果，又必然会产生教师主动或被动的影响结果吗？

5. 在学校教育活动中，师生双方的主动性与被动性，都不是抽象泛化的属性切到，而是具有边界对应关系的具体属性吗？我们需要从抽象泛化的思维，转换到具体的边界思维或对应思维吗？

6. 如果只有教师的主动性与学生的被动性活动，那么，师生之间就只能产生支配与被支配的等级性的或不对等的简单关系吗？而如果师生双方都分别具有主动性与被动性的活动，那么，师生双方就会产生以主动性与被动性的对应为基础的对等关系吗？

一、对现行教育对象论所包含的泛化思维的对应改造

上一节我们谈到，现行的教育对象论，之所以存在偏差，是因为在其思维运作中存在抽象泛化的不足。因此，要改造现行的教育对象论，就必须改造其抽象泛化的主观思维。如何改造这种思维呢？这首先就需要摆脱现行教育对象论所包含的简单主观思维，而转向对教育活动事实或过程的关注——由主观思维，转向事实思维。其次，还需要走出教育研究者简单泛化的抽象思维，而转向对教育活动的客观与主观对应的边界思维——由简单的泛化思维，转向对应的边界思维。

二、对现行教育对象论所包含的思维切入点的对应改造

现行教育对象论，从教师对学生的主动性影响开始，对学校教育对象的理解，这一切入点本身并不存在问题。现行教育对象论的问题在于：首先，从教师对学生的主动性影响开始，切到对学校教育对象的理解；其次，却并没有对这一动态影响的过程做出对应的考察，而是仅仅停留在教师对学生的主动性影响这里，并将教育活动的对象抽象为单方面的学生。

教师对学生影响的教育活动的动态过程，又是怎样的呢？征之于实际，我们看到，在学校教育中，教师对学生的任何主动性影响，都必然会引起学生主动或被动的反应；而这种反应，又必然会反过来对教师产生主动或被动的影响。这清楚地表明，教师与学生之间的影响，是双方主动性与被动性的相互对应的影响，而不是现行教育对象论所把握到的教师对于学生的简单的主动性影响。由此，我们就将现行教育对象论所包含的"教师对学生的主动性影响"的切入点，改造为"师生双方主动性与被动性的对应性影响"的切入点。

三、对现行教育对象论所包含的具体内容的对应改造

对应教育对象论，从师生双方主动性与被动性的对应性影响，切到对学校教育对象的理解，能够对现行的简单教育对象论，做出哪些方面的改造呢？下

面，分而论之。

第一，从师生双方的活动属性看，对应教育对象论，既能把握到教师的主动性与被动性，又能把握到学生的主动性与被动性，还能把握到师生双方主动性与被动性的对应关系，这是不同于现行简单教育对象论所把握到的教师的主动性与学生的被动性的。这里的道理是：在学校教育的实际过程中，教师的主动性，对于学生而言就是被动性；而学生的主动性，对于教师而言就是被动性。这清楚地表明，在学校教育活动的实际中，师生双方的主动性与被动性，都必然是对应的规定性，而不可能是现行简单教育对象论所把握到的教师的主动性与学生的被动性——这种片面的主动性与被动性只能是抽象泛化的形而上学的属性。

第二，从师生双方的活动关系看，对应教育对象论，既能把握到教师对学生的影响指向，又能把握到学生对教师的影响指向，还能把握到师生双方对应影响指向，这是不同于现行简单教育对象论所把握到的教师对学生的单向度影响指向的。这里的道理是：在学校教育的实际过程中，教师对学生的影响指向，必然会引起学生的反应；而这种反应，又必然会引起教师的反应。这清楚地表明，在学校教育活动的实际中，教师对学生的影响指向，必然是师生双方双向度的影响指向，而不可能是现行简单教育对象论所把握到的教师对学生的单向度影响指向——这种单向度的影响指向也只能是抽象泛化的形而上学的影响指向。

第三，从师生双方的活动结果看，对应教育对象论，既能把握到教师对学生的影响结果，又能把握到学生对教师的影响结果，还能把握到师生双方的对应影响结果，这是不同于现行简单教育对象论所把握到的教师对学生单方面的影响结果。这里的道理是：在学校教育的实际过程中，教师对学生的任何影响，都必然会对学生产生影响结果；而这种影响结果，又必然会对教师产生影响结果。这清楚地表明，在学校教育活动的实际中，教师对学生的任何影响结果，都必然是师生双方对应的影响结果，而不可能是现行简单教育对象论所把握到的教师对学生单方面的影响结果——这种单方面的影响结果也只能是抽象泛化的形而上学的影响结果。

四、对应教育对象论的积极功能

对应教育对象论，从师生双方主动性与被动性的对应性影响，切到对学校教育对象的理解，能够对实际的学校教育活动，产生哪些方面的积极影响呢？下面，分而论之。

第一，从师生双方的活动属性看，对应教育对象论，能够对实际的学校教育活动产生如下三方面的积极影响：一方面是，对应教育对象论，能够把握到教师对学生的主动性与被动性。因此，不仅能够支持教师主动地影响学生，而且也能够支持教师被动地调整对学生的影响。另一方面是，对应教育对象论，能够把握到学生对教师的主动性与被动性。因此，不仅能够支持学生主动地影响教师，而且也能够支持学生被动地调整对教师的影响。最后一个方面是，对应教育对象论，既能把握到教师对学生的主动性与被动性，又能把握到学生对教师的主动性与被动性。因此，能够支持师生双方建构出以各自主动性与被动性的对应为基础的对等影响关系。鉴于现行简单教育对象论的遮蔽或偏差，我们愿意特别强调如下三点：第一点是，关注教师对学生的被动性。这里的关键是要走出人们熟悉的现行教育理论的偏差，那就是认为学校教育是教师主动地影响学生的观点——那当然是简单抽象思维泛化的后果。在对应思维看来，教师对学生的影响，必然是主动性与被动性对应的影响，所以，就不仅要关注教师对学生的主动性，而且要关注教师对学生的被动性。第二点是，关注学生对教师的主动性。这里的关键也是要走出人们熟悉的现行教育理论的偏差，那就是认为学校教育是学生被动地接受教师影响的观点——那当然是简单抽象思维泛化的后果。在对应思维看来，学生对教师影响的反应，必然是主动性与被动性对应的反应，所以，就不仅要关注学生对教师的被动性，而且要关注学生对教师的主动性。第三点是，关注师生双方在活动属性维度上对等定位的教育关系，即三线定位的教育关系。既然师生双方都具有主动性与被动性，那么，师生双方就要关注在双方主动性与被动性的一致性与不一致性前提下的三线定位关系。这种三线定位关系的基本内容是：关注理想性的上线，即师生双方在主动性与被动性的一致性前提下，走向对等的教育，以实现双方的互补性变化或发展；关注现实性的中线，即师生双方在主动性与被动性的不一致性前提下，走向对话或讨论，以实现双方的生成性变化或发展；关注禁止性的底线，即师生双方在主动性与被动性的不一致性前提下，都不能破坏或割裂对应的教育关系。我们认为，在师生双方的活动属性维度上，经由三线定位的教育，就可以构建出师生双方以各自主动性与被动性的对应为基础的涉及理想、现实与戒律的对等教育关系。由此，也可以规避由教师主动性与学生被动性所必然导致的简单的不对等教育关系。

第二，从师生双方的活动关系看，对应教育对象论，能够对实际的学校教育活动产生如下三方面的积极影响：一方面是，对应教育对象论，能够把握到教师对学生的影响指向。因此，能够支持教师指向或对于学生的影响。另一方面是，对应教育对象论，能够把握到学生对教师的影响指向。因此，能够支持学生指向或对于教师的影响。最后一个方面是，对应教育对象论，既能把握到教师对学生的影响指向，又能把握到学生对教师的影响指向。因此，能够支持师生双方建构出以双方影响指向的对应为基础的双向度对等影响关系。鉴于现行简单教育对象论的遮蔽或偏差，我们愿意特别强调如下两点：第一点是，关注学生对教师的影响指向。这里的关键是要走出人们熟悉的现行教育理论的偏差，那就是认为学校教育的指向是教师主动地指向学生的观点——那当然是简单抽象思维泛化的后果。在对应思维看来，教师对学生的影响指向，必然是师生双方对应的双向度影响指向，所以，就不仅要关注教师对学生的影响指向，而且要关注学生对教师的影响指向。第二点是，关注师生双方在活动关系维度上对等定位的教育关系，即三线定位的教育关系。既然师生双方都具有主动性与被动性对应的双向度影响指向，那么，师生双方就要关注在双方主动性与被动性影响指向一致性与不一致性前提下的三线定位关系。这种三线定位关系的基本内容是：关注理想性的上线，即师生双方在主动性与被动性影响指向的一致性前提下（即在一方发挥主动性时，另一方保持被动性），走向对等的教育，以实现双方的互补性变化或发展；关注现实性的中线，即师生双方在主动性与被动性影响指向的不一致性前提下（即在一方发挥主动性时，另一方不能保持被动性），走向对话或讨论，以实现双方的生成性变化或发展；关注禁止性的底线，即师生双方在主动性与被动性影响指向的不一致性前提下，都不能破坏或割裂对应的教育关系。我们认为，在师生双方的活动关系维度上，经由三线定位的教育，就可以构建出师生双方以各自主动性与被动性影响指向为基础的涉及理想、现实与戒律的对等教育关系。由此，也可以规避由教师对学生的主动影响指向所必然导致的简单的不对等教育关系。

第三，从师生双方的活动结果看，对应教育对象论，能够对实际的学校教育活动产生如下三方面的积极影响：一方面是，对应教育对象论，能够把握到教师对学生的影响结果。因此，能够支持教师对学生的影响结果；另一方面是，对应教育对象论，能够把握到学生对教师的影响结果。因此，能够支持学生对教师的影响结果。最后一个方面是，对应教育对象论，既能把握到教师对学生的影响结果，又能把握到学生对教师的影响结果。因此，能够支持师生双方建构出以双方影响结果的对应为基础的对等影响关系。鉴于现行简单教育对象论的遮蔽或偏差，我们愿意特别强调如下两点：第一点是，关注学生对教师的影响结果。这里的关键是要走出人们熟悉的现行教育理论的偏差，那就是认为学校教育的结果是教师对学生主动影响结果的观点——那当然是简单抽象思维泛化的后果。在对应思维看来，教师对学生的影响结果，必然是师生双方对应的影响结果，所以，就不仅要关注教师对学生的影响结果，而且要关注学生对教师的结果。第二点是，关注师生双方在活动结果维度上对等定位的教育关系，即三线定位的教育关系。既然师生双方都具有主动性与被动性的对应影响结果，那么，师生双方就要关注在双方主动性与被动性影响结果一致性与不一致性前提下的三线定位关系。这种三线定位关系的基本内容是：关注理想性的上线，即师生双方在主动性与被动性影响结果的一致性前提下，走向对等的教育，以实现双方的互补性变化或发展；关注现实性的中线，即师生双方在主动性与被动性影响结果的不一致性前提下，走向对话或讨论，以实现双方的生成性变化或发展；关注禁止性的底线，即师生双方在主动性与被动性影响结果的不一致性前提下，都不能破坏或割裂对应的教育关系。我们认为，在师生双方的活动结果维度上，经由三线定位的教育，就可以构建出师生双方以各自主动性与被动性影响结果为基础的涉及理想、现实与戒律的对等教育关系。由此，也可以规避由教师对学生的主动影响结果所必然导致的简单的不对等教育关系。

五、本节小结

综上所述，我们对现行简单教育对象论的改造，涉及三层基本内容：一是，首先，由现行简单教育对象论所包含的主观思维路线，转换到事实思维路线；其次，在事实思维路线基础上，将现行简单教育对象论所包含的单一主观泛化的思维路线，改造为主观与客观的对应思维路线。二是，在对应思维路线上，将现行简单教育对象论所包含的认识师生双方关系的"教师对学生的主动性影响"的思维切入点，改造为"师生双方主动性与被动性的对应性影响"的思维切入点。三是，在"师生双方主动性与被动性的对应性影响"视野中，分别对师生双方的活动属性、关系与结果这些基本教育关系，做出了对应的考察。最后，我们分别考察了对应教育对象论，在师生双方的活动属性、关系与结果这些基本维度上，对实际的学校教育活动所产生的积极影响，以推动人们从现行的简单教育对象论，转换到对应的教育对象论。

为了更简明地把握两种教育对象论的不同，我们不妨将其中所包含的不同思维路线，做出如下比较：

简单教育对象论的单线定位路线——教育的对象，就是具有主动性的教育者所指向的具有被动性的学生——这里需要特别注意，简单教育对象论，仅仅是对教育者的单一主观性这一条思维路线的反映。

对应教育对象论的三线定位路线——教育的对象，就是分别具有主动性与被动性的相互对应的教育者与受教育者，它包含双方主动性与被动性影响的理想的上线、现实的中线以及戒律的底线——这里需要特别注意，对应教育对象论，是对教育者与受教育者双方主动性与被动性影响的理想、现实与戒律的三条思维路线的反映。

六、本节提示

在本节最后，需要做两点提示：一是，由"教育者对受教育者的主动性影响"，到"教育者与受教育者双方主动性与被动性的对应性影响"的过渡环节，就是由对教育活动的主观抽象思维，转向对教育活动的客观与主观的对应思维。二是，由"教师对学生的主动性影响"，到"师生双方主动性与被动性的对应性影响"的过渡环节，就是由对师生活动的主观抽象思维，转向对师生活动的客观与主观的对应思维。

附言：

1. 从教师对学生主动影响开始的教育活动，其实，都是师生双方主动与被动对应影响的教育活动。

2. 对教师与学生的主动性与被动性的评价，都应该是具体的边界评价，而不能是抽象的泛化评价。

3. 仅仅把握到教师主动性而不能把握到被动性的现行教育对象论，必然是主动性泛化的简单教育论，此种理论，很容易导致教师行为的任性甚至放纵。

4. 师生双方主动性与被动性的不一致所生成的张力，正是推动师生双方进入教育或教学变革的内源性动力。

5. 仅仅明白人的主动性而不能同时明白人的被动性的人，其实，也就是简单的人。

6. 人的主动性与被动性的一致性对应关系，是人们简单生活中的简单教育的内在机制；而人的主动性与被动性的不一致性对应关系，则是人们对应生活中的相互教育或对应教育的内在机理。

第九章

对现行简单教育内容论的遮蔽性分析与对应改造

第一节　对现行简单教育内容论的遮蔽性分析

切问：

1. 现行教育内容论认为，学校教育的内容，就是教师所传授给学生的间接经验，其思维活动的切入点在哪里？我们如何才能探索到其思维活动的切入点？

2. 现行教育内容论，从自己理解教育内容的切入点上，能够把握到教育内容哪些方面的内容呢？

3. 现行教育内容论的根据是什么？这种内容论，对实际教育内容的教育或教学会产生哪些积极作用？

4. 现行教育内容论，从自己理解教育内容的切入点上，在对教育内容有所把握的同时，却又遮蔽了哪些内容呢？

5. 在思维运行中，现行教育内容论，存在遮蔽的根源在哪里？

6. 现行教育内容论，对实际教育内容的教育或教学会产生怎样的消极作用？

一、现行教育内容论的内容、属性及其思维活动的切入点

1. 现行教育内容论的内容

在对教育内容的认识上，现行教育理论认为，"学生认识的主要任务是学习间接经验"，"学习间接经验必须以学生个人的直接经验为基础"。这里的根据是什么呢？那就是现行教育理论所认为的间接经验的优越论与直接经验的不足论。用现行教育理论的话语表达，也就是，间接经验具有"简约化、洁净化、系统化与心理化"的优越性；而"个人的活动范围是狭小的，无论个人如何努力，仅仅依靠直接经验来认识世界越来越不可能"[①]。当然，不管是学生的"认识"还是"学习"，都是在教育过程中，在教师的主导下进行的。由此，我们就可以

---

① 王道俊，郭文安. 教育学 [M]. 北京：人民教育出版社，2009：200-201.

得到现行教育理论关于教育内容的基本规定，也就是：在教师的主导下，在个人直接经验基础上，让学生去学习间接经验。从中，我们不难看到，在现行教育理论的视野中，不管是教师的主导，还是个人的直接经验；都不过是学习间接经验的前提或条件。换一种表达，在现行教育理论视野中的教育内容，也就是教师主导或传授给学生的具有优越性的间接经验。

2. 现行教育内容论的属性

现行教育内容论，具有怎样的性质呢？

按照现行教育内容论的理解，学校教育的内容，就是教师传授给学生的具有优越性的间接经验。学校教育活动的实际，果真是这样的吗？在学校教育活动中，难道只有他人的间接经验，而没有师生双方的直接经验吗？离开了师生双方的直接经验，单一的间接经验还能够存在吗？如果可以说，学生个人的直接经验是学习间接经验的基础或手段，那么，我们难道不能说，间接经验也是学生学习直接经验的基础或手段吗？在教育或教学过程中，间接经验难道只有优越性而没有不足性吗？而直接经验难道只有不足性而没有优越性吗？间接经验与直接经验之间，难道是目的与手段之间的关系吗？难道不是对应或并列的关系吗？间接经验与直接经验之间，难道只有一致性而没有不一致性关系吗？从上面的引文中，我们看到，现行教育内容论，根本无视学校教育实际中这些客观存在的对应性问题，而仅仅将学校教育的内容规定为教师传授给学生的具有优越性的间接经验。由此，我们就可以有根据地说，现行教育内容论的属性，就是片面性或简单性。

3. 现行教育内容论的思维活动的切入点

现行教育内容论，既然认为学校教育的内容，就是具有优越性的间接经验，那么，我们就可以据此逆向推论出现行教育内容论的思维活动的起点或切入点，那就是"对间接经验与直接经验的简单比较或抽象比较"。正向地说，现行教育内容论，从间接经验与直接经验的简单比较或抽象比较，切到对教育内容的理解。由此，才得到了学校教育的内容就是具有优越性的间接经验的认识。

二、现行教育内容论的所见、根据及其积极功能

1. 现行教育内容论的所见

现行教育内容论，从间接经验与直接经验的简单比较，切到对教育内容的理解，能够把握到学校教育内容哪些方面的内容呢？一是，在两种经验的属性维度上，现行教育内容论，能够把握到教师所传授的间接经验的优越性与学生个人直接经验的不足性。套用引文中的话说，那就是间接经验的"简约化、洁

净化、系统化与心理化"以及学生个体经验的有限性。二是，在两种经验的影响指向维度上，现行教育内容论，能够把握到具有优越性的间接经验对于具有不足性的学生个人直接经验的影响指向。三是，在两种经验的影响结果维度上，现行教育内容论，能够把握到具有优越性的间接经验对于具有不足性的学生直接经验的影响或改造。总之，现行教育内容论，从间接经验与直接经验的简单比较，切到对教育内容的理解，能够把握到的内容，也就是，教师所传授的具有优越性的间接经验对于具有不足性的学生个人直接经验的单方面的影响或改造。

2. 现行教育内容论的根据

现行教育内容论，从间接经验与直接经验的简单比较，切到对教育内容的理解，所把握到的基本内容，是有根据的吗？一是，从两种经验的属性维度看，间接经验，作为他人认识的结果，当然不再具有直接认识过程中具体、复杂、孤立或零散的属性，同时，教育过程中的间接经验，又是经过人为选择的间接经验，当然也就是具有符合接受者心理的属性。就此而言，间接经验确实具有如引文中所说的"简约化、洁净化、系统化与心理化"的优越性。与间接经验的优越性相比较，学生的个人经验则包含直接认识过程中的具体、复杂、孤立或零散的属性，就此而言，学生的直接经验，也确实具有如引文中所说的有限性的不足性。二是，从两种经验的影响指向维度看，既然间接经验具有优越性而学生的直接经验具有不足性，那么，两种经验的影响指向，也就是由间接经验对学生直接经验的影响指向，这是有根据的。三是，从两种经验的影响结果维度看，既然间接经验具有对于学生直接经验的影响指向；那么，两种经验的影响结果，也就是间接经验对于学生直接经验的影响或改造，这也是有根据的。总之，现行教育内容论，从间接经验与直接经验的简单比较，切到对教育内容的理解，所把握到的基本内容，在特定的边界范围内，都是有根据的。因此，也都是合理的。

3. 现行教育内容论的积极功能

现行教育内容论，从间接经验与直接经验的简单比较，切到对教育内容的理解，所把握到的基本内容，对于实际教育内容的教育或教学活动，都具有积极的功能或价值。一是，在两种经验的属性维度上，现行教育内容论，能够把握到间接经验的优越性与学生直接经验的不足性，这能够为教师向学生传授间接经验提供直接的支持，也能够为学生接受间接经验提供直接的支持。二是，在两种经验的影响指向维度上，现行教育内容论，能够把握到间接经验对于学生直接经验的影响指向，这能够为教师指向学生的教育提供直接的支持，也能够为学生接受教师的教育提供直接的支持。三是，在两种经验的影响结果维度上，现行教育内容论，能够把握到间接经验对于学生直接经验的影响或改造，这能够为教师对学生的改造提供直接的支持，也能够为学生接受教师的改造提供直接的支持。总之，现行教育内容论，从间接经验与直接经验的简单比较，切到对教育内容的理解，所把握到的基本内容，对学校教育内容的简单传授与接受而言，确实具有积极的教育价值。

三、现行教育内容论的偏差、根源及其消极功能

1. 现行教育内容论的偏差

现行教育内容论，从间接经验与直接经验的简单比较，切到对教育内容的理解，在有所见或有所把握的同时，却又遗漏或遮蔽了哪些内容呢？一是，从两种经验的属性维度看，现行教育内容论，在把握到间接经验的优越性与学生直接经验的不足性的同时，却遮蔽了间接经验的不足性与学生直接经验的优越性，更遮蔽了两种经验各自的优越性与不足性之间的对应关系。二是，从两种经验的影响指向看，现行教育内容论，在把握到间接经验对于学生直接经验的影响指向的同时，却遮蔽了学生直接经验对于间接经验的影响指向，更遮蔽了两种影响指向之间的对应关系。三是，在两种经验的影响结果维度上，现行教育内容论，在把握到间接经验对于学生直接经验的影响或改造的同时，却遮蔽了学生直接经验对于间接经验的影响或改造，更遮蔽了两种影响结果之间的对应关系。总之，现行教育内容论，从间接经验与直接经验的简单比较，切入对教育内容的理解，在把握到具有优越性的间接经验对于具有不足性的学生直接经验的单方面的单向度的改造的同时，却遮蔽了具有优越性的学生直接经验对于具有不足性的间接经验的反方向的改造，更遮蔽了两种经验各自的优越性与不足性之间的对应改造关系。

2. 现行教育内容论的根源

从思维运作看，现行教育内容论，之所以存在上述偏差，是其主观抽象思维的泛化导致的。

一是，在两种经验的属性维度上，作为人为选择的他人认识结果的间接经验，确实具有"简约化、洁净化、系统化与心理化"的优越性，然而，经过人为选择的他人认识的结果，却不可能抽象孤立地存在，而只能与他人认识的实际过程相对应存在。由此，我们就可以发现他人认识过程中具体、复杂、无序与混乱等的实在状态。换一种表达，也就是说，他人正是通过具体、复杂、无序与混乱等的认识过程，才最终得到了确实具有"简约化、洁净化、系统化与

心理化"的认识结果的，但是，现行教育内容论，却在主观思维中，片面地抽取出作为人为选择的他人认识结果的间接经验的优越性，并以偏概全地泛指间接经验的对应属性。由此，便遮蔽了作为他人认识过程的间接经验的不足性，更遮蔽了间接经验的优越性与不足性的内在对应关系。同样地，作为学生个人的直接经验，固然具有具体、复杂、无序与混乱等的不足性，然而，这却正是直接经验的实在状态并提供着学习或理解他人间接经验的最直接的基础，但是，现行教育内容论，却在主观思维中，片面地抽取出学生直接经验的具体的不足性，并以偏概全地泛指直接经验在教育过程中对应的属性。由此，便遮蔽了学生直接经验的优越性，更遮蔽了学生直接经验的优越性与不足性的内在对应关系。

二是，在两种经验的影响指向维度上，具有优越性的间接经验，当然会具有对于具有不足性的学生直接经验的影响指向，但是，具有优越性学生的直接经验，也同样会具有对于具有不足性的间接经验的影响指向，然而，现行教育内容论，却在主观思维中，片面地抽取出间接经验对于学生直接经验的影响指向，并以偏概全地泛指两种经验之间对应的影响指向。由此，便遮蔽了学生直接经验对于间接经验的影响指向，更遮蔽了两种影响指向之间的内在对应关系。

三是，在两种经验的影响结果维度上，具有优越性的间接经验，当然会具有对于具有不足性的学生直接经验的影响结果。但是，具有优越性的学生直接经验，也同样会具有对于具有不足性的间接经验的影响结果。但是，现行教育内容论，却在主观思维中，片面地抽取出间接经验对于学生直接经验的影响结果，并以偏概全地泛指两种经验之间对应的影响结果。由此，便遮蔽了学生直接经验对于间接经验的影响结果，更遮蔽了两种影响结果之间的内在对应关系。

3. 现行教育内容论的消极功能

现行教育内容论，从间接经验与直接经验的简单比较，切到对教育内容的理解，在有所把握的同时，却又存在偏差。这些认识或思维中的偏差，对实际学校教育内容的教育或教学活动，会产生哪些消极影响呢？

一是，在两种经验的属性维度上，现行教育内容论，在把握到间接经验的优越性与学生直接经验的不足性的同时，却遮蔽了间接经验的不足性与学生直接经验的优越性，更遮蔽了两种经验各自的优越性与不足性之间的对应关系。由此，便直接导致了如下两个方面的不足：从间接经验方面看，教师和学生仅仅把握到作为他人认识结果的间接经验的优越性，便必然会衍生出对作为他人认识结果的间接经验的简单接受，而缺少对作为他人认识结果的间接经验与作为他人认识过程的间接经验的对应关注。由此，便必然导致师生双方在教育过程中经常出现地对间接经验的"知其然而不知所以然"的授受状态。从学生直接经验方面看，教师和学生仅仅把握到学生直接经验的具体的不足性，便必然会衍生出对学生直接生命经历的简单否定，而缺少对学生直接经验的具体性与他人间接经验的抽象性之间的对应关注。由此，便必然导致师生双方在教育过程中对抽象的或一般的间接经验的偏重与对具体的或特殊的直接经验的偏轻。

二是，在两种经验的影响指向维度上，现行教育内容论，在把握到具有优越性的间接经验对于学生直接经验的影响指向的同时，却遮蔽了具有优越性的学生直接经验对于具有不足性的间接经验的影响指向，更遮蔽了两种影响指向之间的对应关系。由此，便直接导致了如下两个方面的不足性：从间接经验方面看，教师和学生仅仅把握到间接经验对于学生直接经验的影响指向，便必然会衍生出教师所传授的间接经验对于学生直接经验的单向度影响指向。从学生直接经验方面看，教师和学生因为把握不到学生直接经验的优越性与间接经验的不足性，所以也就无法把握到学生直接经验对于间接经验的影响指向。

三是，在两种经验的影响结果维度上，现行教育内容论，在把握到具有优越性的间接经验对于学生直接经验的影响结果的同时，却遮蔽了具有优越性的学生直接经验对于具有不足性的间接经验的影响结果，更遮蔽了两种影响结果之间的对应关系。由此，便直接导致了如下两个方面的不足性：从间接经验方面看，教师和学生仅仅把握到间接经验对于学生直接经验的影响结果，便必然会衍生出教师所传授的间接经验对于学生直接经验的单方面的影响结果，或者说，便必然会衍生出师生双方对间接经验的简单授受。从学生直接经验方面看，教师和学生因为把握不到学生直接经验的优越性与间接经验的不足性，所以也就无法把握到学生直接经验对于间接经验的影响结果，或者说，也就无法把握到师生双方对于间接经验的改造或发展。

总之，现行教育内容论，从间接经验与直接经验的简单比较，切入对教育内容的理解，对实际学校教育内容的教育或教学产生的消极作用就是：仅仅把握到间接经验的优越性与学生直接经验不足性的现行教育内容论，必然会内在地衍生出教师所传授的间接经验对于学生直接经验的单方面的影响或改造。由此，也就必然会进一步衍生出师生双方对作为他人认识结果的间接经验的"知其然而不知其所以然"的简单机械的传授与接受，也就因此而很难根据直接经验的优越性去改造间接经验的不足性。

四、本节小结

综上所述，我们看到，现行教育内容论，从间接经验与直接经验的简单比较，切到对教育内容的理解，虽然能够把握到具有优越性的间接经验对于具有不足性的学生直接经验的影响或改造，也能够把握到这种影响或改造的根据并对实际学校教育内容的简单传授与接受产生积极的作用，但是，却遮蔽了具有优越性的学生直接经验对于具有不足性的间接经验的影响或改造。从思维运作看，现行教育内容论的偏差，是由其主观思维的抽象泛化所导致的。从实际看，这种抽象泛化的思维或认识，对于学校教育活动中的间接经验与学生直接经验的对应影响或改造存在多方面的消极作用。因此，现行教育内容论，就必然也必须被合理地反思与改造。

五、本节提示

在本节最后，需要做两点提示：一是，探寻现行教育内容论的思维活动切入点的根据，就是现行教育内容论的内容，或者说，我们是通过现行教育内容论的基本内容而探寻到其思维活动的切入点的。二是，对现行教育内容论的思维活动切入点的遮蔽性分析，不是我们简单的主观分析，而是根据现行教育内容论所包含的主观思维活动切入点的所见与所不见而展开的——要特别注意，现行教育内容论所包含的简单静态的主观思维，必然会遮蔽与其对应的动态的客观事实。

附言：

1. 在日常生活中，对他人经验与个人经验的理解，当然可以从某一方面的简单比较开始，但是，教育理论的理解，却不能停留在这里，更不能静止在这里。

2. 作为他人认识结果的间接经验，当然会具有简约性或有序性的优越性，但是，这种优越性却离不开复杂、无序或错乱的认识过程的不足性。

3. 现行教育内容论，仅仅把握到间接经验的优越性，却把握不到不足性，这是其在教育活动中以书本知识为主的直接认识论根据。

4. 现行教育内容论，仅仅把握到学生直接经验的不足性，却没有把握到优越性，这其实也就是间接的或隐在的对学生的歧视论。

5. 在教育或教学过程中，不明白间接经验的不足性的教师或学生，很容易沦落为人们戏称的"教书匠"或"书呆子"。

6. 现行教育内容论，仅仅把握到间接经验的优越性与直接经验不足性——此种理论，必然包含着对他人与自我关系的等级性偏见。

第二节　对现行简单教育内容论的对应改造

切问：

1. 从事实来看，间接经验与直接经验之间的关系，是现行教育内容论所把握到的主次或轻重之间的关系吗？还是相对独立的对应并列关系？

2. 间接经验与直接经验双方，是现行教育内容论所把握到的间接经验具有优越性而直接经验具有不足性吗？还是双方都分别具有优越性与不足性？

3. 间接经验与直接经验双方，是现行教育内容论所把握到的间接经验对于直接经验的影响指向吗？还是两种经验的对应影响指向？

4. 间接经验与直接经验双方，是现行教育内容论所把握到的间接经验对于直接经验的影响或改造吗？还是两种经验的对应影响或改造？

5. 间接经验与直接经验双方的优越性或不足性，都不是抽象泛化的优越性或不足性，而是具有边界限定的优越性或不足性吗？我们需要从抽象泛化的思维，转换到具体的边界思维或对应思维吗？

6. 如果间接经验只有优越性而直接经验只有不足性，那么，他人与自我之间，就只能生成等级性的或不对等的简单关系吗？如果间接经验与直接经验各有优越性与不足性，那么，他人与自我之间，就可能生成以双方的优越性与不足性的对应为基础的对等关系吗？

一、对现行教育内容论所包含的泛化思维的对应改造

上一节我们谈到，现行教育内容论，之所以存在偏差，是因为在其思维运作中存在抽象泛化的不足。因此，要改造现行的教育内容论，就必须改造其抽象泛化的主观思维。如何改造这种思维呢？这首先就需要摆脱现行教育内容论所包含的简单主观思维，而转向对教育活动事实或实际的关注——由主观思维，转向事实思维；其次，还需要走出教育研究者简单泛化的抽象思维，而转向对教育活动的抽象与具体对应的边界思维——由简单的抽象泛化思维，转向抽象与具体对应的边界思维。

二、对现行教育内容论所包含的思维切入点的对应改造

现行教育内容论，从间接经验与直接经验的简单比较，切到对教育内容的理解；这一切入点本身并不存在问题。现行教育内容论的问题在于：首先，从

间接经验与直接经验的简单比较开始，切到对两种经验的理解；其次，却并没有对学校教育活动中两种具体的经验做出对应的考察，而仅仅停留在对间接经验与直接经验的抽象理解那里，并得到了间接经验优越性与直接经验不足性的简单认识。

在学校教育活动实际中，间接经验与直接经验的关系，又是怎样的呢？征之于客观的实际，我们看到，不管是教师传授间接经验，还是学生接受间接经验，都无法脱离开师生双方的直接经验，而只能依靠直接经验来进行。在实际的教育或教学过程中，我们看到，不管是间接经验，还是师生双方的直接经验，都是人们在不同情境中，为回应不同的问题而产生的经验。因此，间接经验与直接经验之间的关系，就不可能是上一节引文中所说的要以间接经验为主——这必然会把直接经验降低为次要地位。直白地说，间接经验与直接经验，绝不是主要或次要的关系，也绝不是谁轻谁重的关系，而是对应的并列关系。从教育或教学的实际过程看，间接经验具有抽象性或概况性的优越性，但同时又具有抽象性或概括性必然带来的难以理解或难以把握的不足性；同样地，直接经验具有具体性或形象性的优越性，但同时又具有具体性或形象性必然带来的杂乱性的不足性。因此，师生双方就只能将间接经验与直接经验做出对应的关注，以便在相互的对应或比较中去展开具体的教育或教学。由此，我们就将现行教育内容论所包含的"对间接经验与直接经验的简单比较或抽象比较"的切入点，改造为"对间接经验与直接经验的对应比较或边界比较"的切入点。

三、对现行教育内容论所包含的具体内容的对应改造

对应教育内容论，从对间接经验与直接经验的对应比较或边界比较，切到对教育内容的理解，能够对现行教育内容论，做出哪些方面的改造呢？下面，分而论之。

第一，在两种经验的属性维度上，对应教育内容论，既能把握到间接经验的优越性与不足性，又能把握到师生双方直接经验的优越性与不足性，还能把握到两种经验各自的优越性与不足性之间的对应关系，这是不同于现行教育内容论所把握到的间接经验单方面的优越性与学生直接经验单方面的不足性的。这里的道理是：不管是间接经验，还是直接经验，这两种经验的优越性与不足性，都是在特定维度或边界限定中的对应属性。比如，师生双方直接经验的优越性是具体或生动，但是却正因为具体或生动，就必然会具有缺少抽象性或概括性的内在不足性；同样地，间接经验的优越性是抽象或概况，但是却正因为抽象或概况，就必然会具有缺少具体性或生动性的内在不足性。这意味着，不

管是哪一种经验，在具有优越性的同时，必然会具有由优越性本身带来的不足性，而不可能是现行教育内容论所把握到的间接经验的单一优越性与学生直接经验的单一不足性——这种单一的优越性或不足性只能是抽象泛化的形而上学的属性。

第二，在两种经验的影响指向维度上，对应教育内容论，既能把握到具有优越性的间接经验对于具有不足性的师生双方直接经验的影响指向，又能把握到具有优越性的师生双方直接经验对于具有不足性的间接经验的影响指向，还能把握到两种影响指向的对应影响关系，这是不同于现行教育内容论所把握到的间接经验对于学生直接经验的单一影响指向的。这里的道理是：因为两种经验各有自身的优越性与不足性，所以，在两种经验之间就必然会存在双方优越性与不足性的双向度对应影响指向，而不可能是现行教育内容论所把握到的间接经验对于学生直接经验的单向度影响指向——这种单向度的影响指向也只能是抽象泛化的形而上学的影响指向。

第三，在两种经验的影响结果维度上，对应教育内容论，既能把握到具有优越性的间接经验对于具有不足性的师生双方直接经验的影响结果，又能把握到具有优越性的师生双方直接经验对于具有不足性的间接经验的影响结果，还能把握到两种影响结果之间的对应影响关系，这是不同于现行教育内容论所把握到的间接经验对于学生直接经验的单一影响结果的。这里的道理是：因为两种经验各有自身的优越性与不足性，所以，在两种经验之间就必然会存在双方优越性与不足性的对应影响结果，而不可能是现行教育内容论所把握到的间接经验对于学生直接经验的单一影响结果——这种单方面的影响结果也只能是抽象泛化的形而上学的影响结果。

四、对应教育内容论的积极功能

对应教育内容论，从对间接经验与直接经验的对应比较或边界比较，切到对教育内容的理解，能够对学校教育内容的教育或教学活动，产生哪些方面的积极影响呢？下面，分而论之。

第一，在两种经验的属性维度上，对应教育内容论，能够对学校教育内容的教育或教学活动，产生如下三方面的积极影响：一方面是，对应教育内容论，能够把握到间接经验的优越性与不足性。因此，不仅能够支持师生双方接受或继承具有优越性的间接经验，而且也能够支持师生双方反思或改造具有不足性的间接经验。另一方面是，对应教育内容论，能够把握到师生双方直接经验的优越性与不足性。因此，不仅能够支持师生双方认可或肯定自身经验的优越性，而且也能够支持师生双方反思或改造自身经验的不足性。最后一个方面是，对应教育内容论，既能把握到间接经验的优越性与不足性，又能把握到师生双方直接经验的优越性与不足性。因此，能够支持师生双方建构出以两种经验的优越性与不足性的对应为基础的对等影响关系。鉴于现行教育内容论的遮蔽或偏差，我们愿意特别强调如下两点：一点是，关注间接经验的不足性与师生双方直接经验的优越性。这里的关键是要走出人们熟悉的现行教育内容论的偏差，那就是认为间接经验只有优越性而师生双方的直接经验只有不足性的观点——那当然是简单抽象思维泛化的后果。在对应思维的视野中，间接经验与直接经验双方都分别具有自身的优越性与不足性，所以，不仅要关注间接经验的优越性与直接经验的不足性，而且要关注间接经验的不足性与直接经验的优越性。另一点是，关注师生双方以间接经验与直接经验的对应为基础的对等定位的教育关系，即三线定位的教育关系。既然间接经验与直接经验双方各有自身的优越性与不足性，那么，师生双方就要关注在两种经验影响的一致性与不一致性前提下的三线定位关系。这种三线定位关系的基本内容是：关注理想性的上线，即在间接经验与直接经验双方影响的一致性前提下，走向对等的教育，以实现两种经验的互补性变化或发展；关注现实性的中线，即在间接经验与直接经验双方影响的不一致性前提下，走向对话或讨论，以实现两种经验的生成性变化或发展；关注禁止性的底线，即在间接经验与直接经验双方影响的不一致性前提下，师生双方都不能破坏或割裂两种经验的对应教育关系。我们认为，在两种经验的属性维度上，经由三线定位的教育，就可以构建出以两种经验各自的优越性与不足性的对应为基础的涉及理想、现实与戒律的对等教育关系。由此，也可以规避由片面的间接经验优越性与学生直接经验不足性所必然导致的等级性或不对等的教育关系。

第二，在两种经验的影响指向维度上，对应教育内容论，能够对学校教育内容的教育或教学活动，产生如下三方面的积极影响：一方面是，对应教育内容论，能够把握到具有优越性的间接经验对于具有不足性的直接经验的影响指向。因此，能够支持间接经验对于师生双方的影响指向。另一方面是，对应教育内容论，能够把握到具有优越性的直接经验对于具有不足性的间接经验的影响指向。因此，能够支持师生双方直接经验对于间接经验的影响指向。最后一个方面是，对应教育内容论，既能把握到间接经验对师生双方的双向度影响指向，又能把握到师生双方的直接经验对于间接经验的双向度影响指向。因此，能够支持师生双方建构出以相互对应的影响为基础的对等教育关系。鉴于现行教育内容论的遮蔽或偏差，我们愿意特别强调如下两点：一点是，关注师生双方的直接经验对于间接经验的影响指向。这里的关键是要走出人们熟悉的现行教育内容论的偏差，那就是认为在学校教育活动中只存在间接经验对于师生双方直接经验的影响指向的观点——那当然是简单抽象思维泛化的后果。在对应思维的视野中，既然间接经验与师生双方的直接经验双方各有自身的优越性与不足性，那么，两种经验之间，就必然会存在相互对应的影响指向。因此，就不仅要关注间接经验对于师生双方直接经验的影响指向，而且要关注师生双方的直接经验对于间接经验的双向度影响指向。另一点是，关注两种经验在影响指向维度上对等定位的教育关系，即三线定位的教育关系。既然两种经验之间，存在相互对应的影响指向，那么，师生双方就要关注在两种经验影响指向一致性与不一致性前提下的三线定位关系。这种三线定位关系的基本内容是：关注理想性的上线，即在两种经验影响指向的一致性前提下，走向对等的教育，以实现两种经验的互补性变化或发展；关注现实性的中线，即在两种经验影响指向的不一致性前提下，走向对话或讨论，以实现两种经验的生成性变化或发展；关注禁止性的底线，即在两种经验影响指向的不一致性前提下，师生双方都不能破坏或割裂两种经验的对应教育关系。我们认为，在两种经验的影响指向维度上，经由三线定位的教育，就可以构建出以两种经验相互对应的双向度影响指向为基础的涉及理想、现实与戒律的对等教育关系。由此，也可以规避由间接经验单向度指向学生直接经验所必然导致的等级性或不对等的教育关系。

　　第三，在两种经验的影响结果维度上，对应教育内容论，能够对学校教育内容的教育或教学活动，产生如下三方面的积极影响：一方面是，对应教育内容论，能够把握到具有优越性的间接经验对于具有不足性的直接经验的影响结果。因此，能够支持间接经验对于师生双方的影响结果。另一方面是，对应教育内容论，能够把握到具有优越性的直接经验对于具有不足性的间接经验的影响结果。因此，能够支持师生双方直接经验对于间接经验的影响结果。最后一个方面是，对应教育内容论，既能把握到间接经验对师生双方的影响结果，又能把握到师生双方的直接经验对于间接经验的影响结果。因此，能够支持师生双方建构出以相互对应的结果为基础的对等教育关系。鉴于现行教育内容论的遮蔽或偏差，我们愿意特别强调如下两点：一点是，关注师生双方的直接经验对于间接经验的影响结果。这里的关键是要走出人们熟悉的现行教育内容论的偏差，那就是认为在学校教育活动中只存在间接经验对于师生双方直接经验的影响结果的观点——那当然是简单抽象思维泛化的后果。在对应思维的视野中，既然间接经验与师生双方的直接经验双方各有自身的优越性与不足性，既然两种经验存在相互对应的影响指向，那么，两种经验之间，就必然会存在相互对应的影响结果。因此，就不仅要关注间接经验对于师生双方直接经验的影响结果，而且要关注师生双方的直接经验对于间接经验的影响结果。另一点是，关注两种经验在影响结果维度上对等定位的教育关系，即三线定位的教育关系。既然两种经验之间，存在相互对应的影响结果，那么，师生双方就要关注在两种经验影响结果一致性与不一致性前提下的三线定位关系。这种三线定位关系的基本内容是：关注理想性的上线，即在两种经验影响结果的一致性前提下，走向对等的教育，以实现两种经验的互补性变化或发展；关注现实性的中线，即在两种经验影响结果的不一致性前提下，走向对话或讨论，以实现两种经验的生成性变化或发展；关注禁止性的底线，即在两种经验影响结果的不一致性前提下，师生双方都不能破坏或割裂两种经验的对应教育关系。我们认为，在两种经验的影响结果维度上，经由三线定位的教育，就可以构建出以两种经验相互对应的影响结果为基础的涉及理想、现实与戒律的对等教育关系。由此，也可以规避由间接经验单方面影响或改造学生直接经验所必然导致的等级性或不对等的教育关系。

五、本节小结

综上所述，我们对现行教育内容的改造，涉及三层基本内容：一是，首先由现行教育内容论所包含的主观思维路线，转换到事实思维路线；其次在事实思维路线基础上，将现行教育内容论所包含的单一主观抽象泛化的思维路线，改造为抽象与具体的对应思维或边界思维路线。二是，在对应思维路线上，将现行教育内容论所包含的认识教育内容的"对间接经验与直接经验的简单比较或抽象比较"的切入点，改造为"对间接经验与直接经验的对应比较或边界比较"的切入点。三是，在"对间接经验与直接经验的对应比较或边界比较"视野中，分别对两种经验的属性、指向与结果这些基本教育关系，做出了对应的考察。最后，我们分别考察了对应教育内容论，在两种经验的属性、指向与结果这些基本维度上，对学校教育内容的教育或教学活动所产生的积极影响，以推动人们从现行关于两种经验片面优越性或不足性的简单教育内容论，转换到关于两种经验对应的优越性与不足性的对应教育内容论。

为了更简明地把握两种教育内容论的不同，我们不妨将其中所包含的不同思维路线，做出如下比较：

简单教育内容论所包含的单线定位路线——在对间接经验与学生直接经验的简单比较的框架中，间接经验具有优越性而学生直接经验具有不足性。因此，两种经验之间的关系，也就是间接经验对于学生直接经验的影响或改造关系——这里需要特别注意，简单教育内容论，仅仅是对现行教育内容论的单一主观愿望或价值期待这一条思维路线的反映。

对应教育内容论所包含的三线定位路线——在对间接经验与直接经验的对应比较的框架中，间接经验与直接经验双方分别具有对应的优越性与不足性。因此，两种经验之间的关系，也就是彼此的优越性与不足性的对应影响关系，它包含双方影响的理想的上线、现实的中线以及戒律的底线——这里需要特别注意，对应教育内容论，是对对应教育内容论的理想、现实与戒律的三条思维路线的反映。

六、本节提示

在本节最后，需要做两点提示：一是，由"对间接经验与直接经验的抽象比较"，到"对间接经验与直接经验的对应比较"的过渡环节，就是由对教育活动的主观抽象思维，转向对教育活动的抽象与具体的对应思维。二是，由"间接经验对于师生双方直接经验的影响或改造"，到"间接经验与师生双方直接经验的对应影响或改造"的过渡环节，就是由对两种经验的主观抽象思维，转向对两种经验的抽象与具体的对应思维。

附言：

1. 在教育或教学过程中，间接经验绝不仅仅具有优越性，而且具有不足性。

2. 对间接经验与直接经验的优越性或不足性的评价，都应该是具体的边界评价，而不能是抽象的泛化评价。

3. 仅仅把握到间接经验优越性与直接经验不足性的现行教育内容论，必然会衍生出关于他人与自我的等级性关系。

4. 仅仅看到间接经验优越性与学生直接经验不足性的教师，必然会产生对学生自我的歧视。

5. 只知道间接经验优越性的人，或者，只知道直接经验不足性的人；其实，都属于简单的人。

6. 能够把握到间接经验与直接经验双方各自的优越性与不足性的人，也就是以对应性为基础的丰富的人。

第十章

对现行简单教育机制论的遮蔽性分析与对应改造

第一节　对现行简单教育机制论的遮蔽性分析

切问：

1. 现行教育理论，将教育活动的机制规定为教师对学生的合理性影响，其思维活动的切入点在哪里？我们如何才能探索到其思维活动的切入点？

2. 现行教育机制论，从自己理解教育机制的切入点上，能够把握到教育机制哪些方面的内容呢？

3. 现行教育机制论的根据是什么？这种机制论，对实际的教育活动会产生哪些积极作用？

4. 现行教育机制论，从自己理解教育机制的切入点上，在对教育机制有所把握的同时，却又遮蔽了哪些内容呢？

5. 在思维运行中，现行教育机制论，存在遮蔽的根源在哪里？

6. 现行教育机制论，对实际的教育活动会产生怎样的消极作用？

一、现行教育机制论的内容、属性及其思维活动的切入点

1. 现行教育机制论的内容

现行教育理论，关于教育机制的理解，集中表现在关于学校教育概念的理解之中。关于学校教育的概念，《教育学》中写道："它是根据一定社会的现实和未来的需要，遵循受教育者身心发展的规律，有目的、有计划、有组织地引导受教育者主动地学习，积极进行经验的改组和改造，促使他们提高素质、健全人格的一种活动，以便把受教育者培养成为适应一定社会的需要，促进社会的发展，追求和创造人的合理存在的人。"① 按照现行教育理论的理解，既然学校教育是有根据、有目的、有计划、有组织的，所以，也就是合理的。而既然

---

① 王道俊，郭文安. 教育学 [M]. 北京：人民教育出版社，2009：26-27.

学校教育要把受教育者培养成为适应社会需要的人，那么，这里就包含一个前提假设，即受教育者在接受学校教育之前还是不能适应社会需要的人，或者说，受教育者是具有不合理性的人。从教育者与受教育者双方的关系看，按照现行教育理论的理解，学校教育过程的内在机制，也就是具有合理性的教育者"引导"具有不合理性的受教育者的过程。这种具有合理性的教育者对于具有不合理性的受教育者的引导，也就是现行教育机制论的基本内容。

2. 现行教育机制论的属性

现行教育机制论，具有怎样的性质呢？

按照现行教育机制论的理解，学校教育的机制，也就是具有合理性的教师对于具有不合理性的学生的引导。学校教育活动的实际，果真是这样的吗？教师对学生的引导，都是合理的吗？离开不合理性的存在，难道合理性还能孤立地存在吗？学生仅仅具有不合理性吗？如果没有学生合理性的存在，那么，教师所代表的社会合理性的根据又在哪里呢？师生双方，难道不是都分别具有合理性与不合理性吗？从上面的引文中，我们不难看到，现行教育机制论，却无视这些客观实际中内在的对应性问题，而仅仅将学校教育的机制简单地规定为具有合理性的教师对于具有不合理性的学生的引导。由此，我们就可以有根据地说，现行教育机制论的属性，就是片面性或简单性。

3. 现行教育机制论的思维活动的切入点

现行教育机制论，既然将学校教育机制规定为具有合理性的教师对具有不合理性的学生的引导，那么，我们就可以据此逆向推论出现行教育机制论的思维活动的起点或切入点，那就是"教育者对受教育者的合理性影响"或"教师对学生的合理性影响"。正向地表达，现行教育机制论，正是从教师对学生的合理性影响，切到对学校教育机制的理解，才将学校教育的机制规定为教师对于学生的引导或者学生的被引导。

二、现行教育机制论的所见、根据及其积极功能

1. 现行教育机制论的所见

现行教育机制论，从教师对学生的合理性影响，切到对学校教育机制的理解，能够把握到学校教育机制的哪些方面的内容呢？一是，从师生双方的影响属性看，现行教育机制论，能够把握到教师的合理性，也能够把握到学生的不合理性。二是，从师生双方的影响指向看，现行教育机制论，能够把握到具有合理性的教师对于具有不合理性的学生的影响指向。三是，从师生双方的影响结果看，现行教育机制论，能够把握到具有合理性的教师对于具有不合理性的

学生的影响或改造。总之，现行教育机制论，从教师对学生的合理性影响，切到对学校教育机制的理解，能够把握到的基本内容，也就是：具有合理性的教师对于具有不合理性的学生的影响或改造。

2. 现行教育机制论的根据

现行教育机制论，从教师对学生的合理性影响，切到对学校教育机制的理解，所把握到的基本内容，是有根据的吗？一是，从师生双方的影响属性看，像上面引文中所说的，教师的活动是有根据、有目的、有计划、有组织的。因而，也就是合理性，这是有根据的。而作为成长中的学生，当然会具有还不能适应社会需要的方面，这也是有根据的。二是，从师生双方的影响指向看，教师要对学生进行合理性的影响，就必然会将这种影响指向学生，这也是有根据的。三是，从师生双方的影响结果看，既然教师对学生进行了合理性的影响或教育，那么，学生就必然会受到教师的影响或教育，这也是有根据的。总之，现行教育机制论，从教师对学生的合理性影响，切到对学校教育机制的理解，所把握到的基本内容，从教师对学生的合理性影响来看，都是有根据的。因而也就是合理的。

3. 现行教育机制论的积极功能

现行教育机制论，从教师对学生的合理性影响，切到对学校教育机制的理解，所把握到的基本内容，对于实际的学校教育活动，都具有积极的功能或价值。一是，从师生双方的影响属性看，现行教育机制论，能够把握到教师的合理性与学生的不合理性，这能够支持师生双方展开合理性的教育或教学。二是，从师生双方的影响指向看，现行教育机制论，能够把握到教师对学生的影响指向，这能够支持教师指向学生的合理性影响，也能够支持学生接受教师的合理性影响。三是，从师生双方的影响结果看，现行教育机制论，能够把握到教师对学生的合理性影响结果，这能够支持教师肯定对学生的合理性影响结果，也能够支持学生接受教师的合理性影响结果。总之，现行教育机制论，从教师对学生的合理性影响，切到对学校教育机制的理解，所把握到的基本内容，从教师对于学生的合理性影响来看，都具有积极的价值或作用。

三、现行教育机制论的偏差、根源及其消极功能

1. 现行教育机制论的偏差

现行教育机制论，从教师对学生的合理性影响，切到对学校教育机制的理解，在有所见或有所把握的同时，却又遗漏或遮蔽了哪些内容呢？一是，从师生双方的影响属性看，现行教育机制论，在把握到教师的合理性与学生的不合

理性的同时，却遮蔽了教师的不合理性与学生的合理性，更遮蔽了师生双方合理性与不合理性之间的对应关系。二是，从师生双方的影响指向看，现行教育机制论，在把握到教师合理性对学生不合理性的影响指向的同时，却遮蔽了学生合理性对教师不合理性的影响指向，更遮蔽了师生双方影响指向之间的对应关系。三是，从师生双方的影响结果看，现行教育机制论，在把握到教师合理性对学生不合理性的影响结果的同时，却遮蔽了学生合理性对教师不合理性的影响结果，更遮蔽了师生双方影响结果之间的对应关系。总之，现行教育机制论，从教师对学生的合理性影响，切到对学校教育机制的理解，在把握到教师合理性对于学生不合理性的影响的同时，却遮蔽了学生合理性对于教师不合理性的影响，更遮蔽了师生双方合理性与不合理性影响之间的对应关系。

2. 现行教育机制论的根源

从思维运作看，现行教育机制论，之所以存在上述偏差，是因为其主观抽象思维的泛化导致的。一是，从师生双方的影响属性看，在实际的学校教育活动中，师生双方影响的合理性与不合理性，都是具体的有边界限定的对应属性，然而，现行教育机制论，却在其主观思维中，片面地抽取出教师的合理性与学生的不合理性，并以偏概全地泛指师生双方在教育活动中所产生的具有边界对应性的属性。由此，便遮蔽了教师的不合理性与学生的合理性，更遮蔽了师生双方合理性与不合理性之间的对应关系。二是，从师生双方的影响指向看，在实际的学校教育活动中，教师对于学生的影响指向，必然会引起学生的反应；而学生的反应，又必然会反过来对教师产生影响指向。然而，现行教育机制论，却在其主观思维中，片面地抽取出教师对于学生的影响指向，并以偏概全地泛指师生双方在教育活动中所产生的对应性影响指向。由此，便遮蔽了学生对于教师的影响指向，更遮蔽了师生双方影响指向之间的对应关系。三是，从师生双方的影响结果看，在实际的学校教育活动中，教师对于学生的影响指向，必然会对学生产生影响结果；而这种影响结果，又必然会反过来对教师产生影响结果。然而，现行教育机制论，却在其主观思维中，片面地抽取出教师对于学生的影响结果，并以偏概全地泛指师生双方在教育活动中所产生的对应性影响结果。由此，便遮蔽了学生对于教师的影响结果，更遮蔽了师生双方影响结果之间的对应关系。

3. 现行教育机制论的消极功能

现行教育机制论，从教师对学生的合理性影响，切到对学校教育机制的理解，在有所把握的同时，却又存在偏差。这些认识或思维中的偏差，对实际的学校教育活动，会产生哪些消极影响呢？

一是，从师生双方的影响属性看，现行教育机制论，在把握到教师的合理性与学生的不合理性的同时，却遮蔽了教师的不合理性与学生的合理性，更遮蔽了师生双方合理性与不合理性之间的对应关系。由此，便直接导致了两个方面的不足性——从教师方面看，教师仅仅把握到自己的合理性，便必然会内在地衍生出对学生影响的片面合理性而难以产生对自己合理性与不合理性的对应关注；从学生方面看，学生仅仅把握到自己的不合理性，便必然会产生对教师合理性影响的片面接受而难以产生对自己合理性与不合理性的对应关注。

二是，从师生双方的影响指向看，现行教育机制论，在把握到教师合理性对学生不合理性的影响指向的同时，却遮蔽了学生合理性对教师不合理性的影响指向，更遮蔽了师生双方影响指向之间的对应关系。由此，便直接导致了两个方面的不足性——从教师方面看，教师仅仅把握到自己对学生的影响指向，便必然会内在地衍生出对这一影响指向的偏重而难以产生对师生双方双向度影响指向的对应关注；从学生方面看，学生仅仅把握到教师的影响指向，便必然会产生对这一影响指向的偏重而难以产生对师生双方双向度影响指向的对应关注。

三是，从师生双方的影响结果看，现行教育机制论，在把握到教师合理性对学生不合理性的影响结果的同时，却遮蔽了学生合理性对教师不合理性的影响结果，更遮蔽了师生双方影响结果之间的对应关系。由此，便直接导致了两个方面的不足性——从教师方面看，教师仅仅把握到自己对学生的合理性影响结果，便必然会内在地衍生出对这一影响结果的接受而难以产生对师生双方影响结果的对应关注；从学生方面看，学生仅仅把握到教师的单方面影响结果，便必然会产生对这一影响结果的接受而难以产生对师生双方影响结果的对应关注。

总之，现行教育机制论，从教师对学生的合理性影响，切到对学校教育机制的理解，对学校教育活动实际产生的消极作用就是：仅仅把握到教师合理性与学生不合理性的现行教育机制论，必然会内在地衍生出教师对学生单方面的外在的灌输式的教育。

四、本节小结

综上所述，我们看到，现行教育机制论，从教师对学生的合理性影响，切到对学校教育机制的理解，虽然能够把握到教师的合理性与学生的不合理性，也能够把握到这种单一属性的根据并对实际的简单学校教育活动产生积极的作用，但是，却遮蔽了教师的不合理性与学生的合理性以及师生双方合理性与不合理性之间的对应关系。从思维运作看，现行教育机制论的偏差，是由其主观思维的抽象泛化所导致的；从实际看，这种抽象泛化的思维或认识，对师生双方对应的学校教育活动存在多方面的消极作用。因此，现行教育机制论，就必然也必须被合理地反思与改造。

五、本节提示

在本节最后，需要做两点提示：一是，探寻现行教育机制论的思维活动切入点的根据，就是现行教育机制论的内容，或者说，我们是通过现行教育机制论的内容而探寻到其思维活动的切入点的。二是，对现行教育机制论的思维活动切入点的遮蔽性分析，不是我们简单的主观分析，而是根据现行教育机制论所包含的主观思维活动切入点的所见与所不见而展开的——要特别注意，现行教育机制论所包含的简单静态的主观思维，必然会遮蔽与其对应的动态的客观事实。

附言：

1. 学校教育活动的发生，当然可以从教师对学生的合理性影响开始，但是，关于学校教育机制的理论，却不能仅仅停留在这里。

2. 现行教育机制论，只能把握到教师的合理性与学生的不合理性——这为单向度的线性教育，提供了直接的认识论支撑。

3. 教师绝不仅仅具有合理性，而学生也绝不仅仅具有不合理性——这对于师生双方而言，或许都是个有意义的提醒。

4. 脱离具体的情景或边界而谈论师生双方的合理性或不合理性，都不过是简单抽象思维的不负责任的任性甚至是放纵。

5. 仅仅把握到自我合理性的人，也就是刚愎自用的人，而仅仅把握到自我不合理性的人，也就是自我否定的人——当然，这两种人，都不过是简单的人。

6. 由合理性与不合理性所生成的张力，正是人类价值追求中永恒的动力。

第二节　对现行简单教育机制论的对应改造

切问：

1. 从动态的教育活动的事实看，现行教育机制论所包含的"教师对学生的合理性影响"，其实都是"教师与学生双方合理性与不合理性的对应性影响"吗？

2. 师生双方的合理性与不合理性，都是有边界限定的属性：在边界之内，是合理性；而在边界之外，则是不合理性——由此，就可以说，师生双方的合理性与不合理性，都是有边界限定的对应的属性吗？

3. 教师对学生的影响指向，必然会引起学生的回应吗？而学生的这种回应，又必然会指向教师并引起教师的反应吗？

4. 教师对学生的影响指向，必然会产生对学生的影响结果吗？这种影响结果，又必然会产生对教师的影响结果吗？

5. 在学校教育活动中，师生双方的合理性与不合理性，都不是抽象泛化的属性，而是具有边界对应关系的具体属性吗？我们需要从抽象泛化的思维，转换到具体的边界思维或对应思维吗？

6. 如果只有教师的合理性与学生的不合理性活动，那么，师生之间就只能产生等级性的或不对等的简单关系吗？而如果师生双方都分别具有合理性与不合理性的活动，那么，师生双方就会产生以合理性与不合理性的对应为基础的对等关系吗？

一、对现行教育机制论所包含的泛化思维的对应改造

上一节我们谈到，现行教育机制论，之所以存在偏差，是因为在其思维运作中存在抽象泛化的不足。因此，要改造现行教育机制论，就必须改造其抽象泛化的主观思维。如何改造这种思维呢？这首先就需要摆脱现行教育机制论所包含的简单主观思维，而转向对教育活动事实或过程的关注——由主观思维，转向事实思维。其次，还需要走出教育研究者简单泛化的抽象思维，而转向对教育活动的客观与主观对应的边界思维——由简单的泛化思维，转向对应的边界思维。

二、对现行教育机制论所包含的思维切入点的对应改造

现行教育机制论，从教师对学生的合理性影响开始，切到对学校教育机制的理解，这一切入点本身并不存在问题。现行教育机制论的问题在于：首先，从教师对学生的合理性影响开始，切到对学校教育机制的理解；其次，却并没有对这一动态影响的过程做出对应的考察，而是仅仅停留在教师对学生的合理性影响这里，并将教育活动的机制抽象为教师对学生的合理性影响。

教师对学生影响的教育活动的动态过程，又是怎样的呢？征之于实际，我们看到，在学校教育中，教师对学生的合理性或不合理性影响，都必然会引起

学生合理或不合理的反应；而这种反应，又必然会反过来对教师产生合理性或不合理性的影响。这清楚地表明，教师与学生之间的影响，是双方合理性与不合理性相互对应的影响，而不是现行教育机制论所把握到的教师对于学生的简单的合理性影响。由此，我们就将现行教育机制论所包含的"教师对学生的合理性影响"的切入点，改造为"师生双方合理性与不合理性的对应性影响"的切入点。

三、对现行教育机制论所包含的具体内容的对应改造

对应教育机制论，从师生双方合理性与不合理性的对应性影响，切到对学校教育机制的理解，能够对现行的简单教育机制论，做出哪些方面的改造呢？下面，分而论之。

第一，从师生双方的影响属性看，对应教育机制论，既能把握到教师的合理性与不合理性，又能把握到学生的合理性与不合理性，还能把握到师生双方合理性与不合理性的对应关系，这是不同于现行简单教育机制论所把握到的教师的合理性与学生的不合理的。这里的道理是：在学校教育的实际过程中，师生双方的合理性与不合理性，都是有边界限定的属性：在边界之内，是合理性；而在边界之外，则是不合理性。这清楚地表明，在学校教育活动的实际中，师生双方的合理性与不合理性，都必然是有边界限定的对应的属性，而不可能是现行简单教育机制论所把握到的教师的合理性与学生的不合理性——这种片面的合理性与不合理性只能是抽象泛化的形而上学的属性。

第二，从师生双方的影响指向看，对应教育机制论，既能把握到教师对学生的影响指向，又能把握到学生对教师的影响指向，还能把握到师生双方对应的影响指向，这是不同于现行简单教育机制论所把握到的教师对学生的单向度影响指向的。这里的道理是：在学校教育的实际过程中，教师对学生的影响指向，必然会引起学生的反应；而这种反应，又必然会引起教师的反应。这清楚地表明，在学校教育活动的实际中，教师对学生的影响指向，必然是师生双方双向度的影响指向，而不可能是现行简单教育机制论所把握到的教师对学生的单一影响指向——这种单向度的影响指向也只能是抽象泛化的形而上学的影响指向。

第三，从师生双方的影响结果看，对应教育机制论，既能把握到教师对学生的影响结果，又能把握到学生对教师的影响结果，还能把握到师生双方的对应影响结果，这是不同于现行简单教育机制论所把握到的教师对学生单方面的影响结果。这里的道理是：在学校教育的实际过程中，教师对学生的任何影响，

都必然会对学生产生影响结果；而这种影响结果，又必然会对教师产生影响结果。这清楚地表明，在学校教育活动的实际中，教师对学生的任何影响结果，都必然是师生双方对应的影响结果，而不可能是现行简单教育机制论所把握到的教师对学生单方面的影响结果——这种单方面的影响结果，当然，也只能是抽象泛化的形而上学的影响结果。

四、对应教育机制论的积极功能

对应教育机制论，从师生双方合理性与不合理性的对应性影响，切到对学校教育机制的理解，能够对实际的学校教育活动，产生哪些方面的积极影响呢？下面，分而论之。

第一，从师生双方的影响属性看，对应教育机制论，能够对实际的学校教育活动产生如下三方面的积极影响：一方面是，对应教育机制论，能够把握到教师对学生影响的合理性与不合理性。因此，不仅能够支持教师对学生的合理性影响，而且也能够支持教师改造对学生的不合理性影响。另一方面是，对应教育机制论，能够把握到学生对教师影响的合理性与不合理性。因此，不仅能够支持学生对教师的合理性影响，而且也能够支持学生改造对教师的不合理性影响。最后一个方面是，对应教育机制论，既能把握到教师对学生影响的合理性与不合理性，又能把握到学生对教师影响的合理性与不合理性。因此，能够支持师生双方建构出以各自合理性与不合理性的对应为基础的对等影响关系。鉴于现行简单教育机制论的遮蔽或偏差，我们愿意特别强调如下三点：第一点是，关注教师对学生影响的不合理性。这里的关键是要走出人们熟悉的现行教育理论的偏差，那就是认为学校教育是教师对学生合理性影响的观点——那当然是简单抽象思维泛化的后果。在对应思维看来，教师对学生的影响，必然是合理性与不合理性对应的影响，所以，就不仅要关注教师对学生影响的合理性，而且要关注教师对学生影响的不合理性。第二点是，关注学生对教师影响的合理性。这里的关键也是要走出人们熟悉的现行教育理论的偏差，那就是认为学校教育是教师对学生合理性影响的观点，或者说，是学生的不合理性被教师合理性所影响的观点——那当然是简单抽象思维泛化的后果。在对应思维看来，学生对教师影响的反应，必然是合理性与不合理性对应的反应，所以，就不仅要关注学生对教师影响的不合理性，而且要关注学生对教师影响的合理性。第三点是，关注师生双方在影响属性维度上对等定位的教育关系，即三线定位的教育关系。既然师生双方都具有合理性与不合理性，那么，师生双方就要关注在双方合理性与不合理性的一致性与不一致性前提下的三线定位关系。这种三线定位关系的基本内容是：关注理想性的上线，即师生双方在合理性与不合理性一致性前提下（双方都能以对方的合理性去改造自身的不合理性），走向对等的教育，以实现双方的互补性变化或发展；关注现实性的中线，即师生双方在合理性与不合理性的不一致性前提下（双方中至少有一方不能以对方的合理性去改造自身的不合理性），走向对话或讨论，以实现双方的生成性变化或发展；关注禁止性的底线，即师生双方在合理性与不合理性的不一致性前提下，都不能破坏或割裂对应的教育关系。我们认为，在师生双方的影响属性维度上，经由三线定位的教育，就可以构建出师生双方以各自合理性与不合理性的对应为基础的涉及理想、现实与戒律的对等教育关系。由此，也可以规避由教师合理性与学生不合理性所必然导致的简单的不对等教育关系。

第二，从师生双方的影响指向看，对应教育机制论，能够对实际的学校教育活动产生如下三方面的积极影响：一方面是，对应教育机制论，能够把握到教师对学生的影响指向。因此，能够支持教师对于学生的影响。另一方面是，对应教育机制论，能够把握到学生对教师的影响指向。因此，能够支持学生对于教师的影响。最后一个方面是，对应教育机制论，既能把握到教师对学生的影响指向，又能把握到学生对教师的影响指向。因此，能够支持师生双方建构出以双方影响指向的对应为基础的双向度对等影响关系。鉴于现行简单教育机制论的遮蔽或偏差，我们愿意特别强调如下两点：第一点是，关注学生对教师的影响指向。这里的关键是要走出人们熟悉的现行教育理论的偏差，那就是认为学校教育的指向是教师对学生影响指向的观点——那当然是简单抽象思维泛化的后果。在对应思维看来，教师对学生的影响指向，必然是师生双方对应的影响指向，所以，就不仅要关注教师对学生的影响指向，而且要关注学生对教师的影响指向。第二点是，关注师生双方在影响指向维度上对等定位的教育关系，即三线定位的教育关系。既然师生双方都具有合理性与不合理性的影响指向，那么，师生双方就要关注在双方合理性与不合理性影响指向一致性与不一致性前提下的三线定位关系。这种三线定位关系的基本内容是：关注理想性的上线，即师生双方在合理性与不合理性影响指向的一致性前提下（即双方都能接受对方的合理性指向去改造自身的不合理性指向），走向对等的教育，以实现双方的互补性变化或发展；关注现实性的中线，即师生双方在合理性与不合理性影响指向的不一致性前提下（即双方中至少一方不能接受对方的合理性指向去改造自身的不合理性指向），走向对话或讨论，以实现双方的生成性变化或发展；关注禁止性的底线，即师生双方在合理性与不合理性影响指向的不一致性前提下，都不能破坏或割裂对应的教育关系。我们认为，在师生双方的影响指向维度上，经由三线定位的教育，就可以构建出师生双方以各自合理性与不合理性影响指向的对应为基础的涉及理想、现实与戒律的对等教育关系。由此，也可以规避由教师对学生的合理性影响指向所必然导致的简单的不对等教育关系。

第三，从师生双方的影响结果看，对应教育机制论，能够对实际的学校教育活动产生如下三方面的积极影响：一方面是，对应教育机制论，能够把握到教师对学生的影响结果。因此，能够支持教师对学生的影响结果。另一方面是，对应教育机制论，能够把握到学生对教师的影响结果。因此，能够支持学生对教师的影响结果。最后一个方面是，对应教育机制论，既能把握到教师对学生的影响结果，又能把握到学生对教师的影响结果。因此，能够支持师生双方建构出以双方影响结果的对应为基础的对等影响关系。鉴于现行简单教育机制论的遮蔽或偏差，我们愿意特别强调如下两点：第一点是，关注学生对教师的影响结果。这里的关键是要走出人们熟悉的现行教育理论的偏差，那就是认为学校教育的结果是教师对学生影响结果的观点——那当然是简单抽象思维泛化的后果。在对应思维看来，教师对学生的影响结果，必然是师生双方对应的影响结果，所以，就不仅要关注教师对学生的影响结果，而且要关注学生对教师的影响结果。第二点是，关注师生双方在影响结果维度上对等定位的教育关系，即三线定位的教育关系。既然师生双方都具有合理性与不合理性的对应影响结果，那么，师生双方就要关注在双方合理性与不合理性影响结果一致性与不一致性前提下的三线定位关系。这种三线定位关系的基本内容是：关注理想性的上线，即师生双方在合理性与不合理性影响结果的一致性前提下（双方都能接受对方合理性对自身不合理性的影响结果），走向对等的教育，以实现双方的互补性变化或发展；关注现实性的中线，即师生双方在合理性与不合理性影响结果的不一致性前提下（双方中至少一方不能接受对方合理性对自身不合理性的影响结果），走向对话或讨论，以实现双方的生成性变化或发展；关注禁止性的底线，即师生双方在合理性与不合理性影响结果的不一致性前提下，都不能破坏或割裂对应的教育关系。我们认为，在师生双方的影响结果维度上，经由三线定位的教育，就可以构建出师生双方以各自合理性与不合理性影响结果的对应为基础的涉及理想、现实与戒律的对等教育关系。由此，也可以规避由教师对学生单方面影响结果所必然导致的简单的不对等教育关系。

五、本节小结

综上所述，我们对现行简单教育机制论的改造，涉及三层基本内容：一是，首先，由现行简单教育机制论所包含的主观思维路线，转换到事实思维路线；其次，在事实思维路线基础上，将现行简单教育机制论所包含的单一主观泛化的思维路线，改造为主观与客观的对应思维路线。二是，在对应思维路线上，将现行简单教育机制论所包含的认识学校教育机制的"教师对学生的合理性影响"的思维切入点，改造为"师生双方合理性与不合理性的对应性影响"的思维切入点。三是，在"师生双方合理性与不合理性的对应性影响"视野中，分别对师生双方的影响属性、指向与结果这些基本教育关系，做出了对应的考察。最后，我们分别考察了对应教育机制论，在师生双方的影响属性、指向与结果这些基本维度上，对实际的学校教育活动所产生的积极影响，以推动人们从现行的简单教育机制论，转换到对应的教育机制论。

为了更简明地把握两种教育机制论的不同，我们不妨将其中所包含的不同思维路线，做出如下比较：

简单教育机制论的单线定位路线——学校教育的机制，就是具有合理性的教师对具有不合理性的学生的简单影响——这里需要特别注意，简单教育机制论，仅仅是对教师单一主观性这一条思维路线的反应。

对应教育机制论的三线定位路线——学校教育的机制，就是分别具有合理性与不合理性的教师与学生双方之间的对应影响，它包含双方合理性与不合理性对应影响的理想的上线、现实的中线以及戒律的底线——这里需要特别注意，对应教育机制论，是对师生双方合理性与不合理性影响的理想、现实与戒律的三条思维路线的反应。

六、本节提示

在本节最后，需要做两点提示：一是，由"教育者对受教育者的合理性影响"，到"教育者与受教育者双方合理性与不合理性的对应性影响"的过渡环节，就是由对教育活动的主观抽象思维，转向对教育活动的客观与主观的对应思维。二是，由"教师对学生的合理性影响"，到"师生双方合理性与不合理性的对应性影响"的过渡环节；就是由对师生活动的主观抽象思维，转向对师生活动的客观与主观的对应思维。

附言：

1. 从教师对学生合理性影响开始的教育活动，其实，都是师生双方合理性与不合理性对应影响的教育活动。

2. 对教师与学生合理性与不合理性的评价，都应该是具体的边界评价，而不能是抽象的泛化评价。

3. 仅仅把握到教师合理性与学生不合理性的现行教育机制论，必然会陷入教师优越论的误区，甚至会衍生出师生之间的等级性关系。

4. 师生双方合理性与不合理性的不一致性所生成的张力，正是推动师生双方进入讨论或对话的内在动力。

5. 仅仅明白人的合理性而不能同时明白人的不合理性的人，其实，也就是简单的人。

6. 以他人的合理性改造自身的不合理性，或者说，人们之间的合理性与不合理性的一致性对应关系，是人们之间的简单教育关系；而人们之间的合理性与不合理性的不一致性对应关系，则构成人们之间的对应教育关系。

第十一章

对现行简单教育途径论的遮蔽性分析与对应改造

第一节　对现行简单教育途径论的遮蔽性分析

切问：

1. 现行教育理论，将教育活动的途径规定为教师对学生的外在性影响，其思维活动的切入点在哪里？我们如何才能探索到其思维活动的切入点？

2. 现行教育途径论，从自己理解教育途径的切入点上，能够把握到教育途径哪些方面的内容呢？

3. 现行教育途径论的根据是什么？这种途径论，对实际的教育活动会产生哪些积极作用？

4. 现行教育途径论，从自己理解教育途径的切入点上，在对教育途径有所把握的同时，却又遮蔽了哪些内容呢？

5. 在思维运行中，现行教育途径论，存在遮蔽的根源在哪里？

6. 现行教育途径论，对实际的教育活动会产生怎样的消极作用？

一、现行教育途径论的内容、属性及其思维活动的切入点

1. 现行教育途径论的内容

现行教育理论，关于教育途径的理解，集中表现在关于学校教育概念的理解之中。关于学校教育的概念，在《教育学》中写道："它是根据一定社会的现实和未来的需要，遵循受教育者身心发展的规律，有目的、有计划、有组织地引导受教育者主动地学习，积极进行经验的改组和改造，促使他们提高素质、健全人格的一种活动，以便把受教育者培养成为适应一定社会的需要，促进社会的发展，追求和创造人的合理存在的人。"① 按照现行教育理论的理解，学校教育，就是学校、教育者或教师对于受教育者或学生的外在"引导"或"促

---

① 王道俊，郭文安. 教育学 [M]. 北京：人民教育出版社，2009：26-27.

使"的过程，简约地表达，学校教育，也就是教师对学生的外在引导或主导过程。这种教师对学生外在引导或主导的过程，也就是现行教育途径论的基本内容。

2. 现行教育途径论的属性

现行教育途径论，具有怎样的性质呢？

按照现行教育途径论的理解，学校教育的途径，也就是教师对学生的外在引导过程。学校教育活动的实际，果真是这样的吗？教师对学生的外在引导，难道不会引起学生内在的反应吗？学生的内在反应，难道不会对教师产生外在影响吗？学生的这种外在影响，难道不会对教师产生内在的影响吗？师生双方的外在与内在影响，难道都是一致性影响而没有不一致性的影响吗？从上面的引文中，我们不难看到，现行教育途径论，却根本无视这些客观实际中内在的对应性问题，而仅仅将学校教育的途径简单地规定为教师对学生的外在引导过程。由此，我们就可以有根据地说，现行教育途径论的属性，就是片面性或简单性。

3. 现行教育途径论的思维活动的切入点

现行教育途径论，既然将学校教育途径规定为教师对学生的外在"引导"或"促使"的过程，那么，我们就可以据此逆向推论出现行教育途径论的思维活动的起点或切入点，那就是"教育者对受教育者的外在性影响"或"教师对学生的外在性影响"。正向地表达，现行教育途径论，正是从教师对学生的外在性影响，切入对学校教育途径的理解，才将学校教育的途径规定为教师对于学生的"引导"或"促使"的过程。

二、现行教育途径论的所见、根据及其积极功能

1. 现行教育途径论的所见

现行教育途径论，从教师对学生的外在性影响，切到对学校教育途径的理解，能够把握到学校教育途径的哪些方面的内容呢？一是，从师生双方的影响属性看，现行教育途径论，能够把握到教师对学生的外在性影响，也能够把握到学生对这种外在性影响的接受。二是，从师生双方的影响指向看，现行教育途径论，能够把握到教师外在性的影响对于学生的影响指向，也能够把握到学生对这种影响指向的接受。三是，从师生双方的影响结果看，现行教育途径论，能够把握到教师外在性影响对于学生的影响或改造，也能够把握到学生对这种影响或改造的接受。总之，现行教育途径论，从教师对学生的外在性影响，切到对学校教育途径的理解，能够把握到的基本内容，也就是：教师的外在性影

响对于学生的影响或改造。

2. 现行教育途径论的根据

现行教育途径论，从教师对学生的外在性影响，切到对学校教育途径的理解，所把握到的基本内容，是有根据的吗？一是，从师生双方的影响属性看，教师要对学生进行教育，就必须对学生进行外在性的影响，这当然是有根据的；而学生要接受教师的教育，也就必须接受这种外在性的影响，这也是有根据的。二是，从师生双方的影响指向看，教师要对学生进行影响，就必然会将这种影响指向学生，这也是有根据的。三是，从师生双方的影响结果看，既然教师对学生进行了外在性的影响或教育，那么，学生就必然会受到教师的外在性影响或教育，这也是有根据的。总之，现行教育途径论，从教师对学生的外在性影响，切到对学校教育途径的理解，所把握到的基本内容，从教师对学生的外在性影响来看，都是有根据的，因而也就是合理性。

3. 现行教育途径论的积极功能

现行教育途径论，从教师对学生的外在性影响，切到对学校教育途径的理解，所把握到的基本内容，对于实际的学校教育活动，都具有积极的功能或价值。一是，从师生双方的影响属性看，现行教育途径论，能够把握到教师对学生的外在性影响与学生对这种外在性影响的接受，这能够支持师生双方展开传授与接受的教育。二是，从师生双方的影响指向看，现行教育途径论，能够把握到教师对学生的影响指向，这能够支持教师对学生的外在性影响指向，也能够支持学生接受教师的这种外在性影响指向。三是，从师生双方的影响结果看，现行教育途径论，能够把握到教师对学生的外在性影响结果，这能够支持教师肯定对学生的外在性影响结果，也能够支持学生接受教师的这种外在性影响结果。总之，现行教育途径论，从教师对学生的外在性影响，切到对学校教育途径的理解，所把握到的基本内容，从教师对于学生的外在性影响来看，都具有积极的价值或作用。

三、现行教育途径论的偏差、根源及其消极功能

1. 现行教育途径论的偏差

现行教育途径论，从教师对学生的外在性影响，切到对学校教育途径的理解，在有所见或有所把握的同时，却又遗漏或遮蔽了哪些内容呢？一是，从师生双方的影响属性看，现行教育途径论，在把握到教师对学生的外在性影响的同时，却遮蔽了学生的内在性影响，也遮蔽了学生对教师的外在性与内在性影响，更遮蔽了师生双方外在性与内在性影响之间的对应关系。二是，从师生双

方的影响指向看，现行教育途径论，在把握到教师对学生的外在性影响指向的同时，却遮蔽了学生对自己的内在性指向，也遮蔽了学生反过来对教师的外在性与内在性影响指向，更遮蔽了师生双方外在性与内在性影响指向之间的对应关系。三是，从师生双方的影响结果看，现行教育途径论，在把握到教师对学生的外在性影响结果的同时，却遮蔽了学生的内在性影响结果，也遮蔽了学生反过来对教师的外在性与内在性影响结果，更遮蔽了师生双方外在性与内在性影响结果之间的对应关系。总之，现行教育途径论，从教师对学生的外在性影响，切到对学校教育途径的理解，在把握到教师对学生的外在性影响的同时，却遮蔽了学生的内在性影响，也遮蔽了学生对教师的外在性与内在性影响，更遮蔽了师生双方外在性与内在性影响之间的对应关系。

2. 现行教育途径论的根源

从思维运作看，现行教育途径论，之所以存在上述偏差，是其主观抽象思维的泛化导致的。一是，从师生双方的影响属性看，在实际的学校教育活动中，师生双方影响的外在性与内在性，都是相互对应存在的属性。教师对于学生的影响，从学生方面看，就是外在性影响，而学生不管是接受还是不接受，都属于学生自我的内在性影响；同样地，学生对于教师的影响，从教师方面看，就是外在性影响，而教师不管是接受还是不接受，都属于教师自我的内在性影响，然而，现行教育途径论，却在其主观思维中，片面地抽取出教师对学生影响的外在性，并以偏概全地泛指师生双方在教育活动中所产生的对应属性。由此，便遮蔽了学生自我影响的内在性，也遮蔽了学生反过来对教师影响的外在性与内在性，更遮蔽了师生双方影响的外在性与内在性的对应关系。二是，从师生双方的影响指向看，在实际的学校教育活动中，教师对于学生的外在性影响指向，必然会引起学生指向自我的内在性的反应；而学生的反应，又必然会反过来对教师产生外在性与内在性影响指向。然而，现行教育途径论，却在其主观思维中，片面地抽取出教师对于学生的外在性影响指向，并以偏概全地泛指师生双方在教育活动中所受到的对应性影响指向。由此，便遮蔽了学生对自我的影响指向，也遮蔽了学生反过来对教师产生的外在性与内在性影响指向，更遮蔽了师生双方外在性与内在性影响指向之间的对应关系。三是，从师生双方的影响结果看，在实际的学校教育活动中，教师对于学生的外在性影响指向，必然会引起学生自我的内在反应并对学生产生外在性与内在性对应的影响结果；而这种影响结果，又必然会反过来对教师产生外在性与内在性对应的影响结果。然而，现行教育途径论，却在其主观思维中，片面地抽取出教师对于学生的外在性影响结果，并以偏概全地泛指师生双方在教育活动中所产生的对应影响结果。由此，便遮蔽了学生对自我的内在性影响结果，也遮蔽了学生反过来对教师产生的外在性与内在性影响结果，进一步，还遮蔽了师生双方外在性与内在性影响结果的对应关系。

3. 现行教育途径论的消极功能

现行教育途径论，从教师对学生的外在性影响，切到对学校教育途径的理解，在有所把握的同时，却又存在偏差。这些认识或思维中的偏差，对实际的学校教育活动，会产生哪些消极影响呢？

一是，从师生双方的影响属性看，现行教育途径论，在把握到教师对学生影响的外在性的同时，却遮蔽了学生自我影响的内在性，也遮蔽了学生反过来对教师影响的外在性与内在性，更遮蔽了师生双方影响的外在性与内在性之间的对应关系。由此，便直接导致了两个方面的不足性——从教师方面看，教师仅仅把握到自己对学生影响的外在性，便必然产生对外在灌输式影响的偏重而很难产生对师生双方影响的外在性与内在性的对应关注；从学生方面看，学生仅仅把握到教师影响的外在性，便必然会产生对外在灌输式影响的接受而很难产生对师生双方影响的外在性与内在性的对应关注。

二是，从师生双方的影响指向看，现行教育途径论，在把握到教师对学生的外在性影响指向的同时，却遮蔽了学生自我的内在性影响指向，也遮蔽了学生反过来对教师的外在性与内在性影响指向，更遮蔽了师生双方外在性与内在性影响指向之间的对应关系。由此，便直接导致了两个方面的不足性——从教师方面看，教师仅仅把握到自己对学生的外在性影响指向，便必然会产生对这一影响指向的偏重而难以产生对师生双方外在性与内在性影响指向的对应关注；从学生方面看，学生仅仅把握到教师的外在性影响指向，便必然会产生对这一影响指向的偏重而难以产生对师生双方外在性与内在性影响指向的对应关注。

三是，从师生双方的影响结果看，现行教育途径论，在把握到教师对学生的外在性影响结果的同时，却遮蔽了学生自我的内在性影响结果，也遮蔽了学生反过来对教师的外在性与内在性影响结果，更遮蔽了师生双方外在性与内在性影响结果之间的对应关系。由此，便直接导致了两个方面的不足性——从教师方面看，教师仅仅把握到自己对学生的外在性影响结果，便必然会产生对这一影响结果的接受而难以产生对师生双方外在性与内在性影响结果的对应关注；从学生方面看，学生仅仅把握到教师的外在性影响结果，便必然会产生对这一影响结果的接受而难以产生对师生双方外在性与内在性影响结果的对应关注。

总之，现行教育途径论，从教师对学生的外在性影响，切到对学校教育途径的理解，对学校教育活动实际产生的消极作用就是：仅仅把握到教师外在性影响的现行教育途径论，必然会内在地产生教师对学生的外在灌输式教育而很难产生对师生双方外在性与内在性影响的对应关注。

四、本节小结

综上所述，我们看到，现行教育途径论，从教师对学生的外在性影响，切到对学校教育途径的理解，虽然能够把握到教师对学生影响的外在性，也能够把握到这种单一属性的根据并对实际的简单学校教育活动产生积极的作用，但是，却遮蔽了学生自我影响的内在性以及师生双方外在性与内在性之间的对应关系。从思维运作看，现行教育途径论的偏差，是由其主观思维的抽象泛化所导致的。从实际看，这种抽象泛化的思维或认识，对师生双方对应的学校教育活动存在多方面的消极作用。因此，现行教育途径论，就必然也必须被合理地反思与改造。

五、本节提示

在本节最后，需要做两点提示：一是，探寻现行教育途径论的思维活动切入点的根据，就是现行教育途径论的内容，或者说，我们是通过现行教育途径论的内容而探寻到其思维活动的切入点的。二是，对现行教育途径论的思维活动切入点的遮蔽性分析，不是我们简单的主观分析，而是根据现行教育途径论所包含的主观思维活动切入点的所见与所不见而展开的——要特别注意，现行教育途径论所包含的简单静态的主观思维，必然会遮蔽与其对应的动态的客观事实。

附言：

1. 学校教育活动的发生，当然可以从教师对学生的外在性影响开始，但是，关于学校教育途径的理论，却不能仅仅停留在这里。

2. 现行教育途径论，只能把握到教师对学生影响的外在性——这为教师对学生的外在管控，提供了直接的认识论支持。

3. 不能容纳师生双方自我教育的现行教育途径论，只能成为行走在歧途而还没有走向正道的教育理论。

4. 脱离双方内在的对应性而孤立地谈论外在的他人教育或内在的自我教育，都不过是简单的人在简单思维中的无聊游戏。

5. 缺少自我教育参照的他人教育，很容易沦为捆绑式的教育；而缺少他人教育参照的自我教育，则很容易陷入自我封闭的教育。

6. 外在途径与内在途径的对应，正是外在途径与内在途径之为存在的明证；正如他人与自我的对应，构成他人与自我为之存在的明证。

第二节　对现行简单教育途径论的对应改造

切问：

1. 从动态的教育活动的事实看，现行教育途径论所包含的"教师对学生的外在性影响"，其实都是"师生双方外在性与内在性的对应性影响"吗？

2. 师生双方影响的外在性与内在性，都必然是对应存在与对应转换的属性吗？

3. 教师对学生的外在性影响指向，必然会引起学生对自我的内在性指向吗？而学生的这种反应，又必然会反过来对教师产生外在性与内在性的影响指向吗？

4. 教师对学生的外在性影响指向，必然会产生对学生的内在性影响结果吗？这种影响结果，又必然会产生对教师的外在性与内在性的影响结果吗？

5. 在学校教育活动中，师生双方影响的外在性与内在性，都不是抽象泛化的属性，而是具有对应关系的具体属性吗？我们需要从抽象泛化的思维，转换到动态的对应思维吗？

6. 如果只有教师对学生的外在性影响活动，那么，师生之间就只能产生简单的不对等关系吗？而如果师生双方都分别具有外在性与内在性活动，那么，师生双方就会产生以外在性与内在性的对应为基础的对等关系吗？

一、对现行教育途径论所包含的泛化思维的对应改造

上一节我们谈到，现行教育途径论，之所以存在偏差，是因为在其思维运作中存在抽象泛化的不足。因此，要改造现行教育途径论，就必须改造其抽象泛化的主观思维。如何改造这种思维呢？这首先就需要摆脱现行教育途径论所包含的简单主观思维，而转向对教育活动事实或过程的关注——由主观思维，转向事实思维。其次，还需要走出教育研究者简单泛化的抽象思维，而转向对教育活动的客观与主观对应的边界思维——由简单的泛化思维，转向对应的边界思维。

二、对现行教育途径论所包含的思维切入点的对应改造

现行教育途径论，从教师对学生的外在性影响开始，切到对学校教育途径

的理解，这一切入点本身并不存在问题。现行教育途径论的问题在于：首先，从教师对学生的外在性影响开始，切到对学校教育途径的理解；其次，却并没有对这一动态影响的过程做出对应的考察，而是仅仅停留在教师对学生的外在性影响这里，并将教育活动的途径抽象为教师对学生的外在性影响。

教师对学生影响的教育活动的动态过程，又是怎样的呢？征之于实际，我们看到，在学校教育中，教师对学生的外在性影响，不管学生是接受还是不接受，都必然会引起学生自我的内在性反应；而这种反应，又必然会反过来对教师产生外在性与内在性的影响。这清楚地表明，教师与学生之间的影响途径，必然是师生双方外在性与内在性的对应影响途径，而不是现行教育途径论所把握到的教师对学生的外在性影响途径。由此，我们就将现行教育途径论所包含的"教师对学生的外在性影响"的切入点，改造为"师生双方外在性与内在性的对应性影响"的切入点。

三、对现行教育途径论所包含的具体内容的对应改造

对应教育途径论，从师生双方外在性与内在性的对应性影响，切到对学校教育途径的理解，能够对现行的简单教育途径论，做出哪些方面的改造呢？下面，分而论之。

第一，从师生双方的影响属性看，对应教育途径论，既能把握到教师对学生的外在性与内在性影响，又能把握到学生对教师的外在性与内在性影响，还能把握到师生双方外在性与内在性影响的对应关系，这是不同于现行教育途径论所把握到的教师对学生的外在性影响的。这里的道理是：在学校教育的实际过程中，师生双方对对方的外在性影响，不管对方是接受还是不接受，都必然会引起对方内在性的反应并产生回返性反应。这清楚地表明，在学校教育活动的实际中，师生双方影响的外在性与内在性，都必然是对应存在与对应转换的属性，而不可能是现行简单教育途径论所把握到的教师对学生影响的外在性——这种片面的外在性只能是抽象泛化的形而上学的属性。

第二，从师生双方的影响指向看，对应教育途径论，既能把握到教师对学生的外在性影响指向，又能把握到学生自我的内在性影响指向，还能把握到师生双方外在性与内在性影响指向的对应关系，这是不同于现行简单教育途径论所把握到的教师对学生的单一外在性影响指向的。这里的道理是：在学校教育的实际过程中，教师对学生的外在性影响指向，必然会引起学生自我的内在性反应；而这种反应，又必然会引起教师的反应。这清楚地表明，在学校教育活动的实际中，教师对学生的外在性影响指向，必然是师生双方外在性与内在性

的双向度的影响指向，而不可能是现行简单教育途径论所把握到的教师学生的单一外在性影响指向——这种单向度的影响指向也只能是抽象泛化的形而上学的影响指向。

第三，从师生双方的影响结果看，对应教育途径论，既能把握到教师对学生的外在性影响结果，又能把握到学生自我的内在性影响结果，还能把握到师生双方外在性与内在性影响结果之间的对应关系，这是不同于现行简单教育途径论所把握到的教师对学生单方面的外在性影响结果的。这里的道理是：在学校教育的实际过程中，教师对学生的外在性影响，都必然会对学生产生内在性的影响结果；而这种影响结果，又必然会对教师产生影响结果。这清楚地表明，在学校教育活动的实际中，教师对学生的外在性影响结果，都必然是师生双方外在性与内在性对应的影响结果，而不可能是现行简单教育途径论所把握到的教师对学生单方面的外在影响结果——这种单方面的影响结果也只能是抽象泛化的形而上学的影响结果。

四、对应教育途径论的积极功能

对应教育途径论，从师生双方外在性与内在性的对应性影响，切到对学校教育途径的理解，能够对实际的学校教育活动，产生哪些方面的积极影响呢？下面，分而论之。

第一，从师生双方的影响属性看，对应教育途径论，能够对实际的学校教育活动产生如下三方面的积极影响：一方面是，对应教育途径论，能够把握到教师对学生影响的外在性与内在性。因此，不仅能够支持教师去关注对学生的外在性影响，而且也能够支持教师去关注对学生的内在性影响。另一方面是，对应教育途径论，能够把握到学生对教师影响的外在性与内在性。因此，不仅能够支持学生去关注对教师的外在性影响，而且也能够支持学生去关注对教师的内在性影响。最后一个方面是，对应教育途径论，既能把握到教师对学生影响的外在性与内在性，又能把握到学生对教师影响的外在性与内在性。因此，能够支持师生双方建构出以各自外在性与内在性的对应为基础的对等影响关系。鉴于现行简单教育途径论的遮蔽或偏差，我们愿意特别强调如下三点：第一点是，关注教师对学生影响的内在性。这里的关键是要走出人们熟悉的现行教育理论的偏差，那就是认为学校教育是教师对学生外在性影响的观点——那当然是简单抽象思维泛化的后果。在对应思维看来，教师对学生的外在性影响，必然是外在性与内在性对应的影响，所以，就不仅要关注教师对学生影响的外在性，而且要关注教师对学生影响的内在性。第二点是，关注学生对教师影响的外在性与内在性。这里的关键也是要走出人们熟悉的现行教育理论的偏差，那就是认为学校教育是教师对学生外在性影响的观点——那当然是简单抽象思维泛化的后果。在对应思维看来，教师对学生的外在性影响，必然会引起学生的内在性反应；而这种反应，又必然会引起教师外在性与内在性的对应，所以，就不仅要关注教师对学生影响的外在性与内在性，还要关注学生对教师影响的外在性与内在性。第三点是，关注师生双方在影响属性维度上对等定位的教育关系，即三线定位的教育关系。既然师生双方都具有对应影响的外在性与内在性，那么，师生双方就要关注外在性与内在性影响一致性与不一致性前提下的三线定位关系。这种三线定位关系的基本内容是：关注理想性的上线，即在师生双方外在性与内在性影响一致性前提下，走向对等的教育，以实现双方的互补性变化或发展；关注现实性的中线，即在师生双方外在性与内在性影响不一致性前提下，走向对话或讨论，以实现双方的生成性变化或发展；关注禁止性的底线，即在师生双方外在性与内在性影响不一致性前提下，都不能破坏或割裂对应的教育关系。我们认为，在师生双方的影响属性维度上，经由三线定位的教育，就可以构建出师生双方以各自外在性与内在性的对应为基础的涉及理想、现实与戒律的对等教育关系。由此，也可以规避由教师对学生的单一外在性影响所必然导致的简单的不对等教育关系。

第二，从师生双方的影响指向看，对应教育途径论，能够对实际的学校教育活动产生如下三方面的积极影响：一方面是，对应教育途径论，能够把握到教师对学生的外在性影响指向，也能够把握到学生自我的内在性影响指向。因此，不仅能够支持教师对学生的外在性影响，即他人教育，而且能够支持学生自我的内在性影响，即自我教育。另一方面是，对应教育途径论，能够把握到学生对教师的外在性影响指向，也能够把握到教师自我的内在性影响指向。因此，不仅能够支持学生对教师的外在性影响，即他人教育，而且能够支持教师自我的内在性影响，即自我教育。最后一个方面是，对应教育途径论，既能把握到教师对学生的外在性与内在性影响指向，又能把握到学生对教师的外在性与内在性影响指向。因此，能够支持师生双方建构出以双方外在性与内在性影响指向的对应为基础的双向度对等影响关系。鉴于现行简单教育途径论的遮蔽或偏差，我们愿意特别强调如下三点：第一点是，关注教师对学生的内在性影响指向。这里的关键是要走出人们熟悉的现行教育理论的偏差，那就是认为学校教育的指向是教师对学生外在性影响指向的观点——那当然是简单抽象思维泛化的后果。在对应思维看来，教师对学生的外在性影响指向，必然是对学生的外在性与内在性对应的影响指向，所以，就不仅要关注教师对学生的外在性影响指向，而且要关注教师对学生的内在性影响指向。第二点是，关注学生对教师的外在性与内在性影响指向。这里的关键也是要走出人们熟悉的现行教育理论的偏差，那就是认为学校教育的指向是教师对学生外在性影响指向的观点——那当然是简单抽象思维泛化的后果。在对应思维看来，教师对学生的外在性影响指向，必然是师生双方外在性与内在性对应的影响指向，所以，就不仅要关注教师对学生的外在性与内在性影响指向，而且要关注学生对教师的外在性与内在性影响指向。第三点是，关注师生双方在影响指向维度上对等定位的教育关系，即三线定位的教育关系。既然师生双方都具有外在性与内在性的影响指向，那么，师生双方就要关注在双方外在性与内在性影响指向一致性与不一致性前提下的三线定位关系。这种三线定位关系的基本内容是：关注理想性的上线，即在师生双方外在性与内在性影响指向的一致性前提下，走向对等的教育，以实现双方的互补性变化或发展；关注现实性的中线，即在师生双方外在性与内在性影响指向的不一致性前提下，走向对话或讨论，以实现双方的生成性变化或发展；关注禁止性的底线，即在师生双方外在性与内在性影响指向的不一致性前提下，都不能破坏或割裂对应的教育关系。我们认为，在师生双方的影响指向维度上，经由三线定位的教育，就可以构建出师生双方以各自外在性与内在性影响指向的对应为基础的涉及理想、现实与戒律的对等教育关系。由此，也可以规避由教师对学生的单一外在性影响指向所必然导致的简单的不对等教育关系。

第三，从师生双方的影响结果看，对应教育途径论，能够对实际的学校教育活动产生如下三方面的积极影响：一方面是，对应教育途径论，能够把握到教师对学生的外在性影响结果，也能够把握到学生自我的内在性影响结果。因此，不仅能够支持教师对学生的外在性影响结果，即他人教育的结果，而且能够支持学生自我的内在性影响结果，即自我教育的结果。另一方面是，对应教育途径论，能够把握到学生对教师的外在性影响结果，也能够把握到教师自我的内在性影响结果。因此，不仅能够支持学生对教师的外在性影响结果，即他人教育的结果，而且能够支持教师自我的内在性影响结果，即自我教育的结果。最后一个方面是，对应教育途径论，既能把握到教师对学生的外在性与内在性影响结果，又能把握到学生对教师的外在性与内在性影响结果。因此，能够支持师生双方建构出以双方外在性与内在性影响结果的对应为基础的对等影响关系。鉴于现行简单教育途径论的遮蔽或偏差，我们愿意特别强调如下三点：第一点是，关注教师对学生的内在性影响结果。这里的关键是要走出人们熟悉的现行教育理论的偏差，那就是认为学校教育的结果是教师对学生外在性影响结果的观点——那当然是简单抽象思维泛化的后果。在对应思维看来，教师对学生的外在性影响结果，必然是对学生的外在性与内在性对应的影响结果，所以，就不仅要关注教师对学生的外在性影响结果，而且要关注教师对学生的内在性影响结果。第二点是，关注学生对教师的外在性与内在性影响结果。这里的关键也是要走出人们熟悉的现行教育理论的偏差，那就是认为学校教育的结果是教师对学生外在性影响结果的观点——那当然是简单抽象思维泛化的后果。在对应思维看来，教师对学生的外在性影响结果，必然是师生双方外在性与内在性对应的影响结果，所以，就不仅要关注教师对学生的外在性与内在性影响结果，而且要关注学生对教师的外在性与内在性影响结果。第三点是，关注师生双方在影响结果维度上对等定位的教育关系，即三线定位的教育关系。既然师生双方都具有外在性与内在性的影响结果，那么，师生双方就要关注在双方外在性与内在性影响结果一致性与不一致性前提下的三线定位关系。这种三线定位关系的基本内容是：关注理想性的上线，即在师生双方外在性与内在性影响结果的一致性前提下，走向对等的教育，以实现双方的互补性变化或发展；关注现实性的中线，即在师生双方外在性与内在性影响结果的不一致性前提下，走向对话或讨论，以实现双方的生成性变化或发展；关注禁止性的底线，即在师生双方外在性与内在性影响结果的不一致性前提下，都不能破坏或割裂对应的教育关系。我们认为，在师生双方的影响结果维度上，经由三线定位的教育，就可以构建出师生双方以各自外在性与内在性影响结果的对应为基础的涉及理想、现实与戒律的对等教育关系。由此，也可以规避由教师对学生的单一外在性影响结果所必然导致的简单的不对等教育关系。

五、本节小结

综上所述，我们对现行简单教育途径论的改造，涉及三层基本内容：一是，首先，由现行简单教育途径论所包含的主观思维路线，转换到事实思维路线；其次，在事实思维路线基础上，将现行简单教育途径论所包含的单一主观泛化的思维路线，改造为主观与客观的对应思维路线。二是，在对应思维路线上，将现行简单教育途径论所包含的认识学校教育途径的"教师对学生的外在性影响"的思维切入点，改造为"师生双方外在性与内在性的对应性影响"的思维切入点。三是，在"师生双方外在性与内在性的对应性影响"视野中，分别对师生双方的影响属性、指向与结果这些基本教育关系，做出了对应的考察。最后，我们分别考察了对应教育途径论，在师生双方的影响属性、指向与结果这些基本维度上，对实际的学校教育活动所产生的积极影响，以推动人们从现行的简单教育途径论，转换到对应的教育途径论。

为了更简明地把握两种教育途径论的不同，我们不妨将其中所包含的不同思维路线，做出如下比较：

简单教育途径论的单线定位路线——学校教育的途径，就是教师对学生的外在性影响——这里需要特别注意，简单教育途径论，仅仅是对教师单一主观性这一条思维路线的反应。

对应教育途径论的三线定位路线——学校教育的途径，就是师生双方外在性与内在性的对应性影响，它包含双方外在性与内在性对应影响的理想的上线、现实的中线以及戒律的底线——这里需要特别注意，对应教育途径论，是对师生双方外在性与内在性影响的理想、现实与戒律的三条思维路线的反应。

六、本节提示

在本节最后，需要做两点提示：一是，由"教育者对受教育者的外在性影响"，到"教育者与受教育者双方外在性与内在性的对应性影响"的过渡环节，就是由对教育活动的主观抽象思维，转向对教育活动的客观与主观的对应思维。二是，由"教师对学生的外在性影响"，到"师生双方外在性与内在性的对应性影响"的过渡环节，就是由对师生活动的主观抽象思维，转向对师生活动的客观与主观的对应思维。

附言：

1. 从教师对学生外在性影响开始的教育活动，其实，都是师生双方外在性与内在性对应影响的教育活动。

2. 对教师与学生外在性与内在性影响的认知，都应该是具体的边界认知，而不能是抽象泛化的认知。

3. 仅仅把握到教师对学生外在性影响的现行教育途径论，必然会陷入外因决定论的误区，更会衍生出师生之间的等级性关系。

4. 师生双方外在性与内在性影响的不一致性所生成的张力，正是推动师生双方进入自我教育状态的内在动力。

5. 仅仅明白人对人的外在性影响的人，其实，也就是简单的人。

6. 他人教育与自我教育的一致性关系，是人们之间的简单教育关系；而他人教育与自我教育的不一致性关系，则构成人们之间的对应教育关系。

第十二章

对现行简单教育原则论的遮蔽性分析与对应改造

第一节　对现行简单教育原则论的遮蔽性分析

切问：

1. 现行教育理论，将教育原则理解为教育者对受教育者的理想性规定，其思维活动的切入点在哪里？我们如何才能探索到其思维活动的切入点？

2. 现行教育原则论，从自己理解教育原则的切入点上，能够把握到教育原则哪些方面的内容呢？

3. 现行教育原则论的根据是什么？这种原则论，对实际的教育活动会产生哪些积极作用？

4. 现行教育原则论，从自己理解教育原则的切入点上，在对教育原则有所把握的同时，却又遮蔽了哪些内容呢？

5. 在思维运行中，现行教育原则论，存在遮蔽的根源在哪里？

6. 现行教育原则论，对实际的教育活动会产生怎样的消极作用？

一、现行教育原则论的内容、属性及其思维活动的切入点

1. 现行教育原则论的内容

现行教育的原则，集中表现在学校教育的概念之中。关于学校教育的概念，在《教育学》中写道："它是根据一定社会的现实和未来的需要，遵循受教育者身心发展的规律，有目的、有计划、有组织地引导受教育者主动地学习，积极进行经验的改组和改造，促使他们提高素质、健全人格的一种活动，以便把受教育者培养成为适应一定社会的需要，促进社会的发展，追求和创造人的合理存在的人。"① 从这种理解中，我们不难看到，现行教育理论把学校教育理解为一种活动；这种活动是以"有根据、有遵循、有目的、有计划、有组织"的理

---

① 王道俊，郭文安. 教育学［M］. 北京：人民教育出版社，2009：26-27.

想形式而展开的，其目的是要培养出"适应一定社会的需要，促进社会的发展，追求和创造人的合理存在的人"——这当然就是要培养出理想的受教育者。简约地表达，按照现行教育理论的理解，学校教育，也就是教育者以理想的形式去培养理想的受教育者。由此，我们就能得到现行学校教育的基本原则，那就是教育者对于受教育者的理想性原则或主观价值性原则。

2. 现行教育原则论的属性

现行教育原则论，具有怎样的属性呢？

按照现行教育原则论的理解，学校教育的原则，就是教育者对于受教育者的理想性原则。学校教育的实际，果真是这样的吗？当教育者对受教育者进行理想性的教育活动时，难道不会受到受教育者客观性或现实性情况的制约吗？如果脱离受教育者的现实性活动，那么，教育者对受教育者的理想性活动，难道还能够是实然状态的存在吗？受教育者难道就没有自我的理想性活动吗？这种理想性活动，难道不会对教育者产生影响吗？教育者与受教育者的理想性或现实性活动，难道只有一致性关系而没有不一致性关系吗？从前面的引文中，我们不难发现，现行教育理论，却根本无视学校教育活动实际中这些具有内在对应性的问题，仅仅从自己的主观愿望或主观价值出发，一厢情愿地将学校教育的原则抽象为教育者对于受教育者的理想性原则——由此，我们就可以有根据地说，现行教育原则论的属性，就是片面性或简单性。现行教育原则论，因为具有内在的孤立性或简单性的属性，所以，我们也将现行教育原则论以术语表达为简单教育原则论或简单原则论。

3. 现行教育原则论的思维活动的切入点

现行教育原则论，既然将学校教育的原则规定为教育者对受教育者的理想性原则，那么，我们就可以据此逆向推论出现行教育原则论的思维活动的起点或切入点，那就是"教育者对受教育者的理想性规定或定位"，或者，也就是"教师对学生的理想性规定或定位"。正向地表达，现行教育原则论，从教育者对受教育者的理想性规定，切到对学校教育原则的理解。由此，才将学校教育的原则规定为教育者对于受教育者的理想性原则。

二、现行教育原则论的所见、根据及其积极功能

1. 现行教育原则论的所见

现行教育原则论，从教师对学生的理想性规定，切到对学校教育原则的理解，能够把握到学校教育原则哪些方面的内容呢？一是，从师生双方的活动属性看，现行教育原则论，能够把握到教师活动的理想性与学生活动的现实性。

关于教师活动的理想性。套用上面引文中的话说，那就是教师活动的目的性、计划性或组织性等内容。关于学生活动的现实性，则内含在上面引文中所谓"把受教育者培养成为适应一定社会的需要，促进社会的发展，追求和创造人的合理存在的人"的表达之中——这里面就内含着受教育者的活动还不能适应社会需要，或还不能促进社会发展，或还不能追求和创造人的合理存在——直白地说，学生的活动具有现实的不足性。二是，从师生双方的活动指向看，现行教育原则论，能够把握到教师活动的理想性对学生活动的现实性的影响指向。套用上面引文中的话说，那就是教育者"促使"受教育者"提高素质、健全人格"等内容。三是，从师生双方的活动结果看，现行教育原则论，能够把握到教师活动的理想性对学生活动现实性的影响结果。套用上面引文中的话说，那就是"把受教育者培养成为适应一定社会的需要，促进社会的发展，追求和创造人的合理存在的人"等内容。总之，现行教育原则论，从教师对学生的理想性规定，切到对学校教育原则的理解，能够把握到的基本内容，也就是：教师活动的理想性对于学生活动的现实性的影响或改造。

2. 现行教育原则论的根据

现行教育原则论，从教师对学生的理想性规定，切到对学校教育原则的理解，所把握到的基本内容，是有根据的吗？一是，从师生双方的活动属性看，因为学校教育活动具有指向未来的属性，所以，教师当然会具有对学生的理想性规定。而学生是正在成长的人，也当然会具有成长过程中的现实的不足性。就此而论，现行教育原则论所把握到的教师活动的理想性与学生活动的现实性，就是有根据的。二是，从师生双方的活动指向看，教师要对学生进行理想性的规定，就必然会将自身的活动以"有根据、有遵循、有目的、有计划、有组织"的理想形式指向学生，这也是有根据的。三是，从师生双方的活动结果看，既然教师对学生进行了理想性的规定，既然教师以理想性的形式对学生进行了引导，那么，学生就必然会受到教师的影响而发生变化或发展，这也是有根据的。总之，现行教育原则论，从教师对学生的理想性规定，切到对学校教育原则的理解，所把握到的基本内容，从教师对于学生的教育需要来看，都是有根据的。因而也就是合理的。

3. 现行教育原则论的积极功能

现行教育原则论，从教师对学生的理想性规定，切到对学校教育原则的理解，所把握到的基本内容，对于实际的学校教育活动，都具有积极的功能或价值。一是，从师生双方的活动属性看，现行教育原则论，能够把握到教师活动的理想性与学生活动的现实性，这能够支持教师按照理想性规定去影响学生，也能够支持学生按照教师的理想性规定去接受教师的影响。二是，从师生双方的活动指向看，现行教育原则论，能够把握到教师对学生有目的、有计划、有组织的引导，这能够支持教师对学生的理想性影响，也能够支持学生接受教师的这种影响。三是，从师生双方的活动结果看，现行教育原则论，能够把握到教师对学生理想性规定的影响结果，这能够支持教师对学生理想性规定的影响结果，也能够支持学生接受教师理想性规定的影响结果。总之，现行教育原则论，从教师对学生的理想性规定，切到对学校教育原则的理解，所把握到的基本内容，从教师对于学生单方面的教育来看，都具有积极的价值或作用。

三、现行教育原则论的偏差、根源及其消极功能

1. 现行教育原则论的偏差

现行教育原则论，从教师对学生的理想性规定，切到对学校教育原则的理解，在有所见或有所把握的同时，却又遗漏或遮蔽了哪些内容呢？一是，从师生双方的活动属性看，现行教育原则论，在把握到教师活动的理想性与学生活动的现实性的同时，却遮蔽了教师活动的现实性与学生活动的理想性，更遮蔽了师生双方理想性与现实性之间的对应关系。二是，从师生双方的活动指向看，现行教育原则论，在把握到教师活动的理想性对学生活动的现实性的影响指向的同时，却遮蔽了学生活动的理想性对教师活动的现实性的影响指向，更遮蔽了师生双方理想性与现实性影响指向的对应关系。三是，从师生双方的活动结果看，现行教育原则论，在把握到教师活动的理想性对学生活动的现实性的影响结果的同时，却遮蔽了学生活动的理想性对教师活动的现实性的影响结果，更遮蔽了师生双方理想性与现实性影响结果之间的对应关系。总之，现行教育原则论，从教师对学生的理想性规定，切到对学校教育原则的理解，在把握到教师活动的理想性对学生活动现实性的影响的同时，却遮蔽了学生活动的理想性对教师活动现实性的影响，更遮蔽了师生双方理想性与现实性之间的对应影响。

2. 现行教育原则论的根源

从思维运作看，现行教育原则论，之所以存在上述偏差，是其主观抽象思维的泛化导致的。一是，从师生双方的活动属性看，教师对学生的理想性规定，在实际的学校教育活动中，都必然会引起学生包含理想性与现实性在内的反应并对教师产生理想性与现实性的规定。这清楚地表明，在实际的学校教育活动中，师生双方都会同时具有理想性与现实性，然而，现行教育原则论，却在其主观思维中，片面地抽取出教师活动的理想性与学生活动的现实性，并以偏概

全地泛指师生双方在教育活动中对应的属性。由此，便遮蔽了教师活动的现实性与学生活动的理想性，还遮蔽了师生双方理想性与现实性的对应关系。二是，从师生双方的活动指向看，教师对学生的理想性影响指向，在实际的学校教育活动中，都必然会引起学生的反应并对教师产生回返性的指向。这清楚地表明，在实际的学校教育活动中，师生双方之间的影响指向，都是双向度的客观存在。然而，现行教育原则论，却在其主观思维中，片面地抽取出教师对学生的理想性影响指向，并以偏概全地泛指师生双方在教育活动中产生的对应影响指向。由此，便遮蔽了学生对教师的理想性与现实性影响指向，也遮蔽了师生双方之间的理想性与现实性影响指向。三是，从师生双方的活动结果看，教师对学生的理想性影响，在实际的学校教育活动中，都必然会对学生产生影响结果并对教师产生回返性的影响结果。这清楚地表明，在实际的学校教育活动中，师生双方之间的影响结果，都是双方理想性与现实性对应的影响结果，然而，现行教育原则论，却在其主观思维中，片面地抽取出教师对学生的影响结果，并以偏概全地泛指师生双方在教育活动中所产生的对应影响结果。由此，便遮蔽了学生对教师的理想性与现实性影响结果，也遮蔽了师生双方理想性与现实性对应的影响结果。

3. 现行教育原则论的消极功能

现行教育原则论，从教师对学生的理想性规定，切到对学校教育原则的理解，在有所把握的同时，却又存在偏差。这些认识或思维中的偏差，对实际的学校教育活动，会产生哪些消极影响呢？

一是，从师生双方的活动属性看，现行教育原则论，在把握到教师活动的理想性与学生活动的现实性的同时，却遮蔽了教师活动的现实性与学生活动的理想性，更遮蔽了师生双方理想性与现实性之间的对应关系。由此，便直接导致了两个方面的不足性：从教师方面看，教师仅仅把握到自己对学生的理想性规定，便必然会产生对学生片面的理想性影响而难以产生对师生双方理想性与现实性的对应关注；从学生方面看，学生仅仅把握到教师对自己的理想性规定，便必然会产生对教师理想性规定的片面接受而难以产生对师生双方理想性与现实性的对应关注。

二是，从师生双方的活动指向看，现行教育原则论，在把握到教师活动的理想性对学生活动的现实性的影响指向的同时，却遮蔽了学生活动的理想性对教师活动的现实性的影响指向，更遮蔽了师生双方理想性与现实性影响指向的对应关系。由此，便直接导致了两个方面的不足性：从教师方面看，教师仅仅把握到自己对学生的理想性影响指向，便必然会产生对这种理想性指向的依赖而难以产生对师生双方理想性与现实性的双向度指向的对应关注；从学生方面看，学生仅仅把握到教师对自己的理想性影响指向，便必然会产生对这种理想性指向的接受而难以产生对师生双方理想性与现实性的双向度指向的对应关注。

三是，从师生双方的活动结果看，现行教育原则论，在把握到教师活动的理想性对学生活动的现实性的影响结果的同时，却遮蔽了学生活动的理想性对教师活动的现实性的影响结果，更遮蔽了师生双方理想性与现实性影响结果之间的对应关系。由此，便直接导致了两个方面的不足性：从教师方面看，教师仅仅把握到自己对学生的理想性影响结果，便必然会产生对学生的单一理想性影响结果的接受而难以产生对师生双方理想性与现实性影响结果的对应接受；从学生方面看，学生仅仅把握到教师单一的理想性影响结果，便必然会产生对教师单一的理想性影响结果的接受而难以产生对师生双方理想性与现实性影响结果的对应接受。

总之，现行教育原则论，从教师对学生的理想性规定，切到对学校教育原则的理解，从师生双方的相互教育或对应教育来看，确实存在严重的简单性偏差并因此而必须受到合理的反思与改造。

四、本节小结

综上所述，我们看到，现行教育原则论，从教师对学生的理想性规定，切到对学校教育原则的理解，虽然能够把握到教师对学生的理想性的简单教育，也能够把握到这种简单教育的根据并对学校的简单教育活动产生积极的作用，但是，却遮蔽了师生双方在教育活动中所产生的理想性与现实性的对应影响或对应教育。从思维运作看，现行教育原则论的偏差，是由其主观思维的抽象泛化所导致的；从实际看，这种抽象泛化的思维或认识，对学校的对应教育活动存在多方面的消极作用。因此，现行教育原则论，就必然也必须被合理地反思与改造。

五、本节提示

在本节最后，需要做两点提示：一是，探寻现行教育原则论的思维活动切入点的根据，就是现行教育原则论的内容，或者说，我们是通过现行教育原则论的基本内容而探寻到其思维活动的切入点的。二是，对现行教育原则论的思维活动切入点的遮蔽性分析，不是我们简单的主观分析，而是根据现行教育原则论所包含的主观思维活动切入点的所见与所不见而展开的——要特别注意，现行教育原则论所包含的简单静态的主观思维，必然会遮蔽与其对应的动态的客观事实。

附言：

1. 学校的教育活动，当然可以从教师对学生的理想性规定开始，但是，关于学校教育原则的理论，却不能仅仅停留在这里。

2. 现行教育原则论，仅仅把握到教育者对受教育者的理想性规定，而把握不到现实性规定——这决定了现行教育原则论不可能具有理想性与现实性对应的内在属性。

3. 现行教育原则论，只能把握到教师对学生的理想性规定，而把握不到现实性规定——这为实际教育活动中教师简单片面的无根的浪漫，提供了直接的认识论支持。

4. 现行教育原则论，仅仅把握到教育者对受教育者理想性规定——这当然是典型的简单原则论。这种简单原则论，根本不可能具有建立理想与现实的对应联系的理论品质。

5. 仅仅把握到自身活动的理想性规定，而把握不到现实性规定的教师，就是典型的简单的教师。这种简单的教师，根本不可能具有建立理想与现实的对应联系的人格品质。

6. 人类的行为或活动，必然具有理想性与现实性的对应性——这直接决定了人类行为的基本原则必然要具有内在的对应性。

第二节　对现行简单教育原则论的对应改造

切问：

1. 从动态的教育活动的事实看，现行教育原则论所包含的"教师对学生的理想性规定"，其实都是"师生双方理想性与现实性的对应性规定"吗？

2. 教师对学生的理想性规定，只能从师生双方的现实性规定开始——由此，就可以说，师生双方活动的理想性与现实性是对应存在的吗？

3. 教师对学生理想性规定的指向，必然会引起学生理想性与现实性的回应吗？而学生的这种回应，又必然会引起教师理想性与现实性的反应吗？

4. 教师对学生理想性规定的影响，必然会产生学生理想性与现实性对应的影响结果吗？这种影响结果，又必然会产生教师理想性与现实性对应的影响结果吗？

5. 在学校教育活动中，师生双方的理想性与现实性，都不是抽象泛化的属性，而是具有边界对应关系的具体属性吗？我们需要从抽象泛化的思维，转换到具体的边界思维或对应思维吗？

6. 如果只有教师对学生的理想性活动，那么，师生之间就只能产生没有现实性基础的浮躁而浪漫的简单关系吗？而如果师生双方都分别具有理想性与现实性的活动，那么，师生双方就会产生以理想性与现实性的对应为基础的对等关系吗？

一、对现行教育原则论所包含的泛化思维的对应改造

上一节我们谈到，现行教育原则论，之所以存在偏差，是因为在其思维运作中存在抽象泛化的不足。因此，要改造现行教育原则论，就必须改造其抽象泛化的主观思维。如何改造这种思维呢？这首先就需要摆脱现行教育原则论所包含的简单主观思维，而转向对教育活动事实或过程的关注——由主观思维，转向事实思维。其次，还需要走出教育研究者简单泛化的抽象思维，而转向对教育活动的客观与主观对应的边界思维——由简单的泛化思维，转向对应的边界思维。

二、对现行教育原则论所包含的思维切入点的对应改造

现行教育原则论，从教师对学生的理想性规定开始，切到对学校教育原则的理解，这一切入点本身并不存在问题。现行教育原则论的问题在于：首先，从教师对学生的理想性规定开始，切到对学校教育原则的理解，其次，却并没有对这一动态影响的过程做出对应的考察，而是仅仅停留在教师对学生的理想性规定方面，并将教育原则抽象为教师对学生的理想性规定。

从教师对学生的理想性规定开始的教育活动的动态过程，又是怎样的呢？征之于实际，我们看到，在学校教育中，教师对学生的理想性规定，必然会引起学生包含理想性与现实性的反应；而这种反应，又必然会反过来对教师产生包含理想性与现实性的对应影响。这清楚地表明，教师对学生的理想性规定，必然是师生双方之间的理想性与现实性的对应规定，而不是现行教育原则论所把握到的教师对于学生简单的理想性规定。由此，我们就将现行教育原则论所包含的"教师对学生的理想性规定"的切入点，改造为"教师与学生双方理想性与现实性的对应性规定"的切入点。

三、对现行教育原则论所包含的具体内容的对应改造

对应教育原则论，从师生双方理想性与现实性的对应性规定，切到对学校教育原则的理解，能够对现行的简单教育原则论，做出哪些方面的改造呢？下面，分而论之。

第一，从师生双方的活动属性看，对应教育原则论，既能把握到教师活动的理想性与现实性，又能把握到学生活动的理想性与现实性，还能把握到师生双方理想性与现实性之间的对应规定性，这是不同于现行简单教育原则论所把握到的教师活动的理想性与学生活动的现实性的。这里的道理是：在学校教育的实际过程中，教师对学生的理想性规定，只能从师生双方的现实性开始并依靠师生双方的现实性才能实现；而离开师生双方的现实性规定，师生双方单一的理想性规定，就只能是抽象思维中不健康的产物。这清楚地表明，在学校教育活动的实际中，师生双方活动的理想性与现实性，都只能是相互对应的规定性，而不可能是现行简单教育原则论所把握到的教师对学生片面的理想性——这种片面的理想性只能是抽象泛化的形而上学的理想性。

第二，从师生双方的活动指向看，对应教育原则论，既能把握到教师对学生理想性与现实性的影响指向，又能把握到学生对教师理想性与现实性的影响指向，还能把握到师生双方理想性与现实性的对应影响指向，这是不同于现行简单教育原则论所把握到的教师对学生的单方面的理想性影响指向的。这里的道理是：在学校教育的实际过程中，教师对学生的理想性与现实性影响指向，都必然会引起学生的反应；而这种反应，又必然会引起教师的反应。这清楚地表明，在学校教育活动的实际中，教师对学生的理想性与现实性影响指向，都必然是师生双方理想性与现实性的双向度的影响指向，而不可能是现行简单教育原则论所把握到的教师对学生单向度的理想性影响指向——这种单向度的理想性影响指向，也只能是抽象泛化的形而上学的影响指向。

第三，从师生双方的活动结果看，对应教育原则论，既能把握到教师对学生的理想性与现实性影响结果，又能把握到学生对教师的理想性与现实性影响结果，还能把握到师生双方理想性与现实性的对应影响结果，这是不同于现行简单教育原则论所把握到的教师对学生单方面的理想性影响结果的。这里的道理是：在学校教育的实际过程中，教师对学生的理想性与现实性影响，都必然会产生学生理想性与现实性的影响结果；而这种影响结果，又必然会反过来对教师产生理想性与现实性的影响结果。这清楚地表明，在学校教育活动的实际中，教师对学生的理想性与现实性的影响结果，都必然是师生双方理想性与现

实性的对应影响结果，而不可能是现行简单教育原则论所把握到的教师对学生单方面的理想性影响结果——这种单方面的理想性影响结果也只能是抽象泛化的形而上学的影响结果。

四、对应教育原则论的积极功能

对应教育原则论，从师生双方理想性与现实性的对应性规定，切到对学校教育原则的理解，能够对实际的学校教育活动，产生哪些方面的积极影响呢？下面，分而论之。

第一，从师生双方的活动属性看，对应教育原则论，能够对实际的学校教育活动产生如下三方面的积极影响：一方面是，对应教育原则论，能够把握到教师对学生的理想性与现实性规定。因此，不仅能够支持教师按照理想性规定去影响学生，而且也能够支持教师根据学生的现实情况去调整对学生的影响；另一方面是，对应教育原则论，能够把握到学生对教师的理想性与现实性规定。因此，不仅能够支持学生按照理想性规定去影响教师，而且也能够支持学生根据教师的现实情况去调整对教师的影响；最后一个方面是，对应教育原则论，既能把握到教师对学生的理想性与现实性规定，又能把握到学生对教师的理想性与现实性规定。因此，能够支持师生双方建构出以各自理想性与现实性的对应为基础的对等影响关系。鉴于现行简单教育原则论的遮蔽或偏差，我们愿意特别强调如下三点：第一点是，关注教师对学生的现实性规定。这里的关键是要走出人们熟悉的现行教育理论的偏差，那就是认为学校教育是教师对学生理想性规定的观点——那当然是简单抽象思维泛化的后果。在对应思维看来，教师对学生的规定，必然是理想性与现实性对应的规定，所以，就不仅要关注教师对学生的理想性规定，而且要关注教师对学生的现实性规定。第二点是，关注学生对教师的理想性与现实性规定。这里的关键也是要走出人们熟悉的现行教育理论的偏差，那就是认为学校教育是教师对学生单向规定的观点——那当然是简单抽象思维泛化的后果。在对应思维看来，教师对学生的规定，必然是师生双方双向度的对应规定，所以，就不仅要关注教师对学生的理想性与现实性规定，而且要关注学生对教师的理想性与现实性规定。第三点是，关注师生双方在活动属性维度上对等定位的教育关系，即三线定位的教育关系。既然师生双方都具有理想性与现实性的对应规定性，那么，师生双方就要关注在双方理想性与现实性规定的一致性与不一致性前提下的三线定位关系。这种三线定位关系的基本内容是：关注理想性的上线，即师生双方在理想性与现实性规定的一致性前提下，走向对等的教育，以实现双方的互补性变化或发展；关注现实性的中线，即师生双方在理想性与现实性规定的不一致性前提下，走向对话或讨论，以实现双方的生成性变化或发展；关注禁止性的底线，即师生双方在理想性与现实性规定的不一致性前提下，都不能破坏或割裂对应的教育关系。我们认为，在师生双方的活动属性维度上，经由三线定位的教育，就可以构建出师生双方以各自的理想性与现实性的对应为基础的涉及理想、现实与戒律的对等教育关系。由此，也可以规避由教师对学生的片面理想性规定所必然导致的简单的不对等教育关系。

第二，从师生双方的活动指向看，对应教育原则论，能够对实际的学校教育活动产生如下三方面的积极影响：一方面是，对应教育原则论，能够把握到教师对学生的理想性与现实性影响指向。因此，能够支持教师指向或对于学生的理想性与现实性影响。另一方面是，对应教育原则论，能够把握到学生对教师的理想性与现实性影响指向。因此，能够支持学生指向或对于教师的理想性与现实性影响。最后一个方面是，对应教育原则论，既能把握到教师对学生的理想性与现实性影响指向，又能把握到学生对教师的理想性与现实性影响指向。因此，能够支持师生双方建构出以各自的理想性与现实性影响指向的对应为基础的双向度对等影响关系。鉴于现行简单教育原则论的遮蔽或偏差，我们愿意特别强调如下三点：第一点是，关注教师对学生的现实性影响指向。这里的关键是要走出人们熟悉的现行教育理论的偏差，那就是认为学校教育的影响指向是教师对学生理想性影响指向的观点——那当然是简单抽象思维泛化的后果。在对应思维看来，教师对学生的影响指向，必然是理想性与现实性对应的影响指向，所以，就不仅要关注教师对学生的理想性影响指向，而且要关注教师对学生的现实性影响指向。第二点是，关注学生对教师的理想性与现实性影响指向。这里的关键也是要走出人们熟悉的现行教育理论的偏差，那就是认为学校教育指向是教师对学生单向度影响指向观点——那当然是简单抽象思维泛化的后果。在对应思维看来，教师对学生的影响指向，必然是师生双方双向度的对应影响指向，所以，就不仅要关注教师对学生的理想性与现实性影响指向，而且要关注学生对教师的理想性与现实性影响指向。第三点是，关注师生双方在活动指向维度上对等定位的教育关系，即三线定位的教育关系。既然师生双方都具有理想性与现实性对应的影响指向，那么，师生双方就要关注在双方理想性与现实性影响指向一致性与不一致性前提下的三线定位关系。这种三线定位关系的基本内容是：关注理想性的上线，即师生双方在理想性与现实性影响指向的一致性前提下，走向对等的教育，以实现双方的互补性变化或发展；关注现实性的中线，即师生双方在理想性与现实性影响指向的不一致性前提下，走向对话或讨论，以实现双方的生成性变化或发展；关注禁止性的底线，即师生双方在理想性与现实性影响指向的不一致性前提下，都不能破坏或割裂对应的教育关系。我们认为，在师生双方的活动指向维度上，经由三线定位的教育，就可以构建出师生双方以各自的理想性与现实性影响指向的对应为基础的涉及理想、现实与戒律的对等教育关系。由此，也可以规避由教师对学生单向度的理想性影响指向所必然导致的简单的不对等教育关系。

第三，从师生双方的活动结果看，对应教育原则论，能够对实际的学校教育活动产生如下三方面的积极影响：一方面是，对应教育原则论，能够把握到教师对学生理想性与现实性的影响结果。因此，不仅能够支持教师对学生理想性影响结果的教育价值，而且也能够支持教师对学生现实性影响结果的教育价值。另一方面是，对应教育原则论，能够把握到学生对教师理想性与现实性的影响结果。因此，不仅能够支持学生对教师理想性影响结果的教育价值，而且也能够支持学生对教师现实性影响结果的教育价值。最后一个方面是，对应教育原则论，既能把握到教师对学生理想性与现实性的影响结果，又能把握到学生对教师理想性与现实性的影响结果。因此，能够支持师生双方建构出以各自理想性与现实性影响结果的对应为基础的对等影响关系。鉴于现行简单教育原则论的遮蔽或偏差，我们愿意特别强调如下三点：第一点是，关注教师对学生的现实性影响结果。这里的关键是要走出人们熟悉的现行教育理论的偏差，那就是认为学校教育的结果是教师对学生理想性影响结果的观点——那当然是简单抽象思维泛化的后果。在对应思维看来，教师对学生的影响结果，必然是理想性与现实性对应的影响结果，所以，就不仅要关注教师对学生的理想性影响结果，而且要关注教师对学生的现实性影响结果。第二点是，关注学生对教师的理想性与现实性影响结果。这里的关键也是要走出人们熟悉的现行教育理论的偏差，那就是认为学校教育的结果是教师对学生理想性影响结果的观点——那当然是简单抽象思维泛化的后果。在对应思维看来，教师对学生的影响结果，必然是师生双方的对应影响结果，所以，就不仅要关注教师对学生的理想性与现实性影响结果，而且要关注学生对教师的理想性与现实性影响结果。第三点是，关注师生双方在活动结果维度上对等定位的教育关系，即三线定位的教育关系。既然师生双方都具有理想性与现实性的对应影响结果，那么，师生双方就要关注在双方理想性与现实性影响结果一致性与不一致性前提下的三线定位关系。这种三线定位关系的基本内容是：关注理想性的上线，即师生双方在理想性与现实性影响结果的一致性前提下，走向对等的教育，以实现双方的互补性变化或发展；关注现实性的中线，即师生双方在理想性与现实性影响结果的不一致性前提下，走向对话或讨论，以实现双方的生成性变化或发展；关注禁止性的底线，即师生双方在理想性与现实性影响结果的不一致性前提下，都不能破坏或割裂对应的教育关系。我们认为，在师生双方的活动结果维度上，经由三线定位的教育，就可以构建出师生双方以各自的理想性与现实性影响结果的对应为基础的涉及理想、现实与戒律的对等教育关系。由此，也可以规避由教师对学生单方面的理想性影响结果所必然导致的简单的不对等教育关系。

五、本节小结

综上所述，我们对现行简单教育原则论的改造，涉及三层基本内容：一是，首先，由现行简单教育原则论所包含的主观思维路线，转换到事实思维路线；其次，在事实思维路线基础上，将现行简单教育原则论所包含的单一主观泛化的思维路线，改造为主观与客观的对应思维路线。二是，在对应思维路线上，将现行简单教育原则论所包含的认识教育原则的"教师对学生理想性规定"的思维切入点，改造为"师生双方理想性与现实性的对应性规定"的思维切入点。三是，在"师生双方理想性与现实性的对应性规定"视野中，分别对师生双方的活动属性、指向与结果这些基本教育关系，做出了对应的考察。最后，我们分别考察了对应教育原则论，在师生双方的活动属性、指向与结果这些基本维度上，对实际的学校教育活动所产生的积极影响，以推动人们从现行的简单教育原则论，转换到对应的教育原则论。

为了更简明地把握两种教育原则论的不同，我们不妨将其中所包含的不同思维路线，做出如下比较：

简单教育原则论的单线定位路线——教育原则，就是教育者对于受教育者的简单的理想性规定——这里需要特别注意，简单教育原则论，仅仅是对教育者的单一理想性这一条思维路线的反应。

对应教育原则论的三线定位路线——教育原则，就是教育者与受教育者双方理想性与现实性的对应性规定，它包含双方理想性与现实性影响的理想的上线、现实的中线以及戒律的底线——这里需要特别注意，对应教育原则论，是对教育者与受教育者双方理想性与现实性影响的理想、现实与戒律的三条思维路线的反应。

六、本节提示

在本节最后，需要做两点提示：一是，由"教育者对受教育者的理想性规定"，到"教育者与受教育者双方理想性与现实性的对应性规定"的过渡环节，就是由对教育活动的主观抽象思维，转向对教育活动的客观与主观的对应思维。二是，由"教师对学生的理想性规定"，到"师生双方理想性与现实性的对应性规定"的过渡环节，就是由对师生活动的主观抽象思维，转向对师生活动的客观与主观的对应思维。

附言：

1. 从教师对学生的理想性规定开始的教育活动，其实，都是教师与学生双方理想性与现实性的对应性影响活动。

2. 对教师与学生的理想性与现实性的评价，都应该是具体的边界评价，而不能是抽象的泛化评价。

3. 仅仅把握到教师理想性而不能把握到现实性的现行教育原则论，必然是浪漫性泛化的简单教育原则论，此种原则论，很难避免不接地气或不切合实际的缥缈而空洞的劣质。

4. 教师对学生的理想性与现实性规定的不一致性所生成的张力，正是推动教师走向对理想性与现实性规定做出对应思考的最基本、最经常、最可靠的动力，遗憾的是，这却被许多教师所忽视。

5. 仅仅明白教师的理想性而不能同时明白教师的现实性的人，其实，也就是简单的人。

6. 人的理想性与现实性的一致性对应关系，是人在简单生活中的简单关系；而人的理想性与现实性的不一致性对应关系，则是人在对应生活中充满张力的对应关系。

第十三章

对现行简单教育方法论的遮蔽性分析与对应改造

第一节　对现行简单教育方法论的遮蔽性分析

切问：

1. 现行教育理论，将教育方法理解为教育者对受教育者的引导法，其思维活动的切入点在哪里？我们如何才能探索到其思维活动的切入点？

2. 现行教育方法论，从自己理解教育方法的切入点上，能够把握到教育方法哪些方面的内容呢？

3. 现行教育方法论的根据是什么？这种方法论，对实际的教育活动会产生哪些积极作用？

4. 现行教育方法论，从自己理解教育方法的切入点上，在对教育方法有所把握的同时，却又遮蔽了哪些内容呢？

5. 在思维运行中，现行教育方法论，存在遮蔽的根源在哪里？

6. 现行教育方法论，对实际的教育活动会产生怎样的消极作用？

一、现行教育方法论的内容、属性及其思维活动的切入点

1. 现行教育方法论的内容

现行教育方法，表现在学校教育的概念之中。关于学校教育的概念，在《教育学》中写道："它是根据一定社会的现实和未来的需要，遵循受教育者身心发展的规律，有目的、有计划、有组织地引导受教育者主动地学习，积极进行经验的改组和改造，促使他们提高素质、健全人格的一种活动，以便把受教育者培养成为适应一定社会的需要，促进社会的发展，追求和创造人的合理存在的人。"① 从这种理解中，我们能够看到，现行教育理论把学校教育理解为教育者对于受教育者的活动，在这种活动中，教育者与受教育者之间的活动方法，

---

① 王道俊，郭文安. 教育学 [M]. 北京：人民教育出版社，2009：26-27.

也就是引文中所谓的教育者对受教育者的"引导"。直白地说，按照现行教育理论的理解，学校教育的方法，就是教育者引导受教育者的方法。

2. 现行教育方法论的属性

现行教育方法论，具有怎样的属性呢？

按照现行教育方法论的理解，学校教育的方法，就是教育者对于受教育者的引导法。学校教育的实际，果真是这样的吗？当教育者对受教育者进行引导时，难道不会受到受教育者自身需要的限定吗？受教育者自身需要的限定，难道不是对教育者的引导的反向的制约吗？教育者的引导与受教育者的被引导之间，难道仅仅是一方指向另一方的关系而不是双方之间的对应关系吗？教育者的引导与受教育者的被引导双方，难道仅仅是一方对于另一方的改造关系而不是双方之间的对应改造关系吗？从前面的引文中，我们能够发现，现行教育理论，却根本无视学校教育活动实际中这些具有内在对应性的问题，仅仅从自己的主观愿望或主观价值出发，一厢情愿地将学校教育的方法抽象为教育者对于受教育者的引导法——由此，我们就可以有根据地说，现行教育方法论的属性，就是片面性或简单性。现行教育方法论，因为具有内在的孤立性或简单性的属性，所以，我们也将现行教育方法论以术语表达为简单教育方法论或简单方法论。

3. 现行教育方法论的思维活动的切入点

现行教育方法论，既然将学校教育的方法规定为教育者对受教育者的引导法，那么，我们就可以据此逆向推论出现行教育方法论思维活动的起点或切入点，那就是"教育者对受教育者的规定性"，或者，也就是"教师对学生的规定性"。正向地表达，现行教育方法论，从教育者对受教育者的规定性，切到对学校教育方法的理解。由此，才将学校教育的方法规定为教育者对于受教育者的引导法。

二、现行教育方法论的所见、根据及其积极功能

1. 现行教育方法论的所见

现行教育方法论，从教师对学生的规定性，切到对学校教育方法的理解，能够把握到学校教育方法哪些方面的内容呢？一是，从师生双方的活动属性看，现行教育方法论，能够把握到教师活动的引导性与学生活动的被引导性。关于教师活动的引导性，直接套用上面引文中的话说，那就是教师对学生的"引导"；而学生活动的被引导性，那也就是学生被教师所引导。二是，从师生双方的活动指向看，现行教育方法论，能够把握到教师活动的引导性对学生活动的

被引导性的影响指向。套用上面引文中的话说，那就是教师"促使"学生的影响指向。三是，从师生双方的活动结果看，现行教育方法论，能够把握到教师活动的引导性对学生活动的被引导性的影响结果。套用上面引文中的话说，那就是教师把学生"培养成为适应一定社会的需要，促进社会的发展，追求和创造人的合理存在的人"的内容。总之，现行教育方法论，从教师对学生的规定性，切到对学校教育方法的理解，能够把握到的基本内容，也就是：教师活动的引导性对于学生活动的被引导性的影响或改造。

2. 现行教育方法论的根据

现行教育方法论，从教师对学生的规定性，切到对学校教育方法的理解，所把握到的基本内容，是有根据的吗？一是，从师生双方的活动属性看，作为学校教育活动的参加者一方，教师因自身的优越性必然会对学生具有引导性；而作为学校教育活动参加者的另一方，学生因自身的不足性也必然会具有被引导性。就此而论，现行教育方法论所把握到的师生双方的活动属性，就是有根据的。二是，从师生双方的活动指向看，教师要对学生进行引导，就必然会将自身的活动指向学生，这也是有根据的。三是，从师生双方的活动结果看，既然教师对学生进行了引导，那么，学生就必然会受到教师的影响而发生变化或发展，这也是有根据的。总之，现行教育方法论，从教师对学生的规定性，切到对学校教育方法的理解，所把握到的基本内容，从教师对于学生方面的教育来看，都是有根据的，因而也就是合理的。

3. 现行教育方法论的积极功能

现行教育方法论，从教师对学生的规定性，切到对学校教育方法的理解，所把握到的基本内容，对于实际的学校教育活动，都具有积极的功能或价值。一是，从师生双方的活动属性看，现行教育方法论，能够把握到教师活动的引导性与学生活动的被引导性，这能够支持教师按照既定的目的或目标去引导学生，也能够支持学生按照既定的目的或目标去接受教师的引导。二是，从师生双方的活动指向看，现行教育方法论，能够把握到教师对学生的指向，这能够支持教师对学生的引导，也能够支持学生接受教师的引导。三是，从师生双方的活动结果看，现行教育方法论，能够把握到教师对学生引导性的影响结果，这能够支持教师对学生引导性的影响结果，也能够支持学生接受教师引导性的影响结果。总之，现行教育方法论，从教师对学生的规定性，切到对学校教育方法的理解，所把握到的基本内容，从教师对于学生方面的教育来看，都具有积极的价值或作用。

三、现行教育方法论的偏差、根源及其消极功能

1. 现行教育方法论的偏差

现行教育方法论，从教师对学生的规定性，切到对学校教育方法的理解，在有所见或有所把握的同时，却又遗漏或遮蔽了哪些内容呢？一是，从师生双方的活动属性看，现行教育方法论，在把握到教师活动的引导性与学生活动的被引导性的同时，却遮蔽了教师活动的被引导性与学生活动的引导性，更遮蔽了师生双方引导性与被引导性之间的对应关系。二是，从师生双方的活动指向看，现行教育方法论，在把握到教师活动的引导性对学生活动的被引导性的影响指向的同时，却遮蔽了学生活动的引导性对教师活动的被引导性的影响指向，更遮蔽了师生双方引导性与被引导性的对应指向。三是，从师生双方的活动结果看，现行教育方法论，在把握到教师活动的引导性对学生活动的被引导性的影响结果的同时，却遮蔽了学生活动的引导性对教师活动被引导性的影响结果，更遮蔽了师生双方引导性与被引导性影响结果之间的对应关系。总之，现行教育方法论，从教师对学生的规定性，切到对学校教育方法的理解，在把握到教师活动的引导性对学生活动的被引导性的影响的同时，却遮蔽了学生活动的引导性对教师活动的被引导性的影响，更遮蔽了师生双方引导性与被引导性之间的对应影响。

2. 现行教育方法论的根源

从思维运作看，现行教育方法论，之所以存在上述偏差，是其主观抽象思维的泛化导致的。一是，从师生双方的活动属性看，教师对学生的任何引导性，在实际的学校教育活动中，都必然会引起学生包含被引导性与引导性在内的反应并对教师产生反向的规定性。这清楚地表明，在实际的学校教育活动中，师生双方都会同时具有引导性与被引导性。然而，现行教育方法论，却在其主观思维中，片面地抽取出教师活动的引导性与学生活动的被引导性，并以偏概全地泛指师生双方在教育活动中对应的属性，由此，便遮蔽了教师活动的被引导性与学生活动的引导性，还遮蔽了师生双方引导性与被引导性的对应关系。二是，从师生双方的活动指向看，教师对学生的影响指向，在实际的学校教育活动中，都必然会引起学生的反应并对教师产生回返性的影响指向。这清楚地表明，在实际的学校教育活动中，师生双方之间的影响指向，都是双向度的客观存在。然而，现行教育方法论，却在其主观思维中，片面地抽取出教师对学生的影响指向，并以偏概全地泛指师生双方在教育活动中产生的双向度对应影响指向。由此，便遮蔽了学生对教师的影响指向，也遮蔽了师生双方之间双向度

的影响指向。三是，从师生双方的活动结果看，教师对学生的引导性影响结果，在实际的学校教育活动中，都必然会对学生产生影响结果并对教师产生回返性的影响结果。这清楚地表明，在实际的学校教育活动中，师生双方之间的影响结果，都是双方引导性与被引导性对应的影响结果。然而，现行教育方法论，却在其主观思维中，片面地抽取出教师对学生的影响结果，并以偏概全地泛指师生双方在教育活动中所产生的对应影响结果。由此，便遮蔽了学生对教师的引导性与被引导性影响结果，也遮蔽了师生双方引导性与被引导性对应的影响结果。

3. 现行教育方法论的消极功能

现行教育方法论，从教师对学生的规定性，切到对学校教育方法的理解，在有所把握的同时，却又存在偏差。这些认识或思维中的偏差，对实际的学校教育活动，会产生哪些消极影响呢？

一是，从师生双方的活动属性看，现行教育方法论，在把握到教师活动的引导性与学生活动的被引导性的同时，却遮蔽了教师活动的被引导性与学生活动的引导性，更遮蔽了师生双方引导性与被引导性之间的对应关系。由此，便直接导致了两个方面的不足性。从教师方面看，教师仅仅把握到自己对学生的引导性，便必然会产生对学生片面的引导性而难以产生对师生双方引导性与被引导性的对应关注；从学生方面看，学生仅仅把握到自己的被引导性，便必然会产生对教师引导性的片面接受而难以产生对师生双方引导性与被引导性的对应关注。

二是，从师生双方的活动指向看，现行教育方法论，在把握到教师活动的引导性对学生活动的被引导性的影响指向的同时，却遮蔽了学生活动的引导性对教师活动的被引导性的影响指向，更遮蔽了师生双方引导性与被引导性影响指向的对应关系。由此，便直接导致了两个方面的不足性。从教师方面看，教师仅仅把握到自己对学生的引导性影响指向，便必然会产生对这种影响指向的依赖而难以产生对师生双方引导性与被引导性的双向度指向的对应关注；从学生方面看，学生仅仅把握到教师对自己的影响指向，便必然会产生对这种影响指向的接受而难以产生对师生双方引导性与被引导性的双向度指向的对应关注。

三是，从师生双方的活动结果看，现行教育方法论，在把握到教师活动的引导性对学生活动的被引导性的影响结果的同时，却遮蔽了学生活动的引导性对教师活动的被引导性的影响结果，更遮蔽了师生双方引导性与被引导性影响结果之间的对应关系。由此，便直接导致了两个方面的不足性。从教师方面看，教师仅仅把握到自己对学生的引导性影响结果，便必然会产生对学生的单方面引导性影响结果的接受而难以产生对师生双方引导性与被引导性影响结果的对应接受；从学生方面看，学生仅仅把握到教师单方面的引导性影响结果，便必然会产生对教师单方面的引导性影响结果的接受而难以产生对师生双方引导性与被引导性影响结果的对应接受。

总之，现行教育方法论，从教师对学生的规定性，切到对学校教育方法的理解，从师生双方的相互教育或对应教育来看，确实存在严重的简单性偏差并因此而必须受到合理的反思与改造。

四、本节小结

综上所述，我们看到，现行教育方法论，从教师对学生的规定性，切到对学校教育方法的理解，虽然能够把握到教师对学生单方面引导性的教育，也能够把握到这种简单教育的根据并对学校的简单教育活动产生积极的作用，但是，却遮蔽了师生双方在教育活动中所产生的引导性与被引导性的对应影响或对应教育。从思维运作看，现行教育方法论的偏差，是由其主观思维的抽象泛化所导致的；从实际看，这种抽象泛化的思维或认识，对学校的对应教育活动存在多方面的消极作用。因此，现行教育方法论，就必然也必须被合理地反思与改造。

五、本节提示

在本节最后，需要做两点提示：一是，探寻现行教育方法论的思维活动切入点的根据，就是现行教育方法论的内容，或者说，我们是通过现行教育方法论的基本内容而探寻到其思维活动的切入点的。二是，对现行教育方法论的思维活动切入点的遮蔽性分析，不是我们简单的主观分析，而是根据现行教育方法论所包含的主观思维活动切入点的所见与所不见而展开的——要特别注意，现行教育方法论所包含的简单静态的主观思维，必然会遮蔽与其对应的动态的客观事实。

附言：

1. 学校的教育活动，当然可以从教师对学生的引导开始，但是，关于学校教育方法的理论，却不能仅仅停留在这里。

2. 现行教育方法论，仅仅把握到教育者对受教育者的引导性，而把握不到受教育者对教育者的引导性——这决定了现行教育方法论不可能具有引导性与被引导性对应的内在属性。

3. 现行教育方法论，只能把握到教师对学生的引导性，而把握不到学生对教师的引导性——这为实际教育活动中教师偏重于教的方法而偏轻于学的方法，提供了直接的认识论支持。

4. 现行教育方法论，仅仅把握到教育者对受教育者的引导性——这当然是典型的简单方法论，这种简单方法论，根本不可能具有建立教育者与受教育者双方对应联系的操作性品质。

5. 仅仅把握到自身活动的引导性，而把握不到被引导性的教师，就是典型的简单的教师，这种简单的教师，根本不可能具有建立师生双方对应联系的技术性品质。

6. 人类的行为或活动，必然具有引导性与被引导性的对应性——这直接决定了人类行为的基本方法必然要具有内在的对应性。

第二节　对现行简单教育方法论的对应改造

切问：

1. 从动态的教育活动的事实看，现行教育方法论所包含的"教师对学生的规定性"，其实都是"师生双方规定性与被规定性的对应性"吗？

2. 人对他人的规定性，只能从自身的被规定性开始——由此，就可以说，师生双方活动的引导性与被引导性都是对应存在的吗？

3. 教师对学生引导性的影响指向，必然会引起学生的回应吗？而学生的这种回应，又必然会引起教师被引导性的反应吗？

4. 教师对学生引导性的影响，必然会产生学生引导性与被引导性对应的影响结果吗？这种影响结果，又必然会产生教师引导性与被引导性对应的影响结果吗？

5. 在学校教育活动中，师生双方的引导性与被引导性，都不是抽象泛化的属性，而是具有边界对应关系的具体属性吗？我们需要从抽象泛化的思维，转换到具体的边界思维或对应思维吗？

6. 如果只有教师对学生的引导性活动，那么，师生之间就只能产生不对等的简单关系吗？而如果师生双方都分别具有引导性与被引导性的活动，那么，师生双方就会产生以引导性与被引导性的对应为基础的对等关系吗？

一、对现行教育方法论所包含的泛化思维的对应改造

上一节我们谈到，现行教育方法论，之所以存在偏差，是因为在其思维运作中存在抽象泛化的不足。因此，要改造现行教育方法论，就必须改造其抽象泛化的主观思维。如何改造这种思维呢？这首先就需要摆脱现行教育方法论所包含的简单主观思维，而转向对教育活动事实或过程的关注——由主观思维，转向事实思维。其次，还需要走出教育研究者简单泛化的抽象思维，而转向对教育活动的客观与主观对应的边界思维——由简单的泛化思维，转向对应的边界思维。

二、对现行教育方法论所包含的思维切入点的对应改造

现行教育方法论，从教师对学生的规定性开始，切到对学校教育方法的理解，这一切入点本身并不存在问题。现行教育方法论的问题在于：首先，从教师对学生的规定性开始，切到对学校教育方法的理解；其次，却并没有对这一动态影响的过程做出对应的考察，而是仅仅停留在教师对学生的规定性那里，并将教育方法抽象为教师对学生单方面的引导。

从教师对学生的规定性开始的教育活动的动态过程，又是怎样的呢？征之于实际，我们看到，在学校教育中，教师对学生的引导，必然会引起学生包含被引导性与引导性在内的反应；而这种反应，又必然会反过来对教师产生包含被引导性与引导性在内的对应影响。这清楚地表明，教师对学生的引导性，必然是师生双方之间引导性与被引导性的对应规定，而不是现行教育方法论所把握到的教师对于学生简单的引导性。由此，我们就将现行教育方法论所包含的"教师对学生的规定性"的切入点，改造为"师生双方规定性与被规定性的对应性"的切入点。

三、对现行教育方法论所包含的具体内容的对应改造

对应教育方法论，从师生双方规定性与被规定性的对应性，切到对学校教育方法的理解，能够对现行的简单教育方法论，做出哪些方面的改造呢？下面，分而论之。

第一，从师生双方的活动属性看，对应教育方法论，既能把握到教师活动的引导性与被引导性，又能把握到学生活动的引导性与被引导性，还能把握到师生双方引导性与被引导性之间的对应性，这是不同于现行简单教育方法论所把握到的教师活动的引导性与学生活动的被引导性的。这里的道理是：在学校

教育的实际过程中，教师对学生的引导性，只能从师生双方的实际情况出发——这也就是说，教师对学生的引导性，是被师生双方的实际情况所规定或引导的。而离开师生双方的实际情况，师生双方单一的引导性，就只能是抽象思维中不健康的产物。这清楚地表明，在学校教育活动的实际中，师生双方活动的引导性与被引导性，都只能是相互对应的规定性，而不可能是现行简单教育方法论所把握到的教师对学生片面的引导性——这种片面的引导性只能是抽象泛化的形而上学的引导性。

第二，从师生双方的活动指向看，对应教育方法论，既能把握到教师对学生的影响指向，又能把握到学生对教师的影响指向，还能把握到师生双方引导性与被引导性的双向度对应影响指向，这是不同于现行简单教育方法论所把握到的教师对学生的单向度的引导性影响指向的。这里的道理是：在学校教育的实际过程中，教师对学生的影响指向，必然会引起学生的反应；而这种反应，又必然会引起教师的反应。这清楚地表明，在学校教育活动的实际中，教师对学生的引导性与被引导性影响指向，都必然是师生双方引导性与被引导性的双向度的影响指向，而不可能是现行简单教育方法论所把握到的教师对学生单向度的引导性影响指向——这种单向度的引导性影响指向也只能是抽象泛化的形而上学的影响指向。

第三，从师生双方的活动结果看，对应教育方法论，既能把握到教师对学生的影响结果，又能把握到学生对教师的影响结果，还能把握到师生双方引导性与被引导性的对应影响结果，这是不同于现行简单教育方法论所把握到的教师对学生单方面的引导性影响结果的。这里的道理是：在学校教育的实际过程中，教师对学生的影响结果，必然会对学生产生影响结果；而这种影响结果，又必然会反过来对教师产生影响结果。这清楚地表明，在学校教育活动的实际中，教师对学生的影响结果，都必然是师生双方引导性与被引导性的对应影响结果，而不可能是现行简单教育方法论所把握到的教师对学生单方面的引导性影响结果——这种单方面的引导性影响结果，也只能是抽象泛化的形而上学的影响结果。

四、对应教育方法论的积极功能

对应教育方法论，从师生双方规定性与被规定性的对应性，切到对学校教育方法的理解，能够对实际的学校教育活动，产生哪些方面的积极影响呢？下面，分而论之。

第一，从师生双方的活动属性看，对应教育方法论，能够对实际的学校教育活动产生如下三方面的积极影响：一方面是，对应教育方法论，能够把握到教师活动的引导性与被引导性。因此，不仅能够支持教师按照既定的目的或目标去引导学生，而且也能够支持教师根据学生对自己的引导而调整对学生的引导。另一方面是，对应教育方法论，能够把握到学生活动的引导性与被引导性。因此，不仅能够支持学生按照既定的目的或目标去引导教师，而且也能够支持学生根据教师对自己的引导而调整对教师的引导。最后一方面是，对应教育方法论，既能把握到教师活动的引导性与被引导性，又能把握到学生活动的引导性与被引导性。因此，能够支持师生双方建构出以各自引导性与被引导性的对应为基础的对等影响关系。鉴于现行简单教育方法论的遮蔽或偏差，我们愿意特别强调如下三点：第一点是，关注教师活动的被引导性。这里的关键是要走出人们熟悉的现行教育理论的偏差，那就是认为学校教育是教师对学生引导的观点——那当然是简单抽象思维泛化的后果。在对应思维看来，教师对学生的引导，必然是引导性与被引导性对应的规定，所以，就不仅要关注教师活动的引导性，而且要关注教师活动的被引导性。第二点是，关注学生活动的引导性。这里的关键也是要走出人们熟悉的现行教育理论的偏差，那就是认为学校教育是教师对学生单向引导的观点——那当然是简单抽象思维泛化的后果。在对应思维看来，教师对学生的引导，必然是师生双方双向度的对应引导，所以，就不仅要关注教师活动的引导性，而且要关注学生活动的引导性。第三点是，关注师生双方在活动属性维度上对等定位的教育关系，即三线定位的教育关系。既然师生双方都具有引导性与被引导性的对应规定性，那么，师生双方就要关注在双方引导性与被引导性规定的一致性与不一致性前提下的三线定位关系。这种三线定位关系的基本内容是：关注理想性的上线，即师生双方在引导性与被引导性规定的一致性前提下，走向对等的教育，以实现双方的互补性变化或发展；关注现实性的中线，即师生双方在引导性与被引导性规定的不一致性前提下，走向对话或讨论，以实现双方的生成性变化或发展；关注禁止性的底线，即师生双方在引导性与被引导性规定的不一致性前提下，都不能破坏或割裂对应的教育关系。我们认为，在师生双方的活动属性维度上，经由三线定位的教育，就可以构建出师生双方以各自的引导性与被引导性的对应为基础的涉及理想、现实与戒律的对等教育关系。由此，也可以规避由教师对学生单方面的引导性规定所必然导致的简单的不对等教育关系。

第二，从师生双方的活动指向看，对应教育方法论，能够对实际的学校教育活动产生如下三方面的积极影响：一方面是，对应教育方法论，能够把握到教师对学生的影响指向。因此，能够支持教师指向学生的影响。另一方面是，对应教育方法论，能够把握到学生对教师的影响指向。因此，能够支持学生指向教师的影响。最后一个方面是，对应教育方法论，既能把握到教师对学生的影响指向，又能把握到学生对教师的影响指向。因此，能够支持师生双方建构出以各自的引导性与被引导性影响指向的对应为基础的对等影响关系。鉴于现行简单教育方法论的遮蔽或偏差，我们愿意特别强调如下两点：第一点是，关注学生对教师的影响指向。这里的关键是要走出人们熟悉的现行教育理论的偏差，那就是认为学校教育指向是教师对学生单向度影响指向观点—— 那当然是简单抽象思维泛化的后果。在对应思维看来，教师对学生的影响指向，必然是师生双方双向度的对应影响指向，所以，就不仅要关注教师对学生的影响指向，而且要关注学生对教师的影响指向。第二点是，关注师生双方在活动指向维度上对等定位的教育关系，即三线定位的教育关系。既然师生双方都具有引导性与被引导性对应的影响指向，那么，师生双方就要关注在双方引导性与被引导性影响指向一致性与不一致性前提下的三线定位关系。这种三线定位关系的基本内容是：关注理想性的上线，即师生双方在引导性与被引导性影响指向的一致性前提下，走向对等的教育，以实现双方的互补性变化或发展；关注现实性的中线，即师生双方在引导性与被引导性影响指向的不一致性前提下，走向对话或讨论，以实现双方的生成性变化或发展；关注禁止性的底线，即师生双方在引导性与被引导性影响指向的不一致性前提下，都不能破坏或割裂对应的教育关系。我们认为，在师生双方的活动指向维度上，经由三线定位的教育，就可以构建出师生双方以各自的引导性与被引导性影响指向的对应为基础的涉及理想、现实与戒律的对等教育关系。由此，也可以规避由教师对学生单向度的引导性影响指向所必然导致的简单的不对等教育关系。

第三，从师生双方的活动结果看，对应教育方法论，能够对实际的学校教育活动产生如下三方面的积极影响：一方面是，对应教育方法论，能够把握到教师对学生的影响结果。因此，能够支持教师对学生的影响结果。另一方面是，对应教育方法论，能够把握到学生对教师的影响结果。因此，能够支持学生对教师的影响结果。最后一个方面是，对应教育方法论，既能把握到教师对学生的影响结果，又能把握到学生对教师的影响结果。因此，能够支持师生双方建构出以各自的引导性与被引导性影响结果的对应为基础的对等影响关系。鉴于现行简单教育方法论的遮蔽或偏差，我们愿意特别强调如下两点：第一点是，关注学生对教师的影响结果。这里的关键是要走出人们熟悉的现行教育理论的偏差，那就是认为学校教育结果是教师对学生单方面影响结果观点——那当然是简单抽象思维泛化的后果。在对应思维看来，教师对学生的影响结果，必然是师生双方对应的影响结果，所以，就不仅要关注教师对学生的影响结果，而且要关注学生对教师的影响结果。第二点是，关注师生双方在活动结果维度上对等定位的教育关系，即三线定位的教育关系。既然师生双方都具有引导性与被引导性对应的影响结果，那么，师生双方就要关注在双方引导性与被引导性影响结果一致性与不一致性前提下的三线定位关系。这种三线定位关系的基本内容是：关注理想性的上线，即师生双方在引导性与被引导性影响结果的一致性前提下，走向对等的教育，以实现双方的互补性变化或发展；关注现实性的中线，即师生双方在引导性与被引导性影响结果的不一致性前提下，走向对话或讨论，以实现双方的生成性变化或发展；关注禁止性的底线，即师生双方在引导性与被引导性影响结果的不一致性前提下，都不能破坏或割裂对应的教育关系。我们认为，在师生双方的活动结果维度上，经由三线定位的教育，就可以构建出师生双方以各自的引导性与被引导性影响结果的对应为基础的涉及理想、现实与戒律的对等教育关系。由此，也可以规避由教师对学生单方面的引导性影响结果所必然导致的简单的不对等教育关系。

五、本节小结

综上所述，我们对现行简单教育方法论的改造，涉及三层基本内容：一是，首先，由现行简单教育方法论所包含的主观思维路线，转换到事实思维路线；其次，在事实思维路线基础上，将现行简单教育方法论所包含的单一主观泛化的思维路线，改造为主观与客观的对应思维路线。二是，在对应思维路线上，将现行简单教育方法论所包含的认识教育方法的"教师对学生的规定性"的思维切入点，改造为"师生双方规定性与被规定性的对应性"的思维切入点。三是，在"师生双方规定性与被规定性的对应性"视野中，分别对师生双方的活动属性、指向与结果这些基本教育关系，做出了对应的考察。最后，我们分别考察了对应教育方法论，在师生双方的活动属性、指向与结果这些基本维度上，对实际的学校教育活动所产生的积极影响，以推动人们从现行的简单教育方法论，转换到对应的教育方法论。

为了更简明地把握两种教育方法论的不同，我们不妨将其中所包含的不同思维路线，做出如下比较：

简单教育方法论的单线定位路线——教育方法，就是教育者对于受教育者的引导性规定——这里需要特别注意，简单教育方法论，仅仅是对教育者的单一主观性这一条思维路线的反应。

对应教育方法论的三线定位路线——教育方法，就是教育者与受教育者双方引导性与被引导性的对应性规定，它包含双方引导性与被引导性影响的理想的上线、现实的中线以及戒律的底线——这里需要特别注意，对应教育方法论，是对教育者与受教育者双方引导性与被引导性影响的理想、现实与戒律的三条思维路线的反应。

六、本节提示

在本节最后，需要做两点提示：一是，由"教育者对受教育者的引导性规定"，到"教育者与受教育者双方引导性与被引导性的对应性规定"的过渡环节，就是由对教育活动的主观抽象思维，转向对教育活动的客观与主观的对应思维。二是，由"教师对学生的引导性规定"，到"师生双方引导性与被引导性的对应性规定"的过渡环节，就是由对师生活动的主观抽象思维，转向对师生活动的客观与主观的对应思维。

附言：

1. 从教师对学生引导而开始的教育活动，其实，都是教师与学生双方引导与被引导的对应影响活动。

2. 对教师与学生的引导性与被引导性的评价，都应该是具体的边界评价，而不能是抽象的泛化评价。

3. 仅仅把握到教师引导性而不能把握到被引导性的现行教育方法论，必然是引导性泛化的简单教育方法论，此种方法论，很难避免对教师引导作用的夸大其词。

4. 师生双方之间引导与被引导的不一致性所生成的张力，正是推动师生双方走向教育方法变革的最基本、最经常、最可靠的动力。

5. 仅仅明白教师活动的引导性而不能同时明白教师活动的被引导性的人，其实，也就是简单的人。

6. 人们之间的引导性与被引导性的一致性对应关系，是人们在简单生活中的简单关系；而人们之间的引导性与被引导性的不一致性对应关系，则是人们在对应生活中充满张力的对应关系。

第十四章

对现行简单教育策略论的遮蔽性分析与对应改造

第一节　对现行简单教育策略论的遮蔽性分析

切问：

1. 现行教育理论，将教育归属于一方对另一方的施教活动，其思维活动的切入点在哪里？我们如何才能探索到其思维活动的切入点？

2. 现行教育策略论，从自己理解教育活动的切入点上，能够把握到教育策略哪些方面的内容呢？

3. 现行教育策略论的根据是什么？这种策略论，对实际的教育活动会产生哪些积极作用？

4. 现行教育策略论，从自己理解教育的切入点上，在对教育策略有所把握的同时，却又遮蔽了哪些内容呢？

5. 在思维运行中，现行教育策略论，存在遮蔽的根源在哪里？

6. 现行教育策略论，对实际的教育活动会产生怎样的消极作用？

一、现行教育策略论的内容、属性及其思维活动的切入点

1. 现行教育策略论的内容

作为对教育的整体把握，现行教育策略，集中表现在关于教育的概念之中。关于教育的概念，在《当代教育学》中写道："教育是培养人的一种社会活动，是传承社会文化、传递生产经验和社会生活经验的基本途径。学校教育则是教育者根据一定社会的要求，有目的、有计划、有组织地对受教育者的身心施加影响，期望他们发生某种变化的活动。"① 在现行教育理论的理解中，教育的概念包含广义与狭义的理解。所谓广义教育，就是"培养人"的活动，这种活动当然也就是人对人的培养活动——其中的整体规划或策略，也就是一方对另一

---

① 袁振国. 当代教育学 ［M］. 北京：教育科学出版社，2010：4.

方的施教策略；所谓狭义教育，指学校教育，就是教育者对受教育者"施加影响"并期望他们发生某种变化的活动——其中的整体规划或策略，也就是一方对另一方的施教策略。总之，按照现行教育理论的理解，不管是广义教育，还是狭义教育，现行教育策略，都是教育活动中的一方对于另一方的施教策略。

2. 现行教育策略论的属性

现行教育策略论，具有怎样的性质呢？

按照现行教育策略论的理解，学校教育的策略，也就是教育者对于受教育者的施教策略，或者，也就是教师对于学生的施教策略。学校教育活动的实际，果真是这样的吗？当教师对学生如上面引文中所说的"施加影响"时，不管学生是接受还是不接受，难道都不会对教师产生回返性的影响吗？学生对教师的影响，难道不会带来教师的变化或发展吗？师生双方的影响，难道仅仅具有一致性关系而没有不一致性关系吗？当师生双方的影响具有不一致性关系时，难道教师果真能够如现行理论所说的去"统一"或"主导"学生吗？从上面的引文中，我们不难看到，现行教育策略论，根本无视学校教育实际中这些客观存在的内在对应性问题，而仅仅将学校教育的策略规定为教师对于学生的施教策略。由此，我们就可以有根据地说，现行教育策略论的属性，就是片面性或简单性。

3. 现行教育策略论的思维活动的切入点

现行教育策略论，既然将学校教育的策略规定为教师对于学生的施教策略，那么，我们就可以据此逆向推论出现行教育策略论思维活动起点或切入点，那就是"一方对于另一方的规划"或"教育者对于受教育者的规划"或"教师对于学生的规划"。正向地表达，现行教育理论，正是从教师对于学生的规划，切入对学校教育策略的理解，才将学校教育的策略规定为教师对于学生的施教策略。

二、现行教育策略论的所见、根据及其积极功能

1. 现行教育策略论的所见

现行教育策略论，从教师对学生的规划，切到对学校教育策略的理解，能够把握到学校教育策略哪些方面的内容呢？一是，从师生双方的活动属性看，现行教育策略论，能够把握到教师的施教性与学生的受教性；二是，从师生双方的活动指向看，现行教育策略论，能够把握到具有施教性的教师对于具有受教性的学生的影响指向；三是，从师生双方的活动结果看，现行教育策略论，能够把握到具有施教性的教师对于具有受教性的学生的影响。总之，现行教育策略论，从教师对学生的规划，切到对学校教育策略的理解，能够把握到的基本内容，也就是：具有施教性的教师对于具有受教性的学生的影响。

2. 现行教育策略论的根据

现行教育策略论，从教师对学生的规划，切到对学校教育策略的理解，所把握到的基本内容，是有根据的吗？一是，从师生双方的活动属性看，作为教育活动的参加者，在学校教育活动中教师当然会具有施教性，而学生也当然会具有接受教师教育的受教性。就此而论，现行教育策略论所把握到的教师的施教性与学生的受教性，就是有根据的。二是，从师生双方的活动指向看，教师要对学生施加影响，就必然会将这种影响指向学生，这也是有根据的。三是，从师生双方的活动结果看，既然教师对学生施加了影响，那么，学生就必然会受到教师的影响，这也是有根据的。总之，现行教育策略论，从教师对学生的规划，切到对学校教育策略的理解，所把握到的基本内容，从教师对学生的教育来看，都是有根据的，因而也就是合理的。

3. 现行教育策略论的积极功能

现行教育策略论，从教师对学生的规划，切到对学校教育策略的理解，所把握到的基本内容，对于实际的学校教育活动，都具有积极的功能或价值。一是，从师生双方的活动属性看，现行教育策略论，能够把握到教师的施教性与学生的受教性，这能够支持教师的施教与学生的受教。二是，从师生双方的活动指向看，现行教育策略论，能够把握到教师对学生施加的影响，这能够支持教师指向学生的影响，也能够支持学生接受教师的影响。三是，从师生双方的活动结果看，现行教育策略论，能够把握到教师对学生的影响结果，这能够支持教师肯定对学生的教育结果，也能够支持学生接受教师的教育结果。总之，现行教育策略论，从教师对学生的规划，切到对学校教育策略的理解，所把握到的基本内容，从教师对学生的教育来看，都具有积极的价值或作用。

三、现行教育策略论的偏差、根源及其消极功能

1. 现行教育策略论的偏差

现行教育策略论，从教师对学生的规划，切到对学校教育策略的理解，在有所见或有所把握的同时，却又遗漏或遮蔽了哪些内容呢？一是，从师生双方的活动属性看，现行教育策略论，在把握到教师的施教性与学生的受教性的同时，却遮蔽了教师的受教性与学生的施教性，更遮蔽了师生双方施教性与受教性之间的对应关系。二是，从师生双方的活动指向看，现行教育策略论，在把握到教师施教性对学生受教性的影响指向的同时，却遮蔽了学生施教性对教师受教性的影响指向，更遮蔽了师生双方影响指向之间的对应关系。三是，从师生双方的活动结果看，现行教育策略论，在把握到教师施教性对学生受教性的影响结果的同时，却遮蔽了学生施教性对教师受教性的影响结果，更遮蔽了师生双方影响结果之间的对应关系。总之，现行教育策略论，从教师对学生的规划，切到对学校教育策略的理解，在把握到教师施教性对学生受教性的影响结果的同时，却遮蔽了学生施教性对教师受教性的影响结果，更遮蔽了师生双方影响结果之间的对应关系。

2. 现行教育策略论的根源

从思维运作看，现行教育策略论，之所以存在上述偏差，是其主观抽象思维的泛化导致的。一是，从师生双方的活动属性看，在实际的学校教育活动中，教师对学生施加的任何影响，都必然会引起学生的反应；而学生的反应，又必然会对教师施加影响——这种事实表明，师生双方的施教性与受教性，都是对应存在的。然而，现行教育策略论，却在其主观思维中，片面地抽取出教师的施教性与学生的受教性，并以偏概全地泛指师生双方在教育活动中所产生的对应的属性。由此，便遮蔽了教师的受教性与学生的施教性，更遮蔽了师生双方施教性与受教性之间的对应关系。二是，从师生双方的活动指向看，在实际的学校教育活动中，教师指向学生的影响，必然会引起学生的反应；而学生的反应，又必然会反过来指向教师——这种事实表明，师生双方之间的影响指向，都是对应存在的。然而，现行教育策略论，却在其主观思维中，片面地抽取出教师对学生的影响指向，并以偏概全地泛指师生双方在教育活动中所产生的对应性影响指向。由此，便遮蔽了学生对教师的影响指向，更遮蔽了师生双方影响指向之间的对应关系。三是，从师生双方的活动结果看，在实际的学校教育活动中，教师指向学生的影响，必然会对学生产生影响结果。而这种影响结果，又必然会反过来对教师产生影响结果——这种事实表明，师生双方的活动结果，都是对应存在的。然而，现行教育策略论，却在其主观思维中，片面地抽取出教师对学生的影响结果，并以偏概全地泛指师生双方在教育活动中所产生的对应影响结果。由此，便遮蔽了学生对教师的影响结果，更遮蔽了师生双方影响结果之间的对应关系。

3. 现行教育策略论的消极功能

现行教育策略论，从教师对学生的规划，切到对学校教育策略的理解，在有所把握的同时，却又存在偏差。这些认识或思维中的偏差，对实际的学校教育活动，会产生哪些消极影响呢？

一是，从师生双方的活动属性看，现行教育策略论，在把握到教师的施教性与学生的受教性的同时，却遮蔽了教师的受教性与学生的施教性，更遮蔽了师生双方施教性与受教性之间的对应关系。由此，便直接导致了两个方面的不足性——从教师方面看，教师仅仅把握到自己对学生的施教性，便必然会产生片面的施教性而难以产生对自己施教性与受教性的对应关注；从学生方面看，学生仅仅把握到自己对教师的受教性，便必然会产生对教师影响的片面接受而难以产生对自己的受教性与施教性的对应关注。

二是，从师生双方的活动指向看，现行教育策略论，在把握到教师施教性对学生受教性的影响指向的同时，却遮蔽了学生施教性对教师受教性的影响指向，更遮蔽了师生双方影响指向之间的对应关系。由此，便直接导致了两个方面的不足性——从教师方面看，教师仅仅把握到自己对学生的影响指向，便必然会产生对学生影响指向的偏重而难以产生对师生双方影响指向的对应关注；从学生方面看，学生仅仅把握到教师的影响指向，便必然会产生对教师影响指向的偏重而难以产生对师生双方影响指向的对应关注。

三是，从师生双方的活动结果看，现行教育策略论，在把握到教师施教性对学生受教性的影响结果的同时，却遮蔽了学生施教性对教师受教性的影响结果，更遮蔽了师生双方影响结果之间的对应关系。由此，便直接导致了两个方面的不足性——从教师方面看，教师仅仅把握到自己对学生的影响结果，便必然会产生对学生单方面影响结果的接受而难以产生对师生双方影响结果的对应关注；从学生方面看，学生仅仅把握到教师的单方面影响结果，便必然会产生对教师单方面影响结果的接受而难以产生对师生双方影响结果的对应关注。

总之，现行教育策略论，从教师对学生的规划，切到对学校教育策略的理解，对学校教育活动实际产生的消极作用就是：仅仅把握到教师施教性与学生受教性的现行教育策略论，必然会内在地衍生出教师对学生单方面的施教策略——这也就是我们以术语表达的简单教育策略。

四、本节小结

综上所述，我们看到，现行教育策略论，从教师对学生的规划，切到对学校教育策略的理解，虽然能够把握到教师的施教性与学生的受教性，也能够把握到师生双方单一属性的根据并对实际的简单学校教育活动产生积极的作用，但是，却遮蔽了教师的受教性与学生的施教性以及师生双方施教性与受教性之间的对应关系。从思维运作看，现行教育策略论的偏差，是由其主观思维的抽象泛化所导致的。从实际看，这种抽象泛化的思维或认识，对师生双方对应的学校教育活动存在多方面的消极作用。因此，现行教育策略论，就必然也必须被合理地反思与改造。

五、本节提示

在本节最后，需要做两点提示：一是，探寻现行教育策略论的思维活动切入点的根据，就是现行教育策略论的内容，或者说，我们是通过现行教育策略论的内容而探寻到其思维活动的切入点的。二是，对现行教育策略论的思维活动切入点的遮蔽性分析，不是我们简单的主观分析，而是根据现行教育策略论所包含的主观思维活动切入点的所见与所不见而展开的——要特别注意，现行教育策略论所包含的简单静态的主观思维，必然会遮蔽与其对应的动态的客观事实。

附言：

1. 学校教育活动，当然可以从教师对学生的规划开始，但是，关于学校教育策略的理论，却不能仅仅停留在这里。

2. 现行教育策略论，只能把握到教师的施教性与学生的受教性——这为授受式的简单教育，提供了直接的理论支持。

3. 教师绝不仅仅具有施教性，而学生也绝不仅仅具有受教性——对师生双方而言，这或许都是个有意义的提醒。

4. 要想走出灌输式教育的泥淖，就必须对师生双方的施教性与受教性做出对应的关照。

5. 仅仅把握到自身施教性的教师，就是典型的简单的教师，此种教师，很容易表现出——好为人师。

6. 由施教性与受教性所生成的张力，正是教师永葆教育活力的根据。

第二节　对现行简单教育策略论的对应改造

切问：

1. 从动态的教育活动的事实看，现行教育策略论所包含的"教师对学生的规划"的切入点，其实都是"教师与学生双方规划与被规划的对应性规划"的切入点吗？

2. 教师的施教性，对于学生而言就是受教性；而学生的施教性，对于教师而言就是受教性——由此，就可以说，师生双方的施教性与受教性是对应存在的吗？

3. 教师指向学生的影响，必然会引起学生的反应吗？而学生的这种反应，又必然会指向教师并引起教师的反应吗？

4. 教师指向学生的影响，必然会对学生产生影响结果吗？这种影响结果，又必然会对教师产生影响结果吗？

5. 在学校教育活动中，师生双方的施教性与受教性，都不是抽象泛化的属性，而是具有边界对应关系的具体属性吗？我们需要从抽象泛化的思维，转换到具体的边界思维或对应思维吗？

6. 如果只有教师的施教性与学生的受教性活动，那么，师生之间就只能产生传授与接受的不对等的简单关系吗？而如果师生双方都分别具有施教性与受教性的活动，那么，师生双方就会产生以施教性与受教性的对应为基础的对等关系吗？

一、对现行教育策略论所包含的泛化思维的对应改造

上一节我们谈到，现行教育策略论，之所以存在偏差，是因为在其思维运作中存在抽象泛化的不足。因此，要改造现行教育策略论，就必须改造其抽象泛化的主观思维。如何改造这种思维呢？这首先就需要摆脱现行教育策略论所包含的简单主观思维，而转向对教育活动事实或过程的关注——由主观思维，转向事实思维。其次，还需要走出教育研究者简单泛化的抽象思维，而转向对教育活动的客观与主观对应的边界思维——由简单的泛化思维，转向对应的边界思维。

二、对现行教育策略论所包含的思维切入点的对应改造

现行教育策略论，从教师对学生的规划开始，切到对学校教育策略的理解，这一切入点本身并不存在问题。现行教育策略论的问题在于：首先，从教师对学生的规划开始，切到对学校教育策略的理解；其次，却并没有对这一动态影响的过程做出对应的考察，而是仅仅停留在教师对学生的规划这里，并将教育活动的策略规定为教师对学生的施教策略。

教师对学生规划的教育活动的动态过程，又是怎样的呢？征之于实际，我们看到，在学校教育中，教师对学生的任何规划，都必然会引起学生的反应；而这种反应，又必然会反过来对教师产生影响。这清楚地表明，教师与学生之间的规划与被规划，都是对应存在的，而不是现行教育策略论所把握到的教师对学生单方面的规划。由此，我们就将现行教育策略论所包含的"教师对学生

的规划"的切入点，改造为"师生双方规划与被规划的对应性规划"的切入点。

三、对现行教育策略论所包含的具体内容的对应改造

对应教育策略论，从师生双方规划与被规划的对应性规划，切到对学校教育策略的理解，能够对现行的简单教育策略论，做出哪些方面的改造呢？下面，分而论之。

第一，从师生双方的活动属性看，对应教育策略论，既能把握到教师的施教性与受教性，又能把握到学生的施教性与受教性，还能把握到师生双方施教性与受教性的对应关系，这是不同于现行简单教育策略论所把握到的教师的施教性与学生的受教性的。这里的道理是：在学校教育的实际过程中，教师的施教性，对于学生而言就是受教性；而学生的施教性，对于教师而言就是受教性。这清楚地表明，在学校教育活动的实际中，师生双方的施教性与受教性，都必然是对应的规定性，而不可能是现行简单教育策略论所把握到的教师的施教性与学生的受教性——这种片面的施教性与受教性只能是抽象泛化的形而上学的属性。

第二，从师生双方的活动指向看，对应教育策略论，既能把握到教师对学生的影响指向，又能把握到学生对教师的影响指向，还能把握到师生双方对应的影响指向，这是不同于现行简单教育策略论所把握到的教师对学生单向度的影响指向的。这里的道理是：在学校教育的实际过程中，教师指向学生的影响，必然会引起学生的反应；而这种反应，又必然会指向教师。这清楚地表明，在学校教育活动的实际中，教师指向学生的影响，必然是师生双方对应指向的影响，而不可能是现行简单教育策略论所把握到的教师对学生单一指向的影响——这种单一指向的影响，也只能是抽象泛化的形而上学的影响。

第三，从师生双方的活动结果看，对应教育策略论，既能把握到教师对学生的影响结果，又能把握到学生对教师的影响结果，还能把握到师生双方对应的影响结果，这是不同于现行简单教育策略论所把握到的教师对学生单向度的影响结果的。这里的道理是：在学校教育的实际过程中，教师指向学生的任何影响，都必然会对学生产生影响结果；而这种影响结果，又必然会对教师产生影响结果。这清楚地表明，在学校教育活动的实际中，教师对学生的任何影响结果，都必然是师生双方对应的影响结果，而不可能是现行简单教育策略论所把握到的教师对学生单方面的影响结果——这种单方面的影响结果也只能是抽象泛化的形而上学的影响结果。

四、对应教育策略论的积极功能

对应教育策略论，从师生双方规划与被规划的对应性规划，切到对学校教育策略的理解，能够对实际的学校教育活动，产生哪些方面的积极影响呢？下面，分而论之。

第一，从师生双方的活动属性看，对应教育策略论，能够对实际的学校教育活动产生如下三方面的积极影响：一方面是，对应教育策略论，能够把握到教师对学生的施教性与受教性。因此，不仅能够支持教师对学生的施教，而且也能够支持教师对自己的施教与受教做出对应的关注。另一方面是，对应教育策略论，能够把握到学生对教师的施教性与受教性。因此，不仅能够支持学生对教师的施教，而且也能够支持学生对自己的施教与受教做出对应的关注。最后一个方面是，对应教育策略论，既能把握到教师对学生的施教性与受教性，又能把握到学生对教师的施教性与受教性。因此，能够支持师生双方建构出以各自施教性与受教性的对应为基础的对等影响关系。鉴于现行简单教育策略论的遮蔽或偏差，我们愿意特别强调如下三点：第一点是，关注教师对学生的受教性。这里的关键是要走出人们熟悉的现行教育理论的偏差，那就是认为学校教育是教师对学生施教的观点——那当然是简单抽象思维泛化的后果。在对应思维看来，教师对学生的施教，必然是师生双方施教与受教的对应的影响，所以，就不仅要关注教师对学生的施教性，而且要关注教师对学生的受教性。第二点是，关注学生对教师的施教性。这里的关键也是要走出人们熟悉的现行教育理论的偏差，那就是认为学校教育是学生接受教师教育的观点——那当然是简单抽象思维泛化的后果。在对应思维看来，学生对教师教育的反应，必然是受教性与施教性对应的反应，所以，就不仅要关注学生对教师的受教性，而且要关注学生对教师的施教性。第三点是，关注师生双方在活动属性维度上对等定位的教育关系，即三线定位的教育关系。既然师生双方都具有施教性与受教性，那么，师生双方就要关注在双方施教性与受教性的一致性与不一致性前提下的三线定位关系。这种三线定位关系的基本内容是：关注理想性的上线，即师生双方在施教性与受教性的一致性前提下，走向对等的教育，以实现双方的互补性变化或发展；关注现实性的中线，即师生双方在施教性与受教性的不一致性前提下，走向对话或讨论，以实现双方的生成性变化或发展；关注禁止性的底线，即师生双方在施教性与受教性的不一致性前提下，都不能破坏或割裂对应的教育关系。我们认为，在师生双方的活动属性维度上，经由三线定位的教育，就可以构建出师生双方以各自施教性与受教性的对应为基础的涉及理想、现实与戒律的对等教育关系。由此，也可以规避由教师施教性与学生受教性所必然导致的简单的不对等教育关系。

第二，从师生双方的活动指向看，对应教育策略论，能够对实际的学校教育活动产生如下三方面的积极影响：一方面是，对应教育策略论，能够把握到教师对学生的影响指向。因此，能够支持教师指向或对于学生的影响。另一方面是，对应教育策略论，能够把握到学生对教师的影响指向。因此，能够支持学生指向或对于教师的影响。最后一个方面是，对应教育策略论，既能把握到教师对学生的影响指向，又能把握到学生对教师的影响指向。因此，能够支持师生双方建构出以双方影响指向的对应为基础的对等影响关系。鉴于现行简单教育策略论的遮蔽或偏差，我们愿意特别强调如下两点：第一点是，关注学生对教师的影响指向。这里的关键是要走出人们熟悉的现行教育理论的偏差，那就是认为学校教育的指向是教师指向学生的观点——那当然是简单抽象思维泛化的后果。在对应思维看来，教师对学生的影响指向，必然是师生双方对应的影响指向，所以，就不仅要关注教师对学生的影响指向，而且要关注学生对教师的影响指向。第二点是，关注师生双方在活动指向维度上对等定位的教育关系，即三线定位的教育关系。既然师生双方都具有施教性与受教性对应的影响指向，那么，师生双方就要关注在双方施教性与受教性影响指向一致性与不一致性前提下的三线定位关系。这种三线定位关系的基本内容是：关注理想性的上线，即师生双方在施教性与受教性影响指向的一致性前提下，走向对等的教育，以实现双方的互补性变化或发展；关注现实性的中线，即师生双方在施教性与受教性影响指向的不一致性前提下，走向对话或讨论，以实现双方的生成性变化或发展；关注禁止性的底线，即师生双方在施教性与受教性影响指向的不一致性前提下，都不能破坏或割裂对应的教育关系。我们认为，在师生双方的活动指向维度上，经由三线定位的教育，就可以构建出师生双方以各自施教性与受教性影响指向为基础的涉及理想、现实与戒律的对等教育关系。由此，也可以规避由教师对学生的单一影响指向所必然导致的简单的不对等教育关系。

第三，从师生双方的活动结果看，对应教育策略论，能够对实际的学校教育活动产生如下三方面的积极影响：一方面是，对应教育策略论，能够把握到教师对学生的影响结果。因此，能够支持教师对学生的影响结果。另一方面是，对应教育策略论，能够把握到学生对教师的影响结果。因此，能够支持学生对教师的影响结果。最后一个方面是，对应教育策略论，既能把握到教师对学生的影响结果，又能把握到学生对教师的影响结果。因此，能够支持师生双方建构出以双方影响结果的对应为基础的对等影响关系。鉴于现行简单教育策略论的遮蔽或偏差，我们愿意特别强调如下两点：第一点是，关注学生对教师的影响结果。这里的关键是要走出人们熟悉的现行教育理论的偏差，那就是认为学校教育的结果是教师对学生施教结果的观点——那当然是简单抽象思维泛化的后果。在对应思维看来，教师对学生的施教结果，必然是师生双方施教与受教对应的影响结果，所以，就不仅要关注教师对学生的影响结果，而且要关注学生对教师的结果。第二点是，关注师生双方在活动结果维度上对等定位的教育关系，即三线定位的教育关系。既然师生双方都具有施教性与受教性的对应影响结果，那么，师生双方就要关注在双方施教性与受教性影响结果一致性与不一致性前提下的三线定位关系。这种三线定位关系的基本内容是：关注理想性的上线，即师生双方在施教性与受教性影响结果的一致性前提下，走向对等的教育，以实现双方的互补性变化或发展；关注现实性的中线，即师生双方在施教性与受教性影响结果的不一致性前提下，走向对话或讨论，以实现双方的生成性变化或发展；关注禁止性的底线，即师生双方在施教性与受教性影响结果的不一致性前提下，都不能破坏或割裂对应的教育关系。我们认为，在师生双方的活动结果维度上，经由三线定位的教育，就可以构建出师生双方以各自施教性与受教性影响结果为基础的涉及理想、现实与戒律的对等教育关系。由此，也可以规避由教师对学生的单方面影响结果所必然导致的简单的不对等教育关系。

五、本节小结

综上所述，我们对现行简单教育策略论的改造，涉及三层基本内容：一是，首先，由现行简单教育策略论所包含的主观思维路线，转换到事实思维路线；其次，在事实思维路线基础上，将现行简单教育策略论所包含的单一主观泛化的思维路线，改造为主观与客观的对应思维路线。二是，在对应思维路线上，将现行简单教育策略论所包含的认识教育策略的"教师对学生的规划"的思维切入点，改造为"师生双方规划与被规划的对应性规划"的思维切入点。三是，在"师生双方规划与被规划的对应性规划"视野中，分别对师生双方的活动属性、指向与结果这些基本教育关系，做出了对应的考察。最后，我们分别考察了对应教育策略论，在师生双方的活动属性、指向与结果这些基本维度上，对实际的学校教育活动所产生的积极影响，以推动人们从现行的简单教育策略论，转换到对应的教育策略论。

为了更简明地把握两种教育策略论的不同，我们不妨将其中所包含的不同思维路线，做出如下比较：

简单教育策略论的单线定位路线——教育的策略，就是具有施教性的教育者对具有受教性的受教育者的简单教育策略——这里需要特别注意，简单教育策略论，仅仅是对教育者的单一主观性这一条思维路线的反映。

对应教育策略论的三线定位路线——教育的策略，就是分别具有施教性与受教性的教育者与受教育者双方对应教育的策略，它包含双方施教性与受教性影响的理想的上线、现实的中线以及戒律的底线——这里需要特别注意，对应教育策略论，是对教育者与受教育者双方施教性与受教性影响的理想、现实与戒律的三条思维路线的反映。

六、本节提示

在本节最后，需要做两点提示：一是，由"教育者对受教育者的规划"，到"教育者与受教育者双方规划与被规划的对应性规划"的过渡环节，就是由对教育活动的主观抽象思维，转向对教育活动的客观与主观的对应思维。二是，由"教师对学生的规划"，到"师生双方规划与被规划的对应性规划"的过渡环节，就是由对师生活动的主观抽象思维，转向对师生活动的客观与主观的对应思维。

附言：

1. 从教师对学生规划开始的教育活动，其实，都是师生双方规划与被规划对应的教育活动。

2. 对教师与学生的施教性与受教性的评价，都应该是具体的边界评价，而不能是抽象的泛化评价。

3. 仅仅把握到教师施教性而不能把握到受教性的现行教育策略论，必然是施教性泛化的简单教育策略论，此种策略论根本不可能具有自我反思与自我改造的品质。

4. 师生双方施教性与受教性的不一致性所生成的张力，正是推动师生双方对他人教育与自我教育进行对应反思的内在动力。

5. 仅仅明白自己的施教性而不能同时明白自己的受教性的教师，其实，也就是简单的教师——此种教师，根本不可能具有自我否定与自我长进的品质。

6. 师生双方之间施教性与受教性的一致性对应关系，是师生双方简单教育的内在机理；而师生双方之间的施教性与受教性的不一致性对应关系，则是师生双方对应教育的内在机制。

下 篇 03

对应教育的组成部分

第一章

对现行简单教育论的遮蔽性分析与对应改造

第一节 对现行简单教育论的遮蔽性分析

切问：

1. 现行教育理论，将教育规定为一方对另一方的简单活动，其思维活动的切入点在哪里？我们如何才能探索到思维活动的切入点？

2. 现行教育论，从自己理解教育的切入点上，能够把握到教育活动哪些方面的内容呢？

3. 现行教育论的根据是什么？这种教育论，对实际的教育活动具有哪些积极作用？

4. 现行教育论，从自己理解教育的切入点上，在对教育活动有所把握的同时，却又遮蔽了哪些内容呢？

5. 在认识或思维上，现行教育论，存在遮蔽的根源在哪里？

6. 现行教育论，对实际的教育活动具有怎样的消极作用？

一、现行教育论的内容、属性及其思维活动的切入点

1. 现行教育论的内容

在《当代教育学》中写道："教育是培养人的一种社会活动，是传承社会文化、传递生产经验和社会生活经验的基本途径。学校教育则是教育者根据一定社会的要求，有目的、有计划、有组织地对受教育者的身心施加影响，期望他们发生某种变化的活动。"① 这段话包含着对教育的广义与狭义理解：广义教育，是"培养人的一种社会活动"，狭义教育，也就是学校教育活动。这种广义与狭义的理解，也就是广泛流布于现行教育学教材、辞典、论文及论著等文本中的基本思路。当然，不管是广义还是狭义，现行教育理论都把教育理解为

---

① 袁振国. 当代教育学 [M]. 北京：教育科学出版社，2010：4.

"活动"："社会活动""实践活动"或"社会实践活动"，这便是现行教育论的基本内容。

2. 现行教育论的属性

现行教育论，具有怎样的属性呢？下面，我们结合引文中关于广义与狭义教育的内容，做一简要分析。

先来看广义教育论的属性。从引文中可以看到，广义教育，是培养人的一种社会活动，是传承或传递社会文化的基本途径。不难理解，广义教育论的社会活动，包含两种人，即"培养者"与"被培养者"。这种社会活动的功能，就是"培养者"对"被培养者"传承或传递社会的文化。直白地表达，广义教育，也就是："培养者"一方对于"被培养者"一方的培养活动。社会活动的实际，果真是这样的吗？当培养者一方对被培养者一方进行培养活动时，不会受到被培养者一方反向的培养吗？培养者与被培养者双方，难道不会由于受到外在的他人培养而发生自我培养或自我教育吗？外在或显在的他人培养与内在或隐在的自我培养，难道不是相互对应的存在与变化吗？然而，现行教育理论，却无视这些客观实际中内在的对应问题，而仅仅把培养人的社会活动规定为培养者一方对被培养者一方简单的外在培养活动。由此，我们可以有根据地说，现行广义教育论的属性就是片面性或简单性。

再来看狭义教育论的属性。从引文中可以看到，狭义教育就是学校教育，是教育者有根据、有目的、有计划、有组织地对受教育者的身心施加影响，期望他们发生某种变化的活动。不难理解，学校教育论的活动，也包含两种人，即教育者与受教育者。这种活动的形式是有根据、有目的、有计划、有组织的，这种活动的功能是教育者对受教育者身心施加影响，期望受教育者发生某种变化。直白地表达，学校教育，也就是：教育者一方对于受教育者一方的影响活动。学校教育活动的实际，果真是这样的吗？当教育者一方对受教育者一方进行影响活动时，不会受到受教育者一方反向的影响吗？教育者与受教育者双方，难道不会由于受到外在的他人影响而发生自我影响或自我教育吗？外在或显在的他人教育与内在或隐在的自我教育，难道不是相互对应的存在与变化吗？然而，现行教育理论，却无视这些客观实际中内在的对应问题，而仅仅把学校教育活动规定为教育者一方对受教育者一方简单的外在影响活动。由此，我们也可以有根据地说，现行学校教育论的属性也是片面性或简单性。

归纳广义与狭义教育论的属性，我们看到，现行教育理论，把教育理解为一方对于另一方的简单活动——其基本属性就是片面性或简单性。质言之，按照现行教育理论的理解，教育属于一种简单性的活动。

3. 现行教育论的思维活动的切入点

现行教育理论，既然把教育归属于一方对于另一方的简单活动，那么，我们就可以据此逆向推论出现行教育理论的思维活动的切入点，那就是"人对人的单方影响"，或者说，现行教育理论，从人对人的单方面影响，切到对教育的理解。由此，才将教育理解为一方对于另一方的简单活动——表现在广义教育中，那就是培养者对于被培养者的培养活动，表现在学校教育中，那就是教育者对于受教育者的影响活动。

二、现行教育论的所见、根据及其积极功能

1. 现行教育论的所见

现行教育理论，从人对人的单方影响，切到对教育活动的理解，能够把握到教育活动哪些方面的内容呢？因为现行教育理论，主要是关于学校教育活动的理论，所以，我们就结合学校教育活动的实际，做出基本的考察。一是，从学校教育的对象看，现行教育理论，能够把握到教育的单一对象，即学生。二是，从学校教育的内容看，现行教育理论，能够把握到教师对学生施加的单一影响，即他人经验或间接经验。三是，从学校教育的目的看，现行教育理论，能够把握到教师对学生的单方面目的，即期望他们发生某种变化。四是，从学校教育的机制看，现行教育理论，能够把握到教师对学生的主观定位或主观规定，即教师对学生的期望。五是，从学校教育的途径看，现行教育理论，能够把握到教师对学生的外在影响，即教师对学生所施加的影响。六是，从学校教育的形式看，现行教育理论，能够把握到学校教育活动"有目的、有计划、有组织"的显在形式。七是，从学校教育的结果看，现行教育理论，能够把握到教师对学生的影响或塑造。总之，现行教育理论，从人对人的单方面影响，切到对学校教育活动的理解，能够把握到的内容，也就是：教师对于学生的主观外在影响或塑造。

2. 现行教育论的根据

现行教育理论，从人对人的单方面影响，切到对学校教育活动的理解，所把握到的基本内容，是有根据的吗？一是，从学校教育的对象看，学生正处于人生的青少年成长时期，其身心变化都需要接受系统或全面的影响。因此，现行教育理论所把握到的学生作为教育的对象，是有根据的。二是，从学校教育的内容看，教师要对学生进行教育，就需要借助关于社会生产与生活的间接经验，以传承人类既有的文明成果，这是有根据的。三是，从学校教育的目的看，教师要对学生进行关于系统的间接经验的教育，就必然会对学生做出预设或安

排，这是有根据的。四是，从学校教育的机制看，教师要教育或影响学生，就必然会对学生进行主观定位或主观规定，这也是有根据的。五是，从学校教育的途径看，教师要发挥对学生的主观定位力量，就必然会对学生进行外在影响，这也是有根据的。六是，从学校教育的形式看，教师要对学生传授系统的关于社会生产与生活的间接经验，就需要借助有计划、有组织的显在形式。因此，现行教育理论所把握到的学校教育活动的显在形式，也是有根据的。七是，从学校教育的结果看，既然教师以学生为对象并对学生发挥了主观定位的外在影响，那么，学生就必然会受到教师的影响并发生变化或发展，这也是有根据的。

3. 现行教育论的积极功能

现行教育理论，从人对人的单方面影响，切到对学校教育活动的理解，所把握到的内容能够对学校教育活动，带来哪些方面的积极作用呢？一是，从学校教育的对象看，现行教育理论能够把握到学生作为教育的对象，这能够支持师生双方在明确自身地位的前提下，更好地开展教育活动。二是，从学校教育的内容看，现行教育理论能够把握到既有的间接经验，这不仅方便于师生双方的教育或教学，也方便于对师生双方的评价或考察。三是，从学校教育的目的看，现行教育理论能够把握到教师对学生的目的，这能够支持师生双方按照既定的预设展开教育活动。四是，从学校教育的机制看，现行教育理论能够把握到教师对学生的主观定位力量，这不仅有利于教师发挥对学生的主观能动性，而且也有利于学生保持自身的被动性。五是，从学校教育的途径看，现行教育理论能够把握到教师对学生的外在影响，这不仅有利于教师发挥对学生的外在影响，而且也有利于学生接受这种影响。六是，从学校教育的形式看，现行教育理论能够把握到学校教育活动有计划、有组织的显在形式，这不仅有利于教师按照既定的程序展开对学生的影响，而且也有利于学生按照既定的程序接受源于教师的影响。七是，从学校教育的结果看，现行教育理论能够把握到教师对学生的影响或塑造，这不仅有助于教师实现对学生的影响，而且也有助于学生实现对源于教师影响的接受。总之，现行教育理论，从人对人的单方面影响，切到对学校教育活动的理解，所把握到的内容，就教师对于学生的简单教育而言，会具有多方面的积极作用。

三、现行教育论的偏差、根源及其消极功能

1. 现行教育论的偏差

现行教育理论，从人对人的单方影响，切到对教育活动的理解，在有所见或有所把握的同时，却又遮蔽了教育活动哪些方面的内容呢？一是，从学校教

育的对象看，现行教育理论在把握到学生作为教育对象的同时，却又遮蔽了教师作为教育的对象。二是，从学校教育的内容看，现行教育理论在把握到既有的间接经验的同时，却又遮蔽了师生双方的直接经验。三是，从学校教育的目的看，现行教育理论在把握到教师对学生的单方面目的的同时，却又遮蔽了学生一方的目的。四是，从学校教育的机制看，现行教育理论在把握到教师对学生的主观定位力量的同时，却又遮蔽了学生对教师的主观定位力量，还遮蔽了师生双方的客观定位力量。五是，从学校教育的途径看，现行教育理论在把握到教师对学生的外在影响的同时，却遮蔽了学生对教师的外在影响力量，还遮蔽了师生双方的自我影响力量。六是，从学校教育的形式看，现行教育理论在把握到学校教育活动有计划、有组织的显在形式的同时，却又遮蔽了学校教育活动无计划、无组织的隐在形式。七是，从学校教育的结果看，现行教育理论在把握到教师对学生影响结果的同时，却又遮蔽了学生对教师的影响结果，还遮蔽了师生双方的自我教育或自我塑造的结果。总之，现行教育理论，从人对人的单方面影响，切到对学校教育活动的理解，在把握到教师对学生的主观外在影响或塑造的同时，却又遮蔽了学生反过来对于教师的主观外在影响或塑造，也遮蔽了师生双方由主观外在所必然引起的客观内在的影响或塑造，还遮蔽了师生双方由彼此的外在教育所必然引起的自我教育或自我塑造。

2. 现行教育论的根源

从思维运作看，现行教育论，之所以存在上述偏差，是其主观抽象思维的泛化导致的。一是，从学校教育的对象看，教师以学生为对象的任何教育或影响，都必然会引起学生的反应并反作用于教师，这清楚地表明，学校教育活动的对象都是相互对应存在的对象。然而，现行教育论，却在其主观抽象思维中，片面地抽取出学生作为教育的对象，并以偏概全地泛指学校教育活动中对应存在的对象。由此，便遮蔽了教师作为教育的对象。二是，从学校教育的内容看，在实际的学校教育活动中，教师对学生传授的任何间接经验，都必然要通过师生的直接经验才可能转化为师生所能够把握的经验，这清楚地表明，学校教育活动中的内容，都是对应存在的内容。然而，现行教育论，却在其主观抽象思维中，片面地抽取出间接经验，并以偏概全地泛指学校教育活动中对应存在的经验。由此，便遮蔽了直接经验。三是，从学校教育的目的看，在实际的学校教育活动中，教师对学生的任何主观预设，都必然会引起学生的反应并因此而产生学生的个体目的，这清楚地表明，学校教育活动的目的都是相互对应存在的目的。然而，现行教育论，却在其主观抽象思维中片面地抽取出教师对于学生的目的，并以偏概全地泛指双方对应存在的目的。由此，便遮蔽了学生一方的教育目的。四是，从学校教育的机制看，在实际的学校教育活动中，教师对学生的任何主观定位力量，都必然会引起学生的反应并对教师产生客观的定位，这清楚地表明，学校教育活动中的主观定位力量与客观定位力量都是对应存在的。然而，现行教育论，却在其主观抽象思维中片面地抽取出教师对学生的主观定位力量，并以偏概全地泛指双方所受到的对应存在的定位力量。由此，便遮蔽了学生对教师的主观定位力量，也遮蔽了师生双方所受到的客观定位力量。五是，从学校教育的途径看，在实际的学校教育活动中，教师对学生的任何外在影响，都必然会引起学生的内在或自我反应；学生的这种反应，又会反过来对教师产生外在影响并引起教师的内在或自我反应。这清楚地表明，学校教育活动中的外在影响与内在或自我影响都是对应存在的影响。然而，现行教育论，却在其主观抽象思维中片面地抽取出教师对学生的外在影响，并以偏概全地泛指对应存在的影响。由此，便遮蔽了学生对教师的外在影响，还遮蔽了师生双方因外在影响所导致的内在或自我影响。六是，从学校教育的形式看，在实际的学校教育活动中，师生双方的任何主观目的性活动，都必然会引起教育情境或教育过程中客观的内隐的反应，这清楚地表明，学校教育活动的形式都是显在与隐在对应的形式。然而，现行教育论，却在其主观抽象思维中片面地抽取出显在的教育活动形式，并以偏概全地泛指教育活动的对应形式。由此，便遮蔽了教育活动的隐在形式。七是，从学校教育的结果看，既然师生双方都处于主观与客观以及外在与内在力量的相互作用之中，那么，在实际的学校教育活动中，师生双方，也就必然会受到对方与自我的影响或塑造，这清楚地表明，学校教育活动的结果都是他人教育与自我教育的对应结果。然而，现行教育论，却在其主观抽象思维中片面地抽取出教师对学生的外在影响结果，并以偏概全地泛指双方所受到的对应的影响结果。由此，便遮蔽了学生对教师的影响结果，也遮蔽了师生双方因受到他人教育而发生的自我教育的结果。

3. 现行教育论的消极功能

现行教育理论，从人对人的单方面影响，切到对教育活动的理解，在有所见或有所把握的同时，却又有所不见或存在偏差。这些认识或思维中的偏差，对实际的教育活动，会产生哪些消极的影响呢？一是，从学校教育的对象看，现行教育理论虽然能够把握到学生作为教育对象；但却遮蔽了教师作为教育对象。由此所导致的后果是：不仅教师难以自觉地接受学生的教育，而且师生双方也难以自觉地接受对应的相互教育。二是，从学校教育的内容看，现行教育理论虽然能够把握到既有的间接经验，但却遮蔽了师生双方的直接经验。由此所导致的后果是：不仅使间接经验陷入孤立或封闭状态，而且使两种经验难以获得对应的影响或变化。三是，从学校教育的目的看，现行教育理论虽然能够把握到教师对学生的单方面目的，但却遮蔽了学生一方的目的。由此所导致的后果是：不仅使教师的单方面目的陷入孤立或封闭状态，而且使两种目的难以获得对应的影响或变化。四是，从学校教育的机制看，现行教育理论虽然能够把握到教师对学生的主观定位力量，但却遮蔽了学生对教师的主观定位力量，还遮蔽了师生双方的客观定位力量。由此所导致的后果是：不仅使教师的主观定位力量陷入孤立或封闭状态，而且使师生双方的主观与客观定位力量难以获得对应的影响或变化。五是，从学校教育的途径看，现行教育理论虽然能够把握到教师对学生的外在影响途径，但却遮蔽了学生对教师的外在影响途径，还遮蔽了师生双方自我影响的途径。由此所导致的后果是：不仅使教师对学生的外在影响途径陷入孤立或封闭状态，而且使外在与内在两种途径难以获得对应的影响或变化。六是，从学校教育的形式看，现行教育理论虽然能够把握到学校教育活动有计划、有组织的显在形式，但却遮蔽了学校教育活动无计划、无组织的隐在形式。由此所导致的后果是：不仅使显在形式陷入孤立或封闭状态，而且使显在与隐在两种形式难以获得对应的影响或变化。七是，从学校教育的结果看，现行教育理论虽然能够把握到教师对学生影响结果，但却遮蔽了学生对教师的影响结果，还遮蔽了师生双方的自我教育或自我塑造的结果。由此所导致的后果是：不仅使教师对学生的影响结果陷入孤立或封闭状态，而且使师生双方的影响结果难以获得对应影响或变化。总之，现行教育理论，从人对人的单方面影响，切到对教育活动的理解，在有所见或有所把握的同时，却又有所不见或存在偏差，这些认识或思维中的偏差，就师生双方的对应教育而言，会存在多方面的消极作用。

四、本节小结

综上所述，我们看到，现行简单教育论，从人对人的单方面影响，切到对教育活动的理解，虽然能够把握到一方对另一方的简单教育，也能够把握到这种简单教育的根据并对实际的简单教育活动产生积极的影响，但是却遮蔽了另一方反过来对一方的对应教育，并进一步遮蔽了双方的自我教育。从思维运作看，现行简单教育论的偏差，是由其主观思维的抽象泛化所导致的；从实际看，这种抽象泛化的思维或认识，对师生双方的对应教育活动存在多方面的消极作用。因此，现行简单教育论，就必然也必须被合理地反思与改造。

五、本节提示

在本节最后，需要做两点提示：一是，探寻现行教育论的思维活动切入点的根据，就是现行简单教育论的内容，或者说，我们是通过现行简单教育论的内容而探寻到其思维活动的切入点的。二是，对现行教育论的思维活动切入点的遮蔽性分析，不是我们简单的主观分析，而是根据现行教育论所包含的思维活动切入点的所见与所不见而展开的——要特别注意，所见与所不见，两者是具有内在对应关系的必然的存在。

附言：

1. 教育从一方对另一方的影响开始，这种判断，符合健康的常识，但是对教育的理性把握，却不能停留在这里。

2. 不明白自己也是教育对象的教师，很难不滑入好为人师的境地。

3. 如果没有包含受教育者的个体目的，那么，所谓的教育目的，就只能是片面的或简单的教育目的——此种目的，必然会导致对受教育者的外在压抑。

4. 没有主观与客观的对立，就很难获得自我反思的能力或素质。

5. 不能在接受教师教育的同时开展自我教育的学生，就很难获得鉴别的能力或素质。

6. 没有隐在教育的对应，单一显在的教育，就必然会呈现出单调甚至僵硬的外形。

第二节　对现行简单教育论的对应改造

切问：

1. 从动态的教育活动的事实看，现行教育论所包含的"教师对学生的简单活动"，其实都是"教师与学生的对应活动"吗？

2. 当教师对学生进行教育时，自己也必然会受到学生的影响吗？由此，就可以说，教育的对象，是对应的存在吗？

3. 教育活动中的间接经验，只有经过师生双方的直接经验，才可能转化为师生双方可以理解的经验吗？由此，就可以说，间接经验与直接经验，是对应的存在吗？

4. 教师对学生的教育目的，必然会引起学生的反应并产生学生自己的目的吗？由此，就可以说，教师的教育目的与学生的教育目的，是对应的存在吗？

5. 师生双方之间的主观定位力量，都必然会引起师生双方反应的客观定位力量吗？由此，就可以说，教育活动中的主观与客观定位力量，是对应的存在吗？

6. 师生双方之间的外在影响途径，都必然会引起师生双方内在自我的影响途径吗？由此，就可以说，教育活动中的外在与内在影响途径，是对应的存在吗？

7. 教育活动有计划、有组织的显在形式，必然会引起客观环境或条件的内隐的变化吗？由此，就可以说，教育活动的显在形式与隐在形式是对应存在的吗？

8. 教师对学生教育的结果，必然会引起学生的变化或发展；而学生的变化或发展，又必然会引起教师的变化或发展吗？由此，就可以说，教育活动对师生双方的教育结果是对应存在的吗？

一、对现行教育论所包含的泛化思维的对应改造

上一节我们谈到，现行教育论，之所以存在偏差，是因为在其思维运作中存在抽象泛化的不足。因此，要改造现行教育论，就必须改造其抽象泛化的主观思维。如何改造这种思维呢？这首先就需要摆脱现行教育论所包含的简单主观思维，而转向对教育活动事实或过程的关注——由主观思维，转向事实思维。其次，还需要走出教育研究者简单泛化的抽象思维，而转向对教育活动的客观与主观对应的边界思维——由简单的泛化思维，转向对应的边界思维。关于主观思维与事实思维以及简单的泛化思维与对应的边界思维的详细内容，可以回望本书上篇的第一章，即"对应论的哲学与对应教育"。

二、对现行教育论所包含的思维切入点的对应改造

现行教育论，从人对人的单方影响开始，切到对教育活动的理解，这一切入点本身并不存在问题。现行教育论的问题在于：首先，从人对人的单方面影响开始，切到对教育活动的理解；其次，却并没有对这一动态影响的过程做出对应的考察，而是仅仅停留在人对人的单方面影响这里，并将教育活动抽象为人对人的简单活动。

人对人影响的教育活动的动态过程，又是怎样的呢？征之于实际，我们看到，在家庭教育中，父母对子女的任何影响，都必然会引起子女的反应；而这种反应，又必然会反过来对父母产生影响。这清楚地表明，父母与子女之间的

教育，是对应的相互教育，而不是现行教育论所把握到的父母对于子女的简单教育。在学校教育中，教师对学生的任何影响，都必然会引起学生的反应；而这种反应，又必然会反过来对教师产生影响。这清楚地表明，教师与学生之间的教育，是对应的相互教育，而不是现行教育论所把握到的教师对于学生的简单教育。在社会教育中，一方对另一方的任何影响，都必然会引起另一方的反应；而这种反应，又必然会反过来对一方产生影响。这清楚地表明，一方对另一方的教育，是对应的相互教育，而不是现行教育论所把握到的一方对于另一方的简单教育。总之，从家庭、学校与社会教育的动态过程看，从人对人单方面影响开始的教育活动，都不是"一方对另一方"的简单活动，而是"一方与另一方"的对应活动。由此，我们就将现行教育论"人对人的简单活动"的切入点，改造为"人与人的对应活动"的切入点。

三、对现行教育论所包含的具体内容的对应改造

对应教育论，从人与人的对应活动，切到对教育活动的理解，能够对现行教育论，做出哪些方面的改造呢？下面，分而论之。

第一，从学校教育活动的对象看：对应教育论，既能把握到学生作为教育的对象，又能把握到教师作为教育的对象，这是不同于现行教育论所把握到的单一的学生作为教育的对象的。这里的道理是：教师以学生为对象的任何教育，都必然会引起学生的反应；学生的反应，又必然会反过来对教师产生影响并使教师成为学生的影响对象。这清楚地表明，学校教育的对象，是具有内在必然关系的对应存在，而不可能是现行教育论所把握到的单一对象，即学生的存在——这种孤立而静止的存在，当然只能是形而上学思维中的存在。

第二，从学校教育活动的内容看：对应教育论，既能把握到教材或文本中的间接经验，也能把握到师生双方的直接经验，这是不同于现行教育论所把握到的单一的间接经验的。这里的道理是：教材或文本中的间接经验，只能通过师生双方的直接经验，才可能转化为师生双方能够把握到的经验。这清楚地表明，学校教育的内容，是具有内在必然关系的对应存在，而不可能是现行教育论所把握到的单一间接经验的存在——这种孤立而静止的存在，当然只能是形而上学思维中的存在。

第三，从学校教育活动的目的看，对应教育论，既能把握到教师所代表的社会目的，又能把握到学生的个体目的，这是不同于现行教育论所把握到的单一的社会目的的。这里的道理是：教育的社会目的，不仅来源于教师与学生的个体目的，而且也必须通过教师与学生的个体目的才能够实现。这清楚地表明，

教育活动中的社会目的与个体目的，是具有内在必然关系的对应存在，而不可能是现行教育论所把握到的单一社会目的的存在——这种孤立而静止的存在，当然只能是形而上学思维中的存在。

第四，从学校教育活动的机制看，对应教育论，既能把握到教师对学生的主观定位力量，又能把握到学生反过来对教师的主观定位力量，还能把握到师生双方对对方的客观定位力量，这是不同于现行教育论所把握到的单一的教师对学生的主观定位力量的。这里的道理是：教师对学生的任何主观定位力量，都必然会引起学生对教师反向的主观定位力量的，同时，师生双方的主观定位力量，也都必然会引起双方反应的客观定位力量。这清楚地表明，学校教育活动的机制，必定是相互对应的机制，而不可能是现行教育论所把握到的单一的主观定位力量——这种孤立而静止的存在，当然只能是形而上学思维中的存在。

第五，从学校教育活动的途径看，对应教育论，既能把握到教师对学生的外在影响，又能把握到学生对教师的外在影响，还能把握到师生双方自我影响或自我教育的途径，这是不同于现行教育论所把握到的单一的教师对学生外在影响的途径的。这里的道理是：教师对学生的任何外在影响，都必然会反过来对教师产生外在影响，同时，师生双方的任何外在影响，也都只能通过师生双方的自我影响或自我教育，才能转化为师生双方内在的东西。这清楚地表明，学校教育活动的途径，必定是师生双方外在影响与自我教育的对应途径，而不可能是现行教育论所把握到的教师对学生的单一外在影响的途径——这种孤立而静止的存在，当然只能是形而上学思维中的存在。

第六，从学校教育的形式看，对应教育论，既能把握到学校教育有计划、有组织的显在活动形式，又能把握到由显在活动所必然引起的隐在教育活动形式，这是不同于现行教育论所把握到的单一显在活动形式的。这里的道理是：师生双方的任何有计划、有组织的主观行为，都必然会引起外在环境或条件的客观的、内隐的、无法预设的变化。这清楚地表明，任何有目的的显在活动与这一活动所引起的客观的内隐活动，都是对应存在的，而不可能是现行教育论所把握到的单一显在教育活动的孤立而静止的存在——这种孤立而静止的存在，当然只能是形而上学思维中的存在。

第七，从学校教育活动的结果看，对应教育论，既能把握到教师对学生的教育结果，又能把握到学生对教师的教育结果，还能把握到师生双方自我教育的结果，这是不同于现行教育论所把握到的单一的教师对学生的教育结果的。这里的道理是：教师对学生的任何教育结果，都必然会转化为学生的变化或成长，同时，学生的变化或成长，也都必然会反过来转化为教师的变化或成长。

这清楚地表明，学校教育活动的结果，必定是他人教育与自我教育相互对应的结果，而不可能是现行教育论所把握到的教师对学生的单一教育结果——这种孤立而静止的存在，当然只能是形而上学思维中的存在。

四、对应教育论的积极功能

对应教育论，从人与人的对应活动，切到对教育活动的理解，能够对实际的教育活动，产生哪些方面的积极影响呢？下面，分而论之。

第一，从学校教育活动的对象看：对应教育论能够对实际的教育活动产生如下三方面的积极影响：一方面是，对应教育论能够把握到学生作为教育的对象。因此，就能够支持教师对学生的教育或影响。另一方面是，对应教育论也能够把握到教师作为教育的对象。因此，就能够支持学生对教师的影响或教育。最后一个方面是，对应教育论既能把握到学生作为教育的对象，又能把握到教师作为教育的对象。因此，就能够支持师生双方建构出以相互对象性为基础的对等教育关系。鉴于现行教育论的遮蔽或偏差，我们愿意特别强调如下两点：一是，关注学生对教师的教育与教师的接受教育。这里的关键是要走出现行教育理论的误区，那就是认为教师比学生具有明显的优势，所以，教师能够教育学生而学生不能教育教师——这当然是简单思维的后果。在对应思维的视野中，教师与学生双方，都分别具有自身的优越性与不足性，所以，不仅教师能够教育学生，而且学生也能够教育教师。二是，关注师生之间的对应教育关系，即三线定位的教育关系——关注理想性的上线，即师生双方在施教与受教一致性的基础上，走向对等的教育，以实现双方互补性的变化或发展；关注现实性的中线，即师生双方在施教与受教不一致性的基础上，走向对话或讨论，以实现双方生成性的变化或发展；关注禁止性的底线，即师生双方在施教与受教不一致性的基础上，都不能破坏或割裂对应的教育关系。我们认为，经由三线定位的教育，就可以构建出师生双方以相互对象性为基础的涉及理想、现实与戒律的对等教育关系。由此，也可以规避由单一对象所必然导致的不对等教育关系。

第二，从学校教育活动的内容看，对应教育论能够对实际的教育活动产生如下三方面的积极影响：一方面是，对应教育论能够把握到教材或文本中的间接经验。因此，就能够支持师生双方展开关于间接经验内容之间的对应教育或教学。另一方面是，对应教育论也能够把握到师生双方的直接经验。因此，能够支持师生双方开展关于直接经验内容之间的对应教育或教学。最后一个方面是，对应教育论既能把握到教材或文本中的间接经验，又能把握到师生双方的直接经验。因此，能够支持师生双方开展以两种经验的对应性为基础的对等教育或教学。鉴于现行教育论的遮蔽或偏差，我们愿意特别强调如下两点：一是，关注直接经验的优越性与间接经验的不足性。这里的关键是要走出现行教育理论的误区，那就是认为间接经验比直接经验具有明显的优越性，所以，学生的学习要以间接经验为主——这当然是简单思维的后果。在对应思维的视野中，间接经验与直接经验双方，在教育或教学过程中，都分别具有自身的优越性与不足性，所以，就不仅要关注间接经验的优越性与直接经验的不足性，而且要关注间接经验的不足性与直接经验的优越性。二是，关注间接经验与直接经验之间的对应影响关系，即三线定位的影响关系——关注理想性的上线，即在两种经验一致性的基础上，走向双方的对等影响，以实现双方互补性的变化或发展；关注现实性的中线，即在两种经验不一致性的基础上，走向相互的调整或改造，以实现双方生成性的变化或发展；关注禁止性的底线，即在两种经验不一致性的基础上，师生双方都不能破坏或割裂对应的教育关系。我们认为，经由三线定位的影响，就可以构建出两种经验以各自的优越性与不足性为基础的涉及理想、现实与戒律的对等影响关系。由此，也可以规避由具有单一优越性的间接经验所必然导致的两种教育内容之间的不对等关系。

第三，从学校教育活动的目的看，对应教育论能够对实际的教育活动产生如下三方面的积极影响：一方面是，对应教育论能够把握到教师一方的教育目的。因此，能够支持教师按照自己的目的展开对学生的影响。另一方面是，对应教育论也能够把握到学生一方的教育目的。因此，能够支持学生按照自己的目的展开对教师的影响。最后一个方面是，对应教育论既能把握到教师一方的目的，又能把握到学生一方的目的。因此，能够支持师生双方构建出以双方目的的对应性为基础的对等教育关系。鉴于现行教育论的遮蔽或偏差，我们愿意特别强调如下两点：一是，关注教师一方目的的不合理性与学生一方目的的合理性。这里的关键是要走出现行教育理论的误区，那就是认为教师所代表的社会目的只有合理性而学生的个体目的只有不合理性——这当然是简单思维的后果。在对应思维的视野中，社会目的与个体目的双方，在教育或教学过程中，都分别具有自身的合理性与不合理性，所以，就不仅要关注社会目的的合理性与学生目的的不合理性，而且要关注社会目的的不合理性与学生目的的合理性。二是，关注社会目的与个体目的之间的对应影响关系，即三线定位的影响关系——关注理想性的上线，即在两种目的一致性的基础上，走向双方的对等影响，以实现双方互补性的变化或发展；关注现实性的中线，即在两种目的不一致性的基础上，走向相互的调整或改造，以实现双方生成性的变化或发展；关注禁止性的底线，即在两种目的不一致性的基础上，师生双方都不能破坏或割裂对应的教育关系。我们认为，经由三线定位的影响，就可以构建出两种目的以各自合理性与不合理性为基础的涉及理想、现实与戒律的对等影响关系。由此，也可以规避由具有单一合理性的社会目的所必然导致的两种教育目的之间的不对等关系。

第四，从学校教育活动的机制看，对应教育论能够对实际的教育活动产生如下三方面的积极影响：一方面是，对应教育论能够把握到教师对学生的主观与客观定位力量。因此，能够支持教师对学生的主观与客观定位。另一方面是，对应教育论也能够把握到学生对教师的主观与客观定位力量。因此，能够支持学生对教师的主观与客观定位。最后一个方面是，对应教育论既能把握到教师对学生的主观与客观定位力量，又能把握到学生对教师的主观与客观定位力量。因此，能够支持师生双方建构出以主观与客观定位力量的对应为基础的对等教育关系。鉴于现行教育论的遮蔽或偏差，我们愿意特别强调如下两点：一是，关注教师定位的不合理性与学生定位的合理性。这里的关键是要走出现行教育理论的误区，那就是认为教师定位只有合理性而学生定位只有不合理性——这当然是简单思维的后果。在对应思维的视野中，师生双方的主观与客观定位，分别都具有自身的合理性与不合理性，所以，就不仅要关注教师定位的合理性与学生定位的不合理性，而且要关注教师定位的不合理性与学生定位的合理性。二是，关注师生双方之间的对应定位关系，即三线定位关系——关注理想性的上线，即在双方定位一致性的基础上，走向双方的对等影响，以实现双方互补性的变化或发展，关注现实性的中线，即在双方定位不一致性的基础上，走向相互的调整或改造，以实现双方生成性的变化或发展，关注禁止性的底线，即在双方定位不一致性的基础上，师生双方都不能破坏或割裂对应的教育关系。我们认为，经由三线定位的影响，就可以构建出双方以各自合理性与不合理性为基础的涉及理想、现实与戒律的对等教育关系。由此，也可以规避由具有单一合理性的教师定位所必然导致的双方定位力量之间的不对等关系。

第五，从学校教育活动的途径看，对应教育论能够对实际的教育活动产生如下三方面的积极影响：一方面是，对应教育论能够把握到教师对学生的外在与内在影响途径。因此，能够支持教师对学生的外在与内在影响。另一方面是，对应教育论也能够把握到学生对教师的外在与内在影响途径。因此，能够支持学生对教师的外在与内在影响。最后一个方面是，对应教育论既能把握到教师对学生的外在与内在影响途径，又能把握到学生对教师的外在与内在影响途径。因此，能够支持师生双方开展以外在与内在对应影响为基础的对等教育关系。鉴于现行教育论的遮蔽或偏差，我们愿意特别强调如下两点：一是，关注教师影响途径的不合理性与学生影响途径的合理性。这里的关键是要走出现行教育理论的误区，那就是认为教师的影响途径只有合理性而学生的影响途径只有不合理性——这当然是简单思维的后果。在对应思维的视野中，师生双方的外在与内在影响途径，分别都具有自身的合理性与不合理性，所以，就不仅要关注教师影响途径的合理性与学生影响途径的不合理性，而且要关注教师影响途径的不合理性与学生影响途径的合理性。二是，关注两种影响途径之间的对应定位关系，即三线定位关系——关注理想性的上线，即在两种影响途径一致性的基础上，走向两种影响途径的对等影响，以实现两种影响途径互补性的变化或发展，关注现实性的中线，即在两种影响途径不一致性的基础上，走向相互的调整或改造，以实现两种影响途径生成性的变化或发展，关注禁止性的底线，即在两种影响途径不一致性的基础上，师生双方都不能破坏或割裂对应的教育关系。我们认为，经由三线定位的影响，就可以构建出两种影响途径以各自合理性与不合理性为基础的涉及理想、现实与戒律的对等影响关系。由此，也可以规避由具有单一合理性的教师影响途径所必然导致的两种影响途径之间的不对等关系。

第六，从学校教育活动的形式看，对应教育论能够对实际的教育活动产生如下三方面的积极影响：一方面是，对应教育论能够把握到学校教育活动有计划、有组织的显在形式。因此，能够支持师生双方按照既定的安排有序地开展教育活动。另一方面是，对应教育论也能够把握到由显在活动所必然引起的隐在活动。因此，能够支持师生双方在随机的、变通的状态中开展教育活动。最后一个方面是，对应教育论不仅能够把握到显在的教育活动形式，而且能把握到隐在的教育活动形式。因此，能够支持师生双方建构出以有序与变通的对应为基础的对等影响关系。鉴于现行教育论的遮蔽或偏差，我们愿意特别强调如下两点：一是，关注显在形式的不合理性与隐在形式的合理性。这里的关键是要走出现行教育理论的误区，那就是认为显在形式只有合理性而隐在形式只有不合理性——这当然是简单思维的后果。在对应思维的视野中，显在形式与隐在形式，都分别具有自身的合理性与不合理性，所以，就不仅要关注显在形式的合理性与隐在形式的不合理性，而且要关注显在形式的不合理性与隐在形式的合理性。二是，关注显在形式与隐在形式之间的对应影响关系，即三线定位的影响关系——关注理想性的上线，即在两种活动形式一致性的基础上，走向双方的对等影响，以实现双方互补性的变化或发展，关注现实性的中线，即在两种活动形式不一致性的基础上，走向相互的调整或改造，以实现双方生成性的变化或发展，关注禁止性的底线，即在两种活动形式不一致性的基础上，师生双方都不能破坏或割裂对应的教育关系。我们认为，经由三线定位的影响，就可以构建出两种活动形式以各自的合理性与不合理性为基础的对等影响关系。由此，也可以规避由具有单一合理性的显在活动形式所必然导致的两种活动形式之间的不对等关系。

第七，从学校教育活动的结果看，对应教育论能够对实际的教育活动产生如下三方面的积极影响：一方面是，对应教育论能够把握到学生在教师影响中的变化或发展。因此，能够支持教师对学生影响的结果。另一方面是，对应教育论也能够把握到教师在学生影响中的变化或发展。因此，能够支持学生对教师影响的结果。最后一个方面是对应教育论既能把握到师生双方在对方影响中的变化或发展，又能把握到师生双方在自我影响或教育中的变化或发展。因此，能够支持师生双方开展以他人教育与自我教育的对应为基础的对等教育关系。鉴于现行教育论的遮蔽或偏差，我们愿意特别强调如下两点：一是，关注教师对学生教育结果的不合理性与学生对教师教育结果的合理性。这里的关键是要走出现行教育理论的误区，那就是认为教师对学生的教育结果只有合理性而学生对教师的教育结果只有不合理性——这当然是简单思维的后果。在对应思维的视野中，教师对学生的教育结果与学生对教师的教育结果，都分别具有自身的合理性与不合理性，所以，就不仅要关注教师对学生教育结果的合理性与学生对教师教育结果的不合理性，而且要关注教师对学生教育结果的不合理性与学生对教师教育结果的合理性。二是，关注师生双方教育结果之间的对应影响关系，即三线定位的影响关系——关注理想性的上线，即在两种教育结果一致性的基础上，走向双方的对等影响，以实现双方互补性的变化或发展，关注现实性的中线，即在两种教育结果不一致性的基础上，走向相互的调整或改造，以实现双方生成性的变化或发展，关注禁止性的底线，即在两种结果不一致性的基础上，师生双方都不能破坏或割裂对应的教育关系。我们认为，经由三线定位的影响，就可以构建出两种教育结果以各自的合理性与不合理性为基础的对等影响关系。由此，也可以规避由具有单一合理性的教师教育结果所必然导致的两种教育结果之间的不对等关系。

五、本节小结

综上所述，我们对现行教育论的改造，涉及三层基本内容：一是，首先，由现行教育论所包含的主观思维路线，转换到事实思维路线；其次，在事实思维路线基础上，将现行教育论所包含的单一主观泛化的思维路线，改造为主观与客观的对应思维路线。二是，在对应思维路线上，将现行教育论所包含的认识教育活动的"人对人的简单活动"的思维切入点，改造为"人与人的对应活动"的思维切入点。三是，在"人与人的对应活动"视野中，分别对教育活动的对象、内容、目的、机制、途径、形式与结果这些基本方面，做出了对应的改造。最后，我们分别考察了对应教育论，在教育活动的对象、内容、目的、机制、途径、形式与结果这些基本方面的观点，对实际的教育活动所产生的积极影响，以推动人们从现行的简单教育论转换到对应教育论。

为了更简明地把握两种教育论的不同，我们不妨将其中所包含的不同思维路线，做出如下比较：

简单教育论的单线定位路线——教育，就是教育者对受教育者的简单影响活动——这里需要特别注意，简单教育论，仅仅是对教育者的单一主观愿望或价值期待这一条思维路线的反映。

对应教育论的三线定位路线——教育，就是教育者与受教育者双方的对应影响活动，它包含双方理想的上线、现实的中线以及戒律的底线——这里需要特别注意，对应教育论，是对教育者与受教育者双方理想、现实与戒律的三条思维路线的反映。

六、本节提示

在本节最后，需要做两点提示：一是，由"人对人的简单活动"，到"人与人的对应活动"的过渡环节，就是由对教育活动的主观抽象思维，转向对教育活动的客观与主观的对应思维。二是，由"教师对学生的简单教育"，到"教师与学生的对应教育"的过渡环节，就是由对师生活动的主观抽象思维，转向对师生活动的客观与主观的对应思维。

附言：

1. 关于"教育是什么"的回答——现行简单教育论，仅仅表达了"应该是什么"的价值思维的单一路线；而对应教育论，则回答了"应该是什么""实际是什么"以及"不能是什么"的价值思维、事实思维与戒律思维的三条路线。

2. 教育活动的社会目的与个体目的，是具有内在必然关系的对应存在：单一的社会目的，必然会衍生出对个体的危害；而单一的个体目的，也必然会衍生出对社会的危害。

3. 教育者与受教育者地位具有内在的对应性，单方面地认为教师是教育者而学生是受教育者，其实，就是现行教育理论中的形而上学。

4. 如果脱离了个人的直接经验，那么，他人的经验就只能构成压迫人的外在负担。

5. 他人教育与自我教育具有内在的对应性，像现行教育理论那样，孤立地谈论他人教育或自我教育，其实，都是受到了简单思维的蒙蔽。

6. 显在活动与隐在活动具有内在的对应性，而由对应性所生成的两种活动的相互激荡或紧张，才是人类活动本身的内源性力量。

第二章

对现行简单德育论的遮蔽性分析与对应改造

第一节　对现行简单德育论的遮蔽性分析

切问：

1. 现行德育论，将德育规定为教师对学生的简单活动，其思维活动的切入点在哪里？我们如何才能探索到其思维活动的切入点？

2. 现行德育论，从其思维活动的切入点上，能够把握到德育活动哪些方面的内容呢？

3. 现行德育论的根据是什么？这种德育论，对实际的德育活动具有哪些积极作用？

4. 现行德育论，从其思维活动的切入点上，在对德育活动有所把握的同时，却又遮蔽了哪些内容呢？

5. 现行德育论，存在多方面的遮蔽，其认识上的根源是怎样的？

6. 现行德育论，对实际的德育活动具有怎样的消极作用？

一、现行德育论的内容、属性及其思维活动的切入点

1. 现行德育论的内容

在现行教育理论的视野中，德育是指"引导学生领悟社会主义思想观点和道德规范，组织和指导学生的道德实践，培养学生的社会主义品德的教育"①。更清楚的表达，也就是：教师通过引导学生领悟社会主义思想观点和道德规范，组织和指导学生的道德实践，培养学生的社会主义品德的教育。简约地表达，也就是：教师对学生的单方面德育，这就是现行的学校德育论。

2. 现行德育论的属性

现行学校德育论认为，德育，就是教师对学生的单方面德育。学校德育活

---

① 王道俊，郭文安. 教育学 [M]. 北京：人民教育出版社，2009：107.

动的事实，果真是这样的吗？当教师对学生进行教育时，学生不会因为受到教师的教育而发生自我教育吗？学生不会反过来对教师产生影响或教育吗？教师不会因为受到学生的教育而发生自我教育吗？然而，现行学校德育论，却无视德育活动中这些具有内在对应性关系的事实，在主观思维中将学校德育仅仅规定为教师对学生的单方面德育。由此，我们就可以有根据地说，现行德育论，是一种具有片面性或简单性的德育论。

3. 现行德育论的思维活动的切入点

现行学校德育论，既然将德育规定为教师对学生的单方面德育，那么，我们就可以根据这一内容，反向地推论出其思维活动的切入点，那就是教师对学生的教育。正向地表达，也就是：现行学校德育论，正是从教师对学生的教育，切到对学校德育活动的理解，才将学校德育规定为教师对学生的单方面德育。

二、现行德育论的所见、根据及其积极功能

1. 现行德育论的所见

现行学校德育论，从教师对学生的单方面德育，切到对学校德育的理解，能够把握到德育活动的哪些方面的内容呢？这主要表现在如下七个基本方面：一是，从德育的对象看，现行德育论能够把握到学生是德育的对象。二是，从德育的内容看，现行德育论能够把握到如引文中所说的社会主义思想观点、道德规范与个人品德。三是，从德育的目的看，现行德育论能够把握到对学生的目的，那就是如引文中所说的培养学生的社会主义品德。四是，从德育的机制看，现行德育论能够把握到教师对学生的主观定位力量。五是，从德育的途径看，现行德育论能够把握到如引文中所说的教师对学生的外在培养。六是，从德育的形式看，现行德育论能够把握到教师对学生进行外在培养所需要的显在形式。七是，从德育的结果看，现行德育论能够把握到教师对学生的影响结果，或者说，能够把握到学生在教师影响中的变化或发展。

2. 现行德育论的根据

现行学校德育论，在上述七个方面的所见，是有根据的吗？一是，从德育的对象看，处于基础教育阶段的青少年学生，正处于个体社会化的重要时期，对他们进行社会主义的道德教育，当然是有其成长根据的，也是不可或缺的。二是，从德育的内容看，教师需要引导学生领悟社会主义思想观点、道德规范与个人品德，以便为学生进入社会主义制度下的生活奠定必要基础，这是有根据的。三是，从德育的目的看，既然学生是教育的对象，那么，预先设定发展学生社会主义品德的目的，就是有根据的。四是，从德育的机制看，既然教师要对学生进行德育，那么，就需要发挥对学生的主观定位力量这一机制，这是有根据的。五是，从德育的途径看，既然教师要发挥对学生的主观定位力量，那么，就需要对学生的外在进行培养，这也是有根据的。六是，从德育的形式看，既然教师要对学生进行外在培养，那么，德育有计划、有组织的形式也就是有根据的。七是，从德育的结果看，既然教师对学生进行了主观定位与外在的培养，那么，学生就必然会受到教师的影响或塑造，这也是有根据的。

3. 现行德育论的积极功能

现行学校德育论，在上述七个方面的所见，对学校德育活动的实际，都具有积极的功能。一是，从德育的对象看，现行德育论能够把握到学生这一对象，这能够支持教师对学生的德育，也能够支持学生接受源于教师的德育。二是，从德育的内容看，现行德育论能够把握到社会主义的思想观点、道德规范与个人品德，这能够给师生的教育或教学带来方便，也能够给教师对学生的评价带来方便。三是，从德育的目的看，现行德育论能够把握到学生作为德育的目的，这能够给德育活动提供基本的预设或规划。四是，从德育的机制看，现行德育论能够把握到教师对学生的主观定位力量，这能够支持教师对学生的主观定位或安排，也能够支持学生接受教师的定位或安排。五是，从德育的途径看，现行德育论能够把握到教师对学生的外在培养这一途径，这能够支持教师对学生的外在影响，也能够支持学生接受教师的外在影响。六是，从德育的形式看，现行德育论能够把握到有计划、有组织的显在形式，这能够支持师生按照既定程序开展道德教育。七是，从德育的结果看，现行德育论能够把握到学生在教师教育中的变化或发展，这能够支持教师对学生的影响或塑造，也能够支持学生接受教师的影响或塑造。总之，现行学校德育论，从教师对学生的单方面德育，切到对学校德育的理解，所把握到的基本内容，就教师对学生的简单德育而言，会具有多方面的积极作用。

三、现行德育论的偏差、根源及其消极功能

1. 现行德育论的偏差

现行学校德育论，从教师对学生的单方面德育，切到对学校德育的理解，在有所把握的同时，却又遮蔽了哪些方面的内容呢？这也主要表现在如下七个基本方面：一是，从德育的对象看，现行德育论在把握到学生是德育对象的同时，却遮蔽了教师也是德育的对象。二是，从德育的内容看，现行德育论在把握到间接经验中的社会主义思想与道德的同时，却遮蔽了间接经验中的其他思想与道德，也遮蔽了师生双方直接经验中的思想与道德。三是，从德育的目的

看，现行德育论在把握到对学生的德育目的的同时，却遮蔽了学生个体的德育目的。四是，从德育的机制看，现行德育论在把握到教师对学生的主观定位力量的同时，却遮蔽了学生反过来对教师的主观定位力量，还遮蔽了师生双方对对方的客观定位力量。五是，从德育的途径看，现行德育论在把握到教师对学生的外在培养的同时，却遮蔽了学生对教师的反向影响途径，也遮蔽了师生双方自我修养的途径。六是，从德育的形式看，现行德育论在把握到教师对学生进行外在培养所需要的显在活动形式的同时，却遮蔽了由显在活动所必然引起的客观内隐的德育活动形式，即隐在德育活动的形式。七是，从德育的结果看，现行德育论在把握到教师对学生的培养结果的同时，却遮蔽了学生对教师的影响结果，还遮蔽了师生双方自我修养的结果。

2. 现行德育论的根源

从思维运作看，现行德育论，之所以存在上述偏差，是其主观抽象思维的泛化导致的。一是，从德育的对象看，在实际的学校德育活动中，教师对学生的任何影响或培养，都必然会引起学生的反应；而学生的这种反应，又必然会反过来对教师产生影响或培养——这便是德育对象之间内在的相互性或对应性，或者说，德育的对象是相互对应的对象。然而，现行德育论却在其主观抽象思维中，片面地抽取出学生作为德育的对象，并以偏概全地泛指德育活动中相互的对象。由此，便遮蔽了教师作为德育的对象。二是，从德育的内容看，在实际的学校德育活动中，间接经验中的社会主义思想与道德，只能与其他思想与道德相对应而存在，孤立的思想或道德，从来都不是实然状态的存在。同时，社会主义思想与道德，也只能依托师生双方直接经验中的思想与道德，才可能转化为师生双方的思想与道德——这便是德育内容中间接经验之间以及间接经验与直接经验之间内在的相互性或对应性。然而，现行德育论却在其主观抽象思维中，片面地抽取出间接经验中的社会主义思想与道德，并以偏概全地泛指德育活动中对应的内容。由此，便遮蔽了间接经验中的其他思想与道德，也遮蔽了师生双方直接经验中的思想与道德。三是，从德育的目的看，在实际的学校德育活动中，教师对学生的任何目的或预设，都必然会引起学生的反应并产生学生自己的目的——这便是德育目的之间内在的相互性或对应性，或者说，德育的目的是相互对应的目的。然而，现行德育论却在其主观抽象思维中，片面地抽取出德育对学生的目的，并以偏概全地泛指德育活动中对应的目的。由此，便遮蔽了学生个体的德育目的。四是，从德育的机制看，在实际的学校德育活动中，教师对学生的任何主观定位或培养，都必然会引起学生对教师反向的主观定位力量，同时，师生双方的主观定位力量，也都必然会引起双方反应的客观定位力量——这便是德育活动中主观与客观定位力量的相互性或对应性。然而，现行德育论却在其主观抽象思维中，片面地抽取出教师对学生的主观定位力量，并以偏概全地泛指德育活动中对应的定位力量。由此，便遮蔽了学生对教师的主观定位力量，也遮蔽了师生双方对对方的客观定位力量。五是，从德育的途径看，在实际的学校德育活动中，教师对学生的任何外在培养，都必然会引起学生对教师的反向影响，同时，师生双方的思想与道德，也都只能通过师生双方的自我修养，才可能转化为双方的道德情怀或道德信念——这便是德育途径的外在培养与自我修养的相互性或对应性。然而，现行德育论却在其主观抽象思维中，片面地抽取出教师对学生的外在培养，并以偏概全地泛指德育活动中对应的途径。由此，便遮蔽了学生对教师的影响途径，也遮蔽了师生双方自我修养的内在途径。六是，从德育的形式看，在实际的学校德育活动中，教师对学生任何有计划、有组织的显在活动形式，都必然会引起学生内隐的、多样的反应，而这内隐的、多样的反应，却不可能是教师在德育活动开始之前就能计划或安排好的。由此，德育活动的实际状态，就是有计划、有组织的显在活动形式与无计划、无组织的隐在活动形式对应存在的状态——这也就是德育活动的显在形式与隐在形式的内在的相互性或对应性。然而，现行德育论却在其主观抽象思维中，片面地抽取出德育活动的显在形式，并以偏概全地泛指德育活动中对应的形式。由此，便遮蔽了德育活动的隐在形式。七是，从德育的结果看，在实际的学校德育活动中，教师对学生的任何培养结果，都必然会转化为学生的变化或成长，同时，学生的变化或成长，也都必然会反过来转化为教师的变化或成长——这便是德育活动中他人培养与自我修养的相互性或对应性。然而，现行德育论却在其主观抽象思维中，片面地抽取出教师对学生的培养结果，并以偏概全地泛指德育活动中对应的教育结果。由此，便遮蔽了学生对教师的影响结果，也遮蔽了师生双方自我修养的结果。

3. 现行德育论的消极功能

现行德育论，从教师对学生的单方面影响，切到对德育活动的理解，在有所见的同时，却又存在偏差。这些认识或思维中的偏差，对实际的德育活动，会产生哪些消极的影响呢？一是，从德育的对象看，现行德育论虽然能够把握到学生，但却遮蔽了教师。由此所导致的后果是：缺少对应性的单一学生对象观，很难对教师的教育或培养产生内在的限定作用，也很难对师生双方产生对应的教育或影响。二是，从德育的内容看，现行德育论虽然能够把握到社会主义的思想与道德，但却遮蔽了其他的思想与道德，也遮蔽了师生双方直接经验中的思想与道德。由此导致的后果是：难以对间接经验中不同的思想与道德进行对应的教育，也难以对间接经验与直接经验中的思想与道德进行对应的教育。三是，从德育的目的看，现行德育论虽然能够把握到对学生的德育目的，但却遮蔽了学生个体的德育目的。由此所导致的后果是：不仅使教师对学生的目的陷入孤立与封闭之中，而且使教师对学生的目的与学生的个体目的难以产生对应的影响。四是，从德育的机制看，现行德育论虽然能够把握到教师对学生的主观定位力量，但却遮蔽了学生反过来对教师的主观定位力量，还遮蔽了师生双方对对方的客观定位力量。由此所导致的后果是：不仅使教师的定位陷入孤立状态，而且使师生双方的主观与客观定位难以获得对应的影响或调整。五是，从德育的途径看，现行德育论虽然能够把握到教师对学生的外在培养，但却遮蔽了学生对教师的影响途径，还遮蔽了师生双方自我修养的途径。由此所导致的后果是：不仅使教师的外在影响途径陷入孤立状态，而且使师生双方的外在与内在途径难以获得对应的影响与调整。六是，从德育的形式看，现行德育论虽然能够把握到德育活动有计划、有组织的显在形式，但却遮蔽了显在活动所必然引起的隐在活动形式。由此所导致的后果是：缺少隐在活动对应的单一显在德育活动，很容易陷入教师独白式说教的单调甚至死板的状态。七是，从德育的结果看，现行德育论虽然能够把握到教师对学生的培养结果，但却遮蔽了学生对教师的影响结果，还遮蔽了师生双方自我修养的结果。由此所导致的后果是：很难实现学生对教师的影响或培养，也很难实现师生双方相互对应的他人培养与自我修养。总之，现行德育论，从教师对学生的单方面影响，切到对德育活动的理解，在有所见的同时，却又存在偏差。这些认识或思维中的偏差，就师生双方的对应德育而言，会存在多方面的消极作用。

四、本节小结

综上所述，我们看到，现行简单德育论，从教师对学生的单方面影响，切到对学校德育活动的理解，虽然能够把握到教师对学生的简单德育，也能够把握到这种简单德育的根据并对实际的简单德育活动产生积极的影响，但是，却遮蔽了学生反过来对教师的对应德育，并进一步遮蔽了双方的自我修养。从思维运作看，现行简单德育论的偏差，是由其主观思维的抽象泛化所导致的；从实际看，这种抽象泛化的思维或认识，对师生双方对应的德育活动存在多方面的消极作用。因此，现行简单德育论，就必然也必须被合理地反思与改造。

五、本节提示

在本节最后，需要做两点提示：一是，探寻现行德育论的思维活动切入点的根据，就是现行简单德育论的内容，或者说，我们是通过现行简单德育论的内容而探寻到其思维活动的切入点的。二是，对现行德育论的思维活动切入点的遮蔽性分析，不是我们简单的主观分析，而是根据现行德育论所包含的思维活动切入点的所见与所不见而展开的——要特别注意，所见与所不见，两者是具有内在对应关系的必然的存在，而不是人们的主观错误或偏见。

附言：

1. 从动态的事实看，教师对学生施加的德育，都必然会成为教师与学生对应的德育。

2. 学校德育的对象，如果不包括教师，那就是因为在认识上对师生对应关系的无知。

3. 学校德育的内容，如果不包括师生直接经验中的关系规范，那么，就很容易沦为远离实际生活的、无聊的空谈。

4. 学校德育，如果不能激活师生双方的内在力量，那么，就不可能转化为双方的自我修养或自我涵养。

5. 没有道德情怀或道德信念的支持，单一的外在行为规范，就很难避免现实生活中形式化的表演。

6. 没有隐在形式的对应，单一显在的德育，就很容易沦为自说自话的独白式的德育。

第二节　对现行简单德育论的对应改造

切问：

1. 从动态的德育活动的事实看，现行德育论所包含的"教师对学生的简单德育"，其实都是"教师与学生的对应德育"吗？

2. 当教师对学生进行德育时，自己也必然会受到学生的影响吗？由此，就可以说，德育的对象，是对应的存在吗？

3. 德育活动中的间接经验，只有经过师生双方的直接经验，才可能转化为师生双方可以理解的经验吗？由此，就可以说，间接经验与直接经验，是对应的存在吗？

4. 教师对学生的德育目的，必然会引起学生的反应并产生学生自己的目的吗？由此，就可以说，教师的德育目的与学生的德育目的，是对应的存在吗？

5. 师生双方之间的主观定位力量，都必然会引起师生双方反应的客观定位力量吗？由此，就可以说，德育活动中的主观与客观定位力量，是对应的存在吗？

6. 师生双方之间的外在影响途径，都必然会引起师生双方内在自我的影响途径吗？由此，就可以说，德育活动中的外在与内在影响途径，是对应的存在吗？

7. 德育活动有计划、有组织的显在形式，必然会引起客观环境或条件的内隐的变化吗？由此，就可以说，德育活动的显在形式与隐在形式是对应存在的吗？

8. 教师对学生德育的结果，必然会引起学生的变化或发展，而学生的变化或发展，又必然会引起教师的变化或发展吗？由此，就可以说，德育活动对师生双方的教育结果是对应存在的吗？

一、对现行德育论所包含的泛化思维的对应改造

上一节我们谈到，现行德育论，之所以存在偏差，是因为在其思维运作中存在抽象泛化的不足。因此，要改造现行的德育论，就必须改造其抽象泛化的主观思维。如何改造这种思维呢？这首先就需要摆脱现行德育论所包含的简单主观思维，而转向对德育活动事实的关注——由主观思维，转向事实思维。其次，还需要走出德育研究者简单泛化的抽象思维，而转向对德育活动的客观与主观的对应思维——由泛化思维，转向对应思维。

二、对现行德育论所包含的思维切入点的对应改造

现行德育论，从教师对学生的单方面影响开始，切到对德育活动的理解，这一切入点本身并不存在问题。现行德育论的问题在于：首先，从教师对学生的单方影响开始，切到对德育活动的理解；其次，却并没有对这一动态影响的过程做出对应的考察，而是仅仅停留在教师对学生的单方面影响这里，并将德育活动抽象为教师对学生的简单活动。

教师对学生影响的德育活动的动态过程，又是怎样的呢？征之于实际，我们看到，在学校德育活动中，教师对学生的任何影响，都必然会引起学生的反应；而这种反应，又必然会反过来对教师产生影响。这清楚地表明，教师对学生的德育，其实都是对应存在的德育，或者说，是教师与学生之间的德育，而不是现行德育论所把握到的教师对于学生的简单德育。由此，我们就将现行德育论"教师对学生的简单德育活动"的切入点，改造为"教师与学生的对应德

育活动"的切入点。

三、对现行德育论所包含的具体内容的对应改造

对应德育论，从教师与学生的对应活动，切到对学校德育活动的理解，能够对现行的德育论，做出哪些方面的改造呢？下面，分而论之。

第一，从德育的对象看，对应德育论，既能把握到学生，又能把握到教师，这是不同于现行德育论所把握到的单一的学生的。这里的道理是：教师对学生的任何德育活动，都必然会引起学生的反应；而这又必然会反过来影响到教师。这清楚地表明，德育活动的对象，是相互对应的对象，而不可能是现行德育论所把握到的单一对象。

第二，从德育的内容看，对应德育论，既能把握到间接经验中的社会主义思想与道德，又能把握到其他思想与道德，还能把握到师生双方直接经验中的思想与道德，这是不同于现行德育论所把握到的间接经验中单一的社会主义思想与道德的。这里的道理是：间接经验中的社会主义思想与道德以及其他的思想与道德，只能是对应的存在，离开其中的一方，另一方也就不复存在，同时，间接经验中的社会主义思想与道德，也只有依托师生双方直接经验中的思想与道德，才可能转化为师生双方的思想与道德。这清楚地表明，德育活动的内容，都是相互对应的内容，而不可能是现行德育论所把握到的单一内容。

第三，从德育的目的看，对应德育论，既能把握到教师对学生的社会目的，又能把握到学生个体的德育目的，这是不同于现行德育论所把握到的单一的教师对学生的德育目的的。这里的道理是：教师对学生的任何目的性预设，都必然会引起学生的反应；而学生的反应，又必然会推动学生产生自己的目的。这清楚地表明，德育活动的目的，是相互对应的目的，而不可能是现行德育论所把握到的单一社会目的。

第四，从德育的机制看，对应德育论，既能把握到教师对学生的主观定位力量，又能把握到学生反过来对教师的主观定位力量，还能把握到师生双方对对方的客观定位力量的，这是不同于现行德育论所把握到的单一的教师对学生的主观定位力量的。这里的道理是：教师对学生的任何主观定位力量，都必然会引起学生对教师反向的主观定位力量，同时，师生双方的主观定位力量，也都必然会引起双方反应的客观定位力量。这清楚地表明，德育活动的机制，必定是相互对应的机制，而不可能是现行德育论所把握到的孤立的主观定位力量。

第五，从德育的途径看，对应德育论，既能把握到教师对学生的外在培养，又能把握到学生对教师的外在影响，还能把握到师生双方自我修养的途径的，

这是不同于现行德育论所把握到的单一的教师对学生外在培养的途径的。这里的道理是：教师对学生的任何外在培养，都必然会反过来对教师产生影响，同时，师生双方的任何思想与道德，也都只能通过师生双方的自我修养，才能转化为师生双方的道德行为与道德精神。这清楚地表明，德育活动的途径，必定是师生双方外在影响与自我修养的对应途径，而不可能是现行德育论所把握到的教师对学生的单一外在培养的途径。

第六，从德育的形式看，对应德育论，既能把握到德育活动有计划、有组织的显在形式，又能把握到由显在形式所必然引起的隐在形式，这是不同于现行德育论所把握到的单一显在活动形式的。这里的道理是：教师对学生任何有计划、有组织的显在活动形式，都必然会引起学生内隐的、多样的反应，而这些反应，却不可能是教师在德育活动之前就能预设的。这清楚地表明，德育活动的形式，必定是相互对应的形式，而不可能是现行德育论所把握到的单一显在形式。

第七，从德育的结果看，对应德育论，既能把握到教师对学生的培养结果，又能把握到学生对教师的教育结果，还能把握到师生双方自我修养的结果，这是不同于现行德育论所把握到的单一的教师对学生的培养结果的。这里的道理是：教师对学生的任何培养结果，都必然会转化为学生的变化或成长，同时，学生的变化或成长，也都必然会反过来转化为教师的变化或成长。这清楚地表明，德育活动的结果，必定是相互对应的结果，而不可能是现行德育论所把握到的教师对学生的单一结果。

四、对应德育论的积极功能

对应德育论，从教师与学生的对应活动，切到对德育活动的理解，能够对实际的德育活动，产生哪些方面的积极影响呢？下面，分而论之。

第一，从德育的对象看，对应德育论，能够对实际的德育活动产生如下三方面的积极影响：一方面是，对应德育论，能够把握到学生作为德育的对象。因此，就能够支持教师对学生的教育或培养。另一方面是，对应德育论，也能够把握到教师作为德育的对象。因此，就能够支持学生对教师的教育或影响。最后一个方面是，对应德育论，既能把握到学生作为德育的对象，又能把握到教师作为德育的对象。因此，就能够支持师生双方建构出以相互对象性为基础的对等德育关系。鉴于现行德育论对作为德育对象的教师的忽视这一偏差，我们愿意特别强调，教师也是德育的对象。这一强调，包含两层基本内容：一层内容是，要像关注学生的道德一样，也要去关注教师的道德。这里的关键是要走出现行教育理论的一个常见误区，即认为教师处于成熟的社会化时期，似乎不再需要德育。其实，教师，像学生一样，都处于道德变化或发展的特定阶段，这特定阶段都存在特定的德育。因此，都需要引起德育的对应关注。另一层内容是，不仅要分别关注学生与教师各自的德育，而且要对应关注教师与学生在对应影响中的德育。这种对应影响的理想定位是：在师生双方影响的一致性基础上，走向双方的互补性变化或发展。这种对应影响的现实定位是：在师生双方影响的不一致性基础上，既要以教师合理的影响去丰富或改造学生不合理的方面，又要以学生合理的影响去丰富或改造教师不合理的方面，以实现师生双方生成性的变化或发展。这种对应影响的禁止性定位是：在师生双方影响不一致性基础上，双方都不能破坏或割裂对应的教育关系。我们认为，经由三线定位的影响，双方就可以构建出以相互对象性为基础的涉及双方的理想、现实与戒律的对等德育关系。由此，也可以规避由单一对象所导致的不对等德育关系。

第二，从德育的内容看，对应德育论，能够对实际的德育活动产生如下三方面的积极影响：一方面是，对应德育论，能够把握到间接经验中的社会主义思想与道德以及对应的其他思想与道德。因此，就能够支持师生双方开展间接经验中的不同思想与道德的对应教育。另一方面是，对应德育论，也能够把握到师生双方直接经验中的思想与道德。因此，能够支持师生双方开展直接经验中不同思想与道德的对应教育。最后一个方面是，对应德育论，既能把握到间接经验中的社会主义思想与道德以及其他的思想与道德，又能把握到师生双方直接经验中的思想与道德。因此，能够支持师生双方开展对两种经验中的思想与道德的对应教育。鉴于现行德育论对师生双方直接经验中的思想与道德的忽视的偏差，我们愿意特别强调，这种源于直接经验的内容的重要性。这包含两层基本内容：一层内容是，要像关注间接经验中的社会主义思想与道德一样，去关注师生双方直接经验中的思想与道德。在这里，需要明白，师生双方直接经验中的思想与道德，虽然没有间接经验中的思想与道德那样完善，但却是直接影响师生双方道德行为与道德情怀的最基本的思想与道德。另一层内容是，不仅要分别关注两种经验中的不同思想与道德，而且要关注两种经验中的不同思想与道德的对应教育。这种对应教育的理想定位是：在两种经验中的不同思想与道德的一致性基础上，走向不同思想与道德的互补性变化或发展。这种对应教育的现实定位是：在两种经验中的不同思想与道德的不一致性基础上，师生双方，既要根据间接经验中合理的思想与道德去丰富或完善自身经验中不合理的思想与道德，又要根据自身经验中合理的思想与道德去丰富或完善不合理的间接经验中的思想与道德，以实现两种经验中不同思想与道德的生成性变化或发展。这种对应教育的禁止性定位是：在两种经验不同思想或道德的不一致性基础上，师生双方都不能破坏或割裂对应的教育关系。我们认为，经由三线定位的影响，师生双方就可以构建出以两种经验的对应性为基础的对等德育关系。由此，也可以规避由单一经验内容所导致的不对等德育关系。

第三，从德育的目的看，对应德育论，能够对实际的德育活动产生如下三方面的积极影响：一方面是，对应德育论，能够把握到教师对学生的德育目的。因此，能够支持教师根据社会需要开展对学生的德育。另一方面是，对应德育论，也能够把握到学生个体的德育目的。因此，能够支持学生根据自身需要开展德育活动。最后一个方面是，对应德育论，既能把握到社会目的，又能把握到个体目的。因此，能够支持师生双方构建出以双方目的的对应性为基础的对等德育关系。鉴于现行德育论遮蔽或偏差，我们愿意特别强调如下两点：一点是，要关注社会目的的不合理性与个体目的的合理性。这里关键是要走出现行教育理论的一个常见误区，那就是认为社会目的只有合理性而个体目的只有不合理性——这当然是简单思维的后果。在对应思维看来，社会目的和个体目的，都分别具有自身的合理性与不合理性。因此，就不能像现行教育理论那样仅仅关注社会目的的合理性与个体目的的不合理性，而且要关注社会目的的不合理性与个体目的的合理性。另一点是，既然社会目的与个体目的各有自身的合理性与不合理性，那么，师生双方就要关注以两种目的的对应为基础的对应德育关系。这种对应德育关系的理想性定位是：在两种目的的一致性基础上，走向两种目的的互补性变化或发展。这种对应德育关系的现实性定位是：在两种目的的不一致性基础上，师生双方既要以社会目的的合理性去丰富或改造个体目的的不合理性，又要以个体目的的合理性去丰富或改造社会目的的不合理性，以实现两种目的的生成性变化或发展。这种对应德育关系的禁止性定位是：在两种目的的不一致性基础上，师生双方都不能破坏或割裂对应的教育关系。我们认为，经由三线定位的影响，师生双方就可以构建出以两种目的的对应性为基础的对等德育关系。由此，也可以规避由单一目的性所导致的不对等德育关系。

第四，从德育的机制看，对应德育论，能够对实际的德育活动产生如下三方面的积极影响：一方面是，对应德育论，能够把握到教师对学生的主观与客观定位力量。因此，能够支持教师在主观与客观一致的前提下开展既定的教育，也能够支持教师在主观与客观不一致的前提下进行反思并调整既定的教育。另一方面是，对应德育论，也能够把握到学生对教师的主观与客观定位力量。因此，能够支持学生在主观与客观一致的前提下开展既定的影响，也能够支持学生在主观与客观不一致的前提下进行反思并调整既定的影响。最后一个方面是，对应德育论，既能把握到师生双方的主观定位力量，又能把握到师生双方对对方的客观定位力量。因此，能够支持师生双方开展以主观与客观力量的对应为基础的对等的德育。鉴于现行德育论，忽视学生对教师的主观定位力量以及忽视师生双方对对方定位力量的偏差，我们愿意特别强调学生对教师的主观定位力量以及师生双方对对方的客观定位力量。这包含两层基本内容：一层内容是，要像关注教师对学生的主观定位力量一样，去关注学生对教师的主观定位力量，因为，单一的教师对学生的主观定位力量，根本就不是实然状态的存在。另一层内容是，不仅强调师生双方的主观定位力量，而且要强调师生双方对对方的客观定位力量，以求师生双方建构出以主观与客观定位力量的对应性为基础的对等德育关系。这种对等德育关系的理想性定位是：在双方主观与客观定位力量一致性基础上，走向两种力量的互补性变化或发展。这种对等德育关系的现实性定位是：在双方主观与客观定位力量不一致性基础上，师生双方，既要根据对方合理的主观与客观影响力量，去调整或改变自己不合理的主观与客观影响力量，又要根据自己合理的主观与客观影响力量，去调整或改变对方不合理的主观与客观影响力量。需要指出，这一调整或改变的过程，必然会伴随师生双方关于善与恶的认识上的辨析、情感上的体验以及行为上的选择。当然，也只有伴随师生双方在道德认识、道德情感与道德行为上的辨析、体验与选择的艰辛历程，才可能带来师生双方道德行为与道德精神的成长或发展。这种对等德育关系的禁止性定位是：在师生双方主观与客观定位力量不一致性基础上，师生双方都不能破坏或割裂对应的教育关系。我们认为，经由三线定位的影响，师生双方就可以构建出以主观与客观两种力量的对应为基础的对等德育关系。由此，也可以规避由教师单一主观定位力量所导致的不对等德育关系。

第五，从德育的途径看，对应德育论，能够对实际的德育活动产生如下三方面的积极影响：一方面是，对应德育论，能够把握到教师对学生的外在培养途径。因此，能够支持教师对学生的外在影响。另一方面是，对应德育论，也能够把握到学生对教师的外在影响途径。因此，能够支持学生对教师的外在影响。最后一个方面是，对应德育论，既能把握到师生双方的外在影响途径，又能把握到师生双方的自我修养途径。因此，能够支持师生双方开展以外在影响与自我修养的对应为基础的对等德育关系。鉴于现行德育论，忽视学生对教师的外在影响途径以及忽视师生双方自我修养途径的偏差，我们愿意特别强调学生对教师的外在影响途径以及师生双方的自我修养途径。这包含两层基本内容：一层内容是，要像关注教师对学生的外在培养一样，去关注学生对教师的外在影响，因为，单一的教师对学生的外在培养，根本就不是实然状态的存在。另一层内容是，不仅强调师生双方的外在影响途径，而且要强调师生双方的自我修养途径，以求师生双方建构出以外在影响与自我修养的对应为基础的对等德育关系。这种对等德育关系的理想性定位是：在双方外在影响与自我修养一致性基础上，走向两种途径的互补性变化或发展。这种对等德育关系的现实性定位是：在双方外在影响与自我修养不一致性基础上，师生双方，既要根据外在影响中合理的思想与道德，去调整或改造自己不合理的思想与道德，又要根据自己合理的思想与道德，去调整或改造外在影响中不合理的思想与道德，以实现两种途径的生成性变化或发展。这种对等德育关系的禁止性定位是：在双方外在影响与自我修养不一致性基础上，师生双方都不能破坏或割裂对应的教育关系。我们认为，经由三线定位的影响，师生双方就可以构建出以外在影响与自我修养的对应为基础的对等德育关系。由此，也可以规避由教师单一外在影响所导致的不对等德育关系。

第六，从德育的形式看，对应德育论，能够对实际的德育活动产生如下三方面的积极影响：一方面是，对应德育论，能够把握到德育活动有计划、有组织的显在形式。因此，能够支持师生双方按照既定的安排有序地开展德育活动。另一方面是，对应德育论，也能够把握到由显在活动所必然引起的隐在活动；因此，能够支持师生双方在随机的变通的状态中开展德育活动。最后一个方面是，对应德育论，不仅能够把握到显在的德育活动形式，而且能把握到隐在的德育活动形式。因此，能够支持师生双方建构出以有序与变通的对应为基础的对等德育活动形式。鉴于现行德育论忽视隐在德育活动形式的这一偏差，我们愿意特别强调，隐在德育活动形式的客观存在。这一强调，包含两层基本内容：一层内容是，要像承认显在德育活动形式的存在一样，也要承认隐在德育活动形式的存在，因为，单一的显在德育活动形式，根本就不是实然状态的存在。另一层内容是，不仅要分别承认显在与隐在德育活动形式的存在，而且要承认两种活动形式的对应存在，以求师生双方构建出以两种活动形式的对应为基础的对等的德育活动形式。这种对等德育活动形式的理想性定位是：在两种活动形式的一致性基础上，走向双方的互补性变化或发展。这种对应德育活动形式的现实性定位是：在两种活动形式的不一致性基础上，师生双方，既要以合理的显在活动形式，去调整或改造不合理的隐在活动形式，又要以合理的隐在活动形式，去调整或改造不合理的显在活动形式，以实现两种活动形式的生成性变化或发展。这种对等德育活动形式的禁止性定位是：在两种活动形式的不一致性基础上，师生双方都不能破坏或割裂对应的教育关系。我们认为，经由三线定位的影响，师生双方就可以构建出以两种活动形式的对应为基础的对等的充满活力的德育活动形式。由此，也可以规避由单一显在活动形式所导致的不对等的单调、乏味甚至呆板的德育活动形式。

第七，从德育的结果看，对应德育论，能够对实际的德育活动产生如下三方面的积极影响：一方面是，对应德育论，能够把握到学生在教师影响中的变化或发展。因此，能够支持教师对学生培养的价值。另一方面是，对应德育论也能够把握到教师在学生影响中的变化或发展。因此，能够支持学生对教师影响的价值。最后一个方面是，对应德育论，既能把握到师生双方在对方影响中的变化或发展，又能把握到师生双方在自我修养中的变化或发展。因此，能够支持师生双方构建出以他人影响与自我修养的对应为基础的对等德育关系。鉴于现行德育论忽视学生对教师的影响结果以及忽视师生双方自我修养结果的偏差，我们愿意特别强调学生对教师的影响结果以及师生双方自我修养的结果。这包含两层基本内容：一层内容是，要像关注教师对学生的培养结果一样，去关注学生对教师的影响结果，因为，单一的教师对学生的培养结果，根本就不是实然状态的存在。另一层内容是，不仅要强调师生双方彼此的影响结果，而且要强调师生双方自我修养的结果，以求师生双方建构出以他人影响与自我修养的对应为基础的对等德育关系。这种对等德育关系的理想性定位是：在他人影响与自我修养一致性基础上，走向两种教育结果的互补性变化或发展。这种对等德育关系的现实性定位是：在他人影响与自我修养不一致性基础上，师生双方，既要接受对方合理的外在影响结果，以丰富或调整自己不合理的自我修养的结果，又要接受自己合理的内在影响结果，以丰富或调整对方不合理的外在影响结果，以实现两种教育结果的生成性变化或发展。这种对等德育关系的禁止性定位是：在他人影响与自我修养不一致性基础上，师生双方都不能破坏或割裂对应的教育关系。我们认为，经由三线定位的影响，师生双方就可以构建出以两种教育结果的对应为基础的对等德育关系。由此，也可以规避由单一德育结果所导致的不对等德育关系。

五、本节小结

综上所述，我们对现行德育论的改造，涉及三层基本内容：一是，首先，由现行德育论所包含的主观思维，转换到事实思维；其次，在事实思维基础上，将现行德育论所包含的主观泛化思维，改造为主观与客观的对应思维。二是，在对应思维中，将现行德育论所包含的认识德育活动的"教师对学生的简单活动"的思维切入点，改造为"教师与学生的对应活动"的思维切入点。三是，在"教师与学生的对应活动"视野中，分别对德育活动的对象、内容、目的、机制、途径、形式以及结果这些基本方面，做出了对应的改造。最终，我们分别考察了对应德育论，在德育对象、内容、目的、机制、途径、形式以及结果这些基本方面的观点，对实际的德育活动所产生的积极影响，以推动人们从现行的简单德育论，转换到对应的德育论。

为了更简明地把握两种德育论的不同，我们不妨将其中所包含的不同思维路线，做出如下比较：

简单德育论的单线定位路线——德育，就是教育者对受教育者的简单影响活动——这里需要特别注意，简单德育论，仅仅是对教育者的单一主观愿望或价值期待这一条思维路线的反映。

对应德育论的三线定位路线——德育，就是教育者与受教育者双方的对应影响活动，它包含双方理想的上线、现实的中线以及戒律的底线——这里需要特别注意，对应德育论，是对教育者与受教育者双方理想、现实与戒律的三条思维路线的反映。

六、本节提示

在本文最后，需要做两点提示：一是，由"教师对学生的简单活动"，到"教师与学生的对应活动"的过渡环节，就是由对德育活动的主观抽象思维，转向对德育活动的客观与主观的对应思维。二是，由"教师对学生的简单定位关系"，到"教师与学生以对应性为基础的对等定位关系"的过渡环节，就是由对德育活动的主观抽象思维，转向对德育活动的客观与主观的对应思维。

附言：

1. 当教师以学生为德育对象时，自己也就成了德育的对象——这是对应德育论在道德对象上的基本主张。

2. 相对于外因，内因才能够存在；同样地，相对于内因，外因也才能够存在——这清楚地表明，外因与内因的存在，根源于对应的区分。

3. 缺少道德情怀或道德精神，而只有从众行为的人，其实，就只能算是简单的人。

4. 在对应德育论的视野中，既有道德行为，又有道德情怀的人，也就是以德育的对应性为基础的丰富的人。

5. 师生双方道德精神的发展，只能在艰辛的道德锻炼中才能够实现，而所谓教师培养学生思想品德的判断，只不过是缺少品质的认识偏见。

6. 有德之人，也就是道德行为与道德精神对应发展的人。

第三章

对现行简单智育论的遮蔽性分析与对应改造

第一节　对现行简单智育论的遮蔽性分析

切问：

1. 现行智育论，将智育规定为教师对学生的简单活动，其思维活动的切入点在哪里？我们如何才能探索到其思维活动的切入点？

2. 现行智育论，从其思维活动的切入点上，能够把握到智育活动哪些方面的内容呢？

3. 现行智育论的根据是什么？这种智育论，对实际的智育活动具有哪些积极作用？

4. 现行智育论，从其思维活动的切入点上，在对智育活动有所把握的同时，却又遮蔽了哪些内容呢？

5. 现行智育论，存在多方面的遮蔽，其认识上的根源是怎样的？

6. 现行智育论，对实际的智育活动具有怎样的消极作用？

一、现行智育论的内容、属性及其思维活动的切入点

1. 现行智育论的内容

在现行教育理论的视野中，智育是指"授予学生系统的科学文化知识、技能和发展他们的智力的教育"①。更清楚地表达，也就是：教师通过传授系统的科学文化知识、技能，发展学生智力的教育。简约地表达，也就是：教师对学生的单方面智育。这就是现行的学校智育论。

2. 现行智育论的属性

现行学校智育论认为，智育，就是教师对学生的单方智育。学校智育活动的事实，果真是这样的吗？当教师对学生进行教育时，学生不会因为受到教师

① 王道俊，郭文安. 教育学 [M]. 北京：人民教育出版社，2009：107.

的教育而发生自我教育吗？学生不会反过来对教师产生影响或教育吗？教师不会因为受到学生的教育而发生自我教育吗？然而，现行学校智育论，却无视智育活动中这些具有内在对应性关系的事实，在主观思维中将学校智育仅仅规定为教师对学生的单方面智育。由此，我们就可以有根据地说，现行智育论，是一种具有片面性或简单性的智育论。

3. 现行智育论的思维活动的切入点

现行学校智育论，既然将智育规定为教师对学生的单方面智育，那么，我们就可以根据这一内容，反向地推论出其思维活动的切入点，那就是教师对学生的教育。正向地表达，也就是：现行学校智育论，正是从教师对学生的教育，切到对学校智育活动的理解，才将学校智育规定为教师对学生的单方面智育。

二、现行智育论的所见、根据及其积极功能

1. 现行智育论的所见

现行学校智育论，从教师对学生的单方面智育，切到对学校智育的理解，能够把握到智育活动的哪些方面的内容呢？这主要表现在如下七个基本方面：一是，从智育的对象看，现行智育论能够把握到学生是智育的对象。二是，从智育的内容看，现行智育论能够把握到如引文中所说的教师授予学生系统的科学文化知识、技能，即他人经验或间接经验。三是，从智育的目的看，现行智育论能够把握到对学生的目的，那就是如引文中所说的发展学生智力。四是，从智育的机制看，现行智育论能够把握到教师对学生的主观定位力量。五是，从智育的途径看，现行智育论能够把握到教师对学生的外在传授途径。六是，从智育的形式看，现行智育论能够把握到教师向学生授予系统的科学文化知识与技能所需要的显在形式。七是，从智育的结果看，现行智育论能够把握到教师对学生的影响结果，或者说，能够把握到学生在教师影响中的变化或发展。

2. 现行智育论的根据

现行学校智育论，在上述七个方面的所见，是有根据的吗？一是，从智育的对象看，处于基础教育阶段的青少年学生，正处于心智快速成长的时期，对他们进行关于知识与智力的智育，当然是有其成长的根据的，也是不可或缺的。二是，从智育的内容看，教师需要选择出间接经验中系统的科学文化知识与技能，以方便于教育或教学的开展，也方便于教育或教学的评价或考试，这是有根据的。三是，从智育的目的看，既然学生是教育的对象，那么，预先设定发展学生智力的目的，就是有根据的。四是，从智育的机制看，既然教师要对学生进行教育，那么，就需要发挥对学生的主观定位力量这一机制，这是有根据

的。五是，从智育的途径看，既然教师要发挥对学生的主观影响力量，那么，就需要对学生进行系统的科学文化知识与技能的传授，这也是有根据的。六是，从智育的形式看，既然教师要向学生传授系统的科学文化知识与技能，那么，智育有计划、有组织的形式也就是有根据的。七是，从智育的结果看，既然教师对学生进行了主观定位与外在的教育，那么，学生就必然会受到教师的影响或塑造，这也是有根据的。

3. 现行智育论的积极功能

现行学校智育论，在上述七个方面的所见，对学校智育活动的实际，都具有积极的功能。一是，从智育的对象看，现行智育论能够把握到学生这一对象，这能够支持教师对学生的智育，也能够支持学生接受源于教师的智育。二是，从智育的内容看，现行智育论能够把握到教师所传授给学生的系统的科学文化知识与技能，这能够给师生的教育或教学带来方便，也能够给教师对学生的评价带来方便。三是，从智育的目的看，现行智育论能够把握到学生作为智育的目的，这能够给智育活动提供基本的预设或规划。四是，从智育的机制看，现行智育论能够把握到教师对学生的主观定位力量，这能够支持教师对学生的主观定位或安排，也能够支持学生接受教师的定位或安排。五是，从智育的途径看，现行智育论能够把握到外在传授这一途径，这能够支持教师对学生的外在传授，也能够支持学生接受教师的外在传授。六是，从智育的形式看，现行智育论能够把握到有计划、有组织的显在形式，这能够支持师生按照既定程序，有序地开展系统的科学文化知识与技能的传授与接受。七是，从智育的结果看，现行智育论能够把握到学生在教师教育中的变化或发展，这能够支持教师对学生的影响或塑造，也能够支持学生接受教师的影响或塑造。总之，现行学校智育论，从教师对学生的单方智育，切到对学校智育的理解，所把握到的基本内容，就教师对学生的简单智育而言，会具有多方面的积极作用。

三、现行智育论的偏差、根源及其消极功能

1. 现行智育论的偏差

现行学校智育论，从教师对学生的单方面智育，切到对学校智育的理解，在有所把握的同时，却又遮蔽了哪些方面的内容呢？这也主要表现在如下七个基本方面：一是，从智育的对象看，现行智育论在把握到学生是智育对象的同时，却遮蔽了教师也是智育的对象；二是，从智育的内容看，现行智育论在把握到教师授予学生的系统科学文化知识与技能的同时，却遮蔽了师生双方直接经验中的知识与技能；三是，从智育的目的看，现行智育论在把握到对学生的

智育目的的同时，却遮蔽了学生个体的智育目的；四是，从智育的机制看，现行智育论在把握到教师对学生的主观定位力量的同时，却遮蔽了学生反过来对教师的主观定位力量，还遮蔽了师生双方对对方的客观定位力量；五是，从智育的途径看，现行智育论在把握到教师对学生的外在传授的同时，却遮蔽了学生对教师的反向影响途径，也遮蔽了师生双方自我教育的内在途径；六是，从智育的形式看，现行智育论在把握到教师传授系统科学文化知识与技能所需要的显在活动形式的同时，却遮蔽了由显在活动所必然引起的客观内隐的智育活动形式即隐在智育活动的形式；七是，从智育的结果看，现行智育论在把握到教师对学生的教育结果的同时，却遮蔽了学生对教师的教育结果，还遮蔽了师生双方自我教育的结果。

2. 现行智育论的根源

从思维运作看，现行智育论，之所以存在上述偏差，是其主观抽象思维的泛化导致的。一是，从智育的对象看，在实际的学校智育活动中，教师对学生的任何影响或教育，都必然会引起学生的反应；而学生的这种反应，又必然会反过来对教师产生影响或教育——这便是智育对象之间内在的相互性或对应性，或者说，智育的对象是相互对应的对象。然而，现行智育论，却在其主观抽象思维中，片面地抽取出学生作为智育的对象，并以偏概全地泛指智育活动中的相互的对象。由此，便遮蔽了教师作为智育的对象。二是，从智育的内容看，在实际的学校智育活动中，教师对学生所传授的系统的科学文化知识与技能，都只能依托师生双方直接经验中的知识与技能，才可能转化为师生双方的知识与技能——这便是智育内容中的间接经验与直接经验的内在的相互性或对应性。然而，现行智育论，却在其主观抽象思维中，片面地抽取出作为间接经验的系统科学文化知识与技能，并以偏概全地泛指智育活动中对应的内容。由此，便遮蔽了师生双方直接经验中的知识与技能。三是，从智育的目的看，在实际的学校智育活动中，教师对学生的任何目的或预设，都必然会引起学生的反应并产生学生自己的目的——这便是智育目的之间内在的相互性或对应性，或者说，智育的目的是相互对应的目的。然而，现行智育论，却在其主观抽象思维中，片面地抽取出智育对学生的目的，并以偏概全地泛指智育活动中对应的目的。由此，便遮蔽了学生个体的智育目的。四是，从智育的机制看，在实际的学校智育活动中，教师对学生的任何主观定位或安排，都必然会引起学生对教师反向的主观定位力量，同时，师生双方的主观定位力量，也都必然会引起双方对对方的客观定位力量——这便是智育活动中主观与客观定位力量的相互性或对应性。然而，现行智育论，却在其主观抽象思维中，片面地抽取出教师对学生的主观定位力量，并以偏概全地泛指智育活动中对应的定位力量。由此，便遮蔽了学生对教师的主观定位力量，也遮蔽了师生双方对对方的客观定位力量。五是，从智育的途径看，在实际的学校智育活动中，教师对学生的任何外在传授，都必然会引起学生对教师的反向影响，同时，师生双方的知识与技能，也都只能通过师生双方的自我教育，才可能转化为双方的智力——这便是智育途径的外在传授与自我教育的相互性或对应性。然而，现行智育论，却在其主观抽象思维中，片面地抽取出教师对学生的外在传授，并以偏概全地泛指智育活动中对应的途径。由此，便遮蔽了学生对教师的影响途径，也遮蔽了师生双方自我教育的途径。六是，从智育的形式看，在实际的学校智育活动中，教师对学生任何有计划、有组织的显在活动形式，都必然会引起学生内隐的多样的反应，而这内隐的多样的反应，却不可能是教师在智育活动开始之前就能计划或安排好的。由此，智育活动的实际状态，就是有计划、有组织的显在活动形式与无计划、无组织的隐在活动形式对应存在的状态——这也就是智育活动的显在形式与隐在形式的内在的相互性或对应性。然而，现行智育论，却在其主观抽象思维中，片面地抽取出智育活动的显在形式，并以偏概全地泛指智育活动中对应的形式。由此，便遮蔽了智育活动的隐在形式。七是，从智育的结果看，在实际的学校智育活动中，教师对学生的任何教育的结果，都必然会转化为学生的变化或成长，同时，学生的变化或成长，也都必然会反过来转化为教师的变化或成长——这便是智育活动中他人教育与自我教育的相互性或对应性。然而，现行智育论，却在其主观抽象思维中，片面地抽取出教师对学生的教育结果，并以偏概全地泛指智育活动中对应的教育结果。由此，便遮蔽了学生对教师的影响结果，也遮蔽了师生双方自我教育的结果。

3. 现行智育论的消极功能

现行智育论，从教师对学生的单方面影响，切到对智育活动的理解，在有所见的同时，却又存在偏差。这些认识或思维中的偏差，对实际的智育活动，会产生哪些消极的影响呢？一是，从智育的对象看，现行智育论虽然能够把握到学生，但却遮蔽了教师。由此所导致的后果是：缺少对应性的单一学生对象观，很难对教师的教育或教学产生内在的限定作用，也很难对教师与学生双方产生对应的教育或影响。二是，从智育的内容看，现行智育论虽然能够把握到教师授予学生的系统科学文化知识与技能，但却遮蔽了师生双方直接经验中的知识与技能。由此导致的后果是：难以对间接经验中系统的科学文化知识、技能与师生直接经验中的知识、技能进行对应的教育或教学。三是，从智育的目的看，现行智育论，虽然能够把握到对学生的智育目的，但却遮蔽了学生个体的智育目的。由此所导致的后果是：不仅使教师对学生的目的陷入孤立与封闭状态，而且使教师对学生的目的与学生个体的目的难以产生对应的影响。四是，从智育的机制看，现行智育论，虽然能够把握到教师对学生的主观定位力量，但却遮蔽了学生反过来对教师的主观定位力量，还遮蔽了师生双方对对方的客观定位力量。由此所导致的后果是：不仅使教师的定位力量陷入孤立状态，而且使师生双方的主观与客观定位力量难以获得对应的影响或调整。五是，从智育的途径看，现行智育论，虽然能够把握到教师对学生的外在传授，但却遮蔽了学生对教师的影响途径，还遮蔽了师生双方自我教育的内在途径。由此所导致的后果是：不仅使教师的外在传授途径陷入孤立状态，而且使师生双方的外在与内在途径难以获得对应的影响或调整。六是，从智育的形式看，现行智育论，虽然能够把握到智育活动有计划、有组织的显在形式，但却遮蔽了显在活动所必然引起的隐在活动形式。由此所导致的后果是：不仅使显在形式陷入孤立状态，而且使显在与隐在两种形式难以获得对应的影响或改造。七是，从智育的结果看，现行智育论，虽然能够把握到教师对学生的教育结果，但却遮蔽了学生对教师的教育结果，还遮蔽了师生双方自我教育的结果。由此所导致的后果是：很难实现学生对教师的影响或教育，也很难实现师生双方相互对应的他人教育与自我教育。总之，现行智育论，从教师对学生的单方面影响，切到对智育活动的理解，在有所见的同时，却又存在偏差。这些认识或思维中的偏差，就师生双方的对应智育而言，会具有多方面的消极作用。

四、本节小结

综上所述，我们看到，现行的简单智育论，从教师对学生的单方面影响，切到对学校智育活动的理解，虽然能够把握到教师对学生的简单智育，也能够把握到这种简单智育的根据并对实际的简单智育活动产生积极的影响，但是，却遮蔽了学生反过来对教师的对应教育，并进一步遮蔽了双方的自我教育。从思维运作看，现行简单智育论的偏差，是由其主观思维的抽象泛化所导致的。从实际看，这种抽象泛化的思维或认识，对师生双方的对应智育活动存在多方面的消极作用。因此，现行的简单智育论，就必然也必须被合理地反思与改造。

五、本节提示

在本节最后，需要做两点提示：一是，探寻现行智育论的思维活动切入点的根据，就是现行简单智育论的内容，或者说，我们是通过现行简单智育论的内容而探寻到其思维活动的切入点的。二是，对现行智育论的思维活动切入点的遮蔽性分析，不是我们简单的主观分析，而是根据现行智育论所包含的思维活动切入点的所见与所不见而展开的——要特别注意，所见与所不见，两者是具有内在对应关系的必然的存在，而不是人们的主观错误或偏见。

附言：

1. 学校智育可以从教师对学生的影响开始，但是，智育，却不是教师对学生的简单教育，而是教师与学生的对应教育。

2. 学校智育的对象，不包括教师——如果不能说这是对教师智慧发展的轻视，那起码可以说这是对教师智慧发展的封闭。

3. 学校智育的内容，如果不包括师生直接经验中的知识与技能，那么，就只能沦为纸上谈兵的东西，根本就不可能转向实用。

4. 学校智育，如果仅仅是教师对学生的外在智育，那么，就很难不会沦为灌输式的教育。

5. 仅仅授予学生系统的科学文化知识与技能的智育，就是与人类智慧无缘的智育，因为，那只是工具主义的简单教育。

6. 没有隐在形式的对应，单一显在的智育，就永远不可能激发出人的心智活动的内在生命活力。

第二节 对现行简单智育论的对应改造

切问：

1. 从动态的智育活动的事实看，现行智育论所包含的"教师对学生的简单智育"，其实都是"教师与学生的对应智育"吗？

2. 当教师对学生进行智育时，自己也必然会受到学生的影响吗？由此，就可以说，智育的对象，是对应的存在吗？

3. 智育活动中的间接经验，只有经过师生双方的直接经验，才可能转化为师生双方可以理解的经验吗？由此，就可以说，间接经验与直接经验，是对应的存在吗？

4. 教师对学生的智育目的，必然会引起学生的反应并产生学生自己的目的吗？由此，就可以说，教师的智育目的与学生的智育目的，是对应的存在吗？

5. 师生双方之间的主观定位力量，都必然会引起师生双方反应的客观定位力量吗？由此，就可以说，智育活动中的主观与客观定位力量，是对应的存在吗?

6. 师生双方之间的外在影响途径，都必然会引起师生双方内在自我的影响途径吗? 由此，就可以说，智育活动中的外在与内在影响途径，是对应的存在吗?

7. 智育活动有计划、有组织的显在形式，必然会引起客观环境或条件的内隐的变化吗? 由此，就可以说，智育活动的显在形式与隐在形式是对应存在的吗?

8. 教师对学生智育的结果，必然会引起学生的变化或发展，而学生的变化或发展，又必然会引起教师的变化或发展吗? 由此，就可以说，智育活动对师生双方的教育结果是对应存在的吗?

一、对现行智育论所包含的泛化思维的对应改造

上一节我们谈到，现行智育论，之所以存在偏差，是因为在其思维运作中存在抽象泛化的不足。因此，要改造现行智育论，就必须改造其抽象泛化的主观思维。如何改造这种思维呢? 这首先就需要摆脱现行智育论所包含的简单主观思维，而转向对智育活动事实的关注——由主观思维，转向事实思维。然后，还需要走出智育研究者简单泛化的抽象思维，而转向对智育活动的客观与主观的对应思维——由泛化思维，转向对应思维。

二、对现行智育论所包含的思维切入点的对应改造

现行智育论，从教师对学生的单方影响开始，切到对智育活动的理解，这一切入点本身并不存在问题。现行智育论的问题在于：首先，从教师对学生的单方影响开始，切到对智育活动的理解；其次，却并没有对这一动态影响的过程做出对应的考察，而是仅仅停留在教师对学生的单方影响这里，并将智育活动抽象为教师对学生的简单活动。

教师对学生影响的智育活动的动态过程，又是怎样的呢? 征之于实际，我们看到，在学校智育活动中，教师对学生的任何影响，都必然会引起学生的反应；而这种反应，又必然会反过来对教师产生影响。这清楚地表明，教师对学生的智育，其实都是对应存在的智育，或者说，是教师与学生之间的智育，而不是现行智育论所把握到的教师对于学生的简单智育。由此，我们就将现行智育论"教师对学生的简单智育活动"的切入点，改造为"教师与学生的对应智育活动"的切入点。

三、对现行智育论所包含的具体内容的对应改造

对应智育论，从教师与学生的对应活动，切到对学校智育活动的理解，能够对现行的智育论，做出哪些方面的改造呢？下面，分而论之。

第一，从智育的对象看，对应智育论，既能把握到学生，又能把握到教师，而不是现行智育论所把握到的单一的学生。这里的道理是：教师对学生的任何智育活动，都必然会引起学生的反应，而这又必然会反过来影响到教师。这清楚地表明，智育活动的对象，是相互对应的对象，而不可能是现行智育论所把握到的单一对象。

第二，从智育的内容看，对应智育论，既能把握到教师授予学生的系统的科学文化知识与技能，又能把握到师生双方直接经验中的知识与技能，而不是现行智育论所把握到的单一的教师授予学生的知识与技能。这里的道理是：教师对学生所传授的任何知识与技能，都只能依托师生双方直接经验中的知识与技能，才可能转化为师生双方的知识与技能。这清楚地表明，智育活动的内容，是相互对应的内容，而不可能是现行智育论所把握到的单一内容。

第三，从智育的目的看，对应智育论，既能把握到教师对学生的智育目的，又能把握到学生个体的智育目的，而不是现行智育论所把握到的单一的教师对学生的智育目的。这里的道理是：教师对学生的任何目的性预设，都必然会引起学生的反应；而学生的反应，又必然会推动学生产生自己的目的。这清楚地表明，智育活动的目的，是相互对应的目的，而不可能是现行智育论所把握到的单一目的。

第四，从智育的机制看，对应智育论，既能把握到教师对学生的主观定位力量，又能把握到学生反过来对教师的主观定位力量，还能把握到师生双方对对方的客观定位力量，而不是现行智育论所把握到的单一的教师对学生的主观定位力量。这里的道理是：教师对学生的任何主观定位力量，都必然会引起学生对教师反向的主观定位力量，同时，师生双方的主观定位力量，也都必然会引起双方反应的客观定位力量。这清楚地表明，智育活动的机制，必定是相互对应的机制，而不可能是现行智育论所把握到的孤立的主观定位力量。

第五，从智育的途径看，对应智育论，既能把握到教师对学生的外在传授，又能把握到学生对教师的外在影响，还能把握到师生双方自我教育的内在途径，而不是现行智育论所把握到的单一的教师对学生外在传授的途径。这里的道理是：教师对学生的任何外在传授，都必然会反过来对教师产生影响；同时，师生双方的任何知识与技能，也都只能通过师生双方的自我教育，才能转化为师

生双方的智力与精神。这清楚地表明，智育活动的途径，必定是师生双方外在传授与自我教育的对应途径，而不可能是现行智育论所把握到的教师对学生的单一外在传授途径。

第六，从智育的形式看，对应智育论，既能把握到智育活动有计划、有组织的显在形式，又能把握到由显在活动所必然引起的隐在活动形式，而不是现行智育论所把握到的单一显在活动形式。这里的道理是：教师对学生任何有计划、有组织的显在活动形式，都必然会引起学生内隐的多样的反应；而这些反应，却不可能是教师在智育活动之前就能预设的。这清楚地表明，智育活动的形式，必定是相互对应的形式；而不可能是现行智育论所把握到的单一显在形式。

第七，从智育的结果看，对应智育论，既能把握到教师对学生的教育结果，又能把握到学生对教师的教育结果，还能把握到师生双方自我教育的结果，而不是现行智育论所把握到的单一的教师对学生的教育结果。这里的道理是：教师对学生的任何教育结果，都必然会转化为学生的变化或成长；同时，学生的变化或成长，也都必然会反过来转化为教师的变化或成长。这清楚地表明，智育活动的结果，必定是相互对应的结果；而不可能是现行智育论所把握到的教师对学生的单一结果。

四、对应智育论的积极功能

对应智育论，从教师与学生的对应活动，切到对智育活动的理解，能够对实际的智育活动，产生哪些方面的积极影响呢？下面，分而论之。

第一，从智育的对象看，对应智育论，能够对实际的智育活动产生如下三方面的积极影响：一方面是，对应智育论，能够把握到学生作为智育的对象；因此，就能够支持教师对学生的教育或影响。另一方面是，对应智育论，也能够把握到教师作为智育的对象；因此，就能够支持学生对教师的教育或影响。最后一个方面是，对应智育论，既能把握到学生作为智育的对象，又能把握到教师作为智育的对象；因此，能够支持师生双方建构出以相互对象性为基础的对等智育关系。鉴于现行智育论的遮蔽或偏差，我们愿意特别强调如下两点：一点是，教师也是智育的对象；因此，要像关注学生的心智一样，也要去关注教师的心智。这里的关键是要走出现行教育理论的常见误区，即认为教师受过专业教育或训练，似乎不再需要智育；其实，教师像学生一样，都处于心智变化或发展的特定阶段，这特定阶段都存在特定的智育；因此，都需要引起教育的对应关注。另一点是，不仅要分别关注学生与教师各自的智育，而且要对应关注教师与学生在相互影响中的智育。这种对等智育关系的理想性定位是：在师生双方影响的一致性基础上，走向双方的互补性变化或发展。这种对等智育关系的现实性定位是：既要以教师合理的影响，去丰富或改造学生不合理的方面，又要以学生合理的影响，去丰富或改造教师不合理的方面，以实现双方生成性的变化或发展。这种对等智育关系的禁止性定位是：在师生双方影响不一致性基础上，双方都不能破坏或割裂对应的智育关系。我们认为，经由三线定位的影响，师生之间就可以构建出以相互对象性为基础的涉及理想、现实与戒律的对等智育关系；由此，也可以规避由单一对象所导致的不对等智育关系。

　　第二，从智育的内容看，对应智育论，能够对实际的智育活动产生如下三方面的积极影响：一方面是，对应智育论，能够把握到教师授予学生的系统科学文化知识与技能；因此，就能够支持师生双方开展间接经验中的不同知识与技能的对应教育。另一方面是，对应智育论，也能够把握到师生双方直接经验中的知识与技能；因此，能够支持师生双方开展直接经验中的不同知识与技能的对应教育。最后一个方面是，对应智育论，既能把握到教师授予学生的系统的科学文化知识与技能，又能把握到师生双方直接经验中的知识与技能；因此，能够支持师生双方开展以两种知识与技能的对应为基础的对等教育或教学。鉴于现行智育论的遮蔽或偏差，我们愿意特别强调如下两点：一点是，要关注间接经验的不足性与直接经验的优越性。这里关键是要走出现行教育理论的常见误区，即认为间接经验只有优越性而直接经验只有不足性——这当然是简单思维的后果。在对应思维看来，在教育或教学过程中，间接经验与直接经验都各有自身的优越性与不足性；因此，就不能像现行教育理论那样仅仅关注间接经验的优越性与直接经验的不足性，而且要关注间接经验的不足性与直接经验的优越性。另一点是，既然间接经验与直接经验各有自身的优越性与不足性；那么，这就要求师生双方关注两种经验之间的对等影响或改造关系。这种对等影响关系的理想性定位是：以两种经验的一致性影响为基础，走向两种经验的互补性变化或发展。这种对等影响关系的现实性定位是：以两种经验的不一致性影响为基础，师生双方，既要根据间接经验中合理的知识与技能，去丰富或完善自身经验中不合理的知识与技能，又要根据自身经验中合理的知识与技能，去丰富或完善不合理的间接经验中的知识与技能，以实现两种经验的生成性变化或发展。这种对等影响关系的禁止性定位是：以两种经验的不一致性影响为基础，师生双方都不能破坏或割裂两种经验的对应影响关系。我们认为，经由三线定位的影响，可以构建出以两种经验各自的优越性与不足性的对应为基础的对等影响关系；由此，也可以规避由单一间接经验内容的优越性所导致的不对等影响关系。

　　第三，从智育的目的看，对应智育论，能够对实际的智育活动产生如下三方面的积极影响：一方面是，对应智育论，能够把握到以社会需要为根据的教师对学生的智育目的；因此，能够支持教师按照既定目的开展对学生的教育。另一方面是，对应智育论，也能够把握到学生基于自身需要的个体智育目的；因此，能够支持学生按照自身目的接受教育。最后一个方面是，对应智育论，既能把握到智育的社会目的，又能把握到智育的个体目的；因此，能够支持师生双方构建出以两种目的的对应性为基础的对等智育关系。鉴于现行智育论的遮蔽或偏差，我们愿意特别强调如下两点：一点是，要关注社会目的的不合理性与个体目的的合理性。这里关键是要走出现行教育理论的常见误区，那就是认为社会目的只有合理性而个体目的只有不合理性——这当然是简单思维的后果。在对应思维看来，社会目的与个体目的，都各有自身的合理性与不合理性，因此，就不能像现行教育理论那样仅仅关注社会目的的合理性与个体目的的不合理性，而且要关注社会目的的不合理性与个体目的的合理性。另一点是，既然社会目的与个体目的各有自身的合理性与不合理性；那么，这就要求师生双方关注两种目的的对等影响或改造关系。这种对等影响关系的理想性定位是：以两种目的的一致性影响为基础，走向两种目的的互补性变化或发展。这种对等影响关系的现实性定位是：以两种目的的不一致性影响为基础，师生双方，既要根据社会目的中合理的方面，去丰富或完善个体目的中不合理的方面，又要根据个体目的中的合理方面，去丰富或完善社会目的中不合理的方面，以实现两种目的的生成性变化或发展。这种对等影响关系的禁止性定位是：以两种目的的不一致性影响为基础，师生双方都不能破坏或割裂两种目的的对应影响关系。我们认为，经由三线定位的影响，可以构建出以两种目各自的合理性与不合理性的对应为基础的对等影响关系，由此，也可以规避由单一社会目的所导致的不对等影响关系。

　　第四，从智育的机制看，对应智育论，能够对实际的智育活动产生如下三方面的积极影响：一方面是，对应智育论，能够把握到教师对学生主观与客观定位力量；因此，能够支持教师在主观与客观一致的前提下开展既定的教育，也能够支持教师在主观与客观不一致的前提下反思、改变或调整既定的教育。另一方面是，对应智育论，也能够把握到学生对教师的主观与客观定位力量。因此，能够支持学生在主观与客观一致的前提下进行既定的影响，也能够支持学生在主观与客观不一致的前提下反思、改变或调整既定的影响。最后一个方面是，对应智育论，既能把握到师生双方的主观定位力量，又能把握到师生双方对对方的客观定位力量。因此，能够支持师生双方开展以主观与客观力量的对应为基础的对等定位关系。鉴于现行智育论，忽视学生对教师的主观定位力量以及忽视师生双方对对方的客观定位力量的偏差，我们愿意特别强调学生对教师的主观定位力量以及师生双方对对方的客观定位力量。这包含两层基本内容：一层内容是，要像关注教师对学生的主观定位力量一样，去关注学生对教师的主观定位力量；因为，单一的教师对学生的主观定位力量，根本就不是实然状态的存在。另一层内容是，不仅强调师生双方的主观定位力量，而且要强调师生双方的客观定位力量，以求师生双方建构出以主观与客观定位力量的对应为基础的对等定位关系。这种对等定位关系的理想性定位是：在师生双方主观与客观力量的一致性基础上，走向双方的互补性变化或发展。这种对等定位关系的现实性定位是：在师生双方主观与客观力量的不一致性基础上，师生双方，既要根据对方合理的主观与客观影响力量，去调整或改变自己不合理的主观与客观影响力量，又要根据自己合理的主观与客观影响，去调整或改变对方不合理的主观与客观影响力量。需要指出，这一调整或改变的过程，必然会伴随师生双方智力活动的紧张或困惑。当然，也只有伴随师生双方智力活动的紧张或困惑，才可能带来师生双方智力与精神的成长或发展。这种对等定位关系的禁止性定位是：在师生双方主观与客观力量的不一致性基础上，双方都不能破坏或割裂对应的影响关系。我们认为，经由三线定位的影响，师生双方可以构建出以主观与客观两种力量的对应为基础的对等定位关系。由此，也可以规避由教师单一主观定位力量所导致的不对等定位关系。

第五，从智育的途径看，对应智育论，能够对实际的智育活动产生如下三方面的积极影响：一方面是，对应智育论，能够把握到教师对学生的外在传授途径。因此，能够支持教师对学生的外在授予。另一方面是，对应智育论，也能够把握到学生对教师的外在影响途径。因此，能够支持学生对教师的外在影响。最后一个方面是，对应智育论，既能把握到师生双方的外在影响途径，又能把握到师生双方的自我教育途径。因此，能够支持师生双方开展以外在传授与自我教育的对应为基础的对等智育。鉴于现行智育论，忽视学生对教师的外在影响途径以及忽视师生双方自我教育的偏差，我们愿意特别强调学生对教师的外在影响途径以及师生双方的自我教育途径。这包含两层基本内容：一层内容是，要像关注教师对学生的外在传授一样，去关注学生对教师的外在影响；因为，单一的教师对学生的外在传授，根本就不是实然状态的存在。另一层内容是，不仅强调师生双方的外在影响途径，而且要强调师生双方的自我教育途径，以求师生双方建构出以外在传授与自我教育的对应为基础的对等智育关系。

这种对等智育关系的理想性定位是：在师生双方外在传授与自我教育一致性基础上，走向双方的互补性变化或发展。这种对等智育关系的现实性定位是：在师生双方外在传授与自我教育不一致性基础上，师生双方既要根据外在传授的合理的知识与技能，去调整或改造自己不合理的知识与技能，又要根据自己合理的知识与技能，去调整或改造外在传授的不合理的知识与技能，以实现双方生成性的变化或发展。这种对等智育关系的禁止性定位是：在师生双方外在传授与自我教育不一致性基础上，双方都不能破坏或割裂对应的影响关系。我们认为，经由三线定位的影响，师生双方就可以构建出以外在传授与自我教育的对应为基础的对等智育关系。由此，也可以规避由教师单一外在传授所导致的不对等智育关系。

　　第六，从智育的形式看，对应智育论，能够对实际的智育活动产生如下三方面的积极影响：一方面是，对应智育论，能够把握到智育活动有计划、有组织的显在形式。因此，能够支持师生双方按照既定的安排有序地开展智育活动。另一方面是，对应智育论，也能够把握到由显在活动所必然引起的隐在活动。因此，能够支持师生双方在随机的变通的状态中开展智育活动。最后一个方面是，对应智育论，不仅能够把握到显在的智育活动形式，而且能把握到隐在的智育活动形式。因此，能够支持师生双方建构出以有序与变通的对应为基础的对等智育活动形式。鉴于现行智育论，忽视隐在智育活动形式的这一偏差，我们愿意特别强调隐在智育活动形式的客观存在。这一强调包含两层基本内容：一层内容是，要像承认显在智育活动形式的存在一样，也要承认隐在智育活动形式的存在，因为，单一的显在智育活动形式，根本就不是实然状态的存在。另一层内容是，不仅要分别承认显在与隐在智育活动形式的存在，而且要承认两种活动形式的对应存在，以求师生双方构建出以两种活动形式的对应为基础的对等智育活动形式。这种对等智育活动形式的理想性定位是：在显在与隐在活动形式一致性基础上，走向双方的互补性变化或发展。这种对等智育活动形式的现实性定位是：在显在与隐在活动形式不一致性基础上，师生双方，既要以合理的显在活动形式，去调整或改造不合理的隐在活动形式，又要以合理的隐在活动形式，去调整或改造不合理的显在活动形式，以实现两种形式的生成性的变化或发展。这种对等智育活动形式的禁止性定位是：在两种活动形式不一致性基础上，师生双方都不能破坏或割裂对应的影响关系。我们认为，经由三线定位的影响，师生双方可以构建出以两种活动形式的对应为基础的对等智育活动形式。由此，也可以规避由单一显在活动形式所导致的两种智育活动形式的不对等关系。

第七，从智育的结果看，对应智育论，能够对实际的智育活动产生如下三方面的积极影响：一方面是，对应智育论，能够把握到学生在教师影响中的变化或发展。因此，能够支持教师对学生影响的价值。另一方面是，对应智育论，也能够把握到教师在学生影响中的变化或发展。因此，能够支持学生对教师影响的价值。最后一个方面是，对应智育论，既能把握到师生双方在对方影响中的变化或发展，又能把握到师生双方在自我影响中的变化或发展。因此，能够支持师生双方开展以他人教育与自我教育的对应为基础的对等智育。鉴于现行智育论，忽视学生对教师的影响结果以及忽视师生双方自我教育结果的偏差，我们愿意特别强调学生对教师的影响结果与师生双方自我教育的结果。这包含两层基本内容：一层内容是，要像关注教师对学生的影响结果一样，去关注学生对教师的影响结果；因为，单一的教师对学生的影响结果，根本就不是实然状态的存在。另一层内容是，不仅要强调师生双方彼此的影响结果，而且要强调师生双方自我教育的结果，以求师生双方建构出以他人教育与自我教育的对应为基础的对等智育关系。这种对等智育关系的理想性定位是：在他人教育与自我教育一致性基础上，走向双方的互补性变化或发展。这种对等智育关系的现实性定位是：在他人教育与自我教育不一致性基础上，师生双方既要接受对方合理的外在影响结果，以丰富或调整自己不合理的自我教育的结果；又要接受自己合理的内在影响结果，以丰富或调整对方不合理的外在影响结果，以实现两种影响结果的生成性变化或发展。这种对等智育关系的禁止性定位是：在两种影响结果不一致性基础上，师生双方都不能破坏或割裂对应的影响关系。我们认为，经由三线定位的影响，师生双方可以构建出以两种影响结果的对应为基础的对等智育关系。由此，也可以规避由教师单一教育结果所导致的不对等智育关系。

五、本节小结

综上所述，我们对现行智育论的改造，涉及三层基本内容：一是，首先，由现行智育论所包含的主观思维，转换到事实思维；其次，在事实思维基础上，将现行智育论所包含的主观泛化思维，改造为主观与客观的对应思维。二是，在对应思维中，将现行智育论所包含的认识智育活动的"教师对学生的简单活动"的思维切入点，改造为"教师与学生的对应活动"的思维切入点。三是，在"教师与学生的对应活动"视野中，分别对智育活动的对象、内容、目的、机制、途径、形式以及结果这些基本方面，做出了对应的改造。最后，我们分别考察了对应智育观，在智育对象、内容、目的、机制、途径、形式以及结果这些基本方面的观点，对实际的智育活动所产生的积极影响，以推动人们从现行的简单智育论，转换到对应的智育论。

为了更简明地把握两种智育论的不同，我们不妨将其中所包含的不同思维路线，做出如下比较：

简单智育论的单线定位路线——智育，就是教育者对受教育者的简单影响活动——这里需要特别注意，简单智育论，仅仅是对教育者的单一主观愿望或价值期待这一条思维路线的反映。

对应智育论的三线定位路线——智育，就是教育者与受教育者双方的对应影响活动；它包含双方理想的上线、现实的中线以及戒律的底线——这里需要特别注意，对应智育论，是对教育者与受教育者双方理想、现实与戒律的三条思维路线的反映。

六、本节提示

在本节最后，需要做两点提示：一是，由"教师对学生的简单活动"，到"教师与学生的对应活动"的过渡环节，就是由对智育活动的主观抽象思维，转向对智育活动的客观与主观的对应思维。二是，由"教师对学生的简单定位关系"，到"教师与学生以对应性为基础的对等定位关系"的过渡环节，就是由对智育活动的主观抽象思维，转向对智育活动的客观与主观的对应思维。

附言：

1. 学校智育的对象，不仅包括学生，而且包括教师——这是一个具有内在对应关系的命题。

2. 外因与内因，源于人类思维活动的区分，它们共同构成人或事物变化的对应的原因。

3. 没有基本精神，而只有基本知识与基本技能的人，其实，就只能算是简单的人。

4. 在对应的智育论视野中，既有基本知识与技能、又有基本精神的人，也就是以智育的对应性为基础的丰富的人。

5. 人的智力发展，只能在艰辛的智力活动中才能实现，而所谓传授知识就能发展智力的现行智育观，无非是不智的偏见。

6. 人的智力生活的欢愉或幸福，必然伴随着智力生活的困顿或困苦；或者说，没有智力生活的困顿或困苦，就不可能有智力生活的欢愉或幸福。

第四章

对现行简单体育论的遮蔽性分析与对应改造

第一节　对现行简单体育论的遮蔽性分析

切问：

1. 现行体育论，将体育规定为教师对学生的简单活动，其思维活动的切入点在哪里？我们如何才能探索到其思维活动的切入点？

2. 现行体育论，从其思维活动的切入点上，能够把握到体育活动哪些方面的内容呢？

3. 现行体育论的根据是什么？这种体育论，对实际的体育活动具有哪些积极作用？

4. 现行体育论，从其思维活动的切入点上，在对体育活动有所把握的同时，却又遮蔽了哪些内容呢？

5. 现行体育论，存在多方面的遮蔽，其认识上的根源是怎样的？

6. 现行体育论，对实际的体育活动具有怎样的消极作用？

一、现行体育论的内容、属性及其思维活动的切入点

1. 现行体育论的内容

在现行教育理论的视野中，体育是指"授予学生健身知识、技能，发展学生体力、增强学生体质的教育"①。更清楚地表达，也就是：教师通过传授健身知识、技能，发展学生体力、增强学生体质的教育。简约地表达，也就是：教师对学生的单方体育。这就是现行的学校体育论。

2. 现行体育论的属性

现行学校体育论认为，体育，就是教师对学生的单方体育。学校体育活动的事实，果真是这样的吗？当教师对学生进行教育时，学生不会因为受到教师

---

① 王道俊，郭文安. 教育学［M］. 北京：人民教育出版社，2009：107.

的教育而发生自我教育吗？学生不会反过来对教师产生影响或教育吗？教师不会因为受到学生的教育而发生自我教育吗？然而，现行学校体育论，却无视体育活动中这些具有内在对应性关系的事实，在主观思维中将学校体育仅仅规定为教师对学生的单方体育。由此，我们就可以有根据地说，现行体育论，是一种具有片面性或简单性的体育论。

3. 现行体育论的思维活动的切入点

现行学校体育论，既然将体育规定为教师对学生的单方体育，那么，我们就可以根据这一内容，反向地推论出其思维活动的切入点，那就是教师对学生的教育。正向地表达，也就是：现行学校体育论，正是从教师对学生的教育，切到对学校体育活动的理解，才将学校体育规定为教师对学生的单方教育。

二、现行体育论的所见、根据及其积极功能

1. 现行体育论的所见

现行学校体育论，从教师对学生的单方教育，切到对学校体育的理解，能够把握到体育活动的哪些方面的内容呢？这主要表现在如下七个基本方面：一是，从体育的对象看，现行体育论，能够把握到学生是体育的对象。二是，从体育的内容看，现行体育论，能够把握到如引文中所说的教师授予学生的健身知识与技能即既有的或他人的经验。三是，从体育的目的看，现行体育论，能够把握到对学生的体育目的，那就是如引文中所说的发展学生体力、增强学生体质。四是，从体育的机制看，现行体育论，能够把握到教师对学生的主观定位力量。五是，从体育的途径看，现行体育论，能够把握到教师对学生的外在传授途径。六是，从体育的形式看，现行体育论，能够把握到体育课所体现的有计划、有组织的显在形式。七是，从体育的结果看，现行体育论，能够把握到教师对学生的教育结果；或者说，能够把握到学生在教师教育中的变化或发展。

2. 现行体育论的根据

现行学校体育论，在上述七个方面的所见，是有根据的吗？一是，从体育的对象看，处于基础教育阶段的青少年学生，正处于身心快速成长的时期，对他们进行关于健身知识与技能的体育，当然是有其成长的根据的，也是不可或缺的。二是，从体育的内容看，教师需要选择出间接经验中健身的知识与技能，以方便于教育或教学的开展，也方便于教育或教学的测验或测评，这是有根据的。三是，从体育的目的看，既然学生是教育的对象，那么，预先设定发展学生体力、增强学生体质的目的，就是有根据的。四是，从体育的机制看，既然

教师要对学生进行教育，那么，就需要发挥对学生的主观定位力量这一机制，这是有根据的。五是，从体育的途径看，既然教师要发挥对学生的主观定位力量，那么，就需要对学生进行有关健身知识与技能的外在传授，这也是有根据的。六是，从体育的形式看，既然学校体育是按照体育课而展开的，那么，体育课所体现的有计划、有组织的形式也就是顺理成章的。七是，从体育的结果看，既然教师对学生进行了主观定位与外在的教育，那么，学生就必然会受到教师的影响或塑造，这也是有根据的。

3. 现行体育论的积极功能

现行学校体育论，在上述七个方面的所见，对学校体育活动的实际，都具有积极的功能。一是，从体育的对象看，现行体育论能够把握到学生这一对象，这能够支持教师对学生的体育，也能够支持学生接受源于教师的体育。二是，从体育的内容看，现行体育论能够把握到教师所传授给学生的健身知识与技能，这能够给师生的教育或教学带来方便，也能够给教师对学生的测验或测评带来方便。三是，从体育的目的看，现行体育论能够把握到学生作为体育的目的，这能够给体育活动提供基本的预设或规划。四是，从体育的机制看，现行体育论能够把握到教师对学生的主观定位力量，这能够支持教师对学生的主观定位或安排，也能够支持学生接受教师的定位或安排。五是，从体育的途径看，现行体育论能够把握到外在传授这一途径，这能够支持教师对学生的外在传授，也能够支持学生接受教师的外在传授。六是，从体育的形式看，现行体育论能够把握到有计划、有组织的显在形式，这能够支持师生按照既定程序，有序地开展体育活动或训练。七是，从体育的结果看，现行体育论能够把握到学生在教师教育中的变化或发展，这能够支持教师对学生的影响或塑造，也能够支持学生接受教师的影响或塑造。总之，现行学校体育论，从教师对学生的单方教育，切到对学校体育的理解，所把握到的基本内容，就教师对学生的简单教育而言，会具有多方面的积极作用。

三、现行体育论的偏差、根源及其消极功能

1. 现行体育论的偏差

现行学校体育论，从教师对学生的单方教育，切到对学校体育的理解，在有所把握的同时，却又遮蔽了哪些方面的内容呢？这也主要表现在如下七个基本方面：一是，从体育的对象看，现行体育论在把握到学生是体育对象的同时，却遮蔽了教师也是体育的对象。二是，从体育的内容看，现行体育论在把握到教师授予学生的健身知识与技能的同时，却遮蔽了师生双方在实际生活中所获

得与运用的健身知识与技能。三是，从体育的目的看，现行体育论在把握到对学生的体育目的的同时，却遮蔽了学生个体的体育目的。四是，从体育的机制看，现行体育论在把握到教师对学生的主观定位力量的同时，却遮蔽了学生反过来对教师的主观定位力量，还遮蔽了师生双方对对方的客观定位力量。五是，从体育的途径看，现行体育论在把握到教师对学生的外在传授途径的同时，却遮蔽了学生对教师的反向影响途径，还遮蔽了师生双方自我体育锻炼的内在途径。六是，从体育的形式看，现行体育论在把握到体育课所体现的有计划、有组织的显在活动形式的同时，却遮蔽了由显在活动所必然引起的客观内隐的体育活动形式即隐在体育活动的形式。七是，从体育的结果看，现行体育论在把握到教师对学生的教育结果的同时，却遮蔽了学生对教师的教育结果，还遮蔽了师生双方自我教育的结果。

2. 现行体育论的根源

从思维运作看，现行体育论之所以存在上述偏差，是其主观抽象思维的泛化导致的。一是，从体育的对象看，在实际的学校体育活动中，教师对学生的任何影响或教育，都必然会引起学生的反应；而学生的这种反应，又必然会反过来对教师产生影响或教育——这便是体育对象之间内在的相互性或对应性，或者说，体育的对象是相互对应的对象。然而，现行体育论却在其主观抽象思维中，片面地抽取出学生作为体育的对象，并以偏概全地泛指体育活动中的相互的对象。由此，便遮蔽了教师作为体育的对象。二是，从体育的内容看，在实际的学校体育活动中，教师对学生所传授的健身知识与技能，都只能依托师生双方在生活中所获得或运用的直接经验中的知识与技能，才可能转化为师生双方的健身知识与技能——这便是体育内容中的间接经验与直接经验的内在的相互性或对应性。然而，现行体育论却在其主观抽象思维中，片面地抽取出作为间接经验的健身知识与技能，并以偏概全地泛指体育活动中的对应的内容。由此，便遮蔽了师生双方直接经验中的知识与技能。三是，从体育的目的看，在实际的学校体育活动中，教师对学生的任何目的或预设，都必然会引起学生的反应并产生学生自己的目的——这便是体育目的之间内在的相互性或对应性，或者说，体育的目的是相互对应的目的。然而，现行体育论，却在其主观抽象思维中，片面地抽取出体育对学生的目的，并以偏概全地泛指体育活动中对应的目的。由此，便遮蔽了学生个体的体育目的。四是，从体育的机制看，在实际的学校体育活动中，教师对学生的任何主观定位或安排，都必然会引起学生对教师反向的主观定位力量；同时，师生双方的主观定位力量，也都必然会引起双方反应的客观的定位力量——这便是体育活动中主观与客观定位力量的相互性或对应性。然而，现行体育论却在其主观抽象思维中，片面地抽取出教师对学生的主观定位力量，并以偏概全地泛指体育活动中对应的定位力量。由此，便遮蔽了学生对教师的主观定位力量，也遮蔽了师生双方对对方的客观定位力量。五是，从体育的途径看，在实际的学校体育活动中，教师对学生的任何外在传授，都必然会引起学生对教师的反向影响，同时，师生双方的健身知识与技能，也都只能通过师生双方的自我操练或锻炼，才可能转化为双方的体力、体质与体育的锻炼精神——这便是体育途径的传授与锻炼的相互性或对应性。然而，现行体育论却在其主观抽象思维中，片面地抽取出教师对学生的外在传授，并以偏概全地泛指体育活动中对应的途径。由此，便遮蔽了学生对教师的影响途径，也遮蔽了师生双方自我锻炼的途径。六是，从体育的形式看，在实际的学校体育活动中，教师对学生任何有计划、有组织的显在活动形式，都必然会引起学生内隐的多样的反应；而这内隐的多样的反应，却不可能是教师在体育课前就能计划或安排好的。由此，体育课的实际状态，就是有计划、有组织的显在活动形式与无计划、无组织的隐在活动形式对应存在的状态——这也就是体育课的显在形式与隐在形式的内在的相互性或对应性。然而，现行体育论，却在其主观抽象思维中，片面地抽取出体育活动的显在形式，并以偏概全地泛指体育活动中对应的形式。由此，便遮蔽了体育活动的隐在形式。七是，从体育的结果看，在实际的学校体育活动中，教师对学生的任何教育的结果，都必然会转化为学生的变化或成长；同时，学生的变化或成长，也都必然会反过来转化为教师的变化或成长——这便是体育活动中他人教育与自我教育的相互性或对应性。然而，现行体育论，却在其主观抽象思维中，片面地抽取出教师对学生的教育结果，并以偏概全地泛指体育活动中对应的教育结果。由此，便遮蔽了学生对教师的影响结果，也遮蔽了师生双方自我教育的结果。

3. 现行体育论的消极功能

现行体育论，从教师对学生的单方影响，切到对体育活动的理解，在有所见的同时，却又存在偏差。这些认识或思维中的偏差，对实际的体育活动，会产生哪些消极的影响呢？一是，从体育的对象看，现行体育论，虽然能够把握到学生，但却遮蔽了教师。由此所导致的后果是：缺少对应性的单一学生对象观，很难对教师的教育或教学产生内在的限定作用，也很难对教师与学生双方产生对应的教育或影响。二是，从体育的内容看，现行体育论，虽然能够把握到教师授予学生的健身知识与技能，但却遮蔽了师生双方在实际生活中所获得与运用的健身知识与技能。由此导致的后果是：不仅使教师授予学生的健身知识与技能陷入孤立或封闭，而且使教师授予学生的他人知识与技能以及师生双方的直接知识与技能难以获得对应的影响或改造。三是，从体育的目的看，现行体育论，虽然能够把握到对学生的体育目的，但却遮蔽了学生个体的体育目的。由此所导致的后果是：不仅使教师对学生的体育目的陷入孤立与封闭之中，而且使教师对学生的目的与学生个体的目的难以产生对应的影响。四是，从体育的机制看，现行体育论，虽然能够把握到教师对学生的主观定位力量，但却遮蔽了学生反过来对教师的主观定位力量，还遮蔽了师生双方对对方的客观定位力量。由此所导致的后果是：不仅导致了教师主观定位的孤立与封闭，而且导致了师生双方的主观与客观定位力量难以获得对应的影响或调整。五是，从体育的途径看，现行体育论，虽然能够把握到教师对学生的外在传授，但却遮蔽了学生对教师的影响途径，还遮蔽了师生双方的自我锻炼的途径。由此所导致的后果是：不仅导致了体育途径的简单与孤立，而且导致了外在与内在途径的分割或分裂。六是，从体育的形式看，现行体育论，虽然能够把握到体育课所体现的有计划、有组织的显在活动形式，但却遮蔽了显在活动所必然引起的隐在体育活动形式。由此所导致的后果是：不仅使显在活动陷入孤立与封闭，而且使两种活动形式难以获得对应的影响或改造。七是，从体育的结果看，现行体育论，虽然能够把握到教师对学生的教育结果，但却遮蔽了学生对教师的教育结果，还遮蔽了师生双方自我教育的结果。由此所导致的后果是：很难实现学生对教师的影响或教育，很难实现师生双方相互对应的他人教育与自我教育。总之，现行体育论，从教师对学生的单方影响，切到对体育活动的理解，在有所见的同时，却又存在偏差。这些认识或思维中的偏差，就师生双方的对应体育而言，会存在多方面的消极作用。

四、本节小结

综上所述，我们看到，现行简单体育论，从教师对学生的单方影响，切到对学校体育活动的理解，虽然能够把握到教师对学生的简单体育，也能够把握到这种简单体育的根据并对实际的简单体育活动产生积极的影响；但是，却遮蔽了学生反过来对教师的对应教育，并进一步遮蔽了双方的自我教育。从思维运作看，现行简单体育论的偏差，是由其主观思维的抽象泛化所导致的。从实际看，这种抽象泛化的思维或认识，对师生双方的对应体育活动存在多方面的消极作用。因此，现行的简单体育论，就必然也必须被合理地反思与改造。

五、本节提示

在本节最后，需要做两点提示：一是，探寻现行体育论的思维活动切入点的根据，就是现行简单体育论的内容；或者说，我们是通过现行简单体育论的内容而探寻到其思维活动的切入点的。二是，对现行体育论的思维活动切入点的遮蔽性分析，不是我们简单的主观分析，而是根据现行体育论所包含的思维活动切入点的所见与所不见而展开的——要特别注意，所见与所不见，两者是具有内在对应关系的必然的存在，而不是人们的主观错误或偏见。

附言：

1. 学校体育从教师对学生的影响开始，这种判断符合健康的常识，但是对体育的理性把握，却不能停留在这里。

2. 学校体育的对象，竟然不包括教师——如果不能说这是对教师身心健康的忽视，那起码可以说这是对教师身心健康的轻视。

3. 学校体育的内容，如果不包括师生在直接生活中所获得或运用的知识与技能，那么，就只能是仅供展示或表演的东西，根本就不可能转向实用。

4. 学校体育，如果仅仅是教师对学生的外在体育，那么，这种体育的有效性就很值得怀疑。

5. 仅仅授予学生健身知识与技能的体育，就是与体育精神无缘的体育。

6. 没有隐在形式的对应，单一显在的体育，就必然会呈现出单调甚至僵硬的形式。

第二节　对现行简单体育论的对应改造

切问：

1. 从动态的体育活动的事实看，现行体育论所包含的"教师对学生的简单体育活动"，其实都是"教师与学生的对应体育活动"吗？

2. 当教师对学生进行体育时，自己也必然会受到学生的影响吗？由此，就可以说，体育的对象是对应的存在吗？

3. 教师所授予的健身知识与技能，只有经过师生双方直接的模仿或练习，才可能转化为师生双方自己的知识与技能吗？由此，就可以说，他人的知识与技能以及自己的模仿或练习，是对应的存在吗？

4. 教师对学生的体育目的，必然会引起学生的反应并产生学生的个体目的吗？由此，就可以说，教师对学生的体育目的与学生个体的体育目的，是对应的存在吗？

5. 师生双方之间的主观定位力量，都必然会引起师生双方反应的客观定位力量吗？由此，就可以说，体育中的主观与客观定位力量，是对应的存在吗？

6. 师生双方之间的外在影响途径，都必然会引起师生双方内在自我的影响吗？由此，就可以说，体育活动中的外在与内在影响途径，是对应的存在吗？

7. 体育活动有计划、有组织的显在形式，必然会引起客观环境或条件的内隐的变化吗？由此，就可以说，体育活动的显在形式与隐在形式是对应存在的吗？

8. 教师对学生体育的结果，必然会引起学生的变化或发展；而学生的变化或发展，又必然会引起教师的变化或发展吗？由此，就可以说，体育活动对师生双方的教育结果是对应存在的吗？

一、对现行体育论所包含的泛化思维的对应改造

上一节我们谈到，现行体育论，之所以存在偏差，是因为在其思维运作中存在抽象泛化的不足。因此，要改造现行体育论，就必须改造其抽象泛化的主观思维。如何改造这种思维呢？这首先就需要摆脱现行体育论所包含的简单主观思维，而转向对体育活动事实的关注——由主观思维，转向事实思维。其次，还需要走出体育研究者简单泛化的抽象思维，而转向对体育活动的客观与主观的对应思维——由泛化思维，转向对应思维。

二、对现行体育论所包含的思维切入点的对应改造

现行体育论，从教师对学生的单方影响开始，切到对体育活动的理解，这一切入点本身并不存在问题。现行体育论的问题在于：首先，从教师对学生的单方影响开始，切到对体育活动的理解；其次，却并没有对这一动态影响的过程做出对应的考察，而是仅仅停留在教师对学生的单方影响这里，并将体育活动抽象为教师对学生的简单活动。

教师对学生影响的体育活动的动态过程，又是怎样的呢？征之于实际，我们看到，在学校体育活动中，教师对学生的任何影响，都必然会引起学生的反应；而这种反应，又必然会反过来对教师产生影响。这清楚地表明，教师对学生的体育，其实都是对应存在的体育，或者说，是教师与学生之间的体育，而不是现行体育论所把握到的教师对于学生的简单体育。由此，我们就将现行体育论"教师对学生的简单体育活动"的切入点，改造为"教师与学生的对应体育活动"的切入点。

三、对现行体育论所包含的具体内容的对应改造

对应体育论，从教师与学生的对应活动，切到对学校体育活动的理解，能够对现行的体育论，做出哪些方面的改造呢？下面，分而论之。

第一，从体育的对象看，对应体育论，既能把握到学生，又能把握到教师，而不是现行体育论所把握到的单一的学生。这里的道理是：教师对学生的任何体育活动，都必然会引起学生的反应，而这又必然会反过来影响到教师。这清楚地表明，体育活动的对象，都是相互对应的对象，而不可能是现行体育论所把握到的单一对象。

第二，从体育的内容看，对应体育论，既能把握到教师授予学生的健身知识与技能，又能把握到师生双方在实际生活中所获得与运用的健身知识与技能，而不是现行体育论所把握到的单一的教师授予学生的健身知识与技能。这里的道理是：教师对学生所传授的任何健身知识与技能，都只能依托师生双方在生活中所形成或获得的直接经验中的知识与技能，才可能转化为师生双方的健身知识与技能。这清楚地表明，体育活动的内容，都是相互对应的内容，而不可能是现行体育论所把握到的单一内容。

第三，从体育的目的看，对应体育论，既能把握到教师对学生的体育目的，又能把握到学生个体的体育目的，而不是现行体育论所把握到的单一的教师对学生的体育目的。这里的道理是：教师对学生的任何目的性预设，都必然会引起学生的反应；而学生的反应，又必然会推动学生产生自己的目的。这清楚地表明，体育活动的目的，都是相互对应的目的，而不可能是现行体育论所把握到的教师对学生的单一目的。

第四，从体育的机制看，对应体育论，既能把握到教师对学生的主观定位力量，又能把握到学生反过来对教师的主观定位力量，还能把握到师生双方对对方的客观定位力量，而不是现行体育论所把握到的单一的教师对学生的主观定位力量。这里的道理是：教师对学生的任何主观定位力量，都必然会引起学生对教师反向的主观定位力量；同时，师生双方的主观定位力量，也都必然会引起双方反应的客观定位力量。这清楚地表明，体育活动的机制，必定是相互对应的机制，而不可能是现行体育论所把握到的孤立的主观定位力量。

第五，从体育的途径看，对应体育论，既能把握到教师对学生的外在传授途径，又能把握到学生对教师的外在影响途径，还能把握到师生双方自我锻炼的内在途径，而不是现行体育论所把握到的单一的教师对学生外在传授的途径。这里的道理是：教师对学生的任何外在传授，都必然会反过来对教师产生影响；

同时，师生双方的任何健身知识与技能，也都只能通过师生双方的自我锻炼，才能转化为师生双方的体力、体质与体育的锻炼精神。这清楚地表明，体育活动的途径，必定是师生双方传授与锻炼的对应途径，而不可能是现行体育论所把握到的教师对学生的单一外在传授的途径。

第六，从体育的形式看，对应体育论，既能把握到体育课所体现的有计划、有组织的显在活动形式，又能把握到由显在活动所必然引起的隐在体育活动形式，而不是现行体育论所把握到的单一显在活动形式。这里的道理是：教师对学生任何有计划、有组织的显在活动形式，都必然会引起学生内隐的多样的反应；而这些反应，却不可能是教师在体育课前就能预设的。这清楚地表明，体育活动的形式，必定是相互对应的形式，而不可能是现行体育论所把握到的单一显在形式。

第七，从体育的结果看，对应体育论，既能把握到教师对学生的教育结果，又能把握到学生对教师的教育结果，还能把握到师生双方自我教育的结果，而不是现行体育论所把握到的单一的教师对学生的教育结果。这里的道理是：教师对学生的任何教育结果，都必然会转化为学生的变化或成长；同时，学生的变化或成长，也都必然会反过来转化为教师的变化或成长。这清楚地表明，体育活动的结果，必定是相互对应的结果，而不可能是现行体育论所把握到的教师对学生的单一结果。

四、对应体育论的积极功能

对应体育论，从教师与学生的对应活动，切入到对体育活动的理解，能够对实际的体育活动，产生哪些方面的积极影响呢？下面，分而论之。

第一，从体育的对象看，对应体育论，能够对实际的体育活动产生如下三方面的积极影响：一方面是，对应体育论，能够把握到学生作为体育的对象；因此，就能够支持教师对学生的教育或训练。另一方面是，对应体育论，也能够把握到教师作为体育的对象；因此，就能够支持学生对教师的影响或训练。最后一个方面是，对应体育论，既能把握到学生作为体育的对象，又能把握到教师作为体育的对象；因此，就能够支持师生双方建构出以相互对象性为基础的对等体育关系。鉴于现行体育论的遮蔽或偏差，我们愿意特别强调如下两点：一点是，要像关注学生的身心健康一样，也要去关注教师的身心健康。这里的关键是要走出一个常见的误区，即认为教师处于成年或成熟时期，似乎不需要关注身心的健康问题。其实，教师像学生一样，都处于身心变化或发展的特定阶段，这特定阶段都存在自身的健康问题。因此，都需要引起教育的对应关注。

另一点是，不仅要分别关注学生与教师各自的身心健康，而且要对应关注教师与学生在对等影响中的身心健康。这种对等影响的理想性定位是：师生双方在施教与受教一致性的基础上，走向对等的体育，以实现双方互补性的变化或发展。这种对等影响的现实性定位是：既要以教师合理的影响，去丰富或改造学生不合理的方面；又要以学生合理的影响，去丰富或改造教师不合理的方面。这种对等影响的禁止性定位是：在施教与受教不一致性的基础上，师生双方都不能破坏对应的体育关系。我们认为，经由三线定位的体育，就可以构建出师生双方以相互对象性为基础的对等体育关系。由此，也可以规避由单一对象所必然导致的不对等师生关系。

　第二，从体育的内容看，对应体育论，能够对实际的体育活动产生如下三方面的积极影响：一方面是，对应体育论，能够把握到教师授予学生的健身知识与技能，因此，就能够支持师生双方开展间接经验中的健身知识与技能的对应教育或教学。另一方面是，对应体育论，也能够把握到师生双方在实际生活中所获得与运用的健身知识与技能。比如，师生双方在课间或课外活动中摇动头部以活动颈部，身体扭动以活动腰部，四肢摆动以活动身体各个关节，等等。因此，能够支持师生双方开展直接经验中的健身知识与技能的对应教育或教学。最后一个方面是，对应体育论，既能把握到教师授予学生的健身知识与技能，又能把握到师生双方在实际生活中所获得与运用的健身知识与技能；因此，能够支持师生双方开展以两种知识与技能的对应为基础的对等教育或教学。鉴于现行体育论的遮蔽或偏差，我们愿意特别强调如下两点：一点是，要像关注教师授予学生的健身知识与技能一样，去关注师生双方在实际生活中所获得与运用的健身知识与技能。在这里，需要明白，师生双方在实际生活中所获得与运用的健身知识与技能，虽然没有教师授予学生的健身知识与技能那样规范或系统；但却是师生双方最经常、最可靠、最有效的健身知识与技能，也最能适应师生双方的个体差异。另一点是，不仅要分别关注两种健身知识与技能，而且要关注两种知识与技能的对等影响。这种对等影响的理想性定位是：在两种知识与技能一致性的基础上，走向对等的影响，以实现双方互补性的变化或发展。这种对等影响的现实性定位是：既要根据间接经验中合理的健身知识与技能，去丰富或完善自身经验中不合理的健身知识与技能；又要根据自身经验中合理的健身知识与技能，去丰富或完善不合理的间接经验中的健身知识与技能。这种对等影响的禁止性定位是：在两种知识与技能不一致性的基础上，师生双方都不能破坏对应的影响关系。我们认为，经由三线定位的影响，就可以构建出以两种知识与技能的对应性为基础的对等影响关系。由此，也可以规避由单一知识与技能所必然导致的两种知识与技能的不对等影响关系。

第三，从体育的目的看，对应体育论，能够对实际的体育活动产生如下三方面的积极影响：一方面是，对应体育论，能够把握到对教师对学生的体育目的。因此，能够支持教师根据社会的需要去开展对学生的体育活动。另一方面是，对应体育论，也能够把握到学生个体的体育目的。因此，能够支持学生根据自身需要去开展体育活动。最后一个方面是，对应体育论，既能把握到教师对学生的体育目的，又能把握到学生个体的体育目的。因此，能够支持师生双方构建出以社会需要与个体需要的对应性为基础的对等体育目的关系。鉴于现行体育论的遮蔽或偏差，我们愿意特别强调如下两点：一是，要关注体育的社会目的的不合理性与个体目的的合理性。这里的关键是要走出现行教育理论的误区，那就是认为教师所代表的社会目的只有合理性而学生的个体目的则只有不合理性——这当然是简单思维的后果。在对应思维的视野中，社会目的与个体目的双方，都分别具有自身的合理性与不合理性，所以，就不仅要关注社会目的的合理性与学生目的的不合理性，而且要关注社会目的的不合理性与学生目的的合理性。二是，关注体育的社会目的与个体目的之间的对等影响关系即三线定位的影响关系——关注理想性的上线，即在两种体育目的的一致性的基础上，走向双方的对等影响，以实现双方互补性的变化或发展；关注现实性的中线，即在两种体育目的不一致性的基础上，走向相互的调整或改造，以实现双方生成性的变化或发展；关注禁止性的底线，即在两种体育目的的不一致性的基础上，师生双方都不能破坏或割裂对应的影响关系。我们认为，经由三线定位的影响，就可以构建出两种体育目的以各自合理性与不合理性的对应为基础的对等影响关系。由此，也可以规避由具有单一合理性的社会目的所必然导致的两种体育教育目的之间的不对等关系。

第四，从体育的机制看，对应体育论，能够对实际的体育活动产生如下三方面的积极影响：一方面是，对应体育论，能够把握到教师对学生的主观与客观定位力量。因此，能够支持教师在主观与客观一致的情况下开展既定的教育，也能够支持教师在主观与客观不一致的情况下进行反思、改变或调整既定的教育。另一方面是，对应体育论，也能够把握到学生对教师的主观与客观定位力量。因此，能够支持学生在主观与客观一致的情况下开展既定的影响，也能够支持学生在主观与客观不一致的情况下反思、改变或调整既定的影响。最后一个方面是，对应体育论，既能把握到师生双方的主观定位力量，又能把握到师生双方对对方的客观定位力量。因此，能够支持师生双方开展以主观与客观的对应为基础的对等的体育。鉴于现行体育论，忽视学生对教师的主观定位力量以及忽视师生双方对对方的客观定位力量的偏差，我们愿意特别强调学生对教师的主观定位力量以及师生双方对对方的客观定位力量。这包含两层基本内容：一层内容是，要像关注教师对学生的主观定位力量一样，去关注学生对教师的主观定位力量；因为，单一的教师对学生的主观定位力量，根本就不是实然状态的存在。另一层内容是，不仅强调师生双方的主观定位力量，而且要强调师生双方对对方的客观定位力量；以求师生双方建构出以主观与客观对应定位力量为基础的对等体育关系。这种对等体育关系的理想性定位是：在双方主观与客观一致性影响基础上，走向双方的互补性变化或发展。这种对等体育关系的现实性定位是：师生双方，既要根据对方合理的主观与客观定位力量，去调整或改变自己不合理的主观与客观定位力量；又要根据自己合理的主观与客观定位力量，去调整或改变对方不合理的主观与客观定位力量；以求实现双方主观与客观定位力量的生成性变化或发展。这种对等体育关系的禁止性定位是：在双方主观与客观不一致性影响基础上，双方都不能破坏或割裂对应的体育关系。我们认为，经由三线定位的影响，可以构建出师生双方以主观与客观的对应性为基础的对等体育关系。由此，也可以规避由教师单一的主观定位力量所导致的不对等体育关系。

第五，从体育的途径看，对应体育论，能够对实际的体育活动产生如下三方面的积极影响：一方面是，对应体育论，能够把握到教师对学生的外在传授途径。因此，能够支持教师对学生的外在授予。另一方面是，对应体育论，也能够把握到学生对教师的外在影响途径。因此，能够支持学生对教师的外在影响。最后一个方面是，对应体育论，既能把握到师生双方的外在影响途径，又能把握到师生双方的自我锻炼途径。因此，能够支持师生双方展开以外在传授与自我锻炼的对应性为基础的对等的体育。鉴于现行体育论，忽视学生对教师的外在影响途径以及忽视师生双方自我锻炼的偏差，我们愿意特别强调学生对教师的外在影响途径以及师生双方的自我锻炼途径。这包含两层基本内容：一层内容是，要像关注教师对学生的外在传授一样，去关注学生对教师的外在影响；因为，单一的教师对学生的外在传授，根本就不是实然状态的存在。另一层内容是，不仅强调师生双方的外在影响途径，而且要强调师生双方的自我锻炼途径，以求师生双方建构出以外在传授与自我锻炼的对应性为基础的对等体育关系。这种对等体育关系的理想性影响基础上，走向两种途径的互补性变化或发展。这种对等体育关系的现实性定位是：师生双方，既要根据对方合理的外在影响，去调整或改变不合理的自我锻炼；又要根据合理的自我锻炼，去调整或改造对方不合理的外在影响，以求实现两种途径的生成性变化或发展。这种对等体育关系的禁止性定位是：在外在传授与自我锻炼不一致性影响基础上，双方都不能破坏或割裂对应的体育关系。我们认为，经由三线定位的影响，可以构建出师生双方以外在传授与自我锻炼的对应性为基础的对等体育关系。由此，也可以规避由教师单一的外在传授所导致的不对等体育关系。

第六，从体育的形式看，对应体育论，能够对实际的体育活动产生如下三方面的积极影响：一方面是，对应体育论，能够把握到体育课所体现的有计划、有组织的显在活动形式。因此，能够支持师生双方按照既定的安排有序地开展体育活动。另一方面是，对应体育论，也能够把握到由显在活动所必然引起的隐在活动。因此，能够支持师生双方在随机的变通的状态中开展体育活动。最后一个方面是，对应体育论，不仅能够把握到显在的体育活动形式，而且能把握到隐在的体育活动形式。因此，能够支持师生双方建构出以有序与变通的对应性为基础的对等体育活动形式。鉴于现行体育论，忽视隐在体育活动形式的这一偏差，我们愿意特别强调隐在体育活动形式的客观存在。这一强调，包含两层基本内容：一层内容是，要像承认显在体育活动形式的存在一样，也要承认隐在体育活动形式的存在，因为，单一的显在体育活动形式，根本就不是实然状态的存在。另一层内容是，不仅要分别承认显在与隐在体育活动形式的存在，而且要承认两种活动形式的对应存在，以求师生双方构建出以两种活动形式的对应性为基础的对等体育活动形式。这种对等体育活动形式的理想性定位是：在显在与隐在活动形式一致性影响基础上，走向两种途径的互补性变化或发展。这种对等体育活动形式的现实性定位是：既要以合理的显在活动形式，去调整或改造不合理的隐在活动形式；又要以合理的隐在活动形式，去调整或改造不合理的显在活动形式，以实现两种活动形式的生成性变化或发展。这种对等体育活动形式的禁止性定位是：在显在与隐在活动形式不一致性影响基础上，师生双方都不能破坏或割裂对应的体育关系。我们认为，经由三线定位的影响，可以构建出师生双方以显在与隐在活动形式的对应性为基础的对等体育活动形式。由此，也可以规避由单一的显在形式所导致的不对等体育活动形式。

第七，从体育的结果看，对应体育论，能够对实际的体育活动产生如下三方面的积极影响：一方面是，对应体育论，能够把握到学生在教师影响中的变化或发展。因此，能够支持教师对学生影响的结果。另一方面是，对应体育论，也能够把握到教师在学生影响中的变化或发展。因此，能够支持学生对教师影响的结果。最后一个方面是，对应体育论，既能把握到师生双方在对方影响中的变化或发展，又能把握到师生双方在自我影响或教育中的变化或发展。因此，能够支持师生双方构建出以他人教育与自我教育的对应性为基础的对等体育关系。鉴于现行体育论，忽视学生对教师的影响结果以及忽视师生双方自我教育的结果的偏差，我们愿意特别强调学生对教师的影响结果与师生双方自我教育的结果。这包含两层基本内容：一层内容是，要像关注教师对学生的影响结果一样，去关注学生对教师的影响结果，因为，单一的教师对学生的影响结果，根本就不是实然状态的存在。另一层内容是，不仅要强调师生双方彼此的影响结果，而且要强调师生双方自我教育的结果，以求师生双方建构出以他人教育与自我教育的对应性为基础的对等体育关系。这种对等体育关系的理想性定位是：在他人教育与自我教育结果一致性影响基础上，走向师生双方的互补性变化或发展。这种对等体育关系的现实性定位是：师生双方既要接受对方合理的外在影响结果，以丰富或调整自己不合理的自我教育的结果；又要接受自己合理的内在影响结果，以丰富或调整对方不合理的外在影响结果，以实现双方的生成性变化或发展。这种对等体育关系的禁止性定位是：在他人教育与自我教育结果不一致性影响基础上，师生双方都不能破坏或割裂对应的体育关系。我们认为，经由三线定位的影响，可以构建出师生双方以他人教育与自我教育结果的对应性为基础的对等体育关系。由此，也可以规避由单一的他人教育结果所导致的不对等体育关系。

五、本节小结

综上所述，我们对现行体育论的改造，涉及三层基本内容：一是，首先，由现行体育论所包含的主观思维，转换到事实思维；其次，在事实思维基础上，将现行体育观所包含的主观泛化思维，改造为主观与客观的对应思维。二是，在对应思维中，将现行体育论所包含的认识体育活动的"教师对学生的简单活动"的思维切入点，改造为"教师与学生的对应活动"的思维切入点。三是，在"教师与学生的对应活动"视野中，分别对体育活动的对象、内容、目的、机制、途径、形式以及结果这些基本方面，做出了对应的改造。最后，我们分别考察了对应体育论，在体育对象、内容、目的、机制、途径、形式以及结果这些基本方面的观点，对实际的体育活动所产生的积极影响，以推动人们从现行的简单体育论，转换到对应的体育论。

为了更简明地把握两种体育论的不同，我们不妨将其中所包含的不同思维路线，做出如下比较：

简单体育论的单线定位路线——体育，就是教育者对受教育者的简单影响活动——这里需要特别注意，简单体育论，仅仅是对教育者的单一主观愿望或价值期待这一条思维路线的反映。

对应体育论的三线定位路线——体育，就是教育者与受教育者双方的对应影响活动；它包含双方理想的上线、现实的中线以及戒律的底线——这里需要特别注意，对应体育论，是对教育者与受教育者双方理想、现实与戒律的三条思维路线的反映。

六、本节提示

在本节最后，需要做两点提示：一是，由"教师对学生的简单活动"，到"教师与学生的对应活动"的过渡环节，就是由对体育活动的主观抽象思维，转向对体育活动的客观与主观的对应思维。二是，由"教师对学生的简单定位关系"，到"教师与学生的对应定位关系"的过渡环节，就是由对体育活动的主观抽象思维，转向对体育活动的客观与主观的对应思维。

附言：

1. 学校体育的对象，绝不仅仅只有学生，而且包括教师——要注意，这是一个具有内在对应关系的命题。

2. 外因与内因，是人或事物变化的对应原因，单一的外因决定论或内因决定论，都不过是简单思维的偏论。

3. 缺少体育锻炼的精神，而只求体力或体质的人，其实也就是简单的人。

4. 在对应体育论的视野中，既能锻炼体力与体质，又能涵养体育精神的人，也就是以体育的对应性为基础的丰富的人。

5. 体育锻炼，使身体状态从日常进入到紧张，正是身体的这种紧张，才能将身体对先天获得的本能力量加以磨炼并因此而得以增强。

6. 锻炼身体与涵养精神的情怀，共同构成体育对人的生命本体的对应关怀或对应关爱。

第五章

对现行简单美育论的遮蔽性分析与对应改造

第一节　对现行简单美育论的遮蔽性分析

切问：

1. 现行美育论，将美育规定为教师对学生的简单活动；其思维活动的切入点在哪里？我们如何才能探索到其思维活动的切入点？

2. 现行美育论，从其思维活动的切入点上，能够把握到美育活动哪些方面的内容呢？

3. 现行美育论的根据是什么？这种美育论，对实际的美育活动具有哪些积极作用？

4. 现行美育论，从其思维活动的切入点上，在对美育活动有所把握的同时，却又遮蔽了哪些内容呢？

5. 现行美育论，存在多方面的遮蔽，其认识上的根源是怎样的？

6. 现行美育论，对实际的美育活动具有怎样的消极作用？

一、现行美育论的内容、属性及其思维活动的切入点

1. 现行美育论的内容

在现行教育理论的视野中，美育是指"培养学生正确的审美观，发展他们鉴赏美、创造美的能力，培养他们的高尚情操和文明素质的教育"①。更清楚地表达，也就是：教师培养学生正确的审美观，发展他们鉴赏美、创造美的能力，培养他们的高尚情操和文明素质的教育。简约地表达，也就是：教师对学生的单方美育。这就是现行的学校美育论。

2. 现行美育论的属性

现行学校美育论认为，美育，就是教师对学生的单方美育。学校美育活动

---

① 王道俊，郭文安. 教育学 ［M］. 北京：人民教育出版社，2009：108.

的事实，果真是这样的吗？当教师对学生进行教育时，学生不会因为受到教师的教育而发生自我教育吗？学生不会反过来对教师产生影响或教育吗？教师不会因为受到学生的教育而发生自我教育吗？然而，现行学校美育论，却无视美育活动中这些具有内在对应性关系的事实，在主观思维中将学校美育仅仅规定为教师对学生的单方美育。由此，我们就可以有根据地说，现行美育论是一种具有片面性或简单性的美育论。

3. 现行美育论的思维活动的切入点

现行学校美育论，既然将美育规定为教师对学生的单方美育，那么，我们就可以根据这一内容，反向地推论出其思维活动的切入点，那就是教师对学生的教育。正向地表达，也就是：现行学校美育论，正是从教师对学生的教育，切到对学校美育活动的理解，才将学校美育规定为教师对学生的单方美育。

二、现行美育论的所见、根据及其积极功能

1. 现行美育论的所见

现行学校美育论，从教师对学生的单方教育，切到对学校美育的理解，能够把握到美育活动的哪些方面的内容呢？这主要表现在如下七个基本方面：一是，从美育的对象看，现行美育论，能够把握到学生是美育的对象。二是，从美育的内容看，现行美育论，能够把握到如引文中所说的正确的审美观。三是，从美育的目的看，现行美育论，能够把握到对学生的简单美育目的，那就是如引文中所说的发展他们鉴赏美、创造美的能力，培养他们的高尚情操和文明素质。四是，从美育的机制看，现行美育论，能够把握到教师对学生的主观定位力量。五是，从美育的途径看，现行美育论，能够把握到如引文中所说的教师对学生的外在培养。六是，从美育的形式看，现行美育论，能够把握到教师对学生进行外在培养所需要的显在形式。七是，从美育的结果看，现行美育论，能够把握到教师对学生的影响结果；或者说，能够把握到学生在教师影响中的变化或发展。

2. 现行美育论的根据

现行学校美育论，在上述七个方面的所见，是有根据的吗？一是，从美育的对象看，处于基础教育阶段的青少年学生，正处于辨别真、假、美、丑的重要时期，对他们进行关于正确的审美观或欣赏美或创造美的美育，当然是有其成长的根据的，也是不可或缺的。二是，从美育的内容看，教师需要引导学生建立分辨美与丑的根据或标准，当然就需要培养学生正确的审美观，这是有根据的。三是，从美育的目的看，既然学生是美育的对象，那么，预先设定对于

学生的美育目的，就是有根据的。四是，从美育的机制看，既然教师要对学生进行美育，那么，就需要发挥对学生的主观定位力量这一机制，这是有根据的。五是，从美育的途径看，既然教师要发挥对学生的主观影响力量，那么，就需要对学生的外在培养，这也是有根据的。六是，从美育的形式看，既然教师要对学生进行主观定位与外在的培养，那么，美育的有计划、有组织的形式也就是有根据的。七是，从美育的结果看，既然教师对学生进行了主观定位与外在的培养，那么，学生就必然会受到教师的影响或塑造，这也是有根据的。

3. 现行美育论的积极功能

现行学校美育论，在上述七个方面的所见，对学校美育活动的实际，都具有积极的功能。一是，从美育的对象看，现行美育论，能够把握到学生这一对象，这能够支持教师对学生的美育，也能够支持学生接受源于教师的美育。二是，从美育的内容看，现行美育论，能够把握到正确的审美观，这能够给师生的教育或教学带来方便，也能够给教师对学生的评价带来方便。三是，从美育的目的看，现行美育论，能够把握到学生作为美育的目的，这能够给美育活动提供基本的预设或规划。四是，从美育的机制看，现行美育论，能够把握到教师对学生的主观定位力量，这能够支持教师对学生的主观定位或安排，也能够支持学生接受教师的定位或安排。五是，从美育的途径看，现行美育论，能够把握到教师对学生的外在培养这一途径，这能够支持教师对学生的外在影响，也能够支持学生接受教师的外在影响。六是，从美育的形式看，现行美育论，能够把握到有计划、有组织的显在形式，这能够支持师生按照既定程序开展美育。七是，从美育的结果看，现行美育论，能够把握到学生在教师教育中的变化或发展，这能够支持教师对学生的影响或塑造，也能够支持学生接受教师的影响或塑造。总之，现行学校美育论，从教师对学生的单方教育，切到对学校美育的理解，所把握到的基本内容，就教师对学生的简单美育而言，会具有多方面的积极作用。

三、现行美育论的偏差、根源及其消极功能

1. 现行美育论的偏差

现行学校美育论，从教师对学生的单方教育，切到对学校美育的理解，在有所把握的同时，却又遮蔽了哪些方面的内容呢？这也主要表现在如下七个基本方面：一是，从美育的对象看，现行美育论，在把握到学生是美育对象的同时，却遮蔽了教师也是美育的对象。二是，从美育的内容看，现行美育论，在把握到间接经验中正确的审美观的同时，却遮蔽了间接经验中不正确的审美观

或其他的审美观，还遮蔽了师生双方直接经验中的审美观。三是，从美育的目的看，现行美育论，在把握到对学生的美育目的的同时，却遮蔽了学生个体的美育目的。四是，从美育的机制看，现行美育论，在把握到教师对学生的主观定位力量的同时，却遮蔽了学生反过来对教师的主观定位力量，还遮蔽了师生双方对对方的客观定位力量。五是，从美育的途径看，现行美育论，在把握到教师对学生的外在培养的同时，却遮蔽了学生对教师的反向影响途径，也遮蔽了师生双方自我修养的内在途径。六是，从美育的形式看，现行美育论，在把握到教师对学生进行外在培养所需要的显在活动形式的同时，却遮蔽了由显在活动所必然引起的客观内隐的美育活动形式，即隐在活动的形式。七是，从美育的结果看，现行美育论，在把握到教师对学生的培养结果的同时，却遮蔽了学生对教师的影响结果，还遮蔽了师生双方自我修养的结果。

2. 现行美育论的根源

从思维运作看，现行美育论，之所以存在上述偏差，是其主观抽象思维的泛化导致的。一是，从美育的对象看，在实际的学校美育活动中，教师对学生的任何影响或培养，都必然会引起学生的反应；而学生的这种反应，又必然会反过来对教师产生影响或培养——这便是美育对象之间内在的相互性或对应性。或者说，美育的对象是相互对应的对象。然而，现行美育论，却在其主观抽象思维中，片面地抽取出学生作为美育的对象，并以偏概全地泛指美育活动中相互的对象。由此，便遮蔽了教师作为美育的对象。二是，从美育的内容看，在实际的学校美育活动中，间接经验中正确的审美观，只能与其他审美观相对应而存在，孤立的正确的审美观，从来都不是实然状态的存在。同时，正确的审美观，也只能依托师生双方直接经验中的审美观这一中介，才可能转化为师生双方的审美观——这便是美育内容中间接经验之间以及间接经验与直接经验之间内在的相互性或对应性。然而，现行美育论，却在其主观抽象思维中，片面地抽取出间接经验中的正确审美观，并以偏概全地泛指美育活动中对应的内容。由此，便遮蔽了间接经验中的其他审美观，还遮蔽了师生双方直接经验中的审美观。三是，从美育的目的看，在实际的学校美育活动中，教师对学生的任何目的或预设，都必然会引起学生的反应并产生学生自己的目的——这便是美育目的之间内在的相互性或对应性，或者说，美育的目的是相互对应的目的。然而，现行美育论，却在其主观抽象思维中，片面地抽取出美育对学生的简单目的，并以偏概全地泛指美育活动中对应的目的。由此，便遮蔽了学生个体的美育目的。四是，从美育的机制看，在实际的学校美育活动中，教师对学生的任何主观定位或安排，都必然会引起学生对教师反向的主观定位力量；同时，师生双方的主观定位力量，也都必然会引起双方反应的客观定位力量——这便是美育活动中主观与客观定位力量的相互性或对应性。然而，现行美育论，却在其主观抽象思维中，片面地抽取出教师对学生的主观定位力量，并以偏概全地泛指美育活动中对应的定位力量。由此，便遮蔽了学生对教师的主观定位力量，也遮蔽了师生双方对对方的客观定位力量。五是，从美育的途径看，在实际的学校美育活动中，教师对学生的任何外在培养，都必然会引起学生对教师的反向影响；同时，师生双方的审美观，也都只能通过师生双方的自我修养，才可能转化为双方高尚的情操或文明的素质——这便是美育途径的外在培养与自我修养的相互性或对应性。然而，现行美育论，却在其主观抽象思维中，片面地抽取出教师对学生的外在培养，并以偏概全地泛指美育活动中对应的途径。由此，便遮蔽了学生对教师的影响途径，也遮蔽了师生双方自我修养的内在途径。六是，从美育的形式看，在实际的学校美育活动中，教师对学生任何有计划、有组织的显在活动形式，都必然会引起学生内隐的多样的反应；而这内隐的多样的反应，却不可能是教师在美育活动开始之前就能计划或安排好的。由此，美育活动的实际状态，就是有计划、有组织的显在活动形式与无计划、无组织的隐在活动形式对应存在的状态——这也就是美育活动的显在形式与隐在形式的内在的相互性或对应性。然而，现行美育论，却在其主观抽象思维中，片面地抽取出美育活动的显在形式，并以偏概全地泛指美育活动中对应的形式。由此，便遮蔽了美育活动的隐在形式。七是，从美育的结果看，在实际的学校美育活动中，教师对学生的任何培养的结果，都必然会转化为学生的变化或成长；同时，学生的变化或成长，也都必然会反过来转化为教师的变化或成长——这便是美育活动中他人培养与自我修养的相互性或对应性。然而，现行美育论，却在其主观抽象思维中，片面地抽取出教师对学生的培养结果，并以偏概全地泛指美育活动中对应的教育结果。由此，便遮蔽了学生对教师的影响结果，也遮蔽了师生双方自我修养的结果。

3. 现行美育论的消极功能

现行美育论，从教师对学生的单方影响，切到对美育活动的理解，在有所见的同时，却又存在偏差。这些认识或思维中的偏差，对实际的美育活动，会产生哪些消极的影响呢？一是，从美育的对象看，现行美育论，虽然能够把握到学生，但却遮蔽了教师。由此所导致的后果是：缺少对应性的单一学生对象观，很难对教师的教育或培养产生内在的限定作用，也很难对师生双方产生对应的教育或影响。二是，从美育的内容看，现行美育论，虽然能够把握到正确的审美观，但却遮蔽了其他的审美观，还遮蔽了师生双方直接经验中的审美观。

由此导致的后果是：难以对间接经验中不同的审美观进行对应的教育，也难以对间接经验与直接经验中的审美观进行对应的教育。三是，从美育的目的看，现行美育论，虽然能够把握到对学生的美育目的，但却遮蔽了学生个体的美育目的。由此所导致的后果是：不仅使教师对学生的美育目的陷入孤立与封闭状态，而且使教师对学生的目的与学生个体的目的难以产生对应的影响。四是，从美育的机制看，现行美育论，虽然能够把握到教师对学生的主观定位力量，但却遮蔽了学生反过来对教师的主观定位力量，还遮蔽了师生双方对对方的客观定位力量。由此所导致的后果是：不仅使教师的定位力量陷入孤立状态，而且使师生双方主观与客观的定位力量难以获得对应的影响或调整。五是，从美育的途径看，现行美育论，虽然能够把握到教师对学生的外在培养，但却遮蔽了学生对教师的影响途径，还遮蔽了师生双方自我修养的途径。由此所导致的后果是：不仅使教师外在传授的途径陷入孤立状态，而且使师生双方外在与内在的途径难以获得对应的影响或调整。六是，从美育的形式看，现行美育论，虽然能够把握到美育活动有计划、有组织的显在形式，但却遮蔽了显在活动所必然引起的隐在活动形式。由此所导致的后果是：缺少隐在活动对应的单一显在美育活动，很容易陷入由程序化所导致的单调甚至死板的状态。七是，从美育的结果看，现行美育论，虽然能够把握到教师对学生的培养结果，但却遮蔽了学生对教师的影响结果，还遮蔽了师生双方自我修养的结果。由此所导致的后果是：很难实现学生对教师的影响或培养，也很难实现师生双方相互对应的他人培养与自我修养。总之，现行美育论，从教师对学生的单方影响，切到对美育活动的理解，在有所见的同时，却又存在偏差。这些认识或思维中的偏差，就师生双方的对应美育而言，会存在多方面的消极作用。

四、本节小结

综上所述，我们看到，现行的简单美育论，从教师对学生的单方影响，切到对学校美育活动的理解，虽然能够把握到教师对学生的简单美育，也能够把握到这种简单美育的根据并对实际的简单美育活动产生积极的影响；但是，却遮蔽了学生反过来对教师的对应美育，并进一步遮蔽了双方的自我修养。从思维运作看，现行简单美育论的偏差，是由其主观思维的抽象泛化所导致的。从实际看，这种抽象泛化的思维或认识，对师生双方的对应美育活动存在多方面的消极作用。因此，现行简单美育论，就必然也必须被合理地反思与改造。

五、本节提示

在本节最后，需要做两点提示：一是，探寻现行美育论的思维活动切入点的根据，就是现行简单美育论的内容；或者说，我们是通过现行简单美育论的内容而探寻到其思维活动的切入点的。二是，对现行美育论的思维活动切入点的遮蔽性分析，不是我们简单的主观分析，而是根据现行美育论所包含的思维活动切入点的所见与所不见而展开的——要特别注意，所见与所不见，两者是具有内在对应关系的必然的存在，而不是人们的主观错误或偏见。

附言：

1. 迂腐地说：学生是主观预设的显在美育对象，而教师则是客观生成的隐在美育对象。

2. 学校美育的对象，如果不包括教师，那是因为在认识上对客观生成的师生关系的无知。

3. 学校美育的内容，如果不包括师生直接生活中的生命感受，那么，就根本无法被师生所接受。

4. 学校美育，如果不能激发出师生双方内在的生命力，那么，就不可能转化为双方的审美素质。

5. 没有不正确的审美观的对比或对应，单一的所谓培养学生正确的审美观，就只能成为无根的悬谈。

6. 没有隐在形式的对应，单一显在的美育，就很容易沦为缺少美感的单调、苍白而僵硬的形式。

第二节　对现行简单美育论的对应改造

切问：

1. 从动态的美育活动的事实看，现行美育论所包含的"教师对学生的简单美育"，其实都是"教师与学生的对应美育"吗？

2. 当教师对学生进行美育时，自己也必然会受到学生的影响吗？由此，就可以说，美育的对象，是对应的存在吗？

3. 美育活动中的间接经验，只有经过师生双方的直接经验，才可能转化为师生双方可理解的经验吗？由此，就可以说，间接经验与直接经验，是对应的存在吗？

4. 教师对学生的美育目的，必然会引起学生的反应并产生学生自己的目的吗？由此，就可以说，教师的美育目的与学生的美育目的，是对应的存在吗？

5. 师生双方之间的主观定位力量，都必然会引起师生双方反应的客观定位力量吗？由此，就可以说，美育活动中的主观与客观定位力量，是对应的存在吗？

6. 师生双方之间的外在影响途径，都必然会引起师生双方内在自我的影响途径吗？由此，就可以说，美育活动中的外在与内在影响途径，是对应的存在吗？

7. 美育活动有计划、有组织的显在形式，必然会引起客观环境或条件的内隐的变化吗？由此，就可以说，美育活动的显在形式与隐在形式是对应存在的吗？

8. 教师对学生美育的结果，必然会引起学生的变化或发展；而学生的变化或发展，又必然会引起教师的变化或发展吗？由此，就可以说，美育活动对师生双方的教育结果是对应存在的吗？

一、对现行美育论所包含的泛化思维的对应改造

上一节我们谈到，现行美育论，之所以存在偏差，是因为在其思维运作中存在抽象泛化的不足。因此，要改造现行的美育论，就必须改造其抽象泛化的主观思维。如何改造这种思维呢？这首先就需要摆脱现行美育论所包含的简单主观思维，而转向对美育活动事实的关注——由主观思维，转向事实思维。其次，还需要走出美育研究者简单泛化的抽象思维，而转向对美育活动的客观与主观的对应思维——由泛化思维，转向对应思维。

二、对现行美育论所包含的思维切入点的对应改造

现行美育论，从教师对学生的单方影响开始，切到对美育活动的理解，这一切入点本身并不存在问题。现行美育论的问题在于：首先，从教师对学生的单方影响开始，切到对美育活动的理解；其次，却并没有对这一动态影响的过程做出对应的考察，而是仅仅停留在教师对学生的单方影响这里，并将美育活动抽象为教师对学生的简单活动。

教师对学生影响的美育活动的动态过程，又是怎样的呢？征之于实际，我们看到，在学校美育活动中，教师对学生的任何影响，都必然会引起学生的反应；而这种反应，又必然会反过来对教师产生影响。这清楚地表明，教师对学

生的美育，其实都是对应存在的美育，或者说，是教师与学生之间的美育，而不是现行美育论所把握到的教师对于学生的简单美育。由此，我们就将现行美育论"教师对学生的简单美育活动"的切入点，改造为"教师与学生的对应美育活动"的切入点。

三、对现行美育论所包含的具体内容的对应改造

对应美育论，从教师与学生的对应活动，切到对学校美育活动的理解，能够对现行的美育论，做出哪些方面的改造呢？下面，分而论之。

第一，从美育的对象看，对应美育论，既能把握到学生，又能把握到教师，而不是现行美育论所把握到的单一的学生。这里的道理是：教师对学生的任何美育活动，都必然会引起学生的反应，而这又必然会反过来影响到教师。这清楚地表明，美育活动的对象，是相互对应的对象，而不可能是现行美育论所把握到的单一对象。

第二，从美育的内容看，对应美育论，既能把握到间接经验中正确的审美观，又能把握到其他的审美观，还能把握到师生双方直接经验中的审美观，而不是现行美育论所把握到的间接经验中单一的正确审美观。这里的道理是：间接经验中的正确审美观以及其他的审美观，只能是对应的存在，离开其中的一方，另一方也就不复存在。同时，间接经验中的正确审美观，也只有依托师生双方直接经验中的审美观这一中介，才可能转化为师生双方的审美观。这清楚地表明，美育活动的内容，是相互对应的内容，而不可能是现行美育论所把握到的单一内容。

第三，从美育的目的看，对应美育论，既能把握到教师对学生的社会目的，又能把握到学生个体的美育目的，而不是现行美育论所把握到的单一的教师对学生的美育目的。这里的道理是：教师对学生的任何目的性预设，都必然会引起学生的反应；而学生的反应，又必然会推动学生产生自己的目的。这清楚地表明，美育活动的目的，是相互对应的目的，而不可能是现行美育论所把握到的单一目的。

第四，从美育的机制看，对应美育论，既能把握到教师对学生的主观定位力量，又能把握到学生反过来对教师的主观定位力量，还能把握到师生双方对对方的客观定位力量，而不是现行美育论所把握到的单一的教师对学生的主观定位力量。这里的道理是：教师对学生的任何主观定位力量，都必然会引起学生对教师反向的主观定位力量；同时，师生双方的主观定位力量，也都必然会引起双方反应的客观定位力量。这清楚地表明，美育活动的机制，必定是相互

对应的机制，而不可能是现行美育论所把握到的孤立的主观定位力量。

第五，从美育的途径看，对应美育论，既能把握到教师对学生的外在培养，又能把握到学生对教师的外在影响，还能把握到师生双方自我修养的途径；而不是现行美育论所把握到的单一的教师对学生外在培养的途径。这里的道理是：教师对学生的任何外在培养，都必然会反过来对教师产生影响；同时，师生双方的任何审美观，也都只能通过师生双方的自我修养，才能转化为师生双方的对应审美素质。这清楚地表明，美育活动的途径，必定是师生双方外在影响与自我修养的对应途径，而不可能是现行美育论所把握到的教师对学生的单一外在培养的途径。

第六，从美育的形式看，对应美育论，既能把握到美育活动有计划、有组织的显在形式，又能把握到由显在活动所必然引起的隐在活动形式；而不是现行美育论所把握到的单一显在活动形式。这里的道理是：教师对学生任何有计划、有组织的显在活动形式，都必然会引起学生内隐的、多样的反应；而这些反应，却不可能是教师在美育活动之前就能预设的。这清楚地表明，美育活动的形式，必定是相互对应的形式，而不可能是现行美育论所把握到的单一显在形式。

第七，从美育的结果看，对应美育论，既能把握到教师对学生的培养结果，又能把握到学生对教师的教育结果，还能把握到师生双方自我修养的结果，而不是现行美育论所把握到的单一的教师对学生的培养结果。这里的道理是：教师对学生的任何培养结果，都必然会转化为学生的变化或成长；同时，学生的变化或成长，也都必然会反过来转化为教师的变化或成长。这清楚地表明，美育活动的结果，必定是相互对应的结果，而不可能是现行美育论所把握到的教师对学生的单一结果。

四、对应美育论的积极功能

对应美育论，从教师与学生的对应活动，切到对美育活动的理解，能够对实际的美育活动，产生哪些方面的积极影响呢？下面，分而论之。

第一，从美育的对象看：对应美育论，能够对实际的美育活动产生如下三方面的积极影响：一方面是，对应美育论，能够把握到学生作为美育的对象。因此，就能够支持教师对学生的教育或培养。另一方面是，对应美育论，也能够把握到教师作为美育的对象。因此，就能够支持学生对教师的教育或影响。最后一个方面是，对应美育论，既能把握到学生作为美育的对象，又能把握到教师作为美育的对象。因此，就能够支持师生双方建构出以相互对象性为基础的对等美育关系。鉴于现行美育论，对作为美育对象的教师的忽视这一偏差，我们愿意特别强调，教师也是美育的对象。这一强调，包含两层基本内容：一层内容是，要像关注对学生的美育一样，也要去关注对教师的美育。这里的关键是要走出现行教育理论的一个常见误区，即认为教师处于成熟的辨别美丑时期，似乎不再需要美育。其实，教师像学生一样，都处于审美与审丑对应变化或发展的特定阶段，这特定阶段都存在特定的美育。因此，都需要引起美育的对应关注。另一层内容是，不仅要分别关注对学生与教师的美育，而且要对应关注对学生与教师在对等影响中的美育。这种对等美育的理想性定位是：在双方影响一致性的基础上，走向师生互补性的变化或发展。这种对等美育的现实性定位是：在双方影响不一致性的基础上，既要以教师合理的影响，去丰富或改造学生不合理的方面；又要以学生合理的影响，去丰富或改造教师不合理的方面；以实现师生双方生成性的变化或发展。这种对等美育的底线定位是：在双方影响不一致性的基础上，双方都不能破坏或割裂对应的美育关系。我们认为，经由三线定位的影响，师生双方就可以构建出以相互对象性为基础的涉及理想、现实与戒律的对等美育关系。由此，也可以规避由单一对象所导致的不对等美育关系。

第二，从美育的内容看，对应美育论，能够对实际的美育活动产生如下三方面的积极影响：一方面是，对应美育论，能够把握到间接经验中的正确审美观以及对应的其他审美观。因此，就能够支持师生双方展开间接经验中的不同审美观的对应教育。另一方面是，对应美育论，也能够把握到师生双方直接经验中的审美观。因此，能够支持师生双方展开直接经验中不同审美观的对应教育。最后一个方面是，对应美育论，既能把握到间接经验中的正确审美观以及其他的审美观，又能把握到师生双方直接经验中的审美观。因此，能够支持师生双方展开以两种经验中审美观的对应为基础的对等教育。鉴于现行美育论，对师生双方直接经验中的审美观的忽视的偏差，我们愿意特别强调，这种源于直接经验的内容的重要性。这包含两层基本内容：一层内容是，要像关注间接经验中的审美观一样，去关注师生双方直接经验中的审美观。在这里，需要明白，师生双方直接经验中的审美观，虽然没有间接经验中的审美观那样系统或完善，但却是直接影响师生双方审美行为与审美素质的最基本的审美观。另一层内容是，不仅要分别关注两种经验中的不同审美观，而且要关注两种经验中不同审美观的对等影响。这种对等影响的理想性定位是：在两种审美观影响的一致性基础上，走向不同审美观的互补性变化或发展。这种对等影响的现实性定位是：在两种审美观影响的不一致性基础上，师生双方，既要根据间接经验中合理的审美观，去调整或完善自身经验中不合理的审美观，又要根据自身经验中合理的审美观，去调整或完善不合理的间接经验中的审美观，以实现不同审美观的生成性变化或发展。这种对等影响的底线定位是：在两种审美观影响不一致性基础上，双方都不能破坏或割裂对应的美育关系。我们认为，经由三线定位的影响，师生双方就可以构建出以两种经验的对应性为基础的对等美育关系。由此，也可以规避由单一经验内容所导致的不对等美育关系。

第三，从美育的目的看，对应美育论，能够对实际的美育活动产生如下三方面的积极影响：一方面是，对应美育论，能够把握到教师对学生的美育目的。因此，能够支持教师开展对学生的美育。另一方面是，对应美育论，也能够把握到学生个体的美育目的，因此，能够支持学生根据自身需要展开美育。最后一个方面是，对应美育论，既能把握到教师对学生的美育目的，又能把握到学生个体的美育目的。因此，能够支持师生双方建构出以社会目的与个体目的的对应性为基础的对等美育关系。鉴于现行美育论的遮蔽或偏差，我们愿意特别强调如下两点：一点是，关注美育社会目的的不合理性与个体目的的合理性。这里关键是要走出现行教育理论的一个常见误区，那就是认为美育的社会目的只有合理性而个体目的则只有不合理性——这当然是简单思维的后果。在对应思维看来，美育的社会目的与个体目的，各有自身的合理性与不合理性。因此，就不能像现行教育理论那样仅仅关注社会目的的合理性与个体目的的不合理性，而且要关注社会目的的不合理性与个体目的的合理性。另一点是，既然美育的社会目的与个体目的各有自身的合理性与不合理性，那么，师生双方就要关注以两种目的的合理性与不合理性的对应为基础的对等影响关系。这种对等关系的理想性定位是：在两种目的一致性基础上，走向两种目的的互补性变化或发展。这种对等关系的现实定位是：在两种目的不一致性基础上，既要以社会合理的美育目的，去改造或丰富学生不合理的美育目的；又要以学生合理的美育目的，去改造或丰富社会不合理的美育目的，以实现两种目的的生成性变化或发展。这种对等关系的底线定位是：在两种目的不一致性基础上，师生双方都不能破坏或割裂对应的美育关系。我们认为，经由三线定位的影响，师生双方就可以构建出以相互目的性为基础的对等美育关系，由此，也可以规避由对教师对学生单一的美育目的所导致的不对等美育关系。

第四，从美育的机制看，对应美育论，能够对实际的美育活动产生如下三方面的积极影响：一方面是，对应美育论，能够把握到教师对学生的主观与客观定位力量；因此，能够支持教师在主观与客观一致的前提下开展既定的教育，也能够支持教师在主观与客观不一致的前提下进行反思并调整既定的教育。另一方面是，对应美育论，也能够把握到学生对教师的主观与客观定位力量。因此，能够支持学生在主观与客观一致的前提下进行既定的影响，也能够支持学生在主观与客观不一致的前提下进行反思并调整既定的影响。最后一个方面是，对应美育论，既能把握到师生双方的主观定位力量，又能把握到师生双方对对方的客观定位力量。因此，能够支持师生双方开展以主观与客观两种力量的对应为基础的对等美育。鉴于现行美育论，忽视学生对教师的主观定位力量以及忽视师生双方客观定位力量的偏差，我们愿意特别强调学生对教师的主观定位力量以及师生双方的客观定位力量。这包含两层基本内容：一层内容是，要像关注教师对学生的主观定位力量一样，去关注学生对教师的主观定位力量；因为，单一的教师对学生的主观定位力量，根本就不是实然状态的存在。另一层内容是，不仅强调师生双方的主观定位力量，而且要强调师生双方的客观定位力量，以求师生双方建构出以主观与客观定位力量的对应为基础的对等美育关系。这种对等美育关系的理想性定位是：在主观与客观定位力量一致性基础上，走向两种力量的互补性变化或发展。这种对等美育关系的现实性定位是：在主观与客观定位力量不一致性基础上，师生双方，既要根据对方合理的主观与客观影响力量，去调整或改变自己不合理的主观与客观影响力量；又要根据自己合理的主观与客观影响力量，去调整或改变对方不合理的主观与客观影响力量。需要指出，这一调整或改变的过程，必然会伴随师生双方关于美与丑的认识辨析、情感体验以及行为抉择。当然，也只有伴随师生双方在认识、情感与行为上的辨析、体验与抉择的艰辛历程，才可能带来师生双方审美与审丑的对应素质的成长或发展。这种对等美育关系的底线定位是：在主观与客观定位力量不一致性基础上，双方都不能破坏或割裂对应的美育关系。我们认为，经由三线定位的影响，师生双方就可以构建出以主观与客观两种力量的对应为基础的对等美育关系。由此，也可以规避由教师单一主观力量所导致的不对等美育关系。

第五，从美育的途径看，对应美育论，能够对实际的美育活动产生如下三方面的积极影响：一方面是，对应美育论，能够把握到教师对学生的外在培养途径。因此，能够支持教师对学生的外在影响。另一方面是，对应美育论，也能够把握到学生对教师的外在影响途径。因此，能够支持学生对教师的外在影响。最后一个方面是，对应美育论，既能把握到师生双方的外在影响途径，又能把握到师生双方的自我修养途径。因此，能够支持师生双方开展以外在影响与自我修养的对应为基础的对等美育。鉴于现行美育论，忽视学生对教师的外在影响途径以及忽视师生双方自我修养途径的偏差，我们愿意特别强调学生对教师的外在影响途径以及师生双方的自我修养途径。这包含两层基本内容：一层内容是，要像关注教师对学生的外在培养一样，去关注学生对教师的外在影响。因为，单一的教师对学生的外在培养，根本就不是实然状态的存在。另一层内容是，不仅强调师生双方的外在影响途径，而且要强调师生双方的自我修养途径，以求师生双方建构出以外在影响与自我修养的对应为基础的对等美育关系。这种对等美育关系的理想性定位是：在两种途径影响的一致性基础上，走向两种途径影响的互补性变化或发展。这种对等美育关系的现实性定位是：在两种途径影响的不一致性基础上，师生双方，既要根据外在影响中合理的审美观，去调整或改造自己不合理的审美观；又要根据自己合理的审美观，去调整或改造外在影响中不合理的审美观，以实现两种途径影响的生成性变化或发展。这种对等美育关系的底线定位是：在两种途径影响的不一致性基础上，双方都不能破坏或割裂对应的美育关系。我们认为，经由三线定位的影响，师生双方就可以构建出以两种途径的对应为基础的对等美育关系。由此，也可以规避由教师单一外在培养所导致的注入式的不对等美育关系。

　　第六，从美育的形式看，对应美育论，能够对实际的美育活动产生如下三方面的积极影响：一方面是，对应美育论，能够把握到美育活动有计划、有组织的显在形式。因此，能够支持师生双方按照既定的安排有序地开展美育活动。另一方面是，对应美育论，也能够把握到由显在活动所必然引起的隐在活动。因此，能够支持师生双方在随机的变通的状态中开展美育活动。最后一个方面是，对应美育论，不仅能够把握到显在的美育活动形式，而且能把握到隐在的美育活动形式。因此，能够支持师生双方建构出以有序与变通的对应为基础的对等美育活动形式。鉴于现行美育论，忽视隐在美育活动形式的这一偏差，我们愿意特别强调，隐在美育活动形式的客观存在。这一强调，包含两层基本内容：一层内容是，要像承认显在美育活动形式的存在一样，也要承认隐在美育活动形式的存在。因为，单一的显在美育活动形式，根本就不是实然状态的存在。另一层内容是，不仅要分别承认显在与隐在美育活动形式的存在，而且要承认两种活动形式的对应存在，以求师生双方构建出以两种活动形式的对应为基础的对等美育活动形式。这种对等美育活动形式的理想性定位是：在两种形式一致性基础上，走向两种形式的互补性变化或发展。这种对等美育活动形式的现实性定位是：在两种形式不一致性基础上，师生双方，既要以合理的显在活动形式，去调整或改造不合理的隐在活动形式，又要以合理的隐在活动形式，去调整或改造不合理的显在活动形式，以实现两种形式的生成性变化或发展。这种对等美育活动形式的底线定位是：在两种形式不一致性基础上，双方都不能破坏或割裂对应的美育关系。我们认为，经由三线定位的影响，师生双方就可以构建出以两种活动形式的对应为基础的对等的充满活力的美育活动形式。

由此，也可以规避由单一显在活动形式所导致的不对等的缺少美感的单调甚至沉闷的美育活动形式。

第七，从美育的结果看，对应美育论，能够对实际的美育活动产生如下三方面的积极影响：一方面是，对应美育论，能够把握到学生在教师影响中的变化或发展。因此，能够支持教师对学生培养的价值。另一方面是，对应美育论，也能够把握到教师在学生影响中的变化或发展。因此，能够支持学生对教师影响的价值。最后一个方面是，对应美育论，既能把握到师生双方在对方影响中的变化或发展，又能把握到师生双方在自我修养中的变化或发展。因此，能够支持师生双方展开以他人影响与自我修养的对应为基础的对等美育。鉴于现行美育论，忽视学生对教师的影响结果以及忽视师生双方自我修养结果的偏差，我们愿意特别强调学生对教师的影响结果与师生双方自我修养的结果。这包含两层基本内容：一层内容是，要像关注教师对学生的培养结果一样，去关注学生对教师的影响结果。因为，单一的教师对学生的培养结果，根本就不是实然状态的存在。另一层内容是，不仅要强调师生双方彼此的影响结果，而且要强调师生双方自我修养的结果，以求师生双方建构出以他人影响与自我修养的对应为基础的对等美育关系。这种对等美育关系的理想性定位是：在他人影响与自我修养一致性基础上，走向双方的互补性变化或发展。这种对等美育关系的现实性定位是：在他人影响与自我修养不一致性基础上，师生双方既要接受对方合理的外在影响结果，以丰富或调整自己不合理的自我修养的结果，又要接受自己合理的内在影响结果，以丰富或调整对方不合理的外在影响结果，以实现双方的生成性变化或发展。这种对等美育关系的底线定位是：在他人影响与自我修养不一致性基础上，双方都不能破坏或割裂对应的美育关系。我们认为，经由三线定位的影响，师生双方就可以构建出以两种教育的对应为基础的对等美育关系。由此，也可以规避由单一美育结果所导致的不对等美育关系。

五、本节小结

综上所述，我们对现行美育论的改造，涉及三层基本内容：一是，首先，由现行美育论所包含的主观思维，转换到事实思维；其次，在事实思维基础上，将现行美育论所包含的主观泛化思维，改造为主观与客观的对应思维。二是，在对应思维中，将现行美育论所包含的认识美育活动的"教师对学生的简单活动"的思维切入点，改造为"教师与学生的对应活动"的思维切入点。三是，在"教师与学生的对应活动"视野中，分别对美育活动的对象、内容、目的、机制、途径、形式以及结果这些基本方面，做出了对应的改造。最后，我们分别考察了对应美育论，在美育的对象、内容、目的、机制、途径、形式以及结果这些基本方面的观点，对实际的美育活动所产生的积极影响，以推动人们从现行的简单美育论，转换到对应的美育论。

为了更简明地把握两种美育论的不同，我们不妨将其中所包含的不同思维路线，做出如下比较。

简单美育论的单线定位路线——美育，就是教育者对受教育者的简单影响活动——这里需要特别注意，简单美育论，仅仅是对教育者的单一主观愿望或价值期待这一条思维路线的反映。

对应美育论的三线定位路线——美育，就是教育者与受教育者双方的对应影响活动，它包含双方理想的上线、现实的中线以及戒律的底线——这里需要特别注意，对应美育论，是对教育者与受教育者双方理想、现实与戒律的三条思维路线的反映。

六、本节提示

在本节最后，需要做两点提示：一是，由"教师对学生的简单活动"，到"教师与学生的对应活动"的过渡环节，就是由对美育活动的主观抽象思维，转向对美育活动的客观与主观的对应思维。二是，由"教师对学生的简单定位关系"，到"教师与学生的对应定位关系"的过渡环节，就是由对美育活动的主观抽象思维，转向对美育活动的客观与主观的对应思维。

附言：

1. 人们可以预设美育的对象是学生，但客观生成的美育对象却是教师与学生。

2. 单一的所谓正确审美观，只是人们简单思维中缥缈的虚幻。

3. 只能审美而不能审丑的人，其实，就是典型的简单人。

4. 美育的目的，不是要涵养人的简单审美素质，而是要涵养人的审美与审丑的对应素质。

5. 师生双方审美与审丑的对应素质，只能在关于美与丑的辨析、体验与抉择的多重磨难中才能够实现；而所谓由教师去培养学生高尚情操的判断，无非是一种流行的乡愿。

6. 在对应美育观的视野中，既能审美又能审丑的人，也就是以对应性为基础的丰富的人。

第六章

对现行简单劳动教育论的遮蔽性分析与对应改造

第一节　对现行简单劳动教育论的遮蔽性分析

切问：

1. 现行劳动教育论，将劳动教育规定为教师对学生的简单活动，其思维活动的切入点在哪里？我们如何才能探索到其思维活动的切入点？

2. 现行劳动教育论，从其思维活动的切入点上，能够把握到劳动教育活动哪些方面的内容呢？

3. 现行劳动教育论的根据是什么？这种劳动教育论，对实际的劳动教育活动具有哪些积极作用？

4. 现行劳动教育论，从其思维活动的切入点上，在对劳动教育活动有所把握的同时，却又遮蔽了哪些内容呢？

5. 现行劳动教育论，存在多方面的遮蔽，其认识上的根源是怎样的？

6. 现行劳动教育论，对实际的劳动教育活动具有怎样的消极作用？

一、现行劳动教育论的内容、属性及其思维活动的切入点

1. 现行劳动教育论的内容

劳动教育，又被称为劳动技术教育或综合劳动技术教育或综合实践活动，属于普通中小学全面发展教育的一个组成部分。在现行教育理论的视野中，它是指"在教师引导下，密切联系学生自身生活和社会实际，让学生自主进行综合实践活动，包括研究性学习、社区服务、社会实践、劳动技术和信息技术等活动，积累解决实际问题的经验、提高综合应用知识于实践的能力的教育"[①]。更清楚地表达，也就是：教师引导学生进行综合实践活动，以提高综合应用知识于实践的能力的教育。简约地表达，也就是：教师对学生单方的劳动教育，

---

① 王道俊，郭文安. 教育学［M］. 北京：人民教育出版社，2009：108.

这就是现行的学校劳动教育论。

2. 现行劳动教育论的属性

现行学校劳动教育论认为，劳动教育，就是教师对学生单方的劳动教育。学校劳动教育活动的事实，果真是这样的吗？当教师对学生进行引导或教育时，学生不会因为受到教师的教育而发生自我教育吗？学生不会反过来对教师产生影响或教育吗？教师不会因为受到学生的教育而发生自我教育吗？然而，现行学校劳动教育论，却无视劳动教育活动中这些具有内在对应性关系的事实，在主观思维中将学校劳动教育仅仅规定为教师对学生单方的劳动教育。由此，我们就可以有根据地说，现行劳动教育论，是一种具有片面性或简单性的劳动教育论。

3. 现行劳动教育论的思维活动的切入点

现行学校劳动教育论，既然将劳动教育规定为教师对学生单方的劳动教育，那么，我们就可以根据这一内容，反向地推论出其思维活动的切入点，那就是教师对学生的教育。正向地表达，也就是：现行学校劳动教育论，正是从教师对学生的教育，切到对学校劳动教育活动的理解，才将学校劳动教育规定为教师对学生单方的劳动教育。

二、现行劳动教育论的所见、根据及其积极功能

1. 现行劳动教育论的所见

现行学校劳动教育论，从教师对学生单方的教育，切到对学校劳动教育的理解，能够把握到劳动教育活动的哪些方面的内容呢？这主要表现在如下七个基本方面：一是，从劳动教育的对象看，现行劳动教育论，能够把握到学生是劳动教育的对象。二是，从劳动教育的内容看，现行劳动教育论，能够把握到如引文中所说的让学生进行具体的综合实践活动。三是，从劳动教育的目的看，现行劳动教育论，能够把握到对学生的目的，那就是如引文中所说的提高综合运用知识于实践的能力。四是，从劳动教育的机制看，现行劳动教育论，能够把握到教师对学生的主观定位力量，也能够把握到学生自主进行综合实践活动的主观定位力量。五是，从劳动教育的途径看，现行劳动教育论，能够把握到如引文中所说的教师对学生的外在引导，也能把握到学生自主进行综合实践活动并将知识运用于实践。六是，从劳动教育的形式看，现行劳动教育论，能够把握到教师对学生进行外在引导所需要的显在形式，也能够把握到学生进行的研究性学习、社区服务、社会实践、劳动技术和信息技术等的显在活动形式。七是，从劳动教育的结果看，现行劳动教育论，能够把握到学生在教师教育与自我教育中的变化或发展。

2. 现行劳动教育论的根据

现行学校劳动教育论，在上述七个方面的所见，是有根据的吗？一是，从劳动教育的对象看，处于基础教育阶段在学校读书学习的青少年学生，正需要将从书本或文本中学到的抽象知识，运用到实际生活的具体情境之中；而对他们进行的联系自身生活实际的劳动教育，正可以满足他们的这种需要，这当然是有根据的。二是，从劳动教育的内容看，教师要对学生进行知识联系实际的教育，当然就需要引导学生进行综合实践活动，这是有根据的。三是，从劳动教育的目的看，既然学生是劳动教育的对象，那么，预先设定对于学生劳动教育的目的，就是有根据的。四是，从劳动教育的机制看，既然教师要对学生进行引导，那么，就需要发挥对学生的主观定位力量这一机制；同时，学生要提高运用知识于实践的能力，也需要发挥自己的主观定位力量这一机制，这都是有根据的。五是，从劳动教育的途径看，既然教师要影响学生，那么，就需要对学生的外在引导这一途径；同时，学生要提高运用知识于实践的能力，也需要自我教育这一途径，这也是有根据的。六是，从劳动教育的形式看，既然教师要对学生进行主观定位与外在引导，那么，劳动教育有计划、有组织的形式就是有根据的。同时，既然学生要进行综合实践活动，那么，劳动教育有计划、有组织的形式也同样是有根据的。七是，从劳动教育的结果看，既然教师对学生进行了主观定位与外在的引导，那么，学生就必然会受到教师的影响或塑造，这也是有根据的。同时，既然学生在实践活动中做出了自己的主观努力，也进行了自我教育，那么，也就必然会产生变化或发展，这也是有根据的。

3. 现行劳动教育论的积极功能

现行学校劳动教育论，在上述七个方面的所见，对学校劳动教育活动的实际，都具有积极的功能。一是，从劳动教育的对象看，现行劳动教育论，能够把握到学生这一对象，这能够支持教师对学生的劳动教育，也能够支持学生接受源于教师的教育。二是，从劳动教育的内容看，现行劳动教育论，能够把握到具体的综合实践活动，这能够给劳动教育提供具体可感的内容。三是，从劳动教育的目的看，现行劳动教育论，能够把握到对学生的目的，这能够给劳动教育活动提供基本的预设或规划。四是，从劳动教育的机制看，现行劳动教育论，能够把握到教师对学生主观定位力量，这能够支持教师对学生的主观定位或安排，也能够支持学生接受这种主观定位或安排。同时，现行劳动教育观，也能够把握到学生进行综合实践活动的主观定位力量，这能够支持学生按照自己的需要开展活动。五是，从劳动教育的途径看，现行劳动教育论，能够把握到教师对学生的外在引导这一途径，这能够支持教师对学生的外在影响，也能够支持学生接受教师的外在影响。同时，现行劳动教育观，也能够把握到学生进行综合实践活动中的自我教育途径，这能够支持学生走向自我成长或自我发展。六是，从劳动教育的形式看，现行劳动教育论，能够把握到有计划、有组织的显在形式，这能够支持师生双方按照既定程序开展劳动教育活动。七是，从劳动教育的结果看，现行劳动教育论，能够把握到学生在教师教育中的变化或发展，这能够支持教师对学生的影响或塑造，也能够支持学生接受教师的影响或塑造。同时，现行劳动教育论，也能够把握到学生在自我教育中的变化或发展，这能够支持学生走向自我教育或自我塑造。总之，现行学校劳动教育论，从教师对学生单方的教育，切到对学校劳动教育的理解，所把握到的基本内容，就教师对学生的简单劳动教育而言，会具有多方面的积极作用。

三、现行劳动教育论的偏差、根源及其消极功能

1. 现行劳动教育论的偏差

现行学校劳动教育论，从教师对学生的单方教育，切到对学校劳动教育活动的理解，在有所把握的同时，却又遮蔽了哪些方面的内容呢？这也主要表现在如下七个基本方面：一是，从劳动教育的对象看，现行劳动教育论，在把握到学生是劳动教育对象的同时，却遮蔽了教师也是劳动教育的对象。二是，从劳动教育的内容看，现行劳动教育论，在把握到综合实践活动中的具体可感的内容的同时，却遮蔽了综合实践活动中的抽象概括的内容。三是，从劳动教育的目的看，现行劳动教育论，在把握到对学生的目的的同时，却遮蔽了学生个体的目的。四是，从劳动教育的机制看，现行劳动教育论，在把握到教师对学生的主观定位力量的同时，却遮蔽了学生反过来对教师的主观定位力量，还遮蔽了师生双方主观与客观对应的定位力量。五是，从劳动教育的途径看，现行劳动教育论，在把握到教师对学生的外在引导的同时，却遮蔽了学生对教师的反向影响途径，也遮蔽了师生双方自我教育的途径。六是，从劳动教育的形式看，现行劳动教育论，在把握到教师对学生进行外在引导以及学生进行实践活动所需要的显在活动形式的同时，却遮蔽了由显在活动所必然引起的客观内隐的活动形式即隐在活动的形式。七是，从劳动教育的结果看，现行劳动教育论，在把握到教师对学生的教育结果的同时，却遮蔽了学生对教师的影响结果，还遮蔽了师生双方自我教育的结果。

2. 现行劳动教育论的根源

从思维运作看，现行劳动教育论，之所以存在上述偏差，是其主观抽象思维的泛化导致的。一是，从劳动教育的对象看，在实际的学校劳动教育活动中，

教师对学生的任何引导或教育，都必然会引起学生的反应；而学生的这种反应，又必然会反过来对教师产生影响或教育——这便是劳动教育对象之间内在的相互性或对应性，或者说，劳动教育的对象是相互对应的对象。然而，现行劳动教育论，却在其主观抽象思维中，片面地抽取出学生作为劳动教育的对象，并以偏概全地泛指劳动教育活动中相互的对象。由此，便遮蔽了教师作为劳动教育的对象。二是，从劳动教育的内容看，在实际的学校劳动教育活动中，综合实践活动所包含的具体可感的内容与由此而来的抽象概括的内容，只能是相互对应的存在。单一的综合实践活动的具体可感的内容，从来都不是实然状态的存在——这便是劳动教育内容中具体内容与抽象内容之间内在的相互性或对应性。然而，现行劳动教育论，却在其主观抽象思维中，片面地抽取出综合实践活动的具体内容，并以偏概全地泛指劳动教育活动中对应的内容。由此，便遮蔽了与其对应的抽象内容。三是，从劳动教育的目的看，在实际的学校劳动教育活动中，教师对学生的任何目的或预设，都必然会引起学生的反应并产生学生自己的目的——这便是劳动教育目的之间内在的相互性或对应性。或者说，劳动教育的目的是相互对应的目的。然而，现行劳动教育论，却在其主观抽象思维中，片面地抽取出对学生的目的，并以偏概全地泛指劳动教育活动中对应的目的。由此，便遮蔽了学生个体的目的。四是，从劳动教育的机制看，在实际的学校劳动教育活动中，教师对学生的任何主观定位或引导，都必然会引起学生对教师反向的主观定位力量。同时，师生双方的主观定位力量，也都必然会引起双方的客观定位力量——这便是劳动教育活动中主观与客观定位力量的相互性或对应性。然而，现行劳动教育论，却在其主观抽象思维中，片面地抽取出教师对学生的主观定位力量，并以偏概全地泛指劳动教育活动中对应的定位力量。由此，便遮蔽了学生对教师的主观定位力量，也遮蔽了师生双方的客观定位力量。五是，从劳动教育的途径看，在实际的学校劳动教育活动中，教师对学生的任何外在引导，都必然会引起学生对教师的反向影响；同时，师生双方的外在影响，也都只能通过师生双方的内在选择或自我教育，才可能转化为双方的对应的能力素质——这便是劳动教育途径的外在影响与自我教育的相互性或对应性。然而，现行劳动教育论，却在其主观抽象思维中，片面地抽取出教师对学生的外在引导，并以偏概全地泛指劳动教育活动中对应的途径。由此，便遮蔽了学生对教师的影响途径，也遮蔽了师生双方自我教育的途径。六是，从劳动教育的形式看，在实际的学校劳动教育活动中，教师对学生任何有计划、有组织的显在活动形式，都必然会引起学生内隐的多样的反应；而这内隐的多样的反应，却不可能是教师在劳动教育活动开始之前就能计划或安排好的。由此，劳动教育活动的实际状态，就是有计划、有组织的显在活动形式与无计划、无组织的隐在活动形式对应存在的状态——这也就是劳动教育活动的显在形式与隐在形式的内在的相互性或对应性。然而，现行劳动教育论，却在其主观抽象思维中，片面地抽取出劳动教育活动的显在形式，并以偏概全地泛指劳动教育活动中对应的形式。由此，便遮蔽了劳动教育活动的隐在形式。七是，从劳动教育的结果看，在实际的学校劳动教育活动中，教师对学生的任何教育结果，都必然会转化为学生的变化或成长。同时，学生的变化或成长，也都必然会反过来转化为教师的变化或成长——这便是劳动教育活动中他人教育与自我教育的相互性或对应性。然而，现行劳动教育论，却在其主观抽象思维中，片面地抽取出教师对学生的教育结果，并以偏概全地泛指劳动教育活动中对应的教育结果。由此，便遮蔽了学生对教师的影响结果，也遮蔽了师生双方自我教育的结果。

3. 现行劳动教育论的消极功能

现行劳动教育论，从教师对学生的单方引导，切到对劳动教育活动的理解，在有所见的同时，却又存在偏差。这些认识或思维中的偏差，对实际的劳动教育活动，会产生哪些消极的影响呢？一是，从劳动教育的对象看，现行劳动教育论，虽然能够把握到学生，但却遮蔽了教师。由此所导致的后果是：缺少对应性的单一学生对象观，很难对教师的引导或教育产生内在的限定作用，也很难对师生双方产生对应的教育或影响。二是，从劳动教育的内容看，现行劳动教育论，虽然能够把握到综合实践活动的具体内容，但却遮蔽了综合实践活动中的抽象内容。由此导致的后果是：难以对综合实践活动中的具体内容与抽象内容进行对应的教育。三是，从劳动教育的目的看，现行劳动教育论，虽然能够把握到对学生的目的，但却遮蔽了学生个体的目的。由此所导致的后果是：不仅使教师对学生的目的陷入孤立与封闭之中，而且使教师对学生的目的与学生个体的目的难以产生对应的影响。四是，从劳动教育的机制看，现行劳动教育论，虽然能够把握到教师对学生的主观定位力量，但却遮蔽了学生反过来对教师的主观定位力量，还遮蔽了师生双方主观与客观的对应定位力量。由此所导致的后果是：不仅使教师的定位力量陷入孤立状态，而且使师生双方的主观与客观定位力量难以获得对应的影响或调整。五是，从劳动教育的途径看，现行劳动教育论，虽然能够把握到教师对学生的外在引导，但却遮蔽了学生对教师的外在影响途径，还遮蔽了师生双方由外在影响所必然引起的自我教育的途径。由此所导致的后果是：不仅使教师的外在影响途径陷入孤立状态，而且使师生双方的外在与内在影响途径难以获得对应的影响或调整。六是，从劳动教育的形式看，现行劳动教育论，虽然能够把握到劳动教育活动有计划、有组织的显在形式，但却遮蔽了显在活动所必然引起的隐在活动。由此所导致的后果是：缺少隐在活动对应的单一显在劳动教育活动，很容易陷入由程序化所导致的单调甚至死板的状态。七是，从劳动教育的结果看，现行劳动教育论，虽然能够把握到教师对学生的教育结果，但却遮蔽了学生对教师的影响结果，还遮蔽了师生双方自我教育的结果。由此所导致的后果是：很难实现学生对教师的影响或教育，也很难实现师生双方相互对应的他人教育与自我教育。总之，现行劳动教育论，从教师对学生的单方引导，切到对劳动教育活动的理解，在有所见的同时，却又存在偏差。这些认识或思维中的偏差，就师生双方对应的劳动教育而言，会存在多方面的消极作用。

四、本节小结

综上所述，我们看到，现行的简单劳动教育论，从教师对学生的单方引导，切到对学校劳动教育活动的理解，虽然能够把握到教师对学生的简单劳动教育，也能够把握到这种简单劳动教育的根据并对实际的简单劳动教育活动产生积极的影响；但是，却遮蔽了学生反过来对教师的对应教育，并进一步遮蔽了师生双方的自我教育。从思维运作看，现行简单劳动教育论的偏差，是由其主观思维的抽象泛化所导致的。从实际看，这种抽象泛化的思维或认识，对师生双方的对应劳动教育活动存在多方面的消极作用。因此，现行的简单劳动教育论，就必然也必须被合理地反思与改造。

五、本节提示

在本节最后，需要做两点提示：一是，探寻现行劳动教育论的思维活动切入点的根据，就是现行简单劳动教育论的内容，或者说，我们是通过现行简单劳动教育论的内容而探寻到其思维活动的切入点的。二是，对现行劳动教育论的思维活动切入点的遮蔽性分析，不是我们简单的主观分析，而是根据现行劳动教育论所包含的思维活动切入点的所见与所不见而展开的——要特别注意，所见与所不见，两者是具有内在对应关系的必然的存在，而不是人们的主观错误或偏见。

附言：

1. 当教师引导学生成为劳动教育的对象时，自己也就成了被学生所引导的对象。

2. 学校劳动教育的对象只是学生——这不过是现行教育理论形而上学思维的产物。

3. 学校劳动教育的内容，如果只有综合实践活动可感知的具体，那么，就根本不具有任何教育的价值。

4. 学校的劳动教育，如果不能激发师生双方的自我教育，那么，就不可能转化为双方的对应的劳动素质。

5. 没有师生双方主观与客观的矛盾或碰撞，所谓提高学生运用知识于实践的能力的现行劳动教育论，就只能是简单的人的乡愿。

6. 没有隐在形式的对应，单一显在的劳动教育，就很容易沦为人们熟悉的走过场的形式。

第二节　对现行简单劳动教育论的对应改造

切问：

1. 从动态的劳动教育活动的事实看，现行劳动教育论所包含的"教师对学生的简单活动"，其实都是"教师与学生的对应活动"吗？

2. 当教师对学生进行劳动教育时，自己也必然会受到学生的影响吗？由此，就可以说，劳动教育的对象，是对应的存在吗？

3. 劳动教育活动中的间接经验，只有经过师生双方的直接经验，才可能转化为师生双方可以理解的经验吗？由此，就可以说，间接经验与直接经验，是对应的存在吗？

4. 教师对学生的劳动教育目的，必然会引起学生的反应并产生学生自己的目的吗？由此，就可以说，教师的劳动教育目的与学生的劳动教育目的，是对应的存在吗？

5. 师生双方之间的主观定位力量，都必然会引起师生双方反应的客观定位力量吗？由此，就可以说，劳动教育活动中的主观与客观定位力量，是对应的存在吗？

6. 师生双方之间的外在影响途径，都必然会引起师生双方内在自我的影响途径吗？由此，就可以说，劳动教育活动中的外在与内在影响途径，是对应的存在吗？

7. 劳动教育活动的有计划、有组织的显在形式，必然会引起客观环境或条件的内隐的变化吗？由此，就可以说，劳动教育活动的显在形式与隐在形式是对应存在的吗？

8. 教师对学生劳动教育的结果，必然会引起学生的变化或发展，而学生的变化或发展，又必然会引起教师的变化或发展吗？由此，就可以说，劳动教育活动对师生双方的教育结果是对应存在的吗？

一、对现行劳动教育论所包含的泛化思维的对应改造

上一节我们谈到，现行劳动教育论，之所以存在偏差，是因为在其思维运作中存在抽象泛化的不足。因此，要改造现行的劳动教育论，就必须改造其抽象泛化的主观思维。如何改造这种思维呢？这首先就需要摆脱现行劳动教育论所包含的简单主观思维，而转向对劳动教育活动事实的关注——由主观思维，转向事实思维。其次，还需要走出教育研究者简单泛化的抽象思维，而转向对劳动教育活动的客观与主观的对应思维——由泛化思维，转向对应思维。

二、对现行劳动教育论所包含的思维切入点的对应改造

现行劳动教育论，从教师对学生的单方影响开始，切到对劳动教育活动的理解，这一切入点本身并不存在问题。现行劳动教育论的问题在于：首先，从教师对学生的单方影响开始，切到对劳动教育活动的理解；其次，却并没有对这一动态影响的过程做出对应的考察，而是仅仅停留在教师对学生的单方影响这里，并将劳动教育活动抽象为教师对学生的简单活动。

教师对学生影响的劳动教育活动的动态过程，又是怎样的呢？征之于实际，我们看到，在学校劳动教育活动中，教师对学生的任何影响，都必然会引起学生的反应；而这种反应，又必然会反过来对教师产生影响。这清楚地表明，教师对学生的劳动教育，其实都是对应存在的劳动教育，或者说，是教师与学生之间的劳动教育，而不是现行劳动教育论所把握到的教师对于学生的简单劳动教育。由此，我们就将现行劳动教育论"教师对学生的简单活动"的切入点，改造为"教师与学生的对应活动"的切入点。

三、对现行劳动教育论所包含的具体内容的对应改造

对应劳动教育论，从教师与学生的对应活动，切到对学校劳动教育活动的理解，能够对现行的劳动教育论，做出哪些方面的改造呢？下面，分而论之。

第一，从劳动教育的对象看，对应劳动教育论，既能把握到学生，又能把握到教师，而不是现行劳动教育论所把握到的单一的学生。这里的道理是：教师对学生的任何劳动教育活动，都必然会引起学生的反应，而这又必然会反过

来影响到教师。这清楚地表明，劳动教育活动的对象，是相互对应的对象，而不可能是现行劳动教育论所把握到的单一对象。

第二，从劳动教育的内容看，对应劳动教育论，既能把握到文本或教材中的间接经验的内容，又能把握到师生在综合实践活动中所获得的直接经验的内容，而不是现行劳动教育论所把握到的在综合实践活动中所获得的直接经验的内容。这里的道理是：文本或教材中的间接经验，只有经过师生在综合实践活动中的直接经验，才可能转化为师生可以理解或把握的内容。这清楚地表明，劳动教育活动的内容，是相互对应的内容，而不可能是现行劳动教育论所把握到的单一内容。

第三，从劳动教育的目的看，对应劳动教育论，既能把握到教师对学生的社会目的，又能把握到学生的个体目的，而不是现行劳动教育论所把握到的单一的教师对学生的社会目的。这里的道理是：教师对学生的任何目的性预设，都必然会引起学生的反应；而学生的这种反应，有必然会推动学生产生自己的目的。这清楚地表明，劳动教育活动的目的，是相互对应的目的，而不可能是现行劳动教育论所把握到的单一目的。

第四，从劳动教育的机制看，对应劳动教育论，既能把握到教师对学生的主观定位力量，又能把握到学生反过来对教师的主观定位力量，还能把握到师生双方在综合实践活动中所受到的主观与客观对应的定位力量，而不是现行劳动教育论所把握到的单一的教师对学生的主观定位力量以及学生将知识运用于实践的主观定位力量。这里的道理是：教师对学生的任何主观定位力量，都必然会引起学生对教师反向的主观定位力量。同时，师生双方在综合实践活动中，在发挥自己主观定位力量的同时，也必然会引起客观力量的回应并使师生双方处于主观与客观力量的对应定位之中。这清楚地表明，劳动教育活动的机制，必定是相互对应的机制，而不可能是现行劳动教育论所把握到的孤立的主观定位力量。

第五，从劳动教育的途径看，对应劳动教育论，既能把握到教师对学生的外在影响，又能把握到学生对教师的外在影响，还能把握到师生双方在综合实践活动中所受到的外在与内在对应的影响，而不是现行劳动教育论所把握到的单一的教师对学生的外在影响。这里的道理是：教师对学生的任何外在影响，都必然会反过来对教师产生影响。同时，师生双方在综合实践活动中，在发挥自己内在影响的同时，也必然会引起外在影响的回应并使师生双方处于外在影响与内在选择对应的影响途径之中。这清楚地表明，劳动教育活动的途径，必定是师生双方外在影响与内在选择的对应途径，而不可能是现行劳动教育论所把握到的教师对学生的单一外在影响途径。

第六，从劳动教育的形式看，对应劳动教育论，既能把握到劳动教育活动有计划、有组织的显在形式，又能把握到由显在活动所必然引起的隐在活动形式，而不是现行劳动教育论所把握到的单一显在活动形式。这里的道理是：教师对学生任何有计划、有组织的显在活动形式，都必然会引起学生内隐的多样的反应，而这些反应，却不可能是教师在劳动教育活动之前就能预设的。这清楚地表明，劳动教育活动的形式，必定是相互对应的形式，而不可能是现行劳动教育论所把握到的单一显在形式。

第七，从劳动教育的结果看，对应劳动教育论，既能把握到教师对学生的影响结果，又能把握到学生对教师的影响结果，还能把握到师生双方在综合实践活动中所受到的他人教育与自我教育的结果，而不是现行劳动教育论所把握到的单一的教师对学生的影响结果。这里的道理是：师生双方对对方的影响结果，都必然会转化为对方的变化或成长。同时，师生双方在综合实践活动中所受到的他人影响的结果，也都必然会经过自我教育而转化为师生双方的变化或成长。这清楚地表明，劳动教育活动的结果，必定是相互对应的结果，而不可能是现行劳动教育论所把握到的教师对学生的单一结果。

四、对应劳动教育论的积极功能

对应劳动教育论，从教师与学生的对应活动，切到对劳动教育活动的理解，能够对实际的劳动教育活动，产生哪些方面的积极影响呢？下面，分而论之。

第一，从劳动教育的对象看，对应劳动教育论，能够对实际的劳动教育活动产生如下三方面的积极影响：一方面是，对应劳动教育论，能够把握到学生作为劳动教育的对象。因此，就能够支持教师对学生的引导或教育。另一方面是，对应劳动教育论，也能够把握到教师作为劳动教育的对象。因此，就能够支持学生对教师的教育或影响。最后一个方面是，对应劳动教育论，既能把握到学生作为劳动教育的对象，又能把握到教师作为劳动教育的对象。因此，就能够支持师生双方建构出以相互对象性为基础的对等劳动教育关系。鉴于现行劳动教育论对作为对象的教师的忽视这一偏差，我们愿意特别强调，教师也是劳动教育的对象。这一强调，包含两层基本内容：一层内容是，要像关注对学生的劳动教育一样，也要去关注对教师的劳动教育。这里的关键是要走出一个常见的误区，即认为教师处于成熟时期，已经获得了劳动技术或综合技术素质，似乎不再需要劳动教育，其实，教师像学生一样，都处于劳动技术或综合技术素质变化或发展的特定阶段，这特定阶段都存在特定的劳动教育。因此，都需要引起劳动教育的对应关注。另一层内容是，不仅要分别关注对学生与教师的劳动教育，而且要对应关注对学生与教师在对等影响中的劳动教育。这种对等影响的理想性定位是：在双方影响一致性基础上，走向双方的互补性变化或发展。这种对等影响的现实性定位是：在双方影响不一致性基础上，师生双方，既要以教师合理的影响，去丰富或改造学生不合理的方面；又要以学生合理的影响，去丰富或改造教师不合理的方面，以实现双方生成性的变化或发展。这种对等影响的底线定位是：在双方影响不一致性基础上，双方都不能破坏或割裂对应的教育关系。我们认为，经由三线定位的影响，师生双方就可以构建出以相互对象性为基础的对等劳动教育关系。由此，也可以规避由单一对象所导致的不对等劳动教育关系。

第二，从劳动教育的内容看，对应劳动教育论，能够对实际的劳动教育活动产生如下三方面的积极影响：一方面是，对应劳动教育论，能够把握到文本或教材中间接经验的内容。因此，能够支持师生双方展开关于不同的间接经验内容的对应教育或教学。另一方面是，对应劳动教育论，也能够把握到劳动或综合实践活动中直接经验的内容。因此，能够支持师生双方展开关于不同的直接经验内容的对应教育或教学。最后一个方面是，对应劳动教育论，既能把握到间接经验的内容，又能把握到直接经验的内容。因此，能够支持师生双方开展以两种经验的对应性为基础的对等教育。鉴于现行劳动教育论的遮蔽或偏差，我们愿意特别强调如下两点：一点是，要关注间接经验与直接经验的差别或不同。这里关键是要走出现行教育理论的一个常见误区，那就是认为间接经验与直接经验的简单联系——这当然是简单思维的后果。在对应思维看来，以抽象文字或符号表达的间接经验与具体可感的直接经验，两者之间既有联系，又有区别。因此，就不能像现行教育理论那样仅仅关注两者之间的联系，而且要关注两者之间的区别。另一点是，既然间接经验与直接经验之间既有联系，又有区别；那么，师生双方就要关注以两者的对应性为基础的对等影响关系。这种对等影响关系的理想性定位是：在两种经验一致性基础上，走向两种经验的互补性变化或发展。这种对等影响关系的现实性定位是：在两种经验的不一致性基础上，师生双方既要以间接经验中合理的内容，去丰富或改造不合理的直接经验中的内容；又要以合理的直接经验中的内容，去丰富或改造不合理的间接经验中的内容，以实现两种内容的生成性变化或发展。这种对等影响关系的底线定位是：在两种经验不一致性基础上，双方都不能破坏或割裂对应的教育关系。我们认为，经由三线定位的影响，师生双方就可以构建出以两种经验的对应性为基础的对等劳动教育关系。由此，也可以规避由单一具体内容所导致的不对等劳动教育关系。

第三，从劳动教育的目的看，对应劳动教育论，能够对实际的劳动教育活动产生如下三方面的积极影响：一方面是，对应劳动教育论，能够把握到教师对学生的目的即劳动教育的社会目的。因此，能够支持教师展开对学生的劳动教育。另一方面是，对应劳动教育论，也能够把握到学生的个体目的。因此，能够支持学生根据自身需要展开劳动教育。最后一个方面是，对应劳动教育论，既能把握到教师对学生的目的，又能把握到学生的个体目的。因此，能够支持师生双方建构出以两种目的的对应性为基础的对等劳动教育关系。鉴于现行劳动教育论的遮蔽或偏差，我们愿意特别强调如下两点：一点是，要关注社会目的的不合理性与个体目的的合理性。这里关键是要走出现行教育理论的一个常见误区，那就是认为社会目的只有合理性而个体目的则只有不合理性——这当然是简单思维的后果。在对应思维看来，社会目的与个体目的，各有自身的合理性与不合理性。因此，就不能像现行教育理论那样仅仅关注社会目的的合理性与个体目的的不合理性，而且要关注社会目的的不合理性与个体目的的合理性。另一点是，既然社会目的与个体目的各有自身的合理性与不合理性，那么，师生双方就要关注以两种目的的对应性为基础的对等影响关系。这种对等影响关系的理想性定位是：在两种目的一致性基础上，走向两种目的的互补性变化或发展。这种对等影响关系的现实性定位是：在两种目的的不一致性基础上，师生双方既要以合理的社会目的，去丰富或改造不合理的个体目的，又要以合理的个体目的，去丰富或改造不合理的社会目的，以实现两种目的的生成性变化或发展。这种对等影响关系的底线定位是：在两种目的的不一致性基础上，双方都不能破坏或割裂对应的教育关系。我们认为，经由三线定位的影响，师生双方就可以构建出以两种目的的对应性为基础的对等劳动教育关系。由此，也可以规避由教师对学生单向度的目的所导致的不对等劳动教育关系。

第四，从劳动教育的机制看，对应劳动教育论，能够对实际的劳动教育活动产生如下三方面的积极影响：一方面是，对应劳动教育论，能够把握到教师对学生的主观与客观定位力量。因此，能够支持教师在主观与客观一致的前提下开展既定的教育，也能够支持教师在主观与客观不一致的前提下进行反思并调整既定的教育。另一方面是，对应劳动教育论，也能够把握到学生对教师的主观与客观定位力量。因此，能够支持学生在主观与客观一致的前提下开展既定的影响，也能够支持学生在主观与客观不一致的前提下进行反思并调整既定的影响。最后一个方面是，对应劳动教育论，既能把握到师生双方的主观定位力量，又能把握到师生双方的客观定位力量。因此，能够支持师生双方开展以主观影响与客观定位的对应为基础的对等劳动教育。鉴于现行劳动教育论，忽视学生对教师的主观定位力量以及忽视师生双方客观定位力量的偏差，我们愿意特别强调学生对教师的主观定位力量以及师生双方的客观定位力量。这包含两层基本内容：一层内容是，要像关注教师对学生的主观定位力量一样，去关注学生对教师的主观定位力量。因为，单一的教师对学生的主观定位力量，根本就不是实然状态的存在。另一层内容是，不仅强调师生双方的主观定位力量，而且要强调师生双方的客观定位力量，以求师生双方建构出以主观与客观定位的对应为基础的对等劳动教育关系。这种对等劳动教育关系的理想性定位是：在主观与客观定位一致性基础上，走向两种力量的互补性变化或发展。这种对等劳动教育关系的现实性定位是：在主观与客观定位不一致性基础上，师生双方，既要根据对方合理的主观与客观影响，去调整自己不合理的主观与客观影响，又要根据自己合理的主观与客观影响，去调整或改变对方不合理的主观与客观影响。需要指出，这一调整或改变的过程，必然会伴随师生双方关于综合实践活动中的对与错、善与恶、勤劳与懒惰等内容的讨论、体验以及选择。当然，也只有伴随师生双方在认识、情感与行为上的讨论、体验与选择的艰辛历程，才可能涵养出师生双方对应的劳动素质。这种对等劳动教育关系的底线定位是：在主观与客观定位不一致性基础上，双方都不能破坏或割裂对应的教育关系。我们认为，经由三线定位的影响，师生双方就可以构建出以主观与客观定位的对应为基础的对等劳动教育关系。由此，也可以规避由教师单一主观定位力量所导致的不对等劳动教育关系。

第五，从劳动教育的途径看，对应劳动教育论，能够对实际的劳动教育活动产生如下三方面的积极影响：一方面是，对应劳动教育论，能够把握到教师对学生的外在引导途径。因此，能够支持教师对学生的外在教育。另一方面是，对应劳动教育论，也能够把握到学生对教师的外在影响途径。因此，能够支持学生对教师的外在影响。最后一个方面是，对应劳动教育论，既能把握到师生双方的外在影响途径，又能把握到师生双方的自我教育途径。因此，能够支持师生双方开展以外在影响与自我教育的对应为基础的对等劳动教育。鉴于现行劳动教育论，忽视学生对教师的外在影响途径以及忽视师生双方自我教育途径的偏差，我们愿意特别强调学生对教师的外在影响途径以及师生双方的自我教育途径。这包含两层基本内容：一层内容是，要像关注教师对学生的外在引导一样，去关注学生对教师的外在影响。因为，单一的教师对学生的外在引导，根本就不是实然状态的存在。另一层内容是，不仅要强调师生双方的外在影响途径，而且要强调师生双方的自我教育途径，以求师生双方建构出以外在影响与自我教育的对应为基础的对等劳动教育关系。这种对等劳动教育关系的理想性定位是：在外在影响与自我教育一致性基础上，走向两种途径影响的互补性变化或发展。这种对等劳动教育关系的现实性定位是：在两种途径影响的不一致性基础上，师生双方既要根据合理的外在影响，去调整或改造不合理的自我教育；又要根据合理的自我教育，去调整或改造不合理的外在影响，以实现两种途径影响的生成性变化或发展。这种对等劳动教育关系的底线定位是：在两种途径影响的不一致性基础上，双方都不能破坏或割裂对应的教育关系。我们认为，经由三线定位的影响，师生双方就可以构建出以两种途径的对应为基础的对等劳动教育关系。由此，也可以规避由教师单一外在引导所导致的不对等劳动教育关系。

第六，从劳动教育的形式看，对应劳动教育论，能够对实际的劳动教育活动产生如下三方面的积极影响：一方面是，对应劳动教育论，能够把握到劳动教育活动有计划、有组织的显在形式。因此，能够支持师生双方按照既定的安排有序地开展劳动教育活动。另一方面是，对应劳动教育论，也能够把握到由显在活动所必然引起的隐在活动。因此，能够支持师生双方在随机的变通的状态中开展劳动教育活动。最后一个方面是，对应劳动教育论，不仅能够把握到显在的劳动教育活动形式，而且能把握到隐在的劳动教育活动形式。因此，能够支持师生双方建构出以有序与变通的对应为基础的对等劳动教育活动形式。鉴于现行劳动教育论，忽视隐在劳动教育活动形式的这一偏差，我们愿意特别强调，隐在劳动教育活动形式的客观存在。这一强调，包含两层基本内容：一层内容是，要像承认显在劳动教育活动形式的存在一样，也要承认隐在劳动教育活动形式的存在。因为，单一的显在劳动教育活动形式，根本就不是实然状态的存在。另一层内容是，不仅要分别承认显在与隐在劳动教育活动形式的存在，而且要承认两种活动形式的对应存在，以求师生双方构建出以两种活动形式的对应为基础的对等劳动教育活动形式。这种对等形式的理想性定位是：在两种形式一致性基础上，走向两种形式的互补性变化或发展。这种对等形式的现实性定位是：在两种形式不一致性基础上，师生双方既要以合理的显在活动形式，去调整或改造不合理的隐在活动形式，又要以合理的隐在活动形式，去调整或改造不合理的显在活动形式，以实现两种形式的生成性变化或发展。这种对等形式的底线定位是：在两种形式不一致性基础上，双方都不能破坏或割裂对应的教育关系。我们认为，经由三线定位的影响，师生双方就可以构建出以两种活动形式的对应为基础的对等的劳动教育活动形式。由此，也可以规避由单一显在活动形式所导致的不对等的程序化的单调乏味的形式。

第七，从劳动教育的结果看，对应劳动教育论，能够对实际的劳动教育活动产生如下三方面的积极影响：一方面是，对应劳动教育论，能够把握到学生在教师影响中的变化或发展。因此，能够支持教师对学生教育的价值。另一方面是，对应劳动教育论，也能够把握到教师在学生影响中的变化或发展。因此，能够支持学生对教师影响的价值。最后一个方面是，对应劳动教育论，既能把握到师生双方在对方影响中的变化或发展，又能把握到师生双方在自我教育中的变化或发展。因此，能够支持师生双方开展以他人影响与自我教育的对应为基础的对等劳动教育。鉴于现行劳动教育论，忽视学生对教师的影响结果以及忽视师生双方自我教育结果的偏差，我们愿意特别强调学生对教师的影响结果以及师生双方自我教育的结果。这包含两层基本内容：一层内容是，要像关注教师对学生的教育结果一样，去关注学生对教师的影响结果。因为，单一的教师对学生的教育结果，根本就不是实然状态的存在。另一层内容是，不仅要强调师生双方彼此的影响结果，而且要强调师生双方自我教育的结果，以求师生双方建构出以他人教育与自我教育的对应为基础的对等劳动教育关系。这种对等劳动教育关系的理想性定位是：在他人教育与自我教育一致性基础上，走向双方的互补性变化或发展。这种对等劳动教育关系的现实性定位是：在他人教育与自我教育不一致性基础上，师生双方既要接受对方合理的教育结果，以丰富或调整不合理的自我教育的结果，又要接受合理的自我教育结果，以丰富或调整对方不合理的教育结果；以实现双方生成性的变化或发展。这种对等劳动教育关系的底线定位是：在他人教育与自我教育不一致性基础上，双方都不能破坏或割裂对应的教育关系。我们认为，经由三线定位的影响，师生双方就可以构建出以两种教育的对应为基础的对等劳动教育关系。由此，也可以规避由单一他人教育结果所导致的不对等劳动教育关系。

五、本节小结

综上所述，我们对现行劳动教育论的改造，涉及三层基本内容：一是，首先，由现行劳动教育论所包含的主观思维，转换到事实思维；其次，在事实思维基础上，将现行劳动教育论所包含的主观泛化思维，改造为主观与客观的对应思维。二是，在对应思维中，将现行劳动教育论所包含的认识劳动教育活动的"教师对学生的简单活动"的思维切入点，改造为"教师与学生的对应活动"的思维切入点。三是，在"教师与学生的对应活动"视野中，分别对劳动教育活动的对象、内容、目的、机制、途径、形式以及结果这些基本方面，做出了对应的改造。最后，我们分别考察了对应劳动教育论，在劳动教育的对象、内容、目的、机制、途径、形式以及结果这些基本方面的观点，对实际的劳动教育活动所产生的积极影响，以推动人们从现行的简单劳动教育论，转换到对应的劳动教育论。

为了更简明地把握两种劳动教育论的不同，我们不妨将其中所包含的不同思维路线，做出如下比较。

简单劳动教育论的单线定位路线——劳动教育，就是教育者对受教育者的简单影响活动——这里需要特别注意，简单劳动教育论，仅仅是对教育者的单一主观愿望或价值期待这一条思维路线的反映。

对应劳动教育论的三线定位路线——劳动教育，就是教育者与受教育者双方的对应影响活动；它包含双方理想的上线、现实的中线以及戒律的底线——这里需要特别注意，对应劳动教育论，是对教育者与受教育者双方理想、现实与戒律的三条思维路线的反映。

六、本节提示

在本节最后，需要做两点提示：一是，由"教师对学生的简单活动"，到"教师与学生的对应活动"的过渡环节，就是由对劳动教育活动的主观抽象思维，转向对劳动教育活动的客观与主观的对应思维。二是，由"教师对学生的简单定位关系"，到"教师与学生的对应定位关系"的过渡环节，就是由对劳动教育活动的主观抽象思维，转向对劳动教育活动的客观与主观的对应思维。

附言：

1. 学校劳动教育的对象，不仅只有学生，而且包括教师——这对教师是一个有益的提示。

2. 知识与实践的区分，构成知识与实践联系的前提。

3. 只能看到知识与实践一致性的人，其实，就是典型的简单人。

4. 运用知识于实践的能力，只是简单的劳动素质，而既能运用知识于实践，又能以实践去改造或创造知识的能力，才是对应劳动教育观所追求的对应劳动素质。

5. 师生双方的对应劳动素质，只能在实践活动中主观与客观的和谐与对抗的交错中才能够实现，而所谓由教师引导学生进行实践活动去提高实践能力的判断，无非是一种流行的乡愿。

6. 在对应劳动教育观的视野中，既能看到知识与实践的一致性，又能看到不一致性的人，也就是以对应性为基础的丰富的人。

第七章

对现行简单心理健康教育论的遮蔽性分析与对应改造

第一节　对现行简单心理健康教育论的遮蔽性分析

切问：

1. 现行心理健康教育论，将心理健康教育规定为教师对学生的简单活动，其思维活动的切入点在哪里？我们如何才能探索到其思维活动的切入点？

2. 现行心理健康教育论，从其思维活动的切入点上，能够把握到心理健康教育活动哪些方面的内容呢？

3. 现行心理健康教育论的根据是什么？这种心理健康教育论，对实际的心理健康教育活动具有哪些积极作用？

4. 现行心理健康教育论，从其思维活动的切入点上，在对心理健康教育活动有所把握的同时，却又遮蔽了哪些内容呢？

5. 现行心理健康教育论，存在多方面的遮蔽，其认识上的根源是怎样的？

6. 现行心理健康教育论，对实际的心理健康教育活动具有怎样的消极作用？

一、现行心理健康教育论的内容、属性及其思维活动的切入点

1. 现行心理健康教育论的内容

按照世界卫生组织的理解，心理健康，是指一种良好的、持续的心理状态，表现为个体的生命活力、积极的体验、良好的社会适应能力以及作为社会成员的积极的社会功能等方面。按照现行心理学的理解，心理健康，是个体心理活动，在自身与环境条件下所能达到的最佳功能状态。对比地看，这两种理解，虽然有表达上细微的差别，但却没有内容上实质的不同，都是将人的心理健康，理解为一种正常的、积极的或良好的状态或所谓的最佳功能状态。在现行的学校教育中，心理健康教育，作为全面发展教育的内容之一，是指教师对学生的单方面的教育，也就是教师对学生所进行的关于积极的或良好的心理状态的教育。这也就是现行的学校心理健康教育论。

2. 现行心理健康教育论的属性

现行学校心理健康教育论认为，心理健康教育，就是教师对学生单方的积极的或良好的心理状态教育，心理健康教育活动的事实，果真是这样的吗？当教师对学生进行心理状态的辅导或教育时，学生不会因为受到教师的教育而发生自我教育吗？学生不会反过来对教师的心理产生影响或教育吗？教师不会因为受到学生心理的影响而发生自我教育吗？然而，现行学校心理健康教育观，却无视心理健康教育活动中这些具有内在对应性关系的事实，在主观思维中将学校心理健康教育仅仅规定为教师对学生单方的积极心理状态教育。由此，我们就可以有根据地说，现行心理健康教育论，是一种具有片面性或简单性的心理健康教育论。

3. 现行心理健康教育论的思维活动的切入点

现行学校心理健康教育论，既然将心理健康教育规定为教师对学生单方的积极心理状态教育，那么，我们就可以根据这一内容，反向地推论出其思维活动的切入点，那就是教师对学生的教育。正向地表达，也就是：现行学校心理健康教育论，正是从教师对学生的教育，切到对学校心理健康教育活动的理解，才将学校心理健康教育规定为教师对学生单方的积极心理状态教育。

二、现行心理健康教育论的所见、根据及其积极功能

1. 现行心理健康教育论的所见

现行学校心理健康教育论，从教师对学生单方的教育，切到对学校心理健康教育的理解，能够把握到心理健康教育活动的哪些方面的内容呢？这主要表现在如下七个基本方面：一是，从心理健康教育的对象看，现行心理健康教育论，能够把握到学生是心理健康教育的对象。二是，从心理健康教育的内容看，现行心理健康教育论，能够把握到上面所谈到的对学生进行积极心理状态的教育。三是，从心理健康教育的目的看，现行心理健康教育论，能够把握到对学生的目的，那就是要求学生具有或达到积极的心理状态。四是，从心理健康教育的机制看，现行心理健康教育论，能够把握到教师对学生的主观定位力量，也能够把握到学生对这种定位力量的接受。五是，从心理健康教育的途径看，现行心理健康教育论，能够把握到教师对学生的外在辅导或引导，也能够把握到学生对这种外在辅导的接受。六是，从心理健康教育的形式看，现行心理健康教育论，能够把握到教师对学生进行外在辅导所需要的显在形式，也能够把握到学生对这种显在形式的接受。七是，从心理健康教育的结果看，现行心理健康教育论，能够把握到学生在教师辅导或教育中的积极心理状态的发展。

2. 现行心理健康教育论的根据

现行学校心理健康教育论，在上述七个方面的所见，是有根据的吗？一是，从心理健康教育的对象看，处于基础教育阶段在学校读书学习的青少年学生，正处在身心变化的特定时期，其身心的成长或发展确实需要心理健康教育的关注，这当然是有根据的。二是，从心理健康教育的内容看，教师要对学生进行心理成长或发展的辅导或引导，当然就需要积极的或良好的心理状态这种内容，这是有根据的。三是，从心理健康教育的目的看，既然学生是心理健康教育的对象，那么，预先设定关于学生心理健康教育的目的，就是有根据的。四是，从心理健康教育的机制看，既然教师要对学生进行心理辅导，那么，就需要发挥对学生的主观定位力量这一机制，这是有根据的。五是，从心理健康教育的途径看，既然教师要辅导学生，那么，就需要外在影响这一途径，这也是有根据的。六是，从心理健康教育的形式看，既然教师要对学生进行主观定位与外在辅导，那么，心理健康教育的有计划、有组织的形式就是有根据的。七是，从心理健康教育的结果看，既然教师对学生进行了主观定位与外在的辅导，那么，学生就必然会受到教师的影响或塑造，这也是有根据的。

3. 现行心理健康教育论的积极功能

现行学校心理健康教育论，在上述七个方面的所见，对学校心理健康教育活动的实际，都具有积极的功能。一是，从心理健康教育的对象看，现行心理健康教育论，能够把握到学生这一对象，这能够支持教师对学生进行心理健康教育，也能够支持学生接受源于教师的心理健康教育。二是，从心理健康教育的内容看，现行心理健康教育论，能够把握到积极的或良好的心理状态，这能够给心理健康教育提供必要的内容。三是，从心理健康教育的目的看，现行心理健康教育论，能够把握到对学生的目的，这能够给心理健康教育活动提供基本的预设或规划。四是，从心理健康教育的机制看，现行心理健康教育论，能够把握到教师对学生主观定位力量，这能够支持教师对学生的主观定位或引导，也能够支持学生接受这种主观定位或引导。五是，从心理健康教育的途径看，现行心理健康教育论，能够把握到教师对学生的外在引导这一途径，这能够支持教师对学生的外在影响，也能够支持学生接受教师的外在影响。六是，从心理健康教育的形式看，现行心理健康教育论，能够把握到有计划、有组织的显在形式，这能够支持师生双方按照既定程序开展心理健康教育活动。七是，从心理健康教育的结果看，现行心理健康教育论，能够把握到学生在教师辅导中的变化或发展，这能够支持教师对学生的影响或塑造，也能够支持学生接受教师的影响或塑造。总之，现行学校心理健康教育论，从教师对学生单方的教育，切到对学校心理健康教育的理解，所把握到的基本内容，就教师对学生的简单心理健康教育而言，会具有多方面的积极作用。

三、现行心理健康教育论的偏差、根源及其消极功能

1. 现行心理健康教育论的偏差

现行学校心理健康教育论，从教师对学生的单方教育，切到对学校心理健康教育活动的理解，在有所把握的同时，却又遮蔽了哪些方面的内容呢？这也主要表现在如下七个基本方面：一是，从心理健康教育的对象看，现行心理健康教育论，在把握到学生是心理健康教育对象的同时，却遮蔽了教师也是心理健康教育的对象。二是，从心理健康教育的内容看，现行心理健康教育论，在把握到积极的或良好的心理状态的同时，却遮蔽了消极或不良的心理状态，还遮蔽了处于积极与消极之间的日常或平常心理状态。三是，从心理健康教育的目的看，现行心理健康教育论，在把握到对学生的目的的同时，却遮蔽了学生的个体目的。四是，从心理健康教育的机制看，现行心理健康教育论，在把握到教师对学生的主观定位力量的同时，却遮蔽了学生反过来对教师的主观定位力量，还遮蔽了师生双方主观与客观对应的定位力量。五是，从心理健康教育的途径看，现行心理健康教育论，在把握到教师对学生的外在引导的同时，却遮蔽了学生对教师的反向影响途径，也遮蔽了师生双方自我影响或自我教育的途径。六是，从心理健康教育的形式看，现行心理健康教育论，在把握到教师对学生进行外在引导所需要的显在活动形式的同时，却遮蔽了由显在活动所必然引起的隐在活动的形式。七是，从心理健康教育的结果看，现行心理健康教育论，在把握到教师对学生的教育结果的同时，却遮蔽了学生对教师的影响结果，还遮蔽了师生双方自我教育的结果。

2. 现行心理健康教育论的根源

从思维运作看，现行心理健康教育论，之所以存在上述偏差，是其主观抽象思维的泛化导致的。一是，从心理健康教育的对象看，在实际的学校心理健康教育活动中，教师对学生的任何引导或辅导，都必然会引起学生的反应；而学生的这种反应，又必然会反过来对教师产生影响或教育——这便是心理健康教育对象之间内在的相互性或对应性，或者说，心理健康教育的对象是相互对应的对象。然而，现行心理健康教育论，却在其主观抽象思维中，片面地抽取出学生作为心理健康教育的对象，并以偏概全地泛指心理健康教育活动中相互的对象。由此，便遮蔽了教师作为心理健康教育的对象。二是，从心理健康教育的内容看，在实际的学校心理健康教育活动中，所谓积极的或良好的心理状

态，只能是与消极的或不良的心理状态对应而存在的。单一的积极或良好的心理状态，从来都不是实然状态的存在——这便是心理健康教育内容中的积极或良好心理状态与消极或不良心理状态之间内在的相互性或对应性。然而，现行心理健康教育论，却在其主观抽象思维中，片面地抽取出积极或良好的心理状态，并以偏概全地泛指心理健康教育活动中对应的内容。由此，便遮蔽了消极或不良的心理内容。三是，从心理健康教育的目的看，在实际的心理健康教育活动中，教师对学生的任何目的或预设，都必然会引起学生的反应并产生学生自己的目的——这便是心理健康教育目的之间内在的相互性或对应性，或者说，心理健康教育的目的是相互对应的目的。然而，现行心理健康教育论，却在其主观抽象思维中，片面地抽取出对学生的目的，并以偏概全地泛指心理健康教育活动中对应的目的。由此，便遮蔽了学生的个体目的。四是，从心理健康教育的机制看，在实际的学校心理健康教育活动中，教师对学生的任何主观定位或引导，都必然会引起学生对教师反向的主观定位力量；同时，师生双方的主观定位力量，也都必然会引起双方的客观定位力量——这便是心理健康教育活动中主观与客观定位力量的相互性或对应性。然而，现行心理健康教育论，却在其主观抽象思维中，片面地抽取出教师对学生的主观定位力量，并以偏概全地泛指心理健康教育活动中对应的定位力量。由此，便遮蔽了学生对教师的主观定位力量，也遮蔽了师生双方的客观定位力量。五是，从心理健康教育的途径看，在实际的学校心理健康教育活动中，教师对学生的任何外在引导，都必然会引起学生对教师的反向影响。同时，师生双方的外在影响，也都只能通过师生双方的内在选择或自我选择，才可能转化为双方的对应心理状态——这便是心理健康教育途径的外在影响与自我选择的相互性或对应性。然而，现行心理健康教育论，却在其主观抽象思维中，片面地抽取出教师对学生的外在引导，并以偏概全地泛指心理健康教育活动中对应的途径。由此，便遮蔽了学生对教师的影响途径，也遮蔽了师生双方自我选择的途径。六是，从心理健康教育的形式看，在实际的学校心理健康教育活动中，教师对学生任何有计划、有组织的显在活动形式，都必然会引起学生内隐的多样的反应；而这内隐的多样的反应，却不可能是教师在心理健康教育活动开始之前就能计划或安排好的。由此，心理健康教育活动的实际状态，就是有计划、有组织的显在活动形式与无计划、无组织的隐在活动形式对应存在的状态——这也就是心理健康教育活动的显在形式与隐在形式的内在的相互性或对应性。然而，现行心理健康教育论，却在其主观抽象思维中，片面地抽取出心理健康教育活动的显在形式，并以偏概全地泛指心理健康教育活动中对应的形式。由此，便遮蔽了心理健康教育活动的隐在形式。七是，从心理健康教育的结果看，在实际的学校心理健康教育活动中，教师对学生的任何教育结果，都必然会转化为学生的心理变化或成长；同时，学生的心理变化或成长，也都必然会反过来转化为教师的心理变化或成长——这便是心理健康教育活动中他人教育与自我教育的相互性或对应性。然而，现行心理健康教育论，却在其主观抽象思维中，片面地抽取出教师对学生的教育结果，并以偏概全地泛指心理健康教育活动中对应的教育结果。由此，便遮蔽了学生对教师的影响结果，也遮蔽了师生双方自我教育的结果。

3. 现行心理健康教育论的消极功能

现行心理健康教育论，从教师对学生的单方引导，切到对心理健康教育活动的理解，在有所见的同时，却又存在偏差。这些认识或思维中的偏差，对实际的心理健康教育活动，会产生哪些消极的影响呢？一是，从心理健康教育的对象看，现行心理健康教育论，虽然能够把握到学生，但却遮蔽了教师。由此所导致的后果是：不仅直接忽视了对教师的心理健康教育，而且忽视了师生双方对应的心理健康教育。二是，从心理健康教育的内容看，现行心理健康教育论，虽然能够把握到积极或良好的心理状态，但却遮蔽了消极或不良的心理状态。由此导致的后果是：难以对人的丰富的心理内容做出对应的解释、说明或引导。三是，从心理健康教育的目的看，现行心理健康教育论，虽然能够把握到对学生的目的，但却遮蔽了学生的个体目的。由此所导致的后果是：不仅直接忽视了学生的个体需要，而且忽视了师生双方目的的对应关系。四是，从心理健康教育的机制看，现行心理健康教育论，虽然能够把握到教师对学生的主观定位力量，但却遮蔽了学生反过来对教师的主观定位力量，还遮蔽了师生双方主观与客观的对应定位力量。由此所导致的后果是：不仅使教师的定位力量陷入孤立状态，而且使师生双方的主观与客观定位力量难以获得对应的影响或调整。五是，从心理健康教育的途径看，现行心理健康教育论，虽然能够把握到教师对学生的外在引导，但却遮蔽了学生对教师的外在影响途径，还遮蔽了师生双方由外在影响所必然引起的自我选择的途径。由此所导致的后果是：不仅使教师的外在影响途径陷入孤立状态，而且使师生双方的外在与内在影响途径难以获得对应的影响或调整。六是，从心理健康教育的形式看，现行心理健康教育论，虽然能够把握到心理健康教育活动有计划、有组织的显在形式，但却遮蔽了显在活动所必然引起的隐在活动。由此所导致的后果是：缺少隐在活动对应的单一显在心理健康教育活动，很容易陷入由程序化所导致的单调甚至死板的状态。七是，从心理健康教育的结果看，现行心理健康教育论，虽然能够把握到教师对学生的教育结果，但却遮蔽了学生对教师的影响结果，还遮蔽了师生双方自我教育的结果。由此所导致的后果是：很难实现学生对教师的影响或教育，也很难实现师生双方相互对应的他人教育与自我教育。总之，现行心理健康教育论，从教师对学生的单方引导，切到对心理健康教育活动的理解，在有所见的同时，却又存在偏差。这些认识或思维中的偏差，就师生双方对应的心理健康教育而言，会存在多方面的消极作用。

四、本节小结

综上所述，我们看到，现行的简单心理健康教育论，从教师对学生的单方引导，切到对学校心理健康教育活动的理解，虽然能够把握到教师对学生的简单心理健康教育，也能够把握到这种简单心理健康教育的根据并对实际的简单心理健康教育活动产生积极的影响；但是，却遮蔽了学生反过来对教师的对应教育，并进一步遮蔽了师生双方的自我教育。从思维运作看，现行简单心理健康教育论的偏差，是由其主观思维的抽象泛化所导致的。从实际看，这种抽象泛化的思维或认识，对师生双方对应的心理健康教育活动存在多方面的消极作用。因此，现行的简单心理健康教育论，就必然也必须被合理地反思与改造。

五、本节提示

在本节最后，需要做两点提示：一是，探寻现行心理健康教育论的思维活动切入点的根据，就是现行简单心理健康教育论的内容，或者说，我们是通过现行简单心理健康教育论的内容而探寻到其思维活动的切入点的。二是，对现行心理健康教育论的思维活动切入点的遮蔽性分析，不是我们简单的主观分析，而是根据现行心理健康教育论所包含的思维活动切入点的所见与所不见而展开的——要特别注意，所见与所不见，两者是具有内在对应关系的必然的存在，而不是人们的主观错误或偏见。

附言：

1. 当教师引导并使学生成为心理健康教育的对象时，自己也就成了被学生所引导的对象。

2. 学校心理健康教育的对象，只有学生而不包括教师——这不过是轻视或忽视教师心理健康的证据。

3. 学校心理健康教育的内容，如果只有所谓积极或良好的心理，那么，就根本不具有任何教育的价值。

4. 学校的心理健康教育，如果不能激发师生双方的自我教育，那么，就不可能转化为双方的心理素质。

5. 简单地追求所谓积极或良好的心理状态，其实，是一种隐蔽着的不健康心理。

6. 没有隐在形式的对应，单一显在的心理健康教育，就很容易沦为人们熟悉的表演性的形式。

第二节　对现行简单心理健康教育论的对应改造

切问：

1. 从动态的心理健康教育活动的事实看，现行心理健康教育论所包含的"教师对学生的简单活动"，其实都是"教师与学生的对应活动"吗？

2. 当教师对学生进行心理健康教育时，自己也必然会受到学生的影响吗？由此，就可以说，心理健康教育的对象，是对应的存在吗？

3. 心理健康教育活动中所谓积极或良好的心理状态，只有与消极或不良的心理状态相对应，才可能被师生双方所理解吗？由此，就可以说，积极的心理状态与消极的心理状态，是对应存在的吗？

4. 教师对学生的心理健康教育目的，必然会引起学生的反应并产生学生自己的目的吗？由此，就可以说，教师的心理健康教育目的与学生的心理健康教育目的，是对应的存在吗？

5. 师生双方心理的主观定位力量，都必然会引起师生双方反应的客观定位力量吗？由此，就可以说，心理健康教育活动中的主观与客观定位力量，是对应的存在吗？

6. 师生双方之间的外在影响途径，都必然会引起师生双方内在自我的影响途径吗？由此，就可以说，心理健康教育活动中的外在与内在影响途径，是对应的存在吗？

7. 心理健康教育活动有计划、有组织的显在形式，必然会引起客观环境或条件的内隐的变化吗？由此，就可以说，心理健康教育活动的显在形式与隐在形式是对应存在的吗？

8. 教师对学生心理健康教育的结果，必然会引起学生心理的变化或发展；而学生心理的变化或发展，又必然会引起教师心理的变化或发展吗？由此，就可以说，心理健康教育活动对师生双方的教育结果是对应存在的吗？

一、对现行心理健康教育论所包含的泛化思维的对应改造

上一节我们谈到，现行心理健康教育论，之所以存在偏差，是因为在其思维运作中存在抽象泛化的不足。因此，要改造现行的心理健康教育论，就必须改造其抽象泛化的主观思维。如何改造这种思维呢？这首先就需要摆脱现行心理健康教育论所包含的简单主观思维，而转向对心理健康教育活动事实的关注——由主观思维，转向事实思维。然后，还需要走出心理健康教育研究者简单泛化的抽象思维，而转向对心理健康教育活动的客观与主观的对应思维——由泛化思维，转向对应思维。

二、对现行心理健康教育论所包含的思维切入点的对应改造

现行心理健康教育论，从教师对学生的单方影响开始，切到对心理健康教育活动的理解，这一切入点本身并不存在问题。现行心理健康教育论的问题在于：首先，从教师对学生的单方影响开始，切到对心理健康教育活动的理解；然后，却并没有对这一动态影响的过程做出对应的考察，而是仅仅停留在教师对学生的单方影响这里，并将心理健康教育活动抽象为教师对学生的简单活动。

教师对学生影响的心理健康教育活动的动态过程，又是怎样的呢？征之于实际，我们看到，在学校心理健康教育活动中，教师对学生的任何影响，都必然会引起学生的反应；而这种反应，又必然会反过来对教师产生影响。这清楚地表明，教师对学生的心理健康教育，其实都是对应存在的心理健康教育，或者说，是教师与学生之间的心理健康教育，而不是现行心理健康教育论所把握到的教师对于学生的简单心理健康教育。由此，我们就将现行心理健康教育论"教师对学生的简单活动"的切入点，改造为"教师与学生的对应活动"的切入点。

三、对现行心理健康教育论所包含的具体内容的对应改造

对应心理健康教育论，从教师与学生的对应活动，切到对学校心理健康教育活动的理解，能够对现行的心理健康教育论，做出哪些方面的改造呢？下面，分而论之。

第一，从心理健康教育的对象看，对应心理健康教育论，既能把握到学生，又能把握到教师，而不是现行心理健康教育论所把握到的单一的学生。这里的道理是：教师对学生的任何心理健康教育活动，都必然会引起学生的反应，而这又必然会反过来影响到教师。这清楚地表明，心理健康教育活动的对象，是

相互对应的对象，而不可能是现行心理健康教育论所把握到的单一对象。

第二，从心理健康教育的内容看，对应心理健康教育论，既能把握到积极或良好的心理状态，又能把握到消极或不良的心理状态，还能把握到处于积极与消极之间的日常或平常心理状态，而不是现行心理健康教育论所把握到的单一积极的心理状态。这里的道理是：处于积极或消极两端的心理状态，只能是相互对应的存在；离开其中的任何一方，另一方也就不复存在。同时，处于积极或消极两端的心理状态，也只有经过中间的日常或平常心理状态，才可能实现相互转换或相互平衡的状态。在这里的积极、消极与日常心理状态，也就是我们在本书上篇对应论的心理学部分所谈到的阳性、阴性与中性生命感受。这清楚地表明，心理健康教育活动的内容，都是相互对应的内容，而不可能是现行心理健康教育论所把握到的单一内容。

第三，从心理健康教育的目的看，对应心理健康教育论，既能把握到教师对学生的目的，又能把握到学生的个体目的，而不是现行心理健康教育论所把握到的单一的教师对学生的目的。这里的道理是：教师对学生的任何目的性预设，都必然会引起学生的心理反应；而学生的这种反应，又必然会推动学生产生自己的目的。这清楚地表明，心理健康教育活动的目的，是相互对应的目的，而不可能是现行心理健康教育论所把握到的单一目的。

第四，从心理健康教育的机制看，对应心理健康教育论，既能把握到教师对学生的主观定位力量，又能把握到学生反过来对教师的主观定位力量，还能把握到师生双方在心理健康教育活动中所受到的主观与客观对应的定位力量，而不是现行心理健康教育论所把握到的单一的教师对学生的主观定位力量。这里的道理是：教师对学生的任何主观定位力量，都必然会引起学生对教师反向的主观定位力量；同时，师生双方在心理健康教育活动中，在发挥自己主观定位力量的同时，也必然会引起客观力量的回应并使师生双方处于主观与客观力量的对应定位之中。这清楚地表明，心理健康教育活动的机制，必定是相互对应的机制，而不可能是现行心理健康教育论所把握到的孤立的主观定位力量。

第五，从心理健康教育的途径看，对应心理健康教育论，既能把握到教师对学生的外在影响，又能把握到学生对教师的外在影响，还能把握到师生双方在心理健康教育活动中所受到的外在与内在对应的影响途径，而不是现行心理健康教育论所把握到的单一的教师对学生的外在影响途径。这里的道理是：教师对学生的任何外在影响，都必然会反过来对教师产生影响；同时，师生双方在心理健康教育活动中，在发挥自己内在影响的同时，也必然会引起外在影响的回应并使师生双方处于外在影响与内在选择对应的影响途径之中。这清楚地表明，心理健康教育活动的途径，必定是师生双方外在影响与内在选择的对应途径，而不可能是现行心理健康教育论所把握到的教师对学生的单一外在影响途径。

第六，从心理健康教育的形式看，对应心理健康教育论，既能把握到心理健康教育活动有计划、有组织的显在形式，又能把握到由显在活动所必然引起的隐在活动形式，而不是现行心理健康教育论所把握到的单一显在活动形式。这里的道理是：教师对学生任何有计划、有组织的显在活动形式，都必然会引起学生内隐的多样的反应；而这些反应，却不可能是教师在心理健康教育活动之前就能预设的。这清楚地表明，心理健康教育活动的形式，必定是相互对应的形式，而不可能是现行心理健康教育论所把握到的单一显在形式。

第七，从心理健康教育的结果看，对应心理健康教育论，既能把握到教师对学生的影响结果，又能把握到学生对教师的影响结果，还能把握到师生双方在心理健康教育活动中所受到的他人教育与自我教育的结果，而不是现行心理健康教育论所把握到的单一的教师对学生的影响结果。这里的道理是：师生双方对对方的影响结果，都必然会转化为对方心理的变化或成长。同时，师生双方在心理健康教育活动中所受到的他人影响的结果，也都必然会经过自我教育而转化为师生双方心理的变化或成长。这清楚地表明，心理健康教育活动的结果，必定是相互对应的结果，而不可能是现行心理健康教育论所把握到的教师对学生的单一结果。

四、对应心理健康教育论的积极功能

对应心理健康教育论，从教师与学生的对应活动，切到对心理健康教育活动的理解，能够对实际的心理健康教育活动，产生哪些方面的积极影响呢？下面，分而论之。

第一，从心理健康教育的对象看：对应心理健康教育论，能够对实际的心理健康教育活动产生如下三方面的积极影响：一方面是，对应心理健康教育论，能够把握到学生作为心理健康教育的对象。因此，就能够支持教师对学生的引导或辅导。另一方面是，对应心理健康教育论，也能够把握到教师作为心理健康教育的对象。因此，就能够支持学生对教师的教育或影响。最后一个方面是，对应心理健康教育论，既能把握到学生作为心理健康教育的对象，又能把握到教师作为心理健康教育的对象。因此，就能够支持师生双方建构出以相互对象性为基础的对等心理健康教育关系。鉴于现行心理健康教育论，对作为对象的教师的忽视这一偏差，我们愿意特别强调，教师也是心理健康教育的对象。这

一强调，包含两层基本内容：一层内容是，要像关注对学生的心理健康教育一样，也要去关注对教师的心理健康教育。这里的关键是要走出一个常见的误区，即认为教师处于成熟的社会化时期，已经具备积极或良好的心理状态，似乎不再需要心理健康教育——这当然是简单思维的结果。在对应思维看来，教师像学生一样，都处于身心变化或发展的特定阶段，这特定阶段都需要特定的心理健康教育。因此，都需要引起心理健康教育的对应关注。另一层内容是，不仅要分别关注对学生与教师的心理健康教育，而且要对应关注对学生与教师在对等影响中的心理健康教育。这种对等影响的理想性定位是：在双方心理影响一致性基础上，走向双方心理的互补性变化或发展。这种对等影响的现实性定位是：在双方心理影响不一致性基础上，师生双方既要以教师合理的影响，去丰富或改造学生不合理的方面，又要以学生合理的影响，去丰富或改造教师不合理的方面，以实现双方心理的生成性变化或发展。这种对等影响的底线定位是：在双方心理影响不一致性基础上，双方都不能破坏或割裂对应的教育关系。我们认为，经由三线定位的影响，师生双方就可以构建出以相互对象性为基础的对等心理健康教育关系。由此，也可以规避由单一对象所导致的不对等心理健康教育关系。

第二，从心理健康教育的内容看，对应心理健康教育论，能够对实际的心理健康教育活动产生如下三方面的积极影响：一方面是，对应心理健康教育论，能够把握到学生方面对应存在的积极、消极与日常三种心理状态。因此，能够支持教师围绕这三种心理状态开展对学生的对应心理健康教育。另一方面是，对应心理健康教育论，也能够把握到教师方面对应存在的积极、消极与日常三种心理状态。因此，也能够支持学生围绕这三种心理状态展开对教师的对应心理健康影响。最后一个方面是，对应心理健康教育论，既能把握到学生方面对应存在的三种心理状态，又能把握到教师方面对应存在的三种心理状态。因此，能够支持师生双方开展关于三种心理状态的对等教育。鉴于现行心理健康教育论的遮蔽或偏差，我们愿意特别强调如下两点：一点是，要关注消极心理状态与日常心理状态的客观存在。这里的关键是要走出现行心理健康教育的一个常见误区，那就是认为所谓积极或良好的心理状态可以单独存在——这当然是简单思维的后果。在对应思维看来，单一的所谓积极或良好的心理状态，只能是主观思维中片面抽象的后果，根本不可能是实然状态的存在。就人的心理的实然状态而言，积极、消极与日常心理状态，只能是在相互对应或相互参照中才能确证自身的存在。所以，就不能像现行心理健康教育那样仅仅关注人的单一的积极的心理状态，而且要关注消极与日常的心理状态。另一点是，既然人的

三种心理状态之间存在对应关系，那么，师生双方就要关注以对应性为基础的
人的心理的对等影响关系。这种对等影响关系的理想性定位是：当人的三种心
理状态处于动态的平衡之中时，个人就处于身心的最优化状态。这种对等影响
关系的现实性定位是：当人的三种心理状态处于不平衡状态时，个人就需要以
积极的心理状态去调整消极的心理状态，从而使积极与消极心理状态处于相对
平衡的状态之中。这种对等影响关系的底线定位是：当人的三种心理状态处于
不平衡状态时，个人则不能固着或固结在单一的心理状态之中，以免滑入心理
的泛化状态之中。我们认为，经由三线定位的选择，师生双方就可以构建出以
三种心理状态的对应性为基础的对等心理健康教育关系。由此，也可以规避由
单一心理健康内容所导致的简单泛化的心理健康教育关系。

　　第三，从心理健康教育的目的看，对应心理健康教育论，能够对实际的心
理健康教育活动产生如下三方面的积极影响：一方面是，对应心理健康教育论，
能够把握到教师对学生的心理健康教育目的。因此，能够支持教师开展对学生
的心理健康教育。另一方面是，对应心理健康教育论，也能够把握到学生的个
体目的。因此，能够支持学生根据自身需要开展心理健康教育。最后一个方面
是，对应心理健康教育论，既能把握到教师对学生的目的，又能把握到学生的
个体目的。因此，能够支持师生双方建构出以两种目的的对应性为基础的对等
心理健康教育关系。鉴于现行心理健康教育论的遮蔽或偏差，我们愿意特别强
调如下两点：一点是，要关注教师对学生的目的的不合理性与学生个体目的的
合理性。这里关键是要走出现行心理健康教育理论的一个常见误区，那就是认
为教师对学生的目的只有合理性而学生个体目的则只有不合理性——这当然是
简单思维的后果。在对应思维看来，教师对学生的目的与学生的个体目的，各
有自身的合理性与不合理性。因此，就不能像现行心理健康教育理论那样仅仅
关注教师对学生的目的的合理性与学生个体目的的不合理性，而且要关注教师
对学生的目的的不合理性与学生个体目的的合理性。另一点是，既然教师对学
生的目的与学生个体目的各有自身的合理性与不合理性，那么，师生双方就要
关注以两种目的的对应性为基础的心理对等影响关系。这种心理对等影响关系
的理想性定位是：在两种目的一致性基础上，走向两种目的的互补性变化或发
展。这种心理对等影响关系的现实性定位是：在两种目的的不一致性基础上，
师生双方，既要以合理的教师对学生的目的，去丰富或改造不合理的学生的个
体目的，又要以合理的学生的个体目的，去丰富或改造不合理的教师对学生的
目的，以实现两种目的的生成性变化或发展。这种心理对等影响关系的底线定
位是：在两种目的的不一致性基础上，双方都不能破坏或割裂对应的教育关系。

我们认为，经由三线定位的影响，师生双方就可以构建出以两种目的的对应性为基础的对等心理健康教育关系。由此，也可以规避由教师对学生单一的目的所导致的不对等心理健康教育关系。

第四，从心理健康教育的机制看，对应心理健康教育论，能够对实际的心理健康教育活动产生如下三方面的积极影响：一方面是，对应心理健康教育论，能够把握到教师对学生的主观与客观定位力量。因此，能够支持教师在主观与客观一致的前提下开展既定的辅导，也能够支持教师在主观与客观不一致的前提下进行反思并调整既定的辅导。另一方面是，对应心理健康教育论，也能够把握到学生对教师的主观与客观定位力量。因此，能够支持学生在主观与客观一致的前提下开展既定的影响，也能够支持学生在主观与客观不一致的前提下进行反思并调整既定的影响。最后一个方面是，对应心理健康教育论，既能把握到师生双方的主观定位力量，又能把握到师生双方的客观定位力量。因此，能够支持师生双方开展以主观与客观定位的对应为基础的对等心理健康教育。鉴于现行心理健康教育论，忽视学生对教师的主观定位力量以及忽视师生双方客观定位力量的偏差，我们愿意特别强调学生对教师的主观定位力量以及师生双方的客观定位力量。这包含两层基本内容：一层内容是，要像关注教师对学生的主观定位力量一样，去关注学生对教师的主观定位力量。因为，单一的教师对学生的主观定位力量，根本就不是实然状态的存在。另一层内容是，不仅强调师生双方的主观定位力量，而且要强调师生双方的客观定位力量，以求师生双方建构出以主观与客观定位的对应为基础的对等心理健康教育关系。这种对等心理健康教育关系的理想性定位是：在主观与客观定位一致性基础上，走向两种力量的互补性变化或发展。这种对等心理健康教育关系的现实性定位是：在主观与客观定位不一致性基础上，师生双方，既要根据对方合理的主观与客观影响，去调整自己不合理的主观与客观影响；又要根据自己合理的主观与客观影响，去调整或改变对方不合理的主观与客观影响。这种对等心理健康教育关系的底线定位是：在主观与客观定位不一致性基础上，双方都不能破坏或割裂对应的教育关系。我们认为，经由三线定位的影响，师生双方就可以构建出以主观与客观定位的对应为基础的对等心理健康教育关系。由此，也可以规避由教师单一主观定位力量所导致的不对等心理健康教育关系。

第五，从心理健康教育的途径看，对应心理健康教育论，能够对实际的心理健康教育活动产生如下三方面的积极影响：一方面是，对应心理健康教育论，能够把握到教师对学生的外在引导途径。因此，能够支持教师对学生的外在引导。另一方面是，对应心理健康教育论，也能够把握到学生对教师的外在影响途径。因此，能够支持学生对教师的外在影响。最后一个方面是，对应心理健康教育论，既能把握到师生双方的外在影响途径，又能把握到师生双方的自我教育途径。因此，能够支持师生双方开展以外在影响与自我教育的对应为基础的对等心理健康教育。鉴于现行心理健康教育论，忽视学生对教师的外在影响途径以及忽视师生双方自我教育途径的偏差我们愿意特别强调学生对教师的外在影响途径以及师生双方的自我教育途径。这包含两层基本内容：一层内容是，要像关注教师对学生的外在引导一样，去关注学生对教师的外在影响；因为，单一的教师对学生的外在引导，根本就不是实然状态的存在。另一层内容是，不仅要强调师生双方的外在影响途径，而且要强调师生双方的自我教育途径，以求师生双方建构出以外在影响与自我教育的对应为基础的对等心理健康教育关系。这种对等心理健康教育关系的理想性定位是：在外在影响与自我教育一致性基础上，走向两种途径影响的互补性变化或发展。这种对等心理健康教育关系的现实性定位是：在两种途径影响的不一致性基础上，师生双方既要根据合理的外在影响，去调整或改造不合理的自我教育，又要根据合理的自我教育，去调整或改造不合理的外在影响，以实现两种途径影响的生成性变化或发展。这种对等心理健康教育关系的底线定位是：在两种途径影响的不一致性基础上，双方都不能破坏或割裂对应的教育关系。我们认为，经由三线定位的影响，师生双方就可以构建出以两种途径的对应为基础的对等心理健康教育关系。由此，也可以规避由教师单一外在引导所导致的不对等心理健康教育关系。

第六，从心理健康教育的形式看，对应心理健康教育论，能够对实际的心理健康教育活动产生如下三方面的积极影响：一方面是，对应心理健康教育论，能够把握到心理健康教育活动有计划、有组织的显在形式。因此，能够支持师生双方按照既定的安排有序地开展心理健康教育活动。另一方面是，对应心理健康教育论，也能够把握到由显在活动所必然引起的隐在活动。因此，能够支持师生双方在随机的变通的状态中开展心理健康教育活动。最后一个方面是，对应心理健康教育论，不仅能够把握到显在的活动形式，而且能把握到隐在的活动形式。因此，能够支持师生双方建构出以有序与变通的对应为基础的对等心理健康教育活动形式。鉴于现行心理健康教育论，忽视隐在活动形式的这一偏差，我们愿意特别强调，隐在活动形式的客观存在。这一强调，包含两层基本内容：一层内容是，要像承认显在活动形式的存在一样，也要承认隐在活动形式的存在；因为，单一的显在活动形式，根本就不是实然状态的存在。另一层内容是，不仅要分别承认显在与隐在活动形式的存在，而且要承认两种活动形式的对应存在，以求师生双方构建出以两种活动形式的对应为基础的对等心理健康教育活动形式。这种对等形式的理想性定位是：在两种形式一致性基础上，走向两种形式的互补性变化或发展。这种对等形式的现实性定位是：在两种形式不一致性基础上，师生双方既要以合理的显在形式，去调整或改造不合理的隐在形式；又要以合理的隐在形式，去调整或改造不合理的显在形式；以实现两种形式的生成性变化或发展。这种对等形式的底线定位是：在两种形式不一致性基础上，双方都不能破坏或割裂对应的教育关系。我们认为，经由三线定位的影响，师生双方就可以构建出以两种活动形式的对应为基础的对等心理健康教育活动形式。由此，也可以规避由单一显在活动形式所导致的不对等的程序化的单调乏味的形式。

第七，从心理健康教育的结果看，对应心理健康教育论，能够对实际的心理健康教育活动产生如下三方面的积极影响：一方面是，对应心理健康教育论，能够把握到学生在教师辅导中的变化或发展。因此，能够支持教师对学生辅导的价值。另一方面是，对应心理健康教育论，也能够把握到教师在学生影响中的变化或发展。因此，能够支持学生对教师影响的价值。最后一个方面是，对应心理健康教育论，既能把握到师生双方在对方影响中的变化或发展，又能把握到师生双方在自我教育中的变化或发展。因此，能够支持师生双方展开以他人影响与自我教育的对应为基础的对等心理健康教育。鉴于现行心理健康教育论，忽视学生对教师的影响结果以及忽视师生双方自我教育结果的偏差，我们愿意特别强调学生对教师的影响结果以及师生双方自我教育的结果。这包含两层基本内容：一层内容是，要像关注教师对学生的教育结果一样，去关注学生对教师的影响结果；因为，单一的教师对学生的教育结果，根本就不是实然状态的存在。另一层内容是，不仅要强调师生双方彼此的影响结果，而且要强调师生双方自我教育的结果，以求师生双方建构出以他人教育与自我教育的对应为基础的对等心理健康教育关系。这种对等心理健康教育关系的理想性定位是：在他人教育与自我教育一致性基础上，走向双方心理的互补性变化或发展。这种对等心理健康教育关系的现实性定位是：在他人教育与自我教育不一致性基础上，师生双方既要接受对方合理的教育结果，以丰富或调整不合理的自我教育的结果；又要接受合理的自我教育结果，以丰富或调整对方不合理的教育结果；以实现双方心理生成性的变化或发展。这种对等心理健康教育关系的底线定位是：在他人教育与自我教育不一致性基础上，双方都不能破坏或割裂对应的教育关系。我们认为，经由三线定位的影响，师生双方就可以构建出以两种教育的对应为基础的对等心理健康教育关系。由此，也可以规避由单一他人教育结果所导致的不对等心理健康教育关系。

五、本节小结

综上所述，我们对现行心理健康教育论的改造，涉及三层基本内容：一是，首先，由现行心理健康教育论所包含的主观思维，转换到事实思维；在事实思维基础上，将现行心理健康教育论所包含的主观泛化思维，改造为主观与客观的对应思维。二是，在对应思维中，将现行心理健康教育论所包含的认识心理健康教育活动的"教师对学生的简单活动"的思维切入点，改造为"教师与学生的对应活动"的思维切入点。三是，在"教师与学生的对应活动"视野中，分别对心理健康教育活动的对象、内容、目的、机制、途径、形式以及结果这些基本方面，做出了对应的改造。最后，我们分别考察了对应心理健康教育论，在心理健康教育的对象、内容、目的、机制、途径、形式以及结果这些基本方面的观点，对实际的心理健康教育活动所产生的积极影响，以推动人们从现行的简单心理健康教育论，转换到对应的心理健康教育论。

为了更简明地把握两种心理健康教育论的不同，我们不妨将其中所包含的不同思维路线，做出如下比较。

简单心理健康教育论的单线定位路线——心理健康教育，就是教育者对受教育者的简单影响活动——这里需要特别注意，简单心理健康教育论，仅仅是对教育者的单一主观愿望或价值期待这一条思维路线的反映。

对应心理健康教育论的三线定位路线——心理健康教育，就是教育者与受教育者双方的对应影响活动；它包含双方理想的上线、现实的中线以及戒律的底线——这里需要特别注意，对应心理健康教育论，是对教育者与受教育者双方理想、现实与戒律的三条思维路线的反映。

六、本节提示

在本节最后，需要做两点提示：一是，由"教师对学生的简单活动"，到"教师与学生的对应活动"的过渡环节，是由对心理健康教育活动的主观抽象思维，转向对心理健康教育活动的客观与主观的对应思维。二是，由"教师对学生的简单定位关系"，到"教师与学生的对应定位关系"的过渡环节，就是由对心理健康教育活动的主观抽象思维，转向对心理健康教育活动的客观与主观的对应思维。

附言：

1. 学校心理健康教育的对象，不仅只有学生，而且包括教师，这是一个事实命题。

2. 追求单一的所谓积极心理，不过是现行心理健康教育的不健康的固执。

3. 只有与心理不健康相对应，心理健康才成为可能。因此，心理健康教育的基本路径，就是经由心理不健康通向心理健康的历程。

4. 如果尊重人的心理活动的事实，那么，就需要对客观定位人的心理的力量给出基本的关注。

5. 一味地追求所谓幸福生活的人，其实就是简单的人。

6. 在对应心理健康教育观的视野中，能够以日常心理状态为中介，不断调整积极与消极心理并使其处于边界状态的人，也就是以对应性为基础的丰富的人。

第八章

对现行简单法制生活教育论的遮蔽性分析与对应改造

第一节　对现行简单法制生活教育论的遮蔽性分析

切问:

1. 现行法制生活教育论,将法制生活教育规定为教师对学生的简单活动,其思维活动的切入点在哪里? 我们如何才能探索到其思维活动的切入点?

2. 现行法制生活教育论,从其思维活动的切入点上,能够把握到法制生活教育活动哪些方面的内容呢?

3. 现行法制生活教育论的根据是什么? 这种法制生活教育论,对实际的法制生活教育活动具有哪些积极作用?

4. 现行法制生活教育论,从其思维活动的切入点上,在对法制生活教育活动有所把握的同时,却又遮蔽了哪些内容呢?

5. 现行法制生活教育论,存在多方面的遮蔽,其认识上的根源是怎样的?

6. 现行法制生活教育论,对实际的法制生活教育活动具有怎样的消极作用?

一、现行法制生活教育论的内容、属性及其思维活动的切入点

1. 现行法制生活教育论的内容

现行学校教育中的法制生活教育,作为全面发展教育的内容之一,是在所谓"大德育"(涉及政治、思想、品德以及心理健康等内容)的笼统范围中进行的。其主要内容,就是要教育学生树立法制观念,遵守基本的法律法规,做到懂法守法,自觉利用法律维护自身的合法权益并勇于同违法乱纪行为做斗争。简单地说,法制生活教育,就是教师对学生单方面的教育,也就是教师对学生所进行的关于法制观念与法制行为的教育。这也就是现行的学校法制生活教育论。

2、现行法制生活教育论的属性

现行学校法制生活教育论认为，法制生活教育，就是教师对学生单方面的教育。法制生活教育活动的事实，果真是这样的吗？当教师对学生进行法制生活教育时，学生不会因为受到教师的教育而发生自我教育吗？学生不会反过来对教师产生影响或教育吗？教师不会因为受到学生的影响而发生自我教育吗？然而，现行学校法制生活教育论，却无视法制生活教育活动中这些具有内在对应性关系的事实，在主观思维中将学校法制生活教育仅仅规定为教师对学生单方面的教育。由此，我们就可以有根据地说，现行法制生活教育论，是一种具有片面性或简单性的法制生活教育论。

3. 现行法制生活教育论的思维活动的切入点

现行学校法制生活教育论，既然将法制生活教育规定为教师对学生单方面的教育，那么，我们就可以根据这一内容，反向地推论出其思维活动的切入点，那就是教师对学生的教育。正向地表达，也就是：现行学校法制生活教育论，正是从教师对学生的教育，切到对学校法制生活教育活动的理解，才将学校法制生活教育规定为教师对学生单方面的教育。

二、现行法制生活教育论的所见、根据及其积极功能

1. 现行法制生活教育论的所见

现行学校法制生活教育论，从教师对学生单方面的教育，切到对学校法制生活教育的理解，能够把握到法制生活教育活动的哪些方面的内容呢？这主要表现在如下七个基本方面：一是，从法制生活教育的对象看，现行法制生活教育论，能够把握到学生是法制生活教育的对象。二是，从法制生活教育的内容看，现行法制生活教育论，能够把握到上面所谈到的对学生进行法制观念与法制行为的教育。三是，从法制生活教育的目的看，现行法制生活教育论，能够把握到对学生的目的，那就是上面谈到的要求学生树立法制观念并懂法守法。四是，从法制生活教育的机制看，现行法制生活教育论，能够把握到教师对学生的主观定位力量，也能够把握到学生对这种定位力量的接受。五是，从法制生活教育的途径看，现行法制生活教育论，能够把握到教师对学生的外在教育，也能够把握到学生对这种外在教育的接受。六是，从法制生活教育的形式看，现行法制生活教育论，能够把握到教师对学生进行外在教育所需要的显在形式，也能够把握到学生对这种显在形式的接受。七是，从法制生活教育的结果看，现行法制生活教育论，能够把握到学生在教师教育中的变化或发展。

2、现行法制生活教育论的根据

现行学校法制生活教育论，在上述七个方面的所见，是有根据的吗？一是，从法制生活教育的对象看，处于基础教育阶段在学校读书学习的青少年学生，当然处于法律制度或法律思想的影响之中，这就需要关于法制观念与行为的法制生活教育的关注，这是有根据的。二是，从法制生活教育的内容看，教师要对学生进行法制生活教育，当然就需要法制观念与法制行为这种内容，这是有根据的。三是，从法制生活教育的目的看，既然学生是法制生活教育的对象，那么，预先设定关于学生法制生活教育的目的，就是有根据的。四是，从法制生活教育的机制看，既然教师要对学生进行法制教育，那么，就需要发挥对学生的主观定位力量这一机制，这是有根据的。五是，从法制生活教育的途径看，既然教师要教育学生，那么，就需要外在教育这一途径，这也是有根据的。六是，从法制生活教育的形式看，既然教师要对学生进行主观定位与外在教育，那么，法制生活教育的有计划、有组织的形式就是有根据的。七是，从法制生活教育的结果看，既然教师对学生进行了主观定位与外在的教育，那么，学生就必然会受到教师的影响或塑造，这也是有根据的。

3. 现行法制生活教育论的积极功能

现行学校法制生活教育论，在上述七个方面的所见，对学校法制生活教育活动的实际，都具有积极的功能。一是，从法制生活教育的对象看，现行法制生活教育论，能够把握到学生这一对象，这能够支持教师对学生进行法制生活教育，也能够支持学生接受源于教师的法制生活教育。二是，从法制生活教育的内容看，现行法制生活教育论，能够把握到法制观念与法制行为，这能够给法制生活教育提供必要的内容。三是，从法制生活教育的目的看，现行法制生活教育论，能够把握到对学生的目的，这能够给法制生活教育活动提供基本的预设或规划。四是，从法制生活教育的机制看，现行法制生活教育论，能够把握到教师对学生主观定位力量，这能够支持教师对学生的主观定位或引导，也能够支持学生接受这种主观定位或引导。五是，从法制生活教育的途径看，现行法制生活教育论，能够把握到教师对学生的外在引导这一途径，这能够支持教师对学生的外在影响，也能够支持学生接受教师的外在影响。六是，从法制生活教育的形式看，现行法制生活教育论，能够把握到有计划、有组织的显在形式，这能够支持师生双方按照既定程序开展法制生活教育活动。七是，从法制生活教育的结果看，现行法制生活教育论，能够把握到学生在教师引导中的变化或发展，这能够支持教师对学生的影响或塑造，也能够支持学生接受教师的影响或塑造。总之，现行学校法制生活教育论，从教师对学生单方面的教育，切到对学校法制生活教育的理解，所把握到的基本内容，就教师对学生的简单法制生活教育而言，会具有多方面的积极作用。

三、现行法制生活教育论的偏差、根源及其消极功能

1. 现行法制生活教育论的偏差

现行学校法制生活教育论，从教师对学生的单方面教育，切到对学校法制生活教育活动的理解，在有所把握的同时，却又遮蔽了哪些方面的内容呢？这也主要表现在如下七个基本方面：一是，从法制生活教育的对象看，现行法制生活教育论，在把握到学生是法制生活教育对象的同时，却遮蔽了教师也是法制生活教育的对象。二是，从法制生活教育的内容看，现行法制生活教育论，在把握到法制观念与法制行为的同时，却遮蔽了不合法的观念与行为。三是，从法制生活教育的目的看，现行法制生活教育论，在把握到对学生的目的的同时，却遮蔽了学生的个体目的。四是，从法制生活教育的机制看，现行法制生活教育论，在把握到教师对学生的主观定位力量的同时，却遮蔽了学生反过来对教师的主观定位力量，还遮蔽了师生双方主观与客观对应的定位力量。五是，从法制生活教育的途径看，现行法制生活教育论，在把握到教师对学生的外在教育的同时，却遮蔽了学生对教师的反向影响途径，也遮蔽了师生双方自我影响或自我教育的途径。六是，从法制生活教育的形式看，现行法制生活教育论，在把握到教师对学生进行外在教育所需要的显在活动形式的同时，却遮蔽了由显在活动所必然引起的隐在活动的形式。七是，从法制生活教育的结果看，现行法制生活教育论，在把握到教师对学生的教育结果的同时，却遮蔽了学生对教师的影响结果，还遮蔽了师生双方自我教育的结果。

2. 现行法制生活教育论的偏差的根源

从思维运作看，现行法制生活教育论，之所以存在上述偏差，是其主观抽象思维的泛化导致的。一是，从法制生活教育的对象看，在实际的学校法制生活教育活动中，教师对学生的任何引导或教育，都必然会引起学生的反应；而学生的这种反应，又必然会反过来对教师产生影响或教育——这便是法制生活教育对象之间内在的相互性或对应性，或者说，法制生活教育的对象是相互对应的对象。然而，现行法制生活教育论，却在其主观抽象思维中，片面地抽取出学生作为法制生活教育的对象，并以偏概全地泛指法制生活教育活动中相互的对象。由此，便遮蔽了教师作为法制生活教育的对象。二是，从法制生活教育的内容看，在实际的学校法制生活教育活动中，所谓法制观念与法制行为，只能是与不合法的观念与行为相对应而存在的；单一的法制观念与行为，根本

不是实然状态的存在——这便是法制生活教育内容中的法制观念与行为以及不合法的观念与行为的相互性或对应性。然而，现行法制生活教育论，却在其主观抽象思维中，片面地抽取出法制观念与行为，并以偏概全地泛指法制生活教育活动中对应的内容。由此，便遮蔽了不合法的观念与行为。三是，从法制生活教育的目的看，在实际的法制生活教育活动中，教师对学生的任何目的或预设，都必然会引起学生的反应并产生学生自己的目的——这便是法制生活教育目的之间内在的相互性或对应性，或者说，法制生活教育的目的是相互对应的目的。然而，现行法制生活教育论，却在其主观抽象思维中，片面地抽取出对学生的目的，并以偏概全地泛指法制生活教育活动中对应的目的。由此，便遮蔽了学生的个体目的。四是，从法制生活教育的机制看，在实际的学校法制生活教育活动中，教师对学生的任何主观定位或教育，都必然会引起学生对教师反向的主观定位力量。同时，师生双方的主观定位力量，也都必然会引起双方的客观定位力量——这便是法制生活教育活动中主观与客观定位力量的相互性或对应性。然而，现行法制生活教育论，却在其主观抽象思维中，片面地抽取出教师对学生的主观定位力量，并以偏概全地泛指法制生活教育活动中对应的定位力量。由此，便遮蔽了学生对教师的主观定位力量，也遮蔽了师生双方的客观定位力量。五是，从法制生活教育的途径看，在实际的学校法制生活教育活动中，教师对学生的任何外在教育，都必然会引起学生对教师的反向影响。同时，师生双方的外在教育，也都只能通过师生双方的内在选择或自我教育，才可能转化为双方可以接受的教育——这便是法制生活教育途径的外在影响与自我选择的相互性或对应性。然而，现行法制生活教育论，却在其主观抽象思维中，片面地抽取出教师对学生的外在引导，并以偏概全地泛指法制生活教育活动中对应的途径。由此，便遮蔽了学生对教师的影响途径，也遮蔽了师生双方自我选择的途径。六是，从法制生活教育的形式看，在实际的学校法制生活教育活动中，教师对学生任何有计划、有组织的显在活动形式，都必然会引起学生内隐的多样的反应；而这内隐的、多样的反应，却不可能是教师在法制生活教育活动开始之前就能计划或安排好的。由此，法制生活教育活动的实际状态，就是有计划、有组织的显在活动形式与无计划、无组织的隐在活动形式对应存在的状态——这也就是法制生活教育活动的显在形式与隐在形式的内在的相互性或对应性。然而，现行法制生活教育论，却在其主观抽象思维中，片面地抽取出法制生活教育活动的显在形式，并以偏概全地泛指法制生活教育活动中对应的形式。由此，便遮蔽了法制生活教育活动的隐在形式。七是，从法制生活教育的结果看，在实际的学校法制生活教育活动中，教师对学生的任何教育结果，都必然会转化为学生的变化或成长；同时，学生的变化或成长，也都必然会反过来转化为教师的变化或成长——这便是法制生活教育活动中他人教育与自我教育的相互性或对应性。然而，现行法制生活教育论，却在其主观抽象思维中，片面地抽取出教师对学生的教育结果，并以偏概全地泛指法制生活教育活动中对应的教育结果。由此，便遮蔽了学生对教师的影响结果，也遮蔽了师生双方自我教育的结果。

3. 现行法制生活教育论的消极功能

现行法制生活教育论，从教师对学生的单方面引导，切到对法制生活教育活动的理解，在有所见的同时，却又存在偏差。这些认识或思维中的偏差，对实际的法制生活教育活动，会产生哪些消极的影响呢？一是，从法制生活教育的对象看，现行法制生活教育论，虽然能够把握到学生，但却遮蔽了教师。由此所导致的后果是：不仅直接忽视了对教师的法制生活教育，而且忽视了师生双方对应的法制生活教育。二是，从法制生活教育的内容看，现行法制生活教育论，虽然能够把握到法制观念与行为，但却遮蔽了不合法的观念与行为。由此导致的后果是：难以对法制观念与行为以及不合法的观念与行为展开对应的教育或教学。三是，从法制生活教育的目的看，现行法制生活教育论，虽然能够把握到对学生的目的，但却遮蔽了学生的个体目的。由此所导致的后果是：不仅直接忽视了学生的个体需要，而且忽视了师生双方目的之间的对应关系。四是，从法制生活教育的机制看，现行法制生活教育论，虽然能够把握到教师对学生的主观定位力量，但却遮蔽了学生反过来对教师的主观定位力量，还遮蔽了师生双方主观与客观的对应定位力量。由此所导致的后果是：不仅使教师的定位力量陷入孤立状态，而且使师生双方的主观与客观定位力量难以获得对应的影响或调整。五是，从法制生活教育的途径看，现行法制生活教育论，虽然能够把握到教师对学生的外在引导，但却遮蔽了学生对教师的外在影响途径，还遮蔽了师生双方由外在影响所必然引起的自我选择的途径。由此所导致的后果是：不仅使教师的外在影响途径陷入孤立状态，而且使师生双方的外在与内在影响途径难以获得对应的影响或调整。六是，从法制生活教育的形式看，现行法制生活教育论，虽然能够把握到法制生活教育活动有计划、有组织的显在形式，但却遮蔽了显在活动所必然引起的隐在活动。由此所导致的后果是：缺少隐在活动对应的单一显在法制生活教育活动，很容易陷入由程序化所导致的单调甚至死板的状态。七是，从法制生活教育的结果看，现行法制生活教育论，虽然能够把握到教师对学生的教育结果，但却遮蔽了学生对教师的影响结果，还遮蔽了师生双方自我教育的结果。由此所导致的后果是：很难实现学生对教师的影响或教育，也很难实现师生双方相互对应的他人教育与自我教育。总之，现行法制生活教育论，从教师对学生的单方面引导，切到对法制生活教育活动的理解，在有所见的同时，却又存在偏差。这些认识或思维中的偏差，就师生双方对应的法制生活教育而言，会存在多方面的消极作用。

四、本节小结

综上所述，我们看到，现行的简单法制生活教育论，从教师对学生的单方面引导，切到对学校法制生活教育活动的理解，虽然能够把握到教师对学生的简单法制生活教育，也能够把握到这种简单法制生活教育的根据并对实际的简单法制生活教育活动产生积极的影响；但是，却遮蔽了学生反过来对教师的对应教育，并进一步遮蔽了师生双方的自我教育。从思维运作看，现行简单法制生活教育论的偏差，是由其主观思维的抽象泛化所导致的。从实际看，这种抽象泛化的思维或认识，对师生双方对应的法制生活教育活动存在多方面的消极作用。因此，现行的简单法制生活教育论，就必然也必须被合理地反思与改造。

五、本节提示

在本节最后，需要做两点提示：一是，探寻现行法制生活教育论的思维活动切入点的根据，就是现行简单法制生活教育论的内容，或者说，我们是通过现行简单法制生活教育论的内容而探寻到其思维活动的切入点的。二是，对现行法制生活教育论的思维活动切入点的遮蔽性分析，不是我们简单的主观分析，而是根据现行法制生活教育论所包含的思维活动切入点的所见与所不见而展开的——要特别注意，所见与所不见，两者是具有内在对应关系的必然的存在，而不是人们的主观错误或偏见。

附言：

1. 法制生活教育的对象，绝不仅仅只有学生，而且包括教师——这不仅是一个对等的教育学命题，而且也是一个对等的法学命题。

2. 学校法制生活教育的对象，只有学生而不包括教师——这不过是现行教育理论既违反教育学又违反法学的对应原理的证据。

3. 如果只有法制观念与行为，而没有不法观念与行为的对应，那么，学校的法制生活教育，就会沦为人们熟悉的简单洗脑活动。

4. 如果不能激发师生双方的自我教育，那么，学校的法制生活教育，就根本不可能转化为双方的法律素质。

5. 一味地向学生灌输法制观念与法制行为，严格说来，就是一种以教育学生为名义的犯罪；因为，那已经是违背学生意志的强迫行为。

6. 没有隐在形式的对应，单一显在的法制生活教育，就很容易沦为人们熟悉的敷衍性的形式。

第二节　对现行简单法制生活教育论的对应改造

切问：

1. 从动态的法制生活教育活动的事实看，现行法制生活教育论所包含的"教师对学生的简单活动"，其实都是"教师与学生的对应活动"吗？

2. 当教师对学生进行法制生活教育时，自己也必然会受到学生的影响吗？由此，就可以说，法制生活教育的对象，是对应的存在吗？

3. 法制生活教育活动中的法制观念与法制行为，只有与不合法的观念与行为相互对应，才可能转化为师生双方可以理解的内容吗？由此，就可以说，法制观念与行为以及不合法的观念与行为，是对应的存在吗？

4. 教师对学生的法制生活教育目的，必然会引起学生的反应并产生学生自己的目的吗？由此，就可以说，教师的法制生活教育目的与学生的法制生活教育目的，是对应的存在吗？

5. 师生双方之间的主观定位力量，都必然会引起师生双方反应的客观定位力量吗？由此，就可以说，法制生活教育活动中的主观与客观定位力量，是对应的存在吗？

6. 师生双方之间的外在影响途径，都必然会引起师生双方内在自我的影响途径吗？由此，就可以说，法制生活教育活动中的外在与内在影响途径，是对应的存在吗？

7. 法制生活教育活动有计划、有组织的显在形式，必然会引起客观环境或条件的内隐的变化吗？由此，就可以说，法制生活教育活动的显在形式与隐在形式是对应存在的吗？

8. 教师对学生法制生活教育的结果，必然会引起学生的变化或发展；而学生的变化或发展，又必然会引起教师的变化或发展吗？由此，就可以说，法制生活教育活动对师生双方的教育结果是对应存在的吗？

一、对现行法制生活教育论所包含的泛化思维的对应改造

上一节我们谈到，现行法制生活教育论，之所以存在偏差，是因为在其思维运作中存在抽象泛化的不足。因此，要改造现行的法制生活教育论，就必须改造其抽象泛化的主观思维。如何改造这种思维呢？这首先就需要摆脱现行法制生活教育论所包含的简单主观思维，而转向对法制生活教育活动事实的关注——由主观思维，转向事实思维。其次，还需要走出法制生活教育研究者简单泛化的抽象思维，而转向对法制生活教育活动的客观与主观的对应思维——由泛化思维，转向对应思维。

二、对现行法制生活教育论所包含的思维切入点的对应改造

现行法制生活教育论，从教师对学生的单方影响开始，切到对法制生活教育活动的理解，这一切入点本身并不存在问题。现行法制生活教育论的问题在于：首先，从教师对学生的单方影响开始，切到对法制生活教育活动的理解；其次，却并没有对这一动态影响的过程做出对应的考察，而是仅仅停留在教师对学生的单方影响这里，并将法制生活教育抽象为教师对学生的简单活动。

教师对学生影响的法制生活教育活动的动态过程，又是怎样的呢？征之于实际，我们看到，在学校法制生活教育活动中，教师对学生的任何影响，都必然会引起学生的反应；而这种反应，又必然会反过来对教师产生影响。这清楚地表明，教师对学生的法制生活教育，其实都是对应存在的教育，或者说，是教师与学生之间的教育，而不是现行法制生活教育论所把握到的教师对于学生的简单教育。由此，我们就将现行法制生活教育论"教师对学生的简单活动"的切入点，改造为"教师与学生的对应活动"的切入点。

三、对现行法制生活教育论所包含的具体内容的对应改造

对应法制生活教育论，从教师与学生的对应活动，切到对学校法制生活教育活动的理解，能够对现行的法制生活教育论，做出哪些方面的改造呢？下面，分而论之。

第一，从法制生活教育的对象看，对应法制生活教育论，既能把握到学生，又能把握到教师，而不是现行法制生活教育论所把握到的单一的学生。这里的道理是：教师对学生的任何法制生活教育活动，都必然会引起学生的反应；而这又必然会反过来影响到教师。这清楚地表明，法制生活教育活动的对象，是相互对应的对象，而不可能是现行法制生活教育论所把握到的单一对象。

第二，从法制生活教育的内容看，对应法制生活教育论，既能把握到法制观念与法制行为，又能把握到不合法的观念与行为，而不是现行法制生活教育论所把握到的单一的法制观念与法制行为。这里的道理是：法制观念与法制行为，只有与不合法的观念与行为进行对应比较，才可能转化为师生双方可以理解的内容。这清楚地表明，法制生活教育活动的内容，是相互对应的内容，而不可能是现行法制生活教育论所把握到的单一内容。

第三，从法制生活教育的目的看，对应法制生活教育论，既能把握到教师对学生的社会目的，又能把握到学生的个体目的，而不是现行法制生活教育论所把握到的单一的教师对学生的社会目的。这里的道理是：教师对学生的任何目的性预设，都必然会引起学生的反应；而学生的这种反应，又必然会推动学生产生自己的目的。这清楚地表明，法制生活教育活动的目的，是相互对应的目的，而不可能是现行法制生活教育论所把握到的单一目的。

第四，从法制生活教育的机制看，对应法制生活教育论，既能把握到教师对学生的主观定位力量，又能把握到学生反过来对教师的主观定位力量，还能把握到师生双方在法制生活教育过程中所受到的主观与客观对应的定位力量，而不是现行法制生活教育论所把握到的单一的教师对学生的主观定位力量。这里的道理是：教师对学生的任何主观定位力量，都必然会引起学生对教师反向的主观定位力量。同时，师生双方在法制生活教育过程中，在发挥自己主观定位力量的同时，也必然会引起客观力量的回应并使师生双方处于主观与客观力量的对应定位之中。这清楚地表明，法制生活教育活动的机制，必定是相互对应的机制，而不可能是现行法制生活教育论所把握到的孤立的主观定位力量。

第五，从法制生活教育的途径看，对应法制生活教育论，既能把握到教师对学生的外在影响，又能把握到学生对教师的外在影响，还能把握到师生双方在法制生活教育过程中所受到的外在与内在对应的影响途径，而不是现行法制生活教育论所把握到的单一的教师对学生的外在影响途径。这里的道理是：教师对学生的任何外在影响，都必然会反过来对教师产生影响。同时，师生双方在法制生活教育过程中，在发挥自己内在影响的同时，也必然会引起外在影响的回应并使师生双方处于外在影响与内在选择对应的影响途径之中。这清楚地表明，法制生活教育活动的途径，必定是师生双方外在影响与内在选择的对应途径，而不可能是现行法制生活教育论所把握到的教师对学生的单一外在影响途径。

第六，从法制生活教育的形式看，对应法制生活教育论，既能把握到法制生活教育活动有计划、有组织的显在形式，又能把握到由显在活动所必然引起的隐在活动形式，而不是现行法制生活教育论所把握到的单一显在活动形式。这里的道理是：教师对学生任何有计划、有组织的显在活动形式，都必然会引起学生内隐的多样的反应，而这些反应，却不可能是教师在法制生活教育之前就能预设的。这清楚地表明，法制生活教育的形式，必定是相互对应的形式，而不可能是现行法制生活教育论所把握到的单一显在形式。

第七，从法制生活教育的结果看，对应法制生活教育论，既能把握到教师对学生的影响结果，又能把握到学生对教师的影响结果，还能把握到师生双方在法制生活教育过程中所受到的他人教育与自我教育的结果。而不是现行法制生活教育论所把握到的单一的教师对学生的影响结果。这里的道理是：师生双方对对方的影响结果，都必然会转化为对方的变化或成长；同时，师生双方在法制生活教育过程中所受到的他人影响的结果，也都必然会经过自我教育而转化为师生双方的变化或成长。这清楚地表明，法制生活教育活动的结果，必定是相互对应的结果，而不可能是现行法制生活教育论所把握到的教师对学生的单一结果。

四、对应法制生活教育论的积极功能

对应法制生活教育论，从教师与学生的对应活动，切到对法制生活教育的理解，能够对实际的法制生活教育，产生哪些方面的积极影响呢？下面，分而论之。

第一，从法制生活教育的对象看，对应法制生活教育论，能够对实际的法制生活教育产生如下三方面的积极影响：一方面是，对应法制生活教育论，能够把握到学生作为法制生活教育的对象。因此，就能够支持教师对学生的引导或教育。另一方面是，对应法制生活教育论，也能够把握到教师作为法制生活教育的对象。因此，就能够支持学生对教师的教育或影响。最后一个方面是，对应法制生活教育论，既能把握到学生作为法制生活教育的对象，又能把握到教师作为法制生活教育的对象。因此，就能够支持师生双方建构出以相互对象性为基础的对等法制生活教育关系。鉴于现行法制生活教育论，对作为对象的教师的忽视这一偏差，我们愿意特别强调，教师也是法制生活教育的对象。这一强调，包含两层基本内容：一层内容是，要像关注对学生的法制生活教育一样，也要去关注对教师的法制生活教育。这里的关键是要走出一个常见的误区，即认为教师处于成熟社会化时期，已经形成或获得了法制观念与法制行为，似乎不再需要法制生活教育——这当然是简单思维的产物。在对应思维看来，教师像学生一样，都处于特定社会关系的不同规定之中，都需要与这特定社会关

系相对应的法制观念与行为。因此，都需要引起法制生活教育的对应关注。另一层内容是，不仅要分别关注对学生与教师的法制生活教育，而且要对应关注对学生与教师在对等影响中的法制生活教育。这种对等影响的理想性定位是：在双方权利与义务一致性基础上，走向双方权利与义务的互补性变化或发展。这种对等影响的现实性定位是：在双方权利与义务不一致性基础上，师生双方既要关注教师一方权利与义务的对等匹配，又要关注学生一方权利与义务的对等匹配，以实现双方权利与义务的生成性的变化或发展。这种对等影响的底线定位是：在双方权利与义务不一致性基础上，双方都不能破坏或割裂对应的权利与义务关系。我们认为，经由三线定位的影响，师生双方就可以构建出以相互对象性为基础的对等法制生活教育关系。由此，也可以规避由单一对象所导致的不对等法制生活教育关系。

第二，从法制生活教育的内容看，对应法制生活教育论，能够对实际的法制生活教育活动产生如下三方面的积极影响：一方面是，对应法制生活教育论，能够把握到既有的法制观念与法制行为。因此，能够支持师生双方展开关于不同的法制观念与法制行为的对应教育或教学。另一方面是，对应法制生活教育论，也能够把握到不合法的观念与行为。因此，能够支持师生双方展开关于不同的不合法观念与行为的对应教育或教学。最后一个方面是，对应法制生活教育论，既能把握到法制观念与法制行为，又能把握到不合法的观念与行为。因此，能够支持师生双方开展以两种观念与行为的对应性为基础的对等教育。鉴于现行法制生活教育论的遮蔽或偏差，我们愿意特别强调如下两点：一点是，要关注不合法观念与行为的客观存在与积极的教育价值。这里关键是要走出现行法制生活教育论的一个常见误区，那就是认为不合法的观念与行为，只是人的主观违法所致并且也不具有积极的教育价值——这当然是简单思维的后果。在对应思维看来，不合法观念与行为，正像法制观念与行为一样，都是客观的存在并且具有对应比较的教育价值。因此，就不能像现行法制生活教育那样仅仅关注法制观念与法制行为，而且要关注不合法的观念与行为。另一点是，既然法制观念与行为以及不合法的观念与行为之间，存在对应关系，那么，师生双方就要关注以两种观念与行为的对应性为基础的对等影响关系。这种对等影响关系的理想性定位是：明确两种观念与行为必然的对等存在关系，以确证两种观念与行为的并列存在的事实。这种对等影响关系的现实性定位是：以法制观念与法制行为去克服或控制不合法的观念与行为，以实现法制约束下的社会生活。这种对等影响关系的底线定位是：不能以两种观念与行为中的任何一种观念与行为去代替或掩盖另一种观念与行为，以免破坏或割裂双方的对应关系。

我们认为，经由三线定位的影响，师生双方就可以构建出以两种观念与行为的对应性为基础的对等法制生活教育关系。由此，也可以规避由单一法制观念与法制行为所导致的不对等法制生活教育关系。

　　第三，从法制生活教育的目的看，对应法制生活教育论，能够对实际的法制生活教育活动产生如下三方面的积极影响：一方面是，对应法制生活教育论，能够把握到教师对学生的社会目的。因此，能够支持教师根据合理的社会需要开展对学生的法制生活教育。另一方面是，对应法制生活教育论，也能够把握到学生的个体目的。因此，能够支持学生根据合理的自身需要开展法制生活教育。最后一个方面是，对应法制生活教育论，既能把握到教师对学生的社会目的，又能把握到学生的个体目的。因此，能够支持师生双方建构出以两种目的的对应性为基础的对等法制生活教育关系。鉴于现行法制生活教育论的遮蔽或偏差，我们愿意特别强调如下两点：一点是，要关注社会目的的不合理性与个体目的的合理性。这里关键是要走出现行教育理论的一个常见误区，那就是认为社会目的只有合理性而个体目的则只有不合理性——这当然是简单思维的后果。在对应思维看来，社会目的与个体目的，各有自身的合理性与不合理性。因此，就不能像现行教育理论那样仅仅关注社会目的的合理性与个体目的的不合理性，而且要关注社会目的的不合理性与个体目的的合理性。另一点是，既然社会目的与个体目的各有自身的合理性与不合理性，那么，师生双方就要关注以两种目的的对应性为基础的对等影响关系。这种对等影响关系的理想性定位是：在两种目的一致性基础上，走向两种目的的互补性变化或发展。这种对等影响关系的现实性定位是：在两种目的的不一致性基础上，师生双方既要以合理的社会目的，去丰富或改造不合理的个体目的，又要以合理的个体目的，去丰富或改造不合理的社会目的，以实现两种目的的生成性变化或发展。这种对等影响关系的底线定位是：在两种目的的不一致性基础上，双方都不能破坏或割裂对应的教育关系。我们认为，经由三线定位的影响，师生双方就可以构建出以两种目的的对应性为基础的对等法制生活教育关系。由此，也可以规避由教师对学生单一的目的所导致的不对等法制生活教育关系。

　　第四，从法制生活教育的机制看，对应法制生活教育论，能够对实际的法制生活教育活动产生如下三方面的积极影响。一方面是，对应法制生活教育论，能够把握到教师对学生的主观与客观定位力量。因此，能够支持教师在主观与客观一致的前提下开展既定的教育，也能够支持教师在主观与客观不一致的前提下进行反思并调整既定的教育。另一方面是，对应法制生活教育论，也能够把握到学生对教师的主观与客观定位力量。因此，能够支持学生在主观与客观一致的前提下开展既定的影响，也能够支持学生在主观与客观不一致的前提下进行反思并调整既定的影响。最后一个方面是，对应法制生活教育论，既能把握到师生双方的主观定位力量，又能把握到师生双方的客观定位力量。因此，能够支持师生双方开展以主观定位与客观定位的对应为基础的对等法制生活教育。鉴于现行法制生活教育论，忽视学生对教师的主观定位力量以及忽视师生双方客观定位力量的偏差，我们愿意特别强调学生对教师的主观定位力量以及师生双方的客观定位力量。这包含两层基本内容：一层内容是，要像关注教师对学生的主观定位力量一样，去关注学生对教师的主观定位力量。因为，单一的教师对学生的主观定位力量，根本就不是实然状态的存在。另一层内容是，不仅强调师生双方的主观定位力量，而且要强调师生双方的客观定位力量，以求师生双方建构出以主观与客观定位的对应为基础的对等法制生活教育关系。这种对等法制生活教育关系的理想性定位是：在主观与客观定位一致性基础上，走向两种力量的互补性变化或发展。这种对等法制生活教育关系的现实性定位是：在主观与客观定位不一致性基础上，师生双方既要根据对方合理的主观与客观影响，去调整自己不合理的主观与客观影响，又要根据自己合理的主观与客观影响，去调整或改变对方不合理的主观与客观影响。这种对等法制生活教育关系的底线定位是：在主观与客观定位不一致性基础上，双方都不能破坏或割裂对应的教育关系。我们认为，经由三线定位的影响，师生双方就可以构建出以主观与客观定位的对应为基础的对等法制生活教育关系。由此，也可以规避由教师单一主观定位力量所导致的不对等法制生活教育关系。

第五，从法制生活教育的途径看，对应法制生活教育论，能够对实际的法制生活教育活动产生如下三方面的积极影响：一方面是，对应法制生活教育论，能够把握到教师对学生的外在引导途径。因此，能够支持教师对学生的外在教育。另一方面是，对应法制生活教育论，也能够把握到学生对教师的外在影响途径。因此，能够支持学生对教师的外在影响。最后一个方面是，对应法制生活教育论，既能把握到师生双方的外在影响途径，又能把握到师生双方的自我教育途径。因此，能够支持师生双方展开以外在影响与自我教育的对应为基础的对等法制生活教育。鉴于现行法制生活教育论，忽视学生对教师的外在影响途径以及忽视师生双方自我教育途径的偏差，我们愿意特别强调学生对教师的外在影响途径以及师生双方的自我教育途径。这包含两层基本内容：一层内容是，要像关注教师对学生的外在引导一样，去关注学生对教师的外在影响；因为，单一的教师对学生的外在引导，根本就不是实然状态的存在。另一层内容是，不仅要强调师生双方的外在影响途径，而且要强调师生双方的自我教育途径，以求师生双方建构出以外在影响与自我教育的对应为基础的对等法制生活教育关系。这种对等法制生活教育关系的理想性定位是：在外在影响与自我教育一致性基础上，走向两种途径影响的互补性变化或发展。这种对等法制生活教育关系的现实性定位是：在两种途径影响的不一致性基础上，师生双方既要根据合理的外在影响，去调整或改造不合理的自我教育；又要根据合理的自我教育，去调整或改造不合理的外在影响，以实现两种途径影响的生成性变化或发展。这种对等法制生活教育关系的底线定位是：在两种途径影响的不一致性基础上，双方都不能破坏或割裂对应的教育关系。我们认为，经由三线定位的影响，师生双方就可以构建出以两种途径的对应为基础的对等法制生活教育关系。由此，也可以规避由教师单一外在引导所导致的不对等法制生活教育关系。

第六，从法制生活教育的形式看，对应法制生活教育论，能够对实际的法制生活教育活动产生如下三方面的积极影响：一方面是，对应法制生活教育论，能够把握到法制生活教育活动有计划、有组织的显在形式。因此，能够支持师生双方按照既定的安排有序地开展法制生活教育。另一方面是，对应法制生活教育论，也能够把握到由显在活动所必然引起的隐在活动。因此，能够支持师生双方在随机的变通的状态中开展法制生活教育。最后一个方面是，对应法制生活教育论，不仅能够把握到显在的活动形式，而且能把握到隐在的活动形式。因此，能够支持师生双方建构出以有序与变通的对应为基础的对等法制生活教育形式。鉴于现行法制生活教育论，忽视隐在法制生活教育形式的这一偏差，我们愿意特别强调，隐在法制生活教育形式的客观存在。这一强调，包含两层基本内容：一层内容是，要像承认显在活动形式的存在一样，也要承认隐在活动形式的存在；因为，单一的显在活动形式，根本就不是实然状态的存在。另一层内容是，不仅要分别承认显在与隐在活动形式的存在；而且要承认两种活动形式的对应存在，以求师生双方构建出以两种活动形式的对应为基础的对等法制生活教育形式。这种对等形式的理想性定位是：在两种形式一致性基础上，走向两种形式的互补性变化或发展。这种对等形式的现实性定位是：在两种形式不一致性基础上，师生双方既要以合理的显在活动形式，去调整或改造不合理的隐在活动形式；又要以合理的隐在活动形式，去调整或改造不合理的显在活动形式，以实现两种形式的生成性变化或发展。这种对等形式的底线定位是：在两种形式不一致性基础上，双方都不能破坏或割裂对应的教育关系。我们认为，经由三线定位的影响，师生双方就可以构建出以两种活动形式的对应为基础的对等法制生活教育形式。由此，也可以规避由单一显在活动形式所导致的不对等的程序化的单调乏味的形式。

第七，从法制生活教育的结果看，对应法制生活教育论，能够对实际的法制生活教育活动产生如下三方面的积极影响：一方面是，对应法制生活教育论，能够把握到学生在教师影响中的变化或发展。因此，能够支持教师对学生教育的价值。另一方面是，对应法制生活教育论，也能够把握到教师在学生影响中的变化或发展。因此，能够支持学生对教师影响的价值。最后一个方面是，对应法制生活教育论，既能把握到师生双方在对方影响中的变化或发展，又能把握到师生双方在自我教育中的变化或发展。因此，能够支持师生双方开展以他人影响与自我教育的对应为基础的对等法制生活教育。鉴于现行法制生活教育论，忽视学生对教师的影响结果以及忽视师生双方自我教育结果的偏差，我们愿意特别强调学生对教师的影响结果以及师生双方自我教育的结果。这包含两层基本内容：一层内容是，要像关注教师对学生的教育结果一样，去关注学生对教师的影响结果；因为，单一的教师对学生的教育结果，根本就不是实然状态的存在。另一层内容是，不仅要强调师生双方彼此的影响结果，而且要强调师生双方自我教育的结果，以求师生双方建构出以他人教育与自我教育的对应为基础的对等法制生活教育关系。这种对等法制生活教育关系的理想性定位是：在他人教育与自我教育一致性基础上，走向双方的互补性变化或发展。这种对等法制生活教育关系的现实性定位是：在他人教育与自我教育不一致性基础上，师生双方既要接受对方合理的教育结果，以丰富或调整不合理的自我教育的结果，又要接受合理的自我教育结果，以丰富或调整对方不合理的教育结果，以实现双方生成性的变化或发展。这种对等法制生活教育关系的底线定位是：在他人教育与自我教育不一致性基础上，双方都不能破坏或割裂对应的教育关系。我们认为，经由三线定位的影响，师生双方就可以构建出以两种教育的对应为基础的对等法制生活教育关系。由此，也可以规避由单一他人教育结果所导致的不对等法制生活教育关系。

五、本节小结

综上所述，我们对现行法制生活教育论的改造，涉及三层基本内容。一是，首先，由现行法制生活教育论所包含的主观思维，转换到事实思维；其次，在事实思维基础上，将现行法制生活教育论所包含的主观泛化思维，改造为主观与客观的对应思维。二是，在对应思维中，将现行法制生活教育论所包含的认识法制生活教育活动的"教师对学生的简单活动"的思维切入点，改造为"教师与学生的对应活动"的思维切入点。三是，在"教师与学生的对应活动"视野中，分别对法制生活教育的对象、内容、目的、机制、途径、形式以及结果这些基本方面，做出了对应的改造。最后，我们分别考察了对应法制生活教育论，在法制生活教育的对象、内容、目的、机制、途径、形式以及结果这些基本方面的观点，对实际的法制生活教育活动所产生的积极影响，以推动人们从现行的简单法制生活教育论，转换到对应的法制生活教育论。

为了更简明地把握两种法制生活教育论的不同，我们不妨将其中所包含的不同思维路线，做出如下比较。

简单法制生活教育论的单线定位路线——法制生活教育，就是教育者对受教育者的简单影响活动——这里需要特别注意，简单法制生活教育论，仅仅是对教育者的单一主观愿望或价值期待这一条思维路线的反映。

对应法制生活教育论的三线定位路线——法制生活教育，就是教育者与受教育者双方的对应影响活动；它包含双方理想的上线、现实的中线以及戒律的底线——这里需要特别注意，对应法制生活教育论，是对教育者与受教育者双方理想、现实与戒律的三条思维路线的反映。

六、本节提示

在本节最后，需要做两点提示：一是，由"教师对学生的简单活动"，到"教师与学生的对应活动"的过渡环节，就是由对法制生活教育活动的主观抽象思维，转向对法制生活教育活动的客观与主观的对应思维。二是，由"教师对学生的简单定位关系"，到"教师与学生的对应定位关系"的过渡环节，就是由对法制生活教育活动的主观抽象思维，转向对法制生活教育活动的客观与主观的对应思维。

附言：

1. 学校法制教育的对象，不仅只有学生，而且包括教师——这里包含着动态教育过程的对应逻辑。

2. 法制观念与行为以及不法观念与行为，是相互对应的存在，单一的法制观念与行为，只是现行简单法制生活教育的不合理的偏爱。

3. 只能看到法制观念与法制行为的人，其实，就是典型的简单人。

4. 既能理解法制观念与法制行为，又能理解不法观念与不法行为的人，才是具有对应法律素质的人。

5. 师生双方的对应法律素质，只能在课堂教学与实际生活的主观与客观的和谐与对抗的交错中才能够实现，而所谓由教师去培养学生法律素质的判断，无非是一种流行的俗愿。

6. 在对应法制生活教育观的视野中，既能把握社会目的的合理性与不合理性，又能把握个体目的的合理性与不合理性的人，也就是以对应性为基础的丰富的人。

第九章

对现行简单经济生活教育论的遮蔽性分析与对应改造

第一节　对现行简单经济生活教育论的遮蔽性分析

切问：

1. 现行经济生活教育论，将经济生活教育规定为教师对学生的简单活动；其思维活动的切入点在哪里？我们如何才能探索到其思维活动的切入点？

2. 现行经济生活教育论，从其思维活动的切入点上，能够把握到经济生活教育活动哪些方面的内容呢？

3. 现行经济生活教育论的根据是什么？这种经济生活教育论，对实际的经济生活教育活动具有哪些积极作用？

4. 现行经济生活教育论，从其思维活动的切入点上，在对经济生活教育活动有所把握的同时，却又遮蔽了哪些内容呢？

5. 现行经济生活教育论，存在多方面的遮蔽，其认识上的根源是怎样的？

6. 现行经济生活教育论，对实际的经济生活教育活动具有怎样的消极作用？

一、现行经济生活教育论的内容、属性及其思维活动的切入点

1. 现行经济生活教育论的内容

按照马克思的理解，劳动是价值的源泉，是人的经济生活的基础，也是人的生存与发展的基础，劳动教育当然构成全面发展教育的基础性内容。然而，现行学校的劳动教育，像法制教育一样，也是在所谓"大德育"的迷离视野中进行的。其基本内容，就是要加强对学生的劳动观念与劳动行为的教育，以便培养学生尊重劳动、热爱劳动和劳动人民的思想感情，并掌握一定的劳动技能，养成良好的劳动习惯和创造精神。简单地说，现行学校的劳动教育，就是教师对学生单方面的教育，也就是教师对学生所进行的以劳动观念与劳动行为或劳动习惯为基本内容的教育。这也就是现行以劳动教育为基础的学校经济生活教育论的基本内容。

2. 现行经济生活教育论的属性

现行学校经济生活教育论认为，经济生活教育，就是教师对学生单方面的教育。经济生活教育活动的事实，果真是这样的吗？当教师对学生进行经济生活教育时，学生不会因为受到教师的教育而发生自我教育吗？学生不会反过来对教师产生影响或教育吗？教师不会因为受到学生的影响而发生自我教育吗？然而，现行学校经济生活教育论，却无视经济生活教育活动中这些具有内在对应性关系的事实，在主观思维中将学校经济生活教育仅仅规定为教师对学生单方面的教育。由此，我们就可以有根据地说，现行经济生活教育论，是一种具有片面性或简单性的经济生活教育论。

3. 现行经济生活教育论的思维活动的切入点

现行学校经济生活教育论，既然将经济生活教育规定为教师对学生单方面的教育，那么，我们就可以根据这一内容，反向地推论出其思维活动的切入点，那就是教师对学生的教育。正向地表达，也就是：现行学校经济生活教育论，正是从教师对学生的教育，切到对学校经济生活教育活动的理解，才将学校经济生活教育规定为教师对学生单方面的教育。

二、现行经济生活教育论的所见、根据及其积极功能

1. 现行经济生活教育论的所见

现行学校经济生活教育论，从教师对学生单方面的教育，切到对学校经济生活教育的理解，能够把握到经济生活教育活动的哪些方面的内容呢？这主要表现在如下七个基本方面：一是，从经济生活教育的对象看，现行经济生活教育论，能够把握到学生是经济生活教育的对象。二是，从经济生活教育的内容看，现行经济生活教育论，能够把握到上面所谈到的对学生进行劳动观念与劳动行为的教育。三是，从经济生活教育的目的看，现行经济生活教育论，能够把握到对学生的目的，那就是上面谈到的培养学生尊重劳动、热爱劳动和劳动人民的思想感情，并掌握一定的劳动技能，养成良好的劳动习惯和创造精神。四是，从经济生活教育的机制看，现行经济生活教育论，能够把握到教师对学生的主观定位力量，也能够把握到学生对这种定位力量的接受。五是，从经济生活教育的途径看，现行经济生活教育论，能够把握到教师对学生的外在教育，也能够把握到学生对这种外在教育的接受。六是，从经济生活教育的形式看，现行经济生活教育论，能够把握到教师对学生进行外在教育所需要的显在形式，也能够把握到学生对这种显在形式的接受。七是，从经济生活教育的结果看，现行经济生活教育论，能够把握到学生在教师教育中的变化或发展。

2. 现行经济生活教育论的根据

现行学校经济生活教育论，在上述七个方面的所见，是有根据的吗？一是，从经济生活教育的对象看，处于基础教育阶段的青少年学生，也当然处于社会经济制度或经济生活的影响之中，这就需要以劳动为基础的经济生活教育的关注，这是有根据的。二是，从经济生活教育的内容看，教师要对学生进行经济生活教育，当然就需要劳动观念与劳动行为这种内容，这是有根据的。三是，从经济生活教育的目的看，既然学生是经济生活教育的对象，那么，预先设定关于学生经济生活教育的目的，就是有根据的。四是，从经济生活教育的机制看，既然教师要对学生进行经济生活教育，那么，就需要发挥对学生的主观定位力量这一机制，这是有根据的。五是，从经济生活教育的途径看，既然教师要教育学生，那么，就需要外在教育这一途径，这也是有根据的。六是，从经济生活教育的形式看，既然教师要对学生进行主观定位与外在教育，那么，经济生活教育的有计划、有组织的形式就是有根据的。七是，从经济生活教育的结果看，既然教师对学生进行了主观定位与外在的教育，那么，学生就必然会受到教师的影响或塑造，这也是有根据的。

3. 现行经济生活教育论的积极功能

现行学校经济生活教育论，在上述七个方面的所见，对学校经济生活教育活动的实际，都具有积极的功能。一是，从经济生活教育的对象看，现行经济生活教育论，能够把握到学生这一对象，这能够支持教师对学生进行经济生活教育，也能够支持学生接受源于教师的经济生活教育。二是，从经济生活教育的内容看，现行经济生活教育论，能够把握到劳动观念与劳动行为，这能够给经济生活教育提供必要的内容。三是，从经济生活教育的目的看，现行经济生活教育论，能够把握到对学生的目的，这能够给经济生活教育活动提供基本的预设或规划。四是，从经济生活教育的机制看，现行经济生活教育论，能够把握到教师对学生主观定位力量，这能够支持教师对学生的主观定位或引导，也能够支持学生接受这种主观定位或引导。五是，从经济生活教育的途径看，现行经济生活教育论，能够把握到教师对学生的外在引导这一途径，这能够支持教师对学生的外在影响，也能够支持学生接受教师的外在影响。六是，从经济生活教育的形式看，现行经济生活教育论，能够把握到有计划、有组织的显在形式，这能够支持师生双方按照既定程序开展经济生活教育活动。七是，从经济生活教育的结果看，现行经济生活教育论，能够把握到学生在教师引导中的变化或发展，这能够支持教师对学生的影响或塑造，也能够支持学生接受教师的影响或塑造。总之，现行学校经济生活教育论，从教师对学生单方面的教育，切到对学校经济生活教育的理解，所把握到的基本内容，就教师对学生的简单经济生活教育而言，会具有多方面的积极作用。

三、现行经济生活教育论的偏差、根源及其消极功能

1. 现行经济生活教育论的偏差

现行学校经济生活教育论，从教师对学生的单方面教育，切到对学校经济生活教育活动的理解，在有所把握的同时，却又遮蔽了哪些方面的内容呢？这也主要表现在如下七个基本方面：一是，从经济生活教育的对象看，现行经济生活教育论，在把握到学生是经济生活教育对象的同时，却遮蔽了教师也是经济生活教育的对象。二是，从经济生活教育的内容看，现行经济生活教育论，在把握到劳动观念与劳动行为的同时，却遮蔽了懒惰的观念与行为。三是，从经济生活教育的目的看，现行经济生活教育论，在把握到对学生的目的的同时，却遮蔽了学生的个体目的。四是，从经济生活教育的机制看，现行经济生活教育论，在把握到教师对学生的主观定位力量的同时，却遮蔽了学生反过来对教师的主观定位力量，还遮蔽了师生双方主观与客观对应的定位力量。五是，从经济生活教育的途径看，现行经济生活教育论，在把握到教师对学生的外在教育的同时，却遮蔽了学生对教师的反向影响途径，也遮蔽了师生双方自我影响或自我教育的途径。六是，从经济生活教育的形式看，现行经济生活教育论，在把握到教师对学生进行外在教育所需要的显在活动形式的同时，却遮蔽了由显在活动所必然引起的隐在活动的形式。七是，从经济生活教育的结果看，现行经济生活教育论，在把握到教师对学生的教育结果的同时，却遮蔽了学生对教师的影响结果，还遮蔽了师生双方自我教育的结果。

2. 现行经济生活教育论的根源

从思维运作看，现行经济生活教育论，之所以存在上述偏差，是其主观抽象思维的泛化导致的。一是，从经济生活教育的对象看，在实际的学校经济生活教育活动中，教师对学生的任何引导或教育，都必然会引起学生的反应；而学生的这种反应，又必然会反过来对教师产生影响或教育——这便是经济生活教育对象之间内在的相互性或对应性，或者说，经济生活教育的对象是相互对应的对象。然而，现行经济生活教育论，却在其主观抽象思维中，片面地抽取出学生作为经济生活教育的对象，并以偏概全地泛指经济生活教育活动中相互的对象。由此，便遮蔽了教师作为经济生活教育的对象。二是，从经济生活教育的内容看，在实际的学校经济生活教育活动中，所谓劳动观念与劳动行为，只能是与懒惰观念与懒惰行为相对应而存在的，单一的劳动观念与行为，根本

不是实然状态的存在——这便是经济生活教育内容中的劳动观念与行为以及懒惰观念与行为的相互性或对应性。然而，现行经济生活教育论，却在其主观抽象思维中，片面地抽取出劳动观念与行为，并以偏概全地泛指经济生活教育中对应的内容。由此，便遮蔽了懒惰的观念与行为。三是，从经济生活教育的目的看，在实际的经济生活教育活动中，教师对学生的任何目的或预设，都必然会引起学生的反应并产生学生自己的目的——这便是经济生活教育目的之间内在的相互性或对应性，或者说，经济生活教育的目的是相互对应的目的。然而，现行经济生活教育论，却在其主观抽象思维中，片面地抽取出对学生的目的，并以偏概全地泛指经济生活教育活动中对应的目的。由此，便遮蔽了学生的个体目的。四是，从经济生活教育的机制看，在实际的学校经济生活教育活动中，教师对学生的任何主观定位或教育，都必然会引起学生对教师反向的主观定位力量。同时，师生双方的主观定位力量，也都必然会引起双方的客观定位力量——这便是经济生活教育活动中主观与客观定位力量的相互性或对应性。然而，现行经济生活教育论，却在其主观抽象思维中，片面地抽取出教师对学生的主观定位力量，并以偏概全地泛指经济生活教育活动中对应的定位力量。由此，便遮蔽了学生对教师的主观定位力量，也遮蔽了师生双方的客观定位力量。五是，从经济生活教育的途径看，在实际的学校经济生活教育活动中，教师对学生的任何外在教育，都必然会引起学生对教师的反向影响。同时，师生双方的外在教育，也都只能通过师生双方的内在选择或自我教育，才可能转化为双方可以接受的教育——这便是经济生活教育途径的外在影响与自我选择的相互性或对应性。然而，现行经济生活教育论，却在其主观抽象思维中，片面地抽取出教师对学生的外在引导，并以偏概全地泛指经济生活教育活动中对应的途径。由此，便遮蔽了学生对教师的影响途径，也遮蔽了师生双方自我选择的途径。六是，从经济生活教育的形式看，在实际的学校经济生活教育活动中，教师对学生任何有计划、有组织的显在活动形式，都必然会引起学生内隐的、多样的反应，而这内隐的、多样的反应，却不可能是教师在经济生活教育活动开始之前就能计划或安排好的。由此，经济生活教育活动的实际状态，就是有计划、有组织的显在活动形式与无计划、无组织的隐在活动形式对应存在的状态——这也就是经济生活教育活动的显在形式与隐在形式的内在的相互性或对应性。然而，现行经济生活教育论，却在其主观抽象思维中，片面地抽取出经济生活教育活动的显在形式，并以偏概全地泛指经济生活教育活动中对应的形式。由此，便遮蔽了经济生活教育活动的隐在形式。七是，从经济生活教育的结果看，在实际的学校经济生活教育活动中，教师对学生的任何教育结果，都必然会转化为学生的变化或成长。同时，学生的变化或成长，也都必然会反过来转化为教师的变化或成长——这便是经济生活教育活动中他人教育与自我教育的相互性或对应性。然而，现行经济生活教育论，却在其主观抽象思维中，片面地抽取出教师对学生的教育结果，并以偏概全地泛指经济生活教育活动中对应的教育结果。由此，便遮蔽了学生对教师的影响结果，也遮蔽了师生双方自我教育的结果。

3. 现行经济生活教育论的消极功能

现行经济生活教育论，从教师对学生的单方面引导，切到对经济生活教育活动的理解，在有所见的同时，却又存在偏差。这些认识或思维中的偏差，对实际的经济生活教育活动，会产生哪些消极的影响呢？一是，从经济生活教育的对象看，现行经济生活教育论，虽然能够把握到学生，但却遮蔽了教师。由此所导致的后果是：不仅直接忽视了对教师的经济生活教育，而且忽视了师生双方对应的经济生活教育。二是，从经济生活教育的内容看，现行经济生活教育论，虽然能够把握到劳动观念与行为，但却遮蔽了懒惰观念与行为。由此导致的后果是：难以对劳动观念与行为以及懒惰观念与行为开展对应的教育或教学。三是，从经济生活教育的目的看，现行经济生活教育论，虽然能够把握到对学生的目的，但却遮蔽了学生的个体目的。由此所导致的后果是：不仅直接忽视了学生的个体需要，而且忽视了师生双方目的之间的对应关系。四是，从经济生活教育的机制看，现行经济生活教育论，虽然能够把握到教师对学生的主观定位力量，但却遮蔽了学生反过来对教师的主观定位力量，还遮蔽了师生双方主观与客观的对应定位力量。由此所导致的后果是：不仅使教师的定位力量陷入孤立状态，而且使师生双方的主观与客观定位力量难以获得对应的影响或调整。五是，从经济生活教育的途径看，现行经济生活教育论，虽然能够把握到教师对学生的外在引导，但却遮蔽了学生对教师的外在影响途径，还遮蔽了师生双方由外在影响所必然引起的自我选择的途径。由此所导致的后果是：不仅使教师的外在影响途径陷入孤立状态，而且使师生双方的外在与内在影响途径难以获得对应的影响或调整。六是，从经济生活教育的形式看，现行经济生活教育论，虽然能够把握到经济生活教育活动有计划、有组织的显在形式，但却遮蔽了显在活动所必然引起的隐在活动。由此所导致的后果是：缺少隐在活动对应的单一显在经济生活教育活动，很容易陷入由程序化所导致的单调甚至死板的状态。七是，从经济生活教育的结果看，现行经济生活教育论，虽然能够把握到教师对学生的教育结果，但却遮蔽了学生对教师的影响结果，还遮蔽了师生双方自我教育的结果。由此所导致的后果是：很难实现学生对教师的影响或教育，也很难实现师生双方相互对应的他人教育与自我教育。总之，现行经济生活教育论，从教师对学生的单方面引导，切到对经济生活教育活动的理解，在有所见的同时，却又存在偏差。这些认识或思维中的偏差，就师生双方对应的经济生活教育而言，会存在多方面的消极作用。

四、本节小结

综上所述，我们看到，现行的简单经济生活教育论，从教师对学生的单方面教育，切到对学校经济生活教育活动的理解，虽然能够把握到教师对学生的简单经济生活教育，也能够把握到这种简单经济生活教育的根据并对实际的简单经济生活教育活动产生积极的影响；但是，却遮蔽了学生反过来对教师的对应教育，并进一步遮蔽了师生双方的自我教育。从思维运作看，现行简单经济生活教育论的偏差，是由其主观思维的抽象泛化所导致的。从实际看，这种抽象泛化的思维或认识，对师生双方对应的经济生活教育活动存在多方面的消极作用。因此，现行简单经济生活教育论，就必然也必须被合理地反思与改造。

五、本节提示

在本节最后，需要做两点提示：一是，探寻现行经济生活教育论的思维活动切入点的根据，就是现行简单经济生活教育论的内容，或者说，我们是通过现行简单经济生活教育论的内容而探寻到其思维活动的切入点的。二是，对现行经济生活教育论的思维活动切入点的遮蔽性分析，不是我们简单的主观分析，而是根据现行经济生活教育论所包含的思维活动切入点的所见与所不见而展开的——要特别注意，所见与所不见，两者是具有内在对应关系的必然的存在，而不是人们的主观错误或偏见。

附言：

1. 经济生活是人生的基础，所以，教育的对象，就不仅只有学生，而且包括教师。

2. 学校经济生活教育的对象，只有学生而不包括教师——这不过是现行教育理论无视教师文明经济生活的证据。

3. 如果只有劳动观念与行为，而没有懒惰观念与行为的对应，那么，学校的经济生活教育，就会沦为人们熟悉的简单洗脑活动。

4. 如果不能激发师生双方的自我教育，那么，学校的经济生活教育，就根本不可能转化为双方的劳动或消费素质。

5. 如果像现行教育理论那样，只是向学生灌输劳动观念与行为，而不谈劳动的报酬与消费，那么，就会构成师生双方生命的隐蔽着的巨大的浪费。

6. 没有隐在形式的对应，单一显在的经济生活教育，就很容易沦为人们熟悉的布道的形式。

第二节　对现行简单经济生活教育论的对应改造

切问：

1. 从动态的经济生活教育活动的事实看，现行经济生活教育论所包含的"教师对学生的简单活动"，其实都是"教师与学生的对应活动"吗？

2. 当教师对学生进行经济生活教育时，自己也必然会受到学生的影响吗？由此，就可以说，经济生活教育的对象，是对应的存在吗？

3. 经济生活教育活动中的劳动观念与行为，只有与懒惰观念与行为相互对应，才可能转化为师生双方可以理解的内容吗？由此，就可以说，劳动观念与行为以及懒惰观念与行为，是对应的存在吗？

4. 教师对学生的经济生活教育目的，必然会引起学生的反应并产生学生自己的目的吗？由此，就可以说，教师的经济生活教育目的与学生的经济生活教育目的，是对应的存在吗？

5. 师生双方之间的主观定位力量，都必然会引起师生双方反应的客观定位力量吗？由此，就可以说，经济生活教育活动中的主观与客观定位力量，是对应的存在吗？

6. 师生双方之间的外在影响途径，都必然会引起师生双方内在自我的影响途径吗？由此，就可以说，经济生活教育活动中的外在与内在影响途径，是对应的存在吗？

7. 经济生活教育活动的有计划、有组织的显在形式，必然会引起客观环境或条件的内隐的变化吗？由此，就可以说，经济生活教育活动的显在形式与隐在形式是对应存在的吗？

8. 教师对学生经济生活教育的结果，必然会引起学生的变化或发展，而学生的变化或发展，又必然会引起教师的变化或发展吗？由此，就可以说，经济生活教育活动对师生双方的教育结果是对应存在的吗？

一、对现行经济生活教育论所包含的泛化思维的对应改造

上一节我们谈到，现行经济生活教育论，之所以存在偏差，是因为在其思维运作中存在抽象泛化的不足。因此，要改造现行的经济生活教育论，就必须改造其抽象泛化的主观思维。如何改造这种思维呢？这首先就需要摆脱现行经济生活教育论所包含的简单主观思维，而转向对经济生活教育活动事实的关注——由主观思维，转向事实思维。其次，还需要走出经济生活教育研究者简单泛化的抽象思维，而转向对经济生活教育活动的客观与主观的对应思维——由泛化思维，转向对应思维。

二、对现行经济生活教育论所包含的思维切入点的对应改造

现行经济生活教育论，从教师对学生的单方影响开始，切到对经济生活教育活动的理解，这一切入点本身并不存在问题。现行经济生活教育论的问题在于：首先，从教师对学生的单方影响开始，切到对经济生活教育活动的理解；其次，却并没有对这一动态影响的过程做出对应的考察，而是仅仅停留在教师对学生的单方影响这里，并将经济生活教育抽象为教师对学生的简单活动。

教师对学生影响的经济生活教育活动的动态过程，又是怎样的呢？征之于实际，我们看到，在学校经济生活教育活动中，教师对学生的任何影响，都必然会引起学生的反应；而这种反应，又必然会反过来对教师产生影响。这清楚地表明，教师对学生的经济生活教育，其实都是对应存在的教育，或者说，是教师与学生之间的教育，而不是现行经济生活教育论所把握到的教师对于学生的简单教育。由此，我们就将现行经济生活教育论"教师对学生的简单活动"的切入点，改造为"教师与学生的对应活动"的切入点。

三、对现行经济生活教育论所包含的具体内容的对应改造

对应经济生活教育论，从教师与学生的对应活动，切到对学校经济生活教育活动的理解，能够对现行的经济生活教育论，做出哪些方面的改造呢？下面，分而论之。

第一，从经济生活教育的对象看，对应经济生活教育论，既能把握到学生，又能把握到教师，而不是现行经济生活教育论所把握到的单一的学生。这里的道理是：教师对学生的任何经济生活教育活动，都必然会引起学生的反应，而这又必然会反过来影响到教师。这清楚地表明，经济生活教育活动的对象，是相互对应的对象，而不可能是现行经济生活教育论所把握到的单一对象。

　　第二，从经济生活教育的内容看，对应经济生活教育论，既能把握到劳动观念与劳动行为，又能把握到懒惰观念与懒惰行为，而不是现行经济生活教育论所把握到的单一的劳动观念与劳动行为。这里的道理是：劳动观念与劳动行为，只有与懒惰的观念与行为进行对应比较，才可能转化为师生双方可以理解的内容。这清楚地表明，经济生活教育活动的内容，是相互对应的内容，而不可能是现行经济生活教育论所把握到的单一内容。

　　第三，从经济生活教育的目的看，对应经济生活教育论，既能把握到教师对学生的社会目的，又能把握到学生的个体目的，而不是现行经济生活教育论所把握到的单一的教师对学生的社会目的。这里的道理是：教师对学生的任何目的性预设，都必然会引起学生的反应；而学生的这种反应，有必然会推动学生产生自己的目的。这清楚地表明，经济生活教育活动的目的，是相互对应的目的，而不可能是现行经济生活教育论所把握到的单一目的。

　　第四，从经济生活教育的机制看，对应经济生活教育论，既能把握到教师对学生的主观定位力量，又能把握到学生反过来对教师的主观定位力量，还能把握到师生双方在经济生活教育过程中所受到的主观与客观对应的定位力量，而不是现行经济生活教育论所把握到的单一的教师对学生的主观定位力量。这里的道理是：教师对学生的任何主观定位力量，都必然会引起学生对教师反向的主观定位力量，同时，师生双方在经济生活教育过程中，在发挥自己主观定位力量的同时，也必然会引起客观力量的回应并使师生双方处于主观与客观力量的对应定位之中。这清楚地表明，经济生活教育活动的机制，必定是相互对应的机制，而不可能是现行经济生活教育论所把握到的孤立的主观定位力量。

　　第五，从经济生活教育的途径看，对应经济生活教育论，既能把握到教师对学生的外在影响，又能把握到学生对教师的外在影响，还能把握到师生双方在经济生活教育过程中所受到的外在与内在对应的影响途径，而不是现行经济生活教育论所把握到的单一的教师对学生的外在影响途径。这里的道理是：教师对学生的任何外在影响，都必然会反过来对教师产生影响。同时，师生双方在经济生活教育过程中，在发挥自己内在影响的同时，也必然会引起外在影响的回应并使师生双方处于外在影响与内在选择对应的影响途径之中。这清楚地表明，经济生活教育活动的途径，必定是师生双方外在影响与内在选择的对应途径，而不可能是现行经济生活教育论所把握到的教师对学生的单一外在影响途径。

　　第六，从经济生活教育的形式看，对应经济生活教育论，既能把握到经济生活教育活动有计划、有组织的显在形式，又能把握到由显在活动所必然引起的隐在活动形式，而不是现行经济生活教育论所把握到的单一显在活动形式。这里的道理是：教师对学生任何有计划、有组织的显在活动形式，都必然会引起学生内隐的多样的反应，而这些反应，却不可能是教师在经济生活教育之前就能预设的。这清楚地表明，经济生活教育的形式，必定是相互对应的形式，而不可能是现行经济生活教育论所把握到的单一显在形式。

第七，从经济生活教育的结果看，对应经济生活教育论，既能把握到教师对学生的影响结果，又能把握到学生对教师的影响结果，还能把握到师生双方在经济生活教育过程中所受到的他人教育与自我教育的结果，而不是现行经济生活教育论所把握到的单一的教师对学生的影响结果。这里的道理是：师生双方对对方的影响结果，都必然会转化为对方的变化或成长。同时，师生双方在经济生活教育过程中所受到的他人影响的结果，也都必然会经过自我教育而转化为师生双方的变化或成长。这清楚地表明，经济生活教育活动的结果，必定是相互对应的结果，而不可能是现行经济生活教育论所把握到的教师对学生的单一结果。

四、对应经济生活教育论的积极功能

对应经济生活教育论，从教师与学生的对应活动，切到对经济生活教育的理解，能够对实际的经济生活教育，产生哪些方面的积极影响呢？下面，分而论之。

第一，从经济生活教育的对象看，对应经济生活教育论，能够对实际的经济生活教育产生如下三方面的积极影响：一方面是，对应经济生活教育论，能够把握到学生作为经济生活教育的对象。因此，就能够支持教师对学生的教育或影响。另一方面是，对应经济生活教育论，也能够把握到教师作为经济生活教育的对象。因此，就能够支持学生对教师的教育或影响。最后一个方面是，对应经济生活教育论，既能把握到学生作为经济生活教育的对象，又能把握到教师作为经济生活教育的对象。因此，就能够支持师生双方建构出以相互对象性为基础的对等经济生活教育关系。鉴于现行经济生活教育论，对作为对象的教师的忽视这一偏差，我们愿意特别强调，教师也是经济生活教育的对象。这一强调，包含两层基本内容：一层内容是，要像关注对学生的经济生活教育一样，也要去关注对教师的经济生活教育。这里的关键是要走出一个常见的误区，即认为教师处于独立生活的时期，已经形成或获得了劳动观念与劳动行为，似乎不再需要经济生活教育——这当然是简单思维的产物。在对应思维看来，教师像学生一样，都处于由特定生活内容所规定的不同生活阶段之中，都需要与

这特定内容与阶段相对应的劳动观念与行为。因此，都需要引起经济生活教育的对应关注。另一层内容是，不仅要分别关注对学生与教师的经济生活教育，而且要对应关注对学生与教师在对等影响中的经济生活教育。这种对等影响的理想性定位是：在双方劳动观念与行为一致性基础上，走向双方的互补性变化或发展。这种对等影响的现实性定位是：在双方劳动观念与行为不一致性基础上，师生双方既要以教师合理的劳动观念与行为，去改造或调整学生不合理的劳动观念与行为，又要以学生合理的劳动观念与行为，去改造或调整教师不合理的劳动观念与行为，以实现师生双方的生成性变化或发展。这种对等影响的底线定位是：在双方劳动观念与行为不一致性基础上，双方都不能破坏或割裂对应的教育关系。我们认为，经由三线定位的影响，师生双方就可以构建出以相互对象性为基础的对等经济生活教育关系。由此，也可以规避由单一对象所导致的不对等经济生活教育关系。

第二，从经济生活教育的内容看，对应经济生活教育论，能够对实际的经济生活教育活动产生如下三方面的积极影响：一方面是，对应经济生活教育论，能够把握到关于劳动的观念与行为。因此，能够支持师生双方开展关于不同的劳动观念与行为的对应教育或教学。另一方面是，对应经济生活教育论，也能够把握到关于懒惰的观念与行为。因此，能够支持师生双方开展关于不同的懒惰观念与行为的对应教育或教学。最后一个方面是，对应经济生活教育论，既能把握到劳动观念与行为，又能把握到懒惰的观念与行为。因此，能够支持师生双方展开以两种观念与行为的对应性为基础的对等教育。鉴于现行经济生活教育论的遮蔽或偏差，我们愿意特别强调如下两点：一点是，要关注懒惰观念与行为的客观存在与积极的教育价值。这里关键是要走出现行经济生活教育论的一个常见误区，那就是认为懒惰的观念与行为，只是人的贪图享乐所致并且也不具有积极的教育价值——这当然是简单思维的后果。在对应思维看来，懒惰观念与行为，正像劳动观念与行为一样，都是客观的存在并且具有对应比较的教育价值。因此，就不能像现行经济生活教育那样仅仅关注劳动观念与行为，而且要关注懒惰的观念与行为。另一点是，既然劳动观念与行为以及懒惰的观念与行为之间，存在对应关系，那么，师生双方就要关注以两种观念与行为的对应性为基础的对等影响关系。这种对等影响关系的理想性定位是：明确劳动与懒惰这两种观念与行为必然的对等存在关系，以确证这两种观念与行为的并列存在的事实。这种对等影响关系的现实性定位是：以劳动观念与行为去克服或改造懒惰的观念与行为，以实现劳动基础上的文明经济生活。这种对等影响关系的底线定位是：不能以两种观念与行为中的任何一种观念与行为去代替或掩盖另一种观念与行为，以免破坏或割裂双方的对应关系。我们认为，经由三线定位的影响，师生双方就可以构建出以两种观念与行为的对应性为基础的对等经济生活教育关系。由此，也可以规避由单一劳动观念与行为所导致的不对等经济生活教育关系。

第三，从经济生活教育的目的看，对应经济生活教育论，能够对实际的经济生活教育活动产生如下三方面的积极影响：一方面是，对应经济生活教育论，能够把握到教师对学生的社会目的。因此，能够支持教师根据合理的社会需要展开对学生的经济生活教育。另一方面是，对应经济生活教育论，也能够把握到学生的个体目的。因此，能够支持学生根据合理的自身需要展开经济生活教育。最后一个方面是，对应经济生活教育论，既能把握到教师对学生的社会目的，又能把握到学生的个体目的。因此，能够支持师生双方建构出以两种目的的对应性为基础的对等经济生活教育关系。鉴于现行经济生活教育论的遮蔽或偏差，我们愿意特别强调如下两点：一点是，要关注社会目的的不合理性与个体目的的合理性。这里关键是要走出现行教育理论的一个常见误区，那就是认为社会目的只有合理性而个体目的则只有不合理性——这当然是简单思维的后果。在对应思维看来，关于经济生活教育的社会目的与个体目的，各有自身的合理性与不合理性；因此，就不能像现行教育理论那样仅仅关注社会目的的合理性与个体目的的不合理性，而且要关注社会目的的不合理性与个体目的的合理性。另一点是，既然关于经济生活教育的社会目的与个体目的各有自身的合理性与不合理性，那么，师生双方就要关注以两种目的的对应性为基础的对等影响关系。这种对等影响关系的理想性定位是：在关于经济生活教育的两种目的一致性基础上，走向两种目的的互补性变化或发展。这种对等影响关系的现实性定位是：在关于经济生活教育的两种目的的不一致性基础上，师生双方既要以合理的社会目的，去丰富或改造不合理的个体目的，又要以合理的个体目的，去丰富或改造不合理的社会目的，以实现两种目的的生成性变化或发展。这种对等影响关系的底线定位是：在关于经济生活教育的两种目的的不一致性基础上，双方都不能破坏或割裂对应的教育关系。我们认为，经由三线定位的影响，师生双方就可以构建出以两种目的的对应性为基础的对等经济生活教育关系。由此，也可以规避由教师对学生单一的目的所导致的不对等经济生活教育关系。

第四，从经济生活教育的机制看，对应经济生活教育论，能够对实际的经济生活教育活动产生如下三方面的积极影响：一方面是，对应经济生活教育论，能够把握到教师对学生的主观与客观定位力量。因此，能够支持教师在主观与客观一致的前提下开展既定的教育，也能够支持教师在主观与客观不一致的前提下进行反思并调整既定的教育。另一方面是，对应经济生活教育论，也能够把握到学生对教师的主观与客观定位力量。因此，能够支持学生在主观与客观一致的前提下开展既定的影响，也能够支持学生在主观与客观不一致的前提下进行反思并调整既定的影响。最后一个方面是，对应经济生活教育论，既能把握到师生双方的主观定位力量，又能把握到师生双方的客观定位力量。因此，能够支持师生双方展开以主观影响与客观定位的对应为基础的对等经济生活教育。鉴于现行经济生活教育论，忽视学生对教师的主观定位力量以及忽视师生双方客观定位力量的偏差，我们愿意特别强调学生对教师的主观定位力量以及师生双方的客观定位力量。这包含两层基本内容：一层内容是，要像关注教师对学生的主观定位力量一样，去关注学生对教师的主观定位力量。因为单一的教师对学生的主观定位力量，根本就不是实然状态的存在。另一层内容是，不仅强调师生双方的主观定位力量，而且要强调师生双方的客观定位力量，以求师生双方建构出以主观与客观定位的对应为基础的对等经济生活教育关系。这种对等经济生活教育关系的理想性定位是：在主观与客观定位一致性基础上，走向两种力量的互补性变化或发展。这种对等经济生活教育关系的现实性定位是：在主观与客观定位不一致性基础上，师生双方既要根据对方合理的主观与客观影响，去调整自己不合理的主观与客观影响，要根据自己合理的主观与客观影响，去调整或改变对方不合理的主观与客观影响。这种对等经济生活教育关系的底线定位是：在主观与客观定位不一致性基础上，双方都不能破坏或割裂对应的教育关系。我们认为，经由三线定位的影响，师生双方就可以构建出以主观与客观定位的对应为基础的对等经济生活教育关系。由此，也可以规避由教师单一主观定位力量所导致的不对等经济生活教育关系。

第五，从经济生活教育的途径看，对应经济生活教育论，能够对实际的经济生活教育活动产生如下三方面的积极影响：一方面是，对应经济生活教育论，能够把握到教师对学生的外在引导途径。因此，能够支持教师对学生的外在教育。另一方面是，对应经济生活教育论，也能够把握到学生对教师的外在影响途径。因此，能够支持学生对教师的外在影响。最后一个方面是，对应经济生活教育论，既能把握到师生双方的外在影响途径，又能把握到师生双方的自我教育途径。因此，能够支持师生双方开展以外在影响与自我教育的对应为基础的对等经济生活教育。鉴于现行经济生活教育论，忽视学生对教师的外在影响途径以及忽视师生双方自我教育途径的偏差，我们愿意特别强调学生对教师的外在影响途径以及师生双方的自我教育途径。这包含两层基本内容：一层内容是，要像关注教师对学生的外在引导一样，去关注学生对教师的外在影响；因为，单一的教师对学生的外在引导，根本就不是实然状态的存在。另一层内容是，不仅要强调师生双方的外在影响途径，而且要强调师生双方的自我教育途径，以求师生双方建构出以外在影响与自我教育的对应为基础的对等心理健康教育关系。这种对等心理健康教育关系的理想性定位是：在外在影响与自我教育一致性基础上，走向两种途径影响的互补性变化或发展。这种对等心理健康教育关系的现实性定位是：在两种途径影响的不一致性基础上，师生双方既要根据合理的外在影响，去调整或改造不合理的自我教育，又要根据合理的自我教育，去调整或改造不合理的外在影响，以实现两种途径影响的生成性变化或发展。这种对等心理健康教育关系的底线定位是：在两种途径影响的不一致性基础上，双方都不能破坏或割裂对应的教育关系。我们认为，经由三线定位的影响，师生双方就可以构建出以两种途径的对应为基础的对等心理健康教育关系。由此，也可以规避由教师单一外在引导所导致的不对等心理健康教育关系。

第六，从心理健康教育的形式看，对应心理健康教育论，能够对实际的心理健康教育活动产生如下三方面的积极影响：一方面是，对应心理健康教育论，能够把握到心理健康教育活动有计划、有组织的显在形式。因此，能够支持师生双方按照既定的安排有序地开展心理健康教育活动。另一方面是，对应心理健康教育论，也能够把握到由显在活动所必然引起的隐在活动。因此，能够支持师生双方在随机的变通的状态中开展心理健康教育活动。最后一个方面是，对应心理健康教育论，不仅能够把握到显在的活动形式，而且能把握到隐在的活动形式。因此，能够支持师生双方建构出以有序与变通的对应为基础的对等心理健康教育活动形式。鉴于现行心理健康教育论，忽视隐在活动形式的这一偏差，我们愿意特别强调隐在活动形式的客观存在。这一强调，包含两层基本内容。一层内容是，要像承认显在活动形式的存在一样，也要承认隐在活动形式的存在；因为，单一的显在活动形式，根本就不是实然状态的存在。另一层内容是，不仅要分别承认显在与隐在活动形式的存在，而且要承认两种活动形式的对应存在，以求师生双方构建出以两种活动形式的对应为基础的对等心理健康教育活动形式。这种对等形式的理想性定位是：在两种形式一致性基础上，走向两种形式的互补性变化或发展。这种对等形式的现实性定位是：在两种形式不一致性基础上，师生双方既要以合理的显在形式，去调整或改造不合理的隐在形式，又要以合理的隐在形式，去调整或改造不合理的显在形式，以实现两种形式的生成性变化或发展。这种对等形式的底线定位是：在两种形式不一致性基础上，双方都不能破坏或割裂对应的教育关系。我们认为，经由三线定位的影响，师生双方就可以构建出以两种活动形式的对应为基础的对等心理健康教育活动形式。由此，也可以规避由单一显在活动形式所导致的不对等的程序化的单调乏味的形式。

第七，从心理健康教育的结果看，对应心理健康教育论，能够对实际的心理健康教育活动产生如下三方面的积极影响。一方面是，对应心理健康教育论，能够把握到学生在教师辅导中的变化或发展。因此，能够支持教师对学生辅导的价值。另一方面是，对应心理健康教育论，也能够把握到教师在学生影响中的变化或发展。因此，能够支持学生对教师影响的价值。最后一个方面是，对应心理健康教育论，既能把握到师生双方在对方影响中的变化或发展，又能把握到师生双方在自我教育中的变化或发展。因此，能够支持师生双方开展以他人影响与自我教育的对应为基础的对等心理健康教育。鉴于现行心理健康教育论，忽视学生对教师的影响结果以及忽视师生双方自我教育结果的偏差，我们愿意特别强调学生对教师的影响结果以及师生双方自我教育的结果。这包含两层基本内容。一层内容是，要像关注教师对学生的教育结果一样，去关注学生对教师的影响结果。因为，单一的教师对学生的教育结果，根本就不是实然状态的存在。另一层内容是，不仅要强调师生双方彼此的影响结果，而且要强调师生双方自我教育的结果，以求师生双方建构出以他人教育与自我教育的对应为基础的对等心理健康教育关系。这种对等心理健康教育关系的理想性定位是：在他人教育与自我教育一致性基础上，走向双方心理的互补性变化或发展。这种对等心理健康教育关系的现实性定位是：在他人教育与自我教育不一致性基础上，师生双方既要接受对方合理的教育结果，以丰富或调整不合理的自我教育的结果，又要接受合理的自我教育结果，以丰富或调整对方不合理的教育结果，以实现双方心理生成性的变化或发展。这种对等心理健康教育关系的底线定位是：在他人教育与自我教育不一致性基础上，双方都不能破坏或割裂对应的教育关系。我们认为，经由三线定位的影响，师生双方就可以构建出以两种教育的对应为基础的对等心理健康教育关系。由此，也可以规避由单一他人教育结果所导致的不对等心理健康教育关系。

五、本节小结

综上所述，我们对现行心理健康教育论的改造，涉及三层基本内容：一是，首先，由现行心理健康教育论所包含的主观思维，转换到事实思维；其次，在事实思维基础上，将现行心理健康教育论所包含的主观泛化思维，改造为主观与客观的对应思维。二是，在对应思维中，将现行心理健康教育论所包含的认识心理健康教育活动的"教师对学生的简单活动"的思维切入点，改造为"教师与学生的对应活动"的思维切入点。三是，在"教师与学生的对应活动"视野中，分别对心理健康教育活动的对象、内容、目的、机制、途径、形式以及结果这些基本方面，做出了对应的改造。最后，我们分别考察了对应心理健康教育论，在心理健康教育的对象、内容、目的、机制、途径、形式以及结果这些基本方面的观点，对实际的心理健康教育活动所产生的积极影响，以推动人们从现行的简单心理健康教育论，转换到对应的心理健康教育论。

为了更简明地把握两种心理健康教育论的不同，我们不妨将其中所包含的不同思维路线，做出如下比较：

简单心理健康教育论的单线定位路线——心理健康教育，就是教育者对受教育者的简单影响活动——这里需要特别注意，简单心理健康教育论，仅仅是对教育者的单一主观愿望或价值期待这一条思维路线的反映。

对应心理健康教育论的三线定位路线——心理健康教育，就是教育者与受教育者双方的对应影响活动；它包含双方理想的上线、现实的中线以及戒律的底线——这里需要特别注意，对应心理健康教育论，是对教育者与受教育者双方理想、现实与戒律的三条思维路线的反应。

六、本节提示

在本节最后，需要做两点提示：一是，由"教师对学生的简单活动"，到"教师与学生的对应活动"的过渡环节，就是由对心理健康教育活动的主观抽象思维，转向对心理健康教育活动的客观与主观的对应思维。二是，由"教师对学生的简单定位关系"，到"教师与学生的对应定位关系"的过渡环节，就是由对心理健康教育活动的主观抽象思维，转向对心理健康教育活动的客观与主观的对应思维。

附言：

1. 学校经济生活教育的对象，不仅只有学生，而且包括教师——这一命题对师生双方都具有实际价值。

2. 劳动、报酬、消费三者之间的一致性对应关系，构成对等的经济生活的坚实基础。

3. 只是关注单一的劳动或单一的报酬或单一的消费的人，其实，都是相同的简单的人。

4. 既能理解劳动观念与行为，又能理解懒惰观念与行为的人，才是具有对应理解力或判断力的人。

5. 师生双方的对应劳动素质，只能在课堂教学与实际生活的对应历练与体验中才可能实现，而所谓由教师去培养学生劳动素质的意见，无非是一种流行的俗见。

6. 在对应经济生活教育观的视野中，既能把握社会目的的合理性与不合理性，又能把握个体目的合理性与不合理性的人，才能是以对应性为基础的丰富的人。

第十章

对现行简单政治生活教育论的遮蔽性分析与对应改造

第一节 对现行简单政治生活教育论的遮蔽性分析

切问：

1. 现行政治生活教育论，将政治生活教育规定为教师对学生的简单活动；其思维活动的切入点在哪里？我们如何才能探索到其思维活动的切入点？

2. 现行政治生活教育论，从其思维活动的切入点上，能够把握到政治生活教育活动哪些方面的内容呢？

3. 现行政治生活教育论的根据是什么？这种政治生活教育论，对实际的政治生活教育活动具有哪些积极作用？

4. 现行政治生活教育论，从其思维活动的切入点上，在对政治生活教育活动有所把握的同时，却又遮蔽了哪些内容呢？

5. 现行政治生活教育论，存在多方面的遮蔽，其认识上的根源是怎样的？

6. 现行政治生活教育论，对实际的政治生活教育活动具有怎样的消极作用？

一、现行政治生活教育论的内容、属性及其思维活动的切入点

1. 现行政治生活教育论的内容

在现行学校教育中，与政治生活有关的教育，是在所谓"大德育"或"广义德育"的宽泛框架中进行的，一般涉及政治思想、政治方向、民主参与等内容，基本要求是培养学生形成正确的政治思想、政治方向以及积极的民主参与意识与能力。简单地说，现行学校的政治生活教育，就是教师对学生单方面的教育，也就是教师对学生所进行的以正确的政治思想与政治方向以及积极的民主参与意识与能力为基本内容的教育。这也就是现行学校政治生活教育论的基本内容。

2. 现行政治生活教育论的属性

现行学校政治生活教育论认为，政治生活教育就是教师对学生单方面的教育。政治生活教育活动的事实，果真是这样的吗？当教师对学生进行政治生活教育时，学生不会因为受到教师的教育而发生自我教育吗？学生不会反过来对教师产生影响或教育吗？教师不会因为受到学生的影响而发生自我教育吗？然而，现行学校政治生活教育论，却无视政治生活教育活动中这些具有内在对应性关系的事实，在主观思维中将学校政治生活教育仅仅规定为教师对学生单方面的教育。由此，我们就可以有根据地说，现行政治生活教育论，是一种具有片面性或简单性的政治生活教育论。

3. 现行政治生活教育论的思维活动的切入点

现行学校政治生活教育论，既然将政治生活教育规定为教师对学生单方面的教育，那么，我们就可以根据这一内容，反向地推论出其思维活动的切入点，那就是教师对学生的教育。正向地表达，也就是：现行学校政治生活教育论，正是从教师对学生的教育，切到对学校政治生活教育活动的理解，才将学校政治生活教育规定为教师对学生单方面的教育。

二、现行政治生活教育论的所见、根据及其积极功能

1. 现行政治生活教育论的所见

现行学校政治生活教育论，从教师对学生单方面的教育，切到对学校政治生活教育的理解，能够把握到政治生活教育活动的哪些方面的内容呢？这主要表现在如下七个基本方面：一是，从政治生活教育的对象看，现行政治生活教育论，能够把握到学生是政治生活教育的对象。二是，从政治生活教育的内容看，现行政治生活教育论，能够把握到上面所谈到的对学生进行正确的政治思想、政治方向的教育。三是，从政治生活教育的目的看，现行政治生活教育论，能够把握到对学生的目的，那就是上面谈到的培养学生积极的民主参与意识与能力。四是，从政治生活教育的机制看，现行政治生活教育论，能够把握到教师对学生的主观定位力量，也能够把握到学生对这种定位力量的接受。五是，从政治生活教育的途径看，现行政治生活教育论，能够把握到教师对学生的外在教育，也能够把握到学生对这种外在教育的接受。六是，从政治生活教育的形式看，现行政治生活教育论，能够把握到教师对学生进行外在教育所需要的显在形式，也能够把握到学生对这种显在形式的接受。七是，从政治生活教育的结果看，现行政治生活教育论，能够把握到学生在教师教育中的变化或发展。

2. 现行政治生活教育论的根据

现行学校政治生活教育论，在上述七个方面的所见，是有根据的吗？一是，从政治生活教育的对象看，处于基础教育阶段的青少年学生，也当然处于社会政治制度或政治思想的影响之中，这就需要关于正确的政治思想与方向的政治生活教育的关注，这是有根据的。二是，从政治生活教育的内容看，教师要对学生进行政治生活教育，当然就需要正确的政治思想与政治方向这种内容，这是有根据的。三是，从政治生活教育的目的看，既然学生是政治生活教育的对象，那么，预先设定关于学生政治生活教育的目的，就是有根据的。四是，从政治生活教育的机制看，既然教师要对学生进行政治生活教育，那么，就需要发挥对学生的主观定位力量这一机制，这是有根据的。五是，从政治生活教育的途径看，既然教师要教育学生，那么，就需要外在教育这一途径，这也是有根据的。六是，从政治生活教育的形式看，既然教师要对学生进行主观定位与外在教育，那么，政治生活教育的有计划、有组织的形式就是有根据的。七是，从政治生活教育的结果看，既然教师对学生进行了主观定位与外在的教育，那么，学生就必然会受到教师的影响或塑造，这也是有根据的。

3. 现行政治生活教育论的积极功能

现行学校政治生活教育论，在上述七个方面的所见，对学校政治生活教育活动的实际，都具有积极的功能。一是，从政治生活教育的对象看，现行政治生活教育论，能够把握到学生这一对象，这能够支持教师对学生进行政治生活教育，也能够支持学生接受源于教师的政治生活教育。二是，从政治生活教育的内容看，现行政治生活教育论，能够把握到正确的政治思想与政治方向，这能够给政治生活教育提供必要的内容。三是，从政治生活教育的目的看，现行政治生活教育论，能够把握到对学生的目的，这能够给政治生活教育活动提供基本的预设或规划。四是，从政治生活教育的机制看，现行政治生活教育论，能够把握到教师对学生主观定位力量，这能够支持教师对学生的主观定位或引导，也能够支持学生接受这种主观定位或引导。五是，从政治生活教育的途径看，现行政治生活教育论，能够把握到教师对学生的外在引导这一途径；这能够支持教师对学生的外在影响，也能够支持学生接受教师的外在影响。六是，从政治生活教育的形式看，现行政治生活教育论，能够把握到有计划、有组织的显在形式，这能够支持师生双方按照既定程序开展政治生活教育活动。七是，从政治生活教育的结果看，现行政治生活教育论，能够把握到学生在教师引导中的变化或发展，这能够支持教师对学生的影响或塑造，也能够支持学生接受教师的影响或塑造。总之，现行学校政治生活教育论，从教师对学生单方面的教育，切到对学校政治生活教育的理解，所把握到的基本内容，就教师对学生的简单政治生活教育而言，会具有多方面的积极作用。

三、现行政治生活教育论的偏差、根源及其消极功能

1. 现行经济生活教育论的偏差

现行学校政治生活教育论，从教师对学生的单方面教育，切到对学校政治生活教育活动的理解，在有所把握的同时，却又遮蔽了哪些方面的内容呢？这也主要表现在如下七个基本方面：一是，从政治生活教育的对象看，现行政治生活教育论，在把握到学生是政治生活教育对象的同时，却遮蔽了教师也是政治生活教育的对象。二是，从政治生活教育的内容看，现行政治生活教育论，在把握到正确的政治思想与政治方向的同时，却遮蔽了不正确的政治思想与政治方向。三是，从政治生活教育的目的看，现行政治生活教育论，在把握到对学生的目的的同时，却遮蔽了学生的个体目的。四是，从政治生活教育的机制看，现行政治生活教育论，在把握到教师对学生的主观定位力量的同时，却遮蔽了学生反过来对教师的主观定位力量，还遮蔽了师生双方主观与客观对应的定位力量。五是，从政治生活教育的途径看，现行政治生活教育论，在把握到教师对学生的外在教育的同时，却遮蔽了学生对教师的反向影响途径，也遮蔽了师生双方自我影响或自我教育的途径。六是，从政治生活教育的形式看，现行政治生活教育论，在把握到教师对学生进行外在教育所需要的显在活动形式的同时，却遮蔽了由显在活动所必然引起的隐在活动的形式。七是，从政治生活教育的结果看，现行政治生活教育论，在把握到教师对学生的教育结果的同时，却遮蔽了学生对教师的影响结果，还遮蔽了师生双方自我教育的结果。

2. 现行政治生活教育论的根源

从思维运作看，现行政治生活教育论，所以存在上述偏差，就是其主观抽象思维的泛化导致的。一是，从政治生活教育的对象看，在实际的学校政治生活教育活动中，教师对学生的任何引导或教育，都必然会引起学生的反应；而学生的这种反应，又必然会反过来对教师产生影响或教育——这便是政治生活教育对象之间内在的相互性或对应性，或者说，政治生活教育的对象是相互对应的对象。然而，现行政治生活教育论，却在其主观抽象思维中，片面地抽取出学生作为政治生活教育的对象，并以偏概全地泛指政治生活教育活动中相互的对象。由此，便遮蔽了教师作为政治生活教育的对象。二是，从政治生活教育的内容看，在实际的学校政治生活教育活动中，正确的政治思想与政治方向，只能是与不正确的政治思想与政治方向相对应而存在，单一正确的政治思想与

政治方向，根本就不是实然状态的存在——这便是政治生活教育内容之间的相互性或对应性。然而，现行政治生活教育论，却在其主观抽象思维中，片面地抽取出正确的政治思想与政治方向，并以偏概全地泛指政治生活教育中对应的内容。由此，便遮蔽了不正确的政治思想与政治方向。三是，从政治生活教育的目的看，在实际的政治生活教育活动中，教师对学生的任何目的或预设，都必然会引起学生的反应并产生学生自己的目的——这便是政治生活教育目的之间内在的相互性或对应性，或者说，政治生活教育的目的是相互对应的目的。然而，现行政治生活教育论，却在其主观抽象思维中，片面地抽取出对学生的目的，并以偏概全地泛指政治生活教育活动中对应的目的。由此，便遮蔽了学生的个体目的。四是，从政治生活教育的机制看，在实际的学校政治生活教育活动中，教师对学生的任何主观定位或教育，都必然会引起学生对教师反向的主观定位力量。同时，师生双方的主观定位力量，也都必然会引起双方的客观定位力量——这便是政治生活教育活动中主观与客观定位力量的相互性或对应性。然而，现行政治生活教育论，却在其主观抽象思维中，片面地抽取出教师对学生的主观定位力量，并以偏概全地泛指政治生活教育活动中对应的定位力量。由此，便遮蔽了学生对教师的主观定位力量，也遮蔽了师生双方的客观定位力量。五是，从政治生活教育的途径看，在实际的学校政治生活教育活动中，教师对学生的任何外在教育，都必然会引起学生对教师的反向影响。同时，师生双方的外在教育，也都只能通过师生双方的内在选择或自我教育，才可能转化为双方可以接受的教育——这便是政治生活教育途径的外在影响与自我选择的相互性或对应性。然而，现行政治生活教育论，却在其主观抽象思维中，片面地抽取出教师对学生的外在引导，并以偏概全地泛指政治生活教育活动中对应的途径。由此，便遮蔽了学生对教师的影响途径，也遮蔽了师生双方自我选择的途径。六是，从政治生活教育的形式看，在实际的学校政治生活教育活动中，教师对学生任何有计划、有组织的显在活动形式，都必然会引起学生内隐的多样的反应；而这内隐的多样的反应，却不可能是教师在政治生活教育活动开始之前就能计划或安排好的。由此，政治生活教育活动的实际状态，就是有计划、有组织的显在活动形式与无计划、无组织的隐在活动形式对应存在的状态——这也就是政治生活教育活动的显在形式与隐在形式的内在的相互性或对应性。然而，现行政治生活教育论，却在其主观抽象思维中，片面地抽取出政治生活教育活动的显在形式，并以偏概全地泛指政治生活教育活动中对应的形式。由此，便遮蔽了政治生活教育活动的隐在形式。七是，从政治生活教育的结果看，在实际的学校政治生活教育活动中，教师对学生的任何教育结果，都必然会转化为学生的变化或成长。同时，学生的变化或成长，也都必然会反过来转化为教师的变化或成长——这便是政治生活教育活动中他人教育与自我教育的相互性或对应性。然而，现行政治生活教育论，却在其主观抽象思维中，片面地抽取出教师对学生的教育结果，并以偏概全地泛指政治生活教育活动中对应的教育结果。由此，便遮蔽了学生对教师的影响结果，也遮蔽了师生双方自我教育的结果。

3. 现行政治生活教育论的消极功能

现行政治生活教育论，从教师对学生的单方面引导，切到对政治生活教育活动的理解，在有所见的同时，却又存在偏差。这些认识或思维中的偏差，对实际的政治生活教育活动，会产生哪些消极的影响呢？一是，从政治生活教育的对象看，现行政治生活教育论，虽然能够把握到学生，但却遮蔽了教师。由此所导致的后果是：不仅直接忽视了对教师的政治生活教育，而且忽视了师生双方对应的政治生活教育。二是，从政治生活教育的内容看，现行政治生活教育论，虽然能够把握到正确的政治思想与政治方向，但却遮蔽了不正确的政治思想与政治方向。由此导致的后果是：难以对正确与不正确的政治思想与政治方向展开对应的教育或教学。三是，从政治生活教育的目的看，现行政治生活教育论，虽然能够把握到对学生的目的，但却遮蔽了学生的个体目的。由此所导致的后果是：不仅直接忽视了学生的个体需要，而且忽视了师生双方目的之间的对应关系。四是，从政治生活教育的机制看，现行政治生活教育论，虽然能够把握到教师对学生的主观定位力量，但却遮蔽了学生反过来对教师的主观定位力量，还遮蔽了师生双方主观与客观的对应定位力量。由此所导致的后果是：不仅使教师的定位力量陷入孤立状态，而且使师生双方的主观与客观定位力量难以获得对应的影响或调整。五是，从政治生活教育的途径看，现行政治生活教育论，虽然能够把握到教师对学生的外在引导，但却遮蔽了学生对教师的外在影响途径，还遮蔽了师生双方由外在影响所必然引起的自我选择的途径。由此所导致的后果是：不仅使教师的外在影响途径陷入孤立状态，而且使师生双方的外在与内在影响途径难以获得对应的影响或调整。六是，从政治生活教育的形式看，现行政治生活教育论，虽然能够把握到政治生活教育活动有计划、有组织的显在形式，但却遮蔽了显在活动所必然引起的隐在活动。由此所导致的后果是：缺少隐在活动对应的单一显在政治生活教育活动，很容易陷入由程序化所导致的单调甚至死板的状态。七是，从政治生活教育的结果看，现行政治生活教育论，虽然能够把握到教师对学生的教育结果，但却遮蔽了学生对教师的影响结果，还遮蔽了师生双方自我教育的结果。由此所导致的后果是：很难实现学生对教师的影响或教育，也很难实现师生双方相互对应的他人教育与自我教育。总之，现行政治生活教育论，从教师对学生的单方面引导，切到对政治生活教育活动的理解，在有所见的同时，却又存在偏差。这些认识或思维中的偏差，就师生双方对应的政治生活教育而言，会存在多方面的消极作用。

四、本节小结

综上所述，我们看到，现行的简单政治生活教育论，从教师对学生的单方面教育，切到对学校政治生活教育活动的理解，虽然能够把握到教师对学生的简单政治生活教育，也能够把握到这种简单政治生活教育的根据并对实际的简单政治生活教育活动产生积极的影响，但是，却遮蔽了学生反过来对教师的对应教育，并进一步遮蔽了师生双方的自我教育。从思维运作看，现行简单政治生活教育论的偏差，是由其主观思维的抽象泛化所导致的。从实际看，这种抽象泛化的思维或认识，对师生双方对应的政治生活教育活动存在多方面的消极作用。因此，现行简单政治生活教育论，就必然也必须被合理地反思与改造。

五、本节提示

在本节最后，需要做两点提示：一是，探寻现行政治生活教育论的思维活动切入点的根据，就是现行简单政治生活教育论的内容，或者说，我们是通过现行简单政治生活教育论的内容而探寻到其思维活动的切入点的。二是，对现行政治生活教育论的思维活动切入点的遮蔽性分析，不是我们简单的主观分析，而是根据现行政治生活教育论所包含的思维活动切入点的所见与所不见而展开的——要特别注意，所见与所不见，两者是具有内在对应关系的必然的存在，而不是人们的主观错误或偏见。

附言：

1. 政治生活教育的对象，不仅只有学生，而且包括教师——这是一个事实命题。

2. 学校政治生活教育的对象，只有学生而不包括教师——这不过是现行的教育理论缺乏对应思维的证据。

3. 如果只讲正确的政治思想与方向，而不讲不正确的政治思想与方向，那么，学校的政治生活教育，就很难不会沦为人们熟悉的简单灌输。

4. 如果不能激发师生双方的自我教育，那么，学校的政治生活教育，就根本不可能转化为双方的权力与责任的对应素质。

5. 仅仅传授与接受单一的正确政治思想与政治方向的人，其实，都是简单的人。

6. 没有隐在形式的对应，单一显在的政治生活教育，就很容易沦为人们熟悉的填鸭式的灌入。

第二节　对现行简单政治生活教育论的对应改造

切问：

1. 从动态的政治生活教育活动的事实看，现行政治生活教育论所包含的"教师对学生的简单活动"，其实都是"教师与学生的对应活动"吗？

2. 当教师对学生进行政治生活教育时，自己也必然会受到学生的影响吗？由此，就可以说，政治生活教育的对象，是对应的存在吗？

3. 政治生活教育活动中正确的政治思想与方向，只有与不正确的政治思想与方向相互对应，才可能转化为师生双方可以理解的内容吗？由此，就可以说，政治生活教育的内容，是对应的存在吗？

4. 教师对学生的政治生活教育目的，必然会引起学生的反应并产生学生自己的目的吗？由此，就可以说，教师的政治生活教育目的与学生的政治生活教育目的，是对应的存在吗？

5. 师生双方之间的主观定位力量，都必然会引起师生双方反应的客观定位力量吗？由此，就可以说，政治生活教育活动中的主观与客观定位力量，是对应的存在吗？

6. 师生双方之间的外在影响途径，都必然会引起师生双方内在自我的影响途径吗？由此，就可以说，政治生活教育活动中的外在与内在影响途径，是对应的存在吗？

7. 政治生活教育活动的有计划、有组织的显在形式，必然会引起客观环境或条件的内隐的变化吗？由此，就可以说，政治生活教育活动的显在形式与隐在形式是对应存在的吗？

8. 教师对学生政治生活教育的结果，必然会引起学生的变化或发展，而学生的变化或发展，又必然会引起教师的变化或发展吗？由此，就可以说，政治生活教育活动对师生双方的教育结果是对应存在的吗？

一、对现行政治生活教育论所包含的泛化思维的对应改造

上一节我们谈到，现行政治生活教育论，之所以存在偏差，是因为在其思维运作中存在抽象泛化的不足。因此，要改造现行的政治生活教育论，就必须改造其抽象泛化的主观思维。如何改造这种思维呢？这首先就需要摆脱现行政治生活教育论所包含的简单主观思维，而转向对政治生活教育活动事实的关注——由主观思维，转向事实思维。然后，还需要走出政治生活教育研究者简单泛化的抽象思维，而转向对政治生活教育活动的客观与主观的对应思维——由泛化思维，转向对应思维。

二、对现行政治生活教育论所包含的思维切入点的对应改造

现行政治生活教育论，从教师对学生的单方影响开始，切到对政治生活教育活动的理解，这一切入点本身并不存在问题。现行政治生活教育论的问题在于：首先，从教师对学生的单方影响开始，切到对政治生活教育活动的理解；其次，却并没有对这一动态影响的过程做出对应的考察，而是仅仅停留在教师对学生的单方影响这里，并将政治生活教育抽象为教师对学生的简单活动。

教师对学生影响的政治生活教育活动的动态过程，又是怎样的呢？征之于实际，我们看到，在学校政治生活教育活动中，教师对学生的任何影响，都必然会引起学生的反应；而这种反应，又必然会反过来对教师产生影响。这清楚地表明，教师对学生的政治生活教育，其实都是对应存在的教育，或者说，是教师与学生之间的教育，而不是现行政治生活教育论所把握到的教师对于学生的简单教育。由此，我们就将现行政治生活教育论"教师对学生的简单活动"的切入点，改造为"教师与学生的对应活动"的切入点。

三、对现行政治生活教育论所包含的具体内容的对应改造

对应政治生活教育论，从教师与学生的对应活动，切到对学校政治生活教育活动的理解，能够对现行的政治生活教育论，做出哪些方面的改造呢？下面，分而论之。

第一，从政治生活教育的对象看，对应政治生活教育论，既能把握到学生，又能把握到教师，而不是现行政治生活教育论所把握到的单一的学生。这里的道理是：教师对学生的任何政治生活教育活动，都必然会引起学生的反应，而这又必然会反过来影响到教师。这清楚地表明，政治生活教育活动的对象，是相互对应的对象，而不可能是现行政治生活教育论所把握到的单一对象。

第二，从政治生活教育的内容看，对应政治生活教育论，既能把握到正确的政治思想与方向，又能把握到不正确的政治思想与方向，而不是现行政治生活教育论所把握到的单一正确的政治思想与方向。这里的道理是：正确的政治思想与方向，只有与不正确的政治思想与方向进行对应比较，才可能转化为师生双方可以理解的内容。这清楚地表明，政治生活教育活动的内容，是相互对应的内容，而不可能是现行政治生活教育论所把握到的单一内容。

第三，从政治生活教育的目的看，对应政治生活教育论，既能把握到教师对学生的社会目的，又能把握到学生的个体目的，而不是现行政治生活教育论所把握到的单一的教师对学生的社会目的。这里的道理是：教师对学生的任何目的性预设，都必然会引起学生的反应；而学生的这种反应，又必然会推动学生产生自己的目的。这清楚地表明，政治生活教育活动的目的，是相互对应的目的，而不可能是现行政治生活教育论所把握到的单一目的。

第四，从政治生活教育的机制看，对应政治生活教育论，既能把握到教师对学生的主观定位力量，又能把握到学生反过来对教师的主观定位力量，还能把握到师生双方在政治生活教育过程中所受到的主观与客观对应的定位力量，而不是现行政治生活教育论所把握到的单一的教师对学生的主观定位力量。这里的道理是：教师对学生的任何主观定位力量，都必然会引起学生对教师反向的主观定位力量，同时，师生双方在政治生活教育过程中，在发挥自己主观定位力量的同时，也必然会引起客观力量的回应并使师生双方处于主观与客观力量的对应定位之中。这清楚地表明，政治生活教育活动的机制，必定是相互对应的机制，而不可能是现行政治生活教育论所把握到的孤立的主观定位力量。

第五，从政治生活教育的途径看，对应政治生活教育论，既能把握到教师对学生的外在影响，又能把握到学生对教师的外在影响，还能把握到师生双方在政治生活教育过程中所受到的外在与内在对应的影响途径。而不是现行政治生活教育论所把握到的单一的教师对学生的外在影响途径。这里的道理是：教师对学生的任何外在影响，都必然会反过来对教师产生影响。同时，师生双方在政治生活教育过程中，在发挥自己内在影响的同时，也必然会引起外在影响的回应并使师生双方处于外在影响与内在选择对应的影响途径之中。这清楚地表明，政治生活教育活动的途径，必定是师生双方外在影响与内在选择的对应途径，而不可能是现行政治生活教育论所把握到的教师对学生的单一外在影响途径。

第六，从政治生活教育的形式看，对应政治生活教育论，既能把握到政治生活教育活动有计划、有组织的显在形式，又能把握到由显在活动所必然引起的隐在活动形式，而不是现行政治生活教育论所把握到的单一显在活动形式。这里的道理是：教师对学生任何有计划、有组织的显在活动形式，都必然会引起学生内隐的多样的反应，而这些反应，却不可能是教师在政治生活教育之前就能预设的。这清楚地表明，政治生活教育的形式，必定是相互对应的形式，而不可能是现行政治生活教育论所把握到的单一显在形式。

第七，从政治生活教育的结果看，对应政治生活教育论，既能把握到教师对学生的影响结果，又能把握到学生对教师的影响结果，还能把握到师生双方在政治生活教育过程中所受到的他人教育与自我教育的结果，而不是现行政治生活教育论所把握到的单一的教师对学生的影响结果。这里的道理是：师生双方对对方的影响结果，都必然会转化为对方的变化或成长。同时，师生双方在政治生活教育过程中所受到的他人影响的结果，也都必然会经过自我教育而转化为师生双方的变化或成长。这清楚地表明，政治生活教育活动的结果，必定是相互对应的结果，而不可能是现行政治生活教育论所把握到的教师对学生的单一结果。

四、对应政治生活教育论的积极功能

对应政治生活教育论，从教师与学生的对应活动，切到对政治生活教育的理解，能够对实际的政治生活教育，产生哪些方面的积极影响呢？下面，分而论之。

第一，从政治生活教育的对象看：对应政治生活教育论，能够对实际的政治生活教育产生如下三方面的积极影响：一方面是，对应政治生活教育论，能够把握到学生作为政治生活教育的对象。因此，就能够支持教师对学生的教育或影响。另一方面是，对应政治生活教育论，也能够把握到教师作为政治生活教育的对象。因此，就能够支持学生对教师的教育或影响。最后一个方面是，对应政治生活教育论，既能把握到学生作为政治生活教育的对象，又能把握到教师作为政治生活教育的对象。因此，能够支持师生双方建构出以相互对象性为基础的对等政治生活教育关系。鉴于现行政治生活教育论，对作为对象的教师的忽视这一偏差，我们愿意特别强调教师也是政治生活教育的对象。这一强调，包含两层基本内容：一层内容是，要像关注对学生的政治生活教育一样，也要去关注对教师的政治生活教育。这里的关键是要走出一个常见的误区，即认为教师处于成熟的社会化时期，已经形成或获得了正确的政治思想与方向，似乎不再需要政治生活教育——这当然是简单思维的产物。在对应思维看来，教师像学生一样，都处于由特定生活内容所规定的不同政治生活阶段之中，都需要与这特定内容与阶段相对应的政治思想与方向的教育。因此，都需要引起政治生活教育的对应关注。另一层内容是，不仅要分别关注对学生与教师的政治生活教育，而且要对应关注对学生与教师在对等影响中的政治生活教育。这种对等影响的理想性定位是：在双方政治思想与方向的一致性基础上，走向双方的互补性变化或发展。这种对等影响的现实性定位是：在双方政治思想与方向的不一致性基础上，师生双方既要以教师合理的政治思想与方向，去改造或调整学生不合理的政治思想与方向，又要以学生合理的政治思想与方向，去改造或调整教师不合理的政治思想与方向，以实现师生双方的生成性变化或发展。这种对等影响的底线定位是：在双方政治思想与方向的不一致性基础上，双方都不能破坏或割裂对应的教育关系。我们认为，经由三线定位的影响，师生双方就可以构建出以相互对象性为基础的对等政治生活教育关系。由此，也可以规避由单一对象所导致的不对等政治生活教育关系。

第二，从政治生活教育的内容看，对应政治生活教育论，能够对实际的政治生活教育活动产生如下三方面的积极影响：一方面是，对应政治生活教育论，能够把握到正确的政治思想与方向。因此，能够支持师生双方开展关于正确的政治思想与方向内部的对应教育或教学。另一方面是，对应政治生活教育论，也能够把握到关于不正确的政治思想与方向。因此，能够支持师生双方开展关于不正确的政治思想与方向内部的对应教育或教学。最后一个方面是，对应政治生活教育论，既能把握到正确的政治思想与方向，又能把握到不正确的政治思想与方向。因此，能够支持师生双方开展以两种政治思想与方向的对应性为基础的对等教育。鉴于现行政治生活教育论的遮蔽或偏差，我们愿意特别强调如下两点：一点是，要关注不正确的政治思想与方向的客观存在与积极的教育价值。这里关键是要走出现行政治生活教育观的一个常见误区，那就是认为不正确的政治思想与方向，只是人的主观错误并且也不具有积极的教育价值——这当然是简单思维的后果。在对应思维看来，不正确的政治思想与方向，正像正确的政治思想与方向一样，都是客观的存在并且具有对应比较的教育价值。因此，就不能像现行政治生活教育那样仅仅关注正确的政治思想与方向，而且要关注不正确的政治思想与方向。另一点是，既然正确与不正确的政治思想与方向之间，存在对应关系，那么，师生双方就要关注以两种政治思想与方向的对应性为基础的对等影响关系。这种对等影响关系的理想性定位是：明确两种政治思想与方向必然的对等存在关系，以确证这两种政治思想与方向的并列存在的事实。这种对等影响关系的现实性定位是：以正确的政治思想与方向去克服或改造不正确的政治思想与方向，以实现权力与责任对应基础上的文明政治生活。这种对等影响关系的底线定位是：不能以两种政治思想与方向中的任何一种去代替或掩盖另一种，以免破坏或割裂双方的对应关系。我们认为，经由三线定位的影响，师生双方就可以构建出以两种政治思想与方向的对应性为基础的对等政治生活教育关系。由此，也可以规避由单一正确的政治思想与方向所导致的不对等政治生活教育关系。

第三，从政治生活教育的目的看，对应政治生活教育论，能够对实际的政治生活教育活动产生如下三方面的积极影响：一方面是，对应政治生活教育论，能够把握到教师对学生的社会目的。因此，能够支持教师根据合理的社会需要开展对学生的政治生活教育。另一方面是，对应政治生活教育论，也能够把握到学生的个体目的。因此，能够支持学生根据合理的自身需要开展政治生活教育。最后一个方面是，对应政治生活教育论，既能把握到教师对学生的社会目的，又能把握到学生的个体目的。因此，能够支持师生双方建构出以两种目的的对应性为基础的对等政治生活教育关系。鉴于现行政治生活教育论的遮蔽或偏差，我们愿意特别强调如下两点：一点是，要关注社会目的的不合理性与个体目的的合理性。这里关键是要走出现行教育理论的一个常见误区，那就是认为社会目的只有合理性而个体目的则只有不合理性——这当然是简单思维的后果。在对应思维看来，关于政治生活教育的社会目的与个体目的，各有自身的合理性与不合理性。因此，就不能像现行教育理论那样仅仅关注社会目的的合理性与个体目的的不合理性，而且要关注社会目的的不合理性与个体目的的合理性。另一点是，既然关于政治生活教育的社会目的与个体目的各有自身的合理性与不合理性，那么，师生双方就要关注以两种目的的对应性为基础的对等影响关系。这种对等影响关系的理想性定位是：在关于政治生活教育的两种目的一致性基础上，走向两种目的的互补性变化或发展。这种对等影响关系的现实性定位是：在关于政治生活教育的两种目的的不一致性基础上，师生双方既要以合理的社会目的，去丰富或改造不合理的个体目的，又要以合理的个体目的，去丰富或改造不合理的社会目的，以实现两种目的的生成性变化或发展。这种对等影响关系的底线定位是：在关于政治生活教育的两种目的的不一致性基础上，双方都不能破坏或割裂对应的教育关系。我们认为，经由三线定位的影响，师生双方就可以构建出以两种目的的对应性为基础的对等政治生活教育关系。由此，也可以规避由教师对学生单一的目的所导致的不对等政治生活教育关系。

第四，从政治生活教育的机制看，对应政治生活教育论，能够对实际的政治生活教育活动产生如下三方面的积极影响：一方面是，对应政治生活教育论，能够把握到教师对学生的主观与客观定位力量。因此，能够支持教师在主观与客观一致的前提下开展既定的教育，也能够支持教师在主观与客观不一致的前提下进行反思并调整既定的教育。另一方面是，对应政治生活教育论，也能够把握到学生对教师的主观与客观定位力量。因此，能够支持学生在主观与客观一致的前提下开展既定的影响，也能够支持学生在主观与客观不一致的前提下进行反思并调整既定的影响。最后一个方面是，对应政治生活教育论，既能把握到师生双方的主观定位力量，又能把握到师生双方的客观定位力量。因此，能够支持师生双方展开以主观影响与客观定位的对应为基础的对等政治生活教育。鉴于现行政治生活教育论，忽视学生对教师的主观定位力量以及忽视师生双方客观定位力量的偏差，我们愿意特别强调学生对教师的主观定位力量以及师生双方的客观定位力量。这包含两层基本内容：一层内容是，要像关注教师对学生的主观定位力量一样，去关注学生对教师的主观定位力量。因为，单一的教师对学生的主观定位力量，根本就不是实然状态的存在。另一层内容是，不仅强调师生双方的主观定位力量，而且要强调师生双方的客观定位力量，以求师生双方建构出以主观与客观定位的对应为基础的对等政治生活教育关系。这种对等政治生活教育关系的理想性定位是：在主观与客观定位一致性基础上，走向两种力量的互补性变化或发展。这种对等政治生活教育关系的现实性定位是：在主观与客观定位不一致性基础上，师生双方既要根据对方合理的主观与客观影响，去调整自己不合理的主观与客观影响，又要根据自己合理的主观与客观影响，去调整或改变对方不合理的主观与客观影响。这种对等政治生活教育关系的底线定位是：在主观与客观定位不一致性基础上，双方都不能破坏或割裂对应的教育关系。我们认为，经由三线定位的影响，师生双方就可以构建出以主观与客观定位的对应为基础的对等政治生活教育关系。由此，也可以规避由教师单一主观定位力量所导致的不对等政治生活教育关系。

第五，从政治生活教育的途径看，对应政治生活教育论，能够对实际的政治生活教育活动产生如下三方面的积极影响：一方面是，对应政治生活教育论，能够把握到教师对学生的外在引导途径。因此，能够支持教师对学生的外在教育。另一方面是，对应政治生活教育论，也能够把握到学生对教师的外在影响途径。因此，能够支持学生对教师的外在影响。最后一个方面是，对应政治生活教育论，既能把握到师生双方的外在影响途径，又能把握到师生双方的自我教育途径。因此，能够支持师生双方展开以外在影响与自我教育的对应为基础的对等政治生活教育。鉴于现行政治生活教育论，忽视学生对教师的外在影响途径以及忽视师生双方自我教育途径的偏差，我们愿意特别强调学生对教师的外在影响途径以及师生双方的自我教育途径。这包含两层基本内容：一层内容是，要像关注教师对学生的外在引导一样，去关注学生对教师的外在影响。因为，单一的教师对学生的外在引导，根本就不是实然状态的存在。另一层内容是，不仅要强调师生双方的外在影响途径，而且要强调师生双方的自我教育途径，以求师生双方建构出以外在影响与自我教育的对应为基础的对等政治生活教育关系。这种对等政治生活教育关系的理想性定位是：在外在影响与自我教育一致性基础上，走向两种途径影响的互补性变化或发展。这种对等政治生活教育关系的现实性定位是：在两种途径影响的不一致性基础上，师生双方既要根据合理的外在影响，去调整或改造不合理的自我教育，又要根据合理的自我教育，去调整或改造不合理的外在影响，以实现两种途径影响的生成性变化或发展。这种对等政治生活教育关系的底线定位是：在两种途径影响的不一致性基础上，双方都不能破坏或割裂对应的教育关系。我们认为，经由三线定位的影响，师生双方就可以构建出以两种途径的对应为基础的对等政治生活教育关系。由此，也可以规避由教师单一外在引导所导致的不对等政治生活教育关系。

第六，从政治生活教育的形式看，对应政治生活教育论，能够对实际的政治生活教育活动产生如下三方面的积极影响：一方面是，对应政治生活教育论，能够把握到政治生活教育活动有计划、有组织的显在形式。因此，能够支持师生双方按照既定的安排有序地开展政治生活教育。另一方面是，对应政治生活教育论，也能够把握到由显在活动所必然引起的隐在活动。因此，能够支持师生双方在随机的变通的状态中开展政治生活教育。最后一个方面是，对应政治生活教育论，不仅能够把握到显在的活动形式，而且能把握到隐在的活动形式。因此，能够支持师生双方建构出以有序与变通的对应为基础的对等政治生活教育形式。鉴于现行政治生活教育论，忽视隐在政治生活教育形式的这一偏差，我们愿意特别强调，隐在政治生活教育形式的客观存在。这一强调，包含两层基本内容。一层内容是，要像承认政治生活教育显在活动形式的存在一样，也要承认隐在活动形式的存在。因为，单一的显在形式，根本就不是实然状态的存在：另一层内容是，不仅要分别承认显在与隐在形式的存在，而且要承认两种形式的对应存在，以求师生双方构建出以两种活动形式的对应为基础的对等政治生活教育形式。这种对等形式的理想性定位是：在两种形式一致性基础上，走向两种形式的互补性变化或发展。这种对等形式的现实性定位是：在两种形式不一致性基础上，师生双方既要以合理的显在形式，去调整或改造不合理的隐在形式，又要以合理的隐在形式，去调整或改造不合理的显在形式，以实现两种形式的生成性变化或发展。这种对等形式的底线定位是：在两种形式不一致性基础上，双方都不能破坏或割裂对应的教育关系。我们认为，经由三线定位的影响，师生双方就可以构建出以两种形式的对应为基础的对等政治生活教育形式。由此，也可以规避由单一显在活动形式所导致的不对等的程序化的形式。

第七，从政治生活教育的结果看，对应政治生活教育论，能够对实际的政治生活教育活动产生如下三方面的积极影响：一方面是，对应政治生活教育论，能够把握到学生在教师影响中的变化或发展。因此，能够支持教师对学生教育的价值。另一方面是，对应政治生活教育论，也能够把握到教师在学生影响中的变化或发展。因此，能够支持学生对教师影响的价值。最后一个方面是，对应政治生活教育论，既能把握到师生双方在对方影响中的变化或发展，又能把握到师生双方在自我教育中的变化或发展。因此，能够支持师生双方开展以他人影响与自我教育的对应为基础的对等政治生活教育。鉴于现行政治生活教育论，忽视学生对教师的影响结果以及忽视师生双方自我教育结果的偏差，我们愿意特别强调学生对教师的影响结果以及师生双方自我教育的结果。这包含两层基本内容：一层内容是，要像关注教师对学生的教育结果一样，去关注学生对教师的影响结果。因为，单一的教师对学生的教育结果，根本就不是实然状态的存在。另一层内容是，不仅要强调师生双方彼此的影响结果，而且要强调师生双方自我教育的结果，以求师生双方建构出以他人教育与自我教育的对应为基础的对等政治生活教育关系。这种对等政治生活教育关系的理想性定位是：在他人教育与自我教育一致性基础上，走向双方的互补性变化或发展。这种对等政治生活教育关系的现实性定位是：在他人教育与自我教育不一致性基础上，师生双方既要接受对方合理的教育结果，以丰富或调整不合理的自我教育的结果，又要接受合理的自我教育结果，以丰富或调整对方不合理的教育结果，以实现双方生成性的变化或发展。这种对等政治生活教育关系的底线定位是：在他人教育与自我教育不一致性基础上，双方都不能破坏或割裂对应的教育关系。我们认为，经由三线定位的影响，师生双方就可以构建出以两种教育的对应为基础的对等政治生活教育关系。由此，也可以规避由单一他人教育结果所导致的不对等政治生活教育关系。

五、本节小结

综上所述，我们对现行政治生活教育论的改造，涉及三层基本内容：一是，首先，由现行政治生活教育论所包含的主观思维，转换到事实思维；其次，在事实思维基础上，将现行政治生活教育论所包含的主观泛化思维，改造为主观与客观的对应思维。二是，在对应思维中，将现行政治生活教育论所包含的认识政治生活教育活动的"教师对学生的简单活动"的思维切入点，改造为"教师与学生的对应活动"的思维切入点。三是，在"教师与学生的对应活动"视野中，分别对政治生活教育的对象、内容、目的、机制、途径、形式以及结果这些基本方面，做出了对应的改造。最后，我们分别考察了对应政治生活教育论，在政治生活教育的对象、内容、目的、机制、途径、形式以及结果这些基本方面的观点，对实际的政治生活教育活动所产生的积极影响，以推动人们从现行的简单政治生活教育论，转换到对应的政治生活教育论。

为了更简明地把握两种政治生活教育论的不同，我们不妨将其中所包含的不同思维路线，做出如下比较：

简单政治生活教育论的单线定位路线——政治生活教育，就是教育者对受教育者的简单影响活动——这里需要特别注意，简单政治生活教育论，仅仅是对教育者的单一主观愿望或价值期待这一条思维路线的反映。

对应政治生活教育论的三线定位路线——政治生活教育，就是教育者与受教育者双方的对应影响活动；它包含双方理想的上线、现实的中线以及戒律的底线——这里需要特别注意，对应政治生活教育论，是对教育者与受教育者双方理想、现实与戒律的三条思维路线的反映。

六、本节提示

在本节最后，需要做两点提示：一是，由"教师对学生的简单活动"，到"教师与学生的对应活动"的过渡环节，就是由对政治生活教育活动的主观抽象思维，转向对政治生活教育活动的客观与主观的对应思维。二是，由"教师对学生的简单定位关系"，到"教师与学生的对应定位关系"的过渡环节，就是由对政治生活教育活动的主观抽象思维，转向对政治生活教育活动的客观与主观的对应思维。

附言：

1. 教师以学生为对象所进行的显在的民主政治教育，其实，就是隐在的不民主或反民主的政治教育。

2. 如果像现行教育理论那样，仅仅将民主理解为一个权力概念，那么，人类追求民主的历程，将很难避免历史上曾经发生过的那些专制或混乱的灾难。

3. 只是关注单一的权力或单一的责任的人，其实，都是相同的简单人。

4. 民主是一个权力与责任对应的概念，以这种对应为基础，努力追求权力与责任的对等，应该构成人类政治文明的基础性内容。

5. 师生双方权力与责任对应的政治素质，只能在课堂教学与实际生活的对应历练与体验中才可能实现，在这里，需要特别注意，所谓由教师去培养学生政治素质的流行判断，确实是一种有害于政治文明的判断。

6. 在对应政治生活教育观的视野中，既能把握到政治权力，又能把握到政治责任，还能把握到权力与责任的对等关系的人，也就是以对应性为基础的丰富的人。

第十一章

对现行简单社会生活教育论的遮蔽性分析与对应改造

第一节 对现行简单社会生活教育论的遮蔽性分析

切问：

1. 现行社会生活教育论，将社会生活教育规定为教师对学生的简单活动，其思维活动的切入点在哪里？我们如何才能探索到其思维活动的切入点？

2. 现行社会生活教育论，从其思维活动的切入点上，能够把握到社会生活教育活动哪些方面的内容呢？

3. 现行社会生活教育论的根据是什么？这种社会生活教育论，对实际的社会生活教育活动具有哪些积极作用？

4. 现行社会生活教育论，从其思维活动的切入点上，在对社会生活教育活动有所把握的同时，却又遮蔽了哪些内容呢？

5. 现行社会生活教育论，存在多方面的遮蔽，其认识上的根源是怎样的？

6. 现行社会生活教育论，对实际的社会生活教育活动具有怎样的消极作用？

一、现行社会生活教育论的内容、属性及其思维活动的切入点

1. 现行社会生活教育论的内容

在现行学校教育中，关于社会生活的教育，集中表现在所谓教育的本质这一抽象的表达之中。按照现行教育理论的理解，教育的本质，就是人的社会化；用社会学的术语表达，也就是使人做好社会角色；用日常语言说，教育的作用，就是要使人适应社会生活。如何使人适应社会生活呢？那当然就是依靠教师的教育去完成。简单地说，现行学校的社会生活教育，就是教师对学生所进行的单方面的教育，也就是教师对学生所进行的以适应社会生活为基本内容的教育。这也就是现行学校社会生活教育论的基本内容。

2、现行社会生活教育论的属性

现行学校社会生活教育论认为，社会生活教育，就是教师对学生单方面的教育。社会生活教育活动的事实，果真是这样的吗？当教师对学生进行社会生活教育时，学生不会因为受到教师的教育而发生自我教育吗？学生不会反过来对教师产生影响或教育吗？教师不会因为受到学生的影响而发生自我教育吗？然而，现行学校社会生活教育论，却无视社会生活教育活动中这些具有内在对应性关系的事实，在主观思维中将学校社会生活教育仅仅规定为教师对学生单方面的教育。由此，我们就可以有根据地说，现行社会生活教育论，是一种具有片面性或简单性的社会生活教育论。

3. 现行社会生活教育论的思维活动的切入点

现行学校社会生活教育论，既然将社会生活教育规定为教师对学生单方面的教育，那么，我们就可以根据这一内容，反向地推论出其思维活动的切入点，那就是教师对学生的教育。正向地表达，也就是：现行学校社会生活教育论，正是从教师对学生的教育，切到对学校社会生活教育活动的理解，才将学校社会生活教育规定为教师对学生单方面的教育。

二、现行社会生活教育论的所见、根据及其积极功能

1. 现行社会生活教育论的所见

现行社会生活教育论，从教师对学生单方面的教育，切到对学校社会生活教育的理解，能够把握到社会生活教育活动的哪些方面的内容呢？这主要表现在如下七个基本方面：一是，从社会生活教育的对象看，现行社会生活教育论，能够把握到学生是社会生活教育的对象。二是，从社会生活教育的内容看，现行社会生活教育论，能够把握到上面所谈到的对学生进行的适应社会生活或做好社会角色的教育。三是，从社会生活教育的目的看，现行社会生活教育论，能够把握到对学生的目的，那就是上面谈到的要使学生适应社会生活。四是，从社会生活教育的机制看，现行社会生活教育论，能够把握到教师对学生的主观定位力量，也能够把握到学生对这种定位力量的接受。五是，从社会生活教育的途径看，现行社会生活教育论，能够把握到教师对学生的外在教育，也能够把握到学生对这种外在教育的接受。六是，从社会生活教育的形式看，现行社会生活教育论，能够把握到教师对学生进行外在教育所需要的显在形式，也能够把握到学生对这种显在形式的接受。七是，从社会生活教育的结果看，现行社会生活教育论，能够把握到学生在教师教育中的变化或发展。

2、现行社会生活教育论的根据

现行学校社会生活教育论，在上述七个方面的所见，是有根据的吗？一是，从社会生活教育的对象看，处于基础教育阶段的青少年学生，也正处于人的社会化的早期阶段，这就需要关于社会角色或社会期待的社会生活教育的关注，这是有根据的。二是，从社会生活教育的内容看，教师要对学生进行社会生活教育，当然就离不开关于人的社会角色或社会期待这方面的内容，这是有根据的。三是，从社会生活教育的目的看，既然学生是社会生活教育的对象，那么，预先设定关于学生社会生活教育的目的，就是有根据的。四是，从社会生活教育的机制看，既然教师要对学生进行社会生活教育，那么，就需要发挥对学生的主观定位力量这一机制，这是有根据的。五是，从社会生活教育的途径看，既然教师要教育学生，那么，就需要外在教育这一途径，这也是有根据的。六是，从社会生活教育的形式看，既然教师要对学生进行主观定位与外在教育，那么，社会生活教育的有计划、有组织的形式就是有根据的。七是，从社会生活教育的结果看，既然教师对学生进行了主观定位与外在的教育，那么，学生就必然会受到教师的影响或塑造，这也是有根据的。

3. 现行社会生活教育论的积极功能

现行学校社会生活教育论，在上述七个方面的所见，对学校社会生活教育活动的实际，都具有积极的功能。一是，从社会生活教育的对象看，现行社会生活教育论，能够把握到学生这一对象，这能够支持教师对学生进行社会生活教育，也能够支持学生接受源于教师的社会生活教育。二是，从社会生活教育的内容看，现行社会生活教育论，能够把握到社会角色或社会期待的内容，这能够给社会生活教育提供必要的内容。三是，从社会生活教育的目的看，现行社会生活教育论，能够把握到对学生的目的，这能够给社会生活教育活动提供基本的预设或规划。四是，从社会生活教育的机制看，现行社会生活教育论，能够把握到教师对学生主观定位力量，这能够支持教师对学生的主观定位或引导，也能够支持学生接受这种主观定位或引导。五是，从社会生活教育的途径看，现行社会生活教育论，能够把握到教师对学生的外在引导这一途径，这能够支持教师对学生的外在影响，也能够支持学生接受教师的外在影响。六是，从社会生活教育的形式看，现行社会生活教育论，能够把握到有计划、有组织的显在形式，这能够支持师生双方按照既定程序开展社会生活教育活动。七是，从社会生活教育的结果看，现行社会生活教育论，能够把握到学生在教师引导中的变化或发展，这能够支持教师对学生的影响或塑造，也能够支持学生接受教师的影响或塑造。总之，现行社会生活教育论，从教师对学生单方面的教育，切到对学校社会生活教育的理解，所把握到的基本内容，就教师对学生的简单社会生活教育而言，会具有多方面的积极作用。

三、现行社会生活教育论的偏差、根源及其消极功能

1. 现行社会生活教育论的偏差

现行学校社会生活教育论，从教师对学生的单方面教育，切到对学校社会生活教育活动的理解，在有所把握的同时，却又遮蔽了哪些方面的内容呢？这也主要表现在如下七个基本方面：一是，从社会生活教育的对象看，现行社会生活教育论，在把握到学生是社会生活教育对象的同时，却遮蔽了教师也是社会生活教育的对象。二是，从社会生活教育的内容看，现行社会生活教育论，在把握到人的社会角色的同时，却遮蔽了人的个体自我。三是，从社会生活教育的目的看，现行社会生活教育论，在把握到对学生的目的的同时，却遮蔽了学生的个体目的。四是，从社会生活教育的机制看，现行社会生活教育论，在把握到教师对学生的主观定位力量的同时，却遮蔽了学生反过来对教师的主观定位力量，还遮蔽了师生双方主观与客观对应的定位力量。五是，从社会生活教育的途径看，现行社会生活教育论，在把握到教师对学生的外在教育的同时，却遮蔽了学生对教师的反向影响途径，也遮蔽了师生双方自我影响或自我教育的途径。六是，从社会生活教育的形式看，现行社会生活教育论，在把握到教师对学生进行外在教育所需要的显在活动形式的同时，却遮蔽了由显在活动所必然引起的隐在活动的形式。七是，从社会生活教育的结果看，现行社会生活教育论，在把握到教师对学生的教育结果的同时，却遮蔽了学生对教师的影响结果，还遮蔽了师生双方自我教育的结果。

2. 现行社会生活教育论的根源

从思维运作看，现行社会生活教育论，之所以存在上述偏差，是其主观抽象思维的泛化导致的。一是，从社会生活教育的对象看，在实际的学校社会生活教育活动中，教师对学生的任何引导或教育，都必然会引起学生的反应；而学生的这种反应，又必然会反过来对教师产生影响或教育——这便是社会生活教育对象之间内在的相互性或对应性，或者说，社会生活教育的对象是相互对应的对象。然而，现行社会生活教育论，却在其主观抽象思维中，片面地抽取出学生作为社会生活教育的对象，并以偏概全地泛指社会生活教育活动中相互的对象。由此，便遮蔽了教师作为社会生活教育的对象。二是，从社会生活教育的内容看，在实际的学校社会生活教育活动中，人的社会角色这一内容，只能是与人的个体自我相对应而存在，单一的社会角色，根本就不是实然状态的

存在——这便是社会角色与个体自我之间的相互性或对应性。然而，现行社会生活教育论，却在其主观抽象思维中，片面地抽取出人的社会角色这一内容，并以偏概全地泛指社会生活教育中对应的内容。由此，便遮蔽了人的个体自我这一内容。三是，从社会生活教育的目的看，在实际的社会生活教育活动中，教师对学生的任何目的或预设，都必然会引起学生的反应并产生学生自己的目的——这便是社会生活教育目的之间内在的相互性或对应性，或者说，社会生活教育的目的是相互对应的目的。然而，现行社会生活教育论，却在其主观抽象思维中，片面地抽取出对学生的目的，并以偏概全地泛指社会生活教育活动中对应的目的。由此，便遮蔽了学生的个体目的。四是，从社会生活教育的机制看，在实际的学校社会生活教育活动中，教师对学生的任何主观定位或教育，都必然会引起学生对教师反向的主观定位力量。同时，师生双方的主观定位力量，也都必然会引起双方的客观定位力量——这便是社会生活教育活动中主观与客观定位力量的相互性或对应性。然而，现行社会生活教育论，却在其主观抽象思维中，片面地抽取出教师对学生的主观定位力量，并以偏概全地泛指社会生活教育活动中对应的定位力量。由此，便遮蔽了学生对教师的主观定位力量，也遮蔽了师生双方的客观定位力量。五是，从社会生活教育的途径看，在实际的学校社会生活教育活动中，教师对学生的任何外在教育，都必然会引起学生对教师的反向影响。同时，师生双方的外在教育，也都只能通过师生双方的内在选择或自我教育，才可能转化为双方可以接受的教育——这便是社会生活教育途径的外在影响与自我选择的相互性或对应性。然而，现行社会生活教育论，却在其主观抽象思维中，片面地抽取出教师对学生的外在引导，并以偏概全地泛指社会生活教育活动中对应的途径。由此，便遮蔽了学生对教师的影响途径，也遮蔽了师生双方自我选择的途径。六是，从社会生活教育的形式看，在实际的学校社会生活教育活动中，教师对学生任何有计划、有组织的显在活动形式，都必然会引起学生内隐的多样的反应；而这内隐的多样的反应，却不可能是教师在社会生活教育活动开始之前就能计划或安排好的。由此，社会生活教育活动的实际状态，就是有计划、有组织的显在活动形式与无计划、无组织的隐在活动形式对应存在的状态——这也就是社会生活教育活动的显在形式与隐在形式的内在的相互性或对应性。然而，现行社会生活教育论，却在其主观抽象思维中，片面地抽取出社会生活教育活动的显在形式，并以偏概全地泛指社会生活教育活动中对应的形式。由此，便遮蔽了社会生活教育活动的隐在形式。七是，从社会生活教育的结果看，在实际的学校社会生活教育活动中，教师对学生的任何教育结果，都必然会转化为学生的变化或成长。同时，学生的变化或成长，也都必然会反过来转化为教师的变化或成长——这便是社会生活教育活动中他人教育与自我教育的相互性或对应性。然而，现行社会生活教育论，却在其主观抽象思维中，片面地抽取出教师对学生的教育结果，并以偏概全地泛指社会生活教育活动中对应的教育结果。由此，便遮蔽了学生对教师的影响结果，也遮蔽了师生双方自我教育的结果。

3. 现行社会生活教育论的消极功能

现行社会生活教育论，从教师对学生的单方面引导，切到对社会生活教育活动的理解，在有所见的同时，却又存在偏差。这些认识或思维中的偏差，对实际的社会生活教育活动，会产生哪些消极的影响呢？一是，从社会生活教育的对象看，现行社会生活教育论，虽然能够把握到学生，但却遮蔽了教师。由此所导致的后果是：不仅直接忽视了对教师的社会生活教育，而且忽视了师生双方对应的社会生活教育。二是，从社会生活教育的内容看，现行社会生活教育论，虽然能够把握到人的社会角色，但却遮蔽了与社会角色相对应的个体自我。由此导致的后果是：难以对人的社会角色与个体自我开展对应的教育或教学。三是，从社会生活教育的目的看，现行社会生活教育论，虽然能够把握到对学生的目的，但却遮蔽了学生的个体目的。由此所导致的后果是：不仅直接忽视了学生的个体需要，而且忽视了师生双方目的之间的对应关系。四是，从社会生活教育的机制看，现行社会生活教育论，虽然能够把握到教师对学生的主观定位力量，但却遮蔽了学生反过来对教师的主观定位力量，还遮蔽了师生双方主观与客观的对应定位力量。由此所导致的后果是：不仅使教师的定位力量陷入孤立状态，而且使师生双方的主观与客观定位力量难以获得对应的影响或调整。五是，从社会生活教育的途径看，现行社会生活教育论，虽然能够把握到教师对学生的外在引导，但却遮蔽了学生对教师的外在影响途径，还遮蔽了师生双方由外在影响所必然引起的自我选择的途径。由此所导致的后果是：不仅使教师的外在影响途径陷入孤立状态，而且使师生双方的外在与内在影响途径难以获得对应的影响或调整。六是，从社会生活教育的形式看，现行社会生活教育论，虽然能够把握到社会生活教育活动有计划、有组织的显在形式，但却遮蔽了显在活动所必然引起的隐在活动。由此所导致的后果是：缺少隐在活动对应的单一显在社会生活教育活动，很容易陷入由程序化所导致的单调甚至死板的状态。七是，从社会生活教育的结果看，现行社会生活教育论，虽然能够把握到教师对学生的教育结果，但却遮蔽了学生对教师的影响结果，还遮蔽了师生双方自我教育的结果。由此所导致的后果是：很难实现学生对教师的影响或教育，也很难实现师生双方相互对应的他人教育与自我教育。总之，现行社会生活教育论，从教师对学生的单方面引导，切到对社会生活教育活动的理解，在有所见的同时，却又存在偏差。这些认识或思维中的偏差，就师生双方对应的社会生活教育而言，会存在多方面的消极作用。

四、本节小结

综上所述，我们看到，现行简单社会生活教育论，从教师对学生的单方面教育，切到对学校社会生活教育活动的理解，虽然能够把握到教师对学生的简单社会生活教育，也能够把握到这种简单社会生活教育的根据并对实际的简单社会生活教育活动产生积极的影响，但是，却遮蔽了学生反过来对教师的对应教育，并进一步遮蔽了师生双方的自我教育。从思维运作看，现行简单社会生活教育论的偏差，是由其主观思维的抽象泛化所导致的。从实际看，这种抽象泛化的思维或认识，对师生双方对应的社会生活教育活动存在多方面的消极作用。因此，现行简单社会生活教育论，就必然也必须被合理地反思与改造。

五、本节提示

在本节最后，需要做两点提示：一是，探寻现行社会生活教育论的思维活动切入点的根据，就是现行简单社会生活教育论的内容，或者说，我们是通过现行简单社会生活教育论的内容而探寻到其思维活动的切入点的。二是，对现行社会生活教育论的思维活动切入点的遮蔽性分析，不是我们简单的主观分析，而是根据现行社会生活教育论所包含的思维活动切入点的所见与所不见而展开的——要特别注意，所见与所不见，两者是具有内在对应关系的必然的存在，而不是人们的主观错误或偏见。

附言：

1. 社会生活教育的对象，不仅只有学生，而且包括教师——对教师而言，这并不是一个无意义的命题。

2. 学校社会生活教育的对象，只有学生而不包括教师——其实，这正是现行教育理论忽视或排斥教师对应生活的证据。

3. 现行教育理论，只谈人的社会角色而不谈人的个体自我，这直接将人的社会角色变成了批量生产的脸谱一样的小摆设。

4. 如果不能激发师生双方的自我教育，那么，学校的社会生活教育，就根本不可能转化为师生双方适应社会与改造社会的对应素质。

5. 仅仅扮演社会角色或仅仅张扬个体自我的人，其实，都是简单的人。

6. 没有隐在形式的对应，单一显在的社会生活教育，确实很难适合个体自我与社会角色的对应教育。

第二节　对现行简单社会生活教育论的对应改造

切问：

1. 从动态的社会生活教育活动的事实看，现行社会生活教育论所包含的"教师对学生的简单活动"，其实都是"教师与学生的对应活动"吗？

2. 当教师对学生进行社会生活教育时，自己也必然会受到学生的影响吗？由此，就可以说，社会生活教育的对象，是对应的存在吗？

3. 社会生活教育活动中的社会角色，只有与个体自我相互对应，才可能转化为师生双方可以理解的内容吗？由此，就可以说，社会生活教育的内容，是对应的存在吗？

4. 教师对学生的社会生活教育目的，必然会引起学生的反应并产生学生自己的目的吗？由此，就可以说，教师的社会生活教育目的与学生的社会生活教育目的，是对应的存在吗？

5. 师生双方之间的主观定位力量，都必然会引起师生双方反应的客观定位力量吗？由此，就可以说，社会生活教育活动中的主观与客观定位力量，是对应的存在吗？

6. 师生双方之间的外在影响途径，都必然会引起师生双方内在自我的影响途径吗？由此，就可以说，社会生活教育活动中的外在与内在影响途径，是对应的存在吗？

7. 社会生活教育活动的有计划、有组织的显在形式，必然会引起客观环境或条件的内隐的变化吗？由此，就可以说，社会生活教育活动的显在形式与隐在形式是对应存在的吗？

8. 教师对学生社会生活教育的结果，必然会引起学生的变化或发展，而学生的变化或发展，又必然会引起教师的变化或发展吗？由此，就可以说，社会生活教育活动对师生双方的教育结果是对应存在的吗？

一、对现行社会生活教育论所包含的泛化思维的对应改造

上一节我们谈到，现行社会生活教育论，之所以存在偏差，是因为在其思维运作中存在抽象泛化的不足。因此，要改造现行的社会生活教育论，就必须

改造其抽象泛化的主观思维。如何改造这种思维呢？这首先就需要摆脱现行社会生活教育论所包含的简单主观思维，而转向对社会生活教育活动事实的关注——由主观思维，转向事实思维。然后，还需要走出社会生活教育研究者简单泛化的抽象思维，而转向对社会生活教育活动的客观与主观的对应思维——由泛化思维，转向对应思维。

二、对现行社会生活教育论所包含的思维切入点的对应改造

现行社会生活教育论，从教师对学生的单方影响开始，切到对社会生活教育活动的理解，这一切入点本身并不存在问题。现行社会生活教育论的问题在于：首先，从教师对学生的单方影响开始，切到对社会生活教育活动的理解；其次，却并没有对这一动态影响的过程做出对应的考察，而是仅仅停留在教师对学生的单方影响这里，并将社会生活教育抽象为教师对学生的简单活动。

教师对学生影响的社会生活教育活动的动态过程，又是怎样的呢？征之于实际，我们看到，在学校社会生活教育活动中，教师对学生的任何影响，都必然会引起学生的反应；而这种反应，又必然会反过来对教师产生影响。这清楚地表明，教师对学生的社会生活教育，其实都是对应存在的教育，或者说，是教师与学生之间的教育，而不是现行社会生活教育论所把握到的教师对于学生的简单教育。由此，我们就将现行社会生活教育论"教师对学生的简单活动"的切入点，改造为"教师与学生的对应活动"的切入点。

三、对现行社会生活教育论所包含的具体内容的对应改造

对应社会生活教育论，从教师与学生的对应活动，切到对学校社会生活教育活动的理解，能够对现行的社会生活教育论，做出哪些方面的改造呢？下面，分而论之。

第一，从社会生活教育的对象看，对应社会生活教育论，既能把握到学生，又能把握到教师，而不是现行社会生活教育论所把握到的单一的学生。这里的道理是：教师对学生的任何社会生活教育活动，都必然会引起学生的反应，而这又必然会反过来影响到教师。这清楚地表明，社会生活教育活动的对象，是相互对应的对象，而不可能是现行社会生活教育论所把握到的单一对象。

第二，从社会生活教育的内容看，对应社会生活教育论，既能把握到人的社会角色的方面，又能把握到人的个体自我的方面，而不是现行社会生活教育论所把握到的单一社会角色的方面。这里的道理是：人的社会角色的方面，只有与人的个体的方面对应比较，才可能转化为师生双方可以理解的内容。这清

楚地表明，社会生活教育活动的内容，是相互对应的内容，而不可能是现行社会生活教育论所把握到的单一内容。

第三，从社会生活教育的目的看，对应社会生活教育论，既能把握到教师对学生的社会目的，又能把握到学生的个体目的，而不是现行社会生活教育论所把握到的单一的教师对学生的社会目的。这里的道理是：教师对学生的任何目的性预设，都必然会引起学生的反应，而学生的这种反应，又必然会推动学生产生自己的目的。这清楚地表明，社会生活教育活动的目的，是相互对应的目的，而不可能是现行社会生活教育论所把握到的单一目的。

第四，从社会生活教育的机制看，对应社会生活教育论，既能把握到教师对学生的主观定位力量，又能把握到学生反过来对教师的主观定位力量，还能把握到师生双方在社会生活教育过程中所受到的主观与客观对应的定位力量，而不是现行社会生活教育论所把握到的单一的教师对学生的主观定位力量。这里的道理是：教师对学生的任何主观定位力量，都必然会引起学生对教师反向的主观定位力量，同时，师生双方在社会生活教育过程中，在发挥自己主观定位力量的同时，也必然会引起客观力量的回应并使师生双方处于主观与客观力量的对应定位之中。这清楚地表明，社会生活教育活动的机制，必定是相互对应的机制，而不可能是现行社会生活教育论所把握到的孤立的主观定位力量。

第五，从社会生活教育的途径看，对应社会生活教育论，既能把握到教师对学生的外在影响，又能把握到学生对教师的外在影响，还能把握到师生双方在社会生活教育过程中所受到的外在与内在对应的影响途径，而不是现行社会生活教育论所把握到的单一的教师对学生的外在影响途径。这里的道理是：教师对学生的任何外在影响，都必然会反过来对教师产生影响。同时，师生双方在社会生活教育过程中，在发挥自己内在影响的同时，也必然会引起外在影响的回应并使师生双方处于外在影响与内在选择对应的影响途径之中。这清楚地表明，社会生活教育活动的途径，必定是师生双方外在影响与内在选择的对应途径，而不可能是现行社会生活教育论所把握到的教师对学生的单一外在影响途径。

第六，从社会生活教育的形式看，对应社会生活教育论，既能把握到社会生活教育活动有计划、有组织的显在形式，又能把握到由显在活动所必然引起的隐在活动形式，而不是现行社会生活教育论所把握到的单一显在活动形式。这里的道理是：教师对学生任何有计划、有组织的显在活动形式，都必然会引起学生内隐的多样的反应，而这些反应，却不可能是教师在社会生活教育之前就能预设的。这清楚地表明，社会生活教育的形式，必定是相互对应的形式，而不可能是现行社会生活教育论所把握到的单一显在形式。

第七，从社会生活教育的结果看，对应社会生活教育论，既能把握到教师对学生的影响结果，又能把握到学生对教师的影响结果，还能把握到师生双方在社会生活教育过程中所受到的他人教育与自我教育的结果，而不是现行社会生活教育论所把握到的单一的教师对学生的影响结果。这里的道理是：师生双方对对方的影响结果，都必然会转化为对方的变化或成长。同时，师生双方在社会生活教育过程中所受到的他人影响的结果，也都必然会经过自我教育而转化为师生双方的变化或成长。这清楚地表明，社会生活教育活动的结果，必定是相互对应的结果，而不可能是现行社会生活教育论所把握到的教师对学生的单一结果。

四、对应社会生活教育论的积极功能

对应社会生活教育论，从教师与学生的对应活动，切到对社会生活教育的理解，能够对实际的社会生活教育，产生哪些方面的积极影响呢？下面，分而论之。

第一，从社会生活教育的对象看，对应社会生活教育论，能够对实际的社会生活教育产生如下三方面的积极影响：一方面是，对应社会生活教育论，能够把握到学生作为社会生活教育的对象。因此，就能够支持教师对学生的教育或影响。另一方面是，对应社会生活教育论，也能够把握到教师作为社会生活教育的对象。因此，就能够支持学生对教师的教育或影响。最后一个方面是，对应社会生活教育论，既能把握到学生作为社会生活教育的对象，又能把握到教师作为社会生活教育的对象。因此，就能够支持师生双方建构出以相互对象性为基础的对等社会生活教育关系。鉴于现行社会生活教育论，对作为对象的教师的忽视这一偏差，我们愿意特别强调教师也是社会生活教育的对象。这一强调，包含两层基本内容：一层内容是，要像关注对学生的社会生活教育一样，也要去关注对教师的社会生活教育。这里的关键是要走出一个常见的误区，即认为教师处于成熟的社会化时期，已经形成或获得了关于社会生活的能力或素质，似乎不再需要社会生活教育——这当然是简单思维的产物。在对应思维看来，教师像学生一样，都处于由特定生活内容所规定的不同社会生活阶段之中，都需要与这特定内容与阶段相对应的社会生活教育。因此，都需要引起社会生活教育的对应关注。另一层内容是，不仅要分别关注对学生与教师的社会生活教育，而且要对应关注对学生与教师在对等影响中的社会生活教育。这种对等影响的理想性定位是：在双方社会角色与个体需要的一致性基础上，走向双方

的互补性变化或发展。这种对等影响的现实性定位是：在双方社会角色与个体需要的不一致性基础上，师生双方既要以教师合理的社会角色与个体，去改造或调整学生不合理的社会角色与个体，又要以学生合理的社会角色与个体，去改造或调整教师不合理的社会角色与个体，以实现师生双方的生成性变化或发展。这种对等影响的底线定位是：在双方社会角色与个体需要的不一致性基础上，双方都不能破坏或割裂对应的教育关系。我们认为，经由三线定位的影响，师生双方就可以构建出以相互对象性为基础的对等社会生活教育关系。由此，也可以规避由单一对象所导致的不对等社会生活教育关系。

第二，从社会生活教育的内容看，对应社会生活教育论，能够对实际的社会生活教育活动产生如下三方面的积极影响：一方面是，对应社会生活教育论，能够把握到关于人的社会角色的内容。因此，能够支持师生双方展开关于社会角色的对应教育或教学。另一方面是，对应社会生活教育论，也能够把握到关于人的个体自我的内容。因此，能够支持师生双方展开关于个体自我的对应教育或教学。最后一个方面是，对应社会生活教育论，既能把握到人的社会角色，又能把握到人的个体自我。因此，能够支持师生双方开展以两种内容的对应性为基础的对等教育。鉴于现行社会生活教育论的遮蔽或偏差，我们愿意特别强调如下两点：一点是，要关注人的个体自我客观存在与积极的教育价值。这里关键是要走出现行社会生活教育观的一个常见误区，那就是认为人的个体自我，只是人的自私的表现并且也不具有积极的教育价值——这当然是简单思维的后果。在对应思维看来，人的个体自我，正像人的社会角色一样，都是客观的存在并且具有对应比较的教育价值。因此，就不能像现行社会生活教育那样仅仅关注人的社会角色，而且要关注人的个体自我。另一点是，既然人的社会角色与个体自我之间，存在对应关系，那么，师生双方就要关注以社会角色与个体自我的对应性为基础的对等影响关系。这种对等影响关系的理想性定位是：在社会角色与个体自我需要的一致性基础上，走向社会角色与个体自我的互补性变化或发展。这种对等影响关系的现实性定位是：在社会角色与个体自我需要的不一致性基础上，既要以合理的社会角色，去丰富或改造不合理的个体自我，又要以合理的个体自我，去丰富或改造不合理的社会角色，以实现社会角色与个体自我的生成性变化或发展。这种对等影响关系的底线定位是：在社会角色与个体自我需要的不一致性基础上，师生双方都不能以社会角色与个体自我的单一方面，去代替或掩盖另一方面，以免破坏或割裂角色与个体的对应关系。我们认为，经由三线定位的影响，师生双方就可以构建出以社会角色与个体自我的对应性为基础的对等社会生活教育关系。由此，也可以规避由单一社会角色内容所导致的不对等社会生活教育关系。

第三，从社会生活教育的目的看，对应社会生活教育论，能够对实际的社会生活教育活动产生如下三方面的积极影响：一方面是，对应社会生活教育论，能够把握到教师对学生的社会目的。因此，能够支持教师根据合理的社会需要展开对学生的社会生活教育。另一方面是，对应社会生活教育论，也能够把握到学生的个体目的。因此，能够支持学生根据合理的自身需要开展社会生活教育。最后一个方面是，对应社会生活教育论，既能把握到教师对学生的社会目的，又能把握到学生的个体目的。因此，能够支持师生双方建构出以两种目的的对应性为基础的对等社会生活教育关系。鉴于现行社会生活教育论的遮蔽或偏差，我们愿意特别强调如下两点：一点是，要关注社会目的的不合理性与个体目的的合理性。这里关键是要走出现行教育理论的一个常见误区，那就是认为社会目的只有合理性而个体目的则只有不合理性——这当然是简单思维的后果。在对应思维看来，关于社会生活教育的社会目的与个体目的，各有自身的合理性与不合理性。因此，就不能像现行教育理论那样仅仅关注社会目的的合理性与个体目的的不合理性，而且要关注社会目的的不合理性与个体目的的合理性。另一点是，既然关于社会生活教育的社会目的与个体目的各有自身的合理性与不合理性，那么，师生双方就要关注以两种目的的对应性为基础的对等影响关系。这种对等影响关系的理想性定位是：在关于社会生活教育的两种目的一致性基础上，走向两种目的的互补性变化或发展。这种对等影响关系的现实性定位是：在关于社会生活教育的两种目的的不一致性基础上，师生双方既要以合理的社会目的，去丰富或改造不合理的个体目的，又要以合理的个体目的，去丰富或改造不合理的社会目的，以实现两种目的的生成性变化或发展。这种对等影响关系的底线定位是：在关于社会生活教育的两种目的的不一致性基础上，双方都不能破坏或割裂对应的教育关系。我们认为，经由三线定位的影响，师生双方就可以构建出以两种目的的对应性为基础的对等社会生活教育关系。由此，也可以规避由教师对学生单一的社会目的所导致的不对等社会生活教育关系。

第四，从社会生活教育的机制看，对应社会生活教育论，能够对实际的社会生活教育活动产生如下三方面的积极影响：一方面是，对应社会生活教育论，能够把握到教师对学生的主观与客观定位力量。因此，能够支持教师在主观与客观一致的前提下开展既定的教育，也能够支持教师在主观与客观不一致的前提下进行反思并调整既定的教育。另一方面是，对应社会生活教育论，也能够把握到学生对教师的主观与客观定位力量。因此，能够支持学生在主观与客观一致的前提下开展既定的影响，也能够支持学生在主观与客观不一致的前提下进行反思并调整既定的影响。最后一个方面是，对应社会生活教育论，既能把握到师生双方的主观定位力量，又能把握到师生双方的客观定位力量。因此，能够支持师生双方展开以主观影响与客观定位的对应为基础的对等社会生活教育。鉴于现行社会生活教育论，忽视学生对教师的主观定位力量以及忽视师生双方客观定位力量的偏差，我们愿意特别强调学生对教师的主观定位力量以及师生双方的客观定位力量。这包含两层基本内容：一层内容是，要像关注教师对学生的主观定位力量一样，去关注学生对教师的主观定位力量。因为，单一的教师对学生的主观定位力量，根本就不是实然状态的存在。另一层内容是，不仅强调师生双方的主观定位力量，而且要强调师生双方的客观定位力量，以求师生双方建构出以主观与客观定位的对应为基础的对等社会生活教育关系。这种对等社会生活教育关系的理想性定位是：在主观与客观定位一致性基础上，走向两种力量的互补性变化或发展。这种对等社会生活教育关系的现实性定位是：在主观与客观定位不一致性基础上，师生双方既要根据对方合理的主观与客观影响，去调整自己不合理的主观与客观影响，又要根据自己合理的主观与客观影响，去调整或改变对方不合理的主观与客观影响，以实现两种力量的生成性变化或发展。这种对等社会生活教育关系的底线定位是：在主观与客观定位不一致性基础上，双方都不能破坏或割裂对应的教育关系。我们认为，经由三线定位的影响，师生双方就可以构建出以主观与客观定位的对应为基础的对等社会生活教育关系。由此，也可以规避由教师单一主观定位力量所导致的不对等社会生活教育关系。

第五，从社会生活教育的途径看，对应社会生活教育论，能够对实际的社会生活教育活动产生如下三方面的积极影响：一方面是，对应社会生活教育论，能够把握到教师对学生的外在引导途径。因此，能够支持教师对学生的外在教育。另一方面是，对应社会生活教育论，也能够把握到学生对教师的外在影响途径。因此，能够支持学生对教师的外在影响。最后一个方面是，对应社会生活教育论，既能把握到师生双方的外在影响途径，又能把握到师生双方的自我教育途径。因此，能够支持师生双方展开以外在影响与自我教育的对应为基础的对等社会生活教育。鉴于现行社会生活教育论，忽视学生对教师的外在影响途径以及忽视师生双方自我教育途径的偏差，我们愿意特别强调学生对教师的外在影响途径以及师生双方的自我教育途径。这包含两层基本内容：一层内容是，要像关注教师对学生的外在引导一样，去关注学生对教师的外在影响；因为，单一的教师对学生的外在引导，根本就不是实然状态的存在。另一层内容是，不仅要强调师生双方的外在影响途径，而且要强调师生双方的自我教育途径，以求师生双方建构出以外在影响与自我教育的对应为基础的对等社会生活教育关系。这种对等社会生活教育关系的理想性定位是：在外在影响与自我教育一致性基础上，走向两种途径影响的互补性变化或发展。这种对等社会生活教育关系的现实性定位是：在两种途径影响的不一致性基础上，师生双方既要根据合理的外在影响，去调整或改造不合理的自我教育，又要根据合理的自我教育，去调整或改造不合理的外在影响，以实现两种途径影响的生成性变化或发展。这种对等社会生活教育关系的底线定位是：在两种途径影响的不一致性基础上，双方都不能破坏或割裂对应的教育关系。我们认为，经由三线定位的影响，师生双方就可以构建出以两种途径的对应为基础的对等社会生活教育关系。由此，也可以规避由教师单一外在引导所导致的不对等社会生活教育关系。

第六，从社会生活教育的形式看，对应社会生活教育论，能够对实际的社会生活教育活动产生如下三方面的积极影响：一方面是，对应社会生活教育论，能够把握到社会生活教育活动有计划、有组织的显在形式。因此，能够支持师生双方按照既定的安排有序地开展社会生活教育。另一方面是，对应社会生活教育论，也能够把握到由显在活动所必然引起的隐在活动。因此，能够支持师生双方在随机的变通的状态中开展社会生活教育。最后一个方面是，对应社会生活教育论，不仅能够把握到显在的活动形式，而且能把握到隐在的活动形式。因此，能够支持师生双方建构出以有序与变通的对应为基础的对等社会生活教育形式。鉴于现行社会生活教育论，忽视隐在社会生活教育形式的这一偏差，我们愿意特别强调，隐在社会生活教育形式的客观存在。这一强调，包含两层基本内容：一层内容是，要像承认社会生活教育显在活动形式的存在一样，也要承认隐在活动形式的存在。因为，单一的显在形式，根本就不是实然状态的存在。另一层内容是，不仅要分别承认显在与隐在形式的存在，而且要承认两种形式的对应存在，以求师生双方构建出以两种活动形式的对应为基础的对等社会生活教育形式。这种对等形式的理想性定位是：在两种形式一致性基础上，走向两种形式的互补性变化或发展。这种对等形式的现实性定位是：在两种形式不一致性基础上，师生双方既要以合理的显在形式，去调整或改造不合理的隐在形式，又要以合理的隐在形式，去调整或改造不合理的显在形式，以实现两种形式的生成性变化或发展。这种对等形式的底线定位是：在两种形式不一致性基础上，双方都不能破坏或割裂对应的教育关系。我们认为，经由三线定位的影响，师生双方就可以构建出以两种形式的对应为基础的对等社会生活教育形式。由此，也可以规避由单一显在活动形式所导致的不对等的程序化的形式。

第七，从社会生活教育的结果看，对应社会生活教育论，能够对实际的社会生活教育活动产生如下三方面的积极影响：一方面是，对应社会生活教育论，能够把握到学生在教师影响中的变化或发展。因此，能够支持教师对学生教育的价值。另一方面是，对应社会生活教育论，也能够把握到教师在学生影响中的变化或发展。因此，能够支持学生对教师影响的价值。最后一个方面是，对应社会生活教育论，既能把握到师生双方在对方影响中的变化或发展，又能把握到师生双方在自我教育中的变化或发展。因此，能够支持师生双方开展以他人影响与自我教育的对应为基础的对等社会生活教育。鉴于现行社会生活教育论，忽视学生对教师的影响结果以及忽视师生双方自我教育结果的偏差，我们愿意特别强调学生对教师的影响结果以及师生双方自我教育的结果。这包含两层基本内容：一层内容是，要像关注教师对学生的教育结果一样，去关注学生对教师的影响结果，因为，单一的教师对学生的教育结果，根本就不是实然状态的存在。另一层内容是，不仅要强调师生双方彼此的影响结果，而且要强调师生双方自我教育的结果；以求师生双方建构出以他人教育与自我教育的对应为基础的对等社会生活教育关系。这种对等社会生活教育关系的理想性定位是：在他人教育与自我教育一致性基础上，走向双方的互补性变化或发展。这种对等社会生活教育关系的现实性定位是：在他人教育与自我教育不一致性基础上，师生双方既要接受对方合理的教育结果，以丰富或调整不合理的自我教育的结果，又要接受合理的自我教育结果，以丰富或调整对方不合理的教育结果，以实现双方生成性的变化或发展。这种对等社会生活教育关系的底线定位是：在他人教育与自我教育不一致性基础上，双方都不能破坏或割裂对应的教育关系。我们认为，经由三线定位的影响，师生双方就可以构建出以两种教育的对应为基础的对等社会生活教育关系。由此，也可以规避由单一他人教育结果所导致的不对等社会生活教育关系。

五、本节小结

综上所述，我们对现行社会生活教育论的改造，涉及三层基本内容：一是，首先，由现行社会生活教育论所包含的主观思维，转换到事实思维；其次，在事实思维基础上，将现行社会生活教育论所包含的主观泛化思维，改造为主观与客观的对应思维。二是，在对应思维中，将现行社会生活教育论所包含的认识社会生活教育活动的"教师对学生的简单活动"的思维切入点，改造为"教师与学生的对应活动"的思维切入点。三是，在"教师与学生的对应活动"视野中，分别对社会生活教育的对象、内容、目的、机制、途径、形式以及结果这些基本方面，做出了对应的改造。最后，我们分别考察了对应社会生活教育论，在社会生活教育的对象、内容、目的、机制、途径、形式以及结果这些基本方面的观点，对实际的社会生活教育活动所产生的积极影响，以推动人们从现行的简单社会生活教育论，转换到对应的社会生活教育论。

为了更简明地把握两种社会生活教育论的不同，我们不妨将其中所包含的不同思维路线，做出如下比较：

简单社会生活教育论的单线定位路线——社会生活教育，就是教育者对受教育者的简单影响活动——这里需要特别注意，简单社会生活教育论，仅仅是对教育者的单一主观愿望或价值期待这一条思维路线的反映。

对应社会生活教育论的三线定位路线——社会生活教育，就是教育者与受教育者双方的对应影响活动，它包含双方理想的上线、现实的中线以及戒律的底线——这里需要特别注意，对应社会生活教育论，是对教育者与受教育者双方理想、现实与戒律的三条思维路线的反映。

六、本节提示

在本节最后，需要做两点提示：一是，由"教师对学生的简单活动"，到"教师与学生的对应活动"的过渡环节，就是由对社会生活教育活动的主观抽象思维，转向对社会生活教育活动的客观与主观的对应思维。二是，由"教师对学生的简单定位关系"，到"教师与学生的对应定位关系"的过渡环节，就是由对社会生活教育活动的主观抽象思维，转向对社会生活教育活动的客观与主观的对应思维。

附言：

1. 教师，绝不仅仅是社会生活的教育者，同时，也是社会生活的受教育者。

2. 如果像现行教育理论那样，仅仅将社会生活理解为社会角色的生活，那么，社会生活也就会变质为舞台上戴面具者的戏剧生活。

3. 社会生活并不高于个人生活，个人生活也不高于社会生活——这两种生活共同构成人的不同状态的对等生活。

4. 社会角色与个体自我，各有自身的合理性与不合理性——以此为基础的对应社会生活教育，才可能构建出双方的对等关系。

5. 仅仅看到社会角色的合理性或个体自我的不合理性的人，其实，都是简单的人。

6. 在对应社会生活教育观的视野中，既能以社会角色的合理性去改造个体自我的不合理性，又能以个体自我的合理性去改造社会角色的不合理性的人，也就是以对应性为基础的丰富的人。

后　记

　　1993 年，我在《齐齐哈尔师范学院学报》（哲社版）上发表了《教育学发展的内在逻辑与现行教育学理论体系的困境》一文，从那时起就开始关注对现行教育学理论的反思与改造。2009 年，内蒙古人民出版社出版了我的专著《丰富的人与教育——基础教育学引论》，在书中，我对现行教育学的理论基础、研究方法与基本理论做出了比较系统的反思与改造。2021 年，光明日报出版社出版了我的专著《从简单教育论到对应教育论——对现行教育理论的反思与改造博文集》，在书中，我对现行教育理论的具体问题逐一做出了遮蔽性的分析与对应的改造。现在行将出版的这本书，是在以前研究基础上的综合，包含对应教育的理论基础、对应教育的概念分析以及对应教育的组成部分。在这里需要做如下说明：从本书的内在逻辑上说，既然在中篇关于对应教育的概念分析部分，我做出了关于教育概念的活动、根据、功能、目的、机制等共计十四个维度上的具体分析，那么，在下篇关于对应教育组成部分的德育、智育、体育、美育、劳动教育等具体教育内容的分析中，我就应该从对应教育概念分析的十四个维度上去展开。但是，如果将十四个维度都同时运用到对具体教育内容的分析之中，那么，虽然会带来中篇与下篇在逻辑上一致性的优点，但却无法避免对具体教育内容分析的冗长拖沓之弊病。鉴于这种顾虑，我只是在下篇的第一章，对十四个具体维度做出了必要的精简，以便建立起对具体教育内容分析的基本框架。但愿，这不会给对应教育理论的内在对应属性带来太大的损害。

李春桥

2022 年 12 月 22 日